Georg Augustin
Wohnungseigentumsgesetz

Georg Augustin

Gesetz über das Wohnungseigentum und das Dauerwohnrecht

— Wohnungseigentumsgesetz —

Kommentar

1983

Walter de Gruyter · Berlin · New York

Sonderausgabe der Kommentierung des Wohnungseigentumsgesetzes
aus BGB-RGRK, 12. Auflage, 52. Lieferung

Dr. *Georg Augustin*, Senatspräsident am Bundesgerichtshof a. D.

CIP-Kurztitelaufnahme der Deutschen Bibliothek

Augustin, Georg:
Gesetz über das Wohnungseigentum und das Dauerwohnrecht ; Wohnungseigentumsgesetz ; Kommentar / Georg Augustin. — Berlin ; New York : de Gruyter, 1983.
ISBN 3-11-009844-X

Printed in Germany
Satz und Druck: H. Heenemann GmbH & Co, Berlin 42
Bindearbeiten: Lüderitz & Bauer, Buchgewerbe GmbH, Berlin 61

Vorwort

Die Bedeutung des Gesetzes über das Wohnungseigentum in der Praxis hat in den letzten Jahren immer mehr zugenommen. Bauland ist knapp, die durch das WEG eingeräumte Nutzungsmöglichkeit bietet häufiger als anfänglich erwartet die angemessene Form der gemeinschaftlichen Bebauung. Die wachsende Bedeutung des Gesetzes legt es nahe, zur Ergänzung der aktuellen Literatur zum WEG die Kommentierung des Gesetzes mit besonderer Berücksichtigung der Rechtsprechung des Bundesgerichtshofes für die 12. Auflage des „Reichsgerichtsräte-Kommentars" als Sonderausgabe den Interessenten zugänglich zu machen.

Bei der Neubearbeitung des WEG für die 12. Auflage des RGRK war zu beachten, daß die Rechtsprechung, unterstützt von dem stetig sich mehrenden Schrifttum zum Wohnungseigentumsgesetz, viele Rechtsfragen, die bei der Anwendung des Gesetzes zu beantworten waren, geklärt und dabei zur Lösung neu sich stellender Fragen Richtungsweisungen gegeben hat. Gegenüber der Vorbearbeitung neu aufgenommen wurden die Erläuterungen zum Bauherrenmodell und zur Heizkostenverodnung.

Durch einen Rechtsprechungsnachtrag am Schluß der Kommentierung (vor dem Sachregister) ist die Sonderausgabe auf den Stand von Anfang Mai 1983 gebracht worden; der Nachtrag ist im Sachregister mit berücksichtigt.

Karlsruhe, im Juni 1983

Georg Augustin

Corrigenda

1. § 11 Rdn. 6 Ende der vierten Zeile von unten
— statt § 1 muß es heißen: **§ 9**
2. § 14 Rdn. 14 Anfang der sechsten Zeile von oben
— statt § 13 muß es heißen: **§ 43**
3. § 21 Rdn. 45 Überschrift
— statt 4. Ordnungsmäßige muß es heißen: **2. Ordnungsmäßige**
4. § 47 Rdn. 2 Zeile 2 von unten
— statt obliegende muß es heißen: **obsiegende**
5. Überschrift vor § 59
— statt Ergänzende Bestimmungen muß es heißen:
IV. Teil. Ergänzende Bestimmungen

Inhaltsverzeichnis

Seite

Einleitung . . . . . (1)

I. Teil. Wohnungseigentum
§ 1 Begriffsbestimmungen . . . . . (6)

1. Abschnitt. Begründung des Wohnungseigentums
§ 2 Arten der Begründung . . . . . (18)
§ 3 Vertragliche Einräumung von Sondereigentum . . . . . (19)
§ 4 Formvorschriften . . . . . (36)
§ 5 Gegenstand und Inhalt des Sondereigentums . . . . . (41)
§ 6 Unselbständigkeit des Sondereigentums . . . . . (53)
§ 7 Grundbuchvorschriften . . . . . (55)
§ 8 Teilung durch den Eigentümer . . . . . (65)
Anhang: Bauherrenmodell . . . . . (83)
§ 9 Schließung der Wohnungsgrundbücher . . . . . (86)

2. Abschnitt. Gemeinschaft der Wohnungseigentümer
§ 10 Allgemeine Grundsätze . . . . . (91)
§ 11 Unauflöslichkeit der Gemeinschaft . . . . . (104)
§ 12 Veräußerungsbeschränkung . . . . . (107)
§ 13 Rechte des Wohnungseigentümers . . . . . (116)
§ 14 Pflichten des Wohnungseigentümers . . . . . (121)
§ 15 Gebrauchsregelung . . . . . (126)
§ 16 Nutzungen, Lasten und Kosten . . . . . (136)
§ 17 Anteil bei Aufhebung der Gemeinschaft . . . . . (146)
§ 18 Entziehung des Wohnungseigentums . . . . . (148)
§ 19 Wirkung des Urteils . . . . . (154)

3. Abschnitt. Verwaltung
§ 20 Gliederung der Verwaltung . . . . . (158)
§ 21 Verwaltung durch die Wohnungseigentümer . . . . . (159)
§ 22 Besondere Aufwendungen, Wiederaufbau . . . . . (172)
§ 23 Wohnungseigentümerversammlung . . . . . (179)
§ 24 Einberufung, Vorsitz, Niederschrift . . . . . (186)
§ 25 Mehrheitsbeschluß . . . . . (190)
§ 26 Bestellung und Abberufung des Verwalters . . . . . (198)
§ 27 Aufgaben und Befugnisse des Verwalters . . . . . (206)
§ 28 Wirtschaftsplan, Rechnungslegung . . . . . (217)
§ 29 Verwaltungsbeirat . . . . . (224)

4. Abschnitt. Wohnungserbbaurecht
§ 30 . . . . . (227)

II. Teil. Dauerwohnrecht
Vorbemerkungen . . . . . (235)
§ 31 Begriffsbestimmungen . . . . . (240)

§ 32 Voraussetzungen der Eintragung . . . . . (245)
§ 33 Inhalt des Dauerwohnrechts . . . . . (248)
§ 34 Ansprüche des Eigentümers und der Dauerwohnberechtigten . . . . . (255)
§ 35 Veräußerungsbeschränkung . . . . . (258)
§ 36 Heimfallanspruch . . . . . (259)
§ 37 Vermietung . . . . . (265)
§ 38 Eintritt in das Rechtsverhältnis . . . . . (267)
§ 39 Zwangsversteigerung . . . . . (269)
§ 40 Haftung des Entgelts . . . . . (273)
§ 41 Besondere Vorschriften für langfristige Dauerwohnrechte . . . . . (275)
§ 42 Belastung eines Erbbaurechts . . . . . (278)

III. Teil. Verfahrensvorschriften
1. Abschnitt. Verfahren der freiwilligen Gerichtsbarkeit in Wohnungseigentumssachen
§ 43 Entscheidung durch den Richter . . . . . (280)
§ 44 Allgemeine Verfahrensgrundsätze . . . . . (302)
§ 45 Rechtsmittel, Rechtskraft . . . . . (306)
§ 46 Verhältnis zu Rechtsstreitigkeiten . . . . . (313)
§ 47 Kostenentscheidung . . . . . (316)
§ 48 Kosten des Verfahrens . . . . . (319)
§ 49 *aufgehoben*
§ 50 Kosten des Verfahrens vor dem Prozeßgericht . . . . . (321)
2. Abschnitt. Zuständigkeit für Rechtsstreitigkeiten
§ 51 Zuständigkeit für die Klage auf Entziehung des Wohnungseigentums . (322)
§ 52 Zuständigkeit für Rechtsstreitigkeiten über das Dauerwohnrecht . . . . (323)
3. Abschnitt. Verfahren bei der Versteigerung des Wohnungseigentums
§ 53 Zuständigkeit, Verfahren . . . . . (326)
§ 54 Antrag, Versteigerungsbedingungen . . . . . (327)
§ 55 Terminsbestimmung . . . . . (329)
§ 56 Versteigerungstermin . . . . . (330)
§ 57 Zuschlag . . . . . (332)
§ 58 Rechtsmittel . . . . . (334)

IV. Teil. Ergänzende Bestimmungen
§ 59 Ausführungsbestimmungen für die Baubehörden . . . . . (335)
§ 60 Ehewohnung . . . . . (336)
§ 61 Einheitsbewertung . . . . . (337)
§ 62 Gleichstellung mit Eigenheim . . . . . (337)
§ 63 Überleitung bestehender Rechtsverhältnisse . . . . . (339)
§ 64 Inkrafttreten . . . . . (341)

Rechtsprechungsnachtrag . . . . . (343)

Sachregister . . . . . (347)

Gesetz über das Wohnungseigentum und das Dauerwohnrecht

(Wohnungseigentumsgesetz)

vom 15. 3. 1951 (BGBl. S. 175)

geändert durch Bundesgesetz über Maßnahmen auf dem Gebiete des Kostenrechts vom 7. 8. 1952 BGBl. I S. 401, Bundesgesetz zur Änderung und Ergänzung kostenrechtlicher Vorschriften vom 26. 7. 1957 BGBl. I S. 861, Bundesgesetz zur Änderung des Bürgerlichen Gesetzbuches und anderer Gesetze vom 30. 5. 1973 BGBl. I S. 501, Bundesgesetz zur Änderung des Wohnungseigentumsgesetzes und der Verordnung über das Erbbaurecht vom 30. 7. 1973 BGBl. I S. 910 und Bundesgesetz zur Erhöhung von Wertgrenzen vom 8. 12. 1982 BGBl. I S. 1615.

Einleitung

I. Zwecke des WEG

Das WEG bezweckt

1. in wohnungswirtschaftlicher Hinsicht: der als Folge des 2. Weltkriegs entstandenen Wohnungs- und Raumnot dadurch zu steuern, daß es

a) dem eine Wohnung Suchenden eine Verwendung seines hierzu erforderlichen Kapitals ermöglicht, die ihn rechtlich günstiger stellt als einen Mieter,

b) auf diese Weise zu vermehrtem Bau von Wohnungen und anderen Räumen anreizt;

2. in städtebaulicher Hinsicht: Kleinkapital vor allem dem Wiederaufbau der zerstörten Stadtkerne, daneben aber auch dem Neubau von Siedlungen nutzbar zu machen.

II. Mittel hierzu

Die zu I. erwähnten Zwecke sucht das WEG auf zwei verschiedenen Wegen zu erreichen:

1. Raumeigentum

Unter Durchbrechung des aus dem römischen Recht (superficies solo cedit) in das BGB (§§ 93, 94) übernommenen Grundsatzes, daß ein Gebäude als wesentlicher Bestandteil des Grundstücks, auf dem es errichtet ist, dessen rechtliches Schicksal teilt und an realen Teilen des Gebäudes nicht verschiedene Eigentumsrechte bestehen können, gibt das WEG die Möglichkeit, Sondereigentum an Räumen und Bestandteilen eines Gebäudes (Wohnungseigentum, Teileigentum, Wohnungserbbaurecht, Teilerbbaurecht) zu begründen (§§ 1 ff).

2. Nutzungsrecht besonderer Art

In Anlehnung an das Wohnungsrecht des BGB (§ 1093) schafft das WEG ein besonderes dingliches Nutzungsrecht (Dauerwohnrecht, Dauernutzungsrecht) an Räumen eines Gebäudes, das im Gegensatz zum Wohnungsrecht veräußerlich und vererblich ist und wirtschaftlich entweder mietähnlichen oder eigentumsähnlichen Charakter haben kann.

III. Anknüpfung an das Stockwerkseigentum

1. Das WEG knüpft an eine Einrichtung an, die im Gegensatz zum römischen Recht das mittelalterliche deutsche Recht in dem sog. „Stockwerkseigentum" („Geschoßeigentum", „Herbergsrecht") entwickelt und die sich trotz der ungünstigen Erfahrungen, die man mit ihm — vor allem infolge seiner unzureichenden gesetzlichen Regelung — gemacht hat, in gewissem Umfange bis heute erhalten hat. Außerdem wurden bei der Schaffung des WEG die zahlreichen ausländischen Vorbilder berücksichtigt.

2. Regelung im EGBGB

Das BGB selbst kennt das Stockwerkseigentum nicht. Das EGBGB läßt es als landesrechtliche Einrichtung bestehen; dabei wird zwischen „echtem" und „uneigentlichem" Stockwerkseigentum unterschieden.

a) Echtes Stockwerkseigentum kann nach Art. 189 Abs. 1 Satz 3 EGBGB seit dem 1. 1. 1900 nicht mehr begründet werden, bleibt aber nach Art. 182 bestehen, soweit es in diesem Zeitpunkte bestanden hat; das Rechtsverhältnis der Beteiligten bestimmt sich dann nach den bisherigen Landesgesetzen, die auch durch Landesgesetz geändert werden können (Art. 218).

b) Uneigentliches Stockwerkseigentum ist nach Art. 131 EGBGB das Miteigentum an einem mit einem Gebäude versehenen Grundstück, wenn jedem Miteigentümer die ausschließliche Benutzung eines Teiles des Gebäudes eingeräumt ist (vgl. § 1010 BGB); es ist als Ersatz für das im BGB fehlende echte Stockwerkseigentum gedacht. Landesrechtliche Vorschriften, die für solche Fälle das Gemeinschaftsverhältnis näher bestimmen, die Anwendung der §§ 749—751 BGB (Unabdingbarkeit des Anspruchs auf Aufhebung der Gemeinschaft) ausschließen und bei Konkurs eines Miteigentümers auch dem Konkursverwalter den Aufhebungsanspruch (§ 16 Abs. 2 KO) versagen, bleiben vom BGB unberührt, können also auch neu erlassen werden (Art. 3 EGBGB). Das im Lande Württemberg-Baden erlassene Gesetz über das Miteigentum nach Wohneinheiten vom 12. 6. 1950 (RegBl. S. 57) ist durch Gesetz des Landes Baden-Württemberg vom 16. 2. 1953 (GBl. S. 9) wiederaufgehoben worden; das Ausführungsgesetz zum BGB vom 26. 11. 1974 GBl. S. 498/503 trifft nunmehr in §§ 35 ff Regelungen über das Stockwerkseigentum; dazu *Thümmel* JZ **80, 131.** Bayern (Art. 42 des Übergangsgesetzes) hat das bestehende echte Stockwerkseigentum in uneigentliches umgewandelt.

3. Überleitung

Das WEG läßt die Vorschriften des EGBGB über das (echte und uneigentliche) Stockwerkseigentum unberührt, doch ermächtigt es die Länder, durch Landesgesetz Vorschriften zur Überleitung bestehender, auf Landesrecht beruhender Rechtsverhältnisse in die Rechtsformen des WEG zu treffen, sieht auch kostenrechtliche Erleichterungen für solche Umwandlungen in die neuen Rechtsformen vor (§ 63 WEG).

IV. Effizienz des Gesetzes für den Wohnungsbau

1. In der Begründung zum Gesetzesentwurf wird betont, man verkenne nicht, daß die neuen Rechtsformen ihre wirtschaftliche Bewährungsprobe noch zu erbringen hät-

ten. Das ist inzwischen, was das Wohnungseigentum anlangt, nach allgemeiner Ansicht zweifelsfrei geschehen. Das Gesetz fand insoweit eine kaum erwartet große Annahme. Die Zahl der Eigentumswohnungen stieg innerhalb der ersten 25 Jahre seit Geltung des Gesetzes auf 1 Million an; sie liegt derzeit weit darüber, fast jede 6. neu errichtete Wohnung des Wohnungsbaus ist eine Eigentumswohnung. Diese Zahlen sprechen überzeugend für die Richtigkeit der Conception des Gesetzgebers, der damit dem Wunsch der Bundesbürger nachkam, „in eigenen vier Wänden wohnen zu können".

Im Laufe der Jahre zeichneten sich Besonderheiten ab: Bestandswohnungen werden zu Eigentumswohnungen umgestaltet; man spricht von „gekorenem" im Gegensatz zum „geborenen" Wohnungseigentum. Begünstigt durch die Lockerung des Kündigungsschutzes und gefördert durch staatliche Subventionierung der Sanierung und Modernisierung von Mietwohnungen im Altbestand, bietet die Umwandlung von Mietwohnungen in modern ausgestattete Eigentumswohnungen den Hauseigentümern die Chance, die enorme Wertsteigerung, die der Grundbesitz im Laufe der letzten Jahrzehnte erfuhr, flüssigzumachen und auf dem Kapitalmarkt mit hoher Verzinsung anzulegen.

Große Bedeutung gewann auch die nicht mehr ganz planungskonforme Entwicklung des sog. *Bauherrenmodells;* der freifinanzierte Bau von Eigentumswohnungen wird nun überwiegend unter Verwendung dieser Modelle durchgeführt. Dabei geht es nicht so sehr um die Errichtung eigengenutzter Eigentumswohnungen, sondern um deren Erstellung zur Kapitalanlage in Form der Vermietung. Zur Finanzierung des Bauvorhabens werden steuerliche Vergünstigungen des Einkommens-, Umsatz- und Grunderwerbssteuerrechts genutzt. Die Diskussion darüber, wieweit diese Modelle praktikabel und rechtlich unbedenklich sind, ist nicht abgeschlossen (vgl. *Linderhaus* DNotartag 1981 S. 101 ff).

2. Abgesehen von der Neuregelung des Kostenrechts ist das Gesetz in den dreißig Jahren seines Bestehens nur einmal (Wahl des Verwalters) geändert worden. Der Ruf nach Reformen (Erleichterung der Abänderung von Gemeinschaftsordnungen und Vereinbarungen, vereinfachte Abstimmungsmoden bei großen Gemeinschaften, Zustimmungsbedürftigkeit der Gewährung von Sondernutzungsrechten seitens der Realgläubiger, Erweiterung des Aufgabenkreises des Verwaltungsbeirates) ist schwächer geworden; mit gesetzgeberischen Maßnahmen ist für eine absehbare Zeit kaum zu rechnen. Zum Schrifttum zu den Reformbestrebungen s. *Bertram* BlGBW **81** 167; *Brambring* DNotZ **79** 155; *Ertl* DNotZ **79** 267; *Weitnauer* DNotZ **77** Sonderheft; DWW **79** 237; Betrieb **81** Beilage Nr. 4; Moderne Entwicklungen des Wohnungseigentums, DNotZ **81** Sonderbeiträge S. 89 ff mit Referaten von *Gattermann* und *Linderhaus; Röll* DNotZ **82** 334.

V. Terminologie des WEG

1. Allgemeines

Zu den im WEG verwendeten Rechtsbegriffen sei bemerkt:

Das Gesetz stellt aus wohnungspolitischen Gründen die Rechte an Wohnungen in den Vordergrund, obwohl für Räume, die nicht zu Wohnzwecken dienen, grundsätzlich die gleichen Vorschriften gelten (§ 1 Abs. 5, § 30 Abs. 1, § 31 Abs. 3), so daß in der Regel nur die Wohnungen erwähnt, in Wirklichkeit aber auch Räume anderer Art gemeint werden, ohne daß dies durch Verwendung eines gemeinsamen Oberbegriffs ersichtlich wird.

2. Einzelheiten

Hinzuweisen ist auf folgendes:

a) Die *Überschrift* des Gesetzes erwähnt nur das Wohnungseigentum (§ 1 Abs. 2) und das Dauerwohnrecht (§ 31 Abs. 1), während das Gesetz außerdem auch das Teileigentum (§ 1 Abs. 3), das Dauernutzungsrecht (§ 31 Abs. 2), das Wohnungserbbaurecht und das Teilerbbaurecht (§ 30) behandelt.

b) Der Ausdruck *Wohnungseigentum* ist insofern zu eng, als er nicht nur das Eigentum an Wohnungen umfaßt, sondern das Miteigentum an einem Grundstück bezeichnet, das durch Einräumung von Sondereigentum an einer Wohnung für jeden Miteigentümer besonders ausgestaltet ist (§ 1 Abs. 2, § 3 Abs. 1).

c) Der Ausdruck *Teileigentum* ist insofern zu weit, als er nicht erkennen läßt, daß hier nur das (mit dem Miteigentum am Grundstück verbundene) Sondereigentum an Räumen (und Gebäudeteilen), die nicht zu Wohnzwecken dienen, gemeint ist, während er seinem Wortsinn nach auch das Wohnungseigentum umfaßt.

d) Ein *Oberbegriff* für Wohnungs- und Teileigentum fehlt. Im Interesse der juristischen Klarheit ist ein solcher indessen unentbehrlich. Im folgenden wird hierfür deshalb der Ausdruck *Raumeigentum* („Raumeigentümer") verwendet.

e) Für die Ausdrücke *Wohnungserbbaurecht* und *Teilerbbaurecht* gilt das zu b) und c) Gesagte entsprechend. Als gemeinsamer Oberbegriff wird im folgenden der Ausdruck *Raumerbbaurecht* gebraucht.

f) Der Ausdruck *Dauernutzungsrecht* ist zu weit, weil er das besondere Nutzungsrecht an Räumen nicht allgemein, sondern nur an solchen Räumen erfassen soll, die nicht zu Wohnzwecken dienen (§ 31 Abs. 2); er bildet keinen logischen Gegensatz zu dem Ausdruck „Dauerwohnrecht", der wiederum zu eng ist, weil er (entgegen seinem Wortsinn) ein Nutzungsrecht, nicht nur ein Wohnrecht bezeichnen soll. Als gemeinsamer Oberbegriff für beide wird im folgenden der Ausdruck „Dauerrecht" verwendet, weil der an sich besser zutreffende Ausdruck „Dauernutzungsrecht" schon für das entsprechende Recht an nicht zu Wohnzwecken dienenden Räumen verbraucht ist.

3. Übersicht

Danach ergibt sich für die Terminologie des Gesetzes folgendes Schema:

(Oberbegriff)	Wohnungen:	Nicht zu Wohnzwecken dienende Räume:
(Raumeigentum)	Wohnungseigentum	Teileigentum
(Raumerbbaurecht)	Wohnungserbbaurecht	Teilerbbaurecht
(Dauerrecht)	Dauerwohnrecht	Dauernutzungsrecht

VI. Geltungsgebiet des WEG

1. Das WEG gilt in der *Bundesrepublik Deutschland* und in *West-Berlin* (Gesetz v. 2. 8. 1951, GVBl. S. 547).

2. Im *Saarland* galt zunächst ein besonderes, dem WEG im wesentlichen nachgebildetes Gesetz über Wohnungseigentum und Dauerwohnrecht (WEG) v. 13. 6. 1952

(ABl. S. 686). Das WEG ist seit Ende der mit der Rückgliederung des Saarlandes zusammenhängenden Übergangszeit nunmehr auch im Saarland anzuwenden.

VII. Schrifttum zum WEG

1. Kommentierungen des WEG

Bärmann/Pick/Merle, WEG, 4. Auflage, **80**; *Bärmann/Pick,* WEG, Taschenkommentar, 10. Auflage, **80**; *Diester,* WEG **52**; *Ermann,* Handkommentar zum BGB, 7. Auflage, Band 2, Sachbearbeiter: *Westermann,* **81**; Münchener Kommentar zum BGB, Band 4, Sachbearbeiter: *Röll,* **81**; *Palandt,* BGB, 42. Auflage, Sachbearbeiter: *Bassenge,* **82**; *Soergel/Siebert,* BGB, 11. Auflage, Band 5, Sachbearbeiter: *Baur,* **78**; *Staudinger,* BGB, Band III 2. Abteilung, Sachbearbeiter: *Ring,* **63**; *Weitnauer/Hauger,* WEG 6. Auflage, **82**; *Wienecke,* Wohnungseigentumsrecht, **75**.

2. Weiteres Schrifttum

Bassenge, Aktuelle Fragen aus der Rechtsprechung und Rechtspraxis zum Wohnungseigentum, **81**; *Bärmann,* Zur Dogmatik des gemeinen Raumeigentums, AcP Band 155, 1 ff; *Bärmann/Seuß,* Praxis des Wohnungseigentums, 3. Auflage, **80**; *Belz,* Das Wohnungseigentum, **82**; *Börner,* Wohnungseigentum und das System des deutschen Rechts, Festschrift für Dölle, Band 1 Seite 201 ff; *Deckert,* Die Eigenwohnung, **82**; *Diester,* Wichtige Rechtsfragen des WEG, **74**; *Hurst,* Organisationsformen und -möglichkeiten des Raumeigentums in der Fortentwicklung des WEG, AcP **81** 369; *Koepp,* Wohnungseigentum in der Praxis, **70**; *Merle,* Das Wohnungseigentum im System des bürgerlichen Rechts, **80**; *Paulick,* Zur Dogmatik des WEG, AcP Band 152, 420; *Röll,* Handbuch für Wohnungseigentümer und Verwalter 2. Auflage, **80**; *Schoenhofer/Reimich,* Haus- und Grundbesitz in Recht und Praxis, Gruppe 13: Wohnungseigentum, **81**; *Schmid,* Die Wohnungseigentümergemeinschaft im System der Rechtsgemeinschaften, BlGBW **81** 142; *Weimar,* Die Eigentumswohnung, 6. Auflage **81**; *derselbe* Das Wohnungseigentum von A—Z, 2. Auflage **79**.

3. Rechtsprechungsnachweise

Diester Rechtsprechung zum WEG **67**; *Goerke* Rpfleger **81** 20, 280; **82** 12; 267; *Hoppmann* BlGBW **73** 7 ff; *Lutz* DWW **71** 105 ff; *Mattern* WM **73** 662, 1258; *Pickart* WM **75** 405; *Schnitzerling* BlGBW **79** 110; **80** 69; **81** 232; **82** 110; *Stangelmayr* Rpfleger **75** 425; **76** 122, 285; **77** 284, 438; **78** 125, 295, 425; **79** 120, 289, 420; **80** 140, 258; *Ulrich,* Wohnungseigentumsrecht, **73**; *Derichs* WE-Rechtssammlung, Band 1 und 2.

4. Zeitschriften

Blätter für Grundstücks-, Bau- und Wohnungswesen (BlGBW), Deutsche Wohnungswirtschaft (DWW), Die Freie Wohnungswirtschaft (FWW), Allgemeine Immobilienzeitung (AIZ), Zeitschrift für das Notariat in Baden/Württemberg (BWNot.), Mitteilungen der Rheinischen Notarkammer (MittRhNotK), Mitteilungen des Bayerischen Notarvereins und der Landesnotarkammer (MittBayNot.), Der Wohnungseigentümer (DWE), Dokumentation Wohnungseigentum aus der Zeitschrift „Der Wohnungseigentümer“, Nr. 1, 2, Das Wohnungseigentumsmagazin (WEM).

I. TEIL

Wohnungseigentum

Der **Erste Teil** gliedert sich folgendermaßen:

I. *Eigentum an Räumen* (Wohnungs- und Teileigentum):
   1. Begriffsbestimmungen (§ 1)
   2. Gestaltung des Raumeigentums (Abschnitte 1—3):
      a) Begründung (1. Abschn., §§ 2—9);
      b) Gemeinschaft der Raumeigentümer (2. Abschn., §§ 10—19);
      c) Verwaltung des gemeinschaftlichen Eigentums (3. Abschn., §§ 20—29).

II. *Erbbaurecht an Räumen* (Wohnungs- und Teilerbbaurecht, 4. Abschn., § 30).

§ 1

Begriffsbestimmungen

(1) Nach Maßgabe dieses Gesetzes kann an Wohnungen das Wohnungseigentum, an nicht zu Wohnzwecken dienenden Räumen eines Gebäudes das Teileigentum begründet werden.

(2) Wohnungseigentum ist das Sondereigentum an einer Wohnung in Verbindung mit dem Miteigentumsanteil an dem gemeinschaftlichen Eigentum, zu dem es gehört.

(3) Teileigentum ist das Sondereigentum an nicht zu Wohnzwecken dienenden Räumen eines Gebäudes in Verbindung mit dem Miteigentumsanteil an dem gemeinschaftlichen Eigentum, zu dem es gehört.

(4) Wohnungseigentum und Teileigentum können nicht in der Weise begründet werden, daß das Sondereigentum mit Miteigentum an mehreren Grundstücken verbunden wird.

(5) Gemeinschaftliches Eigentum im Sinne dieses Gesetzes sind das Grundstück sowie die Teile, Anlagen und Einrichtungen des Gebäudes, die nicht im Sondereigentum oder im Eigentum eines Dritten stehen.

(6) Für das Teileigentum gelten die Vorschriften über das Wohnungseigentum entsprechend.

Schrifttum

Diester, Das heutige Raumeigentum, NJW **70** 1107; *Weimar,* Das Verhältnis zwischen Wohnungseigentum und Teileigentum, DWE **77** 72; *Zoebe,* Grenzen zwischen Sondereigentum und gemeinschaftlichem Eigentum, DWE **74** Heft 4, S. 12; *Merle,* Das Wohnungseigentum im System des bürgerlichen Rechts, **79** (Besprechungen von Mohrbutter, AcP 1981, 243; *Weitnauer,* DWW **79** 243; NJW **80** 1653; *Deckert,* Wohnungseigentumsrechtliche Problematik umgewandelter Mietwohnungen, ZfBauR **80** 213; *Bertram,* Geborenes und gekorenes Wohnungseigentum, BlGBW **81** 167; *Clasen,* Begründung, Entstehung und Entziehung von Wohnungseigentum, BlGBW **81** 51; *Ganten,* Schritte zur größeren Verkehrsfähigkeit des Wohnungseigentums, BauR **80** 117; *Weitnauer,* Dreißig Jahre Wohnungseigentumsgesetz, gelöste und aktuelle Probleme, Betr. Beilage Nr. 4/**81**; *Rosenau/Rosenau,* Wohnungseigentum in rechtlicher und steuerlicher Sicht, Betr. Beilage Nr. 13/**79**; *Röll,* Wohnungseigentum und Grenzüberbau, MittBayNot **82** 172.

Übersicht

	Rdn.
Vorbemerkung	1
A. Allgemeines	
I. Wohnungs- und Teileigentum	2, 3
II. Eigentumscharakter des Raumeigentums	4
III. Rechtsträger	5
IV. Sozialer Wohnungsbau	6
B. Raumeigentum als gemischtes Eigentum	
I. Allgemeines	7, 8
II. Rechtsnatur des Raumeigentums	9–14
III. Untrennbarkeit der Verbindung von Sondereigentum und Miteigentumsanteil	15
C. Gemeinschaftliches Eigentum	16
I. Gegenstand des gemeinschaftlichen Eigentums	
1. Grundstück	17
2. Gebäudeteile	18–21
3. Nebengebäude	22
4. Verwaltungsvermögen	23–26
II. Abdingbarkeit	27, 28
III. Rechtsnatur	29
D. Sondereigentum	30, 31
I. Begründung	32
II. Gegenstand	33–36
III. Inhalt	37
IV. Akzessorietät	38, 39
E. Wohnungs- und Teileigentum	
I. Allgemeines	40
II. Wohnungseigentum	41–44
III. Teileigentum	
1. Begriff	45
2. Unterschied zum Wohnungseigentum	46–48
F. Ausgabe als Reichsheimstätte	49

Vorbemerkung

Die Überschrift des I. Teils („Wohnungseigentum") stimmt mit dem, was im I. Teil behandelt wird, nicht ganz überein, denn dieser Teil regelt auch das Teileigentum, das Wohnungserbbaurecht und das Teilerbbaurecht. Die Neufassung des § 1 (neuer Absatz 4) beruht auf Art. 1 Nr. 1 des Gesetzes zur Änderung des WEG und der VO über das Erbbaurecht vom 30. 7. 1973 BGBl. I S. 910. **1**

A. Allgemeines **2**

1. Wohnungs- und Teileigentum

Das Raumeigentum besteht entweder an Wohnungen (Wohnungseigentum) oder an nicht zu Wohnzwecken dienenden Räumen eines Gebäudes (Teileigentum). Da das Gesetz keinen Oberbegriff (Raumeigentum) für beide verwendet, spricht es von beiden Arten des Raumeigentums gesondert. Rechtlich unterscheiden sich Wohnungseigentum und Teileigentum nur durch die Zweckbestimmung der Räume, an denen sie bestehen. Das kommt im Gesetz dadurch zum Ausdruck, daß § 1 Abs. 1—5 zunächst das Wohnungseigentum und das Teileigentum begrifflich bestimmt und dann im Abs. 6 ausspricht, daß die Vorschriften über das Wohnungseigentum entsprechend für das Teileigentum gelten; danach bezieht sich alles, was in den Abschnitten 1—3 des I. Teils über das Wohnungseigentum gesagt ist, unterschiedslos auf das Raumeigentum überhaupt.

Das Grundstück ist nach Begründung von Raumeigentum im Grundbuch nicht mehr gebucht, es kann aber als ganzes belastet werden durch Belastung aller Raumeigentumsrechte, die an dem Grundstück bestehen (vgl. BayObLGZ 74 125; KG MDR 77 405 mit Ausführungen für den Grundbuchvollzug). Zur Abveräußerung eines Grundstücksteils — Schließung des Wohnungsgrundbuchs ist nicht erforderlich — s. LG Düsseldorf MittRhNotK 80 77. **3**

II. Eigentumscharakter des Raumeigentums **4**

Beim Raumeigentum handelt es sich um echtes — wenn auch durch die notwendige Rücksichtnahme der Raumeigentümer aufeinander in gewisser Hinsicht eingeschränktes — Eigentum, nicht etwa nur um ein beschränktes dingliches Recht an den

Räumen wie beim Dauerwohn- oder Dauernutzungsrecht (§§ 31—42) oder um eine beschränkte persönliche Dienstbarkeit am Grundstück wie beim Wohnungsrecht nach § 1093 BGB. Das BGB kennt nur ein Eigentum an Sachen (§ 903), d. h. körperlichen Gegenständen (§ 90); Räume werden insoweit wie Sachen behandelt, als sie Gegenstand eines Teilbesitzes (§ 865) oder schuldrechtlicher Verhältnisse (§ 580) sein können, doch sind an ihnen weder Eigentum noch beschränkte dingliche Rechte möglich (§§ 93—96). Etwas Gegenteiliges ergibt sich auch nicht aus § 905 BGB, der nur ein beschränktes Recht des Bodeneigentümers, Einwirkungen im Luftraum zu verbieten, begründet, aber kein Eigentum an Räumen gewährt (str.). Indem das WEG Eigentum (§ 1 Abs. 1) und beschränkte dingliche Rechte (§ 31) an Räumen anerkennt, stellt es für seinen Bereich die Räume grundsätzlich den Sachen i. S. des BGB gleich.

5 **III. Rechtsträger**

Rechtsträger des Raumeigentums können sein natürliche und juristische Personen, Gesellschaften, Gütergemeinschaften, auch Bruchteilsgemeinschaften (BayObLGZ **69** 82); zur Gesamtschuldnerhaftung des Bruchteilsteilhaber für Verbindlichkeiten gegenüber der Raumeigentümergemeinschaft vgl. Stuttgart NJW **69** 1176).

6 IV. Zum Wohnungseigentum im Rahmen des *sozialen Wohnungsbaues* s. §§ 12, 35, 39, 54, 61 des II. Wohnungsbaugesetzes in der Fassung vom 30. 7. 1980 BGBl. I S. 1085, zur Pflicht der Anzeige einer beabsichtigten Umwandlung von öffentlich geförderten Mietwohnungen in Eigentumswohnungen und zum Vorkaufsrecht des Mieters s. §§ 2 a, 2 b des Wohnungsbindungsgesetzes in der Fassung vom 22. 7. 1982 BGBl. I 973. Zur Eigenbedarfskündigung des Wohnungseigentümers s. § 564 b Abs. 2 b BGB und OLG Hamm NJW **81** 584.

Zur Eigentumswohnung als Ware im Sinne des § 1 Satz 1 PreisangabenVO vom 10. 5. 1973 BGBl. I S. 461 s. BGH NJW **82** 823; zur Heranziehung des Raumeigentumes zum Erschließungsbeitrag s. BVerwG NJW **82** 459.

7 **B. Raumeigentum als gemischtes Eigentum**

I. Allgemeines

1. Der Begriff des Raumeigentums (Wohnungs- und Teileigentum) i. S. des WEG ist weiter, als der Wortsinn des Ausdrucks besagt: er erfaßt nicht nur das Alleineigentum des Raumeigentümers an den Räumen, sondern auch einen Miteigentumsanteil an dem Grundstück und den Gebäudeteilen, die im gemeinschaftlichen Eigentum aller Raumeigentümer eines Gebäudes stehen. Es treffen im Raumeigentum das Alleineigentum des einzelnen Raumeigentümers an den ihm gehörigen Räumen und sein Bruchteilseigentum an den im Miteigentum aller Raumeigentümer stehenden und ihrem gemeinsamen Gebrauch dienenden Gegenständen (Grundstück und Gebäudeteile) zusammen. Das WEG nennt das allen Raumeigentümern nach Bruchteilen zustehende Miteigentum (§ 1008 BGB) „gemeinschaftliches Eigentum", das jedem Raumeigentümer an den ihm gehörigen Räumen zustehende Alleineigentum — zum Unterschied vom Alleineigentum des einzigen Eigentümers eines Grundstücks — „Sondereigentum". Es versteht mithin unter den Begriffen Wohnungseigentum und Teileigentum die Verbindung des Sondereigentums mit dem Anteil am gemeinschaftlichen Eigentum. Miteigentumsanteile ergeben für sich allein kein Raumeigentum, das gilt auch umgekehrt für Sondereigentum ohne Miteigentumsanteil.

8 2. Die *Mitgliedschaft* an der Gemeinschaft der Raumeigentümer ist kein Element des dinglichen Rechts, des Raumeigentums, wie dies vielfach im Schrifttum und verein-

zelt auch in der Rechtsprechung angenommen wird (dazu *Merle* aaO S. 142 ff). Das Gesetz hat — umfassender als dies für das Miteigentum des BGB geschehen ist — das Innenverhältnis der Raumeigentümer geordnet, die Vorschriften über die Gemeinschaft der Besonderheit des Raumeigentums angepaßt und den Raumeigentümern ermöglicht, Vereinbarungen über ihr Verhältnis untereinander dingliche Wirkung zu verschaffen (§ 10 Abs. 2). Es hat aber die Mitgliedschaft nicht, wie Sondereigentum und Miteigentumsanteil, zum dritten Glied des Raumeigentums bestimmt (vgl. *Merle* aaO S. 160). Daran ändert auch der Umstand nichts, daß auf den Erwerber eines Raumeigentums die Mitgliedschaft ohne weiteres mit dem Erwerb dieses Rechts übergeht.

II. Rechtsnatur des Raumeigentums 9

1. Wenn das WEG im § 1 Abs. 2 u. 3 die Verbindung von Sondereigentum und Miteigentumsanteil schlechthin als „Wohnungseigentum" oder „Teileigentum" bezeichnet und in der Begriffsbestimmung das Sondereigentum als erstes Glied der Verbindung nennt, so geht es von der wirtschaftlichen Betrachtungsweise aus, bei der das Sondereigentum an den Räumen im Vordergrunde steht und der neuen (gemischten) Eigentumsform ihr eigentliches Gepräge gibt. Juristisch gesehen ist aber der Miteigentumsanteil das Primäre: was das Raumeigentum kennzeichnet, ist die Möglichkeit, das Miteigentum mehrerer Personen an einem Grundstück in der Weise zu beschränken, daß jedem Miteigentümer (abweichend von § 93 BGB) das Sondereigentum an bestimmten Räumen eines auf dem Grundstück errichteten oder zu errichtenden Gebäudes eingeräumt wird (§ 3 Abs. 1). §§ 6 und 7 Abs. 1 Satz 2 bezeichnen das Sondereigentum als zum Miteigentumsanteil *gehörend*, die Veräußerung von Sondereigentum allein ist rechtlich nicht zulässig. Werden sämtliche Sondereigentumsrechte aufgehoben, verbleibt es beim ursprünglichen schlichten Miteigentum am Grundstück. Die durch die Verbindung von Sondereigentum und Miteigentumsanteil unauflösbar zusammengefügte Rechtsmehrheit, das Raumeigentum, stellt sich mithin rechtlich als ein *besonders ausgestaltetes Miteigentum am Grundstück* dar; der jeweilige Miteigentumsanteil wird durch Sondereigentum verstärkt und durch die Sondereigentumsrechte der andern Miteigentümer geschmälert; im Sinne der §§ 877, 876 BGB ist das Raumeigentum keine Belastung des Grundstücks. Dieser Beurteilung der Rechtsnatur des Raumeigentums wird nur noch vereinzelt widersprochen, sie wird von der Rechtsprechung vertreten (BGHZ **49** 251; 50, 60; OLG Stuttgart NJW **69** 1176; OLG Celle NJW **74** 1909; BayObLG Rpfleger **77** 140). Nach *Merle* (aaO S. 179 ff) ist das Raumeigentum ein grundstücksgleiches Recht; doch hat der Gesetzgeber eine dem § 11 RErbbVO entsprechende Regelung nicht getroffen; auf das Raumeigentum finden vielmehr die für das Miteigentum an Grundstücken geltenden Vorschriften Anwendung (OLG Hamm Rpfleger **80** 460; a. M. OLG Düsseldorf DNotZ **77** 307: grundstücksgleiches Recht); vgl. auch Verhandlungen des Deutschen Bundestages Sten. Berichte Bd. 6 S. 4386. Bei der Führung des Grundbuchs gleicht die Behandlung des Raumeigentums (der Miteigentumsanteil) der eines Grundstücks.

2. Das Raumeigentum ist teilbar, vererblich und übertragbar. 10

3. Der Raumeigentümer hat in Ansehung seines Sondereigentums Alleinbesitz, 11
Besitzschutz und die Ansprüche aus §§ 985, 1004 BGB, hinsichtlich des gemeinschaftlichen Eigentums Mitbesitz und Ansprüche gemäß § 1011 BGB. §§ 927, 928 BGB sind entsprechend anwendbar.

4. Zur *Veräußerung* des Raumeigentums s. unten Rdn. 25. 12

13 5. *Zwangsvollstreckung* in das Raumeigentum: Zwangsversteigerung (§§ 864 Abs. 2, 866 ZPO), Zwangsverwaltung und Zwangshypothek. Bei der Versteigerung kann § 12 ein Hindernis bilden. Eine selbständige Zwangsvollstreckung in Einrichtungen und Anlagen des Gebäudes ist unzulässig.

14 6. Das Raumeigentum fällt bei Eröffnung des Konkurses über das Vermögen eines Raumeigentümers in die Konkursmasse (§ 16 Abs. 2 KO). Die Gemeinschaft als solche kann nicht Konkursschuldner werden. Zur Schenkung eines Raumeigentums an einen Minderjährigen s. OLG Celle NJW **76** 2214; BGH Rpfleger **80** 463; BayOblGZ **79** 243 und *Klüsener* Rpfleger **81** 262 II 2,2; s. auch § 3 Rdn. 27.

15 **III. Untrennbarkeit der Verbindung von Sondereigentum und Miteigentumsanteil**

Diese Verbindung bildet ein einheitliches untrennbares Ganzes, kann daher nicht in ihre beiden Bestandteile aufgelöst werden. Rechte an dem Miteigentumsanteil erstrecken sich auf das Sondereigentum, dieses kann nicht ohne den Miteigentumsanteil veräußert oder belastet werden (§ 6). Auch Teileigentum kann ohne Sondereigentum nicht begründet werden.

16 **C. Gemeinschaftliches Eigentum**

Der gegenständliche Umfang des gemeinschaftlichen Eigentums wird negativ durch den des Sondereigentums bestimmt: gemeinschaftliches Eigentum ist alles, was nicht Sondereigentum ist. Eine klare Trennung zwischen den Gegenständen beider Eigentumsphären ist zur Vermeidung von Streitigkeiten unbedingt erforderlich.

17 **I. Gegenstände des gemeinschaftlichen Eigentums**

1. Grundstück

In erster Linie gehört hierher das Grundstück, auf dem das Gebäude errichtet ist oder errichtet werden soll, und zwar das Grundstück im grundbuchrechtlichen Sinne (§ 3 Abs. 1 GBO), also nicht nur die Bodenfläche, auf der das Gebäude steht, sondern auch die unbebaute Fläche des Grundstücks (Höfe, Hausgärten, Vorplätze, Lagerplätze, Trockenplätze, auch die ebenerdige Terrasse). Kein Teil des Grundstücks darf dem gemeinschaftlichen Eigentum entzogen und zu Sondereigentum eines Raumeigentümers erklärt werden. Die unbebauten Grundstücksteile brauchen aber nicht der unmittelbaren Nutzung durch die Gesamtheit der Raumeigentümer zu unterliegen, sondern können an einzelne Miteigentümer oder Dritte verpachtet oder gemäß § 15 einzelnen Miteigentümern zur ausschließlichen Benutzung überlassen werden.

Zum gemeinschaftlichen Eigentum gehören auch die natürlichen Früchte (z. B. das Obst der Gartenbäume; § 953 BGB), nicht aber die mittelbaren Sachfrüchte wie Pacht- und Mietzinsen, dazu unten Rdn. 25.

18 **2. Gebäudeteile**

Gemeinschaftliches Eigentum sind sodann die Teile, Anlagen und Einrichtungen des *Gebäudes,* die nicht im Sondereigentum eines Raumeigentümers oder (soweit es sich nicht um wesentliche Bestandteile — §§ 93, 94 BGB — des Gebäudes handelt, RG 158, 367) im Eigentum eines Dritten stehen (§ 1 Abs. 4). Zum gemeinsamen Eigentum gehören also

a) solche Teile, Anlagen und Einrichtungen des Gebäudes, die nicht Gegenstand des Sondereigentums sein können, selbst wenn sie sich im Bereich der im Sondereigentum stehenden Räume befinden (§ 5 Abs. 2), nämlich 19

aa) die *Teile des Gebäudes,* die für dessen Bestand oder Sicherheit erforderlich sind, wie Fundamente, tragende Mauern und Balkenkonstruktionen, Dach, Schornsteine, tragende Zwischenwände, Brandmauern. Diese Teile gehören auch dann zum gemeinschaftlichen Eigentum, wenn Sondereigentum an sämtlichen Räumen eines von mehreren auf dem Grundstück errichteten Gebäudes besteht (BGHZ 50, 56). Auf die tatsächliche Verwendung und den akuten Gebrauch kommt es hier nicht an.

bb) *Anlagen* und *Einrichtungen,* die dem gemeinschaftlichen Gebrauch der Eigentümer dienen, wobei Einrichtungen Sachen sind, die dem Gebäude körperlich eingefügt sind, Anlagen besondere Einrichtungen des Gebäudes darstellen (RG HRR 1934 Nr. 1027). Näheres s. § 5 Rdn. 17 ff, 21 ff. Beim *Zubehör* handelt es sich nicht um Bestandteile des Gebäudes (§ 97 BSB). S. dazu unten Rdn. 25 ff.

Unwesentliche Teile des Gebäudes sind sonderrechtsfähig (BayObLGZ **69** 32); sie fallen nicht unter Absatz 5, teilen aber, wenn keine Vereinbarungen über sie getroffen sind, im allgemeinen das rechtliche Schicksal der Hauptsache (RG 158, 369; BGH NJW **75** 688; Rpfleger **79** 256). Eine Heizungsanlage kann wesentlicher Bestandteil des Gebäudes sein (vgl. BGH Rpfleger **79** 256; NJW **75** 688).

b) Räume, die zwar Gegenstand des Sondereigentums sein können, aber nicht vertraglich zu Sondereigentum erklärt worden sind oder hinsichtlich derer das Sondereigentum nachträglich aufgehoben worden ist. 20

c) Gebäudebestandteile, die trotz ihrer Verbindung mit Räumen, die im Sondereigentum stehen, vertraglich zu gemeinschaftlichem Eigentum erklärt worden sind (§ 5 Abs. 3). 21

3. Nebengebäude 22

Garagen, Remisen, Lagerschuppen, Waschküchen, Werkstätten u. dgl., die sich außerhalb des Gebäudes noch auf dem gemeinschaftlichen Grundstück befinden, gehören als wesentliche Bestandteile des Grundstücks (§ 94 BGB) grundsätzlich zum gemeinschaftlichen Eigentum, doch kann Sondereigentum an ihnen unter denselben Voraussetzungen wie beim Hauptgebäude eingeräumt werden, und zwar nicht nur in Verbindung mit dem Sondereigentum an Räumen des Hauptgebäudes, sondern auch selbständig.

4. Verwaltungsvermögen 23

Im Schrifttum (auch in der Vorauflage) wird überwiegend die Auffassung vertreten, daß zum gemeinschaftlichen Eigentum im Sinne des § 1 Abs. 5 auch das „*Verwaltungsvermögen*" gehöre, wobei keine Einigkeit darüber besteht, was zum „Verwaltungsvermögen" zu rechnen ist (s. die Schrifttumszusammenstellung bei *Merle* aaO S. 84 Fußnote 10). Die Entstehungsgeschichte der Vorschrift läßt sich weder für diese noch für die gegenteilige Auffassung verwerten. Die Bezugnahme auf § 97 BGB (*Röll* NJW **76** 938) versagt jedenfalls hinsichtlich Forderungen. Die von *Merle* befürwortete Anwendung des § 96 BGB läßt sich mit der bisherigen Rechtsprechung zum subjektiv-dinglichen Recht im Sinne dieser Bestimmung nicht in Einklang bringen. Höchstrichterliche Rechtsprechung liegt noch nicht vor; die Entscheidungen des Bayerischen Obersten Landesgerichts (NJW **75** 2296 und BayObLGZ **69** 29) sind nicht eindeutig.

24 Das Gesetz schränkt den Begriff des gemeinschaftlichen Eigentums gegenständlich ein: es fallen darunter nach dem Gesetzeswortlaut nur Grundstück und Gebäudeteile; die abgeernteten Früchte des Grundstücks gehören nach dem Surrogationsprinzip zum Grundstück. Dem gemeinschaftlichen Eigentum stellt das Gesetz (§ 27 Abs. 1 Nr. 4, Abs. 2) die gemeinschaftlichen Gelder gegenüber, führt sie aber in § 1 Abs. 5 nicht auf. Sonstiges Verwaltungsvermögen erwähnt das Gesetz nicht. Das Verwaltungsvermögen ist demnach vom Gesetzgeber nicht zum gemeinschaftlichen Eigentum im Sinne des § 1 Abs. 5 bestimmt worden. Auch nicht das Grundstückszubehör; es folgt überdies auch sonst nicht automatisch dem rechtlichen Schicksal der Hauptsache. Auf das Verwaltungsvermögen finden also die allgemeinen Vorschriften über die Gemeinschaft (§§ 741 ff BGB) Anwendung (vgl. § 10 Abs. 1 WEG). Doch ist zu beachten: Wäre es dem einzelnen Raumeigentümer gestattet, diese Gemeinschaften zur Aufhebung zu bringen, wäre es seinem Gläubiger rechtlich möglich, nach Anteilspfändung jederzeit die Aufhebung zu verlangen (§ 751 Satz 2 BGB), wäre eine ordnungsmäßige Verwaltung des gemeinschaftlichen Eigentums nicht mehr gewährleistet, die Auflösung der Gemeinschaft nicht mehr aufzuhalten. Das widerspricht dem Grundcharakter der Raumeigentümergemeinschaft. Die Vorschrift des § 11 WEG verdrängt daher insoweit die allgemeine Regelung des BGB.

25 Mit der Veräußerung des Raumeigentums gehen die Anteile des veräußernden Raumeigentümers an diesen Gemeinschaften nicht von selbst auf den Erwerber über, § 6 handelt vom gemeinschaftlichen Eigentum im Sinne des § 1 Absatz 5. Wenn die Beteiligten nichts anderes festgelegt haben, ist indessen davon auszugehen, daß sie stillschweigend diese Anteile mit dem Raumeigentum mitübertragen wollten und übertragen haben. Bei der freiwilligen Versteigerung des Wohnungseigentums (§§ 19, 53) wird der Notar in die Versteigerungsbedingungen (§ 54 Abs. 3) Einzelheiten über die Übernahme der Anteile am Zubehör des Grundstücks wie den sonstigen Gemeinschaften (Bankguthaben, Bargeld) festhalten können, wie dies sonst bei der Veräußerung des Wohnungseigentums vertraglich festgelegt wird (str.). Zur Rechtslage bei der Zwangsversteigerung des Wohnungseigentums s. § 3 Rdn. 30.

26 Verwaltungsvermögen sind das beim Verwalter angesammelte Bargeld, das Zubehör (Gartengeräte, Grasmäher, Ersatzziegeln, Ersatzbeleuchtungskörper, Staubsauger zur Reinigung von Innentreppen und Fluren), die Büroeinrichtung des Verwalters, die Bankguthaben, Forderungen aus Miet- und Pachtverträgen u. a.

Zu allem s. noch *Hurst* aaO S. 177; *Weitnauer* DWW **79** 243 mit Fußnote 24; *Korff* DWE **76** 83 (Lücke im Gesetz).

27 **II. Abdingbarkeit**

1. **Unabdingbar** ist das gemeinschaftliche Eigentum am Grundstück und den Teilen, Anlagen und Einrichtungen des Gebäudes, die nicht Gegenstand von Sondereigentum sein können.

28 2. **Abdingbar** ist das gemeinschaftliche Eigentum an den übrigen Bestandteilen des Hauptgebäudes und etwaiger Nebengebäude. Insoweit spricht die Vermutung zunächst für gemeinschaftliches Eigentum; steht jedoch fest, daß hinsichtlich bestimmter Räume Sondereigentum vereinbart ist, so spricht die Vermutung für das Sondereigentum auch an den zu den Räumen gehörenden Gebäudebestandteilen, soweit nicht die Begründung von Sondereigentum an ihnen nach § 5 Abs. 2 ausgeschlossen ist.

III. Rechtsnatur 29

Das gemeinschaftliche Eigentum ist Miteigentum nach Bruchteilen i. S. von § 1008 BGB und steht allen Raumeigentümern — und nur diesen (§ 3 Abs. 1) — ungeteilt an allen ihm unterliegenden Gegenständen zu; insbesondere ist eine rechtliche Trennung des Eigentums am Grundstück und des Eigentums am Gebäude oder seinen Bestandteilen unzulässig. Der Umfang des jedem Miteigentümer zustehenden Bruchteils wird durch Vereinbarung der Miteigentümer bestimmt. Besonders geregelt ist das Verhältnis der Raumeigentümer zueinander im 2. Abschn. (§§ 10—19), die Verwaltung des gemeinschaftlichen Eigentums im 3. Abschn. (§§ 20—29).

D. Sondereigentum 30

Vorbemerkung

Durch den neuen Absatz 4 des § 1 wird klargestellt, daß das Sondereigentum nicht mit Miteigentumsanteilen an mehreren Grundstücken verbunden werden kann; die gesetzliche Regelung geht zurück auf die Entscheidung des Bayerischen Obersten Landesgerichts BayObLGZ **70** 166. Vergl. zur Neuregelung § 3 Abs. 1 b WGBVfg., Art. 4 Nr. 1 der VO vom 21. 3. 1974 BGBl. I S. 771. Absatz 4 gilt auch dann, wenn die in Betracht kommenden Grundstücke demselben Eigentümer gehören. Wohnungseigentum kann auch nicht begründet werden unter Einbeziehung eines Gebäudeteils, der im Wege des *Grenzüberbaus* auf das eigene oder ein fremdes Nachbargrundstück hinüber gebaut wurde, sei es mit Erlaubnis des Nachbarn, sei es, daß die Voraussetzungen des § 912 Abs. 1 BGB vorliegen. Denn die für den Grundbuchvollzug erforderliche Klärung der Eigentumsfrage hinsichtlich des übergebauten Gebäudeteils läßt sich aus dem Grundbuch nicht erreichen (OLG Hamm Rpfleger **76** 319; OLG Stuttgart Rpfleger **82** 375). Zum *Überbau* s. noch BGHZ **62** 146; **64** 146 und BGH MDR **81** 1002; *Röll* a. O., LG Bonn MittRhNot **82** 248. Verstöße gegen Absatz 4 machen den Gründungsvorgang unwirksam, es findet weder gutgläubiger Erwerb aufgrund des Eintrags im Wohnungsgrundbuch noch gültiger Erwerb in der Zwangsversteigerung statt (OLG Hamburg OLGZ **77** 264).

Bezüglich der *Übergangszeit* ist auf Art. 3 § 1 des erwähnten Änderungsgesetzes 31
von 1973 zu verweisen. Dabei wird davon auszugehen sein, daß in den Fällen des Absatzes 2 des § 1 eine Vereinigung der Grundstücke nicht zu erfolgen hat.

I. Begründung 32

Sondereigentum i. S. des WEG setzt stets eine Miteigentümerschaft an einem Grundstück und dem darauf stehenden Gebäude voraus. Höchstzahlen für die Begründung von Sondereigentum an einem Grundstück sieht das Gesetz nicht vor; da Miteigentum mindestens zwei Beteiligte voraussetzt, müssen mindestens zwei Sondereigentumsrechte geschaffen werden, da jedem Miteigentümer Sondereigentum zugeteilt werden muß. Das Sondereigentum muß durch ausdrückliche Vereinbarung und für jeden Miteigentümer und kann nur an Räumen des Gebäudes begründet werden.

II. Gegenstände 33

1. In erster Linie gehören hierher **die Räume selbst,** an denen das Sondereigentum begründet worden ist, d. h. der Luftraum, der durch Wände, Decke und Fußboden begrenzt ist; Sondereigentum soll nur eingeräumt werden, wenn die Räume in sich abgeschlossen sind (§ 3 Abs. 2). Die Raumeigentümer brauchen nicht alle Räume eines Gebäudes zu Sondereigentum zu verwenden; es steht ihnen frei, ganze Stockwerke als Gemeinschaftseigentum zu belassen (vg. BayObLGZ **72** 349).

34 2. Ferner unterliegen dem Sondereigentum die zu den Räumen gehörenden **Gebäudebestandteile,** die verändert, beseitigt oder eingefügt werden können, ohne daß dadurch das gemeinschaftliche Eigentum oder ein auf Sondereigentum beruhendes Recht eines anderen Raumeigentümers über das nach § 14 zulässige Maß hinaus beeinträchtigt oder die äußere Gestaltung des Gebäudes verändert wird (§ 5 Abs. 1). Dem Sondereigentum unterliegen jedoch nicht

a) die hiernach dem Sondereigentum unterwerfbaren, zu den Räumen gehörenden Gebäudebestandteile, soweit sie durch ausdrückliche Vereinbarung der Raumeigentümer dem gemeinschaftlichen Eigentum zugewiesen sind (§ 5 Abs. 3),

b) diejenigen Gebäudeteile, Anlagen und Einrichtungen, die sich zwar im Bereich der im Sondereigentum stehenden Räume befinden, aber nach § 5 Abs. 2 nicht Gegenstand des Sondereigentums sein können.

35 3. Balkone, Erker, Altanen, Terrassen als Teile einer Wohnung, von der aus sie zugänglich sind, gehören nach Maßgabe des § 5 zum Sondereigentum, wenn die Wohnung zum Sondereigentum erklärt ist. Es ist nicht unbedingt erforderlich, daß sie im Vertrag (§ 3) oder in der Teilungserklärung (§ 8) ausdrücklich als Sondereigentum bezeichnet werden.

36 4. *Nicht wesentliche Bestandteile* des Gebäudes scheiden als Gegenstand des Sondereigentums aus (BGH MDR **79** 656; NJW **75** 688). Sie sind sonderrechtsfähig, über sie kann selbständig verfügt werden, doch teilen sie, wenn keine Vereinbarungen über sie getroffen sind, in der Regel das rechtliche Schicksal der Hauptsache. Ist z. B. eine Heizungsanlage in einem Gebäude Eigentum eines Raumeigentümers, geht mit der Übertragung seines Raumeigentums nicht ohne weiteres auch die Heizungsanlage auf den Erwerber über.

37 III. Inhalt

Das Sondereigentum ist **wirkliches Eigentum** i. S. des § 903 BGB, aber durch die notwendige Rücksichtnahme auf die übrigen Mitglieder der Raumeigentümer-Gemeinschaft gewissen Einschränkungen unterworfen (§ 14). Abweichend von § 93 BGB ist es ein besonderes Recht an wesentlichen Bestandteilen eines Gebäudes. Zum Inhalt des Sondereigentums können auch **Vereinbarungen** über das *Verhältnis der Raumeigentümer* zueinander (2. u. 3. Abschn.) gemacht werden (§ 5 Abs. 4).

38 IV. Akzessorietät

Rechtlich ist das Sondereigentum dem dem Raumeigentümer zustehenden Miteigentumsanteil, dessen Schicksal es teilt, angegliedert. Der vielfach verwendete Ausdruck „Anhängsel" des Miteigentumsanteils wird der Sachlage nicht ganz gerecht. Das Sondereigentum hat eine nicht geringe Selbständigkeit. Es genießt Besitzschutz; der Raumeigentümer kann es für sich herausverlangen (§ 985 BGB); es gilt nicht § 1011 BGB. Vereinbarungen im Sinne des § 10 Abs. 1 werden als Inhalt des Sondereigentums (nicht des Wohnungseigentums) im Grundbuch eingetragen. Mit den Belastungen des Raumeigentums steht es in keinem Rangverhältnis.

39 Das Bayerische Oberste Landesgericht hat gelegentlich (BayObLGZ **58** 265; **70** 166) das Sondereigentum als subjektiv-dingliches Recht im Sinn des § 96 BGB bezeichnet, das das rechtliche Schicksal des Miteigentumsanteils teile. Aus dem WEG läßt sich jedoch nicht entnehmen, daß der Miteigentumsanteil im Sinne des § 96 BGB als rechts-

subjektbestimmend anzusehen ist (vgl. *Merle* aaO S. 168). Überdies teilt das Sondereigentum das rechtliche Schicksal des Miteigentumsanteils gemäß § 6 WEG.

E. Wohnungs- und Teileigentum 40

I. Allgemeines

Das Raumeigentum ist entweder Wohnungseigentum oder Teileigentum. Gemeinsam ist beiden Arten des Raumeigentums die Verbindung von Sondereigentum an Räumen mit dem Miteigentumsanteil am gemeinschaftlichen Eigentum und die Vorschrift, daß die Räume, an denen das Sondereigentum besteht, in sich abgeschlossen sein sollen; ein Unterschied zwischen beiden besteht nur hinsichtlich der Zweckbestimmung der im Sondereigentum stehenden Räume. Rechtlich ist zwischen beiden Arten des Raumeigentums kein Unterschied, da für beide dieselben Vorschriften gelten (§ 1 Abs. 5); es spielt die Unterscheidung daher keine Rolle. Auch die Verteilung von Wohnungs- und Teileigentum ist beliebig: in einem Hause können alle Räume zu Wohnungseigentum, in einem anderen Hause können alle Räume zu Teileigentum, in einem dritten Hause können die Räume teils zu Wohnungs-, teils zu Teileigentum vergeben sein; es ist auch möglich, daß nur ein Teil der Räume eines Hauses zu Wohnungs- oder Teileigentum vergeben, ein anderer Teil aber gemeinschaftliches Eigentum der Raumeigentümer geblieben ist.

II. Wohnungseigentum 41

Dieses ist nach der Begriffsbestimmung im § 1 Abs. 2 das Sondereigentum an einer Wohnung i. V. mit dem Miteigentum an dem gemeinschaftlichen Eigentum, zu dem es gehört.

Ob Räumlichkeiten zum Wohnen von Menschen geeignet sind, bestimmt die Ver- 42
kehrsauffassung. Dabei ist maßgeblich nicht die tatsächlich geübte Nutzung der Räume, sondern die bauliche Ausgestaltung. Räume, die zunächst nicht zum Wohnen von Menschen vorgesehen waren, können bei bestimmter Ausgestaltung dazu doch geeignet sein. Daß zum Wohnen geeignete Räume für kurze oder längere Zeit anders genutzt werden, ist nicht ausschlaggebend; dasselbe gilt ebenso für das Teileigentum. Die Wohnung soll abgeschlossen sein, ebenso das Teileigentum. Es ist nicht erforderlich, daß die Wohnung mehrere Räume aufweist; sie kann unter Umständen auch aus nur einem Raum bei entsprechender innerer Ausstattung bestehen. Sie muß auch nicht Aufenthalt für eine Familie bieten, aber immer so gestaltet sein, daß darin menschenwürdig ein Haushalt zu führen ist. Die Wohnung kann sich in Häusern, Kasernen, Fabrikgebäuden, auch in ehemaligen Baracken und zusammengebauten Heimen befinden. Wohnungseigentum kann auch an freistehenden einzelnen Räumen, an sämtlichen Räumen eines Gebäudes (BGHZ 50, 56) bestellt werden; es erstreckt sich auf die zur Wohnung gehörenden Nebenräume und Ausstattungsräume wie Keller, Speicherraum, Garage, die im Aufteilungsplan zum Sondereigentum erklärt sind. An Garagen für sich allein kann nur ein Teileigentum begründet werden. Auch übereinanderliegende, durch eine Treppe miteinander verbundene Räume können ein Wohnungseigentum bilden.

An einem zur Wohnung gehörenden WC kann für sich allein Sondereigentum nicht begründet werden, anders wenn es für eine Lagerhalle, Schwimmhalle vorgesehen ist (OLG Düsseldorf OLGZ **76** 272). An Räumen, die zu Wohnzwecken dienen, aber die angegebenen Erfordernisse einer „Wohnung" nicht erfüllen, kann kein Wohnungseigentum begründet werden.

In den *Allgemeinen Verwaltungsvorschriften* für die Ausstellung von Bescheinigun- 43
gen etc. vom 19. 3. 1974 BA vom 23. 3. 1974 Nr. 58 wird in Nr. 4 bestimmt, daß unter

Wohnung die Summe der Räume zu verstehen ist, welche die Führung eines Haushaltes ermöglichen; vorhanden sein muß mindestens 1 Küche oder ein Raum mit Kochgelegenheit, Wasserversorgung, Ausguß, WC. Diese die Verwaltungsbehörde bindenden Vorschriften — die Verwaltungsbehörde kann jedenfalls keine geringeren Anforderungen stellen — sind aber nicht allgemein verbindlich. Da die Gerichte an die Bescheinigung der Ausstellungsbehörde nicht gebunden sind, entscheiden sie frei darüber, ob im einzelnen Falle die Eigenschaft einer Wohnung zu bejahen ist, ohne sich an die erwähnten Allgemeinen Verwaltungsvorschriften halten zu müssen. Die Verwaltungsbehörde muß die nach § 7 erforderliche Bescheinigung ablehnen, wenn die Mindestanforderungen nicht erfüllt sind.

44 Ist Wohnungseigentum im Grundbuch einmal eingetragen, kann andererseits nicht mehr geltend gemacht werden, daß eine Wohnung im dargelegten Sinne tatsächlich nicht vorhanden sei.

Bei der Prüfung, ob die Voraussetzungen für die Ausstellung der Bescheinigung vorliegen, wird die Behörde auch die örtlichen Besonderheiten berücksichtigen dürfen: so kann es in ländlichen Bezirken z. B. angängig sein, daß eine Küche von zwei Familien gemeinschaftlich benutzt wird.

Die Unterscheidung des II. Wohnungsbaugesetzes (§ 12) zwischen eigengenutzter Eigentumswohnung und Kaufeigentumswohnung kennt das WEG nicht.

45 **III. Teileigentum**

1. Begriff

Nach § 1 Abs. 3 ist „Teileigentum“ das Sondereigentum an nicht zu Wohnzwekken dienenden Räumen eines Gebäudes in Verbindung mit dem Miteigentumsanteil an dem gemeinschaftlichen Eigentum, zu dem es gehört. Küche, Wasser- und Stromversorgung sind hier nicht erforderlich; auch das Teileigentum kann aus nur einem Raum bestehen. Wohnräume mit einem Laden sind Gegenstand des Wohnungseigentums, Läden mit einem Aufenthaltsraum, mag er auch wohnlich ausgestattet sein, bilden Teileigentum.

46 2. Das Teileigentum *unterscheidet* sich vom Wohnungseigentum nur dadurch, daß die Räume, die dem Sondereigentum unterliegen, anderen als Wohnzwecken dienen. Die Zwecke, denen diese Räume dienen, sind lediglich negativ begrenzt; sie können insbesondere sein:

a) gewerblicher Art, z. B. Betrieb einer Werkstatt, eines Ladengeschäfts, einer Klinik, einer Pension, eines Musikkonservatoriums, einer Handelsschule, eines Tierheimes;

b) beruflicher Art, z. B. Ausübung einer Praxis als Arzt, Zahnarzt, Rechtsanwalt, Steuerberater, Wirtschaftsprüfer u. dgl., Benutzung als Atelier eines Malers, eines Architekten, eines Bildhauers, eines Fotografen usw.;

c) Verwendung als Lagerraum, Magazin, Garage u. dgl.;

d) Benutzung als Büroraum, Kanzlei, Kontor u. a.

Ist streitig, ob Teileigentum oder Wohnungseigentum im gegebenen Fall vorliegt, ist maßgebend nicht die tatsächliche Nutzung, sondern die in der baulichen Ausführung zum Ausdruck gebrachte Zweckbestimmung der im Sondereigentum stehenden Räume (BayObLGZ 73 1). Dienen Räume mehreren Zwecken, kommt es auf den überwiegenden an.

Möglich ist auch, daß die im Sondereigentum eines Raumeigentümers stehenden Räume teils Wohnräume sind, teils anderen als Wohnzwecken dienen, z. B. bei Verbindung einer Rechtsanwalts- oder Arztwohnung mit den Praxisräumen, der Wohnung eines Handwerkers mit seiner Werkstatt. Dann ist das Raumeigentum sowohl Wohnungs- wie Teileigentum; ein Unterschied in der rechtlichen Behandlung beider Arten von Räumen ist auch hier nicht vorhanden. **47**

Die Umwandlung von Teileigentum in Wohnungseigentum (und umgekehrt) setzt Änderung der Zweckbestimmung voraus und bedarf daher der Vereinbarung aller Raumeigentümer und der Eintragung im Grundbuch (OLG Braunschweig MDR **76** 1023), der Zustimmung der Grundpfandgläubiger, wenn deren Rechte durch die Umwandlung berührt werden (§ 877, 873, 878 BGB). **48**

Eine *Reichsheimstätte* kann in Wohnungseigentum aufgeteilt werden, (BayObLGZ **67** 128). Andererseits ist ein Wohnungseigentum nicht schlechthin von der Ausgabe als Heimstätte ausgeschlossen; es kommt auf die Ausgabebehörde an, ob sie mit Rücksicht auf die bauliche Gestaltung des Gebäudes im Einzelfall Reichsheimstätten ausgibt (vgl. OLG Neustadt Rpfleger **63** 85 mit Anmerkung von *Diester;* OLG Frankfurt DNotZ **63** 442; s. auch *Dietrich/Gronemeyer/Winter* ZMR **80** 257). **49**

1. ABSCHNITT

Begründung des Wohnungseigentums

Der I. Abschnitt regelt nicht nur die Begründung, sondern auch die Aufhebung und das Erlöschen des Raumeigentums, ferner Gegenstand und Inhalt des Sondereigentums und die grundbuchliche Behandlung des Raumeigentums.

§ 2

Arten der Begründung

Wohnungseigentum wird durch die vertragliche Einräumung von Sondereigentum (§ 3) oder durch Teilung (§ 8) begründet.

1 1. § 2 bezeichnet einleitend die beiden Arten, auf die Raumeigentum begründet werden kann, nämlich,

1. wenn das Grundstück im Miteigentum mehrerer Personen steht: vertragliche Einräumung von Sondereigentum durch die Miteigentümer (§ 3),
2. wenn das Grundstück im Alleineigentum einer Person steht: einseitige Teilungserklärung des Grundstückseigentümers (§ 8).

2 2. Die erste Art kann z. B. Miterben einen Weg zur Auseinandersetzung bezüglich des Grundvermögens bieten; auch können sich mehrere Interessenten zusammentun, um Grund und Boden zu erwerben, das Gebäude (oft mit Hilfe eines Baubetreuers) zu errichten und dann Eigentumswohnungen zu begründen; sie bilden in diesem Stadium meist eine Gesellschaft (KG MDR 70 234). Es überwiegt weitaus die zweite Art: Bauunternehmen errichten Wohnblöcke und auf Vorrat Eigentumswohnungen, die sie alsdann veräußern. Beide Arten können auch miteinander verbunden werden.

3 3. Raumeigentum kann durch Vereinbarung von Sondereigentum nur in der Weise begründet werden, daß jedem Miteigentumsanteil Sondereigentum eingeräumt wird, Sondereigentum nur in Verbindung mit einem bestimmten Miteigentumsanteil gebildet werden.

4 4. Begründung von Raumeigentum durch Richterspruch — etwa im Rahmen eines Zwangsversteigerungsverfahrens zum Zwecke der Aufhebung der Gemeinschaft — ist nicht möglich. Unter besonderen Umständen kann aber ein Antragsteller gehalten sein, einem dahin gehenden Vorschlag des Gerichts zuzustimmen, statt der Versteigerung des Grundstücks Wohnungseigentum mit den Antragsgegnern zu schaffen (vgl. BGH MittBayNot. 72 115).

5 5. Der Erwerb eines Grundstücks zur Begründung von Wohnungseigentum bedarf zum Grundbuchvollzug des finanzamtlichen Unbedenklichkeitszeugnisses.

§ 3

Vertragliche Einräumung von Sondereigentum

(1) Das Miteigentum (§ 1008 des Bürgerlichen Gesetzbuches) an einem Grundstück kann durch Vertrag der Miteigentümer in der Weise beschränkt werden, daß jedem der Miteigentümer abweichend von § 93 des Bürgerlichen Gesetzbuches das Sondereigentum an einer bestimmten Wohnung oder an nicht zu Wohnzwecken dienenden bestimmten Räumen in einem auf dem Grundstück errichteten oder zu errichtenden Gebäude eingeräumt wird.

(2) Sondereigentum soll nur eingeräumt werden, wenn die Wohnungen oder sonstigen Räume in sich abgeschlossen sind. Garagenstellplätze gelten als abgeschlossene Räume, wenn ihre Flächen durch dauerhafte Markierungen ersichtlich sind.

Schrifttum

Bärmann, Zur Dogmatik des gemeinen Raumeigentums, AcP 55 1 ff; *Röll*, Rechtsfragen bei Errichtung von Eigentumswohnungen, DNotZ 77 69; *derselbe*, Wohnungseigentum in Zweifamilienhäusern, Doppelhäusern und Reihenhäusern, MittBayNotV 79 51; *Clasen*, Aufteilung des bestehenden Wohnungseigentums, BlGBW 72 186; *Riggers*, Bestandszuschreibung von Wohnungseigentum zum andern Wohnungseigentum, JBüro 77 18; *Bleyer/Schleiffer*, Die Sicherung des Erwerbes von Eigentumswohnungen, WM Sonderbeilage 2 72; *Glage*, Wohnungseigentum und Vormerkung, NJW 67 813; *Baginski*, Aktuelle Probleme beim Erwerb von Wohnungseigentum, MittRhNotK 75 63/96.

Übersicht

	Rdn.
A. Rechtsnatur des Raumeigentums	
I. Grundlegung	
1. Raumeigentum als besonders ausgestaltetes Miteigentum	1
2. Sondereigentum als Beschränkung des Miteigentums	2
II. Folgerungen aus der Rechtsnatur des Raumeigentums	
1. Eigentumscharakter	3
2. Miteigentumscharakter	4—8
a) im Verhältnis der Raumeigentümer zueinander	5
b) Dritten gegenüber	6
c) Ansprüche gegen Sondernachfolger	7
d) Grundstücksbelastung zugunsten eines Raumeigentümers	8
III. Belastung des Raumeigentums	
1. Bereits bestehende Belastungen	
a) Rechte am Grundstück	9, 10
b) Rechte am Miteigentumsanteil	11
2. Neubelastungen	
a) des Grundstücks	12, 13
b) eines einzelnen Raumeigentums	14, 15, 16
IV. Veräußerung des Raumeigentums	
1. Veräußerungsbefugnis	17
2. Form der Veräußerung	18
3. Genehmigungserfordernisse	19
4. Tausch	20, 21
V. Zusammenlegung, Teilung, Änderung der Größe von Miteigentumsanteil und Sondereigentum unter Raumeigentümern	22—28
VI. Zwangsvollstreckung	
1. Vollstreckung in Raumeigentum	29
2. Unpfändbarkeit des Raumeigentums	30
B. Begründung des Raumeigentums durch Vertrag	
I. Inhalt und Rechtsnatur des Vertrages	
1. Inhalt	31
2. Rechtsnatur	32, 33
II. Voraussetzungen	
1. Miteigentum am Grundstück	
a) Bruchteilsgemeinschaft	34
b) Größe der Bruchteile	35
c) gleichzeitige Begründung von Mit- und Sondereigentum	36
2. Vertragsteile	37
3. Gebäude	38
a) Begriff	39
b) Bei Vertragsschluß noch nicht errichtete Gebäude	40
c) Aufteilung des Gebäudes	41—45
d) Mehrheit von Gebäuden	46
4. Räume	
a) Beschränkung des Sondereigentums auf Räume und Gebäudeteile	47
b) Teilung	48
c) Getrennte Räume	49—52
d) Wohnungen	50—52

	Rdn.
5. Abgeschlossenheit	
a) Grundsatz	53
b) Erfordernisse	54–55
c) Nachweis gegenüber dem Grundbuchamt	56
6. Besonderheiten	57–58
III. Abschluß des dinglichen Vertrages	
1. Form	59
2. Bedingungsfeindlichkeit	60
3. Nichtigkeit und Anfechtbarkeit	61–67
IV. Wirkungen	
1. Zeitpunkt	68
2. Inhalt	69
V. Verpflichtungsgeschäft	70
1. Schuldrechtlicher Vertrag	71
2. Verfügung von Todes wegen	72
VI. Garageneinstellplätze für Kraftfahrzeuge	73–76
VII. Geschäftswert, Gebühren	77

1 **A. Rechtsnatur des Raumeigentums**

I. Grundlegung

1. Raumeigentum als besonders ausgestaltetes Miteigentum

Aus § 3 Abs. 1 ergibt sich die rechtliche Konstruktion des Raumeigentums als Verbindung von Sondereigentum und Miteigentumsanteil des Raumeigentümers zu einer rechtlichen Einheit in der Weise, daß das Sondereigentum dem Miteigentumsanteil angegliedert, das Raumeigentum also ein besonders ausgestaltetes Miteigentum ist. Das real abgegrenzte Sondereigentum wird aus dem Miteigentum ausgegliedert und von der Verbindung mit einem Miteigentumsanteil abhängig gemacht. Im Grundbuch ist der Miteigentumsanteil eingetragen, verknüpft mit der Verlautbarung des Sondereigentums und der Beschränkung durch das Sondereigentum der übrigen Raumeigentümer. Das bisherige schlichte Miteigentum am Grundstück geht unter; einfaches Miteigentum und Raumeigentum können nicht nebeneinander bestehen.

Miteigentum (§ 1008 BGB) ist wirkliches Eigentum; es steht einer Gemeinschaft nach Bruchteilen (§ 741 BGB) zu und gibt als Bruchteilseigentum dem einzelnen Miteigentümer nur einen ideellen Anteil an dem gemeinschaftlichen Gegenstande, eine reale Teilung ist nicht möglich. Während das WEG an dem Grundsatz des § 94 Abs. 1 Satz 1 BGB festhält, daß das Gebäude wesentlicher Bestandteil des Grundstücks ist und daher als Ganzes nicht Gegenstand anderer als am Grundstück bestehender Rechte sein kann, weicht es von der Vorschrift des § 93 BGB, daß an wesentlichen Bestandteilen des Gebäudes keine besonderen Rechte möglich sind, insofern ab, als es an Räumen und dazu gehörenden wesentlichen Bestandteilen des Gebäudes Sondereigentum der Miteigentümer zuläßt. In dieser Abweichung liegt die besondere Ausgestaltung des Miteigentums durch das WEG. Indem das WEG das Sondereigentum dem Miteigentum am Grundstück und am Gebäude angliedert, beschränkt es die bei Zulassung von Raumeigentum unvermeidliche Durchbrechung des Grundsatzes des § 93 BGB auf ein Mindestmaß.

2 **2. Sondereigentum als Beschränkung des Miteigentums**

Wie das Sondereigentum für den Raumeigentümer, dem es zusteht, eine Erweiterung seines Miteigentumsanteils darstellt, so bedeutet es für die übrigen Raumeigentümer einen Ausschluß ihres Miteigentums an den dem Sondereigentum des Raumeigentümers unterliegenden Räumen und Gebäudebestandteilen. Diese Einengung des Miteigentumsbereichs der übrigen Raumeigentümer bezeichnet § 3 Abs. 1 als „Beschränkung" des Miteigentums. Die Einräumung des Sondereigentums bedeutet also — anders als vertragliche Bestimmungen nach § 1010 BGB — keine Belastung der anderen

Miteigentumsanteile, ist daher auch im Grundbuch nicht als Belastung, sondern als Beschränkung dieser Miteigentumsanteile einzutragen.

Die Frage nach einem Rangverhältnis zwischen Sondereigentum und Belastungen des Grundstücks kann nicht auftreten; daher ist die Freiheit des Grundstücks von dinglichen Belastungen bei Einräumung von Sondereigentum nicht erforderlich.

II. Folgerungen aus der Rechtsnatur des Raumeigentums 3

1. Eigentumscharakter

Das Raumeigentum ist wirkliches Eigentum (wobei allerdings § 903 BGB uneingeschränkt nur für das Sondereigentum gilt, § 13 Abs. 1). Es ist vererblich, veräußerlich, teilbar und belastbar und unterliegt der Immobiliarzwangsvollstreckung. Anwendbar sind §§ 900, 927, 928 BGB (die in RGRK BGB § 928 Rdn. 2 vertretene gegenteilige Auffassung wird aufgegeben).

2. Miteigentumscharakter 4

Als besonders ausgestaltetes Miteigentum ist das Raumeigentum grundsätzlich den Vorschriften des BGB über das Miteigentum (§§ 1008—1011) unterworfen, soweit nicht das in ihm enthaltene Sondereigentum an realen Teilen des Gebäudes Ausnahmen erfordert oder das WEG Abweichendes bestimmt; für den Grundbuchvollzug ist § 47 GBO zu beachten. Daraus ergibt sich:

a) *Im Verhältnis der Raumeigentümer zueinander* ist jeder Raumeigentümer zum 5 Mitgebrauch des gemeinschaftlichen Eigentums nach Maßgabe der §§ 14, 15 berechtigt. An den sonstigen Nutzungen des gemeinschaftlichen Eigentums gebührt ihm ein Anteil nach Maßgabe des § 16 (§ 13 Abs. 2).

b) *Dritten gegenüber* kann jeder Raumeigentümer die Ansprüche aus dem gemein- 6 schaftlichen Eigentum (z. B. auf Berichtigung des Grundbuchs, Feststellung des Eigentums aller Miteigentümer, aus Besitz nach den §§ 861, 1007 BGB) geltend machen, jedoch die Herausgabe nur an alle Raumeigentümer verlangen (§§ 1011, 432 BGB). Gegen die anderen Raumeigentümer hat er die Ansprüche aus seinem Raumeigentumsrecht.

c) *Ansprüche gegen Sondernachfolger.* Nach § 1010 Abs. 2 BGB können die in den 7 §§ 755, 756 BGB bestimmten Ansprüche von Raumeigentümern gegen den Sondernachfolger eines anderen Raumeigentümers geltend gemacht werden, wenn sie im Grundbuch eingetragen sind (§ 1010 Abs. 2 BGB). § 1010 Abs. 1 BGB ist durch die §§ 10 ff WEG ersetzt.

d) *Grundstücksbelastung zugunsten eines Raumeigentümers.* Das Grundstück kann 8 auch zugunsten eines Raumeigentümers belastet werden (§ 1009 BGB).

III. Belastung des Raumeigentums 9

1. Bereits bestehende Belastungen

a) *Rechte am Grundstück:*

Hypotheken, die bei Einräumung des Sondereigentums am Grundstück bestehen, werden durch die Teilung zu Gesamthypotheken an den (zu Raumeigentumsrechten ausgebildeten) Miteigentumsanteilen, so daß der Gläubiger nach seinem Belieben aus allen oder einzelnen Miteigentumsanteilen Befriedigung für die ganze Forderung suchen kann. Die in der Ausgestaltung zum Raumeigentum liegende Änderung des Inhalts des Miteigentums berührt die Hypothek nicht, sie besteht als Gesamthypothek am Raumeigentum weiter; Zustimmung des Hypothekengläubigers ist daher — nach nunmehr herrschender Meinung — nicht erforderlich (OLG Stuttgart NJW **54** 682; BayObLG NJW **58** 2016; aM *Horber* GBO Anhang zu § 32 aα). Entsprechend ist es, wenn nicht das Grundstück als Ganzes, sondern die Miteigentumsanteile als solche mit einer Gesamthypothek belastet sind (Stuttgart aaO). Das gleiche wie für Hypotheken gilt für Grund- und Rentenschulden und für Reallasten (§§ 1192, 1200 BGB).

10 *Andere dingliche Rechte* (z. B. *Dienstbarkeiten* oder *Vorkaufsrechte*), mit denen das Gesamtgrundstück belastet ist, stehen der Bildung von Miteigentum und, sofern sie nicht die Errichtung eines Gebäudes auf dem Grundstück hindern, der Ausgestaltung der Miteigentumsanteile zu Raumeigentum nicht entgegen und werden hierdurch nicht berührt. Die auf dem Grundstück lastende Dienstbarkeit wird zur Last jedes einzelnen Raumeigentums (OLG Hamm Rpfleger **80** 469). Handelt es sich jedoch um eine Dienstbarkeit, die auf einen im Sondereigentum stehenden Gebäudeteil beschränkt ist (z. B. ein dingliches Wohnungsrecht nach § 1093 BGB, Lichtrechte, Durchgangsrechte, Dauerwohn- oder Dauernutzungsrechte), so besteht sie nur an dem Raumeigentum fort, dem dieser Gebäudeteil unterliegt; die übrigen Raumeigentumsrechte werden von der Belastung frei, ohne daß es hierzu der Zustimmung der Berechtigten bedarf (BayObLG **57** 1840; OLG Frankfurt NJW **59** 1977). Diese Dienstbarkeit ist also nur auf dem Grundbuchblatt des Raumeigentums einzutragen, das sie belastet, während sie für die anderen Raumeigentumsrechte durch Nichtübertragung erlischt (BayObLG **57** 102).

11 **b)** *Rechte am Miteigentumsanteil.* Ist ein Miteigentumsanteil bei Einräumung des Sondereigentums bereits selbständig mit einem Recht belastet, so hindert das seine Ausgestaltung zu Raumeigentum nicht; das bisher auf dem Miteigentumsanteil lastende Grundpfandrecht erstreckt sich auf das diesem Anteil zugewiesene Sondereigentum. Die hierin liegende inhaltliche Änderung des Miteigentumsanteils bedarf aber nach §§ 876, 877 BGB der Zustimmung des — betroffenen — dinglich Berechtigten. Ebenso ist bei Belastung des dinglichen Rechts mit dem Recht eines Dritten dessen Zustimmung notwendig.

12 **2. Neubelastungen**

a) Das Grundstück als Ganzes kann, obwohl es als solches im Wohnungsgrundbuch nicht eingetragen ist, durch gemeinschaftliche Verfügung aller Raumeigentümer (§ 747 Satz 2 BGB) mit dinglichen Rechten belastet werden (BayObLGZ **74** 125; KG OLGZ **76** 257), und zwar auch zugunsten eines Raumeigentümers (§ 1009 BGB). Bei Belastung des Grundstücks mit einer Hypothek entsteht eine Gesamthypothek an den Raumeigentumsrechten.

13 Die Eintragung wird an allen Raumeigentumsrechten vorgenommen unter jeweiligem Hinweis auf die Mitbelastungen der anderen Anteile (BayObLGZ **74** 26; KG OLGZ **76** 257; OLG Schleswig SchlHA **74** 85). Belastet wird das ganze Grundstück, nicht die einzelnen Anteile in ihrer Gesamtheit (BGHZ **36** 188). Die Miteigentümer müssen bei der Bewilligung zum Ausdruck bringen, daß sie nicht ihren Anteil, sondern das Grundstück belasten wollen. Auch die Bestellung eines dinglichen Vorkaufsrechts in bezug auf das Grundstück ist zulässig.

14 **b)** Es kann aber auch das einzelne Raumeigentum selbständig belastet werden (OLG München NJW **75** 220), §§ 877, 876 BGB sind dann entsprechend anwendbar (BayObLGZ **74** 221). So kann der Anteil belastet werden mit einem Nießbrauch, einer

Reallast (OLG Düsseldorf DNotZ **77** 305), einem dinglichen Vorkaufsrecht, mit Dienstbarkeiten (z. B. dinglichem Wohnungsrecht, Dauerwohnrecht, auch zugunsten eines anderen Raumeigentümers, LG Essen Rpfleger **72** 367), soweit sich die Ausübung auf die Nutzung des Sondereigentums beschränkt (BayObLG Rpfleger **80** 150; **75** 22; DNotZ **77** 303; OLG Karlsruhe Rpfleger **75** 356; KG Rpfleger **76** 180; OLG Hamm Rpfleger **80** 468), nicht aber zur Nutzung des gemeinschaftlichen Eigentums, selbst wenn dem Raumeigentümer ein Sondernutzungsrecht am Gemeinschaftseigentum zusteht; auch die Belastung mit Hypotheken, Grundschulden, Rentenschulden, nicht aber mit einem Wohnungseigentum oder einem Erbbaurecht ist zulässig. Das Raumeigentum wird folgerichtig auch als „herrschendes Grundstück" für eine Grunddienstbarkeit angesehen werden können (BayObLG DNotZ **77** 303). Die Belastung der Raumeigentumsrechte mit Grundpfandrechten ist für die Raumeigentümer wirtschaftlich günstiger als die Belastung des Grundstücks im ganzen. Grundpfandrechte erstrekken sich auch auf den Miteigentumsanteil am Zubehör des Grundstücks (§ 1120 BGB; vgl. *Weitnauer/Hauger*, § 3 Rdn. 29).

Zur Abgrenzung zwischen beschränkter persönlicher Wohndienstbarkeit, dinglichem Wohnrecht und Dauerwohnrecht s. BayObLG Rpfleger **81** 353.

Vorratsteilung zum Zwecke der Quotenbelastung ist nicht möglich; der Allein- **15**
eigentümer kann aber künftige Miteigentumsanteile an einem Teileigentum (mit-)belasten, wenn diese Anteile kraft Gebrauchsregelung bestimmten Eigentumswohnungen zu dienen haben und deshalb bei diesen im Wohnungsgrundbuch nach § 3 Abs. 2 GBO eingetragen wurden (BayObLGZ **74** 470).

Gegenstand einer Grunddienstbarkeit können nicht sein: das Verbot, von be- **16**
stimmten Unternehmen Wärmeenergie zu beziehen (BayObLG DNotZ **77** 303), die Verpflichtung, eine Eigentumswohnung für eine Hausmeisterwohnung zur Verfügung zu stellen (BayObLG Rpfleger **80** 150), wohl aber der Ausschluß der Ausübung eines Rechtes (z. B. Mitbenutzung des Gartens OLG Hamm Rpfleger **80** 469; Ausschluß der Geldforderung für Bergschadenminderwert: OLG Hamm OLGZ **81** 53; dazu *Zimmermann* Rpfleger **81** 333).

Das Recht, eine auf dem Grundstück errichtete Anlage mitbenutzen zu dürfen, kann nicht durch eine Grunddienstbarkeit am einzelnen Wohnungseigentum gesichert werden, es muß das ganze Grundstück belastet werden.

IV. Veräußerung des Raumeigentums **17**

1. Veräußerungsbefugnis

Aus § 747 Satz 1 BGB ergibt sich die Verfügungsbefugnis des Raumeigentümers über seinen Miteigentumsanteil; nach § 6 Abs. 2 WEG wird durch die Verfügung auch das dazugehörige Sondereigentum erfaßt. Durch Vereinbarung der Raumeigentümer kann die Veräußerungsbefugnis von der Zustimmung anderer Raumeigentümer oder eines Dritten abhängig gemacht werden (§ 12). Der Veräußerungsvertrag muß alle Einzelheiten enthalten, die nach dem Willen der Beteiligten den Vertragsgegenstand bilden (BGH NJW **78** 102). Der Erwerber einer Eigentumswohnung tritt, wenn diese vom Rechtsvorgänger vermietet war, in dessen Rechte und Pflichten als Vermieter ein (§ 571 BGB). Zur Kündigungsbefugnis nach Umwandlung einer Mietwohnung in eine Eigentumswohnung s. § 564 b Abs. 2 Nr. 2 BGB und OLG Hamm NJW **81** 584.

Verfügung über das ganze Grundstück bedarf der Verfügung jedes Raumeigentümers über das ganze Grundstück (OLG Schleswig SchlHA **74** 85); zur Vormerkung des Anspruchs auf Übereignung einer Teilfläche des gemeinschaftlichen Grundstücks s. BayObLG DNotZ **75** 36.

18 **2. Form der Veräußerung**

Sie richtet sich nach den §§ 925, 925 a BGB, erfordert also Auflassung unter Vorlegung oder gleichzeitiger Errichtung der nach § 313 Satz 1 BGB erforderlichen Vertragsurkunde und Eintragung im Grundbuch (§ 20 GBO).

19 **3. Genehmigungserfordernisse**

Soweit die Veräußerung des Grundstücks gerichtlicher oder behördlicher Genehmigung bedarf (z. B. § 1821 Abs. 1 Nr. 1, 4 und 5, § 1643 BGB), ist diese Genehmigung auch für die Veräußerung des Raumeigentums notwendig. Ist das veräußerte Raumeigentum mit einer Hypothek belastet und soll der Erwerber die persönliche Schuld übernehmen, so ist dazu Genehmigung des Gläubigers erforderlich (§ 416 BGB).

Zur Begründung von Raumeigentum ist Genehmigung nach § 19 Abs. 3 BBauG nicht erforderlich (BayObLG Rpfleger **74** 432). Zum Vorkaufsrecht der Gemeinde nach § 24 BBauG bei Veräußerung der Eigentumswohnung s. OLG Frankfurt Rpfleger **72** 335.

20 Schenkung eines Wohnungseigentums an Minderjährige kann mit rechtlichen Nachteilen verbunden sein, es kommt auf die Gesamtbetrachtung des schuldrechtlichen und dinglichen Vertrages an. Die Zulässigkeit der Vertretung des Minderjährigen durch seinen gesetzlichen Vertreter (§ 181 BGB) hängt vom Ergebnis dieser Untersuchung ab (BGH Rpfleger **80** 463 und die dort zitierte Rechtsprechung; OLG Celle NJW **76** 2214).

21 Einzelne zum Raumeigentum gehörende Räume können unter Wohnungseigentümern ausgetauscht werden, ohne daß die Gemeinschaft zustimmen müßte (z. B. Kellerräume, Garagen, Mansarden); s. dazu § 6 Rdn. 4 ff.

22 **V. Zusammenlegung, Teilung, Größenveränderungen**

1. Raumeigentumsrechte können vereinigt werden, wenn es sich handelt um denselben Rechtsträger und das nämliche Grundstück, wenn ferner die von ihnen erfaßten Wohnungen je für sich abgeschlossen sind und darüber eine Bescheinigung der zuständigen Behörde dem Grundbuchamt vorgelegt wird (OLG Stuttgart OLGZ **77** 431; OLG Hamburg Rpfleger **66** 79). Zulässig ist auch die *Zuschreibung* eines Teileigentums zum Bestandteil eines anderen (LG Ravensburg Rpfleger **76** 303). Wohnungseigentum kann jedoch nicht einem Teileigentum zugeschrieben werden und umgekehrt, Raumeigentum auch nicht einem Grundstück (OLG Düsseldorf JMBlNRW **63** 189). Zur Beischreibung von Anteilen an Teileigentum zu Wohnungseigentum vgl. BayObLGZ **74** 466 und oben Rdn. 15. Ein gemäß § 7 gebuchtes Grundstück besteht im Rechtssinn weiter. Zuschreibung eines in Miteigentum stehenden Grundstücks als Bestandteil ist zulässig, setzt aber die Erklärung aller Miteigentümer dahingehend voraus, daß die gewöhnlichen Miteigentumsanteile in Wohnungseigentumsanteile umgewandelt werden (OLG Oldenburg Rpfleger **77** 22).

23 2. Raumeigentum kann bei real ungeteilt bleibender Raumeinheit unter gleichzeitiger Teilveräußerung (keine Vorratsteilung!) in mehrere nach Quoten abgeteilte Teile aufgespalten werden; es entsteht Bruchteilsgemeinschaft am Raumeigentum (BGHZ **49** 250; BayObLG MDR **77** 670; OLG Schleswig MDR **65** 46); das Stimmrecht regelt sich nach § 25 Abs. 2.

Es ist unter Anlehnung an die Regelung des § 8 auch *Aufteilung* des Raumeigentums in selbständige neue Raumeigentumsrechte durch reale Aufteilung des Sondereigentums in mehrere in sich abgeschlossene Raumeinheiten und Zuteilung entsprechend vieler Miteigentumsanteile, die durch Aufspaltung des zum ursprünglichen Raumeigentum gehörenden Miteigentumsanteils erreicht werden, zulässig. Gleichzeitige Teilveräußerung ist hier nicht erforderlich (BGHZ aaO). Die Teilung ist gegenüber dem Grundbuchamt zu erklären (§ 29 GBO). Sie bedarf in beiden Fällen von Gesetzes wegen keiner Zustimmung der übrigen Raumeigentümer oder Realberechtigten; dies kann aber vereinbart werden (§ 10 Abs. 2).

Auch die Veräußerung durch *Unterteilung* erzielten Raumeigentums bedarf nach dem Gesetz nicht der Zustimmung der übrigen Raumeigentümer (BGH NJW **79** 870; OLG Braunschweig MDR **76** 1023; teilweise abweichend OLG Stuttgart OLGZ **73** 179). Der Raumeigentümer kann sein Raumeigentum auch dann unterteilen, wenn die geltende Stimmregelung von der gesetzlichen abweicht; § 25 Abs. 2 Satz 2 ist dann entsprechend anzuwenden. **24**

Wird ein Wohnungseigentum aufgeteilt in ein (verkleinertes) Wohnungseigentum und ein Teileigentum, so ist für Teilung und Veräußerung die Zustimmung der übrigen Raumeigentümer erforderlich, weil es sich um Änderung der Zweckbestimmung der Raumeinheit im Sinne des § 1 Abs. 2 und 3 handelt, die ursprünglich von der Gemeinschaft (oder Teilungserklärung) für die einzelnen Räume festgelegt war (OLG Braunschweig MDR **76** 1023). **25**

Abtrennung und Veräußerung eines *Grundstücksteils* bedürfen der Aufhebung allen Raumeigentums und Zurückführung in einfaches Miteigentum; das Wohnungsgrundbuch braucht aber für die kurze Zeit der Aufhebung nicht nach § 9 geschlossen zu werden (BayObLGZ **74** 118). **26**

Teilt sich eine BGB-Gesellschaft, der mehrere Eigentumswohnungen gehören, in personengleiche Gesellschaften auf, deren jede eine Eigentumswohnung zugeteilt erhält, ist dazu Auflassung erforderlich (BayObLGZ **80** 299). **27**

Raumeigentümer können untereinander die *Größe* ihres Miteigentums ohne Änderung des damit verbundenen Sondereigentums ändern, es sei denn, daß mit der Veränderung auch eine solche der festgelegten Zweckbestimmung der Raumeinheiten verbunden wäre; s. dazu § 4 Rdn. 26, 27; § 6 Rdn. 4. **28**

VI. Zwangsvollstreckung **29**

1. Die Vollstreckung in das Raumeigentum als einen besonders ausgestalteten Miteigentumsanteil vollzieht sich wie die in einen gewöhnlichen Miteigentumsanteil an einem Grundstück (§ 864 Abs. 2 ZPO) nach den Vorschriften über die Zwangsvollstreckung in das unbewegliche Vermögen (§ 866 ZPO), also durch Zwangsversteigerung oder Zwangsverwaltung nach dem ZVG oder Eintragung einer Sicherungshypothek. Die Zwangsverwaltung wird jedoch unzweckmäßig sein, weil nach § 149 Abs. 1 ZVG dem Schuldner, der zur Zeit der Beschlagnahme auf dem Grundstück wohnt, die für seinen Hausstand unentbehrlichen Räume zu belassen sind und daher Erträgnisse aus diesen für die Verwaltung im allgemeinen nicht zur Verfügung stehen werden. Für eine Gesamtschuld aller Raumeigentümer kann eine Sicherungshypothek statt der Verteilung nach § 867 Abs. 2 ZPO auch als Gesamthypothek an allen Raumeigentumsrechten eingetragen werden. Bei Versteigerung mehrerer Wohnungseigentumsrechte kann ein Gesamtangebot verlangt werden (§ 63 ZVG).

30 **2. Unpfändbarkeit des Raumeigentums**

Obwohl § 751 Satz 2 BGB (vgl. auch Art. 131 EGBGB) von der Pfändbarkeit des Anteils an einer Bruchteilsgemeinschaft ausgeht, muß doch die Zulässigkeit der Pfändung eines Miteigentumsanteils an einem Grundstück (und damit auch des Raumeigentums) nach § 857 ZPO verneint werden, weil dieser Anteil nicht zum beweglichen Vermögen gehört. Zulässig ist dagegen die Pfändung der aus der Gemeinschaft erwachsenen schuldrechtlichen Ansprüche (einschließlich eines Anspruchs auf Aufhebung der Gemeinschaft, sofern ein solcher auf Grund einer Vereinbarung nach § 11 Abs. 1 Satz 3 besteht).

Die Beschlagnahme des Wohnungseigentumsrechts zum Zwecke der Zwangsversteigerung erfaßt auch das Zubehör des Wohnungseigentums wie den Miteigentumsanteil am Zubehör des Grundstücks (§ 20 Abs. 2 ZVG), nicht aber den Anteil am sonstigen Verwaltungsvermögen, im besonderen nicht an den gemeinschaftlichen Geldern (§ 1 Abs. 2 und 5). Zubehör ist für sich nicht pfändbar (§ 865 Abs. 2 ZPO, §§ 1120, 1121 BGB). Wegen der Vollstreckung in den Anteil an gemeinschaftlichen Geldern s. § 27 Rdn. 23.

Zur Vollstreckung in Vermögen der Gemeinschaft bedarf es eines Titels gegen alle Raumeigentümer (vgl. §§ 735, 736 ZPO).

31 **B. Begründung des Raumeigentums durch Vertrag**

I. Inhalt und Rechtsnatur des Vertrages

1. Inhalt

Von den beiden Arten der Begründung von Raumeigentum — Vertrag der Miteigentümer oder einseitige Teilungserklärung eines Alleineigentümers — behandelt § 3 die erste, während die zweite im § 8 geregelt ist. Vertraglich entsteht Raumeigentum dadurch, daß die Miteigentümer eines Grundstücks *jedem* von ihnen Sondereigentum an bestimmten Räumen des darauf stehenden Gebäudes einräumen. Inhalt des Vertrages ist die Erweiterung des Miteigentumsanteils eines jeden Miteigentümers am Gesamtgrundstück durch Umwandlung in Sondereigentum an bestimmten Teilen des auf dem Grundstück errichteten oder zu errichtenden Gebäudes zu Lasten der übrigen Miteigentümer. Hinsichtlich dieser Gebäudeteile tritt an die Stelle der bisherigen ideellen eine reale Teilung. Wie diese reale Teilung das Recht des begünstigten Miteigentümers erweitert, so bedeutet sie für die übrigen Miteigentümer eine Beschränkung ihrer Miteigentumsanteile. In den Vertrag können auch Vereinbarungen der Vertragsteile nach § 10 Abs. 1 Satz 2 aufgenommen werden.

32 **2. Rechtsnatur**

Da die teilweise Umwandlung von Miteigentum in Sondereigentum eine unmittelbare Rechtsänderung ist, hat sie den Charakter einer Verfügung der Miteigentümer über ihre Anteilsrechte. Der Vertrag ist ein abstrakter, bedingungsfeindlicher, dinglicher Vertrag (Einigung) und bedarf, da er Verfügungen über Rechte an Grundstücken enthält, besonderer Form, aber nicht der Zustimmung der Realgläubiger (BayObLG NJW **57** 1840; DNotZ **59** 91; OLG Frankfurt NJW **59, 77**). Mit der Eintragung der Rechtsänderung im Grundbuch wird die Verfügung wirksam und erst mit ihr kann das Sondereigentum und damit das Raumeigentum entstehen. Die Raumeigentümer können durch Vereinbarung (§ 4) die Sondereigentumsrechte wieder aufheben; sie werden damit zu schlichten Miteigentümer am Grundstück (§§ 1008 ff BGB).

Haben sich künftige Wohnungseigentümer zur Errichtung eines Hauses zusammengefunden, werden ihre Rechte und Pflichten vor Abschluß des Einräumungsvertrages (§ 4) nach den Regeln des Gesellschaftsrechtes (§§ 701 ff BGB) einschließlich der zur faktischen Gesellschaft zu beurteilen sein; doch können sie auch abweichende Regelungen treffen, im besonderen schon jetzt die Bestimmungen des WEG über die Wohnungseigentümergemeinschaft gelten lassen. Eine dahingehende Übereinkunft kann unter Umständen auch stillschweigend getroffen sein. 33

II. Voraussetzungen 34

1. Miteigentum am Grundstück

a) *Bruchteilsgemeinschaft.* Die Einräumung von Sondereigentum an Räumen eines Gebäudes setzt voraus, daß das Grundstück, auf dem das Gebäude errichtet ist oder errichtet werden soll, im Miteigentum (§§ 1008 ff BGB) mehrerer (also mindestens von zwei) Personen steht, daß diese Personen mithin eine Gemeinschaft nach Bruchteilen (§§ 741 ff BGB) bilden. Das ist notwendig, damit die Bruchteile im Grundbuch eingetragen und selbständig belastet werden können. Eine an dem Grundstück bestehende Gemeinschaft zur gesamten Hand (Gesellschaft, eheliche Gütergemeinschaft, Erbengemeinschaft) muß in eine Bruchteilsgemeinschaft umgewandelt werden. Die Umwandlung einer Gemeinschaft in eine Raumeigentümergemeinschaft durch Einräumung von Sondereigentum ist keine Aufhebung der Gemeinschaft durch Teilung in Natur i. S. von § 752 BGB (OLG München JZ **53** 148).

b) *Größe der Bruchteile.* Hierüber enthält das WEG keine Vorschriften; ihre Bestimmung ist daher der Vereinbarung der Miteigentümer überlassen. Insbesondere ist nicht erforderlich, daß die Bruchteile einander gleich sind oder daß sie den Mietwerten der in Sondereigentum zu überführenden Räume entsprechen. Meistens wird das sog. Tausendstel-Verfahren angewandt, wobei der Gesamtwert allen Sondereigentums 1000/1000 ergeben muß. Über nachträgliche Quotenänderung unter einzelnen Wohnungseigentümern s. § 4 Rdn. 25 ff. 35

Die Größe der einzelnen Miteigentumsanteile kann durch Vereinbarung der Raumeigentümer geändert und neu festgesetzt werden, die der Form des § 4 und der Eintragung im Wohnungsgrundbuch bedürfen, unter Umständen auch der Zustimmung der betroffenen Realgläubiger (§§ 877, 876 BGB). Ein Anspruch auf Änderung des Miteigentumsanteils ist auch dann in der Regel zu verneinen, wenn das Verhältnis zur Sondereigentumsgröße unangemessen erscheint.

c) *Gleichzeitige Begründung von Mit- und Sondereigentum.* Daß das Grundstück bei Abschluß des dinglichen Vertrages bereits im Miteigentum der Vertragsteile steht, ist nicht erforderlich; es genügt, wenn die Vertragsteile zugleich mit der Einräumung des Sondereigentums als Miteigentümer im Grundbuch eingetragen werden, weil hiermit die in dem dinglichen Vertrage getroffene Verfügung der (zunächst hierzu nicht berechtigten) Vertragsteile nach § 185 BGB von Anfang an wirksam wird. Auch die Gemeinschaftsordnung kann in nachfolgender Zeit vereinbart werden. 36

2. Vertragsteile 37

An der Einigung über die Einräumung des Sondereigentums müssen alle Miteigentümer beteiligt werden, weil sie damit alle über ihre Miteigentumsanteile verfügen; Zustimmung aller Miteigentümer ist erforderlich. Jedem Miteigentümer muß Sondereigentum eingeräumt werden. Wenn ein Alleineigentümer eines Grundstücks einem anderen Miteigentum am Grundstück und Sondereigentum an bestimmten Räumen des darauf stehenden Gebäudes einräumt, so muß ihm selbst Sondereigentum an den restlichen Räumen oder einem Teil von ihnen bestellt werden.

38 *Vertragspartner* können natürliche und juristische Personen (auch des öffentlichen Rechts, Kirchengemeinden, Stiftungen) sein. Steht einer Erbengemeinschaft ein Nachlaßgrundstück zu und wollen die Erben für jeden von ihnen ein Wohnungseigentum begründen, müssen sie zunächst das Eigentum zur gesamten Hand umwandeln in eine Bruchteilsgemeinschaft, wozu Auflassung (§ 925 BGB) erforderlich ist. Nach herrschender Rspr. (KGJ **51** 198; OLG **10** 416; **20** 407) kann an einem gewöhnlichen Miteigentumsanteil keine Bruchteilsgemeinschaft begründet werden, vielmehr werden bei ideeller Teilung eines Miteigentumsanteils die Erwerber anteilige Miteigentümer der ganzen gemeinschaftlichen Sache. Am Raumeigentum ist aber eine Bruchteilsgemeinschaft (die dann allerdings eine gewöhnliche Gemeinschaft nach §§ 741 ff BGB, nicht eine Raumeigentümergemeinschaft i. S. des WEG ist) rechtlich statthaft, da hier das Sondereigentum an realen Gebäudeteilen eine Grundlage für sie bietet (vgl. § 25 Abs. 2 Satz 2). Daß das Raumeigentum auch einer Gemeinschaft zur gesamten Hand zustehen kann, ist nicht zweifelhaft.

39 **3. Gebäude**

a) Da Sondereigentum nur an Räumen und den dazu gehörenden Bestandteilen eines Gebäudes, nicht aber an unbebauten Flächen eines Grundstücks gewährt werden kann, setzt die Einräumung von Sondereigentum ein Gebäude voraus. „Gebäude" ist ein Bauwerk, in dem sich ein oder mehrere Räume befinden; ein „Raum" ist nur bei allseitigem Abschluß durch das Gebäude oder in dem Gebäude gegeben; daher ist eine Tankstelle, die keinen Raum enthält, kein „Gebäude" (LG Münster DNotZ **53** 148).

Das Gebäude kann auch unter der Erde errichtet sein (z. B. Gebäude der U-Bahn).

Nicht erforderlich ist, daß das Gebäude erst nach Inkrafttreten des WEG (30. 3. 1951) errichtet worden ist; auch an Räumen in Gebäuden, die damals bereits bestanden haben, kann Sondereigentum begründet werden, wenn diese Räume in sich abgeschlossen sind.

40 **b)** Es ist auch nicht nötig, daß das Gebäude bei Abschluß des dinglichen Vertrages oder bei Eintragung des Sondereigentums im Grundbuch bereits fertiggestellt ist; vielmehr genügt es, daß die Errichtung des Gebäudes (oder der Um- oder Ausbau eines bestehenden Gebäudes) in Aussicht genommen ist und der Aufteilungsplan (§ 7 Abs. 4 Nr. 1) für das Gebäude vorliegt. Freilich ist zunächst noch kein reales, gegenständliches Sondereigentum vorhanden; das Raumeigentum besteht vielmehr aus dem Miteigentumsanteil in Verbindung mit der Anwartschaft auf Erwerb des Sondereigentums (BayObLGZ **57**, 95; **73** 82; OLG Frankfurt Rpfleger **78** 381; OLG Karlsruhe DNotZ **73** 235). Mit dem Fortschreiten der Gebäudeerrichtung wachsen Sondereigentum und Gemeinschaftseigentum (§ 5 Abs. 1 und 2) in entsprechenden Ausmaßen; die Anwendung der das Sondereigentum regelnden Vorschriften beschränkt sich auf das jeweils real vorhandene Sondereigentum. Der künftige Wohnungseigentümer kann die Errichtung der Räume selbst übernehmen (OLG Frankfurt aaO). Zweckmäßig werden in allen Fällen, in denen das Gebäude bei Abschluß des Vertrages noch nicht erstellt ist, genaue Vereinbarungen über die Rechte der Raumeigentümer, namentlich für den Fall der Nichtausführung des Baues, getroffen. Zum Bauvertrag und der Haftung der künftigen Raumeigentümer für die Verpflichtungen aus den Bauverträgen mit den einzelnen Unternehmern s. die Bemerkungen zu § 8 Rdn. 39.

41 **c)** *Aufteilung des Gebäudes.* Nicht sämtliche Räume des Gebäudes brauchen in Sondereigentum aufgeteilt zu werden; es können auch in sich abgeschlossene Bauein-

heiten (z. B. Wohnungen) im gemeinschaftlichen Eigentum aller Raumeigentümer verbleiben. Jeder Miteigentümer muß aber Sondereigentum erhalten (OLG Frankfurt OLGZ **69** 387); es genügt Zuteilung von Sondereigentum etwa an einem Kellerabstellraum (Teileigentum). Sind Eheleute an einer Bruchteilsgemeinschaft am Grundstück mit je ¼ beteiligt und wollen sie ein gemeinschaftliches Wohnungseigentum erwerben, müssen sie ihre Anteile zunächst zusammenlegen und diese Rückführung im Bestandsverzeichnis des Wohnungsgrundbuchs eintragen lassen (LG München Rpfleger **69** 431; *Weitnauer* DNotZ **60** 118 Fußn. 9; a. A. OLG Köln MittRhNotK **82** 139; MDR **83** 7). Da Raumeigentum von einer Bruchteilsgemeinschaft erworben werden kann (*Riedel* JZ **51** 625), begegnet die Bildung der Unterbruchteilsgemeinschaft an dem halben Anteil keinen durchgreifenden Bedenken; es handelt sich hier nur um ein kurzes Durchgangsstadium zu einem zulässigen Ziele. Zulässig ist es auch, mit einem Miteigentumsanteil Sondereigentum an mehreren in sich abgeschlossenen Raumeinheiten zu verbinden, mögen sie auch als Ganzes nicht abgeschlossen sein und sich in verschiedenen auf dem nämlichen Grundstück errichteten Gebäuden befinden, sie müssen aber freien Zutritt von außen oder den Fluren haben (BayObLGZ **71** 102; OLG Stuttgart BWNotZ **79** 12; a. A. OLG Hamburg Rpfleger **66** 92). Ein so gebildetes Raumeigentum läßt sich, ohne daß die übrigen Raumeigentümer zustimmen müßten, jederzeit in selbständige neue Raumeinheiten aufteilen.

Auch kann an einem ganzen Etagenhaus mit mehreren Wohnungen Sondereigen- **42** tum begründet werden (LG Kiel SchlHA **69** 179); die konstruktiven Teile des Gebäudes bleiben aber notwendigerweise im gemeinschaftlichen Eigentum (BGHZ **50** 56).

Ein Wohnungseigentum können auch übereinanderliegende durch eine Treppe **43** miteinander verbundene Räume bilden.

Höchstzahlen schreibt das Gesetz für die Bildung von Raumeigentum nicht vor. **44** Da Miteigentum mindestens zwei Miteigentümer voraussetzt, kann Raumeigentum an einem Grundstück nur begründet werden, wenn mindestens zwei selbständige Raumeinheiten gebildet werden.

Zu beachten ist, daß Sondereigentum nicht mit Miteigentumsanteilen an verschie- **45** denen selbständigen Grundstücken verbunden werden kann (BayObLG Rpfleger 70 364; OLG Saarbrücken NJW **72** 691; OLG Frankfurt DWE **75** 57).

d) *Mehrheit von Gebäuden.* Sind auf einem Grundstück mehrere Gebäude errich- **46** tet, kann für alle oder einzelne Raumeigentümer, denen Sondereigentum an Räumen des Hauptgebäudes zusteht, Sondereigentum auch an bestimmten Räumen eines Nebengebäudes (z. B. Garage) eingeräumt, es kann aber auch an Räumen eines Nebengebäudes oder eines weiteren Hauptgebäudes selbständig Sondereigentum begründet werden, ohne daß der Sondereigentümer auch Sondereigentum an Räumen des Hauptgebäudes oder der übrigen Hauptgebäude hat; Voraussetzung ist nur, daß er Miteigentümer des Grundstücks ist; die nicht im Sondereigentum stehenden Teile (§ 5 Abs. 1 aE, Abs. 2) aller Gebäude des Grundstücks gehören zum gemeinschaftlichen Eigentum aller Raumeigentümer (LG Köln NJW **61** 322).

4. Räume **47**

a) Den Gegenstand von Sondereigentum bilden *Räume.* Damit sind unbebaute ebenso wie bebaute Grundstücksflächen vom Sondereigentum ausgeschlossen, grundsätzlich aber auch Gebäudeteile, die nicht zu den in sich abgeschlossenen Raumeinheiten gehören; dagegen fallen Gebäudebestandteile, die sich im Bereich der im Sondereigentum stehenden Räume befinden, grundsätzlich ebenfalls unter das Sondereigentum.

48 b) Die im Sondereigentum eines Raumeigentümers stehenden Räume können auch geteilt und unter ideeller Teilung des Miteigentumsanteils in Teilen veräußert werden. Voraussetzung ist dabei aber, daß neue, in sich abgeschlossene Raumeinheiten entstehen, s. oben Rdn. 23 ff.

49 c) Zulässig, wenn auch wenig zweckmäßig, ist es, mit dem Miteigentumsanteil Sondereigentum sowohl an einer Wohnung als auch an nicht zu Wohnzwecken dienenden Räumen (z. B. Läden, Geschäftslokalen, Werkstätten) zu einem einheitlichen Wohnungs- und Teileigentum zu verbinden und so im Wohnungsgrundbuch eintragen zu lassen (vgl. § 2 Satz 2 WEG GBVfg). Es kann auch für Wohnungseigentum und Teileigentum ein gemeinsames Grundbuchblatt geführt werden (§ 7 WEG, § 4 GBO), wodurch im besonderen der Eintragung der gemeinsamen Belastung mit Grundpfandrechten gedient wird; zur steuerrechtlichen Behandlung solcher Fälle s. §§ 61, 62. Davon verschieden sind die Fälle, in denen eine Wohnung mit Geschäftsräumen oder Geschäftsräume mit einem Wohnraum verbunden sind; im ersten Falle liegt nur Wohnungseigentum, im zweiten nur Teileigentum vor.

50 Unter „Wohnung" versteht man eine Unterkunft für Menschen, die zur Führung eines selbständigen Haushaltes für Dauer geeignet ist, also keine Notunterkunft oder Wohnbaracke (s. auch § 1 Rdn. 43 ff).

51 Wegen Anbringung und Verlegung von Leitungen für die Zu- und Ableitung von Fernwärme, andererseits der Pflichten der Versorgungsunternehmen, Meßeinrichtungen zu verwenden zur Ermittlung der verbrauchsabhängigen Entgelte (Heizkostenverteiler) s. §§ 1, 8, 10, 18—22 der Verordnungen v. 20. 7. 1980 BGBl. I 760, 758, die Heizkostenverordnung vom 23. 2. 1981 BGBl. 261 sowie § 16 Rdn. 29 ff.

52 Diese Bestimmungen unterliegen nicht den Regeln, die für die Auslegung Allgemeiner Geschäftsbedingungen gelten; sie sind vielmehr nach den für die Auslegung von Gesetzen maßgebenden Grundsätzen auszulegen.

53 **5. Abgeschlossenheit**

a) Nach § 3 Abs. 2 sollen die Räume, an denen Sondereigentum eingeräumt wird, in sich abgeschlossen sein. Diese Forderung ist besonders wichtig, weil eine klare Abgrenzung des Sondereigentums vom gemeinschaftlichen Eigentum die erste Voraussetzung für die Vermeidung nachbarlicher Streitigkeiten ist, wie sie das alte Stockwerkseigentum in Verruf gebracht haben; auch für die grundbuchmäßige Behandlung und die besondere Belastbarkeit des Raumeigentums ist diese Abgrenzung unbedingt erforderlich.

54 b) *Erfordernisse.* Was unter Raumeinheiten, die „in sich abgeschlossen" sind, zu verstehen ist, klärt für Wohnungen und sinngemäß für Räume, die nicht zu Wohnzwecken dienen, Nr. 5 der Allg. Verwaltungsvorschrift vom 19. 3. 1974 BAnz Nr. 58: „Abgeschlossene Wohnungen sind solche Wohnungen, die baulich vollkommen von fremden Wohnungen und Räumen abgeschlossen sind, z. B. durch Wände und Dekken, die den Anforderungen der Bauaufsichtsbehörden (Baupolizei) an Wohnungstrennwände und Wohnungstrenndecken entsprechen und einen eigenen abschließbaren Zugang unmittelbar vom Freien, von einem Treppenhaus oder einem Vorraum haben. Zu abgeschlossenen Wohnungen können zusätzliche Räume außerhalb des Wohnungsabschlusses gehören. Auch Wasserversorgung, Ausguß und WC müssen innerhalb der Wohnungen liegen. Zusätzliche Räume, die außerhalb des Wohnungsabschlusses liegen, müssen verschließbar sein."

Keiner Abgeschlossenheit bedarf es gegenüber Räumen, die dem Raumeigentümer im Hause oder in seinem Nachbargebäude gehören sowie gegenüber Räumen, an denen ihm ein dingliches Nutzungsrecht zusteht, es handelt sich nicht um „fremde Räume" (OLG München DNotZ **73** 417; *Soergel/Bauer,* § 3 Rz. 35). Sind mit einem Miteigentumsanteil mehrere Wohnungen verbunden, müssen sie nicht als Gesamtheit abgeschlossen sein (BayObLGZ **71** 110). Balkone, Terrassen, Veranden, Altanen, Loggien sind zwar nicht von allen Seiten nach außen abgeschlossen, sie sind aber als Teile der Wohneinheiten in deren rechtliche Beurteilung miteinbezogen: sind die Wohneinheiten zu Sondereigentum bestimmt (§ 3), gilt dies auch für die Balkone, Terrassen usw., die von den Wohnungen aus erreichbar sind. **55**

c) *Nachweis gegenüber dem Grundbuchamt.* § 3 Abs. 2 enthält nur eine Sollvorschrift. Bevor das Grundbuchamt das Sondereigentum im Grundbuch eintragen kann (§ 7 Abs. 1), muß ihm die Abgeschlossenheit der für das Sondereigentum vorgesehenen Räume durch eine Bescheinigung der Baubehörde nachgewiesen werden (§ 7 Abs. 4, Nr. 2). Ist in dieser Bescheinigung die Abgeschlossenheit der Räume zu Unrecht bezeugt — was insbesondere vorkommen kann, wenn die Bescheinigung auf Grund des Bauplans erteilt ist und die spätere Bauausführung von dem Bauplan abweicht — oder hat das Grundbuchamt das Sondereigentum ohne Vorlage der Bescheinigung eingetragen (wodurch sich der Richter allerdings u. U. nach § 839 BGB haftbar macht), so ist das Sondereigentum trotzdem wirksam entstanden; seine Rechtswirksamkeit kann nicht auf Grund des § 3 Abs. 2 bezweifelt werden (BayObLGZ **71** 105). An die Beurteilung der ausstellenden Baubehörde ist das Grundbuchamt nicht gebunden (BayObLG DNotZ **71** 473). **56**

6. Besonderheiten **57**

Die Begründung von Wohnungseigentum vollzieht sich auch beim sog. **Bauherrenmodell** auf der Grundlage des § 3. Einzelheiten hierzu s. § 8 Rdn. 80 ff.

Stellplätze auf der Hebebühne einer Mehrstockgarage sind Teile einer beweglichen Einrichtung, sie sind nicht sonderrechtsfähig (BayObLG **74** 470; OLG Düsseldorf MittRheinNotK **78** 85 mit kritischer Anmerkung von *Lindenhaus;* s. auch OLG Köln Rpfleger **83** 19).

Gehört Sondereigentum an einem Garageneinstellplatz zum Wohnungseigentum, ist es zulässig, unter Abspaltung eines Miteigentumsanteils diesen mit dem Sondereigentum an dem Einstellplatz zu einem (neuen) Teileigentum zu verbinden und das Teileigentum an einen Dritten zu veräußern, ohne daß die andern Raumeigentümer zustimmen müßten. **58**

III. Abschluß des dinglichen Vertrages **59**

1. Form

Der dingliche Vertrag (§ 3 Abs. 1), d. h. die (nach § 873 Abs. 2 BGB für die Vertragsteile verbindliche) Einigung über die Einräumung des Sondereigentums (§ 4, Abs. 1), bedarf der für die Auflassung (§ 925 Abs. 1 BGB) vorgeschriebenen Form (§ 4 Abs. 2 Satz 1). Er ist kein Vertrag zugunsten Dritter.

2. Bedingungsfeindlichkeit **60**

Wie die Auflassung (§ 925 Abs. 2 BGB) kann die Einräumung des Sondereigentums nicht unter einer Bedingung oder Zeitbestimmung erklärt werden (§ 4 Abs. 2 Satz 2), vgl. BayOBLGZ **79** 422.

61 **3. Nichtigkeit und Anfechtbarkeit**

Vgl. dazu *Däubler*, DNotZ **64** 216; *Gaberdiel* NJW **72** 847; *Bärmann* AcP **155** 16.

Darüber, wie *Anfechtung* und Nichtigkeit des dinglichen Vertrages zu behandeln sind, besteht im Schrifttum keine Übereinstimmung. Die Vorauflage meinte, entsprechende Anwendung der Rechtsprechung über die fehlerhafte Gesellschaft scheide aus. Überwiegend wird die entgegengesetzte Auffassung vertreten, die vorgeschlagenen Ergebnisse sind jedoch unterschiedlich.

Die Regeln von der fehlerhaften Gesellschaft wollen das tatsächlich vorhandene und den von den Beteiligten herbeigeführten Zustand in gewissem Umfang Anerkennung finden lassen (BGHZ **8** 167/8); das führt zu einer Einschränkung der Nichtigkeitsfolgen (vgl. *Lehmann* NJW **58** 3; BGHZ **55** 8; **44** 236; RGZ **165** 205).

62 Die Gemeinschaft der Raumeigentümer schließt von ihrer Gründung an Rechtsgeschäfte mit Dritten ab, im besonderen, wenn sie das Gebäude erst errichten oder umgestalten will. Ein besonderer Vertrauensschutz für ihre Vertragspartner, wie ihn die Regeln von der fehlerhaften Gesellschaft mit sich bringen, ist daher auch hier gerechtfertigt.

Das Urteil des Bundesgerichtshofs WM **61** 603 steht nicht entgegen. Es verneint die Anwendbarkeit der Regeln von der fehlerhaften Gesellschaft auf Gemeinschaften, die nicht vom Willen der Partner geschaffen und getragen werden, sondern dem Zufall ihr Entstehen verdanken. Um eine Gemeinschaft dieser Art handelt es sich bei der Raumeigentümergemeinschaft nicht. Das bedeutet, daß Nichtigkeit solange unbeachtlich ist, als sie nicht geltend gemacht ist. Im Grundbuch eingetragene Belastungen können kraft guten Glaubens (§ 892 BGB) rechtsgültig erworben werden. In der Zwangsversteigerung erlangt der Ersteher mit dem Zuschlag gültiges Raumeigentum. Mit der Geltendmachung der Unwirksamkeit des dinglichen Vertrages ist diese aber von nun an zu beachten. Erbrachte Leistungen der Miteigentümer können aber nicht zurückverlangt werden, für eingegangene Verpflichtungen wird weiterhin nach außen gehaftet. Das dürfte keinen besonderen Schwierigkeiten begegnen, wenn das Gebäude bereits errichtet ist. Befindet es sich in der Ausführung, wird eine gegenseitige Verpflichtung zur Baufortführung nicht bejaht werden können. Im Rahmen der Auflösung der Gemeinschaft kann sich die Zuweisung des Grundstücks an die (den) zur Weiterführung des Baues bereiten Miteigentümer gegen entsprechende Abfindung der andern empfehlen (§§ 753 Abs. 1 Satz 2, 1246 BGB).

63 Da die Einräumung von Sondereigentum die Zustimmung aller Miteigentümer voraussetzt, führt eine erfolgreiche Anfechtung der Zustimmung auch nur eines der Miteigentümer die Nichtigkeit des ganzen Vertrages herbei. § 11 WEG steht nicht entgegen, solange die Eintragung im Grundbuch (§ 4 Abs. 1) noch aussteht (vgl. § 11 Rdn. 4).

64 Fallen Erwerb des Grundstücks und Begründung von Raumeigentum zeitlich zusammen und erstreckt sich der Nichtigkeitsgrund auch auf den Grundstückserwerb, ist auch keine schlichte Miteigentümergemeinschaft am Grundstück entstanden, auch wenn der Grund nur einen Vertragspartner betrifft (§ 139 BGB; BGHZ **53** 179).

65 Der *Geschäftsunfähigkeit* kommt ein weiter gehender Schutz zu; der geschäftsunfähige Beteiligte ist zu keiner Leistung verpflichtet, auch nicht gegenüber Dritten, Beiträge und Leistungen kann er unter dem rechtlichen Gesichtspunkt der ungerechtfertigten Bereicherung zurückverlangen. Für die bei Begründung der Gemeinschaft schon volljährigen Gemeinschafter verbleibt es dagegen bei den Regeln der fehlerhaften Gesellschaft; insoweit besteht kein besonderes, der rechtlichen Anerkennung des tatsäch-

lich geschaffenen Zustandes gegenüber vorrangiges Schutzbedürfnis (vgl. RGZ 145,158).

Ist die Einräumung von Sondereigentum aus den erwähnten Gründen unwirksam, hat aber ein Raumeigentümer sein Wohnungseigentumsrecht an einen gutgläubigen Dritten übertragen, kann dieser Wohnungs(Teil)eigentum erwerben. **66**

Ist ein im Grundbuch eingetragener Miteigentümer nur „Scheineigentümer", können die anderen Miteigentümer, wenn sie mit jenem Raumeigentumsrechte begründen, diese Rechte für sich kraft guten Glaubens an die Richtkeit des Grundbuchs erlangen (§ 893 BGB). Der Scheineigentümer erwirbt aber kein Raumeigentum, die ihm zugewiesene Raumeinheit bleibt gemeinschaftliches Eigentum. **67**

IV. Wirkungen **68**

1. Zeitpunkt

Der Abschluß des dinglichen Vertrages (§ 3 Abs. 1) begründet eine Anwartschaft der Vertragsteile auf den Erwerb des Sondereigentums und damit auch des Raumeigentums. Die vollen Wirkungen des Vertrages treten erst ein mit der Eintragung des Sondereigentums im Grundbuch, wenn in diesem Zeitpunkte das Gebäude vollständig errichtet ist, andernfalls mit der Fertigstellung der als Sondereigentum vorgesehenen Räume. Raumeigentum kann aber erst entstehen, wenn sämtliche Raumeigentumsrechte im Wohnungsgrundbuch eingetragen sind, es kann nicht Miteigentum (§§ 1008 ff BGB) neben Raumeigentum bestehen. Deshalb sollen die Eintragungen von Raumeigentum in möglichst einem Zug geschehen (*Soergel/Baur* § 4 Rdn. 27).

2. Inhalt **69**

Mit dem Wirksamwerden des dinglichen Vertrages entsteht

a) Sondereigentum an den jedem Raumeigentümer hierfür bestimmten Räumen,

b) eine Gemeinschaft aller Raumeigentümer i. S. der §§ 10 ff an Stelle der bisherigen gewöhnlichen Miteigentümergemeinschaft nach §§ 1008 ff BGB. Eine Raumeigentümergemeinschaft kann unter bestimmten Voraussetzungen auch entstehen, wenn das Gebäude noch nicht errichtet ist (vgl. BayOBLGZ **74** 280/281).

V. Verpflichtungsgeschäft **70**

Die Verpflichtung zur Einräumung von Sondereigentum kann auf einem schuldrechtlichen Vertrage oder auf einer Verfügung von Todes wegen beruhen. Es ist aber auch möglich, daß die Miteigentümer eines Grundstücks unmittelbar den dinglichen Vertrag nach § 3 Abs. 1 schließen, ohne daß ihm ein formelles Verpflichtungsgeschäft vorausgegangen ist.

1. Schuldrechtlicher Vertrag **71**

Der Alleineigentümer eines Grundstücks kann sich vertraglich verpflichten, einem anderen Miteigentum am Grundstück und Sondereigentum an Räumen in dem darauf errichteten oder zu errichtenden Gebäude einzuräumen; steht das Grundstück bereits in Miteigentum, so können die Miteigentümer sich verpflichten, einander Sondereigentum an bestimmten Räumen des Gebäudes einzuräumen. Solche schuldrechtlichen Verträge bedürfen notarieller Beurkundung (§ 313 BGB), desgleichen ein Vorvertrag (OLG Hamm DNotZ **71** 363). Der Anspruch auf Beschaffung von Sondereigentum kann durch Vormerkung gesichert werden; die Vormerkung ist am Miteigentumsanteil des (der) anderen Miteigentümer(s) einzutragen (§ 1009 BGB).

Auch der Anspruch auf Aufhebung des Sondereigentums (§ 4: z. B. wenn die Frist zur Gebäudeerrichtung ergebnislos abgelaufen ist) ist vormerkungsfähig; doch entfällt eine Eintragung, wenn die Gemeinschaft der Wohnungseigentümer durch Eintragung der Sondereigentumsrechte unauflöslich geworden ist (§ 11), was schon vor Errichtung des Gebäudes geschehen kann (OLG Hamm OLGZ **78** 186).

72 **2. Verfügung von Todes wegen**

Die Verpflichtung zur Einräumung von Sondereigentum kann auch durch Verfügung von Todes wegen begründet werden, und zwar entweder durch Vermächtnis in der Weise, daß ein Grundstückseigentümer einem anderen eine in sich abgeschlossene Raumeinheit in seinem Hause vermacht — dann muß der Erbe durch Vertrag oder durch Teilung (§ 8) dem Vermächtnisnehmer Miteigentum am Grundstück und Sondereigentum an der vermachten Raumeinheit einräumen — oder durch Teilungsanordnung in der Weise, daß den Erben die Auflage gemacht wird, ihr Gesamthandseigentum in ein Bruchteilseigentum umzuwandeln und einander gemäß § 3 an bestimmten Räumen Sondereigentum einzuräumen.

3. Beitritt in eine KG, die ihren Mitgliedern Eigentumswohnungen zu beschaffen hat, bedarf notarieller Beurkundung (BGH NJW **78** 2505).

V. Garagen und Garageneinstellplätze für Kraftfahrzeuge

Schrifttum: *Ertl* DNotZ **79** 168; *Weitnauer* Rpfleger **76** 341; *Noack* Rpfleger **76** 196; *Merle* FWW *77* 255; *v. Heynitz* DNotZ **71** 645; *Weimar* JR **79** 187; *Stumpp* MittBayNot. **71** 10; *Staudenmaier* BWNotZ **75** 170.

73 1. *Einzelgaragen* (also abgeschlossene Räume) können sich im Gebäude und auch in einem auf dem Grundstück errichteten Garagenbau befinden. Sie können entweder als Nebenraum zum Sondereigentum eines Raumeigentümers gehören oder, verbunden mit einem Miteigentumsanteil, selbständiges Teileigentum bilden (OLG Hamm OLGZ **77** 264). Als Teileigentum dürfen sie auch gemeinschaftsfremden Dritten veräußert werden, was wenig empfehlenswert ist. Schließlich steht es den Raumeigentümern zu, die Garagen als gemeinschaftliches Eigentum zu behalten, die einzelnen Garagen an Raumeigentümer oder Außenstehende zu vermieten, den ersteren auch Sondernutzungsrechte einzuräumen. Auch bei freistehenden Garagen, die zu Wohnungseigentum gehören oder Teileigentum bilden, sind die konstruktiven Teile stets Gemeinschaftseigentum (OLG Karlsruhe OLGZ **78** 175). Das bedeutet, daß, wenn nichts anderes vereinbart ist, die Kosten für deren Instandhaltung und Instandsetzung (z. B. Dachschäden) von der Gemeinschaft zu tragen sind. Für die Beleuchtung, Säuberung, Beheizung müssen die einzelnen Eigentümer aufkommen.

Werden solche einzelstehende Garagen oder Garagenbauten auf bisher unbebauten Flächen des Grundstücks errichtet, bedarf es hierzu (weil die Nutzung der Raumeigentümer dadurch eingeschränkt wird) einer Vereinbarung aller Raumeigentümer (BayObLG DNotZ **73** 611) sowie der Änderung des Aufteilungsplanes. All dies hat auch für festverankerte Fertiggaragen seine Richtigkeit.

74 2. *Einstellplätze auf freiem Hofgelände* des Grundstücks können weder zu Wohnungseigentum noch zu Teileigentum erklärt werden, auch wenn sie dauerhaft angelegt sind, es fehlt am Raum im Sinne des Gesetzes (OLG Hamm Rpfleger **75** 27; OLG

Karlsruhe MDR **72** 516). An ihnen können den Raumeigentümern Sondernutzungsrechte eingeräumt werden; zu deren Übertragbarkeit s. BGHZR **73** 147 und § 15 Rdn. 12—14. Anspruch auf einen solchen Einstellplatz im Freien kann nur aufgrund privatrechtlichen Titels geltend gemacht werden (Teilungserklärung, Vereinbarung, Vertrag mit den Raumeigentümern).

3. Üblich geworden, nicht zuletzt durch behördliche Auflagen, *Einstellplätze* für Kraftfahrzeuge zu schaffen, sind Einstellplätze in *Sammelgaragen* (Tiefgaragen in Wohnanlagen oder besonderen Garagenbauten). Diese Einstellplätze befinden sich in abgeschlossenen Räumen, bilden aber selbst keinen Raum, der durch Trennwände abgeschlossen ist. Sie gelten indes seit der Novelle zum WEG von 1973 als abgeschlossene Räume (§ 3 Abs. 2 Satz 2), wenn ihre Flächen durch dauerhafte Markierungen deutlich erkennbar gemacht sind: durch Wände, fest verankerte eiserne Geländer, Begrenzungsteine verschiedener Farbe, im Boden fest verankerte Metallstücke u. a. (vgl. dazu § 6 der bereits erwähnten Allgemeinen Vorschrift vom 13. 4. 1974). Nicht ausreichend ist die Beschriftung des Bodens oder der Rückwand mit Namen oder Nummern der Kraftwagen oder der Raumeinheit, auch nicht ein leicht ablösbarer Farbanstrich des Bodens. Den gesetzlichen Anforderungen entsprechend markierte Kraftfahrzeugeinstellplätze auf dem nicht überdachten *Oberdeck* eines Garagengebäudes können Gegenstand des Sondereigentums bilden, denn das Oberdeck gehört, wie der nicht überdachte Balkon zur Wohnung, zum Gebäude und damit zu einem Raum (OLG Frankfurt Rpfleger **77** 312; LG Braunschweig Rpfleger **81** 298 str.). Anders, wenn es sich um eine Tiefgarage handelt, die nicht über die Erde hinaus aufsteht; hier liegen die darüber errichteten Einstellplätze nicht in einem Gebäude, sondern auf freier Grundstücksfläche. **75**

Doch ist eine Eintragung im Grundbuch nicht unwirksam, die Sondereigentum an einem Einstellplatz verlautbart, der nicht dem Gesetz entsprechend dauerhaft markiert ist.

Die Sammelgarage (im Gebäude oder im Garagenblock) stellt mit ihren Wänden, Decken, Boden, Rampe, Dach, eventuell vorhandenem Aufzug Gemeinschaftseigentum dar (vgl. LG Frankenthal MittBayNotV **78** 60); die dauerhaften Markierungsgegenstände, falls sie überhaupt wesentliche Bestandteile der Sammelgarage sind, dürften dem Sondereigentum zuzurechnen sein (§ 3 Abs. 1). Solche Einstellplätze können zum Sondereigentum im Rahmen eines Wohnungseigentums erklärt werden, können aber auch als Sondereigentum, verbunden mit einem Miteigentumsanteil, Teileigentum bilden (vgl. *Diester* Rechtsfragen zum Wohnungseigentum Nr. 153). Es liegt im wohlverstandenen Interesse der Raumeigentümer, durch Vereinbarungen (soweit dies nicht durch die Teilungserklärung geschehen ist) Streitfragen aus dem Wege zu räumen, die sich bei der Frage einfinden werden, wer (Gemeinschaft oder Inhaber solcher Raumeigentumsrechte) für Beleuchtung, Beheizung, Instandhaltung, Säuberung, Wasserverbrauch bei Wagenreinigung, aufzukommen hat; Fragen, die sonst unter Anwendung des § 16 Abs. 2 zu beantworten wären (vgl. auch *Weimar* DWE **78** 47; *Korff* DWE **78** 41 ff). Zur Sammelgarage, errichtet auf zwei Grundstücken als Überbau s. BGH MDR **81** 1002; zum Stellplatz auf einer Hebebühne s. oben Rdn. 57. **76**

VII. Geschäftswert — Gebühren **77**

Für die Festsetzung des Geschäftswertes für die Begründung von Wohnungseigentum sind §§ 19, 21 Abs. 2 und 3 KostO maßgebend. Zum Wert des Sondereigentums s. OLG Stuttgart Rpfleger **70** 444. Die Gebühren berechnen sich nach §§ 36, 38 Abs. 1, 76 KostO; zur Gesamtschuldnerschaft s. § 5 KostO.

Zur Gebührenfreiheit beim Wohnungsbau vgl. Bundesgesetz vom 30. 5. 1953 in der Fassung vom 23. 8. 1976 BGBl. I S. 2429. Die Begründung von Wohnungseigentum ist keine (erste) Weiterveräußerung im Sinne des § 1 Abs. 3 und 4 dieses Gesetzes (BayOblG Rpfleger **81** 373).

§ 4

Formvorschriften

(1) Zur Einräumung und zur Aufhebung des Sondereigentums ist die Einigung der Beteiligten über den Eintritt der Rechtsänderung und die Eintragung in das Grundbuch erforderlich.

(2) Die Einigung bedarf der für die Auffassung vorgeschriebenen Form. Sondereigentum kann nicht unter einer Bedingung oder Zeitbestimmung eingeräumt oder aufgehoben werden.

(3) Für einen Vertrag, durch den sich ein Teil verpflichtet, Sondereigentum einzuräumen, zu erwerben oder aufzuheben, gilt § 313 des Bürgerlichen Gesetzbuches entsprechend.

Schrifttum

Ackermann Erwerbsverpflichtungen beim Wohnungseigentum, Rpfleger **73** 419; *Weimar* Quotenänderung bei Miteigentumsanteilen am Grunderwerb, BlGBW **80** 27.

Übersicht

	Rdn.
I. Vertragliche Begründung des Raumeigentums	
1. Begriffliche Abgrenzung	1
2. Rechtsänderung	2, 3
3. Form der Auflassung	4
4. Zustimmung der dinglich Berechtigten, vormundschaftliche Genehmigung	5, 6
5. Bedingungsfeindlichkeit	7
6. Kein Nachweis der Einigung	8
7. Berichtigung des Grundbuchs	9
8. Eintragungen im Grundbuch	10
II. Schuldrechtlicher Vertrag	
1. Abgrenzung	11
2. Form	12—14
3. Genehmigungen	15
4. Vertragsgegenstand	16, 17
III. Aufhebung des Sondereigentums	
1. Allgemeines	18
2. Aufhebung aller Sondereigentumsrechte	19
3. Regelung im § 4	20—22
4. Aufhebung einzelner Sondereigentumsrechte	23, 24
IV. Änderung der Miteigentumsanteile (Quotenänderung)	25—27
V. Geschäftswert	28

I. Vertragliche Begründung des Raumeigentums

1. Begriffliche Abgrenzung

§ 4 Abs. 1 u. 2 behandeln nur den dinglichen Vertrag über die Begründung (und die Aufhebung) des Raumeigentums durch Einigung über die Einräumung (und Aufhebung) des Sondereigentums. Die Begründung des Raumeigentums ist zu unterscheiden

a) von der Begründung des *Miteigentums* an dem Grundstück, das die Voraussetzung für die Entstehung von Raumeigentum bildet, weil dieses nur ein besonders ausgestalteter Miteigentumsanteil ist. Die Beteiligten können Begründung des Miteigentums mit der Einräumung des Sondereigentums zeitlich verbinden, bei Einräumung des Sondereigentums müssen sie also nicht schon Miteigentümer sein.

b) von der *Veräußerung* bereits begründeten Raumeigentums.

2. Rechtsänderung 2

Als Erweiterung und Beschränkung der Miteigentumsanteile an einem Grundstück ist die Einräumung von Sondereigentum wie die Änderung des Inhalts an einem Grundstück zu behandeln; sie kommt nach § 873 BGB — ebenso wie die Begründung von Miteigentum und die Veräußerung von Raumeigentum — durch Einigung der Beteiligten und Eintragung der Inhaltsänderung im Grundbuch zustande. § 4 Abs. 1 spricht dies ausdrücklich aus. Wegen der Zustimmung dinglich Berechtigter s. § 3 Rdn. 9—11.

Einräumung und Aufhebung des Sondereigentums erlangen Rechtswirksamkeit 3
erst, wenn sie im Wohnungsgrundbuch (§ 7) des letzten der beteiligten Miteigentümer eingetragen sind. Die Eintragungen sollten also, um das Grundbuch nicht unrichtig werden zu lassen, geschlossen vorgenommen werden, wobei allerdings geringfügige zeitliche Verzögerung einer Eintragung noch nicht Anlaß zu Amtswiderspruch (§ 53 Abs. 1 Satz 2 GBO) gibt (vgl. *Soergel/Baur* § 4 Rdn. 7; *Palandt/Bassenge* § 4 Anm. 1 a). Es muß sich immer um Miteigentum nach Bruchteilen handeln.

3. Form der Auflassung 4

Während zur Begründung und Übertragung von Miteigentum bei Grundstücken die Einigung in der Form der Auflassung (§ 925 BGB) erklärt werden muß, weil auf das Miteigentumsrecht grundsätzlich alle für das Alleineigentumsrecht geltenden Regeln Anwendung finden (§ 1008 BGB), ist dies für die Änderung des Inhalts des Rechts nicht notwendig (§ 877 BGB). Hier genügt die formlose Einigung (§ 873), die Bindung unter den Beteiligten nach § 873 Abs. 2 BGB bleibt freilich bestehen. Für die Einigung über die Einräumung und Aufhebung von Sondereigentum schreibt das Gesetz aber die Form der Auflassung vor, „da es sich hierbei um dingliche Rechtsänderungen bezüglich des Eigentums an einem Grundstück handelt und da diese Rechtsänderungen ohnehin mit der Einräumung von Miteigentum an einem Grundstück in der Regel verbunden sind" (Begr. Abs. 1). Die Einräumung von Sondereigentum muß also bei gleichzeitiger Anwesenheit aller Vertragsteile vor einer zuständigen Stelle erklärt werden. Zur Entgegennahme der Erklärung ist jeder Notar zuständig (nicht mehr das Grundbuchamt), unbeschadet der Zuständigkeit weiterer Stellen; die „Auflassung" kann aber auch in einem gerichtlichen Vergleich erklärt werden (§ 925 Abs. 1 BGB). Eine echte Auflassung liegt indessen nicht vor, Eigentumsübergang findet nicht statt. Deshalb sind die für die Auflassung in Betracht kommenden Vorschriften — außer der zur Form — auf Einräumung und Aufhebung nicht anzuwenden: nicht § 925 a BGB, §§ 22 Abs. 2, 20 GBO; für die Eintragung im Grundbuch ist die Bewilligung aller Miteigentümer (§ 19 GBO) in den Formen des § 29 GBO erforderlich und ausreichend. Es entfallen ferner Genehmigungserfordernisse öffentlich-rechtlicher Art für Auflassungen und die ihnen zugrunde liegenden Verträge (z. B. § 3 GrdstVG, § 19 BBauG), Vorkaufsrechte der öffentlichen Hand, Unbedenklichkeitszeugnisse. Eine Grunderwerbssteuer wird nicht ausgelöst, Miet- und Pachtverträge, Dienstbarkeiten und Nießbrauch, die sich auf das ganze Grundstück beziehen, bleiben von Einräumung und Aufhebung unberührt.

4. Zustimmung der dinglich Berechtigten; vormundschaftliche Genehmigung 5

a) §§ 876, 877 BGB sind entsprechend anzuwenden (nicht unmittelbar, weil diese Vorschriften nicht die Inhaltsänderung des Eigentums erfassen): Drittberechtigte aus Belastungen des Miteigentums müssen der Einräumung des Sondereigentums zustimmen, soweit dadurch ihre Rechtsposition benachteiligt werden kann (BayObLGZ 74

217; **57** 115). Sind Belastungen am ganzen Grundstück eingetragen, bedarf es der Zustimmung nicht, da das Haftungsobjekt von der Einräumung des Sondereigentums nicht berührt wird (BayObLG NJW **58** 2016; OLG Stuttgart NJW **54** 682; OLG Frankfurt NJW **59** 1977).

6 **b)** Ein *Minderjähriger* bedarf zur Einräumung der Einwilligung seines gesetzlichen Vertreters, wenn die Erklärung ihm nicht lediglich rechtliche Vorteile bringt, eine Frage, die aus einer Gesamtbetrachtung des schuldrechtlichen und dinglichen Vertrages zu beantworten ist. Schließt der gesetzliche Vertreter den Vertrag (Einräumung) mit den Miteigentümern ab, wird er dazu der vormundschaftlichen Genehmigung bedürfen, wenn Miteigentum bereits erworben ist; denn die Einräumung stellt dann eine Verminderung der Eigentumsposition dar (§§ 1821 Nr. 1, 1643 BGB; vgl. für den Fall der Umwandlung des Eigentums zur gesamten Hand in Bruchteilseigentum: BayObLGZ **1** 420).

7 **5. Bedingungsfeindlichkeit**

Der Auflassung wird die Einigung über die Einräumung von Sondereigentum auch insofern gleichgestellt, als sie ebenso wie jene (§ 925 Abs. 2 BGB) nicht unter einer Bedingung oder Zeitbestimmung erklärt werden kann (§ 4 Abs. 2 Satz 2); die Hinzufügung einer Bedingung oder Zeitbestimmung macht die Einräumung von Sondereigentum unwirksam. Die Partner können z. B. die Rechtsbeständigkeit der Begründung nicht von der Bedingung abhängig machen, daß zu einem bestimmten Zeitpunkt das Gebäude errichtet sein muß (vgl. BayObLGZ **79** 421).

8 6. **Protokollierung** der Einräumungs(Aufhebungs)erklärung schreibt § 925 BGB nicht vor; das Grundbuchamt kann insoweit keinen Nachweis verlangen; für den Grundbuchvollzug reicht die Bewilligung aller Miteigentümer aus (§ 19 GBO).

9 7. Für die **Berichtigung** des Grundbuchs durch Eintragung eines Raumeigentümers ist dessen Zustimmung (§ 22 Abs. 2 GBO) nicht erforderlich.

10 8. Wegen der **Eintragungen im Grundbuch** s. § 7. Ist Sondereigentum einmal entstanden, kann die Art der späteren Benutzung daran nichts ändern (OLG Stuttgart BWNotZ **79** 17).

11 **II. Schuldrechtlicher Vertrag**

1. Abgrenzung

Entsprechend der oben Rdn. 1 erwähnten Unterscheidung ist auch der Vertrag, durch den sich die Miteigentümer des Grundstücks zur Einräumung von Sondereigentum verpflichten, zu unterscheiden von den Verträgen über die Verpflichtung zur Einräumung von Miteigentum und zur Veräußerung von Raumeigentum.

12 **2. Form**

Wie der dingliche Vertrag (die Einigung) über die Einräumung von Sondereigentum in formeller Hinsicht (Auflassung) einer Eigentumsübertragung gleichgestellt wird, so wird auch der schuldrechtliche Vertrag über die Verpflichtung zur Einräumung oder Aufhebung von Sondereigentum in formeller Beziehung dem Vertrage über die Verpflichtung zur Übertragung (Erwerb) des Eigentums an einem Grundstück gleich behandelt. Wird also ein solcher schuldrechtlicher Vertrag geschlossen (was nicht notwendig ist), so gilt für ihn § 313 BGB, der Vertrag bedarf der notariellen Beurkundung; ein ohne Beachtung dieser Form geschlossene Vertrag wird aber seinem ganzen Inhalte nach gültig, wenn Einigung und Eintragung im Grundbuch nachfolgen.

Die *Formvorschrift* gilt für alle Verträge, die eine Verpflichtung zur Einräumung oder Aufhebung von Raumeigentumsrechten zum Inhalt haben, auch für Vorverträge (OLG Hamm DNotZ **71** 363). **13**

Formungültige Verträge können unter Umständen umgedeutet werden (§ 140 BGB), z. B. in Bestellung von Dauerwohnrechte (BGH NJW **63** 339).

Die Berufung auf mangelnde Form kann nur dann keinen Erfolg haben, wenn sie zu einem mit Treu und Glauben nicht mehr zu vereinbarenden, untragbaren Ergebnis führt (BGH in ständiger Rechtsprechung z. B. BGHZ **48** 396/7). § 139 BGB ist zu beachten.

Der Vertrag, mit dem die Verpflichtung zur Änderung des Inhalts des Sondereigentums übernommen wird, bedarf keiner Form; ebenso ein Vertrag, der die Verpflichtung enthält, kein Sondereigentum zu bewilligen, den Inhalt eines Sondereigentums nicht zu ändern (*Soergel/Baur* § 4 Rdn. 4). **14**

3. Genehmigungen **15**

Da die Einräumung von Sondereigentum keine Grundstücksübereignung i. S. des BGB ist, bedarf der Vertrag, durch den sich die Miteigentümer eines Grundstücks zur Einräumung von Sondereigentum verpflichten, trotz des für ihn bestehenden Beurkundungszwangs (§ 313 BGB) auch dann keiner Genehmigung, wenn diese für einen Vertrag über die Verpflichtung zur Grundstücksübereignung vorgeschrieben ist; auch werden keine Vorkaufsrechte (z. B. aus Aufbaugesetzen) ausgelöst.

4. Vertragsgegenstand **16**

Da die Verpflichtung zur Einräumung (Erwerb) von Sondereigentum sich auf bestimmte Räume bezieht, müssen diese bei Abschluß des Verpflichtungsvertrages feststehen. Es muß daher in diesem Zeitpunkte bereits der Aufteilungsplan (§ 7 Abs. 4 Nr. 1) oder wenigstens der Bauplan vorliegen. Eigentümer und Anteile (nach Nummern des Aufteilungsplanes) müssen ausreichend erkennbar sein (BayObLG Rpfleger **77** 300; OLG Frankfurt DNotZ **72** 180; OLG Stuttgart BWNotZ **71** 25).

Der Anspruch auf Verschaffung des Sondereigentums kann durch Vormerkung gesichert werden; dies setzt das Vorhandensein eines Aufteilungsplanes voraus (BayObLGZ **74** 121). Der Anspruch auf Auflassung einer Teilfläche des Grundstücks einer Wohnanlage kann freilich nicht durch Vormerkung am einzelnen Wohngrundbuch gesichert werden (BayObLG DNotZ **75** 36). **17**

III. Aufhebung des Sondereigentums **18**

1. Allgemeines

In Überschreitung des durch die Überschrift des 1. Abschnitts für dessen Inhalt gezogenen Rahmens behandelt § 4 aus Zweckmäßigkeitsgründen auch die *Aufhebung* des Sondereigentums. Durch sie erlischt automatisch das Raumeigentum.

2. Werden *sämtliche Raumeigentumsrechte* an einem Grundstück aufgehoben, so verwandelt sich die Gemeinschaft der Raumeigentümer zurück in die gewöhnliche Bruchteilsgemeinschaft der Miteigentümer des Grundstücks (§§ 1008 ff, 741 ff BGB); die Raumeigentumsgrundbücher sind dann von Amts wegen zu schließen (§ 9 Abs. 1 **19**

Nr. 1). Die Miteigentümer können auch unter Aufhebung des Sondereigentums und damit des Wohnungseigentums das Grundstück einem Miteigentümer oder einem Dritten zu Alleineigentum übertragen (§§ 873, 925, 925 a BGB). Von der vertraglichen Aufhebung aller Sondereigentumsrechte sind die Fälle zu unterscheiden, daß alle Sondereigentumsrechte sich in einer Person vereinigt haben oder durch völlige Zerstörung des Gebäudes gegenstandslos geworden sind (§ 9 Abs. 1 Nr. 2 u. 3).

20 3. Die in § 4 für die Einräumung des Sondereigentums gegebenen Vorschriften sind auch für seine Aufhebung maßgebend; das zu I u. II Ausgeführte gilt daher entsprechend. Ebenso wie die Einräumung des Sondereigentums ist seine Aufhebung nicht Übertragung des Eigentums an einem Grundstück, sondern die Änderung des Inhalts eines Rechtes an einem Grundstück. Daraus ergibt sich insbesondere: Zur Aufhebung des Sondereigentums (an allen Raumeinheiten eines Gebäudes oder an einzelnen von ihnen) ist die Mitwirkung aller Raumeigentümer notwendig. Ihre Einigung über die Aufhebung des Sondereigentums muß in der für die Auflassung vorgeschriebenen Form (§ 925 BGB) erklärt und darf nicht von einer Bedingung oder Zeitbestimmung abhängig gemacht werden; die §§ 925 a BGB, 20 u. 22 Abs. 2 GBO sind auch hier nicht anwendbar. Wirksam wird die Aufhebung des Sondereigentums mit der Eintragung der Rechtsänderung im Grundbuch. Für einen Vertrag, durch den sich ein Teil zur Aufhebung von Sondereigentum verpflichtet, gilt § 313 BGB entsprechend. Ist das Raumeigentum selbständig belastet, so kann auch zur Aufhebung des dazu gehörenden Sondereigentums die Zustimmung des dinglich Berechtigten erforderlich sein.

21 Die Beteiligten können sich schon bei Begründung des Wohnungseigentums verpflichten, das Grundstück — unter Aufhebung des Sondereigentums — real abzuteilen und auf die einzelnen Miteigentümer zu übereignen, § 11 steht nicht entgegen (BayObLGZ **79** 414).

22 Der Anspruch auf Aufhebung des Sondereigentums ist *vormerkungsfähig* (BayObLGZ **74** 121).

23 4. Wird nur das *Sondereigentum an einer Raumeinheit* aufgehoben, so enthält die Aufhebung (§§ 873, 925 BGB) zugleich eine Vereinbarung nach § 5 Abs. 3; der bisherige Sondereigentümer scheidet aus der Gemeinschaft der Raumeigentümer aus; die Räume, die bisher im Sondereigentum standen, werden gemeinschaftliches Eigentum der übrigen Raumeigentümer; diesen fällt der bisherige Miteigentumsanteil des ausgeschiedenen Raumeigentümers anteilmäßig an. Der Fall der Aufhebung eines einzelnen Raumeigentumsrechts (z. B. auch durch Verzicht gem. § 928 BGB) ist also von dem der Veräußerung eines solches als bestehen bleibenden Raumeigentumsrechts, bei dem nur die Person des Raumeigentümers wechselt, zu unterscheiden.

24 Soll das Sondereigentum *nicht* an einer *ganzen Raumeinheit*, sondern nur an *einem Teil* von ihr mit der Wirkung aufgehoben werden, daß dieser Teil gemeinschaftliches Eigentum der Raumeigentümer wird, bedarf es der Einigung aller Raumeigentümer und der Eintragung in allen Wohnungsgrundbüchern der Wohnungseigentümer (§ 5 Abs. 3 WEG, §§ 873, 877 BGB). Es kann sich dabei um Wirtschaftsräume oder Wohnräume handeln.

Soll ein Teil mit dem Sondereigentum eines andern Raumeigentümer vereinigt werden, so genügt die Einigung zwischen den beteiligten Raumeigentümern, der Zustimmung der übrigen Raumeigentümer bedarf es nicht. S. dazu § 6 Rdn. 4.

5. Zur Abveräußerung eines realen Teils des Grundstücks, an dem Wohnungseigentumsrechte bestehen, s. LG Düsseldorf MittRhNotR **80** 77.

IV. Änderung der Miteigentumsanteile (Quotenänderung) 25

Miteigentumsanteil und Sondereigentum müssen nicht in einem bestimmten Wertverhältnis zueinander stehen. Der Miteigentumsanteil stellt eine variable Größe dar; er ist an die Eigentumsfläche nicht gebunden und kann jederzeit den tatsächlichen und rechtlichen Gegebenheiten angepaßt werden (OLG Frankfurt Rpfleger **78** 380).

Nicht beantwortet hat das Gesetz die Frage, ob unter Raumeigentümern die Miteigentumsanteile geändert werden können *ohne gleichzeitige Änderung des Sondereigentums;* § 6 bestimmt nur, daß niemand Sondereigentum erlangen und behalten kann, ohne zu einem Bruchteil Miteigentümer des Grundstücks zu sein und zu bleiben. Die Frage ist zu bejahen, da dem Gesetz nicht entnommen werden kann, daß bei einmal begründetem Raumeigentum eine Inhaltsänderung des Raumeigentums lediglich durch Änderung der Höhe des Miteigentumsanteils nicht zulässig sei. Die an einer solchen Änderung beteiligten Raumeigentümer behalten nach der Änderung immer noch Miteigentumsanteile, womit dem Grundgedanken des § 6 ausreichend Rechnung getragen ist. Zur Herbeiführung der Vergrößerung (Verkleinerung) der Miteigentumsanteile bedarf es der Zustimmung der übrigen Raumeigentümer nicht, es sei denn, daß in der Teilungserklärung, im Gründungsvertrag oder in späterer Vereinbarung der Raumeigentümer die Zustimmung dieser oder des Verwalters für eine solche Quotenveränderung vorgesehen ist. Zur Änderung ist eine „Vereinbarung" der Beteiligten ausreichend (BGH NJW **76** 1976). Das bedeutet Auflassung und Eintragung im Wohnungsgrundbuch (§ 4) (BayObLG NJW **58** 2116; BayObLGZ **76** 227; *Soergel/Baur* § 4 Rdn. 1). Befinden sich mehrere Raumeigentumsrechte in einer Hand, kann der Eigentümer Änderung durch einseitige Erklärung gegenüber dem Grundbuchamt herbeiführen (BGH aaO). Zum Grundbuchvollzug s. BayObLG NJW **58** 2116: Rötung der alten Miteigentumsanteile in Spalte 3 des Bestandsverzeichnisses, Neuvortrag der neuen Miteigentumsanteile unter neuer laufenden Nummer, Vermerk in Spalte 6, daß der Miteigentumsanteil geändert ist. Dazu sei verwiesen auf *Friedrich,* NJW **56** 1545 und *Henke,* NJW **58** 897. 26

Verkleinerungen der Miteigentumsanteile bedürfen der Zustimmung der Inhaber dinglicher Rechte, mit denen das in Frage stehende Raumeigentum belastet ist (§§ 876, 873 BGB). 27

Zur Änderung des Sondereigentums ohne gleichzeitige Veränderung des Miteigentumsanteils s. § 6 Rdn. 4.

V. Geschäftswert 28

Er bestimmt sich für Gründung und Aufhebung des Sondereigentums nach § 21 Abs. 2 KostO, bei gleichzeitigem Erwerb des Miteigentumsanteils am Grundstück nach § 44 KostO.

§ 5

Gegenstand und Inhalt des Sondereigentums

(1) Gegenstand des Sondereigentums sind die gemäß § 3 Abs. 1 bestimmten Räume sowie die zu diesen Räumen gehörenden Bestandteile des Gebäudes, die verändert, beseitigt oder eingefügt werden können, ohne daß dadurch das gemeinschaftliche Eigentum oder ein auf Sondereigentum beruhendes Recht eines anderen Wohnungseigentümers über das nach § 14 zulässige Maß hinaus beeinträchtigt oder die äußere Gestaltung des Gebäudes verändert wird.

(2) Teile des Gebäudes, die für dessen Bestand oder Sicherheit erforderlich sind, sowie Anlagen und Einrichtungen, die dem gemeinschaftlichen Gebrauch der Wohnungseigentümer dienen, sind nicht Gegenstand des Sondereigentums, selbst wenn sie sich im Bereich der im Sondereigentum stehenden Räume befinden.

(3) Die Wohnungseigentümer können vereinbaren, daß Bestandteile des Gebäudes, die Gegenstand des Sondereigentums sein können, zum gemeinschaftlichen Eigentum gehören.

(4) Vereinbarungen über das Verhältnis der Wohnungseigentümer untereinander können nach den Vorschriften des 2. und 3. Abschnittes zum Inhalt des Sondereigentums gemacht werden.

Schrifttum

Noack Sondereigentumsfähigkeit von Doppelstockgaragen, Rpfleger **76** 5; *Zoebe* Der ausgebaute Dachstock, DWE **75** 14; *Hurst* Abgesondertes Miteigentum, DNotZ **68** 131, 286; *Weimar* Die Umwandlung von Scheinbestandteilen in wesentliche und umgekehrt, BlGBW **79** 144; *derselbe*, Rechtsfragen zur Garage und zum Garageneinstellplatz, BlGBW **77** 172; *derselbe* Beschädigung von Fensterscheiben, BlGBW **79** 7; *derselbe* Schwimmbad und Sauna, DWE **78** 70; *derselbe* Zubehör beim Wohnungseigentum, DWE **78** 40; *Karstädt* Zur Abgrenzung von Sondereigentum und gemeinschaftlichem Eigentum, MDR **63** 190; *derselbe* Mitsondereigentum beim Wohnungseigentum, BlGBW **62** 137; *Kürzel* Veränderung des Sondereigentums, BlGBW **68** 204; *Alsdorf* Rechtsfragen bei Balkonen und ähnlichen Anbauten, BlGBW **77** 10; *Korff* Fenster, Fensterglas, Fensterarmaturen, DWE **76** 48; *Stoll* Dachterrassen im Wohnungseigentum, Sondereigentum oder Miteigentum, FWW **77** 208; SchlHA **78** 45; *Weimar* Balkonnutzung durch den Wohnungseigentümer, DWE **75** 76; *Diester* Loggien und Balkone beim Wohnungseigentum, NJW **61** 302; *Merle* Wohnungseigentum und Abstellplätze im Freien, FWW **77** 255; Rpfleger **77** 196; *Conitz* Heizungszentrale — sondereigentumsfähig?, Rpfleger **73** 390; *Schopp* Gemeinschaftseigentum am Heizwerk und Heizungsanlagen, Rpfleger **74** 91; *Pick* Gemeinschaftseinrichtungen als Gegenstand des Sondereigentums, FWW **74** 130; *Weimar* Eingefügte Sachen als wesentliche Bestandteile des Gebäudes, BlGBW **77** 236; *Zoebe* Grenzen zwischen Sondereigentum und Gemeinschaftseigentum, DWE **1974** Heft 4 S. 12; *Weimar* Personen- und Lastenaufzüge in Eigentumswohnungen, Betr. **74** 2292.

Übersicht

	Rdn.
A. Gegenstand des Sondereigentums	
I. Allgemeines	1—9
II. Positive Bestimmung des Sondereigentums	
1. Beschränkung auf Gebäude	10
2. Räume, wesentliche Gebäudebestandteile	11, 12, 13
3. Voraussetzungen für die Begründung von Sondereigentum	14
III. Negative Begrenzung des Sondereigentums	
1. Allgemeines	15
2. Vom Sondereigentum ausgeschlossene Gebäudeteile	
a) Anlagen und Einrichtungen im Eigentum von Dritten	16
b) Notwendige Gegenstände des gemeinschaftlichen Eigentums	17—20
IV. Einzelheiten	21—31
V. Vereinbarungen	
1. Unzulässige	32
2. Zulässige	33, 34
VI. Gemeinschaftliches Sondereigentum	35, 36, 37
VII. Sondereigentum, Alleineigentum, Zubehör des Grundstücks	38, 39
B. Inhalt des Sondereigentums	
I. Gesetzlicher Inhalt	40
II. Vereinbarter Inhalt	41, 42
C. Umwandlung von Sondereigentum zu Gemeinschaftseigentum	43

1 **A. Gegenstand des Sondereigentums**

I. Allgemeines

1. Im Interesse einer klaren Rechtslage und damit zur Ausschaltung von Streitigkeiten ist eine deutliche Grenzziehung zwischen Sondereigentum und gemeinschaftlichem Eigentum unerläßlich. Diese Grenze ziehen § 1 Abs. 5 und § 5 WEG. Danach sind gemeinschaftliches Eigentum aller Raumeigentümer das Grundstück sowie diejenigen Teile, Anlagen und Einrichtungen des auf dem Grundstück errichteten oder zu errichtenden Gebäudes, die nicht im Sondereigentum eines Rauminhabers oder im Eigentum eines Dritten stehen (§ 1 Abs. 4). Positiv bestimmt ist also der Gegenstand des gemeinschaftlichen Eigentums insofern, als darunter das Grundstück fällt; hinsichtlich des Gebäudes ist er dagegen nur negativ durch den Gegenstand des Sondereigentums begrenzt. Die notwendige positive Ergänzung hierzu gibt § 5, indem er bestimmt, was Gegenstand des Sondereigentums ist. Was in einem Gebäude einem Dritten gehört, ist im Einzelfalle Tatfrage, daher gesetzlicher Regelung (von den §§ 93—95 BGB abgesehen) unzugänglich. Besteht ein Gebäude nur aus Teilen, die für dessen Bestand oder Sicherheit erforderlich sind, bleibt als Gegenstand des Sondereigentums nur der bloße Raum übrig.

Die Absätze 1 und 2 enthalten zwingendes, unabdingbares Recht (BayObLGZ **74** 211; **81** 410).

2. Der Vorschrift kommt besondere Bedeutung für die Beantwortung der Frage zu, wer (Wohnungseigentümer oder Gemeinschaft) die Kosten für Instandsetzung und Ersatz von Gebäudeteilen, Anlagen und Einrichtungen zu tragen hat. **2**

3. Alles, was nicht zum Sondereigentum gehört, ist gemeinschaftliches Eigentum. **3** Die Vermutung der Zugehörigkeit der Bestandteile des Gebäudes zum gemeinschaftlichen Eigentum gilt aber nur für die zum gemeinschaftlichen Gebrauch bestimmten Grundstücksteile (*Diester* Rechtsfragen Rdn. 112).

4. Die Zuordnung der Räume steht den Wohnungseigentümern zu (§§ 3, 8). Ge- **4** bäude-Bestandteile, die an sich Sondereigentum sein können, dürfen durch Vereinbarung zum gemeinschaftlichen Eigentum erklärt werden, ohne daß es dafür eine Grenze gibt.

Das Sondereigentum ist echtes Eigentum im Sinne des bürgerlichen Rechts.

5. Mit der Begründung von Sondereigentum verlieren die zu den Räumen gehö- **5** renden wesentlichen Bestandteile des Gebäudes diese ihre Eigenschaft, da sich Sondereigentum auf sie nach den Regeln der Absätze 1 und 2 erstreckt; sie sind nunmehr Bestandteile des Raumeigentums.

6. Das Sondereigentum unterliegt in seinem dinglichen Inhalt nicht der gemein- **6** schaftlichen Verwaltung und damit dem Mehrheitsbeschluß; ein dagegen verstoßender Mehrheitsbeschluß wird auch durch Zeitablauf (§ 23 Abs. 4) nicht wirksam (BayObLG Rpfleger **79** 216; ZMR **74** 55). Den *Gebrauch* des Sondereigentums kann aber die Gemeinschaft nach Maßgabe des § 15 regeln.

Ist zu Sondereigentum erklärt, was nach dem Gesetz nicht Sondereigentum werden kann, oder ist bei Begründung des Sondereigentums dieses gegenständlich nicht eindeutig erkennbar beschrieben, entsteht insoweit kein Sondereigentum, es bleibt beim gemeinschaftlichen Eigentum (BayObLGZ **73** 267; OLG Hamm OLGZ **77** 277; OLG Frankfurt OLGZ **78** 290; OLG Stuttgart OLGZ **81** 163). Trifft der Mangel für das vorgesehene Sondereigentum gänzlich zu, entsteht auch kein Raumeigentum, da dieses nicht allein aus Miteigentumsanteilen bestehen kann.

7. Das Gebäude, an dem Sondereigentum und gemeinschaftliches Eigentum beste- **7** hen soll, kann nur auf einem (nicht mehreren) Grundstück errichtet sein; das Sondereigentum darf nicht auch mit Miteigentumsanteilen an einem *anderen* Grundstück verbunden werden (§ 1 Abs. 4). Sondereigentum läßt sich schon begründen, wenn das Gebäude noch nicht errichtet ist, die vorgesehenen Räume aber im Aufteilungsplan ausreichend erkennbar sind (OLG Frankfurt Rpfleger **78** 381). Die Art der späteren Benutzung nach Begründung von Sondereigentum ändert an der rechtlichen Einordnung nichts.

8 8. Sind auf einem Grundstück mehrere Gebäude errichtet (Reihenhäuser, Einfamilienhäuser), kann das Sondereigentum auf das einzelne Gebäude mit allen seinen Räumen erstreckt werden, ausgenommen die Teile, die nach den Absätzen 1 und 2 kraft Gesetzes nicht Sondereigentum werden können (BGHZ **50** 56; OLG Hamm Rpfleger **76** 317; OLG Frankfurt Rpfleger **75** 179; BayObLGZ **81** 61; **74** 271; LG Traunstein MittBayNot **79** 219 — Doppelhaus—).

Die Regeln des § 5 gelten auch für Nebengebäude, die auf demselben Grundstück errichtet sind.

9 9. Zur Entscheidung des *Streites* darüber, ob an Räumen oder Bestandteilen, Einrichtungen und Anlagen des Gebäudes Sondereigentum oder gemeinschaftliches Eigentum besteht, sind die *Gerichte* der ordentlichen Gerichtsbarkeit berufen. Bildet die Eigentumsfrage nur eine Vorfrage für die Entscheidung über den Gebrauch, die Nutzung und die Beitragspflicht, entscheiden die Gerichte der Freiwilligen Gerichtsbarkeit (§§ 43 ff; vgl. LG Düsseldorf Rpfleger **72** 450 mit Anmerkung von *Diester*); deren Entscheidung über das Eigentum erwächst dadurch aber nicht in Rechtskraft.

10 **II. Positive Bestimmung des Sondereigentums**

1. Beschränkung auf Gebäude

Da das Grundstück nach § 1 Abs. 4 notwendig gemeinschaftliches Eigentum der Raumeigentümer ist und somit nicht Gegenstand von Sondereigentum sein kann, kommen nur auf dem Grundstück stehende Gebäude für Sondereigentum in Frage. Gebäude ist ein — auch unter der Erdoberfläche errichtetes — Bauwerk, das umbaute Räume zur Benutzung als Wohnung oder zur anderen Verwendung enthält.

11 2. *Gegenstände* von *Sondereigentum* können sein:

a) In dem Gebäude vorhandene **Räume,** soweit sie nicht dem gemeinschaftlichen Gebrauch aller Raumeigentümer dienen, und soweit sie eine in sich abgeschlossene Raumeinheit bilden.

„Raum“ ist hier der Luftraum („lichter Raum“), der durch Wände, Decke und Fußboden eingeschlossen wird. Durch die Anerkennung eines Eigentums am Raum stellt das WEG diesen einer Sache gleich und erweitert damit den Eigentumsbegriff des BGB.

12 **b) Wesentliche Gebäudebestandteile,** die zu den im Sondereigentum stehenden Räumen gehören, d. h. Sachen, die zur Herstellung des Gebäudes (in seiner konkreten Eigenart) eingefügt sind (§ 94 Abs. 2 BGB), und zwar, da § 94 Abs. 2 selbständige Bedeutung neben § 93 BGB hat, ohne Rücksicht darauf, ob auch die besonderen Voraussetzungen der §§ 93 und 94 Abs. 1 erfüllt sind (RG 158, 367); auch leicht trennbare Sachen — z. B. Türen, u. U. auch Öfen und Badewannen — gehören daher hierher.

13 *Um wesentliche Bestandteile* muß es sich handeln, weil § 5 Abs. 1 WEG von dem Grundsatz des § 93 BGB abweicht (§ 3 Abs. 1 WEG), daß wesentliche Bestandteile einer Sache nicht sonderrechtsfähig sind. Unwesentliche Bestandteile sind bereits nach

BGB sonderrechtsfähig (BGH Rpfleger **79** 255; BayObLGZ **69** 29); für solche Bestandteile sieht das WEG keine Regeln vor.

3. *Voraussetzung für die Begründung von Sondereigentum* an wesentlichen Bestandteilen des Gebäudes ist, daß sie zu den im Sondereigentum befindlichen Räumen „gehören“ (§ 5 Abs. 1), also in räumlicher Verbindung mit diesen Räumen stehen und verändert, beseitigt oder eingefügt werden können, ohne daß dadurch das gemeinschaftliche Eigentum oder ein auf Sondereigentum beruhendes Recht eines andern Raumeigentümers über das nach § 14 zulässige Maß hinaus beeinträchtigt oder die äußere Gestaltung des Gebäudes verändert wird. Dagegen spielt es keine Rolle, ob die Bestandteile selbst durch die Veränderung, Beseitigung oder Einfügung zerstört oder in ihrem Wesen verändert werden. **14**

III. Negative Begrenzung des Sondereigentums **15**

1. Ein Gebäude kann als Ganzes weder im Sondereigentum noch im gemeinschaftlichen Eigentum stehen, vielmehr liegt die Eigenart des Raumeigentums darin, daß das Gebäude real in gemeinschaftliches Eigentum und in Sondereigentum aufgeteilt ist. Jede der beiden Eigentumssphären beschränkt sich daher auf Teile eines Gebäudes (OLG Frankfurt Rpfleger **75** 179; str.).

2. Vom Sondereigentum ausgeschlossene Gebäudeteile **16**

a) *Anlagen und Einrichtungen im Eigentum von Dritten.* Als mögliches Sondereigentum scheiden zunächst diejenigen Anlagen und Einrichtungen eines Gebäudes aus, die im Eigentum von Dritten stehen und daher weder Sondereigentum eines Raumeigentümers noch gemeinschaftliches Eigentum aller Raumeigentümer sein können. In Frage kommen hierfür Sachen, die nicht wesentliche Bestandteile eines Gebäudes (§§ 93, 94 BGB) — also entweder unwesentliche Bestandteile, Zubehör oder sonstige selbständige bewegliche Sachen — sind, z. B. Elektrizitätszähler, Gasmesser im Eigentum des betreffenden Versorgungsunternehmens; auch aus diesem Grunde ist Sondereigentum an ihnen nicht möglich.

b) Von den übrigen Teilen des Gebäudes sind als *notwendige Gegenstände des gemeinschaftlichen Eigentums* vom Sondereigentum ausgeschlossen (§ 5 Abs. 2) die Teile des Gebäudes, die für dessen *Bestand* oder *Sicherheit* erforderlich sind, die tragenden Teile des Gebäudes; ferner Anlagen und Einrichtungen, die dem *gemeinschaftlichen Gebrauch* der Raumeigentümer dienen. Soweit solche Anlagen oder Einrichtungen ausnahmsweise nur dem ausschließlichen Gebrauch eines Raumeigentümers dienen (z. B. Treppenhaus- und Außenflure, die zu einem Stockwerk eines mehrere obere Stockwerke umfassenden Raumeigentums gehören), können sie zu Sondereigentum bestimmt werden. **17**

Unter *Anlagen* und *Einrichtungen* fallen auch *Räume.* Sie dienen dem gemeinschaftlichen Gebrauch, wenn sie demselben Zweck wie die Anlage (Einrichtung) dienen, die für den gemeinschaftlichen Gebrauch der Wohnungseigentümer bestimmt ist. Anders kann es sein, wenn der Raum noch andere Zwecke zu erfüllen hat (BGHZ **74** 311). **18**

Ob eine Einrichtung oder Anlage gemeinschaftlichem Gebrauch dienen, beurteilt sich nach deren Art, ihrer Funktion und Bedeutung für die Gemeinschaft. Sie müssen nach ihrer Zweckbestimmung so auf die gemeinsamen Bedürfnisse der Gemeinschaft zugeschnitten sein, daß eine Vorenthaltung mittels Sondereigentumsbildung den schutzwürdigen Belangen der Gemeinschaft zuwiderlaufen würde. Eignung zum ge- **19** meinschaftlichen Gebrauch reicht nicht aus. Ihr Zweck muß vielmehr gerade darauf gerichtet sein, der Gesamtheit einen ungestörten Gebrauch der Wohnungen und Gemeinschaftsräume zu ermöglichen und zu erhalten. Unter solche Anlagen und Einrichtungen fallen daher vornehmlich jene, die als Zugang zu den Wohnungen und Gemeinschaftsräumen bestimmt sind wie in der Regel Fahrstühle, Treppenaufgänge, oder die zur Bewirtschaftung und Versorgung der Wohnungen und des Gemeinschaftsraumes dienen. Was darüber hinaus persönliche Annehmlichkeiten beim Gebrauch der Wohnungen schafft, geht über den Bedarf hinaus, der sich aus dem geschützten Interesse an einem zweckgerechten Gebrauch der Wohnungen ergibt. So erfüllt etwa eine Schwimmhalle mit Sauna einen eigenständigen nach Art und Funktion vom Wohnungseigentum losgelösten Zweck (BGH NJW **81** 455).

20 Wie stets, ist auch hier zunächst zu prüfen, ob es sich bei den Anlagen und Einrichtungen (Absatz 2) um wesentliche Bestandteile des der Gemeinschaft gehörenden Gebäudes (Grundstücks) handelt (BGH NJW **75** 688; **81** 455; BayObLGZ **69** 29). Zum wesentlichen Bestandteil s. LG Köln NJW **79** 1608 (Teppichboden).

21 **IV. Einzelheiten**

1. Demnach ist **zulässig** die Begründung von **Sondereigentum** an: Wohnräumen, Kellerräumen, Speicherräumen, Kühlräumen, Räumen eines Gewächshauses (vgl. BGH MDR **74** 298), eines Penthouse (vgl. OLG Köln OLGZ **76** 142), einer Werkstätte, einer Gaststätte, eines Cafés, an Büroräumen, Praxisräumen, an Räumen einer Lagerhalle, eines Ladens (BayObLG Rpfleger **78** 414), an Abstellräumen (auch in Nebengebäuden), am Raum eines Gartenhauses, an Räumen eines Schwimmbades mit Sauna (vgl. BGH NJW **81** 455), eines Dachcafés, einer freistehenden Garage, eines auf Betonblock errichteten Gartenpavillons, eines Waschhauses. Das so gebildete Sondereigentum an Räumen erstreckt sich (vorbehaltlich einer anderen Regelung nach Absatz 3) kraft Gesetzes auf die zu den Räumen gehörenden wesentlichen Gebäudebestandteilen, so z. B. auf: nicht tragende Wände der Eigentumswohnung (des Teileigentums); Wandverputz und Wandverkleidung (BayObLG DWE **80** 60/61); Wand- und Deckenverkleidung; Wandanstrich; Schallschutz an den Decken; Holzdecken; Dekkenverschalung; Deckenunterfütterung; Innentüren; das Innere des Doppelfensters; Fußbodenbelag: Parkett, Platten, Teppichboden, Linoleum (vgl. BayObLG DWE **80** 60); Tapeten; Kachelöfen; Herde, Garderoben, eingebaute Wandschränke; Badkachelung; Haltegurten der Rolläden; Leitungsrohre für Strom, Wasser, Wärme, Abwasser, jeweils von der Ableitung ab Hauptleitung; Wohnungsheizkörper (doch muß, soweit sie Teile einer Zentralanlage sind, dies bei der Benutzung beachtet werden); Abdichtung des Bauwerks gegen Sicker- und Oberflächenwasser, aber nicht die Dachterrassenisolierung und die Badisolierschicht, sie gehören zum gemeinschaftlichen Eigentum (BayObLG Rpfleger **82** 278; OLG Köln OLGZ **76** 144; OLG Düsseldorf DWE **79** 129); Beleuchtungskörper; Rolladenkasten; Fenstergitter; Lichtschalter; Estrich des Fußbodens (OLG Köln Rpfleger **76** 185; dagegen OLG Düsseldorf DWE **79** 130); Anstrich des Inneren von Loggien, Veranden, Balkonen; Terrassenbelag; Asphaltanstrich von Keller- und Garagenböden; Badeeinrichtung, Wascheinrichtung und sanitäre Einrichtungen, soweit sie nicht im nachhinein vom Wohnungseigentümer angebracht werden; eingebaute Küchenschränke, Warmwasserbereiter; Antennenanlage nur für die Raumeinheit; nicht dagegen Meßuhren, die dem Versorgungsunternehmen gehören. Doch auch die zu den Räumen gehörenden Bestandteile des Gebäudes bilden nach den Gegebenheiten des einzelnen Falles kein Sondereigentum, wenn die Voraussetzungen des Absatzes 1 nicht gegeben sind. Dazu Rdn. 23.

2. Gegenstand des Sondereigentums können kraft Gesetzes **nicht** sein: 22

a) das Grundstück; unbebaute Grundstücksflächen (OLG Hamm Rpfleger **72** 27), Stellplätze im Freien, ohne Dach (OLG Frankfurt Rpfleger **77** 312); die Umfassungsmauern und Stützmauern des Gebäudes (OLG Frankfurt Rpfleger **75** 179), seine Brandmauer (BayObLGZ **71** 279) sowie seine tragenden Innenwände und Decken; seine Dachkonstruktion mit Trägern und Dachbalken, Kellerdecke und Fußböden; die Bodenplatte des Balkons und der Dachterrasse; die Mauerteile der Veranden, Loggien, Erker; die Träger, auf denen Balkone ruhen; die Außenwände einer an das Gebäude angeschlossenen Werkstätte (sie sind zwar für dieses nicht tragend, geben ihm aber mit sein besonderes Gepräge); die Schornsteine; Isolierschichten des Mauerwerks;

b) wegen unzulässiger Beeinträchtigung, z. B. nicht tragende Wände zwischen 23 Treppenhaus und Eigentumswohnungen, Wohnungsabschlußtüren zum Treppenhaus oder Hausflur (OLG Stuttgart Rpfleger **73** 401);

c) wegen Veränderung der **äußeren Gebäudegestaltung,** z. B.: Fensterläden (nicht 24 die Rolläden, LG Memmingen Rpfleger **78** 107); Fensterbänke; die Fenster samt Glas und Rahmen (OLG Frankfurt NJW **75** 2297) und Außenanstrich; die Abschlußgitter der Balkone und Altanen; Schaufenster von Läden, Gaststätten, Cafés; Markisen auf Balkonen, Loggien, Dachterrassen (Stoffarbe, Machart); Balkonanstrich (vgl. BayObLG MDR **74** 936); Anstrich der Balkontüren und der Gitter vor den Fenstern; Außenverkleidung (Außenanstrich) der Loggien, Veranden; Überdachung der Dachterrasse (OLG Stuttgart OLGZ **70** 74); Außentreppen des Gebäudes nebst Außenaufgang (BayObLGZ **74** 272); Außenwandreklame; Außenverputz mit Isolierschicht (OLG Köln Rpfleger **76** 185); Gebäudeeingangstüren; Außenanstrich des Gebäudes;

d) Anlagen und Einrichtungen, die dem **gemeinschaftlichen Gebrauch** der Raum- 25 eigentümer dienen, wobei zu unterscheiden ist zwischen den notwendig gemeinschaftlichen (*Weitnauer/Hauger,* § 3 Rdn. 11) wie Fluren, Treppenhaus (vgl. BayObLGZ **81** 404), Treppenaufgang (BGHZ **78** 227), Vorhallen, Zugänge, die alle benutzen müssen um zu ihren Wohnungen und Nebenräumen (Keller, Mansarde, Dachboden) zu gelangen (BayObLG MDR **81** 145), sie können auch durch Vereinbarung nicht zu Sondereigentum erklärt werden, und Anlagen und Einrichtungen, deren Zweckbestimmung sich ändern läßt, z. B. Heizanlage nebst Raum; mit der Änderung der Zweckbestimmung kann ihre Gemeinschaftseigenschaft entfallen. Anlagen und Einrichtungen können sein: z. B. Sprechanlagen an den Haustüren; Rohre und Leitungen für die Versorgung mit Wasser, Strom, Wärme, Gas bis an die jeweiligen Abzweigstellen für die einzelnen Räume (BGHZ **78** 227/8). Feuerschutztüren vor den Hausfluren; gemeinschaftliche Antennenanlagen; Schließanlagen für die Abschlußtüre; Überdachungen der Kraftfahrzeugabstellplätze im Freien; Müllschluckanlagen im Gebäude; Treppenhaus, Außenfluren mit Beleuchtung und Heizkörpern; Etagenheizungen, Sportplätze, Kühlanlagen für Geschäfte, eingebaute Waschmaschinen mit Trockenschleuder (BayObLG NJW **75** 2296), Wasser-Druckerhöhungsanlagen; Wände und Türen zu den Treppen und Fluren; Gemeinschaftswaschküche mit Einrichtung; Heizkeller mit Heizkessel; Gemeinschaftswaschautomaten; Lastenaufzüge, Fahrstühle (OVG Münster ZMR **72** 310; LG Mannheim ZMR **76** 218; s. auch unten Rdn. 35); Seitentreppen; Raum im Keller und Speicher, den alle betreten müssen, um zu ihren Kellern und Mansarden zu gelangen (BayObLG Rpfleger **80** 477); Kellertreppen; gemeinsamer Sammelraum zur Ablage von Sperrmüll; Vorhalle zum gemeinschaftlichen Aufenthalt (vgl. BayObLG MDR **81** 145); Fluren; Gemeinschaftsspeicher zum Trocknen der Wäsche; Gemeinschaftsraum zum Abhalten der Versammlungen und geselligen Veranstaltungen; Räume zum Waschen der Kraftfahrzeuge oder Unterstellung der Fahrräder; Warmwasserbereitungsanlage mit Behältern; Gemeinschaftsgaragen; Bodentreppe; Automaten an der Außenwand (OLG München ZMR **72** 210); Toiletten können für sich kein Sondereigentum bilden; bei Mansardengeschossen gehören sie zum gemeinschaftlichen Eigentum, bei Wohnungen und gewerblichen Räumen (Café, Gaststätte) zu deren Sondereigentum, s. auch Rdn. 32.

26 4. Im **besonderen Dachterrasse, Dachgarten, Loggien, Mansarden, Balkon, Veranda, Terrasse, Heizanlage** (jeweils als Räume).

a) *Dachterrassen* können Sondereigentum als Teil einer Eigentumswohnung sein, wenn ihre Umgrenzungen in ausreichendem Maße erkenntlich sind und der Berechtigte alleinigen Zugang zu ihnen hat, sie also als abgeschlossen angesehen werden können. Die Überdachung der Terrasse (vgl. OLG Frankfurt Rpfleger **75** 178; OLG Stuttgart NJW **70** 102) fällt ebenso wie die Dachkonstruktion mit den darauf angebrachten Isolierschichten in das gemeinschaftliche Eigentum; die oberste Schicht des Bodens der Terrasse (meist Steinplatte) bildet Sondereigentum (OLG Düsseldorf DWE **79** 128; OLG Köln Rpfleger **76** 185; BayObLG Rpfleger **74** 316; OLG Frankfurt Rpfleger **75** 178; LG München Rpfleger **69** 245; AG Königstein MDR **79** 231); s. auch *Stoll*, SchlHA **78** 45; DWE **76** 86 und *Diester*, wichtige Rechtsfragen Rdn. 110.

27 b) Entsprechendes gilt für den *Dachgarten*.

Zum Sondereigentum gehören das aufgeschüttete Erdreich, die Pflanzen und die ausschließlich oder überwiegend zur Begehung der Flächen und Nutzung der Dachfläche als Garten bestimmten Bestandteile des Gebäudes (s. auch DWE **76** 86).

Zum Penthouse s. OLG Köln OLGZ **76** 142.

28 c) *Loggien, Balkone* (BayObLG Rpfleger **74** 316) und *Veranden* gehören als Räume, auch wenn sie nicht von allen Seiten umschlossen sind, als Teile der Wohnung zum Sondereigentum. Sie sind zu den gemäß § 3 Abs. 1 bestimmten „Räumen" zu rechnen (vgl. § 44 der Verordnung über wohnungswirtschaftliche Berechnungen vom 21. 2. 1975 BGBl. I S. 569/ 18. 7. 1979 BGBl. I S. 1077, wonach Grundflächen der ausschließlich zum Wohnraum gehörenden Balkone, Loggien, Dachgärten oder gedeckten Freiplätze zur Ermittlung der Wohnfläche bis zur Hälfte angerechnet werden können). Sie werden in der Teilungserklärung (§ 8) oder dem Einräumungsvertrag (§ 4) dem jeweiligen Sondereigentum zugeteilt, im besonderen im Aufteilungsplan mit der Nummer des sonstigen Sondereigentums gekennzeichnet (vgl. § 7 Abs. 4 Nr. 2). Gemeinschaftliches Eigentum sind Außenwände und Gitter, die Träger, auf denen sie ruhen, die Verkleidungen der Außenfronten, die Bodenplatte nebst Isolierschichten, nicht der eigentliche Bodenbelag (BayObLG MDR **74** 936) sowie die Eingangstüren zum Wohnungsinnern (OLG Düsseldorf DWE **79** 98). Zum Sondereigentum gehören die Innenseiten; Markisen sind gemeinschaftliches Eigentum (§ 5 Abs. 1 letzte Fallgestaltung). Führt eine Loggia zu einer ebenerdlichen Terrasse, muß, um von einem abgeschlossenen „Raum" sprechen zu können (§ 3), die Umgrenzung der Terrasse — die Bodenfläche bleibt gemeinschaftliches Eigentum — insbesondere dann deutlich erkennbar sein, wenn mehrere Terrassen nebeneinander errichtet und einzelnen Eigentumswohnungen zugeteilt sind. Plattierte Terrassenflächen ohne vertikale Abgrenzung bilden keinen Raum und sind nicht sondereigentumsfähig (OLG Köln Rpfleger **82** 278).

d) *Mansarden* im Dachgeschoß, ausgestattet mit Strom, Wasser und Heizung und Nebenräumen, gehören zum Sondereigentum des Wohnungseigentums, dem sie zugeteilt sind. Der Flur, an den die Mansarden anstoßen, ist gemeinschaftliches Eigentum ebenso wie die für alle benutzbare Toilette und ein etwa vorhandener Waschraum, dazu *Zoebe* DWE aaO. **29**

e) Was die **Heizungsanlagen** anlangt, so ist zunächst auch hier zu prüfen, ob sie wesentlicher Bestandteil des Gebäudes sind, in dem sie angebracht sind. Dies wird in der Regel zu bejahen sein (§ 94 Abs. 2 BGB; BGH NJW 70 895). Anlagen, die mit Rücksicht auf ihre Größe über den Bedarf für das Gebäude weit hinausgehen, werden nicht mehr als zur Herstellung des Gebäudes eingefügt anzusprechen sein (vgl. BGH NJW 75 688; 70 895), können aber wesentlicher Bestandteil nach § 93 BGB sein. Ist diese Eigenschaft zu verneinen, kann Sondereigentum nicht begründet werden, die Eigentumsfrage ist nach allgemeinen Regeln des BGB zu beantworten. **30**

Ist die Heizanlage aber wesentlicher Bestandteil des Gebäudes, ist für die Beantwortung der Frage, ob sie gemeinschaftliches Eigentum im Sinne des § 5 Abs. 2 bildet, zu unterscheiden: Ist sie entsprechend dem Wärmebedarf des Gebäudes (oder weiteres Gebäude derselben Wohnanlage) konstruiert, versorgt sie dementsprechend nur die Bewohner des Gebäudes oder die zur Gemeinschaft gehörenden Wohnungen und sonstigen Räume der Gemeinschaft, kann daran in aller Regel kein Sondereigentum entstehen (LG Köln MittRhNotK **80** 209; BayObLG MittRhNotK **80** 204). Es spielt dann keine Rolle, daß sich der Bauträger vorbehalten hat, die Heizanlage selbst zu betreiben; auch auf die Größe der Anlage kommt es für die rechtliche Beurteilung nicht an. Versorgt dagegen die Heizanlage bestimmungsgemäß nicht nur das Gebäude und die Gebäude der Wohnanlage, sondern darüber hinaus noch Dritte, z. B. die Wohnungseigentümer einer benachbarten Wohnungsgemeinschaft, wird es sich in der Regel um Sondereigentum handeln, wenn Heizraum mit Einrichtung dazu „bestimmt" wurden (BGH Rpfleger **79** 255; BayObLG Rpfleger **80** 230; s. auch *Schopp* Rpfleger **74** 91); die Größe der Anlage und die Art der Betriebsführung (beauftragter Gemeinschaftler oder Werkmeister) können die rechtliche Einstufung nicht beeinflussen.

Der einzelne Wohnungseigentümer ist übrigens, wenn die Voraussetzungen des § 14 Nr. 1, 22 für einen Anschluß an einen Kamin gegeben sind, nicht gehindert, aus eigenen Öfen seine Wohnung zu heizen. Den Kosten für den Betrieb und die Instandhaltung einer gemeinschaftlichen Heizungsanlage kann er sich allerdings nicht entziehen, solange nicht entsprechende Beschlüsse ihn davon befreien (§ 16 Abs. 2, 21, 28); Ölheizung der Gemeinschaft kann nicht durch Mehrheitsbeschluß stillgelegt werden (vgl. BayObLG Rpfleger **76** 291). Heizkörper in der Wohnung sind Sondereigentum (BayObLG Rpfleger **79** 216); durch deren Änderungen dürfen die Gesamtheizungsanlage und die Beheizung der anderen Wohneinheiten nicht beeinträchtigt werden (vgl. § 14 Nr. 1). Zum *Schwimmbad* und *Sauna* s. oben Rdn. 19; zum *Garageneinstellplatz* § 3 Rdn. 72 ff; zum Stellplatz auf Oberdeck s. LG Braunschweig Rpfleger **81** 298.

Ist nach dem Aufteilungsplan ein Balkon, eine Loggia oder Veranda zum Sondereigentum erklärt, erstreckt sich das Sondereigentum auch dann darauf, wenn dies in Verträgen mit Käufern nicht mehr ausdrücklich hervorgehoben wird (*Diester* Rechtsfragen aaO Rdn. 112). **31**

V. Vereinbarungen (Absatz 3)

Vereinbarungen der Raumeigentümer über die Abgrenzung des Sondereigentums gegenüber dem gemeinschaftlichen Eigentum sind nur teilweise zulässig:

32 **1. Unzulässig** ist es, den Gegenstand des Sondereigentums über die im § 5 Abs. 1 und 2 bestimmten Grenzen hinaus auf Kosten des gemeinschaftlichen Eigentums zu erweitern, da die gesetzlichen Vorschriften insoweit zwingend sind. Daher kann nicht Sondereigentum an einem ganzen Gebäude bestellt werden, auch nicht an der Hälfte eines Doppelhauses, wohl aber an allen Räumen des Gebäudes im Rahmen der Absätze 1 und 2 (BayObLG NJW **68** 1230). Wohnungseigentümer können auch nicht Umfassungsmauern (OLG München ZMR **72** 210), Teile der Dachkonstruktion, gemeinschaftsgebräuchliche Räume, wie Fluren, Vorhallen, Treppen, die alle benutzen müssen, um zu ihren Wohnungen (nebst Keller, Mansarde, Garage etc.) zu gelangen, die Rückwand des Gebäudes (für Reklamezwecke) zu Sondereigentum erklären, auch nicht eine nur für den Wärmebedarf des Gebäudes eingerichtete Heizanlage, solange diese dem vorgesehenen Zweck dient. Es steht ihnen aber frei, nach Entwidmung und Entfernung der Einrichtung den Raum nunmehr zu einem Sondereigentum zuzuteilen. Die unwirksame Begründung von Sondereigentum an gemeinschaftlichem Eigentum kann unter Umständen in Bestellung eines Sondernutzungsrechts an diesem umgedeutet werden (BayObLG MDR **81** 145).

33 **2. Zulässig** ist es dagegen, von vornherein oder nachträglich durch Vereinbarung aller Raumeigentümer den Gegenstand des Sondereigentums zugunsten des gemeinschaftlichen Eigentums in der Weise zu *beschränken*, daß Räume oder wesentliche Bestandteile des Gebäudes, die nach § 5 Abs. 1 und 2 Gegenstände des Sondereigentums sein können, zu Gegenständen des gemeinschaftlichen Eigentums erklärt werden (§ 5 Abs. 3), z. B. zu Hausmeisterwohnung, Fahrradkeller, Versammlungsraum, zum Geschäftsbüro des Verwalters.

34 3. Die Vereinbarungen des Absatzes 3 bedürfen der Form des § 4 und der Eintragung im Grundbuch, gegebenenfalls ist auch die Zustimmung der Realgläubiger einzuholen (*Soergel/Baur* § 5 Rdn. 1; OLG Hamm DNotZ **75** 31). § 10 Abs. 2 ist nicht einschlägig, die Vereinbarungen regeln die Eigentumsfrage, nicht das Verhältnis der Wohnungseigentümer untereinander (str.).

Zum *Austausch* der Räume unter benachbarten Wohnungseigentümern s. § 6 Rdn. 4.

35 **VI Gemeinschaftliches Sondereigentum**

Streitig ist die Frage, wie wesentliche Bestandteile zu behandeln sind, die dem gemeinschaftlichen Gebrauch und Interesse mehrerer, aber nicht aller Raumeigentümer dienen, z. B. (nichttragende) Zwischenwände zwischen zwei Wohnungen, Etagenheizungen, die mehrere Wohnungen versorgen, Fahrstühle oder Lastenaufzüge, die nur einige Stockwerke bedienen. Weitgehende Übereinstimmung besteht darüber, daß *Mit-Sondereigentum* bestehen kann an nicht tragenden Zwischenwänden, die zwei Eigentumswohnungen voneinander trennt; auch die Begründung zum Wohnungseigentumsgesetz (Nr. 4) nimmt bei solchen Zwischenwänden gemeinschaftliches Sondereigentum der beiden beteiligten Raumeigentümer und entsprechende Anwendbarkeit des § 922 BGB an.

36 Teilt ein Wohnungseigentümer seine Raumeinheit in zwei neue abgeschlossene selbständige Einheiten durch eine *Trennwand*, bleibt sie, solange er Eigentümer beider Einheiten ist, Sondereigentum; veräußert er eine Raumeinheit, bildet die Trennwand Mit-Sondereigentum nach Bruchteilen. Wird die Trennwand schadhaft, müssen die Kosten hälftig getragen werden, wenn nichts anderes vereinbart ist (§ 922 BGB).

Im Schrifttum wird im übrigen die Zulässigkeit der Begründung von Mit-Sondereigentum überwiegend bejaht, von der Rechtsprechung verneint (s. dazu die Zusammenstellung im Beschluß des BayObLGZ **81** 407, dazu noch OLG Stuttgart DWE **80** 62 und *Korff*, DWE **80** 118; unklar die Formulierung im Urteil des BGH vom 10. 5. 1979 VII 30/78: ... diejenigen Wohnungseigentümer, mit deren Wohnungseigentum das gemeinschaftliche Eigentum am Schwimmbad „verbunden" ist, ...). Der Auffassung des Bayerischen Obersten Landesgerichts (BayObLGZ aaO), Sondereigentum könne nur einem einzigen Miteigentumsanteil zugerechnet werden, wird beigetreten. Das Gesetz, das in Abweichung von Grundsätzen des BGB mit dem Wohnungseigentumsrecht ein neues Sachenrecht geschaffen hat, knüpft dabei dessen Begründung an die Verbindung von Sondereigentum mit „dem", also einem Miteigentumsanteil (§§ 1 Abs. 2 und 3, 6 Abs. 1, 7 Abs. 1; OLG Saarbrücken OLGZ **72** 132). Es behandelt demzufolge bei den Grundbuchvorschriften nicht den Fall der Bestellung eines Mit-Sondereigentums. Es steht aber nach allgemeinen Grundsätzen dem Richter nicht zu, die vom Gesetz geschaffenen Sachenrechte zu ergänzen oder umzuformen. Zudem besteht kein dringendes Bedürfnis hierzu. In vielen Fällen müßte die Bestellung eines Mit-Sondereigentums schon an den unabdingbaren Bestimmungen der Absätze 1 und 2 scheitern: z. B. bei Räumen, die der Gemeinschaft dienen, wie Fluren, Vorhallen, Treppenhaus, gegebenenfalls auch Schwimmbad mit Sauna. In den anderen Fällen bietet das Gesetz selbst eine Alternative an: Bestellung von Teileigentum zugunsten der interessierten Wohnungseigentümer. Handelt es sich um Einrichtungen wie Waschmaschinen, Sammelgarage, Etagenheizung, Fahrstuhl, kann die Bestellung von Sondernutzungsrechten in Betracht kommen. Schließlich steht der Weg offen, bei der Kosten- und Lastenverteilung (§ 16) Eigentümer von der Kostenlast für den Betrieb und die Unterhaltung solcher Einrichtungen freizustellen. Eine Lücke des Gesetzes, die auszufüllen wäre durch Zulassung der Begründung von Mit-Sondereigentum ist nach allem nicht ersichtlich. **37**

VI. Sondereigentum, Alleineigentum und Zubehör des Grundstücks **38**

1. Da Sondereigentum i. S. des WEG (als Gegensatz zum gemeinschaftlichen Eigentum) nur an Räumen und wesentlichen Bestandteilen des Gebäudes möglich ist, scheiden alle sonstigen Sachen, die sich in den im Sondereigentum stehenden Räumen befinden und dem Raumeigentümer allein gehören, aus dem Begriff des Sondereigentums aus. Hierunter fallen vor allem die Möbel und anderen Einrichtungsgegenstände, mit denen der Raumeigentümer die Wohnung oder sonstige Raumeinheit ausgestattet hat, ferner alle anderen darin befindlichen Sachen des Raumeigentümers, auch Bestandteile des Gebäudes, die nicht als wesentliche anzusehen sind, und Gegenstände, die der Raumeigentümer oder sein Vorgänger hat anbringen lassen z. B. Automaten an der Hausfront. Hinsichtlich aller dieser Sachen steht der Raumeigentümer nicht anders da als ein Mieter von Räumen.

2. Zum Zubehör des Grundstücks s. § 1 Rdn. 25 f; zum folgenden *Weimar*, DWE **39** **78** 40. Zubehör sind Gegenstände, die der Hauptsache dienen, für diese aber entbehrlich sind. Zubehör des Grundstücks können sein: Waschmaschinen, Rasensprenger, Rasenmäher, Schneeräumer, Staubsauger zur Reinigung der Treppen durch Hausmeister, Baumaterial, das noch zur Verwendung bereit liegt, Öl-Vorräte im Keller, Alarmanlagen, Beleuchtungskörper (LG München ZMR **79** 934), Gartengeräte, Ersatzteile für die Beleuchtung und die Versorgungsleitungen. Bezüglich des Zubehörs sind die Wohnungseigentümer in ihrer Bestimmungsfreiheit durch § 5 nicht eingeengt. Zum Zubehör des Wohnungseigentums s. § 13 Rdn. 9. Das Zubehör teilt im allgemeinen das rechtliche Schicksal der Hauptsache, auch hinsichtlich deren Belastungen.

40 **B. Inhalt des Sondereigentums**

I. Gesetzlicher Inhalt

Hinsichtlich des Sondereigentums hat der Raumeigentümer die Stellung eines Alleineigentümers. Er kann also grundsätzlich mit den in seinem Sondereigentum stehenden Gebäudeteilen nach Belieben verfahren und andere von Einwirkungen auf sie ausschließen, aber nur, soweit nicht das Gesetz oder Rechte Dritter entgegenstehen (§ 13 Abs. 1). Solche Beschränkungen ergeben sich insbesondere aus den §§ 14, 15, 18, 19.

II. Vereinbarter Inhalt

Die Raumeigentümer können ihr Verhältnis untereinander (2. und 3. Abschnitt) in Ergänzung oder Abweichung von Vorschriften des WEG regeln (§ 10 Abs. 2); als Inhalt des Sonder-, nicht des Raumeigentums sollen solche Vereinbarungen deshalb angesehen werden, weil sonst bei der Eintragung im Grundbuch zwischen dem Gegenstand des Sondereigentums und dem Inhalt des Wohnungseigentums hätte unterschieden werden müssen, wodurch Verwirrung zu befürchten gewesen wäre.

41 Die Vereinbarungen müssen mit *dem* Grundstück in Zusammenhang stehen, dessen Miteigentumsanteile mit dem Sondereigentum der betreffenden Raumeigentümer verbunden sind (OLG Frankfurt Rpfleger **75** 179). Es kann sich dabei handeln um: Regelung des Gebrauchs des gemeinschaftlichen oder Sondereigentums (BayObLG MDR **74** 847; OLG München DNotZ **71** 624: Tiefgarage); die Instandhaltung gemeinschaftlichen Eigentums und deren Kostentragung durch den einzelnen Wohnungseigentümer; Regelung des Stimmrechts (OLG Hamm Rpfleger **75** 401); der Zustimmungsbedürftigkeit für die Bestellung von Dauerwohnrechten oder Vermietung (OLG Stuttgart Justiz **69** 253; BGHZ **37** 203); Zustimmung des Verwalters zur Ausübung einer beruflichen oder gewerblichen Tätigkeit in der Wohnung (s. dazu § 15 Rdn. 4), zur Unterteilung des Wohnungseigentums (BGHZ **49** 250); Zulässigkeit der Bestellung eines Vorkaufsrechtes; Ausschluß von der Teilnahme an Versammlung und Abstimmung bei Säumigkeit der Beitragszahlung (LG München Rpfleger **78** 381); Bestellung von Sondernutzungsrechten; Beschränkungen in der Nutzung des Sondereigentums (OLG Köln OLGZ **76** 274); Bestimmungen zur Auswahl des Verwalters, Erweiterung seiner Aufgaben, Durchführung der Verwaltung, Aufnahme von Krediten, Anlage der Rücklagen. Die gegenständliche Abgrenzung von Sondereigentum und gemeinschaftlichem Eigentum fällt nicht unter Absatz 4. Auch kann ein Schiedsgericht zur Entscheidung über Streitigkeiten der Wohnungseigentümer, die das Verhältnis untereinander zum Gegenstand haben, vereinbart werden. Enthält die Gemeinschaftsordnung eine Schiedsabrede, braucht die Form des § 1027 Abs. 1 ZPO nicht gewahrt zu werden (§ 1048 ZPO), da die Gemeinschaftsordnung die Satzung der Gemeinschaft darstellt, eine besondere schriftliche Niederlegung der Schiedsabrede entbehrlich macht (vgl. BGHZ **38** 159 ff und § 43 Rdn. 3). Die Schiedsabrede wirkt auch gegen den Sonderrechtsnachfolger, wenn die Vereinbarung in das Grundbuch eingetragen ist (§ 10 Abs. 2).

42 Vereinbarungen über das Verhältnis der Wohnungseigentümer (Abs. 4) untereinander bedürfen nicht der Form des § 4; sie können auch außerhalb einer Versammlung geschlossen werden und erlangen durch Eintragung im Grundbuch Wirksamkeit gegen den Sonderrechtsnachfolger; zur Wirksamkeit von Vereinbarungen zu dessen Gunsten auch ohne Eintragung s. § 746 BGB. Ausnahmsweise kann auch eine Hausordnung Vereinbarungen im Sinne des Absatzes 4 enthalten (BayObLGZ **75** 201).

C. Umwandlung von Sondereigentum in gemeinschaftliches Eigentum und umgekehrt 43

Die Umwandlung von sondereigentumsfähigen Räumen in Gemeinschaftseigentum bedarf der Vereinbarung aller Raumeigentümer (§§ 877, 873 BGB) und der Eintragung im Wohnungsgrundbuch; dasselbe gilt umgekehrt für die Überführung von Räumen, die gemeinschaftliches Eigentum sind, in Sondereigentum (BayObLGZ **76** 267). Zur *Ergänzung* von Sondereigentum und Gemeinschaftseigentum wegen Abnutzung s. § 14 Rdn. 2.

Die sog. „vergessenen" Räume behandelt BayObLG Rpfleger **82** 21; BayObLGZ **73** 267; OLG Stuttgart OLGZ **79** 21.

§ 6

Unselbständigkeit des Sondereigentums

(1) Das Sondereigentum kann ohne den Miteigentumsanteil, zu dem es gehört, nicht veräußert oder belastet werden.

(2) Rechte an dem Miteigentumsanteil erstrecken sich auf das zu ihm gehörende Sondereigentum.

Schrifttum

Röll, Teilungserklärung und Entstehung des Wohnungseigentums; *Tasche,* Kellertausch unter Wohnungseigentümern, DNotZ **72** 710; *Zimmermann,* Belastung von Wohnungseigentum mit Dienstbarkeiten, Rpfleger **81** 333.

Übersicht

	Rdn.
I. Untrennbarkeit des Raumeigentums	
1. Allgemeines	1, 2
2. Veräußerung und Belastung des Sondereigentums	3
3. Übertragung und Austausch unter Raumeigentümern	4, 5, 6
4. Erstreckung der Rechte am Miteigentumsanteil auf das Sondereigentum	7
II. Aufhebung des Sondereigentums	8

I. Untrennbarkeit des Raumeigentums

1. Allgemeines 1

Aus der Natur des Raumeigentums als einer unlösbaren Verbindung von Miteigentumsanteil und Sondereigentum zieht § 6 die notwendige Folgerung: über das Raumeigentum kann nur im ganzen verfügt werden. Dabei zeigt sich auch hier die Akzessorietät des Sondereigentums. Rechte am Miteigentumsanteil erstrecken sich auf das dazu gehörende Sondereigentum, eine Verfügung über den Miteigentumsanteil erfaßt also ohne weiteres auch das Sondereigentum (§ 6 Abs. 2); über das Sondereigentum kann aber nicht ohne den Miteigentumsanteil verfügt werden (§ 6 Abs. 1), eine Verfügung über das Sondereigentum allein ist also unwirksam; wirksam ist nur die Verfügung über Sondereigentum und Miteigentumsanteil, also über das Raumeigentum im ganzen.

Erwerb eines Miteigentumsanteils oder Sondereigentums je für sich allein, ist auch kraft des guten Glaubens an die Richtigkeit des Grundbuchs nicht möglich (*Soergel/Baur,* § 6 Rdn. 2). 2

3 **2. Veräußerung und Belastung von Sondereigentum (§ 6 Abs. 1)**

Sie erfordert, um wirksam zu sein, die gleichzeitige entsprechende Verfügung über den Miteigentumsanteil, die im allgemeinen zu vermuten ist, wenn sie nicht ausdrücklich oder nach dem Sinnzusammenhang ausgeschlossen sein soll. Insbesondere wird beim Tausch zweier gleichwertiger Eigentumswohnungen in demselben Gebäude ein gleichzeitiger Tausch der Miteigentumsanteile zu unterstellen sein. Bei Teilung einer Raumeinheit muß mit dem abgetrennten Teil der Räume ein Teil des Miteigentumsanteils übertragen werden. Eine Vererbung des Sondereigentums ohne den Miteigentumsanteil ist nicht möglich, ebensowenig eine Zwangsvollstreckung in das Sondereigentum allein. Dagegen ist eine Herauslösung eines dem Sondereigentum unterliegenden wesentlichen Bestandteils — z. B. einer nichttragenden Innenwand oder einer Innentür — aus der Verbindung mit den im Sondereigentum stehenden Räumen und damit auch die rechtliche Verfügung über ihn (z. B. seine Veräußerung) möglich.

4 § 6 steht der Übertragung von *Sondereigentumsteilen* auf einen andern Raumeigentümer ohne gleichzeitige Übertragung von Miteigentumsanteilen nicht entgegen. Die Abweichung vom Grundsatz der Unselbständigkeit des Sondereigentums rechtfertigt sich, weil Geber und Nehmer bereits Inhaber von Raumeigentum sind und dies nach der Übertragung bleiben. Befinden sich die Eigentumsrechte, hinsichtlich deren eine Veränderung des zugeordneten Sondereigentums herbeigeführt werden soll, in einer Hand, ist entsprechend der Regelung des § 8 einseitige Erklärung des Inhabers dieser Rechte an das Grundbuchamt ausreichend (Verbindung einer Garage und eines Sondernutzungsrechtes mit dem Sondereigentum an einer anderen Wohnung; OLG Düsseldorf MittRhNotK **81** 196). Der Zustimmung der übrigen Raumeigentümer bedarf es dazu ebensowenig wie der des Verwalters, wenn etwa nach § 12 Zustimmungsbedürftigkeit für Übertragungen vorgesehen ist (OLG Hamburg DNotZ **76** 547; OLG Celle Rpfleger **74** 267; OLG Schleswig SchlHA **77** 203; *Tasche* aaO; *Weitnauer/Hauger,* § 6 Rdn. 2 a; kritisch *Röll* Rpfleger **76** 195, 2 b).

Der Inhaber mehrerer Eigentumswohnungen kann auch Miteigentumsanteile abtrennen, zu einem neuen Miteigentumsanteil vereinigen und mit diesem Sondereigentumsteile verbinden, so daß ein neues Wohnungseigentum entsteht. Er bedarf hierzu nicht der Mitwirkung der andern Raumeigentümer (BayObLGZ **77** 1).

5 Es ist sonach zulässig, Keller, Garagen, Abstellräume eines Wohnungseigentums auf ein anderes zu übertragen, ohne Veränderung der Miteigentumsanteile, desgleichen im Sondereigentum stehende Räume unter den Wohnungseigentümern auszutauschen, durch Beseitigung von Trennwänden zwischen benachbarten Wohnungen neue Räume zu bilden und unter sich zuzuteilen, — mit oder ohne Änderung der bisherigen Größen der in Betracht kommenden Raumeinheiten. Werden dabei tragende Wände beseitigt, bedarf es der Zustimmung aller Raumeigentümer (§ 5 Abs. 1). Da alle Räume mit derselben Nummer gekennzeichnet werden müssen (§ 7 Abs. 4 Nr. 2 Satz 2), muß in diesen Fällen auch der Aufteilungsplan geändert werden, was die an der Veränderung Beteiligten allein ohne Mitwirkung der übrigen Raumeigentümer herbeiführen können (vgl. *Tasche,* aaO S. 716). Abgeschlossenheit neu gebildeter Räume muß stets gegeben sein.

6 Zur Übertragung (Tausch) der Räume ist die Form des § 4 einzuhalten, zum Vollzug im Grundbuch reicht Bewilligung nach § 19 GBO aus; vorzulegen sind der geänderte Aufteilungsplan, gegebenenfalls die Bescheinigung der Abgeschlossenheit (§ 7 Abs. 4 Nr. 1) und die Zustimmung der Realgläubiger bei Verkleinerung der Raumein-

heit (§§ 877, 876 BGB); Eintragung in Spalte 6 des Bestandsverzeichnisses (§ 3 Abs. 1 Buchstabe c WGbVfg., Celle aaO). Wenn mit der Veränderung der Sondereigentumsrechte eine Veränderung der Zweckbestimmung der in Betracht kommenden Räume verbunden ist, bedarf es auch der Vereinbarung aller Raumeigentümer und der entsprechenden Änderung des Aufteilungsplans.

Zur Änderung von Miteigentumsanteilen ohne Änderung des Sondereigentums s. oben § 4 Rdn. 25 ff.

4. **Erstreckung der Rechte am Miteigentumsanteil** auf das Sondereigentum (§ 6 **7**
Abs. 2). Wird der Miteigentumsanteil eines Raumeigentümers veräußert oder belastet, so erstreckt sich das Eigentum des Erwerbers oder das Recht des dinglich Berechtigten (z. B. ein Grundpfandrecht) ohne weiteres auf das dazu gehörende Sondereigentum, so daß z. B. eine Verschlechterung von Gegenständen des Sondereigentums eine Verschlechterung des Grundstücks i. S. der §§ 1133 bis 1135 BGB bedeutet; ebenso ergreift eine Zwangsvollstreckung in den Miteigentumsanteil ohne weiteres auch das Sondereigentum.

II. Aufhebung des Sondereigentums **8**

Sie bewirkt die Trennung von Sondereigentum und Miteigentumsanteil und damit die Aufhebung des Raumeigentums. Werden sämtliche Raumeigentumsrechte an einem Gebäude aufgehoben, so tritt an die Stelle der bisherigen Gemeinschaft der Raumeigentümer die gewöhnliche Bruchteilsgemeinschaft im Sinne der §§ 1008 ff, 741 ff BGB. Wird nur das Sondereigentum an einer Raumeinheit aufgehoben, so muß der bisherige Raumeigentümer, wenn er kein sonstiges Sondereigentum in dem Gebäude besitzt, seinen Miteigentumsanteil veräußern und so aus der Gemeinschaft ausscheiden.

§ 7

Grundbuchvorschriften

(1) Im Falle des § 3 Abs. 1 wird für jeden Miteigentumsanteil von Amts wegen ein besonderes Grundbuchblatt (Wohnungsgrundbuch, Teileigentumsgrundbuch) angelegt. Auf diesem ist das zu dem Miteigentumsanteil gehörende Sondereigentum und als Beschränkung des Miteigentums die Einräumung der zu den anderen Miteigentumsanteilen gehörenden Sondereigentumsrechte einzutragen. Das Grundbuchblatt des Grundstücks wird von Amts wegen geschlossen.

(2) Von der Anlegung besonderer Grundbuchblätter kann abgesehen werden, wenn hiervon Verwirrung nicht zu besorgen ist. In diesem Falle ist das Grundbuchblatt als gemeinschaftliches Wohnungsgrundbuch (Teileigentumsgrundbuch) zu bezeichnen.

(3) Zur näheren Bezeichnung des Gegenstandes und des Inhalts des Sondereigentums kann auf die Eintragungsbewilligung Bezug genommen werden.

(4) Der Eintragungsbewilligung sind als Anlagen beizufügen:

1. **eine von der Baubehörde mit Unterschrift und Siegel oder Stempel versehene Bauzeichnung, aus der die Aufteilung des Gebäudes sowie die Lage und Größe der im Sondereigentum und der im gemeinschaftlichen Eigentum stehenden Gebäudeteile ersichtlich ist (Aufteilungsplan); alle zu demselben Wohnungseigentum gehörenden Einzelräume sind mit der jeweils gleichen Nummer zu kennzeichnen;**
2. **eine Bescheinigung der Baubehörde, daß die Voraussetzungen des § 3 Abs. 2 vorliegen.**

Wenn in der Eintragungsbewilligung für die einzelnen Sondereigentumsrechte Nummern angegeben werden, sollen sie mit denen des Aufteilungsplanes übereinstimmen.

(5) Für Teileigentumsgrundbücher gelten die Vorschriften über Wohnungsgrundbücher entsprechend.

Schrifttum

Röll, Teilungserklärung und Entstehung des Wohnungseigentums, **75** S. 49 ff; *Lutter*, Grenzen des sog. Gutglaubensschutzes an das Grundbuch, AcP **64** **141/164** ff; *Röll*, Eintragung von Änderungen der Teilungserklärung in das Wohnungsgrundbuch, MittBayNot. **79** 218; *Weitnauer*, Wiedergabe von Veräußerungsbeschränkungen nach § 12 WEG im Grundbuch und Hypothekenbrief Rpfleger **68** 205; dazu *Diester* Rpfleger **68** 41, 207; *Herold*, die Abgeschlossenheitsbescheinigung BlGBW **82** 6; *Eickmann*, Formalverfahren oder Rechtsverwirklichung Rpfleger **73** 341; *Riggers*, Bestandzuschreibung von einem Wohnungseigentum zu anderem Wohnungseigentum, JurBüro. **77** 18; *Röll*, Aufteilung zu Wohnungseigentum und Standort des Gebäudes, DNotZ **77** 643; *Karstedt*, Wohnungseigentum im Grundbuchbetrieb, SchlHA **62** 135; *Diester*, Aufgaben der Grundbuchämter nach dem WEG, Rpfleger **65** 193; *derselbe*, Rechtsprechung zu Grundbuchfragen des WEG, Rpfleger **67** 270; *Bertram*, die Abgeschlossenheitsbescheinigung, BlGBW **82** 7.

Übersicht

	Rdn.
I. Besondere Grundbücher	
1. Allgemeines	1
2. Bezeichnung	2
3. Gegenstand	3
4. Schließung des alten Grundbuchblattes	4
5. Ausnahmen	5
II. Eintragungen	
1. Inhalt	6
2. Form	
a) Notwendige Vermerke	7
b) Bezugnahme auf die Eintragungsbewilligung	8
c) Subjektiv dingliche Rechte	9
d) Rechte am Grundstück	10
3. Voraussetzungen	
a) Grundbuchmäßige Voraussetzungen	11
b) Weitere Voraussetzungen nach § 7 Abs. 4 WEG	12
aa) Aufteilungsplan	13—18
bb) Bescheinigung der Baubehörde	19—21
III. Prüfungspflicht des Grundbuchamts	22
IV. Veräußerung, Vereinigung Zuschreibung	23, 24
V. Schutz des guten Glaubens an die Richtigkeit des Grundbuchs	25
VI. Gebührenberechnung	26

Die Neufassung der Bestimmung beruht auf Art. 1 Nr. 3 des Änderungsgesetzes vom 30. Juli 1973 und ist ab 1. Oktober 1973 anzuwenden. Art. 3, § 3 des Gesetzes enthält Überleitungsregeln.

1 **I. Besondere Grundbücher**

1. Allgemeines

Während ideelle Miteigentumsanteile i. S. von § 1008 BGB (von der Ausnahmeregelung im § 3 Abs. 3 GBO abgesehen) kein eigenes Grundbuchblatt erhalten, muß im Falle der Einräumung von Sondereigentum (§ 3 Abs. 1 WEG) grundsätzlich für jeden Miteigentumsanteil ein besonderes Grundbuchblatt (mit jeweils besonderen Grundakten) angelegt werden. Das entspricht der Ausgestaltung des bisher nur ideellen Miteigentumsanteils zu Raumeigentum, das durch das zu ihm gehörende Sondereigentum eine reale Komponente erhält und so gewissermaßen lokalisiert wird; es ist nötig, um die selbständige Belastung des Raumeigentums sowie Gegenstand und Inhalt des Sondereigentums im Grundbuch deutlich ausweisen zu können. Das Raumeigentum wird somit grundbuchmäßig wie ein selbständiges Grundstück behandelt; folgerichtig erübrigt sich die Aufrechterhaltung des alten Grundbuchblattes; das Grundstück besteht aber im Rechtssinn weiter (OLG Oldenburg Rpfleger 77 22). Anzuwenden sind die Grundbuchordnung mit der Grundbuchverfügung, ferner die Verfügung über die grundbuchmäßige Behandlung der Wohnungseigentumssachen vom 1. 8. 1951 mit Änderungen durch die Verordnungen vom 15. 7. 1959, 21. 3. 1974 und 1. 12. 1977.

Für jedes Raumeigentum sind auch Grundakten anzulegen.

2. Bezeichnung 2

Es gilt der Grundsatz des Realfoliums. Das besondere Grundbuchblatt erhält die Bezeichnung „Wohnungsgrundbuch" oder „Teileigentumsgrundbuch", je nachdem ob es sich um Wohnungs- oder um Teileigentum handelt. Besteht das Sondereigentum zugleich an einer Wohnung und Räumen, die nicht zu Wohnzwecken dienen, so ist das Grundbuchblatt als „Wohnungs- und Teileigentumsgrundbuch" zu bezeichnen, sofern nicht einer dieser Zwecke offensichtlich überwiegt (§ 2 WGbVfg.).

3. Gegenstand 3

Im Bestandsverzeichnis des besonderen Grundbuchblattes werden nur Inhalt und Gegenstand des Sondereigentums, nicht auch die des Miteigentums ausgewiesen. Besondere Grundbuchblätter sind daher nur insoweit anzulegen, als das Gebäude durch Einräumung von Sondereigentum in reale Raumeinheiten aufgeteilt ist. Über Räume, die im gemeinschaftlichen Eigentum der Raumeigentümer stehen, gibt das Grundbuch ebensowenig Auskunft wie über die zum Miteigentum gehörenden Gebäudeteile.

4. Schließung des alten Grundbuchblattes 4

Zugleich mit der Anlegung der besonderen Grundbuchblätter für die Miteigentumsanteile ist das bisherige Grundbuchblatt des Grundstückes nach Abschreibung der Miteigentumsanteile in Sp. 7 und 8 des Bestandsverzeichnisses (§ 6 Satz 1 WGbVfg.) von Amts wegen gemäß § 6 WGbVfg. (Durchkreuzung und Schließungsvermerk unter Angabe des Schließungsgrundes) zu schließen, nicht etwa darf es in ein besonderes Grundbuchblatt für einen Miteigentumsanteil umgewandelt werden. Die Schließung des alten Grundbuchblattes erübrigt sich nur dann, wenn auf ihm noch andere Grundstücke eingetragen sind (§ 6 Satz 2 WGbVfg.). Bestand bisher noch kein Miteigentum an dem Grundstück, so genügt es, die jetzigen Miteigentumsanteile auf die neu anzulegenden besonderen Grundbuchblätter zu übertragen und ihre Auflassung dort in Abt. I Sp. 4 einzutragen; eine vorherige Eintragung auf dem zu schließenden Grundbuchblatt unterbleibt. Bei Teilung eines Raumeigentums ist nicht das für dieses angelegte besondere Grundbuchblatt zu schließen, sondern nur die abgetrennte Raumeinheit auf ein neues Grundbuchblatt zu übertragen.

5. Ausnahmen 5

Von der Anlegung besonderer Grundbuchblätter für jeden Miteigentumsanteil kann abgesehen werden, wenn hiervon Verwirrung nicht zu befürchten ist (§ 3 Abs. 3 Buchst. a, GBO), z. B. die Zahl der Raumeigentümer gering ist oder ihre Miteigentumsanteile nicht selbständig belastet sind; zum Begriff der Verwirrung s. BayObLG Rpfleger 77 251.

Hierüber hat der Grundbuchrichter nach pflichtmäßigem Ermessen zu entscheiden; gegen seine Entscheidung ist die Beschwerde zulässig (§ 71 Abs. 1 GBO). Ein gemeinschaftliches Wohnungsgrundbuch kann angelegt werden, wenn sich in der Hand eines Raumeigentümers mehrere Wohnungseigentumsrechte oder Wohnungseigentum und Teileigentum (z. B. an Garage) befinden (LG Düsseldorf Rpfleger 70 394). Wird von der Anlegung besonderer Grundbuchblätter abgesehen, so ist ein gemeinschaftliches Grundbuchblatt mit der Bezeichnung „Gemeinschaftliches Wohnungsgrundbuch" („Gemeinschaftliches Teileigentumsgrundbuch", „Gemeinschaftliches Wohnungs- und Teileigentumsgrundbuch") zu bilden (§ 7 Abs. 2 Satz 2 WEG; § 7 WGbVfg.).

6 **II. Eintragungen**

1. Inhalt

Im Grundbuch sind einzutragen (§ 3 WGbVfg. und das Muster Anlage 1 hierzu):

a) Der Miteigentumsanteil an dem Grundstück unter Angabe des Bruchteils (§ 47 GBO, vgl. § 16 Abs. 1 Satz 2 WEG),

b) die Bezeichnung des Grundstücks nach den allgemeinen Vorschriften (vgl. § 3 Abs. 1 b WGbVfg.),

c) das mit dem Miteigentumsanteil verbundene Sondereigentum an bestimmten Räumen nach Gegenstand und Inhalt mit der Nummer des Aufteilungsplanes,

d) die Beschränkung des Miteigentums durch die Einräumung der zu den anderen Miteigentumsanteilen gehörenden Sondereigentumsrechte unter Angabe der Grundbuchblätter der übrigen Miteigentumsanteile (s. § 3 WGbVfg.).

Nicht eingetragen werden die zum gemeinschaftlichen Eigentum gehörenden Räume und Teile des Gebäudes; sie ergeben sich mittelbar an Hand der Eintragungsbewilligung und des Aufteilungsplanes, indem bei deren Einsicht alles, was zum Sondereigentum gehört, unbeachtet bleibt. Auch Beschlüsse der Eigentümer und gerichtliche Entscheidungen werden nicht eingetragen (OLG Frankfurt Rpfleger **79** 315).

Erst mit der Eintragung aller am gemeinschaftlichen Grundstück nach § 3 gebildeten Wohnungseigentumsrechte entsteht in der Regel das Sondereigentum und damit das Raumeigentum; daher sollten die darauf bezüglichen Eintragungen geschlossen vorgenommen werden.

Der Inhalt des Sondereigentums richtet sich nach dem Grundbucheintrag, abweichende Erklärungen können allenfalls nur schuldrechtliche Bedeutung haben (OLG Hamm MDR **79** 58).

Die Eintragungen unterliegen wie sonstige Grundbucheintragungen der selbständigen Auslegung durch das Rechtsbeschwerdegericht (BayObLG Rpfleger **79** 427).

Die bei der Anlegung des Wohnungsgrundbuches in den Spalten 1—6 des Bestandsverzeichnisses vorzunehmenden Eintragungen bilden *eine* Eintragung im Sinne des § 44 GBO; die Unterschrift unter dem Eintragungsvermerk bezüglich des Miteigentumsanteils decken daher auch die das Sondereigentum betreffende Eintragung (OLG Celle DNotZ **71** 305).

Gegen Eintragungen ist Beschwerde mit dem Ziele zulässig, zur Eintragung einen Widerspruch anzubringen (KG Rpfleger **72** 174; OLG Celle NJW **63** 1160). Die Eintragung eines Amtswiderspruchs setzt voraus, daß das Grundbuch (noch) unrichtig ist; das ist nicht der Fall, wenn inzwischen durch gutgläubigen Erwerb eines Dritten das Grundbuch mit der wirklichen Rechtslage übereinstimmt (BayObLG Rpfleger **80** 295). Ein nicht mit dem gesetzlich gebotenen oder mit einem unzulässigen Inhalt begründetes Raumeigentum ist von Amts wegen zu löschen; es kann weder gutgläubig (§ 892 BGB) noch durch Zuschlagsbeschluß erworben werden (OLG Hamm OLGZ **77** 265).

2. Form 7

a) *Notwendige Vermerke.* Die unter 1 erwähnten Vermerke sind auf den besonderen Grundbuchblättern in Sp. 3 des Bestandsverzeichnisses einzutragen; auf einem gemeinschaftlichen Grundbuchblatt sind die Angaben über die Einräumung von Sondereigentum sowie über Gegenstand und Inhalt des Sondereigentums als Bezeichnung des Gemeinschaftsverhältnisses (§ 47 GBO, § 9 Buchst. b GbVfg.) in Abt. I Sp. 2 und 4 zu vermerken (§ 3 Abs. 1, § 7 Halbs. 2 WGbVfg.). In Spalte 6 des Bestandsverzeichnisses werden Herkunft des Miteigentums, Veränderungen des Gegenstandes und Inhalts des Sondereigentums vermerkt.

Die Einräumung des Sondereigentums wird nicht als Belastung in Abteilung II, sondern als Beschränkung des Rechts im Bestandsverzeichnis vermerkt.

Nichtbeachtung des Absatzes 4 Satz 2 (Übernahme der Nummern des Aufteilungsplanes in der Eintragungsbewilligung) macht die Eintragung nicht unwirksam (*Soergel/Baur* § 7 Rz. 3).

b) *Bezugnahme auf die Eintragungsbewilligung.* Bei der Eintragung des Sonder- 8
eigentums (s. oben zu 1 c) kann zur näheren Bezeichnung seines Gegenstandes (§ 5 Abs. 1—3 WEG) und seines Inhalts (§ 5 Abs. 4 WEG) auf die Eintragungsbewilligung Bezug genommen werden (§ 7 Abs. 3 WEG); Einzelheiten werden nicht eingetragen. Vereinbarte Veräußerungsbeschränkungen (§ 12 WEG) sind jedoch ausdrücklich einzutragen (§ 3 Abs. 2 WGbVfg.). Die Bezugnahme auf die Eintragungsbewilligung umfaßt auch einen ihr als Anlage beigefügten Aufteilungsplan (vgl. OLG Karlsruhe DNotZ **73** 235). Mit der Eintragung wird der Aufteilungsplan zum Inhalt des Wohnungsgrundbuches (BayObLGZ **80** 229; OLG Stuttgart OLGZ **81** 161; OLG Hamm OLGZ **77** 271), er nimmt am öffentlichen Glauben des Grundbuchs teil (BayObLG DNotZ **80** 747).

c) *Subjektiv dingliche Rechte.* Vermerke über Rechte, die dem jeweiligen Eigentü- 9
mer des Grundstücks zustehen, sind in Sp. 1, 3 und 4 des Bestandsverzeichnisses aller für Miteigentumsanteile an dem herrschenden Grundstück angelegten besonderen Grundbuchblätter einzutragen; in Sp. 6 ist darauf hinzuweisen (§ 3 Abs. 7 WGbVfg.).

d) *Rechte am Grundstück.* Rechte, die ihrer Natur nach nicht am Raumeigentum 10
als solchem bestehen können (z. B. Erbbaurechte) und Verfügungsbeschränkungen, die sich auf das Grundstück als Ganzes beziehen, sind in Abt. II Sp. 3 in der Weise einzutragen, daß die Belastung des ganzen Grundstücks erkennbar ist; die Belastung ist in sämtlichen für Miteigentumsanteile an dem belasteten Grundstück angelegten Grundbüchern einzutragen, wobei jeweils auf die übrigen Eintragungen zu verweisen ist (§ 4 WGbVfg.). Das Grundstück belastende Grundpfandrechte und Reallasten sind als Gesamtbelastungen auf die Grundbuchblätter der einzelnen Miteigentumsanteile zur Mithaft zu übertragen (§ 48 Abs. 1 Satz 2 GBO). Mithaftvermerk ist erforderlich. Wegerechte werden auf allen Wohnungsgrundbüchern eingetragen, wobei die Belastung des ganzen Grundstücks zum Ausdruck kommen muß. All dies gilt entsprechend für Neubelastungen des ganzen Grundstücks.

Belastungen des Raumeigentums sind in den Abteilungen II und III des Wohnungsgrundbuchs einzutragen; es bestehen keine Besonderheiten. Sondernutzungsrechte (z. B. an Kraftfahrzeugabstellplätzen) können zur Kennzeichnung ihrer Zugehörigkeit mit den jeweils gleichen Nummern (Abs. 4 Nr. 1, 2. Halbsatz) verlautbart werden (OLG Düsseldorf Rpfleger **77** 30); es bestehen keine Bedenken, die Grundstücksteile, auf die sich die Sondernutzungsrechte beziehen, durch Bezugnahme auf deren Einzeichnung im Aufteilungsplan zu beschreiben.

11 3. Voraussetzungen

a) *Grundbuchmäßige Voraussetzungen* für die Eintragung sind bei der Begründung des Raumeigentums durch Einräumung von Sondereigentum, die von der Begründung des Miteigentums als Voraussetzung der Umwandlung im Raumeigentum zu unterscheiden ist:

der Eintragungsantrag eines Beteiligten (§ 13 GBO); antragsberechtigt ist auch der beurkundende Notar (§ 15 GBO); ferner

die Eintragungsbewilligung (§§ 19, 29 GBO) der in ihren Rechten von der Eintragung Betroffenen, also sämtlicher Miteigentümer; Nachweis der Einigung (§ 873 BGB, § 20 GBO) ist hier trotz der für den dinglichen Vertrag vorgeschriebenen Auflassungsform nicht erforderlich.

Sind die Miteigentumsanteile mit dinglichen Rechten belastet, muß die Zustimmungserklärung der Realgläubiger vorliegen, falls sie durch die Bildung von Wohnungseigentum benachteiligt werden können (BayObLGZ **76** 227; **74** 221). § 29 GBO ist dabei zu beachten. Die Eintragungsbewilligung soll die Art der Bezeichnung dem Aufteilungsplan entnehmen (Absatz 4 Satz 2).

Widersprechen sich die Eintragungsbewilligung (Teilungserklärung) und die zeichnerische Darstellung des Aufteilungsplanes, so hat keines von beiden Vorrang. Das bedeutet, daß Sondereigentum insoweit nicht entstehen kann als der Widerspruch besteht (OLG Stuttgart OLGZ **79** 21; OLGZ **81** 160; BayObLGZ **73** 268; BayObLG DNotZ **82** 244; OLG Frankfurt OLGZ **78** 291). Auch bei Unklarheiten des Aufteilungsplanes, z. B. durch unverständliche Streichungen und Radierungen, entsteht kein Sondereigentum (OLG Frankfurt OLGZ **78** 291).

12 b) *Weitere Voraussetzungen nach § 7 Abs. 4. WEG.* Um die Begründung von Sondereigentum auf die dafür geeigneten Räumlichkeiten zu beschränken und die Entstehung von Unklarheiten nach Möglichkeit auszuschließen, verlangt § 7 Abs. 4 die Beifügung von zwei Anlagen zur Eintragungsbewilligung, die mit dieser zu den Grundakten eines der besonderen Grundbuchblätter zu nehmen sind, während in den Grundakten der übrigen Grundbuchblätter auf sie verwiesen werden kann (§ 24 Abs. 3 GBVfg.). An der Herstellung dieser Anlagen ist die Baubehörde beteiligt, d. h. die nach Landesrecht für die bauaufsichtliche Erlaubnis (Baugenehmigung) und die bauaufsichtlichen Abnahmen zuständige Bauaufsichtsbehörde, soweit die zuständige oberste Landesbehörde nichts anderes bestimmt. Für das Verfahren der Baubehörde gilt die Allgemeine Verwaltungsvorschrift für die Ausstellung von Bescheinigungen vom 19. 3. 1974 (BAnz. Nr. 58 vom 23. 3. 1974). Die der Eintragungsbewilligung beizufügenden Anlagen sind *Aufteilungsplan* und *Baubehörde-Bescheinigung.* Während bei der Einrichtung des Grundbuchs für ein noch nicht eingetragenes Grundstück das Grundbuchamt von amtswegen die für die Bezeichnung des Grundstücks erforderlichen Unterlagen aus dem amtlichen Verzeichnis der zuständigen Behörde beschaffen muß (vgl. §§ 8, 10 der 2. VO zur Ausführung der GBO vom 8. 8. 1935), obliegt dies den Raumeigentümern bezüglich der Eintragung des Raumeigentums. Der Aufteilungsplan ersetzt dabei das Katasterverzeichnis. Vorlage eines Lageplans ist im allgemeinen nicht gefordert (OLG Stuttgart BWNotZ **73** 91), anders, wenn auf dem Grundstück mehrere selbständige Bauwerke errichtet sind (OLG Bremen Rpfleger **80** 68).

13 aa) Im einzelnen ist zum Aufteilungsplan zu bemerken:

Der Aufteilungsplan (§ 7 Abs. 4 Nr. 1; amtliches Verzeichnis im Sinne des § 2 GBO) ist eine von den Beteiligten einzureichende, von der Baubehörde mit Unterschrift und Siegel oder Stempel zu versehende Bauzeichnung (Maßstab 1:100), aus der die Aufteilung des Gebäudes sowie die Lage und Größe der im Sondereigentum und der im gemeinschaftlichen Eigentum stehenden Gebäudeteile ersichtlich ist. Die Baubehörde hat die Zeichnung, die bei bestehenden Gebäuden eine Baubestandszeichnung sein und bei zu errichtenden Gebäuden den baupolizeilichen Vorschriften entsprechen muß (Nr. 2 der Richtlinien), zu prüfen, aber nicht ihre Richtigkeit zu bescheinigen. Durch die Unterschrift nebst Siegel oder Stempel wird die Zeichnung zum „Aufteilungsplan". Für die Abgrenzung von Sondereigentum und Gemeinschaftseigentum ist der Aufteilungsplan maßgebend; durch ihn soll sichergestellt werden, daß das Sondereigentum auf die dafür bestimmten und geeigneten Räume beschränkt bleibt und die Grenzen zwischen Sondereigentum und Gemeinschaftseigentum eindeutig und klar abgesteckt sind (BayObLGZ **73** 267). Erforderlich sind daher Angaben im Aufteilungsplan über die Aufteilung des Gebäudes (Nebengebäudes), über Lage und Größe der zum Sondereigentum und zum Gemeinschaftseigentum gehörenden Gebäudeteile (OLG Hamm Rpfleger **76** 317 = OLGZ **77** 264; LG Lüneburg Rpfleger **79** 314). Dazu bedarf es einer Bauzeichnung von allen Teilen des Gebäudes, auch des Dachgeschosses, die regelmäßig auch Schnitte und Ansichten enthalten muß, die sich auf das gesamte Bauwerk beziehen (BayObLGZ **80** 226; LG Lüneburg Rpfleger **79** 314; OLG Stuttgart BWNotZ **73** 11).

Stehen mehrere Gebäude auf dem Grundstück, soll auch ein Lageplan vorgelegt werden, aus dem sich die Standorte und Größe der Bauwerke ersehen lassen (OLG Bremen Rpfleger **80** 68). Jede Einzelheit der Ausstattung braucht aus dem Aufteilungsplan nicht ersichtlich zu sein. Soll Sondereigentum an Garagen in einem selbständigen Garagengebäude begründet werden, bedarf es der Bauzeichnung dieses Gebäudes und der Bezeichnung der einzelnen Garagen in diesem Bauwerk. Räume, die nicht besonders gekennzeichnet sind, bilden Gemeinschaftseigentum (BayObLGZ **80** 231).

Der Aufteilungsplan ist Zeichnung im Sinn des § 9 Abs. 2 Satz 2 BeurkG (in der **14**
Fassung von 1980); er gilt als in der Niederschrift des Notars enthalten, wenn die Beteiligten unter seiner Verwendung Erklärungen vor dem Notar abgegeben haben; zur Verlesung, Unterzeichnung und eingeschränkten Beifügungspflicht s. §§ 13, 13 a BeurkG. Er ist eine formelle Voraussetzung der Eintragung, kein Element des materiellen Rechtsgeschäfts. Er hat nicht den Zweck, Nutzungsbeschränkungen vorzuschreiben (BayObLGZ **82** 6).

Fehlt ein Aufteilungsplan oder weist er Fehler auf, so daß Ausmaß und Inhalt des **15**
Sondereigentums nicht ausreichend zu erkennen sind, muß der Eintragungsantrag abgewiesen werden. Wird die Eintragung trotz eines wesentlichen Mangels des Aufteilungsplanes vorgenommen, entsteht kein Sondereigentum (OLG Hamm OLGZ **77** 268/9; Rpfleger **62** 59; OLG Frankfurt Rpfleger **75** 305), es sei denn, daß aus der Eintragungsbewilligung und dem in Bezug genommenen Vertrag (Teilungserklärung: §§ 3, 8) die notwendige Vervollständigung entnommen werden kann. Entsteht gegenständlich kein Sondereigentum, braucht dadurch die Begründung des übrigen Sondereigentums nicht in Frage gestellt zu sein (BayObLGZ **73** 267). Eine Bezeichnung des Zweckes braucht die Teilungserklärung hinsichtlich des *Teileigentums* nicht zu enthalten (z. B. Laden, Gaststätte, Werkstätte; LG Wuppertal MittRhNotZ **81** 261). Der Wohnungseigentümer erwirbt Wohnungseigentum an der abgeschlossenen Wohnung auch dann, wenn die Zuteilung eines Kellerraumes oder einer Garage als Sondereigentum mangels ausreichender Bezeichnung keinen Rechtsbestand hat. Soll Teileigentum nur an *einem* Raum begründet werden (Garage in einem Garagenbau), ist das dingliche Rechtsgeschäft bei unzureichender Bezeichnung in seiner Gänze unwirksam, da

Raumeigentum nicht nur aus gemeinschaftlichem Miteigentum bestehen kann (vgl. OLG Hamm OLGZ 77 265).

16 War das Gebäude bei Fertigstellung des Aufteilungsplanes *noch nicht* errichtet und *weicht* die *spätere* Bauausführung von dem Plan nur unwesentlich ab, ist die Rechtswirksamkeit der vor Baubeginn vorgenommenen Eintragung nicht in Frage gestellt; der Plan sollte aber richtiggestellt werden (OLG Karlsruhe DNotZ **73** 235; BayObLG MDR **67** 494). War **vor** Bauausführung Sondereigentum bereits eingetragen worden, wächst mit der Bauausführung das Sondereigentum an den Räumen dem Wohnungseigentümer auch dann zu, wenn seine Eigentumswohnung inzwischen eine andere Nummernbezeichnung als im Aufteilungsplan vorgesehen erhalten hat (vgl. OLG Karlsruhe DNotZ **73** 235). Auf die Art der Benutzung des Sondereigentums kommt es nicht an (OLG Stuttgart BWNotZ **79** 17). Keine Abweichung liegt aber vor, wenn die Abgrenzungen der im Sondereigentum und im gemeinschaftlichen Eigentum stehenden Gebäudeteile nach wie vor mit dem Aufteilungsplan übereinstimmen, die Identität der einzelnen Wohnungen also sichergestellt ist. Dann ist es unerheblich, ob Abweichungen der Bauausführung *innerhalb* der einzelnen Wohnungseigentumseinheiten bestehen (OLG Köln Rpfleger **82** 374; OLG Düsseldorf OLGZ 70/72; BayObLGZ **81** 335). Bei geringen Abweichungen kann eine „Überbaurente" als Ausgleich in Frage kommen (OLG Celle OLGZ **81** 108).

17 Weicht die Bauausführung nach Eintragung des Sondereigentums aber wesentlich vom Aufteilungsplan ab, entsteht kein Sondereigentum (BayObLGZ **73** 78; OLG Celle OLGZ **81** 106; OLG Düsseldorf **77** 469), da die Räume, die im Grundbuch als Sondereigentum aufgeführt sind, nicht vorhanden sind; das Grundbuch ist unrichtig. Ein Erwerb durch gutgläubige Dritte scheidet aus, weil guter Glaube an ein Vorhandensein in der Natur nicht geschützt wird. Soweit die Abweichung reicht, ist gemeinschaftliches Eigentum entstanden. Eine etwa vorhandene Anwartschaft auf Erlangung von Sondereigentum nach Maßgabe der abweichenden Bauausführung bleibt unberührt; sie kann aber an der Unrichtigkeit des Grundbuches nichts ändern, denn dieses weist andere Räume als Sondereigentum als die Anwartschaft aus. (a.A. *Soergel/Baur,* § 7 Rz. 10). All dies gilt auch, wenn die Räume gar nicht errichtet wurden.

18 Wird die Eintragung erst *nach* Errichtung des Gebäudes mit wesentlicher Abweichung vom Aufteilungsplan unter Vorlage des ursprünglichen Aufteilungsplanes beantragt und unter Bezugnahme auf diesen im Grundbuch vollzogen, entsteht wegen Verstoßes gegen den Bestimmtheitsgrundsatz des Grundbuchrechts kein Sondereigentum, denn die in Wahrheit vorhandenen Räume werden im Grundbuch unzutreffend aufgeführt (OLG Stuttgart OLGZ **79** 21; OLG Düsseldorf OLGZ **77** 467; BayObLG DNotZ **73** 611). Nachbringung des berichtigten Aufteilungsplanes ist unbehelflich (BayObLGZ **74** 152). Das Grundbuch ist insoweit unrichtig, Berichtigung kann jeder Raumeigentümer verlangen (§ 894 BGB). Es findet auch hier kein gutgläubiger Erwerb statt, der Zuschlag in der Zwangsversteigerung überträgt kein Raumeigentum (vgl. RGZ 130, 67; OLG Frankfurt Rpfleger **75** 305). Auch hier ist eine Anwartschaft nach Maßgabe des abgeänderten Aufteilungsplanes für die Unrichtigkeit des Grundbuchs unbehelflich (s. Rdn. 17). Die Beteiligten müssen, wenn sie der Bauausführung gemäß Sondereigentum begründen wollen, neue Verträge schließen, den Aufteilungsplan berichtigen und dementsprechende Eintragungsbewilligungen abgeben. Nicht auszuschließen ist, daß sich die Erklärungen der Beteiligten auf die tatsächlich gegebene Bausituation beziehen, die Beteiligten aber glaubten, dies mit Bezugnahme auf den Aufteilungsplan tun zu können. Zur Umdeutung s. OLG Stuttgart BWNotZ **79** 18.

Ist in der Teilungserklärung als Gegenstand des Sondereigentums auch ein Hobbyraum im Keller verzeichnet, dieser Raum aber im Aufteilungsplan nicht mit Nummer oder Farbe gekennzeichnet, entsteht insoweit kein Sondereigentum. Daran ändert auch eine nachträgliche Berichtigung des Aufteilungsplanes oder ein Amtswiderspruch im Grundbuch nichts, es bedarf, da es sich insoweit um gemeinschaftliches Eigentum handelt, der Vereinbarung, zum Grundbuchvollzug der Bewilligung aller Eigentümer (BayObLG MittBayNotV **81** 249). Ist aber in der Teilungserklärung der Hobbyraum eindeutig beschrieben, so daß er ohne weiteres identifiziert werden kann, wird dies ausreichen, auch wenn der Aufteilungsplan insoweit versagt. Dies gilt auch im umgekehrten Falle (Teilungserklärung enthält nichts, der Aufteilungsplan ausreichende Beschreibung). **19**

Soweit sich Teilungserklärung und Aufteilungsplan und demnach auch die Eintragungsbewilligung widersprechen, entsteht gemeinschaftliches Eigentum (OLG Stuttgart Justiz **81** 82). Die Entstehung von Sondereigentum wird andererseits nicht dadurch gehindert, daß — entgegen dem Aufteilungsplan — zwei Wohnungen zu einer zusammengefügt werden, wenn dadurch die Abgrenzung des Sondereigentums von anderem Sondereigentum und gemeinschaftlichen Eigentum nicht betroffen wird. Es ist nicht erforderlich, daß jedem Raum im Aufteilungsplan auch ein Raum im Gebäude entspricht; mit der Abgrenzung der im gemeinschaftlichen Eigentum bleibenden und der dem einzelnen Raumeigentum zugeordneten Gebäudeteile, wie sie der Aufteilungsplan vorsieht, muß die Bauausführung übereinstimmen. Auf die Möglichkeit der Identifizierung der Wohnung, nicht auf die Bauausführung *innerhalb* der Wohnung kommt es an (BayObLG Rpfleger **82** 21).

bb) Die *Bescheinigung* der Baubehörde (§ 7 Abs. 4 Nr. 2), daß die Voraussetzungen des § 3 Abs. 2 vorliegen, d. h., daß die Wohnungen oder sonstigen Räume in sich abgeschlossen sind. Maßgebend sind nunmehr die Richtlinien für die Ausstellung von Bescheinigungen vom 19. 3. 1974 BA Nr. 58 Nr. 2, im besonderen deren §§ 7 und 8. (Zur zuständigen Behörde in Berlin s. GrE **71** 684). Die Bescheinigung ist mit Unterschrift und Siegel oder Stempel zu versehen; ihre Zusammengehörigkeit mit dem Aufteilungsplan ist durch Verbindung beider mittels Schnur und Siegel oder durch übereinstimmende Aktenbezeichnung ersichtlich zu machen (Nr. 7 der Richtlinien). Liegen die Voraussetzungen des § 3 Abs. 2 WEG nicht vor, so ist die Bescheinigung zu verweigern; bei zu errichtenden Gebäuden ist sie auch dann nicht zu erteilen, wenn die Voraussetzungen für eine bauaufsichtliche Genehmigung des Bauvorhabens nach Maßgabe der eingereichten Bauzeichnungen nicht gegeben sind (Nr. 8 der Richtlinien). Wird die Bescheinigung verweigert, so ist hiergegen Beschwerde im Verwaltungswege und Klage im Verwaltungsstreitverfahren zulässig. Zur Abgeschlossenheit bei Etagenhaus s. LG Kiel SchlHA **69** 179; zum Wegfall der Vorlagepflicht, wenn es sich um Raumeigentum am ganzen Haus handelt, s. LG Traunstein MittBNotV **78** 218; zum Absehen von der Vorlage einer *neuen* Abgeschlossenheitsbescheinigung, wenn eine im Gemeinschaftseigentum stehende abgeschlossene Wohnung in Sondereigentum umgewandelt werden soll s. LG Landau MittBayNotV **82** 134. **20**

Zur Erfüllung des Gebotes, alle einzelnen Räume „mit der jeweils gleichen Nummer zu kennzeichnen“, kann die Wohnungseinheit farbig umrandet und mit der einheitlichen Nummer versehen werden; getrennte Räume der Eigentumswohnung (z. B. ein Kellerraum, eine Garage im Hause oder Nebengebäude) sind jeweils mit der gleichen Nummer zu bezeichnen (LG Bayreuth MittBayNotV **75** 102; a. A. LG Heilbronn BWNotZ **76** 125). Eine farbige Umrandung sagt aber nicht, daß Außenwände und tragende Wände im Sondereigentum stehen (LG Frankenthal MittBayNotV **78** 60). Zur

Verwendung der gleichen Nummern auch für Räume des Teileigentums s. OLG Zweibrücken OLGZ **82** 263.

Die Bescheinigung kann für kraftlos erklärt und eingezogen werden, wenn sie zu Unrecht erteilt wurde. Die Grundbucheintragung wird aber dadurch ebensowenig unwirksam wie bei deren Fehlen.

21 Die Richtigkeit der Bescheinigung hat das Grundbuchamt im allgemeinen nicht nachzuprüfen. Nur wenn offensichtliche Irrtümer vorliegen, wird der Baubehörde Gelegenheit zur Stellungnahme zu geben sein.

Das Grundbuchamt ist andererseits an die Bescheinigung auch nicht gebunden; es kann die Abgeschlossenheit selbständig prüfen und darüber entscheiden (BayObLG DNotZ **71** 473; OLG Frankfurt Rpfleger **77** 312).

Zur Eintragung einer Vormerkung zur Sicherung des Anspruchs auf Verschaffung des Wohnungseigentums genügt zweifelsfreie Beschreibung der Wohnung; es muß nicht immer ein Aufteilungsplan schon vorliegen (BayObLGRpfleger **77** 300, auch BayObLGZ **74** 121).

22 **III.** Die **Prüfung** des **Grundbuchamtes** bei Anträgen auf Eintragung der Einräumung (§§ 3, 4) oder Teilung durch den Eigentümer (§ 8) erstreckt sich auf das Gegebensein der formellen Voraussetzungen für den Grundbuchvollzug; von der Untersuchung der materiellen Rechtslage soll das Grundbuchamt in der Regel Abstand nehmen und nur dann darüber entscheiden, wenn sich ihm aus amtlicher Tätigkeit (z. B. Kenntnis von der Entmündigung eines Beteiligten) oder bei Mitvorlage der notariellen Urkunde die offensichtliche Nichtigkeit der getätigten Rechtsgeschäfte aufdrängt (vgl. BGHZ **35** 139/40; BayObLGZ **67** 16/17; OLG Düsseldorf DNotZ **73** 552).

Zur Kontrolle von Gemeinschaftsordnungen der Raumeigentümer nach dem AGBG s. *Ertl* DNotZ **81** 149: da das Gesetz an den Grundsätzen des Grundbuchverfahrens nichts geändert habe, sei das Grundbuchamt zu dieser Kontrolle weder berechtigt noch verpflichtet (aaO S. 167). Keinesfalls ist es Aufgabe des Grundbuchamtes zu erforschen, ob die Interessen der Wohnungseigentümer in gebührendem Maße berücksichtigt sind; s. auch die Ausführungen zu § 8 Rdn. 23, 58.

Vereinbarungen, durch die das Verhältnis der Wohnungseigentümer untereinander abweichend von der gesetzlichen Regelung bestimmt wird, sind vom Grundbuchamt auf ihre Übereinstimmung mit den unabdingbaren Bestimmungen des Gesetzes nur zu prüfen, soweit sie nach § 10 Abs. 2 in das Grundbuch eingetragen werden sollen, nicht aber, soweit sie nur schuldrechtliche Absprachen darstellen (OLG Köln Rpfleger **82** 61).

23 **IV. Anwendbarkeit der §§ 890, 891, 982 BGB**

1. Die Veräußerung von Grundstücksteilen begegnet keinen rechtlichen Bedenken (BayObLGZ **71** 118); es ist ein neues Grundbuchblatt für den abgetretenen Teil anzulegen. Eine Bescheinigung der Abgeschlossenheit ist für Abschreibungen eines realen Teiles des Grundstücks nicht erforderlich.

24 **2.** Zur Zuschreibung eines Wohnungseigentums zum andern, Zuschreibung zweier Grundstücke, an denen Wohnungseigentum besteht, und zur Vereinigung solcher Rechte s. § 3 Rdn. 29.

Ein nach § 7 gebuchtes Grundstück kann auch einem in gewöhnlichem Miteigentum stehenden Grundstück als Bestandteil zugeschrieben werden, wenn dessen Miteigentumsanteile in Miteigentumsanteile im Sinne des WEG umgewandelt werden (OLG Oldenburg, Rpfleger **77** 22).

V. Der eingetragene Raumeigentümer kann sich auf die Vermutung des § 891 BGB berufen, daß ihm das Wohnungseigentum zusteht (vgl. Stuttgart OLGZ **79** 21). Nicht geschützt wird der gute Glaube daran, daß es einen Beschluß der Wohnungseigentümer nicht gibt, eine gerichtliche Entscheidung nicht vorliegt. Kennzeichnung als Wohnungseigentum oder Teileigentum hat nicht den Schutz des guten Glaubens an die Richtigkeit des Grundbuchs; fehlerhafte Bezeichnung schadet andererseits aber auch nicht. Ist das Grundbuch bezüglich des Eigentums unrichtig und begründet der Schein-Grundstückseigentümer Raumeigentumsrechte, können deren Erwerber Eigentum kraft guten Glaubens an die Richtigkeit des Grundbuchs erwerben (§ 892 BGB); der Schutz des guten Glaubens erstreckt sich auch darauf, daß das eingetragene Grundstück als Gegenstand der verlautbarten dinglichen Rechte rechtlichen Bestand hat (BayObLG MittBayNot. **81** 125). **25**

VI. Für die **Gebührenberechnung** kommen KostO § 60 (Eintragung des Miteigentums), § 76 (Eintragung des Sondereigentums, Anlage des Grundbuchs bei gleichzeitiger Eintragung von Miteigentum und Sondereigentum), § 67 (Vereinigung und Zuschreibung) in Betracht. **26**

§ 8

Teilung durch den Eigentümer

(1) Der Eigentümer eines Grundstücks kann durch Erklärung gegenüber dem Grundbuchamt das Eigentum an dem Grundstück in Miteigentumsanteile in der Weise teilen, daß mit jedem Anteil das Sondereigentum an einer bestimmten Wohnung oder an nicht zu Wohnzwecken dienenden bestimmten Räumen in einem auf dem Grundstück errichteten oder zu errichtenden Gebäude verbunden ist.

(2) Im Falle des Absatzes 1 gelten die Vorschriften des § 3 Abs. 2 und der §§ 5, 6, § 7 Abs. 1, 3 bis 5 entsprechend. Die Teilung wird mit der Anlegung der Wohnungsgrundbücher wirksam.

Schrifttum

Röll, Eintragung von Änderungen der Teilungserklärung, MittBayNot. **79** 218; Probleme der Teilungserklärung, BWNotZ **80** 25; Teilungserklärung und Entstehung des Wohnungseigentums, 1975; Änderung der Teilungserklärung, Rpfleger **76** 283; *Schmidt*, Zweckbestimmung durch die Teilungserklärung, MittBayNot. **81** 12; *Röll*, Aufteilung zu Wohnungseigentum und Standort des Gebäudes, DNotZ **77** 643; *Zoebe*, Teilungserklärung und Gemeinschaftsordnung, DWE **74** Heft 3 Seite 8; *Götte*, Die Teilungserklärung in der Praxis BWNotZ **82** 49; *Schmitz*, Überprüfung der Allgemeinen Geschäftsbedingungen durch das Grundbuchamt, MittBayNot. **82** 57.

Übersicht

	Rdn.
I. Allgemeines	1–7
II. Grundstückseigentümer	8–10
III. Art der Teilung	
1. Raumeigentumsrechte	11
2. Miteigentum	12
3. Sondereigentum	13
4. Teilung keine Auflassung	14–17
IV. Form der Teilung	
1. Erklärung gegenüber dem Grundbuchamt	18
a) Teilungserklärung	18
b) Anlagen	19
c) Antragsberechtigte	20
2. Anlegung besonderer Grundbücher	
a) Obligatorische Anlegung	21
b) Eintragungen	22
c) Prüfungspflicht des Grundbuchamts	23
d) Beschwerde gegen Eintragungen	24, 25

	Rdn.
V. Die Teilungserklärung	
1. Allgemeines	26
2. Die Gemeinschaftsordnung	27
3. Inhalt der Teilungserklärung	28
4. Inhaltskontrolle nach AGBG	29, 30
5. Abänderung der Teilungserklärung	31
VI. Entstehung des Raumeigentums	
1. Wirksamwerden durch Anlegung der besonderen Grundbücher	32
2. Teilung vor Errichtung des Gebäudes	33
VII. Entstehung der Gemeinschaft	
1. Entstehung der Gemeinschaft	34
2. Werdende Gemeinschaft	35–38
3. Haftung der Gemeinschafter	39, 40
VIII. Der Veräußerungsvertrag	
1. Allgemeines	41, 42
2. Beurkundungsbedürftigkeit	43–47
3. Form der Beurkundung	48–55
4. Anwendung des AGBG	56–58
5. Rechte des Erwerbers	
a) Gewährleistungsansprüche	59
b) Besonderheiten	60–63
IX. Geschäftswert — Gebühren	
1. Geschäftswert	64
2. Gebühren	65
X. Verträge mit dem Bauträger	
1. Allgemeines	66,67
2. Unmöglichkeit der Leistung	68
3. Gewährleistungsansprüche	
a) Die Gewährleistungsansprüche	69–71
b) Freizeichnungsklauseln	72, 73
c) Geltendmachung	74–79
XI. Anhang Bauherrenmodell	
1. Bauherrenmodell — rechtliche Einordnung	80–84
2. Baubetreuervertrag	85–87
XII. Steuerrechtliche Hinweise	88–90

1 **I. Allgemeines**

1. § 8 behandelt die — neben der vertraglichen Einräumung von Sondereigentum (§ 3) in Betracht kommende — zweite Art der Begründung von Raumeigentum (§ 2), nämlich durch Teilung des Grundstückseigentums in Miteigentumsanteile seitens des Eigentümers (sog. „Vorratsteilung"). Die zweite Art hat in der Praxis eine überragende Bedeutung erlangt, so daß man die Nutzung der ersten Art schon als die Ausnahme bezeichnen könnte. § 8 weicht ab von den Grundsätzen des BGB, das nur eine reale Teilung des Grundstücks in selbständige Einzelgrundstücke, nicht aber eine ideelle einseitige Teilung des Grundstückseigentums durch den Eigentümer in Miteigentumsanteile und die dingliche Belastung eines solchen Bruchteils durch den Eigentümer des Grundstücks (RGZ **117** 267) kennt. Die ideelle Teilung des Grundstückseigentums durch den Eigentümer wurde für notwendig gehalten, um Raumeigentum auf Vorrat zu schaffen und mit dem Bau eines in Raumeinheiten aufgeteilten Gebäudes beginnen zu können, bevor die Erwerber der einzelnen Raumeinheiten feststehen. Der Grundstückseigentümer (z. B. ein einzelner Bauunternehmer, eine Wohnungsbaugesellschaft oder eine Genossenschaft) hat so die Möglichkeit, die zunächst in seiner Hand vereinigten Miteigentumsanteile einzeln an Interessenten zu veräußern, und braucht mit der Begründung von Miteigentum an dem Grundstück nicht zu warten, bis er solche Interessenten gefunden hat. Er kann auch durch die Teilung in Verbindung mit einer Verfügung von Todes wegen die künftige Auseinandersetzung seiner Erben über das Eigentum an einem bebauten Grundstück vorbereiten. Grundsätzlich ist die ideelle Teilung des Grundstücks nach dem Vorbild der realen Teilung gestaltet worden. Es gibt keine Höchstzahl für Eigentumswohnungen (Teileigentumsrechte) eines Grundstücks.

2 **2.** Das durch Teilung geschaffene Raumeigentum kann seinerseits wieder nach § 8 in weitere Raumeigentumsrechte *unterteilt* werden (BGHZ **49** 403; BayObLGZ **77** 1; OLG Braunschweig MDR **76** 1023); die Unterteilung bedarf nicht der Zustimmung der übrigen Raumeigentümer, kann aber von deren Genehmigung abhängig gemacht werden (§§ 10, 5 Abs. 4, 12). Auch der Zustimmung der Realgläubiger bedarf sie nicht. Zur Veräußerung der durch Unterteilung gewonnenen Raumeigentumsrechte benötigt der Raumeigentümer gleichfalls nicht die Zustimmung der übrigen Raumeigentümer. Die Unterteilung kann aber nicht zur Vermehrung des Stimmrechts führen; das Stimm-

recht des unterteilenden Raumeigentümers wird vielmehr zwischen ihm und den neuen Raumeigentümern aufgeteilt (§ 25 Abs. 2 Satz 2; BGH WM **79** 333).

3. Die Aufteilung stellt keine Verfügung über das Grundstück dar, weil eine Zerlegung des Grundstücks dadurch nicht herbeigeführt wird (vgl. zur realen Teilung OLG Rostock OLG **21** 408). Es bedarf der Geschäftsfähigkeit des Aufteilenden; zur Minderjährigkeit s. § 111 BGB. Inhaber der elterlichen Gewalt und der Vormund bedürfen, wenn sie für das Kind handeln, nicht der Genehmigung des Vormundschaftsgerichts (§§ 1821 Nr. 1, 1643 BGB) **3**

4. Die vom Gesetz gewährten Begründungsarten (§§ 3, 8) können auch miteinander verbunden werden. § 8 läßt sich nicht als Beispiel für einen vom Gesetz zugelassenen Zusammenfall von Gläubiger und Schuldner eines Schuldverhältnisses anführen; er befaßt sich mit dem dinglichen Recht. **4**

5. Solange der Eigentümer des Grundstücks noch Inhaber sämtlicher Raumeigentumsrechte ist, kann er durch Erklärung zum Grundbuchamt seine Teilungserklärung einseitig abändern, die Teilung auch ganz aufheben (§ 9 Abs. 1 Nr. 3 WEG, §§ 29, 31 GBO). **5**

6. Die Bezugnahme im Grundbuch auf die Teilungserklärung hat zur Folge, daß diese auch im Hypotheken-(Grundschuld-)brief durch Verweisung aufgeführt wird. **6**

7. Mit dem Erwerb der durch Aufteilung gebildeten Raumeigentumsrechte unterwerfen sich die Erwerber den Bestimmungen der Teilungserklärung (BayObLGZ **72** 317; **74** 298). **7**

II. Grundstückseigentümer **8**

1. Das ideell aufzuteilende Grundstückseigentum kann einer Einzelperson, einer juristischen Person oder einer Gemeinschaft zur gesamten Hand (Erbengemeinschaft, eheliche Gütergemeinschaft, Gesellschaft nach BGB, offene Handelsgesellschaft) zustehen. Auch eine Bruchteilsgemeinschaft i. S. der §§ 1008 ff BGB kann das ihr zustehende Eigentum an einem Grundstück in Miteigentumsanteile teilen, wird aber dadurch nicht zu einer Gemeinschaft der Raumeigentümer i. S. der §§ 10 ff WEG, da die Teilung noch nicht die Entstehung einer solchen Gemeinschaft bewirkt; die gewöhnliche Bruchteilsgemeinschaft setzt sich vielmehr an den Raumeigentumsrechten fort (BayObLG **69** 883).

2. Alle Teilhaber einer Gemeinschaft müssen der Teilungserklärung zustimmen, wenn die Gemeinschaft Grundstückseigentümerin ist; die Bruchteilsgemeinschaft kann gegen den Willen auch nur eines Teilhabers kein Sondereigentum begründen (OLG München NJW **52** 1297). Ist über das Vermögen des Grundstückseigentümers das *Konkursverfahren* eröffnet, darf der Konkursverwalter die Teilungserklärung abgeben (BayObLGZ **57** 108). **9**

Auch der *Erbbauberechtigte* kann sein Erbbaurecht durch Vorratsteilung in Wohnungserbbaurechte umwandeln (BayObLG ZMR **78** 378). **10**

III. Art der Teilung **11**

1. Raumeigentumsrechte

Da das Raumeigentum sich aus zwei Eigentumssphären, dem Miteigentumsanteil am Grundstück und dem Sondereigentum an bestimmten Räumen und bestimmten Bestandteilen des Gebäudes, zusammensetzt, muß die Teilung beide Eigentumssphären erfassen: also die Zerlegung des Grundstückseigentums in Miteigentumsanteile von bestimmter Größe und die Verbindung von Sondereigentum an einer bestimmten Raumeinheit mit jedem Miteigentumsanteil enthalten. Was sich bei der vertraglichen Begründung von Raumeigentum in zwei Akten vollzieht, nämlich Erwerb von Miteigentum nach den §§ 1008 ff BGB und Einräumung von Sondereigentum (§ 3 WEG), geschieht bei der Teilung nach § 8 in einem einzigen Akt. Die Teilung kann eine vertikale wie eine horizontale sein.

12 **2. Miteigentum**

Die durch die Teilung des Grundstückseigentums entstehenden, zu Raumeigentumsrechten ausgestalteten Miteigentumsanteile werden jedoch nicht auf verschiedene Raumeigentümer verteilt, sondern bleiben als solche in der Person des bisherigen Grundstückseigentümers vereint (vgl. auch § 9 Abs. 1 Nr. 3), ähnlich wie es bei den Parzellen eines vom Eigentümer parzellierten Grundstücks der Fall ist. Es entsteht, wenn das Grundstück im Alleineigentum einer natürlichen oder juristischen Person oder einer Gemeinschaft zur gesamten Hand steht, (mit Sondereigentum verbundenes) Miteigentum ohne Miteigentümer, Miteigentum in der Hand eines Alleineigentümers; steht das Grundstück im Eigentum einer Bruchteilsgemeinschaft (§ 1008 BGB), so bleibt diese bestehen und setzt sich an den Raumeigentumsrechten fort. Die Aufteilung bedeutet keinen Eigentumsübergang, ist daher auch nicht grunderwerbssteuerpflichtig. Der Grundstückseigentümer kann die einzelnen ihm zustehenden Miteigentumsanteile veräußern. Bisherige Belastungen des Grundstücks gehen als Gesamtbelastungen auf die einzelnen Miteigentumsanteile über (OLG München MDR **72** 239; BayObLGZ **74** 222); das gilt auch für Vorkaufsrechte (BayObLGZ **73** 21). Anders bei Dienstbarkeiten, die nur einen im Sondereigentum stehenden Gebäudeteil beschränken. Zustimmung der dinglich Berechtigten ist zur Teilung nicht erforderlich (OLG Stuttgart NJW **54** 682; BayObLGZ **57** 102).

13 Zur Tankstellendienstbarkeit s. OLG Karlsruhe Rpfleger **75** 356; zum Dauerwohnrecht nach der Aufteilung s. BayObLGZ **57** 1846. Belastungen des Grundstücks können aber auch auf die einzelnen Raumeigentumsrechte aufgeteilt werden (OLG München MDR **72** 239), andererseits kann der Eigentümer vor der ersten Veräußerung eines Raumeigentums die Rechte einzeln und verschieden belasten.

14 **3. Sondereigentum**

Für die Begründung von Sondereigentum durch einseitige Aufteilung des Grundstücks gelten entsprechend die Vorschriften, die für das vertraglich eingeräumte Sondereigentum maßgebend sind (§ 8 Abs. 2). Daraus ergibt sich:

Sondereigentum soll nur an Raumeinheiten bestellt werden, die in sich abgeschlossen sind (§ 3 Abs. 2); Gegenstände des Sondereigentums können außer Räumen die zu diesen gehörenden wesentlichen Bestandteile des Gebäudes nach Maßgabe des § 5 Abs. 1—3 sein. Bestimmungen über das Verhältnis der späteren Raumeigentümer untereinander können mit bindender Wirkung für diese zum Inhalt des Sondereigentums gemacht werden (§ 5 Abs. 4). Rechte an dem Miteigentumsanteil erstrecken sich auf das zu ihm gehörende Sondereigentum; dieses kann ohne den Miteigentumsanteil, zu dem es gehört, nicht veräußert oder belastet werden (§ 6).

15 **4.** Die Teilung ist keine Auflassung, daher entfällt auch die Anwendung des § 19 BBauG. Ein Vorkaufsrecht (§ 24 BBauG) steht der Gemeinde bei Veräußerung von Miteigentumsanteilen zu, wenn sie dadurch in die Lage gelangt, alle Anteile in ihre

Hand zu bekommen und dadurch das reale Grundstück für ihre Zwecke zu nutzen (OLG Düsseldorf MittRhNotK **79** 81; OLG Frankfurt Rpfleger **72** 335; s. auch OLG Bremen DNotZ **78** 624). Ist diese Voraussetzung nicht gegeben, ist ein Vorkaufsrecht nicht entstanden (OLG Düsseldorf, OLG Frankfurt aaO; a. A. OLG Braunschweig DNotZ 77 438; LG Wuppertal MittRhNotK **78** 182): Am Erwerb eines Raumeigentums kann die Gemeinde im Hinblick auf den Zweck des § 24 BBauG nicht interessiert sein.

Die Teilung wird **wirksam** mit der Anlegung des Wohnungsgrundbuchs. Auch damit wird aber nicht schon die Gemeinschaft der Raumeigentümer geschaffen, sondern erst, wenn ein Raumeigentum veräußert und die Veräußerung im Wohnungsgrundbuch vollzogen wird. **16**

Der Anspruch auf Übertragung von Wohnungseigentum kann durch Vormerkung (§ 883 BGB) gesichert werden. Änderung der Teilungserklärung bedarf der Zustimmung des Vormerkungsberechtigten (BayObLG DNotZ **75** 31). Der Anspruch auf Verschaffung von Wohnungseigentum kann auch schon vor der Anlegung des Wohnungsgrundbuchs durch Eintragung einer Vormerkung im Grundbuch des noch nicht geteilten Grundstücks gesichert werden. (BayObLGZ **77** 155; **74** 118). Der Miteigentumsanteil muß aber bereits ziffernmäßig bestimmt sein (LG Hamburg Rpfleger **82** 272). **17**

IV. Form der Teilung **18**

1. Erklärung gegenüber dem Grundbuchamt

a) *Teilungserklärung.* Die Teilungserklärung des Grundstückseigentümers entspricht der Eintragungsbewilligung (§ 29 GBO); dieser bedarf es nicht (OLG Zweibrücken OLGZ **82** 263). Sie muß für den Vollzug in der Form einer öffentlichen oder öffentlich beglaubigten Urkunde abgegeben werden und enthalten:

die Aufteilung des Grundstückseigentums in bestimmte, sämtlich dem Grundstückseigentümer vorbehaltene Miteigentumsanteile unter ziffernmäßiger Bezeichnung der Bruchteile, die Verbindung von Sondereigentum an einer bestimmten, genau zu bezeichnenden Raumeinheit mit jedem Miteigentumsanteil, schließlich etwaige Bestimmungen über das Verhältnis der künftigen Raumeigentümer untereinander; werden in der Teilungserklärung für die einzelnen Sondereigentumsrechte Nummern angegeben, sollen sie mit denen des Aufteilungsplanes übereinstimmen (§ 7 Abs. 4 Satz 2).

b) *Anlagen.* Der Teilungserklärung sind als Anlagen beizufügen (§ 8 Abs. 2): ein Aufteilungsplan nach der Vorschrift des § 7 Abs. 4 Nr. 1 sowie eine Bescheinigung der Baubehörde über die Abgeschlossenheit der Raumeinheiten, an denen das Sondereigentum bestehen soll (§ 7 Abs. 4 Nr. 2). Ist auf dem Grundstück neben dem Gebäude noch ein Garagenblock errichtet und soll an diesem Teileigentum begründet werden, bedarf es auch der Vorlage einer Bauzeichnung über diesen Block (OLG Hamm OLGZ **77** 264). Dienen Zeichnungen, Skizzen, Lagepläne, Karten zur Abgrenzung von Sondereigentum, muß auf sie in der Teilungserklärung, auch wenn sie nur beglaubigt ist (§ 39 BeurkG), verwiesen werden; Beifügung als solche genügt nicht (§ 9 Abs. 1 S. 3 BeurkG; BGHZ **74** 346). **19**

c) Die Teilungserklärung muß der im Zeitpunkt des Antragseingangs im Grundbuch eingetragene *Eigentümer* abgeben, gegebenenfalls der Konkursverwalter des Eigentümers; ist Eigentümer eine Personenmehrheit, müssen alle Teilhaber die Erklärung abgeben. Die Eintragung von Sondernutzungsrechten, deren Einräumung sich der **20**

Grundstückseigentümer bei der Aufteilung vorbehalten hatte, können nach Veräußerung aller Anteile nunmehr deren Inhaber beantragen (BayObLG ZMR **80** 122).

21 **2. Anlegung besonderer Grundbücher**

a) *Obligatorische Anlegung.* Für jeden Miteigentumsanteil ist von Amts wegen ein besonderes Grundbuchblatt anzulegen; anders als bei der vertraglichen Begründung von Raumeigentum (§ 3) kann hiervon bei seiner Begründung durch Teilung auch dann nicht abgesehen werden, wenn Verwirrung nicht zu besorgen wäre; Verstoß hiergegen macht aber die Teilung nicht unwirksam (*Horber*, Anh. zu § 3 GBO Anm. 2 C b). Das bisherige Grundbuchblatt des Grundstücks wird von Amts wegen geschlossen (§ 8 Abs. 2 Satz 1 mit § 7 Abs. 1).

22 b) *Eintragungen.* Für die Eintragungen in den besonderen Grundbüchern gilt im Falle der Teilung des Grundstückseigentums dasselbe wie bei der vertraglichen Begründung des Raumeigentums; insbesondere kann zur näheren Bezeichnung des Gegenstandes und des Inhalts des Sondereigentums auf die Teilungserklärung Bezug genommen werden; Beschränkungen der Veräußerungsbefugnis (§ 12 WEG) sind jedoch ausdrücklich einzutragen (§ 8 Abs. 2 Satz 1, § 7 Abs. 1 und 3 WEG; § 3 Abs. 2 WGBV). In Abt. I jedes Grundbuchblattes ist der Grundstückseigentümer einzutragen.

23 c) *Prüfungspflicht des Grundbuchamts.* Dem Grundbuchrichter obliegt die Prüfung, ob die beantragte Eintragung nicht zwingenden gesetzlichen Vorschriften widerspricht; denn das Grundbuch muß von ungültigen Eintragungen frei gehalten werden. Bestimmungen der Teilungserklärung über das Verhältnis der Raumeigentümer untereinander, die nicht durch Eintragung als Inhalt des Sondereigentums verdinglicht werden sollen, hat das Grundbuchamt auf ihre Gültigkeit nicht zu prüfen (OLG Köln OLGZ **82** 268). Einer Untersuchung der Teilungserklärung nach den Bestimmungen des AGBG steht dem Grundbuchrichter nicht zu, da dieses Gesetz auf Teilungserklärungen keine Anwendung findet (s. nachfolgende Rdn. 29 und Schrifttumsnachweise bei *Ertl*, Rpfleger **81** S. 157, Fußnoten 29, 30, 33, 62). Es bleibt bei der auch sonst dem Grundbuchrichter obliegenden Pflicht, Anträge auf offensichtliche Verstöße gegen zwingendes Recht zu überprüfen.

24 d) *Beschwerde gegen die Eintragung*

Die Teilungserklärung wird durch Bezugnahme Teil der Eintragung; gegen diese ist eine Beschwerde nur nach Maßgabe der § 71 Abs. 2 Satz 2 GBO zulässig (BayObLG Rpfleger **82** 63). Ein nicht mit dem gesetzlich gebotenen oder mit einem unzulässigen Inhalt begründetes Raumeigentum ist von Amts wegen zu löschen (§ 53 Abs. 1 Satz 2 GBO); es kann weder durch guten Glauben an die Richtigkeit des Grundbuchs, noch durch Erwerb im Zwangsversteigerungsverfahren, erworben werden (OLG Hamm OLGZ **77** 265).

25 Eingetragene (durch Verweisung) Teilungserklärungen darf das Rechtsbeschwerdegericht selbständig auslegen (BayObLG ZMR **80** 253; BayObLGZ **78** 217).

26 **V. Die Teilungserklärung**

1. *Allgemeines.* Die Teilungserklärung, einseitige Willenserklärung, kann nicht bedingt oder befristet abgegeben werden. Sie muß das Sondereigentum gegen das gemeinschaftliche Eigentum klar und nachvollziehbar abgrenzen und die Größen der Miteigentumsanteile (§ 47 GBO) eindeutig festlegen. Sie bildet die Grundlage für das

Raumeigentum und für Sondernutzungsrechte (LG Hamburg MDR **79** 58). Auch die vollzogene Teilungserklärung läßt aber noch keine Gemeinschaft entstehen; die Teilung bewirkt noch nicht die Rechtsfolge des § 571 BGB. Mängel des Aufteilungsplanes werden mit der Verweisung auf diesen zu Mängeln der Teilungserklärung. Eine im ganzen mangelhafte Teilungserklärung wird durch die Eintragung in das Grundbuch nicht geheilt (OLG Frankfurt ZMR **74** 251), die trotzdem erfolgte Grundbucheintragung unwirksam und ist nach § 53 Abs. 1 Satz 2 GBO zu löschen; ein gutgläubiger Erwerb kann nicht stattfinden. Bei nur gegenständlicher Unvollständigkeit (ein Raum ist bei der Aufteilung vergessen worden) entsteht insoweit gemeinschaftliches Eigentum (BayObLGZ **73** 267).

2. Die in einer Teilungserklärung gegebenen Bestimmungen über das Verhältnis **27** der Raumeigentümer untereinander bilden die *Gemeinschaftsordnung*, vergleichbar mit der Satzung eines Vereins. Mit dem Erwerb des Raumeigentums binden sich die Erwerber an die Gemeinschaftsordnung. Solange er noch Inhaber aller Anteile ist, kann der aufteilende Grundstückseigentümer die Gemeinschaftsordnung ändern und auch aufheben. Mit der Eintragung der ersten Veräußerung eines Raumeigentums in das Grundbuch erlangen die Bestimmungen die Bedeutung einer Vereinbarung; sie erhalten, wenn sie das WEG ändern oder ergänzen und zum Inhalt des Sondereigentums in der Teilungserklärung bestimmt wurden, dingliche Wirkung insoweit als sie nunmehr auch die Sonderrechtsnachfolger der Raumeigentümer binden. Sie gestalten das in §§ 10 WEG, 741 BGB festgelegte gesetzliche Schuldverhältnis weiter aus, in dem die Raumeigentümer zueinander stehen. Die Abfassung der Teilungserklärung bedarf daher sorgsamer vorausschauender Überlegungen. Dabei werden die gegebene Bauanlage, die Arbeitsfähigkeit der Verwaltung und die Sicherung eines geordneten Zusammenlebens der Raumeigentümer besonders im Auge behalten werden müssen.

3. Die Gemeinschaftsordnung kann zum *Inhalt* haben: die Regelung des Stimm- **28** rechts, die Nutzung des Sondereigentums wie des gemeinschaftlichen Eigentums, die Abänderbarkeit von Vereinbarungen, die Bestellung von Sondernutzungsrechten, die Zuteilung von Räumen zu besonderen Aufgaben, eine Hausordnung, die Zulässigkeit von Vereinsstrafen wegen gemeinschaftswidrigen Verhaltens, Aufrechnungsverbote, die Vertretung in der Versammlung, Genehmigungsbedürftigkeit von Vermietungen, Erweiterung der Verwalterbefugnisse u. a. Es ist dem aufteilenden Grundstückseigentümer auch nicht verwehrt, einzelne Regelungen des Vereinsrechts, des Gesellschaftsrechts oder des GmbH-Rechts zu übernehmen, er findet dabei aber an den unabdingbaren Bestimmungen des WEG seine Grenze. Er kann z. B. nicht den einzelnen Raumeigentümern ein Recht zur Kündigung der Gemeinschaft einräumen.

4. Die Teilungserklärung ist, wenn eingetragen, auszulegen wie ein Grundbuch- **29** eintrag; sie unterliegt nicht der *Inhaltskontrolle nach Vorschriften des AGBG*. Es kann dahin stehen, ob auf sie § 23 Abs. 1 AGBG entsprechend anwendbar ist. Es handelt sich jedenfalls nicht um Bedingungen, die zum Abschluß von Verträgen bestimmt sind (§ 1 AGBG). Die Teilungserklärung beruht auf einseitiger Willenserklärung; die in ihr getroffenen Regelungen werden nicht durch den späteren Abschluß von Verträgen mit den Erwerbern bindend, sondern durch den Eintrag der Teilungserklärung im Grundbuch. Sie ordnet das Verhältnis der Miteigentümer untereinander und nicht das Vertragsverhältnis zwischen Erwerber und Verkäufer. Zum Meinungsstreit s. außer dem Schrifttumsnachweis bei *Ertl*, DNotZ **81** 149, Fußnoten 29, 30, 33 noch *Weitnauer*, Der Betrieb **81**, Beilage Nr. 4/81 S. 5 IV 1 a; *Schmidt* MittBayNot **79** 139. Es verbleibt also bei der allgemeinen Prüfung nach Verstößen gegen zwingendes Recht. Ermöglicht die Anwendung einzelner Bestimmungen eine einseitige Ausnutzung der dem Grundstückseigentümer eingeräumten Macht, muß dies nicht schon Ungültigkeit der Bestimmungen bedeuten; vielmehr wird einer mißbräuchlichen Ausnutzung im einzelnen Falle mit dem Einwand unzulässiger Rechtsausübung wirksam begegnet werden können (§ 242 BGB).

30 Die durch eine Teilungserklärung den Raumeigentümern auferlegten Pflichten werden so *auszulegen* sein, daß sie zu vernünftigen und zweckmäßigen Ergebnissen führen (OLG Stuttgart OLGZ **74** 410; BayObLG NJW **74** 2135). Eingriffe in die Rechte (§ 13) der Raumeigentümer müssen nach Art und Umfang für jeden erkennbar sein (BayObLGZ **74** 294); Eingriffe in die Vertragsfreiheit der Gemeinschaft zugunsten des Aufteilers fordern enge Auslegung.

31 5. *Abänderung* der Teilungserklärung bedarf der Zustimmung aller Eigentümer, Mehrheitsbeschluß reicht in der Regel nicht aus. (z. B. Umwandlung des gemeinschaftlichen Eigentums in Sondereigentum, Zweckänderung eines Raumes, der zum gemeinschaftlichen Eigentum gehört); die Teilungserklärung kann aber Abänderung durch Mehrheitsbeschluß vorsehen. Zur Frage, ob unter besonderen Umständen die Abänderung der Teilungserklärung verlangt werden kann s. § 10 Rdn. 21. Inhaltsänderungen des Sondereigentums durch Wegfall einer Sondernutzung des gemeinschaftlichen Eigentums bedürfen der Zustimmung der Realgläubiger (OLG Frankfurt Rpfleger **75** 309; OLG Stuttgart BWNotZ **75** 93).

32 **VI. Entstehung des Raumeigentums**

1. *Wirksamwerden durch Anlegung der besonderen Grundbücher.* Die Teilung wird wirksam mit der Anlegung der besonderen Grundbücher (§ 8 Abs. 2 Satz 2), d. h. mit der Bewirkung der erforderlichen Eintragungen in diesen. Dadurch entstehen jedoch nur zu Raumeigentumsrechten ausgestaltete Miteigentumsanteile in der Hand des bisherigen Grundstückseigentümers, dagegen noch keine Gemeinschaft von Raumeigentümern (§§ 10 ff), weil es an einer Mehrheit von Miteigentümern fehlt. Solange sämtliche Raumeigentumsrechte in der Person des Grundstückseigentümers vereinigt sind, kann er jederzeit die Schließung der besonderen Grundbücher und die Anlegung eines neuen Grundbuchblattes für das Grundstück beantragen (§ 9 Abs. 1 Nr. 3).

33 2. *Teilung vor Errichtung des Gebäudes.* Die Teilung kann auch schon vor Errichtung des in Raumeinheiten zu zerlegenden Gebäudes gegenüber dem Grundbuchamt erklärt und durch Anlegung der besonderen Grundbuchblätter wirksam werden. In Wirklichkeit kann es sich hierbei allerdings — mindestens bis zur Aufführung der in Frage kommenden Gebäudeteile — nur um Anwartschaftsrechte handeln; diese werden aber nach Anlegung der besonderen Grundbuchblätter wie bereits entstandene Raumeigentumsrechte behandelt und sind demgemäß wie solche selbständig veräußerlich und belastbar.

34 **VII. Entstehung der Gemeinschaft der Raumeigentümer** (§§ 10 ff)

1. Die *Gemeinschaft* der Raumeigentümer entsteht erst, wenn sich die bisherige „Einmanngemeinschaft" in eine Gemeinschaft von mindestens zwei Miteigentümern verwandelt, wenn also der Grundstückseigentümer mindestens einen der ihm zustehenden Miteigentumsanteile veräußert und der Erwerber auf dem betreffenden besonderen Grundbuchblatt in Abt. I als neuer Eigentümer eingetragen wird. Schon vor der Entstehung einer Gemeinschaft von Raumeigentümern kann deren Verhältnis untereinander

durch die Teilungserklärung des Grundstückseigentümers für die Zukunft in ähnlicher Weise geregelt werden, wie dies durch Vereinbarung der Raumeigentümer möglich ist; das ergibt sich aus § 8 Abs. 2 Satz 1 in Verbindung mit § 5 Abs. 4. S. oben Rdn. 27, 28. Durch Eintragung im Grundbuch oder (abgesehen von § 12) durch Bezugnahme auf die Teilungserklärung erlangen solche Bestimmungen dingliche Wirkung im Sinne des § 10 Abs. 2.

2. Die Gemeinschaft der Raumeigentümer ist eine auf das Gebäudegrundstück be- **35**
zogene Gemeinschaft. Ihre Entstehung setzt Anlegung des Wohnungsgrundbuchs voraus (OLG Hamm MDR **68** 413), Bindung des Eigentümers (Veräußerers) nach § 873 Abs. 2 BGB reicht nicht aus (BayObLGZ **74** 280).

Der Grundbuchvollzug der Veräußerung eines nach § 8 gebildeten Raumeigen- **36**
tums verzögert sich nicht selten. Rechtsprechung und Schrifttum halten es daher für gerechtfertigt, den *„werdenden"* Raumeigentümer schon vor seiner Eintragung im Wohnungsgrundbuch rechtlich wie einen wirklichen Raumeigentümer zu behandeln, auf die rechtlichen Beziehungen der *„werdenden"*, eine *„faktische Gemeinschaft"* bildenden Raumeigentümer die Regeln des WEG (§§ 10 ff) anzuwenden. Keine Übereinstimmung besteht aber darüber, welche Voraussetzungen für eine solche Rechtsanwendung gegeben sein müssen. Teils wird gefordert rechtsbeständiger Erwerbvertrag, dingliche Anwartschaft, Inbesitznahme der in Betracht kommenden Räume (BayObLGZ **74** 217), teils besondere Intensität der Beziehungen zwischen den Beteiligten (KG NJW **70** 330), teils rechtsbeständiger Erwerbsanspruch und Übergabe der Wohnung (OLG Stuttgart OLGZ **79** 34; *Soergel/Baur,* § 10 Rz. 3). Die Frage nach den Voraussetzungen wird vom BGH NJW **74** 1140 offen gelassen.

Wenn der Begriff des werdenden Raumeigentümers nicht eine seine praktische Verwendung in Frage stellende Ausweitung erfahren soll, muß er auf Sachverhalte beschränkt bleiben, bei denen vom Entstehungstatbestand des Wohnungseigentums im Falle des § 8 alle Erfordernisse, ausgenommen der Grundbuchvollzug, erfüllt sind und die Beteiligten in persönlichen Verbindungen untereinander stehen, die denen der späteren Rechtsgemeinschaft entsprechen. Dies besagt, daß ein rechtsbeständiger Erwerbsvertrag, Einigung (§ 925 BGB), Eingang des Eintragungsantrags des Auflassungsempfängers beim Grundbuchamt gegeben sein müssen und daß dieser die zugeteilten Räume bezogen oder wenigstens in Besitz genommen und sich so in die Gemeinschaft eingegliedert hat. Die gleiche Rechtsstellung hat auch der durch eine Vormerkung (§ 883 BGB) gesicherte Erwerber; auf einen Eintragungsantrag bezüglich der Auflassung kommt es dann nicht an (vgl. OLG Köln OLGZ **78** 151; BayObLGZ **68** 237; **74** 219, 280/81; OLG Frankfurt Rpfleger **76** 253). Sind diese Voraussetzungen gegeben, lassen sich Bestimmungen des WEG auf den „werdenden" Raumeigentümer anwenden, soweit sich dies mit dem von der jeweiligen Vorschrift verfolgten Zweck vereinbaren läßt.

Ein werdender Raumeigentümer scheidet aus der Gemeinschaft nicht schon aus, wenn er von dem Erwerbsvertrag zurücktritt, aber noch in der Eigentumswohnung verbleibt. Erst mit seinem Auszug verläßt er sie (OLG Karlsruhe Justiz **78** 169 s. auch OLG Köln MDR **81** 408). Unberührt bleiben die bei der Veräußerung ausgehandelten Vereinbarungen zwischen Veräußerer und Erwerber (z. B. über die Lastentragung, die Nutzungen, das Stimmrecht, die Teilnahme an Versammlungen). Sie tangieren die Rechte der Gemeinschaft nicht.

Wird Raumeigentum durch *vertragliche Einräumung* (§§ 3, 4) begründet, kann **37**
man von einer faktischen Gemeinschaft sprechen, sobald der Eintragungsantrag beim

Grundbuchamt von allen Beteiligten eingereicht ist (§ 873 Abs. 2 BGB); die Begründung kann dann nicht mehr vom Wollen eines einzelnen abhängen. Die einfache Miteigentümergemeinschaft (§§ 1008 ff BGB) wird zur werdenden Wohnungseigentümergemeinschaft, der einzelne Miteigentümer zum werdenden Wohnungseigentümer. Wenn das Gebäude erst noch errichtet werden muß, kann sich zunächst eine *faktische* Gemeinschaft nicht bilden. Zur Regelung der rechtlichen Beziehungen der späteren Raumeigentümer während der Bauzeit ist die Vereinbarung einer Gemeinschaftsordnung nicht geeignet. In Betracht kommt der Abschluß eines Gesellschaftsvertrages, der individuell ausgestaltet werden kann (vgl. BayObLGZ **57** 99 ff). Andererseits entsteht eine echte Raumeigentümergemeinschaft schon vor Errichtung des Gebäudes, wenn die nach dem Aufteilungsplan vorgesehenen Raumeigentumsrechte in das Wohnungsgrundbuch eingetragen sind. Diese Rechte sind zwar zunächst nur dingliche Anwartschaftsrechte, werden aber mit der Erstellung des Gebäudes zu Vollrechten.

Zur Bauherrengemeinschaft nach einem *Bauherrenmodell* s. unten Rdn. 80 ff.

38 Auf die faktische Raumeigentümer-Gemeinschaft können z. B. die Vorschriften des Gesetzes über die Verteilung von Nutzungen und Lasten, das Stimmrecht, die Verwalterberufung, den Wirtschaftsplan, die Abrechnung, die Rücklage für Instandsetzung, die Beschlußfassung durch Mehrheit angewendet werden, jedoch nicht §§ 11, 18 (vgl. BGHZ **59** 104).

39 3. *Haftung der Gemeinschaftler*

Wird eine Wohnanlage von den (späteren) Raumeigentümern erstellt, haften diese in der Regel für die Erstellungskosten nicht als Gesamtschuldner, sondern nur anteilig ohne Rücksicht darauf, ob sich die Kosten auf das Sondereigentum oder das gemeinschaftliche Eigentum beziehen (BGHZ NJW **59** 2160; **79** 2101; **77** 1964). Die anteilige Haftung wird im Zweifel nach der Größe der Miteigentumsanteile zu bestimmen sein, es sei denn, daß sich die Bauarbeiten leistungsmäßig auf Sondereigentum und gemeinschaftliches Eigentum trennen lassen; dann bezieht sich der Kostenanteil auf das gemeinschaftliche Eigentum. Für Verwaltungsschulden der Gemeinschaft (z. B. Ölbezug, Verwalterbezüge) haften die Raumeigentümer als Gesamtschuldner (BGHZ **67** 235; LM BGB § 427 Nr. 4, LG Frankfurt MDR **78** 936).

40 Befriedigt ein Raumeigentümer einen Gläubiger der Gemeinschaft, muß er sich zunächst wegen des Ausgleichs an das Gemeinschaftsvermögen halten. Wenn solches nicht vorhanden ist, kann er Ersatzansprüche gegen die übrigen Raumeigentümer geltend machen. Zur Haftung des in die Gemeinschaft eintretenden Raumeigentümers für die vor seinem Eintritt entstandenen Schulden der Gemeinschaft vgl. BGHZ **74** 241; er muß jedenfalls die Befriedigung eines Miteigentümers aus dem gemeinschaftlichen Vermögen dulden, der einen Gläubiger der Gemeinschaft aus seinem privaten Vermögen befriedigt hat.

41 **VIII. Der Veräußerungsvertrag**

1. Allgemeines

Zur Übertragung des Wohnungseigentums sind schuldrechtlicher Vertrag (§ 313 BGB), Auflassung und Eintragung in das Wohnungsgrundbuch (§§ 873, 925, 925 a BGB) erforderlich. Übertragung ist schon vor Errichtung des Gebäudes möglich, vorausgesetzt, daß das Wohnungsgrundbuch für das Wohnungseigentum bereits angelegt ist (BayObLGZ **73** 82). Der Erwerber erlangt dann mit der Eintragung Miteigentumsanteil und dingliche Anwartschaft auf das Sondereigentum; mit der Errichtung des Gebäudes wandelt sich diese entsprechend dem Baufortschreiten in Vollrecht.

Erwirbt ein Käufer mehrere Eigentumswohnungen, bleiben die Wohnungseigentumsrechte in ihrem rechtlichen Bestand unverändert; der Erwerber kann aus den Eigentumswohnungen Räume herausnehmen und durch deren Zusammenlegung neues Wohnungseigentum begründen, wenn er das so aus den abgetrennten Räumen gebildete Sondereigentum mit einem Miteigentumsanteil verbindet. 42

2. Beurkundungsbedürftigkeit 43

a) Der Vertrag, durch den sich der Veräußerer verpflichtet, Wohnungseigentum zu übertragen, bedarf der notariellen Beurkundung. Dasselbe gilt für die Übernahme der Verpflichtung, Wohnungseigentum zu erwerben. Der Mangel der Form wird durch Eintragung in das Wohnungsgrundbuch aufgrund Auflassung geheilt (§ 313 BGB).

Auch ein Kaufvorvertrag bedarf der notariellen Beurkundung (OLG Hamburg MDR **64** 145).

Auf die Einhaltung der Formvorschrift des § 313 BGB kann nicht verzichtet werden; zum Einwand der unzulässigen Rechtsausübung gegenüber der Berufung auf Formmangel s. die Erläuterungen zu § 313 BGB. 44

Es sind *alle* — auch weniger wichtige — Teile zu beurkunden, aus denen sich nach dem Willen der Vertragschließenden das schuldrechtliche Veräußerungsgeschäft zusammensetzt (BGHZ **63** 361; **69** 268; **74** 348; BGH NJW **81** 222), auch Einzelheiten, die zur Begründung von Rechten und Pflichten gehören (BGH DNotZ **75** 89). Es muß sich dabei aber um rechtserzeugende, nicht nur erläuternde Erklärungen handeln (BGHZ **69** 268; **74** 349; BGH NJW **79** 1495); das im Grundbuch bereits eingetragene Raumeigentum braucht natürlich, was seinen Inhalt angeht, nicht beurkundet zu werden (BGHZ **63** 364). Sind Teilungserklärung oder Begründung (§ 4) noch nicht im Grundbuch eingetragen, müssen sie im Kaufvertrag mitbeurkundet werden, soweit sie Rechte und Pflichten begründen, die das Gesetz so nicht vorsieht (BGH NJW **79** 1498). Zu den rechtserzeugenden Erklärungen gehören auch Erklärungen in der Sprache der Zeichnungen, Karten, Baupläne; soweit durch sie die Vertragspflichten, im besonderen hinsichtlich der baulichen Ausführung und Ausstattung des Gebäudes und der Eigentumswohnungen näher bestimmt werden, sind sie mitzubeurkunden (BGHZ **63** 361/62; BGH BauR **81** 283); anders, wenn sie nur der Erläuterung des an sich ausreichenden Vertragswortlautes dienen (BGHZ **74** 351). 45

Ist eine zu errichtende Eigentumswohnung Kaufgegenstand, genügt es zur Einhaltung der Form nicht, wenn wesentliche Punkte der Bauherstellung dem Ermessen des Verkäufers (Teilungserklärung) überlassen werden (OLG Düsseldorf ZMR **81** 248).

Auch die nachträgliche Abänderung eines beurkundeten, aber noch nicht im Grundbuch eingetragenen Kaufvertrages kann beurkundungspflichtig sein, wenn es sich um wesentliche Teile des Vertrages handelt (BGH WM **80** 166). 46

Ein notariell beurkundeter schuldrechtlicher Veräußerungsvertrag genügt auch dann den gesetzlichen Bestimmungen, wenn die *nähere* Festlegung der Bedingungen einer Partei oder einem Dritten überlassen wird; deren Erklärung bedarf keiner Beurkundung (vgl. BGH NJW **75** 537). 47

3. Form der Beurkundung 48

a) Die Auslegung der §§ 9 und 13 BeurkG (Vorlesung, Beifügung, Verweisung) durch den Bundesgerichtshof (DNotZ **79** 403, 406, 476, 479) hat den Gesetzgeber veranlaßt, die §§ 9, 13, 37 und 44 BeurkG neu zu fassen und § 13 a in das Gesetz aufzunehmen. Für die vor dem Inkrafttreten der Novelle vom 20. 2. 1980 BGBl. I S. 157 (27. 2. 1980) erstellten Niederschriften ist eine „Heilung" ausgesprochen, soweit sie dieser Rechtsprechung nicht entsprechen. Zur Neuregelung s. *Kamloh*, MDR **80** 538; *Lichtenberger*, NJW **80** 864; *Schroeder*, JurRundschau **80** 878; *Arnhold*, NJW **80** 262; *Brambing*, DNotz **80** 281; *Dietlein*, DNotz **80** 195; *Winkler*, Rpfleger **80** 169; *Röll*, MittBayNot **80** 1; die Rechtsprechung zur Neuregelung behandelt *Hagen*, WM **81** 422.

49 Die Neuregelung befaßt sich mit dem *Wie* der Beurkundung, sie beläßt es zum *ob* und *was* beim bisherigen Rechtszustand.

50 Die „Heilung" (§§ 1, 2 der Novelle) ist grundgesetzkonform (BGH NJW **81** 228), sie wirkt ex tunc. Zur Auslegung des § 1 Abs. 2 („hinlänglich klare Umrisse des Hauptinhalts der Rechtspflichten") s. BGH Rpfleger **80** 223; NJW **81** 229; **80** 2127.

51 Die Neuregelung (s. dazu *Ludwig*, AcP **80** 373 ff) bestimmt: Auf notariell beurkundete Erklärungen darf in der notariellen Niederschrift verwiesen werden. Soweit die Beteiligten unter Verwendung von *Karten*, *Zeichnungen* oder *Abbildungen* Erklärungen abgeben, gelten diese als in der Niederschrift selbst enthalten, wenn auf sie verwiesen wird und wenn sie der Niederschrift als Anlage beigefügt werden (§ 9 Abs. 1 Satz 2 und 3 neuer Fassung); Bezugnahme allein ohne Beifügung reicht nicht aus. Die Wiedergabe der wörtlichen Erklärungen wird also vervollständigt durch die Aussage der Abbildungen, Karten, Zeichnungen. Diese nehmen an der Beweiskraft der Urkunde teil. Statt der Verlesung müssen sie zur Durchsicht vorgelegt werden; mit der Unterzeichnung der Niederschrift wird vermutet, daß sie zur Durchsicht vorlagen und genehmigt wurden. Der Vermerk über die Verlesung der Urkunde umfaßt auch die Verlesung der Anlagen, die in der Niederschrift als deren Bestandteil bezeichnet werden (OLG München MittBayNot. **81** 149). § 13 a BeurkG schränkt die Pflicht zur Verlesung der Niederschrift und zur Vorlage zur Durchsicht (Meßpläne, Zeichnungen, Baupläne) ein, wenn die Beteiligten erklären, den Inhalt der in Bezug genommenen Urkunde zu kennen und auf deren Verlesung zu verzichten; das gilt entsprechend für die Vorlage von Karten etc. Auf die Beifügung von Urkunden sowie Karten und Zeichnungen, die von einer öffentlichen Behörde erstellt sind, kann verzichtet werden (§ 13 a Abs. 3). Die Vermutung des § 13 Abs. 1 BeurkG gilt aber nicht für die eingeschränkte Verlesung, Vorlage und Beifügung gemäß § 13 a Abs. 1, 2, 4.

52 Verlesen und Beifügen, soweit sie demnach einzuhalten sind, sind Voraussetzungen für die Rechtswirksamkeit der Niederschrift; die Feststellung der Verlesung wie des Verzichts unterliegt nur Sollvorschriften; die Wirksamkeitsvoraussetzungen sind für den Grundbuchvollzug nach § 29 GBO darzutun (LG Stuttgart BWNotZ **81** 91).

53 Bandaufnahmen und Tonträger erfaßt die Novelle nicht. Zu Formulierungsvorschlägen für Bezugnahmen auf Teilungserklärungen und Aufteilungspläne s. *Brambring*, DNotZ **80** 294, 304.

54 Wird in einem notariellen Kaufvertrag die Verpflichtung zur Errichtung eines Hauses aufgenommen, genügt es nicht, wenn auf eine Baubeschreibung Bezug genommen wird ohne sie der Urkunde beizufügen (BGHZ **69** 266).

55 **b)** Der Anspruch auf Übertragung von Wohnungseigentum ist vormerkungsfähig (§ 883 BGB), ebenso der Anspruch auf Übertragung eines Raumes als Teil des Sondereigentums und der Anspruch auf Verschaffung einer Eigentumswohnung an einem noch nicht geteilten (§ 8) Grundstück; hier wird die Vormerkung im Grundbuch dieses Grundstücks eingetragen (BayObLG Rpfleger **77** 286; OLG Frankfurt DNotZ **72** 180). Sondereigentum und ziffernmäßig bestimmter Miteigentumsanteil müssen genau beschrieben werden (LG Hamburg Rpfleger **82** 272). Veräußert der Eigentümer vor

Anlegung des Wohnungsgrundbuchs eine Teilfläche des für Eigentumswohnungen bestimmten Grundstücks an einen Dritten, sichert die Auflassungsvormerkung des Käufers von Wohnungseigentum einen Anspruch auf Verschaffung schlichten Miteigentums an der abveräußerten Fläche (BayObLG Rpfleger **76** 13). Ein durch Vormerkung gesicherter Anspruch auf Wohnungseigentumsübereignung wird durch eine Erfüllungsablehnung nach § 17 KO auch dann nicht berührt, wenn der dem Übereignungsanspruch zugrunde liegende Vertrag zugleich auf die Erstellung eines Bauwerks gerichtet ist (BGH WM **81** 242). Der Anspruch auf Übertragung einer Teilfläche des Grundstücks kann freilich nicht durch Vormerkung im Wohnungsgrundbuch eines Wohnungseigentums gesichert werden (BayObLG DNotZ **75** 36).

Zur Gültigkeit einer Vormerkung, wenn die Beurkundung des Kaufvertrages formunwirksam war, s. BayObLGZ **80** 347.

Zur Vormerkungsfähigkeit s. auch die Aufsätze von *Müller* (MittBayNot. **74** 247), *Meyer-Stolte* (Rpfleger **77** 121), *Schmeder* (Rpfleger **75** 284) und *Schmidt* (BWNotZ **75** 9).

4. Anwendung des AGB-Gesetzes 56

Schrifttum: *Stürner,* BWNotZ 77 106; *Brambring/Schippel,* DNotZ **79** 736, NJW **79** 1802; *Röll,* BNotZ **78** 720; *Behringer,* BWNotZ **80** 129; *Schmid,* BauR **79** 187; *Weitnauer,* Betrieb. Beilage Nr. 4/81 zu Heft 9 S. 5 mit Fußnoten 52, 54.

a) Verträge, die *vor* Inkrafttreten des AGBG abgeschlossen wurden, können trotz notarieller Beurkundung die Eigenheiten Allgemeiner Geschäftsbedingungen aufweisen und deshalb als ihnen rechtlich gleichstehende Formularverträge anzusehen sein (BGHZ **62** 251, 253, **63** 239; **67** 103; **75** 20), wenn sie nach Entstehung und Inhalt das typische Gepräge allgemeiner Geschäftsbedingungen haben. Das ist der Fall, wenn sie mit im wesentlichen gleichen Inhalt in einer Vielzahl von Fällen Verwendung finden sollen und ein Vertragsteil Bedingungen der Gegenseite abverlangt, die — vielfach verwendet — sich nicht als Ergebnis freien gegenseitigen Aushandelns der Partner darstellen, vielmehr einseitig von einem Vertragsteil nach seinem Interesse in Abweichung von der gesetzlichen Regelung festgelegt sind. Das kann auf einen notariell beurkundeten Vertrag zutreffen, der nicht eine vom Notar für den Einzelfall entworfene Regelung enthält, sondern inhaltlich nur das wiedergibt, was ein Vertragsteil für eine Reihe gleichartiger Verträge einseitig festgelegt hat. Solche Verträge unterliegen der Wirksamkeitskontrolle nach § 242 BGB (BGHZ **54** 1099; **75** 20; BGH BB **76** 157; NJW **78** 1519; WM **82** 712).

b) Das *AGBG* findet auf die seit seinem Inkrafttreten (1. 4. 1977) abgeschlossenen **57**
notariellen Verträge Anwendung, wenn sie Allgemeine Geschäftsbedingungen in den Text aufnehmen, auf solche Bezug nehmen und sie als Anlage zur Urkunde mitführen oder formularmäßige Klauseln enthalten; in Betracht kommen Allgemeine Geschäftsbedingungen von Bauträgern und Bauunternehmen, die für eine Vielzahl von Verkäufen vom Bauträger (Bauunternehmen) festgelegt und mehr oder weniger vollständig in die Notarurkunde eingehen. Dasselbe gilt aber auch, wenn ein Notar vorgedruckte Formulare mit demselben von ihm entworfenen Text in einer Vielzahl von Fällen benutzt und ein Vertragsteil darin enthaltene für ihn besonders günstige Klauseln einseitig zu seinen Gunsten ausnutzt. Anders, wenn der Notar den Vertragstext im einzelnen durchspricht, Fragen beantwortet, die Möglichkeit einer Abänderung besteht, so daß der Vertragstext als individuell ausgehandelt bezeichnet werden kann (BGHZ **74** 211; OLG München NJW **81** 2472; BGH DNotZ **82** 627, dazu *Ulmer* DNotZ **82** 587); s. auch *Brambring/Schippel,* NJW aaO). Es findet Inhaltskontrolle nach Maßgabe des § 8

AGBG statt, wenn es sich um Bedingungen handelt, die von Rechtsvorschriften abweichen oder sie ergänzen; zu beachten sind im besonderen §§ 9, 11 Nr. 10 AGBG.

58 Für den Grundbuchvollzug hat das AGBG keine Abkehr vom formellen Consensgrundsatz gebracht. Das Gesetz ist, wie jedes andere Gesetz, vom Grundbuchrichter zu beachten, doch besagt das Consensprinzip, daß Eintragungen in das Grundbuch nur zu versagen sind, wenn der Grundbuchrichter zur Überzeugung kommt, daß die zur Eintragung vorgelegten Verträge offensichtlich Verstöße gegen das AGBG enthalten, so daß das Grundbuch mit dem Vollzug der Eintragungsanträge zweifelsfrei unrichtig werden würde; im übrigen muß der Grundbuchrichter die rechtliche Beurteilung dem Richter der streitigen Gerichtsbarkeit überlassen (BayObLG **79** 434; OLG Hamm MittBayNot. **79** 173). Die Meinungen sind geteilt (s. *Eickmann*, Rpfleger **78** 1; *Schmidt*, MittBayNot. **78** 89; **80** 118; *Behringer*, BWNotZ **80** 121; *Schmidt* MittBayNot **82** 57).

59 **5. Rechte des Erwerbers**

a) *Gewährleistung wegen Mängel der Eigentumswohnung*

Bei Kauf einer Eigentumswohnung finden die Vorschriften des BGB §§ 459 ff Anwendung. Für den Erwerber kommen Wandlung, Minderung oder Schadensersatz in Betracht, Anspruch auf Ausbesserung nur, wenn dies vertraglich vorgesehen ist. Es kann sich um Mängel des Sondereigentums und des gemeinschaftlichen Eigentums handeln; zur Geltendmachung auch der letzteren ist der Käufer gegenüber seinem Verkäufer berechtigt. Hat der Veräußerer aber die Verpflichtung übernommen, die Eigentumswohnung zu errichten und zu Eigentum des Erwerbers zu übertragen, richten sich die Gewährleistungsansprüche nach Werkvertragsrecht (§§ 633 ff BGB), näheres dazu s. unten Rdn. 69 ff.

60 b) *Besonderheiten*

Der Veräußerungsvertrag kann die Grundlage für einen Anspruch des Erwerbers gegen den Veräußerer bilden, unzumutbaren Lärm, den andere Miteigentümer im Gebäude machen, zu unterbinden (BGH FWW **69** 32). Der Eigentümer und Veräußerer ist auch verpflichtet, gegen Kostenerstattung Fotokopien der Bauunterlagen — Bauzeichnungen, statische Berechnungen, Installationspläne, Rechnungen der Bauhandwerker — zur Verfügung zu stellen (OLG Köln BauR **80** 283). § 571 BGB gilt auch dann, wenn die Miteigentümer eines Grundstücks das Eigentum am Grundstück nach § 8 aufteilen und durch Auflassung und Eintragung im Grundbuch einem Miteigentümer das Wohnungseigentum an einer Wohnung übertragen, die vermietet ist (BayObLG MDR **82** 322).

61 Einwendungen aus dem Kaufvertrag kann der Erwerber als Kreditnehmer einer Bank dieser gegenüber im allgemeinen nicht entgegensetzen. Anders kann es sein, wenn sich die kreditgebende Bank am von ihr finanzierten Geschäft, beteiligt z. B. aktiv auf seiten des Veräußerers in die Veräußerung der Eigentumswohnungen einschaltet (BGH DNotZ **80** 344).

62 Hat sich der Veräußerer zur Herstellung der Eigentumswohnung verpflichtet, richtet sich die Verjährung seines Vergütungsanspruchs (einschließlich Kaufpreis für das Grundstück) nach §§ 196 Abs. 1 Nr. 1, 7 BGB (BGHZ **72** 229; BGH NJW **81** 1665; **80** 447), wenn die Voraussetzungen dieser Bestimmung gegeben sind.

63 Zur *Schenkung* eines Raumeigentums an einen Minderjährigen s. BGH Rpfleger **80** 469; BayObLGZ **79** 243; OLG Celle NJW **76** 2214. Es kommt auf die Umstände des einzelnen Falles an, ob Nachteile für den Beschenkten entstehen.

Angaben zur Höhe der monatlichen Belastung in einer Werbeanzeige für Eigentumswohnungen sind (Einzel-)Preisangaben, die gem. § 1 Abs. 1 Satz 1 PreisangabenVO zur Angabe des Endpreises verpflichten (BGH MDR **82** 823).

IX. Geschäftswert — Gebühren 64

1. Der *Geschäftswert* für die Beurkundung der Teilungserklärung richtet sich nach § 21 Abs. 2 KostO; es kommt auf den halben Wert des Grundstücks nach Errichtung des Gebäudes an (BayObLGZ **82** 116; OLG Düsseldorf Rpfleger **70** 445; OLG Hamm DNotZ **72** 115). Für die Beurkundung der Veräußerung von Raumeigentum sind §§ 19, 20 KostO maßgebend.

2. *Gebühren* für die Beurkundung von Teilungserklärungen: § 36 KostO, von Veräußerungen: § 36 Abs. 2 KostO. 65

Das Gesetz über Gebührenfreiheit beim Wohnungsbau vom 30. 5. 1953 in der Fassung vom 23. 8. 1976 BGBl. I 2429 sieht für bestimmte Vorgänge *Gebührenfreiheit* vor.

X. Verträge mit Bauträgern 66

1. Der Erwerb einer Eigentumswohnung kann sich außer durch schlichten Kauf vom Grundstückseigentümer im Rahmen eines „Vorratsbauens" auch durch Abschluß eines Vertrages mit einem Bauträger vollziehen.

Bauträgerverträge gibt es in verschiedenen rechtlichen Ausgestaltungen. So kann sich der Bauträger (Bauunternehmer, Wohnungsbaugesellschaft) verpflichten, auf eigenem Grundstück, im eigenen Namen und auf eigene Rechnung das Bauwerk zu errichten und Raumeigentum an den Erwerber zu übertragen; er kann aber auch auf Rechnung des Erwerbers bauen. Bauherr ist in diesen Fällen der Bauträger, er beherrscht das Baugeschehen. Der Träger-Bauvertrag vereinigt Elemente des Kaufvertrages und solche des Werkvertrages (Werklieferungsvertrag), unterliegt als Ganzes der Beurkundungspflicht (§ 313 BGB), auch wenn er in getrennten Urkunden niedergelegt wird, da der eine Vertrag nicht ohne den andern geschlossen wird (BGH DNot. **76** 683). Nach Kaufrecht sind die Rechtsfolgen zu beurteilen, die sich an Mängel des Grund und Bodens knüpfen. Nach den Bestimmungen zum Werkvertrag (gegebenenfalls auch der VOB/B) richten sich die Ansprüche wegen Mängeln des Werks, gleichviel ob bei Vertragsabschluß mit den Bauarbeiten noch nicht begonnen war, der Bau schon teilweise oder bereits vollständig fertiggestellt war, die Abnahme und die gegebenenfalls geschuldeten Ausbesserungen aber noch ausstehen; entscheidend ist stets, daß sich der Unternehmer vertraglich **auch** zur Errichtung des Bauwerks und nicht nur zur Übertragung des Eigentums am Grundstück verpflichtet hat. (BGHZ **74** 206; **72** 231; **68** 373; **65** 361; **62** 338; **61** 371; **60** 364; BGH NJW **80** 2800; **81** 273). Hieran ändert sich nichts, wenn die Partner in einem Formularvertrag vereinbarten, der Vertrag sei in toto nach Kaufrecht abzuwickeln (BGHZ **74** 205; BGH MDR **79** 837; NJW **82** 170).

Der Erwerber hat Anspruch auf Herstellung eines mangelfreien Zustandes des Werkes als Ganzes. 67

Der Bauträger haftet dem Partner auch wegen Planungsmängel und für sorgfältige Auswahl der von ihm beigezogenen Handwerker (BGHZ **70** 190). Ist die Bauleistung abgenommen, so richtet sich bei Geltung der VOB/B die Haftung des Bauträgers für Mängel nunmehr nach § 13 VOB/B (BGHZ **50** 160, 163; **54** 352, 355/356; **55** 354, 356).

Vgl. im übrigen zum Bauträgervertrag die Ausführungen zu RGRK BGB § 631 Rdn. 167—174 und Anhang zu § 635 Rdn. 95—101.

68 2. Den Vertrag mit dem Bauträger können, wenn es um die Errichtung eines Gebäudes mit Eigentumswohnungen geht, die Interessenten in einem Gesamtvertrag abschließen, also nicht der einzelne Bewerber einzeln mit dem Bauträger. Weil die Errichtung einer einzelnen Eigentumswohnung aber eine unmögliche Leistung darstelle, sehen Bundesfinanzhof und Länderfinanzverwaltungen im letzteren Falle den Vertrag — für den Ansatz und die Befreiung von Steuern — als unwirksam an (BFiH BStBl. **77** II 88; **78** II 635; **80** II 11; Betr. **80** 1143). Für die civilrechtliche Würdigung ist dazu zu bemerken: Ob ein im Zeitpunkt des Vertragsabschlusses gegebener Umstand die Leistung unmöglich macht, beurteilt sich danach, ob die Leistung wegen jenes Umstandes in dem Zeitpunkt unmöglich wird, zu dem sie erbracht werden soll (RGZ **108** 180; **159** 202; RGRK BGB § 306 Rdn. 3; *Soergel/Schmidt*, BGB § 306 Rdn. 1). Wird der Vertrag, der die Errichtung einer Eigentumswohnung vorsieht, mit der Fertigstellung des Gesamtbaues termingemäß erfüllt, kann von Unwirksamkeit des Vertrages nicht gesprochen werden. Davon gehen auch die Entscheidungen des BGH (BGHZ **68** 373; **74** 206; BGH MDR **80** 135; NJW **80** 2800) aus, die sich mit Verträgen über *eine* noch zu errichtende Eigentumswohnung befassen. Die Unmöglichkeit der Leistung steht überdies der Gültigkeit des Vertrages nicht entgegen, wenn die Unmöglichkeit noch nach der Fälligkeit behoben wird und die Partner dies von vornherein — stillschweigend — billigten. Zu allem *Wagner* BlGBW **81** 201 f, *Dornfeld* Betr. **81** 1691/1.

3. Gewährleistungsansprüche des Erwerbers (Käufers)

Schrifttum: *Reithmann/Deckert/Manhart*, Kauf vom Bauträger 4. Aufl. 1981; *Deckert*, Baumängel, 2. Aufl. 1981; *Deckert*, BauR **81** 90, 891; *Riedler*, Betr. **76** 853; *Weitnauer/Kellmann*, NJW **80** 400; ZfBauR **79** 84; *Locher/Koeble*, Baubetreuer- und Bauträgerrecht 3. Auflage, 1982; *Bryd*, DNotZ **76** 322; **74** 413; NJW **74** 1973; **73** 1728; *Groß*, BauR **75** 12; *Glaser*, BlGBW **79** 112; *Gebhard*, MittBayNot. 77 102; *Buschmann*, BlGBW **80** 191; *Doerry*, ZfBR **80** 166; Betr. **80** 1669; *Schmidt*, MDR **81** 705.

69 a) Die Gewährleistungsansprüche wegen Sachmängeln an neuerrichteten Eigentumswohnungen richten sich nach den Regeln des Werkvertrages (§ 633 BGB), gegebenenfalls nach den Bestimmungen der VOB/B (zur Zulässigkeit der Vereinbarung der Anwendung der VOB/B auf den „Kauf" vom Bauträger und die Anwendung des AGBG hierzu s. BGHZ **82** 496), während sie hinsichtlich der Mängel des Grundstücks nach Kaufrecht zu beurteilen sind. Es spielt keine Rolle, daß der Bauträger das Bauwerk zunächst für sich errichten wollte, es einige Monate bewohnte (BGHZ **74** 208, BGH BauR **82** 59). Es ist auch nicht entscheidend, daß die Errichtung der Eigentumswohnung zur Zeit des Vertragsabschlusses begonnen wurde oder teilweise oder gar gänzlich fertiggestellt war (BGH NJW **81** 2345; BauR **82** 59). Entscheidend ist vielmehr, daß sich aus Inhalt, Zweck und wirtschaftlicher Bedeutung des Vertrages sowie aus der Interessenlage der Partner die Verpflichtung des Veräußerers zu mangelfreier Erstellung des Bauwerks ergibt. Diese Verpflichtung muß nicht ausdrücklich übernommen worden sein; es genügt, daß sie aus dem Zusammenhang der einzelnen Vertragsbestimmungen sowie aus den gesamten Umständen abzuleiten ist, die zum Vertragsschluß geführt haben. Ist sie zu bejahen, so knüpft daran die Sachmängelhaftung nach Werkvertragsrecht an (BGHZ **74** 204, 206 f; **74** 258, 268; BGH BauR **82** 60). Wann nach der Verkehrsauffassung von einer neuerrichteten Eigentumswohnung zu sprechen ist und damit die Sachmängelhaftung nach Werkvertragsrecht eintritt, hängt also von den jeweiligen Umständen ab (BGH NJW **82** 2243; BauR **82** 60).

Zur Vertragserfüllung gehört es, die Wohnung mangelfrei dem Erwerber zu übergeben und gerügte Mängel zu beseitigen (Nachbesserung), unter Gewährleistung fallen Wandlung, Minderung und Schadensersatz. Durch die *Abnahme* beschränkt sich der Erfüllungsanspruch, so daß der Bauträger nur die Mängel des abgenommenen Werkes abzustellen hat (BGHZ **61** 45). Abnahme der Eigentumswohnung bedeutet nicht schon Abnahme des gesamten gemeinschaftlichen Eigentums. Zu dieser ist nur die Gemeinschaft befugt (OLG Stuttgart MDR **80** 495). **70**

Verzögert sich die Fertigstellung der Wohnung und gelangt deshalb der Erwerber später als vertraglich vereinbart in ihren Besitz, kann er nach BGHZ **71** 235; **66** 277; keinen Ersatz für den Ausfall der Nutzung, auch nicht für die zeitanteiligen umlagefähigen Gemeinschaftskosten erhalten, die er an die Gemeinschaft abgeführt hat. Der Entscheidung ist zuzustimmen, soweit die Nutzung von besonderen Einrichtungen wie Schwimmbad, Gemeinschaftsraum, Sauna, Sportraum in Frage kommt; denn die Nutzungen haben hier nach allgemeiner Verkehrsauffassung keinen vom Nutzen des ganzen Gebäudes abtrennbaren Wert. Der Ausfall der Nutzung einer Wohnung für nicht kurze Zeitspanne stellt jedenfalls dann einen ersatzfähigen Vermögensverlust dar, wenn sie bereits vermietet war oder der Eigentümer sich gezwungen sah, für diese Zeit eine andere Wohnung zu mieten (vgl. auch BGH NJW **80** 1386; OLG Düsseldorf BauR **81** 477). **71**

b) *Freizeichnungsklauseln* **72**

Dazu *Barnickel* BlGBW **80** 2.

Die Verpflichtung des Bauträgers zur Gewährleistung kann durch Individualvereinbarung ganz ausgeschlossen werden (BGHZ NJW **76** 1975 Nr. 1; vgl. auch BGHZ **74** 204, 209; ZfBR **81** 471); *Freizeichnungsklauseln* begegnen, wenn sie individuell zwischen den Partnern ausgehandelt werden (Verlesen der Urkunde, Vorlage zur Durchsicht genügen allerdings nicht), keinen rechtlichen Bedenken; sie sind eng auszulegen, unterliegen dann nicht der Inhaltskontrolle nach dem AGBG (vgl. BGH NJW **76** 1975). Tragen nicht ausgehandelte Klauseln das Gepräge Allgemeiner Geschäftsbedingungen (mögen sie auch in einer notariellen Niederschrift aufgenommen sein), sind sie unwirksam, wenn sie jede Gewährleistung für Mängel ausschließen (BGHZ **74** 209; **65** 36) oder die Haftung des Veräußerers auf den Betrag beschränken, den der Bauträger von ihm mit der Bauausführung beauftragten Handwerkern erhalten kann. Freistellungen unter gleichzeitiger Abtretung solcher Ansprüche gegen Handwerker haben die rechtliche Bedeutung, daß sich der Erwerber zunächst aus den abgetretenen Ansprüchen schadlos halten soll. Gelingt dies ohne Verschulden des Erwerbers nicht, weil etwa der Drittschuldner zahlungsunfähig oder nicht (mehr) ersatzpflichtig ist, kommt die Gewährleistungspflicht des Veräußerers wieder zum Tragen (BGH BauR **82** 61), entgegenstehende Formularabreden sind unwirksam (BGHZ **62** 254, **65** 363; **67** 103; **70** 196; **74** 258). Die Verjährung der wiederaufgelebten Ansprüche beginnt, sobald das Fehlschlagen der Heranziehung des Dritten feststeht.

Die abgetretene Forderung kann jeder Raumeigentümer geltend machen, eines Mehrheitsbeschlusses bedarf es hierzu nicht (§ 432 BGB; BGH Rpfleger **80** 14). Der Cedent ist gehalten, bei der Durchsetzung der Ansprüche den Erwerber durch Zurverfügungstellung von Karten, Plänen, Rechnungen, Verträgen zu unterstützen, andernfalls seine Verpflichtung zur Gewährleistung wiederauflebt. Dasselbe gilt, wenn er den Erwerber nicht so unterrichtet, daß er die für die Mängel Verantwortlichen, also die richtigen Schuldner, zweifelsfrei erkennen kann; das Risiko des Fehlschlages bleibt beim Bauträger (BGHZ **74** 270; BGH NJW **80** 2801; **82** 170; ZfBR **82** 125). **73**

74 c) *Geltendmachung*

Schrifttum: *Häring*, Durchsetzung von Gewährleistungsansprüchen beim Bauen BlGBW **80** 33; *Kullmann* DNotZ **80** 599.

Es liegt in der Natur der Sache, daß ein Bauträger, der die Errichtung von Eigentumswohnungen vertraglich übernommen hat, sich damit auch verpflichtet hat, jene Teile des Gebäudes herzustellen, die zu gemeinschaftlichem Eigentum der Raumeigentümer werden. Das führt, was die Geltendmachung der Mängel anlangt, zu einer differenzierten rechtlichen Beurteilung:

aa) Rechte, die aus seinem mit dem Bauträger abgeschlossenen Vertrag hervorgehen, kann der Erwerber selbständig geltend machen, soweit sie sich auf sein *Sondereigentum* beziehen (Nachbesserung, Wandlung, Minderung, Schadensersatz); Nachbesserungsarbeiten dürfen allerdings den anderen Miteigentümern nicht mehr als unvermeidlich nachteilig werden (vgl. § 14).

bb) Soweit es sich um *Mängel am gemeinschaftlichen Eigentum* handelt, hat man nach der Rechtsprechung des Bundesgerichtshofes zu unterscheiden:

75 **Nachbesserungsansprüche (Mängelbeseitigung)** kann jeder Wohnungseigentümer, der einen Bauvertrag mit dem Veräußerer geschlossen hat, selbständig gerichtlich einklagen (BGHZ **62** 393; **68** 378; **74** 262); mehrere Wohnungseigentümer sind im Verfahren einfache Streitgenossen. Der Raumeigentümer ist ferner legitimiert zur Geltendmachung der Aufwendungen für die Nachbesserung; er kann Vorschuß auf voraussichtlichen Kostenaufwand verlangen (§ 633 Abs. 3 BGB; BGHZ **62** 393; **68** 378; BGH MDR **79** 749), Beweissicherung beantragen. Die aus der Verwaltungsbefugnis der Wohnungseigentümer sich ergebenden Beschränkungen sind aber zu beachten (BGHZ **60** 362): Hat die Gemeinschaft zur Durchführung der Nachbesserung bereits eine Entscheidung getroffen (z. B. über die Ausgestaltung der Außenfassade des Hauses), darf sich — im Innenverhältnis — der Wohnungseigentümer nicht darüber hinwegsetzen (BGHZ **68** 377; BGH Rpfleger **80** 14).

Ergibt sich im Laufe eines Rechtsstreites, daß die verlangte Nachbesserung aus Gründen wie immer nicht möglich ist, kann die Klage keinen Erfolg haben.

76 Auch die Gemeinschaft ist befugt, den Anspruch auf Mängelbeseitigung hinsichtlich des gemeinschaftlichen Eigentums (Auslagenersatz, Kostenvorschuß) geltend zu machen, wenn dies durch Mehrheitsbeschluß bestimmt wurde; sie kann den Verwalter beauftragen, im eigenen Namen diesen Anspruch einzuklagen (BGHZ **74** 258; BGH NJW **81** 1841), Beweissicherung beantragen. An den Mehrheitsbeschluß ist der einzelne Raumeigentümer gebunden; er muß dann von einer Klageerhebung Abstand nehmen.

77 Stehen auf dem Grundstück der Gemeinschaft mehrere Gebäude, sind zur Geltendmachung von Nachbesserungsansprüchen nur Raumeigentümer berechtigt, deren Wohnungen in den Gebäuden liegen, die mit den geltend gemachten Mängeln behaftet sind (vgl. BayObLGZ **75** 180).

78 Die vorstehenden Ausführungen gelten entsprechend für die Geltendmachung von Wandlung und (sog. großem) Schadensersatz (§§ 644, 635 BGB).

79 Haben die Wohnungseigentümer den Nachbesserungsanspruch bezüglich des gemeinschaftlichen Eigentums verloren, können sie nur noch als Gemeinschaft bestimmen — Mehrheitsbeschluß reicht aus: BayObLGZ **75** 180 — ob wegen des Mangels **Minderung** oder (kleiner) **Schadensersatz** (ohne Rückgabe des Werks) verlangt werden

soll (BGHZ **74** 263; **81** 37). Der einzelne Wohnungseigentümer ist zu deren Geltendmachung nicht befugt, auch nicht im Wege des Hilfsantrags (BGHZ **74** 268; BGH Rpfleger **81** 346; BayObLG DWE **82** 27). Die Ausführung des Beschlusses obliegt dem Verwalter (BGH MDR **73** 594). Der Gemeinschaft steht es auch zu, die einzelnen Wohnungseigentümer zu ermächtigen, den Anspruch der Gemeinschaft im eigenen Namen geltend zu machen. Sie kann es aber auch dem einzelnen Wohnungseigentümer überlassen, ob und in welchem Umfang er den Anspruch entsprechend seinem Anteil am gemeinschaftlichen Eigentum einklagen will (BGH Urteil vom 4. 11. 82 VII 53/82). Einen dabei erstrittenen Betrag behält der klagende Eigentümer.

XI. Anhang 80

Schrifttum

Maß, Bauherrengemeinschaft 2. Aufl., 1981; die Zeitschriftenbeiträge von *Wolfsteiner*, DNotZ **79** 579; *Maser*, NJW **80** 961; *Fleischmann*, Betr. **81** Beilage Nr. 9; *Turnball/Irrgang*, Betr. **81** 496; *v. Heymann*, Betr. **81** 563; Beilage 12 zu Heft 32/1981; *Lauer*, WM **80** 786; *Schneider*, Betr. **79** 806; *Klaas*, BauR **81** 35; *Müller*, BauR **81** 219; *Sturm*, WM **82** 346; *Wagner*, BlGBW **81** 201; *Wollny*, Betr. **82** Beilage 1 zu Heft 7; ferner *Locher/König*, Bauherrenmodelle in zivilrechtlicher und steuerrechtlicher Sicht, 1982.

1. Bauherrenmodell

Bauherrenmodelle werden seit einigen Jahren entwickelt. Sie sind geprägt durch zwei Besonderheiten: es findet kein Kauf vom Bauträger statt, die Bauherren errichten die Wohnanlage selbst. Die errichteten Eigentumswohnungen sollen in der Regel nicht vom Ersteller genutzt, sondern durch Vermietung Einkommen erzielen lassen. Das Bauherrenmodell dient so der privaten Kapitalanlage, wobei möglichst viele Steuervergünstigungen ausgenutzt werden sollen.

Die Errichtung von Wohnanlagen benötigt bei den enormen Baukosten viel Kapital, deshalb soll sie durch Gemeinschaften von Kapitalanlegern durchgeführt werden. Diese bilden sich teils ohne fremde Hilfe, meist wird die Bauherrengemeinschaft durch Anlageberater zusammengeführt, die den Interessenten Bauherrenmodelle vorlegen. Es gibt deren viele, das sog. Kölner Modell wird in der Praxis überwiegen. Es weist gegenwärtig einige Verfeinerungen des Grundprogramms auf, die sich noch zu bewähren haben.

Die Errichtung von Wohnanlagen im Rahmen eines Bauherrenmodells erfordert 81
den Abschluß vieler Verträge: den Vertrag, durch den die Bauherren die Beziehungen untereinander festlegen, es kann ein Gesellschaftervertrag sein, dessen Beendigung von vornherein feststeht; des weiteren den Grundstückskaufvertrag, die Begründung von Raumeigentum (§§ 3, 4 WEG), Verträge mit Geldgebern, Bauhandwerkern, Architekt. Meist überlassen die Bauherren diese Aufgaben einem Baubetreuer, mit dem sie den Betreuervertrag abschließen und ihm weitreichende Vollmachten zum Abschluß des Kaufvertrages und im besonderen zur Bestellung der Bauhandwerker erteilen. Hierbei ist zu beachten, daß die Vollmachtserteilung unwirksam ist, wenn sie in Absprachen einbezogen ist, die — aus Gründen wie immer — unwirksam sind. Die vom Baubetreuer abgeschlossenen Verträge können so der Wirksamkeit entbehren. Eine Heilung kann auch nicht durch Grundbuchvollzug (§ 313 S. 2 BGB) eintreten (vgl. *Wolfsteiner* DNotZ **82** 436). Mit der Errichtung der Wohnanlage und Begründung von Raumeigentum ist die Bauherrengesellschaft beendet, es entsteht die Raumeigentümergemeinschaft (§ 10 WEG; BayObLGZ **82** 100 ff).

Bauherr ist nicht der Betreuer, nicht der ausführende Bauhandwerker, sondern die 82
(zur Gesellschaft zusammengeschlossenen) Kapitalanleger, sie bestimmen das Bauge-

schehen, wenn auch mit Hilfe des Betreuers; sie haben das Baurisiko zu tragen. Jeder von ihnen hat einen Anspruch auf Errichtung des Gesamtwerks wie auf Herstellung der ihm etwa schon zugeteilten Eigentumswohnung(en); doch kann er nur diesen Teil abnehmen, das ganze Werk darf nur die Gemeinschaft abnehmen.

Gesellschaftsvermögen wird im allgemeinen nicht gebildet, die Bezahlung der Handwerker geschieht aus den Beträgen, die von den Bauherren gezahlt werden. Untereinander sind die Bauherren verpflichtet, das Bauwerk gemeinschaftlich zu erstellen und dazu die vorgesehenen Beiträge zu leisten. Mit der Bauausführung wird mitunter schon begonnen, wenn noch nicht alle benötigten Bauherren gefunden sind, oft beteiligt sich dann der Betreuer als — einstweiliger — Bauherr. Neuere Modelle lassen mit der Bauausführung erst beginnen, wenn die Bauherrenzahl komplett ist; es kann auch ein Treuhänder eingeschaltet werden, der das gesamte mit dem Bau zusammenhängende Geschehen im Interesse der Bauherren zu überwachen hat.

83 Jedes Bauherrenmodell ist darauf aus, zu zeigen, wie durch Ausnutzung von Steuervergünstigungen die Kosten der Bauerrichtung verringert werden können. Dabei kommen in Betracht Vorsteuererstattung der Umsatzsteuer während der Bauzeit bei Verzicht auf Befreiung von Steuer aus der Einnahme von Mietzinsen (§§ 4, 9, 15 UmStG) und die einkommenssteuerliche Behandlung der Kosten als Werbungskosten, die nicht ausschließlich den Anschaffungskosten oder Herstellungskosten zuzurechnen sind und deshalb wegen ihrer Sofortabzugsfähigkeit zu erheblichen Steuerersparnissen führen. Dazu hat der sog. 3. Bauherren-Erlaß des Bundesfinanzministers vom 13. 8. 1981 DB **81** 1903 nunmehr weitgehend Klärung gebracht, s. die Tabelle hierzu DB **82** 1435.

84 Der Gesellschaftsvertrag sollte Bestimmungen über Versammlung, Beiträge, Haftung, Ein- und Austritt der Gesellschafter, Bildung des Raumeigentums, Ausgestaltung des Betreuervertrages (Treuhändervertrages), Finanzierung des Bauvorhabens enthalten.

85 **2. Baubetreuer**

a) Der Baubetreuer (zur Definition s. § 34 C I 1 Nr. 2 b GewO) kann im Auftrag einzelner Interessenten wie auch einer Bauherrengemeinschaft tätig werden. Er übernimmt die Verpflichtung, auf Rechnung und Gefahr der Bauherren ein Bauwerk auf einem fremden Grundstück zu erstellen oder erstellen zu lassen, aufgrund erteilter Vollmacht die Bauarbeiten namens der Bauherren zu vergeben, die Bauarbeiten zu überwachen, den Rechnungs- und Zahlungsverkehr mit den Handwerkern abzuwickeln (gegebenenfalls aus den finanziellen Vorleistungen der Bauherren), vielfach auch die zum Bau notwendigen Mittel durch Verhandlungen mit Kreditinstituten für den Erwerber zu beschaffen. Die Erledigung der einem Bauherrn sonst obliegenden Aufgaben ist so in seine Hand gegeben (BGH BauR **78** 318). Der mit dem Bauherrn geschlossene Vertrag ist ein Geschäftsbesorgungsvertrag (§§ 675, 631 BGB). *Bauherr* ist der Auftraggeber, ihm kommen die dem Bauherrn gewährten steuerlichen Vergünstigungen des Einkommens-, Grunderwerbssteuer- und Umsatzsteuerrechts zu. Die Bauherren sind allerdings nicht davor geschützt, über den Festbetrag hinausgehende Zahlungen an die Handwerker leisten zu müssen, wenn der Betreuer diese Verbindlichkeiten nicht abgelöst hat; den Bauherren bleibt es überlassen, vom Betreuer wegen Verletzung der Preisgarantie Schadensersatz zu verlangen. An dieser rechtlichen Beurteilung des Betreuerverhältnisses ändert sich nichts, wenn es sich um Wohnanlagen großen Ausmaßes und um eine Vielzahl von Erwerbern handelt. In den Verträgen mit den Handwerkern brauchen die Namen der Erwerber nicht genau aufgeführt zu werden;

es genügt, daß sie aus den Verträgen mit dem Betreuer zweifelsfrei ermittelt werden können. In diesen Verträgen muß auch noch nicht die Quote festgehalten werden, die der einzelne Erwerber zum Gesamtwerklohn zu begleichen hat (BGH NJW 77 294).

b) Der Betreuer kann zusätzliche Verpflichtungen übernehmen (Zusicherungen für die Bauausführung bei Baukomfort). Er hat unabhängig von der Zustimmung der Auftraggeber vor Ratenzahlungen an die Bauhandwerker den Bestand des Baues zu prüfen und gegebenenfalls selbständige Feststellungen zu treffen (BGH DNotZ **81** 243). Er kann, wenn er auch namens der Gemeinschaft der Bauherren tätig wird und für diese Gemeinschaft Verträge mit Dritten abschließt, doch dem einzelnen Bauherrn gegenüber verpflichtet sein; denn auch aus einem Vertrag mit einer Mehrheit von Personen auf einer Seite können dem einzelnen gebührende Ansprüche erwachsen. Vergibt der Baubetreuer die Bauarbeiten, seiner Vollmacht entsprechend, so sind die Auftraggeber die Vertragspartner der Bauhandwerker, mag es sich auch um große umfangreiche Bauvorhaben handeln (BGHZ **67** 334). Die Vereinbarung eines Festpreises mit dem Baubetreuer bedeutet eine Preisgarantie, daß der Betreuer die Auftraggeber von weitergehenden Forderungen der Handwerker freizuhalten hat (BGH BauR **74** 347). Der gemeinsame Vertragsabschluß steht der Annahme nicht entgegen, daß eine gesamtschuldnerische Haftung der Bauherren nicht gewollt ist, und daß der einzelne Bauherr auch den Bauhandwerkern gegenüber nur anteilig den seine Quote betreffenden Anteil am Werklohn schulden will. Der Betreuer betreut das gesamte Bauvorhaben. Er wird nicht für die einzelnen Bauherren tätig, sondern für diese in ihrer Gesamtheit. **86**

c) Der den einzelnen Bauherrn treffende Anteil an den Baukosten ist nach den gegebenen Umständen zu ermitteln, im Zweifel nach der Größe der Miteigentumsanteile. Lassen sich die Baukosten für jedes Sondereigentum ohne Schwierigkeiten errechnen, wird jeder Bauherr die Kosten seines Sondereigentums zu tragen haben, während die Kosten für das gemeinschaftliche Eigentum nach dem Verhältnis der Miteigentumsanteile umzulegen sein werden. In der Regel werden indes die Bauherren die Baukostenquote vertraglich festlegen. **87**

Zur Abgrenzung zwischen Bauträger und Baubetreuer s. noch BGH NJW **81** 757 und die Erläuterungen RGRK BGB Rdn. 31 ff, Anhang zu §§ 633—635 Rdn. 94.

XII. Steuerrechtliche Hinweise **88**

1. Einkommenssteuer

Zur Zulässigkeit der Abschreibung von Beschaffungskosten durch den Ersterwerber einer Eigentumswohnung nach Maßgabe der §§ 7, 7 b EStG unter Berücksichtigung der vom Bauträger für dasselbe Jahr vorgenommenen Absetzungen s. BFiH NJW **80** 1815, BStBl. **80** II 41.

2. Grunderwerbssteuer **89**

Hierzu s. die Ausführungen zu § 62 Rdn. 7.

3. Umsatzsteuer **90**

Umsatzsteuerpflicht entfällt, wenn Befreiung von Grunderwerbsteuer gewährt ist. Zu allem s. *Niemeier,* NJW **82** 73.

§ 9

Schließung der Wohnungsgrundbücher

(1) Die Wohnungsgrundbücher werden geschlossen:

1. von Amts wegen, wenn die Sondereigentumsrechte gemäß § 4 aufgehoben werden;

2. auf Antrag sämtlicher Wohnungseigentümer, wenn alle Sondereigentumsrechte durch völlige Zerstörung des Gebäudes gegenstandslos geworden sind und der Nachweis hierfür durch eine Bescheinigung der Baubehörde erbracht ist;

3. auf Antrag des Eigentümers, wenn sich sämtliche Wohnungseigentumsrechte in einer Person vereinigen.

(2) Ist ein Wohnungseigentum selbständig mit dem Rechte eines Dritten belastet, so werden die allgemeinen Vorschriften, nach denen zur Aufhebung des Sondereigentums die Zustimmung des Dritten erforderlich ist, durch Absatz 1 nicht berührt.

(3) Werden die Wohnungsgrundbücher geschlossen, so wird für das Grundstück ein Grundbuchblatt nach den allgemeinen Vorschriften angelegt; die Sondereigentumsrechte erlöschen, soweit sie nicht bereits aufgehoben sind, mit der Anlegung des Grundbuchblatts.

Übersicht

	Rdn.
A. Allgemeines	1
B. Besondere Grundbücher	
I. Schließungsfälle	
1. Aufhebung der Sondereigentumsrechte	2, 3
2. Vereinigung sämtlicher Raumeigentumsrechte in einer Person	4
3. Zerstörung des Gebäudes	5
II. Dingliche Belastungen	
1. Belastungen des Grundstücks	6
2. Sonderbelastungen des Raumeigentums	7, 8
III. Verfahren	
1. Antrag	9
2. Form der Schließung	10
3. Neues Grundbuchblatt	11
4. Zeitpunkt des Erlöschens der Sondereigentumsrechte	12
5. Folgen des Erlöschens der Sondereigentumsrechte	13
C. Gemeinschaftliches Grundbuchblatt	14
D. Gerichtsgebühren	15

1 **A. Allgemeines**

§ 9 enthält Vorschriften des formellen Rechts und solche mit materiell-rechtlichem Inhalt: er regelt das Verfahren des Grundbuchamtes anläßlich der Schließung der Wohnungsgrundbücher und verhält sich zu den materiell-rechtlichen Voraussetzungen der Aufhebung von Sondereigentum. Mit dem gemeinschaftlichen Wohnungsgrundbuch befaßt sich § 9 nicht, entsprechende Anwendung ist aber zulässig, s. unten C.

2 **B. Besondere Grundbücher**

I. Schließungsfälle

Die nach § 7 Abs. 1 angelegten Grundbuchblätter sind in drei Fällen wieder zu schließen; diese Fälle sind:

1. Aufhebung der Sondereigentumsrechte (§ 9 Abs. 1 Nr. 1).

Beschließen die Raumeigentümer eines Gebäudes die Aufhebung sämtlicher Sondereigentumsrechte, so müssen sie die Einigung hierüber in der Form der Auflassung erklären. Durch die Eintragung der Aufhebung im Grundbuch der einzelnen Wohnungseigentümer erlöschen die Sondereigentumsrechte und verwandelt sich die Gemeinschaft der Raumeigentümer in eine gewöhnliche Bruchteilsgemeinschaft i. S. der §§ 1008 ff BGB. Nach der Eintragung der Aufhebung der Sondereigentumsrechte in den besonderen Grundbuchblättern sind diese von Amts wegen zu schließen; ein Antrag der Beteiligten ist also — anders als bei den beiden anderen Fällen — zur Schließung hier nicht erforderlich. Die Schließung des Wohnungsgrundbuches hat hier nur deklarative Bedeutung.

Umwandlung des Sondereigentums in einfaches Miteigentum ist dem einzelnen **3**
Eigentümer rechtlich nicht möglich (§ 3 Abs. 1). Er kann nicht ohne Sondereigentum nur mit Anteilen an dem gemeinschaftlichen Eigentum in der Gemeinschaft verbleiben, kann aber mit den übrigen Wohnungseigentümern die Aufhebung seines Sondereigentums vereinbaren mit der Folge, daß sein Sondereigentum in das gemeinschaftliche Eigentum fällt, sein Miteigentumsanteil den andern Raumeigentümern zuwächst, so daß eine Neufestsetzung der einzelnen Anteile nötig wird. In solchen Fällen der Aufhebung des Sondereigentums an einer oder mehreren Raumeinheiten sind dann die Grundbuchblätter zu schließen, die für diese Raumeinheiten angelegt waren. Erwirbt andererseits ein Wohnungseigentümer zu seinem Wohnungseigentum weitere hinzu, so kann er es bei den bisherigen Eintragungen im Grundbuch belassen, aber auch eine Zusammenlegung der Raumeinheiten herbeiführen (§ 890 BGB), ohne daß die Wohnungen in ihrer Gesamtheit abgeschlossen sein müßten (BayObLGZ **71** 246). Die so gebildete neue Wohnungseinheit wird — unter Schließung der anderen Wohnungsgrundbücher — in einem der bisher geführten Wohnungsgrundbücher eingetragen (*Soergel/Baur*, § 9 Rdn. 8).

Abs. 1 Nr. 1 gilt entsprechend auch für den Fall der Rücknahme einer Teilungserklärung (§ 8), die Rücknahmeerklärung muß daher die Form des § 29 GBO wahren.

2. Vereinigung sämtlicher Raumeigentumsrechte in einer Person (§ 9 Abs. 1 Nr. 3). **4**
Wie bei der Teilung nach § 8 zunächst sämtliche Raumeigentumsrechte dem Grundstückseigentümer zustehen, so können auch nachträglich sämtliche Raumeigentumsrechte in einem Gebäude sich in einer Hand vereinigen, z. B. im Wege der Erbfolge oder wenn ein Raumeigentümer freihändig auch die anderen Raumeigentumsrechte oder der Ersteher in einer Zwangsversteigerung des Grundstücks, die auf Grund einer auf allen Raumeigentumsrechten lastenden Gesamthypothek stattfand, sämtliche Raumeigentumsrechte erworben hat. Durch die Vereinigung aller Raumeigentumsrechte in einer Hand erlöschen diese nicht, es entsteht vielmehr Miteigentum in der Hand eines Alleineigentümers. Dieser kann aber die Sondereigentumsrechte dadurch zum Erlöschen bringen, daß er die Schließung der besonderen Grundbuchblätter beantragt; mit der Anlegung des neuen Grundbuchblattes (§ 9 Abs. 3) erlöschen die Sondereigentumsrechte und verwandelt sich das Miteigentum in Alleineigentum des Grundstückseigentümers. Die Anlegung des neuen Grundbuchblattes hat wie auch im Falle 3 konstitutiven Charakter.

Wenn das Gesetz von „dem" Eigentümer spricht, so ist damit nicht ausgeschlossen, daß eine Mehrheit (z. B. Miterben, Eheleute, eine Zweckgemeinschaft) den Antrag stellt.

Die Bestimmung trifft nicht den Fall der Zusammenlegung mehrerer Raumeinheiten zu einem einheitlichen Wohnungseigentum, s. vorstehende Rdn. 3.

5 **3. Zerstörung des Gebäudes** (§ 9 Abs. 1 Nr. 2).

Wird das Gebäude völlig zerstört, so werden die an den Raumeinheiten bestehenden Sondereigentumsrechte zwar gegenstandslos, sie erlöschen aber nicht, sondern bleiben — entsprechend der Anwartschaft vor Errichtung des Gebäudes — ebenso wie das Miteigentum am Grundstück in der Form einer Gemeinschaft der Raumeigentümer (§§ 10 ff) erhalten. Besteht keine Verpflichtung zum Wiederaufbau des Gebäudes (§ 22 Abs. 2) und sind die Raumeigentümer darüber einig, daß alle Sondereigentumsrechte aufgehoben werden sollen, oder haben sie für einen solchen Fall vereinbart, daß jeder von ihnen die Aufhebung der Gemeinschaft verlangen könne (§ 11 Abs. 1 Satz 3), so kann die Einigung aller Raumeigentümer über die Aufhebung der Sondereigentumsrechte gemäß § 4 in der Form der Auflassung erklärt und die Eintragung der Aufhebung im Grundbuch beantragt werden; mit der Eintragung erlöschen die Sondereigentumsrechte, die besonderen Grundbuchblätter sind zu schließen. Das WEG gibt jedoch im § 9 Absatz 1 Nr. 2 einen einfacheren Weg, um dasselbe Ziel zu erreichen: hier ist weder ein nach § 313 BGB zu beurkundender Vertrag noch eine Auflassung erforderlich, sondern es genügt der nach § 29 GBO nur zu beglaubigende Antrag aller Wohnungseigentümer auf Schließung der besonderen Grundbuchblätter unter Vorlegung einer Bescheinigung der Baubehörde über die völlige Zerstörung des Gebäudes. Mit der Anlegung des neuen Grundbuchblattes (§ 9 Abs. 3) erlöschen die Sondereigentumsrechte und verwandelt sich die Gemeinschaft der Raumeigentümer in eine gewöhnliche Miteigentümergemeinschaft nach den §§ 1008 ff BGB. Die Anwendung der Vorschrift setzt das — wenn auch nur zeitweilige — Bestehen eines Gebäudes voraus. Zur Teilzerstörung s. § 22.

Die Bescheinigung der Baubehörde ist auch dann erforderlich, wenn das Grundbuchamt aus eigener Kenntnis der Örtlichkeit den Grad der Zerstörung kennt.

Schließung der Wohnungsgrundbücher ist nicht geboten, wenn zum Zwecke der *Abveräußerung* eines *Grundstücksteiles* die Sondereigentumsrechte vorübergehend aufgehoben werden (BayObLGZ **74** 118) oder die Ausführung des Bauplanes Abweichungen von diesem erkennen läßt (OLG Düsseldorf Rpfleger **70** 26); *Diester,* (Rpfleger **65** 197) befürwortet die Schließung, wenn es sich um ungewöhnlich starke Abweichungen handelt.

6 **II. Dingliche Belastungen**

1. Belastungen des Grundstücks als Ganzen werden durch die Aufhebung des Sondereigentums nicht berührt; eine Zustimmung der dinglichen Berechtigten hierzu ist daher nicht erforderlich.

7 **2. Sonderbelastungen eines Raumeigentums**

Da die Aufhebung des Sondereigentums den Inhalt des Miteigentums ändert, bedarf sie ebenso wie die Einräumung des Sondereigentums gemäß §§ 876, 877 BGB der Zustimmung derjenigen, die ein dingliches Recht an dem Raumeigentum haben, zu dem das aufzuhebende Sondereigentum gehört. Das gilt für die Fälle der Nummern 2 und 3, also auch für den Fall der völligen Zerstörung des Gebäudes (str.). Im Falle der Aufhebung (Absatz 1 Nr. 1) ist die Zustimmung bereits zur Eintragung der Aufhebung erforderlich, für die von Amts wegen vorzunehmende Schließung des Wohnungsgrundbuchs daher entbehrlich.

8 Die Zustimmung ist aber, wie auch sonst bei Anwendung der §§ 876, 877 BGB, nur erforderlich, wenn durch die Schließung des Wohnungsgrundbuchs (im Falle des

Absatzes 1 Nr. 1 durch die Eintragung der Aufhebung) dem Drittberechtigten Benachteiligungen entstehen können (OLG Frankfurt Rpfleger **75** 309). Da selbständige dingliche Belastungen des Wohnungseigentums zu Belastungen des gewöhnlichen Miteigentums werden, wird sich eine Benachteiligung jedenfalls dann ergeben, wenn die Belastung des Miteigentums rechtlich nicht möglich ist, wie z. B. bei Belastungen mit Grunddienstbarkeiten, beschränkten persönlichen Dienstbarkeiten, Erbbaurechten (KG DNotZ **75** 105), solche Belastungen daher mit der Schließung des Wohnungsgrundbuches untergehen würden (*Riedel*, MDR **52** 103). Da im Falle der Nr. 3 Belastungen auf das nunmehr entstandene Gesamtgrundstück übergehen, wird hier eine Benachteiligung nur unter besonderen Umständen gegeben sein. § 12 kommt in keinem der drei Fälle des Absatzes 1 zur Anwendung, da die Schließung des Wohnungsgrundbuches keine Veräußerung ist.

III. Verfahren **9**

1. Antrag

In den Fällen der Nr. 2 und 3 des § 9 Abs. 1 ist zur Schließung der besonderen Grundbücher ein Antrag erforderlich, der im Falle der Nr. 3 vom Grundstückseigentümer, im Falle der Nr. 2 von sämtlichen Raumeigentümern gestellt werden muß. Der Antrag bedarf der im § 29 Abs. 1 GBO vorgeschriebenen Form, es genügt also öffentliche Beglaubigung. Im Falle der Nr. 1 sind die besonderen Grundbuchblätter von Amts wegen zu schließen, wenn in ihnen die Aufhebung des Sondereigentums eingetragen ist; ein besonderer Antrag ist also für die Schließung nicht erforderlich.

2. Form der Schließung **10**

Die Eintragungen in dem zu schließenden Grundbuchblatt sind zu durchkreuzen. Über die Schließung ist ein Vermerk aufzunehmen, in dem der Grund der Schließung anzugeben ist (§§ 34, 36 GBVfg.).

3. Neues Grundbuchblatt **11**

Zugleich mit der Schließung der besonderen Grundbuchblätter ist von Amts wegen ein neues Grundbuchblatt für das Grundstück anzulegen; die Anlegung richtet sich nach den allgemeinen Vorschriften des Grundbuchrechtes (§ 9 Abs. 3 Halbs. 1).

4. Zeitpunkt des Erlöschens der Sondereigentumsrechte **12**

Im Falle des § 9 Abs. 1 Nr. 1 erlöschen die Sondereigentumsrechte mit der Eintragung ihrer Aufhebung in den besonderen Grundbuchblättern. In den Fällen der Nr. 2 und 3 dagegen tritt das Erlöschen erst mit der Anlegung des neuen Grundbuchblattes für das Grundstück ein (§ 9 Abs. 3 Halbs. 2). Eine Löschung der Sondereigentumsrechte in den besonderen Grundbuchblättern ist nicht erforderlich; sie liegt bereits in der Nichtübertragung dieser Rechte auf das neue Grundbuchblatt (§ 46 Abs. 2 GBO).

5. Folgen des Erlöschens aller Sondereigentumsrechte **13**

Mit dem Erlöschen der Sondereigentumsrechte fällt das Sondereigentum in das gemeinschaftliche Eigentum zurück (zur nunmehrigen Eintragung der Gemeinschaft als Grundstückseigentümer im Grundbuch s. *Horber*, GBO, Anhang zu § 3 Anm. 6 A b); die Räume des Sondereigentums werden Bestandteile des Grundstücks

(§ 93 BGB), die Gemeinschaft wird zu einer gewöhnlichen Gemeinschaft der §§ 741 ff, 1008 ff BGB, der auch das gemeinschaftliche Verwaltungsvermögen zusteht; dingliche Belastungen werden Belastungen des Miteigentums bzw. des Gesamtgrundstücks, soweit sie nicht kraft Gesetzes untergehen (s. Rdn. 8). Die Eintragungen im Grundbuch haben aber nur rechtsändernde Wirkung, wenn sie mit der materiellen Rechtslage übereinstimmen, andernfalls wird das Grundbuch durch die Eintragungen unrichtig. So kann z. B. die Aufhebungseinigung im Falle der Nr. 1 wegen Geschäftsunfähigkeit eines an der Vereinbarung Beteiligten unwirksam sein, der Erwerb eines Wohnungseigentums im Falle 3 durch wirksame Anfechtung keine Rechtsbeständigkeit erlangt haben. Doch kann dann ein Dritterwerb kraft guten Glaubens an die Richtigkeit des Grundbuchs rechtswirksam stattfinden (§ 892 BGB).

14 **C. Gemeinschaftliches Wohnungsgrundbuch**

Wie zu verfahren ist, wenn von der Anlegung besonderer Grundbuchblätter abgesehen worden war (§ 7 Abs. 2), sagt § 9 nicht. In diesen Fällen wird an die Stelle der Schließung des Grundbuchblattes die Löschung der Bezeichnung „Gemeinschaftliches Wohnungsgrundbuch“ („Gemeinschaftliches Teileigentumsgrundbuch“) treten können, die Anlegung eines anderen Grundbuchblattes für das Grundstück erübrigt sich dann. Hier muß in den Fällen des § 9 Abs. 1 Nr. 2 und 3 auch das Erlöschen der Sondereigentumsrechte eingetragen werden (dazu *Horber*, GBO, Anhang zu § 3 Anm. 6 A b β, B c).

Der — zulässigen — Schließung des gemeinschaftlichen Wohnungsgrundbuchs und der Anlegung eines anderen Grundbuchblattes wird aber in der Praxis des Grundbuchverkehrs der Vorzug zu geben sein.

15 **D. Gerichtsgebühren**

§ 76 Abs. 3 KostO; wegen des Nicht-Ansatzes von Katasterfortführungsgebühren s. BayObLG Rpfleger 79 264.

2. ABSCHNITT

Gemeinschaft der Wohnungseigentümer

Der 2. und der 3. Abschnitt des I. Teiles des WEG gehören zusammen; sie behandeln beide das Verhältnis der Raumeigentümer untereinander. Nur aus Zweckmäßigkeitsgründen sind die Vorschriften über die Verwaltung in einem besonderen (3.) Abschnitt zusammengefaßt worden. Die Grundsätze des § 10 gelten für den 2. und 3. Abschnitt.

§ 10

Allgemeine Grundsätze

(1) Das Verhältnis der Wohnungseigentümer untereinander bestimmt sich nach den Vorschriften dieses Gesetzes und, soweit dieses Gesetz keine besonderen Bestimmungen enthält, nach den Vorschriften des Bürgerlichen Gesetzbuches über die Gemeinschaft. Die Wohnungseigentümer können von den Vorschriften dieses Gesetzes abweichende Vereinbarungen treffen, soweit nicht etwas anderes ausdrücklich bestimmt ist.

(2) Vereinbarungen, durch die die Wohnungseigentümer ihr Verhältnis untereinander in Ergänzung oder Abweichung von Vorschriften dieses Gesetzes regeln, sowie die Abänderung oder Aufhebung solcher Vereinbarungen wirken gegen den Sondernachfolger eines Wohnungseigentümers nur, wenn sie als Inhalt des Sondereigentums im Grundbuch eingetragen sind.

(3) Beschlüsse der Wohnungseigentümer gemäß § 23 und Entscheidungen des Richters gemäß § 43 bedürfen zu ihrer Wirksamkeit gegen den Sondernachfolger eines Wohnungseigentümers nicht der Eintragung in das Grundbuch.

(4) Rechtshandlungen in Angelegenheiten, über die nach diesem Gesetz oder nach einer Vereinbarung der Wohnungseigentümer durch Stimmenmehrheit beschlossen werden kann, wirken, wenn sie auf Grund eines mit solcher Mehrheit gefaßten Beschlusses vorgenommen werden, auch für und gegen die Wohnungseigentümer, die gegen den Beschluß gestimmt oder an der Beschlußfassung nicht mitgewirkt haben.

Neueres Schrifttum

Weimar, Strafen in Vereinbarungen und Hausordnung, DWE **79** 41; *Ertl*, Alte und neue Probleme der Gemeinschaftsregelung des Wohnungseigentums, DNotZ **79** 267; *Röll*, Das AGBG und die Aufteilung zwischen Wohnungseigentümern, DNotZ **78** 720; *derselbe*, Die Gemeinschaftsordnung als Bestandteil des Wohnungseigentums, Rpfleger **80** 90; *Schmid*, Die Wohnungsgemeinschaft im System der Rechtsgemeinschaft, BlGBW **81** 142; *derselbe*, Änderung von Vereinbarungen nach dem WEG, BlGBW **81** 128; *Ritzinger*, Wesen und Bedeutung von Vereinbarungen zwischen Wohnungseigentümern im Spiegel der Rechtsprechung, BWNotZ **81** 153; *Korff*, Abdingbare und nicht abdingbare Rechte des WEG, DWE **82** 2.

Übersicht

	Rdn.
I. Gemeinschaft der Raumeigentümer	
1. Allgemeines	1
2. Entstehung und Beendigung	
a) Entstehung bei vertraglicher Begründung des Raumeigentums und bei Begründung des Raumeigentums durch Teilung des Grundstückseigentums	2

	Rdn.
b) Beendigung	3
c) Raumeigentum und Gemeinschaft der Raumeigentümer	4
3. Anwendbarkeit der Vorschriften des BGB über die Miteigentümergemeinschaft nach Bruchteilen	5—12
II. Vereinbarungen	
1. Allgemeines	13
2. Vereinbarungen und Beschlüsse	14
3. Bedeutung und rechtliche Natur der Vereinbarung	15—25
4. Form der Vereinbarungen	26
5. Gegenstand der Vereinbarungen	27, 28
6. Unabdingbare Vorschriften	29
7. Wirkung gegen Sondernachfolger	30—33
8. Eintragung im Grundbuch	34—38
9. Zustimmung dinglich Berechtigter	39
III. Beschlüsse und gerichtliche Entscheidungen	
1. Keine Eintragung	40—43
2. Gegenstand der Beschlußfassung	44, 45
3. Auslegung der Beschlüsse	46
4. Mehrheitsbeschlüsse	47

I. Gemeinschaft der Raumeigentümer

1. Allgemeines

Wie das Raumeigentum ein besonders ausgestaltetes Miteigentum ist, so ist die Gemeinschaft der Raumeigentümer eine besonders ausgestaltete Miteigentümergemeinschaft nach Bruchteilen (§§ 1008 ff, §§ 741 ff BGB). Die Besonderheit dieses gesetzlichen Schuldverhältnisses, in dem die Raumeigentümer zueinander stehen, zeigt sich in der weitreichenden Zulässigkeit der Ausgestaltung durch Vereinbarungen und Beschlüsse der Raumeigentümer. Es ist zwischen der gewöhnlichen Bruchteilsgemeinschaft nach BGB und ihrer besonderen Ausgestaltung zu einer Gemeinschaft der Raumeigentümer i. S. der §§ 10 ff WEG zu unterscheiden. Da die Gemeinschaft der Raumeigentümer nur eine besonders ausgestaltete Bruchteilsgemeinschaft ist, richtet sich das Verhältnis der Raumeigentümer untereinander nach den Vorschriften des BGB über die Bruchteilsgemeinschaft und das Miteigentum, soweit das WEG im 2. und 3. Abschnitt des I. Teils nichts Abweichendes bestimmt. Aber auch die Vorschriften des WEG über die Gemeinschaft der Raumeigentümer sind grundsätzlich subsidiär; sie enthalten zwingendes Recht nur, soweit dies ausdrücklich gesagt ist, im übrigen gehen ihnen abweichende Vereinbarungen vor, welche die Raumeigentümer zulässigerweise getroffen haben (§ 10 Abs. 1) (BayObLGZ **71** 276; **72** 155; **78** 216; BayObLG ZMR **80** 251). Es gelten also in erster Linie die zwingenden Vorschriften des 2. und 3. Abschnittes im I. Teil des WEG, in zweiter Linie zulässige Vereinbarungen der Raumeigentümer, in dritter Linie die nicht zwingenden Vorschriften des BGB über die Bruchteilsgemeinschaft und das Miteigentum (vgl. BayObLGZ **82** 72).

Die Gemeinschaft ist keine juristische Person, keine Gesamthandsgemeinschaft; ihre Verfassung kommt der eines nicht eingetragenen Vereins nahe. Da das Gesetz sie den Regeln über die Gemeinschaft (§§ 741 ff BGB) unterstellt, bleibt es dabei, daß die Teilhaber der Gemeinschaft in schuldrechtlichen Beziehungen zueinander stehen. Wenn es Ansätze des BGB zur Verdinglichung dieser Beziehungen (vgl. §§ 746, 751, 755, 756 BGB) verstärkt, so deshalb, weil die Struktur des Wohnungseigentums dies erforderte. Damit wird aber „die verdinglichte Mitgliedschaft" nicht schon zum dritten Element des Wohnungseigentums erhoben, vielmehr nur die rechtliche Stellung des Teilhabers an der Gemeinschaft präzisiert (a. A. OLG Hamm Rpfleger **75** 402; BayObLGZ **59** 461; **65** 41).

2. Entstehung und Beendigung

a) Entstehung

Bei der *vertraglichen Begründung des Raumeigentums* durch Einräumung von Sondereigentum (§ 3) entsteht die Gemeinschaft der Raumeigentümer durch Umwandlung aus einer bestehenden oder als bestehend vorausgesetzten gewöhnlichen Gemeinschaft der Miteigentümer eines Grundstücks i. S. der §§ 1008 ff BGB, und zwar mit der Eintragung von Sondereigentum in den nach § 7 Abs. 1 anzulegenden besonderen Grundbuchblättern oder dem gemeinschaftlichen Grundbuchblatt (§ 7 Abs. 2).

Bei der *Begründung des Raumeigentums* durch Teilung des Grundstückseigentums seitens des Eigentümers (§ 8) entsteht die Gemeinschaft der Raumeigentümer nicht aus einer Gemeinschaft von Miteigentümern des Grundstücks, sondern unmittelbar aus dem in Raumeigentumsrechte aufgeteilten Alleineigentum des Grundstückseigentümers, dann, wenn dieser mindestens ein Raumeigentumsrecht veräußert und der Erwerber im besonderen Grundbuchblatt dieses Raumeigentums eingetragen wird. Doch kann eine faktische Raum-Eigentümergemeinschaft bereits mit der Anlegung des Wohnungsgrundbuchs und der Eintragung einer Auflassungsvormerkung für den ersten Erwerber einer Eigentumswohnung vorhanden sein, wenn er noch vor der Eintragung des Eigentumsübergangs die Wohnung bezogen hat; es können die Regeln des Gesetzes über die Beziehungen der Raumeigentümer untereinander Anwendung finden.

b) Beendigung. Die Gemeinschaft der Raumeigentümer endet in den Fällen des § 9 **3**
Abs. 1 Nr. 1 und 2 mit dem Erlöschen der Sondereigentumsrechte; bei deren vertraglicher Aufhebung nach § 4 mit der Eintragung dieser Aufhebung im Grundbuch, bei Eintritt der Gegenstandslosigkeit der Raumeigentumsrechte infolge völliger Zerstörung des Gebäudes (§ 9 Abs. 1 Nr. 2) mit der Anlegung eines neuen Grundbuchblatts für das Grundstück nach Schließung der besonderen Grundbuchblätter (im Falle eines gemeinschaftlichen Grundbuchblatts — § 7 Abs. 2 — mit der Eintragung des Erlöschens der Sondereigentumsrechte und der Löschung der Bezeichnung des Grundbuchblatts als „Gemeinschaftliches Wohnungsgrundbuch", „Gemeinschaftliches Teileigentumsgrundbuch"). Bei Vereinigung sämtlicher Raumeigentumsrechte in einer Person (§ 9 Abs. 1 Nr. 3) endet die Gemeinschaft mit dem Eintritt dieser Vereinigung. Sind die Sondereigentumsrechte durch Vertrag aufgehoben oder durch völlige Zerstörung des Gebäudes gegenstandslos geworden (§ 9 Abs. 1 Nr. 1 u. 2), so verwandelt sich die Gemeinschaft der Raumeigentümer wieder in eine gewöhnliche Bruchteilsgemeinschaft der Grundstückseigentümer; auch diese erlischt und es entsteht Alleineigentum des Grundstückseigentümers, wenn sich sämtliche Raumeigentumsrechte in seiner Hand vereinigen.

c) Raumeigentum und Gemeinschaft der Raumeigentümer. Entstehung und Been- **4**
digung der Raumeigentümergemeinschaft fallen hiernach mit der Begründung und Aufhebung des Sondereigentums (und damit des Raumeigentums) dort zusammen, wo die Raumeigentümergemeinschaft aus einer gewöhnlichen Miteigentümergemeinschaft am Grundstück (§§ 1008 ff BGB) entsteht oder sich in eine solche zurückverwandelt. Dagegen kann Raumeigentum ohne Raumeigentümergemeinschaft in den Fällen bestehen, in denen Raumeigentumsrechte in der Hand eines Alleineigentümers entstehen (§ 8 Abs. 1) oder sich nachträglich in ihr vereinigen (§ 9 Abs. 1 Nr. 3); in diesen Fällen entsteht eine (als Raumeigentümergemeinschaft ausgestaltete) Bruchteilsgemeinschaft erst mit der Veräußerung von Raumeigentumsrechten durch den Alleineigentümer des Grundstücks, und sie endet schon mit der Vereinigung aller Raumeigentumsrechte in der Hand eines Alleineigentümers.

3. Anwendbarkeit der Vorschriften des BGB über die Miteigentümergemeinschaft nach Bruchteilen **5**

Wenn die Miteigentümer des Grundstücks eine Bruchteilsgemeinschaft nach den §§ 741 ff, 1008 ff BGB bilden — sei es, daß eine Gemeinschaft der Raumeigentümer

i. S. der §§ 10 ff WEG noch nicht entstanden ist oder daß sie nicht mehr besteht —, sind die Vorschriften des BGB über die Bruchteilsgemeinschaft unmittelbar anzuwenden, insbesondere auch die §§ 752—758 BGB über die Aufhebung der Gemeinschaft. Sobald und solange aber eine Gemeinschaft der Raumeigentümer i. S. der §§ 10 ff WEG besteht, kann nur eine Anwendung der Vorschriften des BGB über die Bruchteilsgemeinschaft nach Maßgabe des Absatzes 1 Satz 1 in Betracht kommen:

6 § 742 BGB, wonach im Zweifel anzunehmen ist, daß den Teilhabern gleiche Anteile zustehen, ist theoretisch anwendbar. Die Anwendung scheidet jedoch praktisch aus, weil im Grundbuch die Anteile der Beteiligten in Bruchteilen angegeben werden müssen (§ 47 GBO) und das Grundbuchamt den entsprechenden Nachweis verlangen muß, so daß Zweifel über die Höhe der Bruchteile kaum entstehen können.

7 Die §§ 743—746 BGB über den Gebrauch und die Verwaltung des gemeinschaftlichen Gegenstandes sind durch die §§ 15, 16, 20—29 WEG ersetzt und scheiden daher aus. Da § 16 Abs. 1 WEG eine Beeinträchtigung des Nutzungsrechts der Raumeigentümer ausschließt, hat § 745 Abs. 3 Satz 2 BGB für die Gemeinschaft der Raumeigentümer keine praktische Bedeutung.

8 Grundlegend auch für die Gemeinschaft der Raumeigentümer ist § 747 BGB, wonach jeder Teilhaber über seinen Anteil, über den gemeinschaftlichen Gegenstand im ganzen aber nur die Teilhaber gemeinschaftlich verfügen können. Über seinen Anteil kann jeder Teilhaber auch teilweise verfügen, der Raumeigentümer jedoch nur bei Wahrung der Abgeschlossenheit der abgetrennten Räume. Die Veräußerung des Grundstücks durch alle Raumeigentümer erstreckt sich auf alle im Sondereigentum stehenden Gebäudeanteile (*Weitnauer/Hauger,* § 10 Rdn. 5).

9 Die §§ 748—751 BGB sind durch die §§ 11, 16 und 17 WEG ersetzt, scheiden daher aus.

10 Die §§ 752—758 BGB über die Aufhebung der Gemeinschaft und die Durchführung der Teilung können auf die Gemeinschaft der Raumeigentümer nur angewendet werden, wenn ein Raumeigentümer einen Anspruch auf Aufhebung der Gemeinschaft hat. Das ist nur dann der Fall, wenn das Gebäude ganz oder teilweise zerstört ist, eine Verpflichtung zum Wiederaufbau nicht besteht (§ 22 Abs. 2) und für diesen Fall eine Ausnahme von dem Grundsatz (§ 11 Abs. 1 Satz 1) vereinbart worden ist, daß kein Raumeigentümer die Aufhebung der Gemeinschaft verlangen kann (§ 11 Abs. 1 Satz 3).

11 Die §§ 1009—1011 BGB sind — mit Ausnahme des durch § 10 Abs. 2, §§ 11, 13—15, 20 ff WEG ersetzten § 1010 Abs. 1 — auch auf die Gemeinschaft der Raumeigentümer anwendbar. Daraus ergibt sich: Das Grundstück kann als Ganzes auch zugunsten eines Raumeigentümers belastet werden (§ 1009 BGB). Bei einer Teilung nach Aufhebung der Gemeinschaft können die aus den §§ 755, 756 BGB sich ergebenden, die Schuldenregelung betreffenden Ansprüche gegen den Sondernachfolger nur geltend gemacht werden, wenn sie im Grundbuch in Abteilung II als Belastung eigner Art eingetragen sind (§ 1010 Abs. 2 BGB); jeder Miteigentümer kann die Ansprüche aus Eigentum und Besitz Dritten gegenüber hinsichtlich des ganzen Grundstücks geltend machen, den Anspruch auf Herausgabe jedoch nur so, daß er Herausgabe an alle Raumeigentümer verlangt (§§ 1011, 432 BGB); ein abweisendes Urteil hat keine Rechtskraftwirkung gegenüber den anderen Miteigentümern (RGZ **119** 163; BGH MDR **81** 481).

12 Auf die Gemeinschaft der Raumeigentümer sind auch die für die gewöhnliche Bruchteilsgemeinschaft geltenden *allgemeinen Grundsätze des BGB* anzuwenden, insbesondere zur jedem schuldrechtlichen Vertrag innewohnenden Schutz- und Treuepflicht (§ 242 BGB; BayObLG MDR **72** 145) und zur Haftung für jedes Verschulden (§ 276 BGB), im Gegensatz zur Haftung für diligentia quam in suis bei der Gesellschaft nach § 708 BGB. Die Ausnutzung an sich rechtmäßiger Befugnisse (z. B. des mehrfachen Stimmrechts) kann wie jede andere Rechtsausübung im Einzelfall mißbräuchlich und daher unzulässig sein (vgl. OLG Düsseldorf, DNotZ **73** 552; BayObLG NJW **65** 822).

Ist eine von den Raumeigentümern beschlossene Regelung rechtsunwirksam, tritt an ihre Stelle die gesetzliche, soweit sie sich dazu verhält (BayObLGZ **72** 320); ist nur ein Teil einer Gemeinschaftsordnung unwirksam, ist zu prüfen, ob der verbleibende Teil noch eine sinnvolle Regelung des Gemeinschaftslebens gewährleistet (vgl. BGHZ **47** 173).

Für Verbindlichkeiten der Gemeinschaft **haften** die Raumeigentümer in der Regel als Gesamtschuldner (§§ 427, 823, 836 BGB). Der einzelne Raumeigentümer hat für das Verschulden seines Erfüllungsgehilfen (z. B. seines Mieters) gegenüber den anderen Raumeigentümern einzustehen (§ 278 BGB); unter Umständen kann ihn mangelnde Vorsorge (§ 14 Nr. 3) ersatzpflichtig machen. Für die Kosten der Errichtung der Wohnanlage, des gemeinschaftlichen Hauses, haften die Raumeigentümer im Zweifel nur als Teilschuldner nach § 430 BGB (BGH NJW **79** 2101). Verbindlichkeiten der Gemeinschaft sind in erster Linie aus dem Vermögen der Gemeinschaft zu tilgen (Rücklagen, besondere Umlagen, Wohngeld). Mit dem Ausscheiden eines Raumeigentümers aus der Gemeinschaft entfällt nicht schon seine Haftung für die Gemeinschaftsverpflichtungen, dies selbst dann, wenn sein Rechtsnachfolger die Schulden übernommen hat (BGHZ **75** 30).

Die Gemeinschaft als solche ist nicht parteifähig; sie kann weder klagen noch verklagt werden (OLG Hamm BauR **80** 462); doch kann die Erfassung aller Raumeigentümer mit dem Namen der Eigentümergemeinschaft für einen das Verfahren nach § 43 auslösenden Antrag ausreichend sein (vgl. BGH NJW **77** 1686).

II. Vereinbarungen 13

1. Allgemeines

§ 10 WEG räumt den Raumeigentümern die Möglichkeit ein, den gesetzlichen Inhalt des Sondereigentums durch die Eintragung von Vereinbarungen im Grundbuch mit dinglicher Wirkung abzuändern oder zu ergänzen; die damit ausgesprochene Zulässigkeit der vertragsmäßigen Aus- und Umgestaltung eines dinglichen Rechts hat ihr Vorbild in den §§ 2 ff ErbbRVO, wonach zum Inhalt des Erbbaurechts auch gewisse Vereinbarungen des Grundstückseigentümers und des Erbbauberechtigten gehören.

2. Vereinbarungen und Beschlüsse 14

§ 10 WEG unterscheidet zwischen Vereinbarungen und Beschlüssen der Raumeigentümer: Die *Vereinbarungen* bilden die Grundlage für das Zusammenleben der Raumeigentümer und sind eine Art Statut, das (für die Zukunft) für die Rechtsbeziehungen der Raumeigentümer untereinander, vornehmlich für ihre zentralen Angelegenheiten Regelungen gibt; sie entsprechen also dem, was bei einem Verein die Satzung bedeutet (BayObLGZ **74** 275); bei der Teilung des Grundstückseigentums nach § 8 treten an die Stelle von Vereinbarungen der künftigen Raumeigentümer einseitige Bestimmungen des Grundstückseigentümers, gegeben vor Entstehung einer Gemeinschaft der Raumeigentümer. Inwieweit *Beschlüsse* der Raumeigentümer möglich sind, ergibt sich aus den von ihnen getroffenen Vereinbarungen und aus dem WEG (§ 23

Abs. 1); den Beschlüssen stehen die (sie ersetzenden) gerichtlichen Entscheidungen im Verfahren der freiwilligen Gerichtsbarkeit (§ 43 WEG) gleich.

Vereinbarungen können nur im Einvernehmen aller Raumeigentümer getroffen, Beschlüsse dagegen mit Stimmenmehrheit gefaßt werden. Vereinbarungen werden in der Regel bei oder vor Begründung der Raumeigentumsrechte, aber auch noch später getroffen, Beschlüsse können als Willensäußerung der Gemeinschaft erst nach Entstehung der (faktischen) Gemeinschaft der Raumeigentümer gefaßt werden; Vereinbarungen im Sinne des § 10 Abs. 2 wirken gegen den Sondernachfolger eines Raumeigentümers nur, wenn sie als Inhalt des Sondereigentums im Grundbuch eingetragen sind; Beschlüsse (und gerichtliche Entscheidungen nach § 43) wirken dagegen ohne weiteres auch gegenüber den Sondernachfolgern (§ 10 Abs. 3). Ob ein einstimmig gefaßter Beschluß als Vereinbarung oder Beschluß anzusehen ist, muß die Auslegung ergeben (BayObLG MDR **73** 673); im Zweifel wird Beschluß anzunehmen sein, wenn Vereinbarungen oder Gesetz für die in Frage stehende Angelegenheit Beschlußfassung vorsehen oder zulassen (vgl. BayObLGZ **73** 84). Zu beachten ist dabei, ob nach dem Inhalt der einstimmigen Willensäußerung rechtsgestaltende Wirkungen auch für zukünftige Fälle geschaffen werden oder ob eine Regelung nur für einen gegenwärtigen, einzelnen Fall, zum Verhältnis der Raumeigentümer untereinander, getroffen ist (BayObLGZ **74** 172; **75** 261; Rpfleger **79** 108); im letzteren Fall handelt es sich um einen Beschluß; Gebrauchsregelungen gehören in der Regel hierher (BayObLG Rpfleger **75** 367).

15 **3. Bedeutung und rechtliche Natur der Vereinbarung**

a) Die Vereinbarungen, im besonderen die Gemeinschaftsordnung, bilden die vertraglich — bei § 8 einseitig — festgelegte Ordnung des Gemeinschaftslebens (BayObLG DNotZ **79** 175). Sie binden die Raumeigentümer (BayObLGZ **71** 277). Grundsätzlich besteht Vertragsfreiheit; die vom Gesetz geschaffene Struktur der Raumeigentümergemeinschaft darf aber nicht geändert, z. B. in eine Genossenschaft umgewandelt werden (BayObLGZ **75** 337). Die allgemeinen Schranken der Vertragsfreiheit gelten auch hier.

Die *Teilungserklärung* hat die Wirkung einer Vereinbarung („einseitige Vereinbarung", BayObLGZ **74** 219; OLG Hamm OLGZ **78** 120). Sie muß Eingriffe in das Recht der Raumeigentümer nach Art und Umfang eindeutig erkennen lassen (BayObLGZ **74** 294; OLG Braunschweig MDR **79** 496). Mit dem Erwerb des Raumeigentums unterwerfen sich die Erwerber der Teilungserklärung (vgl. BayObLGZ **74** 298).

16 **b)** Die Vereinbarung ist ein schuldrechtlicher Kollektivvertrag, kein gegenseitiger und auch kein dinglicher Vertrag. Sie gewinnt durch Eintragung im Wohnungsgrundbuch dingliche Wirkung, indem sie auch den Sondernachfolger des Raumeigentümers bindet. Die nichteingetragene Vereinbarung bindet nur die Raumeigentümer und ihre Gesamtrechtsnachfolger, gewährt aber unter den Voraussetzungen des Absatzes 2 den Anspruch auf Eintragungsbewilligung; den Sondernachfolger bindet sie auch dann nicht, wenn er sie kennt. Zu seinen Gunsten kann er sich auf eine Vereinbarung berufen, die die Verwaltung und Nutzung des gemeinschaftlichen Eigentums regelt (§ 746 BGB). Zum Wesen der Vereinbarung s. noch BayObLGZ **75** 204; Hamm OLGZ **78** 12.

17 **c)** Es muß nicht stets der Wortlaut einer Vereinbarung in seiner Gänze den Charakter einer Vereinbarung tragen (verneint z. B. hinsichtlich der Bestellung des Verwalters in der Teilungserklärung: BayObLG **74** 279; OLG Köln Rpfleger **72** 261); in solchen Fällen kann die Vereinbarung auch durch Mehrheitsbeschluß insoweit abgeändert oder aufgehoben werden.

d) Zum Abschluß (Abänderung) einer Vereinbarung besteht in der Regel für die Raumeigentümer kein Zwang. **18**

e) Auf die Vereinbarung als Vertrag finden die Vorschriften über Nichtigkeit und Willensmängel Anwendung; sie kann also wegen Irrtums, Drohung, arglistiger Täuschung oder Zwang angefochten werden. Ist eine Vereinbarung unwirksam, muß statt ihrer auf die gesetzliche Regelung zurückgegriffen werden, wenn sie sich zum Gegenstand der Vereinbarung verhält, andernfalls auf § 43 Abs. 3. Zur Anfechtung des Gründungsvertrages und der damit verbundenen Vereinbarungen s. § 3 Rdn. 61 ff. **19**

f) Verzug und Unvermögen eines Raumeigentümers lassen die Gültigkeit der Vereinbarung unberührt. **20**

g) Da sie schuldrechtliche Verträge sind (BayObLG Rpfleger **75** 222; OLG Hamm Rpfleger **78** 60; OLG Karlsruhe Rpfleger **75** 356; OLG Düsseldorf DNotZ **73** 552), richten sich Begründung, Änderung, Übertragung und Aufhebung der Vereinbarungen nach den Regeln des Schuldrechts. §§ 873 ff BGB kommen nicht zur Anwendung; ihre Wirksamkeit hängt nicht von der Eintragung im Grundbuch ab; Bedingung und Befristung sind zulässig. S. aber auch Rdn. 23. **21**

Grundsätzlich kann die Vereinbarung nicht durch Mehrheitsbeschluß aufgehoben oder geändert werden, es bedarf hierzu der Zustimmung aller Raumeigentümer; der Grundstückseigentümer bedarf im Falle des § 8 zur Abänderung seiner Teilungserklärung der Zustimmung der Raumeigentümer (BayObLGZ **74** 217). Mehrheitsbeschlüsse, die gegen eine Vereinbarung verstoßen, sind anfechtbar (§ 23 Abs. 4), aber nicht schon deshalb nichtig (OLG Düsseldorf, DNotZ **75** 552; OLG Hamm Rpfleger **75** 402). Kein Raumeigentümer kann, soweit nicht besondere Umstände gegeben sind, gezwungen werden, der Abänderung einer Vereinbarung zuzustimmen.

Ist allerdings die Regelung einer Vereinbarung von Anfang an verfehlt oder wird sie infolge der Veränderung der Verhältnisse im Laufe der Zeit so unbrauchbar, daß eine ordentliche Verwaltung nicht mehr gewährleistet, ihre Beibehaltung für die Raumeigentümer unzumutbar ist, halten andererseits die Einwände gegen die Abänderung einer ernsten Nachprüfung nicht stand, kann sich aus dem gesetzlichen Schuldverhältnis die Pflicht der Raumeigentümer ergeben, einer erforderlichen Abänderung ihre Zustimmung zu geben (OLG Frankfurt Rpfleger **79** 109; vgl. auch BGH MDR **64** 577). Es muß sich um Ausnahmen handeln, auch eine wenig zweckmäßige Vereinbarung fällt darunter nicht. Im einzelnen Fall kann unter solchen Umständen auch Abweichung von der Vereinbarung durch Mehrheitsbeschluß zulässig sein (vgl. BayObLG Rpfleger **76** 422).

h) Die *Auslegung* der Vereinbarung bestimmt sich nach allgemeinen Grundsätzen (§§ 133, 157, 242 BGB); ist sie als Inhalt des Sondereigentums im Grundbuch eingetragen, unterliegt sie der Auslegung von Grundbucheintragungen (BGHZ **37** 148; 59, 209); ein Mehrheitsbeschluß ist nicht in der Lage, eine Vereinbarung auszulegen (BayObLGZ **77** 230). **22**

i) Mit der Eintragung der Vereinbarung als Inhalt des Sondereigentums gewinnt sie dingliche Wirkung; sie wird aber nicht zu einem dinglichen Recht (BGHZ **37** 203; BGH NJW **79** 542; BayObLGZ **74** 217; **75** 204; **78** 214; OLG Hamm OLGZ **78** 12; a. A. *Röll*, Rpfleger **80** 90: die eingetragene Gemeinschaftsordnung habe dingliche Natur, sie bilde zusammen mit der Aufteilung in Sonder- und Gemeinschaftseigentum eine Einheit). Sieht die eingetragene Gemeinschaftsordnung für die Verletzung einer **23**

Verpflichtung des Raumeigentümers ein Ordnungsgeld vor, haftet aber sein Raumeigentum nicht dinglich für den Geldbetrag, was bei einem dinglichen Recht der Fall wäre; ein als Inhalt des Sondereigentums eingetragenes Sondernutzungsrecht am gemeinschaftlichen Eigentum kann auch nicht Gegenstand einer Dienstbarkeit am Wohnungseigentum werden (BayObLGZ **74** 398).

Mit ihrer Eintragung im Wohnungsgrundbuch geht die Vereinbarung in den Inhalt des Sondereigentums und damit des Raumeigentums ein. *Insoweit* sind daher Einigung und Eintragung im Grundbuch (§§ 873, 877 BGB) erforderlich. Das gilt ebenso für die Abänderung und Aufhebung einer eingetragenen Vereinbarung wie auch für die Übertragung des mit ihr etwa begründeten Sondernutzungsrechtes. Unter Umständen bedarf es auch der Zustimmung der Realgläubiger (§§ 873, 877, 876 BGB; BayObLG Rpfleger **80** 111). Im einzelnen sei verwiesen auf Röll aaO, S. 92/3. Ist durch den Eintrag das Grundbuch unrichtig geworden (z. B. weil die materielle Einigung und die Eintragung nicht übereinstimmen), ist Berichtigung (§ 894 BGB) zulässig, Erwerb des Raumeigentums mit dem eingetragenen Inhalt des Sondereigentums kraft guten Glaubens möglich (§ 892 BGB; str.).

24 **k)** Zur Sicherung des Anspruchs auf Eintragung der Vereinbarung als Inhalt des Sondereigentums kann eine Vormerkung (§ 883 BGB) in das Wohnungsgrundbuch eingetragen werden (*Bärmann/Pick,* § 10 Anm. III).

25 **l)** Da Vertragsfreiheit herrscht, können die Raumeigentümer einer Vereinbarung die Klausel beifügen, daß zu ihrer Aufhebung oder Änderung Mehrheitsbeschluß ausreicht, soweit der Gegenstand der Vereinbarung nach dem Gesetz nicht der Mehrheitsbeschlußfassung unabdingbar entzogen ist. Fraglich ist, ob diese Klausel auch für die zukünftige Aufhebung oder Änderung einer Gemeinschaftsordnung oder Teilungserklärung verwendet werden kann. OLG Köln (Rpfleger **82** 278) verneint dies. Dem wird nicht beigetreten. Änderung der Grundstruktur des Wohnungseigentums ist der Vereinbarung (Gemeinschaftsordnung) überhaupt entzogen, im übrigen setzt das Gesetz selbst die Grenzen für die Zulässigkeit von Vereinbarungen (§ 10 Abs. 1 Satz 2). Wenn eine Mehrheit ihre Macht mit der Änderung der Gemeinschaftsordnung zum ersichtlichen Nachteil der Minderheit mißbräuchlich ausnutzt, kann der Beschluß keine Wirksamkeit erlangen (§ 138 BGB). Es sollte daher wegen der Möglichkeit solcher besonders gelagerten Fälle nicht schon der Grundsatz der Vertragsfreiheit aufgegeben werden (vgl. auch die in der Entscheidung angeführten Auffassungen von *Röll* und *Weitnauer*). Zudem sollte nicht außer Acht gelassen werden, daß nicht alles, was in Teilungserklärung oder Gemeinschaftsordnung geregelt ist, den Charakter einer Vereinbarung beanspruchen kann. Es steht auch rechtlich nichts im Wege, für Regelungen, deren Brauchbarkeit sich erst im Laufe der Zeit erweisen muß, eine zeitliche Begrenzung vorzusehen. Es bleibt den Raumeigentümern nach deren Ablauf überlassen, eine neue Regelung, gegebenenfalls durch Mehrheitsbeschluß (z. B. §§ 15 Abs. 2; 21 Abs. 3), zu treffen.

26 **4. Form der Vereinbarungen**

Vereinbarungen im Sinne des § 10 bedürfen als schuldrechtliche Kollektivverträge an sich keiner Form. Wenn das Gesetz aber für Beschlüsse deren Niederlegung vorsieht (§ 24 Abs. 6), wird auch für Vereinbarungen Schriftform einzuhalten sein. Bestimmen die Raumeigentümer, daß Vereinbarungen als Inhalt des Sondereigentums in das Wohnungsgrundbuch eingetragen werden sollen, bedarf es zum Vollzug im Grundbuch der Bewilligung der Eintragung in der Form des § 29 GBO (§ 19 GBO);

Vorlage der Niederschrift des Raumeigentümerbeschlusses, mit dem die Eintragung beschlossen wurde, genügt nicht (BayObLGZ **78** 377). Die Eintragungsbewilligung ist von allen Raumeigentümern einzuholen, wenn von der Vereinbarung der Inhalt aller Wohnungseigentumsrechte betroffen wird und die Inhaltsänderung dementsprechend an allen Wohnungseigentumsrechten einzutragen ist (BayObLGZ **78** 381; **74** 400, 220; BayObLG Rpfleger **80** 111). Zur Eintragung genügt die Bewilligung des Eigentümers im Falle der Begründung nach § 8; werden Vereinbarungen gleichzeitig mit der Begründung nach § 3 beschlossen und eingetragen, werden sie in der notariellen Urkunde über die Begründung von Wohnungseigentum (§ 4) enthalten sein.

5. Gegenstand der Vereinbarungen der Raumeigentümer können grundsätzlich alle in den §§ 11—29 WEG geregelten Fragen schuld-, personen- oder sachenrechtlicher Art sein, sofern sie das Verhältnis der Raumeigentümer untereinander betreffen, also z. B. nicht die Bestellung eines Verwalters durch den Richter nach § 26 Abs. 2, die Zuständigkeit des Richters der freiwilligen Gerichtsbarkeit nach § 43, die Abgrenzung von Sondereigentum und gemeinschaftlichem Eigentum oder die Beziehungen zu Dritten. Als zulässig muß auch die Unterwerfung unter die sofortige Zwangsvollstreckung (§ 794 Abs. 1 Nr. 5 ZPO) wegen bestimmter Geldbeträge mit Wirkung gegen den jeweiligen Raumeigentümer zugunsten der jeweiligen anderen Raumeigentümer angesehen werden, obwohl sie eine einseitige Erklärung, nicht eine Vereinbarung im eigentlichen Sinne darstellt, denn sie wird im allgemeinen im Zusammenhang mit Vereinbarungen der Raumeigentümer abgegeben (OLG Celle DNotZ **55** 320; *Weitnauer/Hauger*, § 10 Rdn. 14 e). **27**

Beispiele aus der Rechtsprechung: **28**

Bestellung von Sondernutzungsrechten an Abstellplätzen (OLG Hamm MDR **79** 58; BayObLG NJW **75** 59); Zustimmungsbedürftigkeit der Vermietung (BGHZ **37** 203; BayObLG Rpfleger **79** 108; OLG Frankfurt Rpfleger **79** 26); der Berufsausübung (BayObLGZ **73** 1); Befugnisse des Verwalters (OLG Schleswig SchlHA **61** 247; KG Rpfleger **78** 257; OLG Bremen DNotZ **81** 489); Haftung des Erwerbers für Beitragsrückstände des Veräußerers (OLG Düsseldorf DNotZ **73** 552; OLG Braunschweig MDR **77** 230; OLG Karlsruhe MDR **79** 58; BayObLG Rpfleger **79** 352; Währungsgleitklausel für Verwalterhonorar (LG Nürnberg-Fürth MittBayNot. **75** 161); Regelung des Stimmrechts (OLG Hamm Rpfleger **75** 401; LG München DNot. **78** 830); Androhung von Ordnungsstrafen (OLG Frankfurt Rpfleger **79** 109); Zweckbestimmung des gemeinschaftlichen Eigentums (BayObLGZ **80** 158; MittBayNot. **82** 29); Beschränkung der Haustierhaltung (BayObLGZ **72** 90; KG NJW **56** 1670); Gartennutzung (BayObLGZ **72** 109); Auseinandersetzung des Vermögens nach Gemeinschaftsaufhebung (BGHZ **49** 250); qualifizierte Mehrheit für Entziehungsbeschluß — § 18 — (OLG Celle NJW **55** 953); Inkassoübertragung auf Verwalter zum Einzug von Zinsen und Tilgung übernommener Belastungen (BayObLGZ **72** 150; KG NJW **75** 318); Vertretung in der Versammlung (OLG Karlsruhe OLGZ **76** 273); Verpflichtung, das Wohnungseigentum nicht zu veräußern (OLG Frankfurt Rpfleger **79** 476); Bestellung des Verwalters (BayObLGZ **74** 275; KG NJW **75** 318); Aufteilung der Betriebskosten einer Fahrstuhlanlage (LG Mannheim ZMR **76** 218; BayObLG Rpfleger **79** 427); Bau und Nutzung der Fernsehgemeinschaftsantenne (AG Starnberg MDR **70** 679); gegenständlich abgegrenzte Gebrauchsregelung für Garagenanlage (BayObLG NJW **74** 152; OLG Frankfurt Rpfleger **75** 309; LG München Rpfleger **71** 71); Zuteilung von Sondernutzungsrechten (OLG Frankfurt Rpfleger **75** 309); Änderung einer Benutzungsregelung für KFZ-Abstellplätze (OLG Stuttgart BWNotZ **74** 133; Verwalterhonorar (KG Rpfleger. **75** 28); Dauerwohnrecht (OLG Stuttgart Justiz **69** 253); Zuweisung eines Benutzungsrechtes (Tiefgarage) an einzelne Raumeigentümer (OLG Hamburg Rpfleger **80** 112); Teilnahme an Versammlung und Abstimmung bei Verzug mit Beiträgen (BayObLG NJW **65** 281; LG München DNotZ **78** 830); Gebrauchsregelungen für das gemeinschaftliche Eigentum (BayObLGZ **74** 217); Bewilligung der ausschließlichen Sondernutzung am ganzen gemeinschaftlichen Eigentum (BayObLG Rpfleger **81** 299). Zur nachträglichen Eintragung von Sondernutzungsrechten, die zu bestellen sich der Veräußerer von Wohnungseigentum in der Teilungserklärung (§ 8) vorbehalten hatte, s. BayObLG Rpfleger **80** 111. Allen diesen Vereinbarungen ist gemein, daß sie nur das Verhältnis der Raumeigentümer untereinander regeln, aber Dritte nicht binden.

29 **6. Unabdingbare Vorschriften**

Von der hiernach grundsätzlich bestehenden Vertragsfreiheit der Raumeigentümer (§ 10 Abs. 1 Satz 2) ergeben sich aus dem Gesetz Ausnahmen, in denen von den gesetzlichen Vorschriften auch nicht durch Vereinbarung abgewichen werden darf; es sind dies:

a) die Vorschriften, die nicht das Verhältnis der Raumeigentümer untereinander betreffen, z. B. §§ 6, 19 Abs. 1 und 3; 43, 53.

b) gesetzliche Regelungen, wenn sich ihre zwingende Natur aus dem verfolgten Zweck oder aus der Natur des Wohnungseigentums und der daraus entstehenden Beziehungen der Wohnungseigentümer untereinander ergibt, z. B. § 5 Abs. 2, § 26 Abs. 1 und 2 (BayObLG MittBayNot. **81** 29; Rpfleger **80** 477);

c) folgende, das Verhältnis der Raumeigentümer untereinander betreffende Vorschriften:

daß kein Raumeigentümer die Aufhebung der Gemeinschaft verlangen kann (§ 11), es sei denn für den Fall, daß das Gebäude ganz oder teilweise zerstört wird und eine Verpflichtung zum Wiederaufbau nicht besteht (§ 22 Abs. 2);

daß, wenn vereinbarungsgemäß ein Raumeigentümer zur Veräußerung seines Raumeigentums der Zustimmung anderer Raumeigentümer oder eines Dritten bedarf, die Zustimmung nur aus einem wichtigen Grunde versagt werden darf (§ 12 Abs. 2 Satz 1);

daß im Falle der schweren Pflichtverletzung eines Raumeigentümers die anderen Raumeigentümer von ihm die Veräußerung seines Raumeigentums verlangen können (§ 18 Abs. 1 und 4);

daß für die Verwaltung des gemeinschaftlichen Eigentums ein Verwalter bestellt werden muß (§ 20 Abs. 2);

daß dem Verwalter die im § 27 Abs. 1 und 2 bezeichneten Aufgaben und Befugnisse uneingeschränkt zustehen müssen (§ 27 Abs. 3);

daß auf das Verlangen von einem Viertel aller Raumeigentümer eine Eigentümerversammlung anberaumt werden muß (§ 26 Abs. 1; BayObLGZ **72** 314);

daß zur schriftlichen Beschlußfassung *alle* Wohnungseigentümer mitwirken müssen (§ 23 Abs. 3).

Zum Inhalt des Sondereigentums kann durch Vereinbarung nicht bestimmt werden: ein Vorkaufsrecht zugunsten eines anderen Wohnungseigentümers (OLG Celle DNotZ **55** 320), eine beschränkte persönliche Dienstbarkeit (BayObLG MDR **77** 139; BayObLGZ **74** 398).

7. Wirkung gegen Sondernachfolger 30

a) Die Vereinbarungen der Raumeigentümer sind gegenüber den Raumeigentümern und ihren Gesamtrechtsnachfolgern ohne weiteres wirksam; Dritte binden sie nicht. Was die Sondernachfolger anlangt, wirken nach § 746 BGB Vereinbarungen (und Mehrheitsbeschlüsse) der Teilhaber einer Gemeinschaft über die Verwaltung und Benutzung des gemeinschaftlichen Gegenstandes auch für und gegen sie, beim Miteigentum an einem Grundstück muß die getroffene Bestimmung als Belastung des in Frage kommenden Miteigentums im Grundbuch eingetragen sein, um *gegen* den Sonderrechtsnachfolger wirken zu können. An diese gesetzliche Regelung schließt § 10 WEG sich an, weicht von ihr aber ab: Eintragungsfähig und eintragungsbedürftig ist nur der Inhalt von *Vereinbarungen*, nicht auch der von Beschlüssen der Raumeigentümer (§ 10 Abs. 3). Nicht nur Vereinbarungen über die Verwaltung und Benutzung des Grundstücks, sondern alle Vereinbarungen, die das Verhältnis der Raumeigentümer untereinander betreffen (§ 10 Abs. 2), können durch Eintragung im Grundbuch mit dinglicher Wirkung *gegen* Sondereigentümer ausgestattet werden, insbesondere auch solche über die Anteile an den Nutzungen (Früchten) oder über die Art der Teilung bei Aufhebung der Gemeinschaft, wobei vom Gesetz abweichende Übereignungsverpflichtungen der Form des § 313 BGB bedürfen. Die Vereinbarungen sind schließlich nicht als Belastung des Miteigentumsanteils, sondern als *Inhalt des Sondereigentums* im Grundbuch einzutragen.

b) Wie der Sondernachfolger sind auch der Ersteher des Wohnungseigentums in der Zwangsversteigerung und der Pfandgläubiger zu behandeln (OLG Frankfurt NJW **58** 65; LG Berlin NJW **56** 471). 31

c) § 10 Abs. 2 betrifft nur Vereinbarungen, die die gesetzliche Regelung ergänzen oder ersetzen (BayObLGZ **72** 317; BayObLG Rpfleger **75** 367). Solche Vereinbarungen haben zwar auch ohne Eintragung Wirksamkeit für und gegen die Raumeigentümer und deren Gesamtnachfolgern, gegen Sondernachfolger aber nur, wenn sie im Grundbuch eingetragen sind. Vereinbarungen, die keine Abweichungen und Ergänzungen enthalten, bedürfen keiner Eintragung. Ergänzung und Ersetzung müssen erkennbar gewollt sein. Schlichte Wiederholung der gesetzlichen Regelung in einer Vereinbarung beseitigt deren Abdingbarkeit durch Mehrheitsbeschluß nicht, wenn die angeführte Gesetzesbestimmung dies zuläßt (so z. B. § 15 Abs. 2; BayObLG MDR **72** 691). Durchstreichen einer Regelung in einem Vordruck nimmt den Raumeigentümern nicht die Befugnis, die gestrichene Regelung durch Mehrheitsbeschluß einzuführen (OLG Köln Rpfleger **72** 261; OLG Frankfurt Rpfleger **79** 109). 32

d) Aufgrund des § 746 BGB ist Berufung auf eine nicht eingetragene Vereinbarung zugunsten des Sondernachfolgers zulässig; § 1010 Abs. 1 BGB und § 10 Abs. 2 WEG stehen nicht entgegen, da sie nur die Wirkung *gegen* den Sonderrechtsnachfolger regeln (vgl. LG München NJW **55** 637; AG Köln ZMR **77** 377). Wenn auch mangels Eintragung im Grundbuch eine Vereinbarung nicht gegen den Sonderrechtsnachfolger wirkt, so kann doch der Veräußerer gehalten sein, darauf hinzuwirken, daß die rein schuldrechtlich wirkende Vereinbarung auch von seinem Rechtsnachfolger eingehalten wird (BGHZ **40** 33). 33

8. Eintragung im Grundbuch 34

a) Die Eintragung einer Vereinbarung im Grundbuch als Inhalt des Sondereigentums ist unerläßlich, wenn sie gegen den Sondernachfolger eines Raumeigentümers wirksam sein soll. Eine Besonderheit besteht für die Vereinbarung von Beschränkungen der Veräußerungsbefugnis (§ 12); sie hat ohne Eintragung überhaupt keine Wirkung, also auch nicht im Verhältnis der Raumeigentümer untereinander und gegenüber ihren Gesamtrechtsnachfolgern.

35 **b)** Da die Vereinbarung der Raumeigentümer als Inhalt des Sondereigentums eingetragen wird, ist sie von Belastungen des Raumeigentums zu unterscheiden und kann mit solchen nicht in ein Rangverhältnis treten.

36 **c)** Die Eintragung — sie ist eine solche eigener Art (vgl. BayObLGZ **73** 84; OLG Hamm DNotZ **73** 548) — wird im Bestandsverzeichnis des Grundbuchs in Spalte 6 unter Bezugnahme auf die Eintragungsbewilligung vollzogen. Die für den Grundbuchvollzug ausreichende Eintragungsbewilligung (§ 19 GBO) ist von allen Raumeigentümern in den Formen des § 29 GBO zu erklären (BayObLG Rpfleger **79** 108; **80** 111); § 20 GBO kommt nicht zur Anwendung. Der Grundbucheintrag unterliegt der selbständigen Auslegung durch das Rechtsbeschwerdegericht (BGHZ **37** 148; **59** 208; BayObLGZ **77** 230; **78** 217; **80** 34). Bei der Eintragung hat das Grundbuchamt nur zu prüfen, ob die Vereinbarung gegen zwingende gesetzliche Bestimmungen verstößt (z. B. §§ 134, 138 BGB). Bedurfte die Regelung einer Angelegenheit der Einstimmigkeit, liegt aber ein Mehrheitsbeschluß vor, wird dieser zwar nach Ablauf der Anfechtungsfrist rechtsbeständig, bleibt aber Beschluß und als solcher nicht eintragungsfähig (vgl. BayObLG DWE **79** 126; a. A. LG Bielefeld Rpfleger **81** 355).

37 **d)** Ist eine Vereinbarung teilweise unwirksam, muß die Eintragung abgelehnt werden (BayObLGZ **81** 60/61).

38 **e)** Es gilt die Vermutung der Richtigkeit des Grundbuchs (§ 891 BGB). Da Vereinbarungen über Verwaltung und Benutzung *für* den Sondernachfolger auch gelten, wenn sie nicht im Grundbuch eingetragen sind (§ 746 BGB), ist Berufung auf den öffentlichen Glauben des Grundbuchs insoweit entbehrlich (*Ertl*, aaO).

39 **9. Zustimmung dinglich Berechtigter**

Sind Raumeigentumsrechte selbständig belastet oder bestehen an allen Raumeigentumsrechten Gesamtbelastungen, bedarf die Eintragung der Vereinbarungen als Inhalt des Sondereigentums wie die Änderung solcher Eintragungen der Zustimmung der dinglich Berechtigten (§§ 877, 876 BGB), soweit sie durch diese Eintragungen benachteiligt werden können BayObLG **74** 217; OLG Stuttgart BWNotZ **75** 93; OLG Frankfurt Rpfleger **75** 309). Zur Übertragung eines Sondernutzungsrechts auf einen andern Raumeigentümer ist die Zustimmung der übrigen Raumeigentümer nicht erforderlich (BayObLG Rpfleger **79** 125). Ist die Abänderung einer als Inhalt des Sondereigentums eingetragenen Vereinbarung geboten (s. oben Rdn. 21), wird ein betroffener Realgläubiger seine Zustimmung ebensowenig verweigern können wie ein Raumeigentümer.

40 **III. Beschlüsse und gerichtliche Entscheidungen**

1. Beschlüsse der Eigentümer sind als Gesamtakte Rechtsgeschäfte (BayObLGZ **77** 231); nichtig sind sie nur, wenn sie gegen die guten Sitten verstoßen oder ein zwingendes gesetzliches Verbot (BayObLGZ **77** 231; **75** 286).

Keine Eintragung. Beschlüsse der Raumeigentümerversammlung (§§ 23 ff) und gerichtliche Entscheidungen im Verfahren der freiwilligen Gerichtsbarkeit (§§ 43 ff) wirken nicht nur im Verhältnis der Raumeigentümer untereinander und gegenüber ihren Gesamtrechtsnachfolgern, sondern auch gegenüber den Sondernachfolgern ohne Eintragung; sie sind weder eintragungsbedürftig noch eintragungsfähig (OLG Frankfurt Rpfleger **79** 315; **80** 231). Jeder Sondernachfolger ist an die Beschlüsse gebunden; auf seine Kenntnis oder sein Kennenmüssen kommt es nicht an. Eine Möglichkeit, sich von den gefaßten Beschlüssen Kenntnis zu verschaffen, bieten ihm die nach § 24 Abs. 5 aufzunehmenden Niederschriften; überdies können die Raumeigentümer vereinbaren, daß der Verwalter die Niederschriften und gerichtlichen Entscheidungen gesammelt aufzubewahren und jedem Interessenten auf Verlangen vorzulegen habe. Mehrheitsbeschlüsse befassen sich meist nicht mit den die Grundlage des Gemeinschaftslebens bildenden Angelegenheiten, sondern mit der Ordnung konkreter gegenwärtiger Probleme. Die Beschlüsse werden durch Bildung des Gemeinschaftswillens (§ 10 Abs. 4) regelmäßig in Versammlungen gefaßt. Hat ein Antrag keine Mehrheit gefunden, liegt kein Beschluß vor, der angefochten werden könnte (§ 23; BayObLGZ **80** 29). Der Gegenstand des jeweiligen Beschlusses muß einer Regelung durch Mehrheitsbeschluß zugänglich sein (BayObLGZ **72** 92). Zur Unterscheidung zwischen Vereinbarung und Beschluß, im besonderen, wenn das eine oder das andere anzunehmen ist, s. oben Rdn. 14. Abänderung des Bestimmungszwecks einer Gemeinschaft bedarf stets der Einstimmigkeit. Ob ein einstimmig gefaßter Beschluß durch Mehrheitsbeschluß abgeändert werden kann, muß sich aus Zweck und Inhalt des Beschlusses ergeben (BayObLG MDR **73** 673; Rpfleger **79** 108).

Die Mehrheitsbeschlüsse bedürfen keiner Zustimmung seitens Drittberechtigter **41** aus dinglichen Rechten (*Soergel/Baur*, § 10 Rz. 11). Beschlüsse im Sinne des Absatzes 3 setzen die Anlegung des Wohnungsgrundbuches voraus (OLG Hamm OLGZ **68** 89; OLG Karlsruhe OLGZ **78** 177; BayObLG NJW **74** 2134), falls es sich um die Begründung von Wohnungseigentum nach § 8 handelt.

Haben die Raumeigentümer mit Mehrheit beschlossen, wäre aber zur Regelung **42** der Angelegenheit Einstimmigkeit erforderlich gewesen, ist der — fehlerhafte — Mehrheitsbeschluß rechtswirksam, wenn er nicht rechtzeitig angefochten und für ungültig erklärt worden ist (BGHZ **54** 65). Dem nicht angefochtenen Beschluß kommt die Wirkung des Absatzes 3 zu, auch wenn er bei richtiger Rechtsanwendung als Vereinbarung in das Grundbuch hätte eingetragen werden müssen, um Wirkung gegen Sonderrechtsnachfolger (Absatz 2) zu erlangen (vgl. BayObLG DWE **79** 126).

Zur Ersetzung von Beschlüssen ist das Gericht grundsätzlich nicht befugt (OLG **43** Hamm OLGZ **71** 461; KG Rpfleger **72** 62; auch BayObLG Rpfleger **79** 265).

2. Gegenstand der Beschlußfassung können alle Fragen sein, die nach dem WEG **44** oder nach den Vereinbarungen der Raumeigentümer durch Beschluß entschieden werden können (§ 23 Abs. 1).

Beispiele aus der Rechtsprechung:

Schließen der Haustüre (LG Wuppertal Rpfleger **72** 451); Geltendmachung von Gewährleistungsansprüchen bezüglich des gemeinschaftlichen Eigentums durch die Gemeinschafter (OLG München Betr. **78** 2360); Bestellung und Abberufung des Verwalters (BayObLGZ **74** 275); Festsetzung des Verwalterhonorars (KG MDR **75** 230); Erlaß und Abänderung der Hausordnung (BayObLG ZMR **76** 310; OLG Oldenburg NdsRpfl. **77** 213); Haustierhaltung (BayObLGZ **72** 90); Gebrauchsregelung bezüglich des gemeinschaftlichen Eigentums (LG Köln ZMR **77** 377); Beitragserhöhung für die Kosten des Fahrstuhlbetriebs, Vermietung der Eigentumswohnung (AG Hamburg DWE **74** Heft 2 S. 28); Erteilung der Prozeßvollmacht (LG Köln BauR **76** 443); Beauftragung des Verwalters zur Bedienung der dinglichen Belastungen auf den einzelnen Eigentumswohnungen (KG Rpfleger **75** 28); Aufstellung des Wirtschaftsplanes (BayObLGZ **74** 172); Verhängung eines Ordnungsgeldes (BayObLG Beschluß vom 17. 11. 1981 — 2 Z 83/80 —).

45 Der Regelung durch Mehrheitsbeschluß sind z. B. entzogen: Änderung der Benutzung (Fahrradkeller) zum Vorteil nur einzelner Raumeigentümer (BayObLG Rpfleger **62** 61); Hinzuerwerb eines Grundstücks (BayObLG NJW **73** 1378); Abänderung einer Teilungserklärung (BayObLGZ **72** 317; **73** 81; **74** 86, 176); jeder Eingriff in das Sondereigentum (BayObLG MDR **73** 584); Einschränkung der Benutzung des zum gemeinschaftlichen Eigentum gehörenden Gartens (BayObLGZ **72** 109); Verbot der Vermietung der Eigentumswohnung (OLG Frankfurt Rpfleger **79** 109); Verbot der Vertretung in der Eigentümerversammlung (OLG Karlsruhe OLGZ **76** 273).

46 **3.** Beschlüsse der Raumeigentümer müssen aus sich heraus wie Rechtsnormen *ausgelegt* werden.

47 **4. Mehrheitsbeschlüsse**

Nach § 745 Abs. 1 BGB kann eine ordnungsmäßige Verwaltung und Benutzung des gemeinschaftlichen Gegenstandes durch Stimmenmehrheit beschlossen werden; nach h. M. wirken solche Mehrheitsbeschlüsse auch gegenüber Dritten, doch ist dies nicht unbestritten. Zur Klarstellung bestimmt § 10 Abs. 4 WEG, daß Mehrheitsbeschlüsse alle Raumeigentümer eines Gebäudes auch im Außenverhältnis binden, und zwar auch dann, wenn sie gegen den Beschluß gestimmt oder bei der Beschlußfassung nicht mitgewirkt haben. Zu den Rechtshandlungen im Sinne des Absatzes 4 gehören auch Verfügungen (*Soergel/Baur,* § 10 Rz. 10); so hat die Kündigung des Hausmeisters, ausgesprochen vom Verwalter, aufgrund dahingehenden Mehrheitsbeschlusses Geltung für alle Raumeigentümer (*Palandt/Bassenge,* § 10 Bem. 6). Aus allen von der Mehrheit beschlossenen Verträgen und aus unerlaubten Handlungen der Mehrheit haften sämtliche Raumeigentümer als Gesamtschuldner (§§ 427, 830 BGB). Anders ist es bei Beschlüssen über bauliche Veränderungen und Aufwendungen, die über die ordnungsmäßige Instandhaltung oder Instandsetzung des gemeinschaftlichen Eigentums hinausgehen (§ 22 Abs. 1, § 16 Abs. 3).

Überstimmten Wohnungseigentümern bleibt die Möglichkeit der Beschlußanfechtung (§ 23 Abs. 4).

§ 11

Unauflöslichkeit der Gemeinschaft

(1) Kein Wohnungseigentümer kann die Aufhebung der Gemeinschaft verlangen. Dies gilt auch für eine Aufhebung aus wichtigem Grund. Eine abweichende Vereinbarung ist nur für den Fall zulässig, daß das Gebäude ganz oder teilweise zerstört wird und eine Verpflichtung zum Wiederaufbau nicht besteht.

(2) Das Recht eines Pfändungsgläubigers (§ 751 des Bürgerlichen Gesetzbuches) sowie das Recht des Konkursverwalters (§ 16 Abs. 2 der Konkursordnung), die Aufhebung der Gemeinschaft zu verlangen, ist ausgeschlossen.

I. Grundsatz der Unauflöslichkeit 1

Grundsätzliche Unauflösbarkeit der Raumeigentümergemeinschaft

1. Der Grundsatz der freien Auflösbarkeit, wie er für die Bruchteilsgemeinschaft des BGB gilt, paßt nicht für die auf ein dauerndes Zusammenleben in einem Gebäude gerichtete Gemeinschaft von Raumeigentümern. Daher läßt schon Art. 131 EGBGB die landesgesetzlichen Vorschriften unberührt, die für den Fall des uneigentlichen Stockwerkseigentums die Anwendung der §§ 749—751 BGB ausschließen und dem Konkursverwalter das Recht, die Aufhebung der Gemeinschaft zu verlangen, versagen. Auch das WEG nimmt hinsichtlich der einseitigen Auflösbarkeit der Gemeinschaft einen Standpunkt ein, der dem des BGB entgegengesetzt ist. Der Unauflösbarkeit der Gemeinschaft entspricht die Unselbständigkeit des Sondereigentums im Verhältnis zum Miteigentumsanteil.

2. Die Gemeinschaft der Raumeigentümer kann jederzeit im Einvernehmen aller Raumeigentümer durch *Vereinbarung* aufgelöst werden. Dagegen hat grundsätzlich kein Raumeigentümer das Recht, *einseitig* die Aufhebung der Gemeinschaft zu verlangen, und zwar selbst dann nicht, wenn er einen wichtigen Grund hierfür geltend macht; ihm bleibt nur die Möglichkeit, durch Veräußerung seines Raumeigentums aus der Gemeinschaft auszuscheiden. Die Vorschrift ist **zwingend**, eine abweichende Vereinbarung der Raumeigentümer (mit Ausnahme des im § 11 Abs. 1 Satz 3 geregelten Falles) daher unzulässig und nichtig. Das gilt allerdings nur für „Vereinbarungen" i. S. des § 10 Abs. 2, also für im Grundbuch eingetragene Vereinbarungen; schuldrechtliche Verträge, die nur die Vertragsteile und ihre Erben verpflichten, bleiben zulässig. Die Raumeigentümer können sich verpflichten, das in Raumeigentum aufgeteilte Grundstück unter Aufhebung der Gemeinschaft real zu teilen (BayObLG Rpfleger **80** 110). Selbst die völlige Zerstörung der Wohnanlage führt noch nicht zur Aufhebung der Gemeinschaft (vgl. § 9 Abs. 1 Nr. 2). 2

Eine Begründung des Wohnungseigentums unter der Bedingung, daß die Gemeinschaft zu einem bestimmten Zeitpunkt beendet sei, wenn dies einer der Teilnehmer verlange, ist rechtsunwirksam (BayObLGZ **79** 414, 422). 3

Sind die Raumeigentümer im Grundbuch eingetragen, können Willensmängel bei der Gründung (§ 3) nicht mehr geltend gemacht werden; das gilt für die Anfechtung wegen Irrtums ebenso wie für die Geltendmachung von Drohung und arglistiger Täuschung. Den Betroffenen bleiben Schadensersatzansprüche gegen die Schädiger, wobei der Schadensersatz unter Umständen darin bestehen kann, daß die schädigenden Raumeigentümer das Raumeigentum des Anfechtenden zu übernehmen haben (vgl. *Soergel/Baur* § 3 Rdn. 9). Zur Rechtslage **vor** dem Grundbuchvollzug s. § 3 Rdn. 61 ff. 4

Haben die späteren Raumeigentümer zur Errichtung der Wohnanlage eine Zweckgesellschaft gebildet, so kann die Auslegung ihrer Abreden ergeben, daß sie auf ihre rechtlichen Beziehungen schon vor Eintragung im Grundbuch § 11 angewendet wissen wollen. Mangels einer dahingehenden Vereinbarung darf die Zweckgesellschaft jedenfalls aus einem wichtigen Grunde gekündigt werden. 5

3. Aufhebung durch Übereinkunft ist jederzeit möglich; den Raumeigentümern bleibt die Art der darauf folgenden Auseinandersetzung überlassen; sie können einfaches Miteigentum eintreten lassen oder das Grundstück einem Dritten übereignen, ohne daß sich dabei die Sondereigentumsrechte ändern. Ein Mehrheitsbeschluß genügt zur Aufhebung nicht. Die Aufhebungsvereinbarung bedarf der Form des § 313 BGB, wenn Verpflichtungen zur Übertragung oder Erwerb des Eigentums Gegenstand der 6

Vereinbarung sind, Anwendung des § 4 braucht nicht in Betracht zu kommen, z. B. wenn alle Sondereigentumsrechte auf einen Käufer übertragen werden, der allerdings die Aufhebung durch Schließung des Wohnungsgrundbuchs herbeiführen kann (§ 1 Nr. 1 Abs. 3). Nach vereinbarter Aufhebung der Gemeinschaft können Gläubiger und Konkursverwalter die ihnen gemäß § 751 BGB zukommenden Befugnisse nunmehr ausüben.

7 4. Der Ausschluß einer einseitigen Aufhebbarkeit der Gemeinschaft gilt nach § 11 Abs. 2 WEG auch gegenüber dem Konkursverwalter im Konkurse über das Vermögen eines Miteigentümers (abweichend von § 16 Abs. 2 KO). Die Pfändung des Miteigentumsanteils an einem Grundstück ist unzulässig; der Gläubiger kann die Beschlagnahme des Raumeigentums seines Schuldners nach § 864 Abs. 1 ZPO betreiben, nicht Aufhebung der Gemeinschaft verlangen. Der Konkursverwalter darf das Raumeigentum des Konkursschuldners durch Zwangsversteigerung oder freihändigen Verkauf verwerten; Rechte aus §§ 17, 19/20 KO stehen ihm nicht zu (OLG Düsseldorf NJW 70 1137). Zu den Bewirtschaftungskosten nach Konkurseröffnung als Masseschulden oder Massekosten (§ 59 Nr. 1, 2 KO) s. OLG Düsseldorf, aaO; *Röll*, NJW **76** 1473, V).

8 5. Zur Aufhebung der Gemeinschaft am Verwaltungsvermögen, im besonderen Bankguthaben und Bargeldbestände, s. § 1 Rdn. 25: Der Gläubiger eines Raumeigentümers kann den Anteil pfänden und sich überweisen lassen, der dem Raumeigentümer nach Billigung der Jahresabrechnung durch die Versammlung der Eigentümer ihm zugewiesen wird; er kann aber nicht die Gemeinschaft am Verwaltungsvermögen aufkündigen.

9 **II Ausnahmen bei Zerstörung des Gebäudes** (§ 11 Abs. 1 Satz 3)

1. Abweichende Vereinbarung

Der Grundsatz, daß kein Raumeigentümer die Aufhebung der Gemeinschaft verlangen kann, gilt auch dann, wenn das Gebäude ganz oder teilweise zerstört worden ist; das WEG läßt jedoch eine von diesem Grundsatz abweichende Vereinbarung der Raumeigentümer für den Fall zu, daß eine solche Zerstörung eintritt und eine Verpflichtung zum Wiederaufbau nicht besteht. Diese Vorschrift (§ 11 Abs. 1 Satz 3) ist (im Gegensatz zu § 11 Abs. 1 Satz 1 u. 2) ihrerseits abdingbar, kann also durch abweichende Vereinbarung ausgeschlossen oder eingeschränkt werden. Ist dies nicht geschehen, so steht es den Raumeigentümern frei, zu vereinbaren, daß jeder von ihnen die Aufhebung der Gemeinschaft verlangen kann, wenn das Gebäude ganz oder teilweise zerstört werden sollte und eine Verpflichtung zum Wiederaufbau nicht besteht. Wiederaufbau kann vereinbart werden; dann besteht für alle Raumeigentümer Aufbaupflicht. Zulässig ist auch der Ausschluß jeder Aufbaupflicht durch Vereinbarung (nicht durch Mehrheitsbeschluß), selbst für den Fall, daß eine Versicherungssumme fällig wird und der Grad der Zerstörung gering ist. Mangels einer Ausschlußvereinbarung ist eine Wiederaufbaupflicht gegeben, wenn der Grad der Zerstörung nicht die Hälfte des Wertes des gemeinschaftlichen Eigentums übersteigt und ein ausreichender Versicherungsbetrag zur Verfügung steht; denn in einem solchen Fall entspricht der Wiederaufbau einer ordnungsmäßigen Verwaltung (§§ 21 Abs. 3 und 4; 22 Abs. 2).

10 **2. Anspruch auf Aufhebung der Gemeinschaft**

Der Anspruch setzt also voraus, daß das Gebäude ganz oder teilweise zerstört worden ist, eine Verpflichtung zum Wiederaufbau nicht besteht und eine Vereinbarung i. S. von § 11 Abs. 1 Satz 3 WEG getroffen worden ist. Sind diese Voraussetzungen gegeben, so steht der Anspruch jedem Raumeigentümer zu; er richtet sich gegen die übrigen Raumeigentümer (§ 749 BGB) und geht auf Einwilligung in die Aufhebung der Gemeinschaft. Verweigert ein Raumeigentümer die Einwilligung in die Aufhebung, so hat auf Antrag das Gericht hierüber im Verfahren der freiwilligen Gerichtsbarkeit zu entscheiden (§ 43 WEG). Über Streitigkeiten, die sich zur Art der Auseinandersetzung und zur Teilung des Erlöses einstellen, entscheidet dagegen das Prozeßgericht (§ 43 Abs. 1). Ein dagegen verstoßender Abgabebeschluß eines Prozeßgerichts (§ 46) bindet, weil er offensichtlich unrichtig ist, das Gericht der freiwilligen Gerichtsbarkeit nicht (BayObLGZ **79** 419).

3. Durchführung der Aufhebung 11

Haben die Raumeigentümer die Aufhebung der Gemeinschaft vereinbart oder hat das Gericht sie dazu angehalten, so ist die Aufhebung gem. den §§ 752 ff BGB (Teilung und Schuldenberichtigung) durchzuführen, wobei es einer besonderen Aufhebung der Sondereigentumsrechte nicht bedarf. Die den Aufhebungsanspruch begründende Vereinbarung bedarf der Form des § 313 BGB, wenn sie eine Verpflichtung zum Erwerb oder zur Veräußerung des Grundstücks oder eines Raumeigentums zum Inhalt hat.

4. Den Aufhebungsanspruch kann der Gläubiger des Raumeigentümers pfänden 12
lassen und die Zwangsversteigerung des Grundstücks zum Zwecke der Auseinandersetzung (§§ 180 ff ZVG) betreiben; wegen seiner Forderung kann er sich an den dem Raumeigentümer zugeteilten Erlösanteil halten.

Der Gläubiger aller Raumeigentümer kann die Zwangsvollstreckung in das Grundstück betreiben, einer Versteigerung zum Zwecke der Auseinandersetzung bedarf es nicht.

5. § 11 Abs. 1 Satz 3 ist eine Ausnahmeregelung; sie läßt sich deshalb nicht aus- 13
dehnen auf den Fall, daß der Bau der Wohnanlage nicht fristgerecht oder überhaupt nicht — etwa mangels behördlicher Baugenehmigung — errichtet wird. Es steht den Beteiligten frei, die Aufhebung zu vereinbaren und die Auseinandersetzung etwaigen Vermögens vorzunehmen; Weigerung eines Raumeigentümers kann in diesem Zusammenhang als unzulässige Rechtsausübung nicht zu beachten sein (str.).

§ 12

Veräußerungsbeschränkung

(1) Als Inhalt des Sondereigentums kann vereinbart werden, daß ein Wohnungseigentümer zur Veräußerung seines Wohnungseigentums der Zustimmung anderer Wohnungseigentümer oder eines Dritten bedarf.

(2) Die Zustimmung darf nur aus einem wichtigen Grunde versagt werden. Durch Vereinbarung gemäß Absatz 1 kann dem Wohnungseigentümer darüber hinaus für bestimmte Fälle ein Anspruch auf Erteilung der Zustimmung eingeräumt werden.

(3) Ist eine Vereinbarung gemäß Absatz 1 getroffen, so ist eine Veräußerung des Wohnungseigentums und ein Vertrag, durch den sich der Wohnungseigentümer zu einer solchen Veräußerung verpflichtet, unwirksam, solange nicht die erforderliche Zustimmung erteilt ist. Einer rechtsgeschäftlichen Veräußerung steht eine Veräußerung im Wege der Zwangsvollstreckung oder durch den Konkursverwalter gleich.

Schrifttum

Schmedes, Bedarf die Übertragung eines ideellen Anteils an einer Eigentumswohnung auf den anderen Anteilsberechtigten der Zustimmung der Raumeigentümer, Rpfleger **74** 421; *Weimar,* Vermietung einer Eigentumswohnung, JR **75** 184; Vollstreckung in das Wohnungseigentum, BlGBW **76** 188; *Schwarz,* Veräußerungsbeschränkungen im WEG, BlGBW **71** 186; *Diester,* Grenzen der Anwendbarkeit des § 12, Veräußerungsbeschränkungen bei Eigentumswohnungen, Rpfleger **74** 245; *Röll,* Die Zustimmung zu Veräußerungen nach § 12 WEG, DWE **79** 36; *Furtner,* Rechtsgeschäftliche Verfügungsbeschränkung und ihre Sicherung, NJW **66** 182/188, III; *Riedler,* Die Zustimmung zur Vermietung der Eigentumswohnung, ZMR **78** 160; *Kühn,* Zur Selbstauskunft des Erwerbers über seine Einkommens- und Vermögensverhältnisse gegenüber dem Verwalter, BlGBW **80** 226; *Velbert,* ausreichende Begründung der Zustimmungsablehnung NJW **82** 96.

Übersicht

	Rdn.
I. Einschränkung der Veräußerungsbefugnis	
1. Allgemeines	1—4
2. Umfang der Einschränkungsmöglichkeit	5—7
3. Abdingbarkeit des § 12 WEG	8
4. Personenkreis des § 12 Abs. 1	9
II. Die Vereinbarung	
1. Sondercharakter der Vereinbarung nach § 12	10—13
2. Zustimmung dinglich Berechtigter	14
III. Zustimmung zur Veräußerung	
1. Wirksamkeit der Veräußerung	15—22
2. Grundbuchrechtliche Fragen	23—25
IV. Anspruch auf Zustimmung	
1. Allgemeines	26—29
2. Durchsetzung des Anspruchs	30
V. Vorkaufsrecht	31
VI. Geschäftswert	32

1 **I. Einschränkung der Veräußerungsbefugnis**

1. Allgemeines

Um den Raumeigentümern einen Schutz gegen das Eindringen unerwünschter Personen in ihre Gemeinschaft zu gewähren, läßt § 12 WEG nach dem Vorbild des § 5 Abs. 1 ErbRVO eine Durchbrechung der Vorschrift des § 137 BGB, der eine dinglich wirkende Ausschließung oder Beschränkung der Befugnis zur Verfügung über ein veräußerliches Recht verbietet, dahin zu, daß durch Vereinbarung der Raumeigentümer mit dinglicher Wirkung die Befugnis eines Raumeigentümers zur Veräußerung seines Raumeigentums von der Zustimmung anderer Raumeigentümer oder eines Dritten abhängig gemacht werden kann (vgl. BayObLGZ **72** 348/5). Das Gesetz schreibt ein solches Zustimmungserfordernis nicht vor, sondern ermächtigt nur die Raumeigentümer, es durch Vereinbarung einzuführen.

2 § 12 ist eine Ausnahmevorschrift; eine ausdehnende Auslegung ist nicht zulässig (BGHZ **37** 209): die Veräußerung kann nur für zustimmungsbedürftig erklärt, aber nicht ausgeschlossen werden. Die Vorschrift läßt eine Ausnahme von § 137 Satz 1 BGB auch nur hinsichtlich der Veräußerung, nicht — wie § 5 ErbRVO — der Belastung mit dinglichen Rechten zu, gleichviel, ob es sich dabei um Grundpfandrechte oder dingliche Wohnungsrechte oder Dauerwohnrechte handelt; die Raumeigentümer können die Regelung des § 12 auf solche Rechte nicht durch Vereinbarung (§ 10) ausdehnen, ihre Begründung mit der Besonderheit des Absatzes 3 für zustimmungsbedürftig erklären. Freilich kann als Inhalt des Sondereigentums vereinbart werden, daß sich die Raumeigentümer (schuldrechtlich) verpflichten, solche Rechte nur mit Zustimmung Dritter zu begründen, mit der Folge, daß nach Eintragung im Grundbuch die Vereinbarung auch gegenüber Sonderrechtsnachfolgern eines Wohnungseigentümers wirken. Es handelt sich aber dann nicht um eine Vereinbarung, die, im Grundbuch eingetragen, die Rechtsnachfolge des Absatzes 3 des § 12 nach sich zieht. Mit dieser Einschränkung kann BGHZ **37** 203 zugestimmt werden, wonach als Inhalt des Sondereigentums ver-

einbart und in das Grundbuch eingetragen werden kann, daß die Belastung eines Wohnungseigentums mit einem Wohnungsrecht oder Dauerwohnrecht der Zustimmung eines Dritten oder der anderen Raumeigentümer bedürfe. Auf die überzeugenden Ausführungen von *Weitnauer,* DNotZ **63** 182 sei verwiesen.

Auch andere Beschränkungen sind zulässig (BGHZ **49** 257), soweit sie § 137 **3**
Satz 1 BGB nicht widersprechen, also keine Verfügungsbeschränkung enthalten. Solche Beschränkungen erlangen durch Eintragung im Grundbuch „dingliche Wirkung" (§ 10 Abs. 2), sie nehmen aber an dem Schutz des Absatzes 3 des § 12 nicht teil. So können Vermietung oder Verpachtung der Eigentumswohnung (BayObLGZ **62** 16; BGHZ **37** 203), ebenso die Vorratsteilung (BGHZ **49** 250; BayObLG DNotZ **78** 626) zustimmungsbedürftig gemacht werden.

Die Veräußerungsbeschränkung des Absatzes 1 muß nicht umfassend sein, so **4**
kann Veräußerung an den Ehegatten oder Verwandte des Wohnungseigentümers von der Zustimmungsbedürftigkeit freigestellt werden.

2. Umfang der Einschränkungsmöglichkeit **5**

Für die *Auslegung* einer im Grundbuch eingetragenen Veräußerungsbeschränkung ist maßgebend, welche nächstliegende Bedeutung dem Eintrag und den darin zulässigerweise in Bezug genommenen Urkunden für den unbefangenen Leser zukommt; Veräußerung bedeutet rechtsgeschäftliche Übertragung unter Lebenden. Vereinbarungen sind als Beschränkungen zugunsten des Veräußerers eng auszulegen.

Ist die *Veräußerung* für zustimmungsbedürftig erklärt, so kann darunter mangels **6**
entgegenstehender Anhaltspunkte zu verstehen sein nicht nur die Veräußerung eines Raumeigentumsrechtes im ganzen, sondern auch seine teilweise Veräußerung, nicht nur die freihändige Veräußerung, sondern auch die Veräußerung in den Fällen der §§ 18 und 19 WEG sowie die Veräußerung im Wege der Zwangsvollstreckung und durch den Konkursverwalter (§ 12 Abs. 3 Satz 2), auch die Veräußerung an andere Raumeigentümer (BayObLG Rpfleger **77** 173; KG Rpfleger **78** 382; OLG Stuttgart OLGZ **73** 179, s. auch LG Nürnberg-Fürth MittBayNot. **80** 75); „Veräußerung" kann ferner erfassen die Übertragung eines ideellen Miteigentumsanteils an einem Raumeigentum auf einen anderen Mitteilhaber (OLGZ **78** 296; OLG Celle Rpfleger **74** 438), die Rückveräußerung nach Aufhebung des zugrunde liegenden Kaufvertrages (BayObLGZ **76** 328), die Veräußerung des Wohnungseigentums, das bei Begründung nach § 3 dem bisherigen Miteigentümer zugefallen war, an einen anderen der bisherigen Miteigentümer (OLG Hamburg OLGZ **82** 53), die Übertragung des Wohnungseigentums von der Erbengemeinschaft auf einen Miterber, auch wenn sie der Erfüllung einer Teilungsanordnung dient (BayObLG MDR **82** 496), die Veräußerung an den Miterben einer Erbengemeinschaft (BayObLGZ **82** 46; KG Rpfleger **78** 382; OLG Celle Rpfleger **74** 438), Veräußerung an einen Gläubiger eines Wohnungseigentümers „zur Rettung seines Grundpfandrechtes" (LG Düsseldorf Rpfleger **81** 193), von Ehegatte zu Ehegatte; zur Übertragung von Sondernutzungsrechten s. BGHZ **73** 150.

Die Veräußerungsbeschränkung erstreckt sich dagegen mangels anders lautender **7**
Vereinbarung nicht auf die Rückübertragung des Eigentums, nachdem der Kaufvertrag angefochten, Wandlung oder Rücktritt erklärt wurde: die ursprüngliche Zustimmung zur Veräußerung enthält auch die Zustimmung zur Rückübereignung, die sich aus einer gesetzlichen Rückgabepflicht ergibt (vgl. *Pikalo/Bendel,* GrdstVG, S. 275, letzter Absatz zum vergleichbaren § 2 GrdstVG); nicht erfaßt wird die Erstveräußerung, wenn der Grundstückseigentümer in der Teilungserklärung die Zustimmung zur Veräuße-

rung als zustimmungsbedürftig bestimmt hat (LG Lüneburg DWE **76** 124; LG München DNotZ **62** 193; LG Bielefeld Rpfleger. **74** 111), auch wenn die letzte (Erst-) Veräußerung erst nach Jahren stattfindet, ferner nicht die Übertragung eines Erbteils, das im wesentlichen aus einem Wohnungseigentum besteht (LG München MittBayNotV **79** 119), der Erwerb aufgrund Erbgangs (OLG Hamm Rpfleger **79** 461; LG Nürnberg/Fürth DNotZ **76** 602), der Eintritt der Gütergemeinschaft, die Veräußerung oder Versteigerung des ganzen Grundstücks, die Eintragung einer Vormerkung zugunsten des Käufers der Eigentumswohnung (BayObLGZ **64** 237), die reale Vorratsteilung (BGHZ **49** 250), die Veräußerung von Teilen des Sondereigentums (Keller, Lagerraum, Garage) an andere Raumeigentümer (OLG Celle DNotZ **75** 45), die Veränderung der Größe der Miteigentumsanteile ohne Änderung des damit verbundenen Sondereigentums, auch nicht der Tausch von Räumen, die Aufteilung des Erbbaurechts durch Vorratsteilung (BayObLG DNotZ **78** 626), die Teilung des Raumeigentums. Da Vertragsfreiheit besteht, kann aber auch in diesen Fällen die Verpflichtung zur Einholung der Zustimmung ausdrücklich vorgesehen werden; für solche Vereinbarungen gilt aber Abs. 3 nicht. Zur Zustimmungsbedürftigkeit des Tausches von Sondernutzungsrechten an Garagen s. LG Hamburg Rpfleger **75** 366.

8 **3. Abdingbarkeit des § 12 WEG**

Die den Raumeigentümern zustehende Befugnis, die Veräußerung von Raumeigentum von der Zustimmung anderer Raumeigentümer oder eines Dritten abhängig zu machen, darf durch Vereinbarung beschränkt, aber nicht erweitert werden. *Unabdingbar* ist § 12 Abs. 2 Satz 1, wie sich aus Satz 2 ergibt; durch Vereinbarung kann also nicht bestimmt werden, daß die Zustimmung auch aus einem anderen als einem wichtigen Grunde versagt werden dürfe (BayObLGZ **80** 29). Abdingbar sind § 12 Abs. 1 und Abs. 3 Satz 2; es kann das Zustimmungserfordernis nur für bestimmte Fälle von Veräußerungen (z. B. nur die von Teileigentum oder nur die von Wohnungseigentum oder nur die eines einzelnen Raumeigentumsrechtes) vereinbart oder für bestimmte Fälle (z. B. die Veräußerung nach den §§ 18, 19 oder im Wege der Zwangsvollstreckung oder durch den Konkursverwalter — § 12 Abs. 3 Satz 2 — oder die Veräußerung an einen anderen Raumeigentümer) ausgeschlossen oder dem Raumeigentümer — auch dem Vollstreckungsgläubiger oder dem Konkursverwalter in den Fällen des § 12 Abs. 3 Satz 2 — über die Vorschrift des § 12 Abs. 2 Satz 1 hinaus für weitere bestimmte Fälle ein Anspruch auf Erteilung der Zustimmung eingeräumt werden (§ 12 Abs. 2 Satz 2).

9 **4. Personenkreis des § 12 Abs. 1**

Beschränkt werden kann die Veräußerungsbefugnis entweder eines einzigen Raumeigentümers oder mehrerer oder aller Raumeigentümer. Erfordert werden kann die Zustimmung aller anderen Raumeigentümer oder einiger von ihnen oder eines bestimmten einzelnen Raumeigentümers (z. B. des Wohnungsnachbarn); erforderlich kann aber auch sein die Zustimmung eines Dritten (z. B. des Verwalters oder eines Grundstücksnachbarn) oder mehrerer Dritter, wobei es genügt, wenn sie in der Vereinbarung so bezeichnet werden, daß sie bestimmt werden können. Der „Dritte" (Verwalter) handelt dabei als Treuhänder der Wohnungseigentümer, die ihm bindende Weisungen geben können, solange die Entscheidung aussteht; die Entscheidung hat nach außen hin nur er zu treffen (BayObLGZ **80** 29; **77** 42). Ist kein Verwalter bestellt, fällt die Zustimmung oder Ablehnung der Gemeinschaft zu. Sie kann im einzelnen Fall auf den Schutz des § 12 verzichten und die erforderliche Zustimmung ohne weitere Prüfung durch Mehrheitsbeschluß erteilen (vgl. LG Traunstein MittBayNotV **81** 250).

„Dritter i. S. des § 12 Abs. 1 kann nicht ein Grundpfandgläubiger sein, da eine Vereinbarung, durch die sich der Grundstückseigentümer dem Gläubiger gegenüber verpflichtet, das Grundstück nicht zu veräußern, nach den §§ 1136, 1192 und 1199 BGB nichtig ist und diese Vorschriften in ihrer Geltung durch § 12 Abs. 1 WEG nicht berührt werden (str., vgl. BGHZ **76** 373).

II. Die Vereinbarung 10

1. Sondercharakter der Vereinbarung nach § 12

a) Während andere Vereinbarungen i. S. des § 10 Abs. 2 WEG der Eintragung im Grundbuch nur bedürfen, um gegenüber Sondernachfolgern der Raumeigentümer wirksam zu sein, können Vereinbarungen nach § 12 nur als Inhalt des Sondereigentums getroffen werden und bedürfen als solche nach § 7 Abs. 1 Satz 2, Abs. 3 der Eintragung im Grundbuch. Gegenüber dem § 10 Abs. 2 hat die Vorschrift des § 12 Abs. 1 auch insoweit selbständige Bedeutung, als die Veräußerung von der Zustimmung eines Dritten abhängig gemacht werden kann, denn insoweit handelt es sich nicht um eine Vereinbarung, durch welche die Raumeigentümer ihr Verhältnis untereinander regeln. § 12 Abs. 1 bildet auch (ebenso wie § 5 ErbRVO) eine Ausnahme von dem Grundsatz, daß rechtsgeschäftliche Beschränkungen der Veräußerungsbefugnis nicht eintragungsfähig sind. Zur Begründung der Vereinbarung im Sinne des Absatzes 1 ist Einigung und Eintragung im Wohnungsgrundbuch erforderlich (§ 873 BGB).

b) Die eingetragene Veräußerungsbeschränkung hat *absolute* Wirkung; sie geht 11
über jene der Vormerkung und des Veräußerungsverbotes (vgl. § 888 BGB) hinaus; Veräußerung und der ihr zugrunde liegende schuldrechtliche Vertrag sind gegenüber jedem schwebend unwirksam, solange die erforderliche Zustimmung nicht erteilt ist (vgl. BGHZ **33** 87). Die Eintragung ist von Amts wegen zu beachten (Hamm OLGZ **67** 109). Nachträgliche Genehmigung wirkt zurück (§ 184 Abs. 2 BGB). Ist die Zustimmung versagt, aber trotzdem die Veräußerung im Grundbuch eingetragen worden, ist Beschwerde gegen den Eintrag mit dem Ziele der Eintragung eines Amtswiderspruches zulässig (§ 71 Abs. 2 GBO; vgl. KG Rpfleger **72** 174); da das Grundbuch unrichtig ist, steht dem Veräußerer der Berichtigungsanspruch zu (§ 894 BGB). Ist die Zustimmung zu Unrecht versagt worden, kann die Eintragung der Veräußerung mit der nachträglichen Genehmigung wirksam werden.

Beabsichtigt der Eigentümer eine Veräußerung, weil nach seiner Auffassung die 12
eingetragene Veräußerungsverfügung nicht im Wege stehe, ist Antrag auf Unterlassung zulässig (§ 43 Abs. 1 Nr. 1).

c) Zur materiell-rechtlichen Wirksamkeit der Veräußerungsbeschränkung genügt 13
der Vollzug im Grundbuch durch Bezugnahme auf die Eintragungsbewilligung (§ 7 Abs. 3); denn die Veräußerungsbeschränkung ist Inhalt des Wohnungseigentums (BGHZ **19** 359). Zum formellen Grundbuchvollzug schreibt aber § 3 Abs. 2 WGBVfg. vor, daß vereinbarte Veräußerungsbeschränkungen ausführlich einzutragen sind; auf die Einhaltung dieser Vorschrift müssen sich die Beteiligten verlassen können. Wenn auch nicht alle Einzelheiten in das Grundbuch einzutragen sind, so doch — unter Bezugnahme auf die Eintragungsbewilligung im übrigen — das Ausmaß der Beschränkung, die Begünstigten und gegebenenfalls die vorgesehenen Ausnahmen der Beschränkung (vgl. dazu LG Kempten Rpfleger **68** 58; LG Marburg Rpfleger **68** 26; LG Göppingen Rpfleger **66** 14; LG Mannheim Rpfleger **63** 301; BayObLGZ **79** 230; *Diester*, Rpfleger **68** 41, 207; *Weitnauer*, Rpfleger **68** 205). Zum entsprechenden Vermerk im Hypothekenbrief s. §§ 5, 3 Abs. 1 c, Abs. 3 WGBVfg. und LG Saarbrücken Rpfleger **68** 57; LG Kempten aaO, *Diester*, NJW **64** 1962.

14 **2. Zustimmung dinglich Berechtigter**

Sind einzelne Miteigentumsanteile selbständig mit dinglichen Rechten belastet, so bedarf eine Vereinbarung nach § 12 zur Grundbucheintragung als Änderung des Inhalts eines Rechts an einem Grundstück in analoger Anwendung der §§ 877, 876 BGB der Zustimmung des dinglich Berechtigten. Ist das Grundstück als Ganzes belastet, so ist die Zustimmung der dinglichen Berechtigten zu einer Vereinbarung nach § 12 nicht erforderlich, weil ihre Rechte am Grundstück durch die Vereinbarung nicht betroffen werden. Sind alle Miteigentumsanteile mit Gesamthypotheken (Gesamtgrundschulden, Gesamtrentenschulden) belastet, so ist zu beachten: Wenn ursprünglich das Grundstück als Ganzes belastet war und erst durch die Begründung von Miteigentum Gesamtbelastung aller Anteile entstanden ist, so bedarf es der Zustimmung der dinglich Berechtigten nicht, weil ihre Stellung durch die Vereinbarung nicht schlechter wird, als sie ursprünglich war. Nicht anders, wenn die Grundpfandrechte von vornherein als Gesamtbelastungen aller Miteigentumsanteile bestellt worden sind (BayObLG NJW **58** 2018/19 str.).

15 **III. Zustimmung zur Veräußerung**

Haben die Raumeigentümer wirksam eine Vereinbarung nach § 12 WEG getroffen, so ergeben sich für den Fall der Veräußerung eines Raumeigentumsrechts die folgenden Rechtswirkungen:

1. Wirksamkeit der Veräußerung

Von der Erteilung der Zustimmung hängt die Wirksamkeit sowohl des dinglichen Veräußerungsgeschäftes wie auch des Verpflichtungsgeschäftes ab (§ 12 Abs. 3 Satz 1). Die Zustimmung ist bedingungsfeindlich und widerruflich bis zum Abschluß des Veräußerungsvertrages (*Soergel/Baur*, § 12 Rdn. 12). Sie muß dem Veräußerer oder dem Erwerber gegenüber erklärt werden, nicht dem Grundbuchamt. Auch der gerichtlich bestellte Verwalter darf eine Zustimmung erteilen (vgl. Hamm OLGZ **67** 109). Die Zustimmung des Verwalters bleibt wirksam, auch wenn sie erst nach seiner Abberufung dem Veräußerer zugeht (§ 130 BGB; LG Mannheim BWNotZ **79** 125). Der Verwalter, der Dritte oder die Raumeigentümer können aufgefordert werden, die ihnen zustehende Zustimmung innerhalb angemessener Frist (sie wird in der Regel drei bis vier Wochen dauern) zu geben; bleibt sie aus, gilt dies als Ablehnung (vgl. § 1829 Abs. 2 BGB, str.).

16 Die Zustimmung erfordert keine besondere Form (LG Mannheim Rpfleger **63** 301). Wird sie zu Unrecht versagt, kann sie durch gerichtlichen Beschluß erzwungen werden (§ 43 WEG, § 894 ZPO, BayObLGZ **77** 40), sie wird nicht durch das Gericht ersetzt, sondern ausgesprochen, daß die Genehmigung zu erteilen ist. Vom zur Zustimmung berufenen Verwalter kann nicht eine generelle Zustimmung für mögliche Veräußerungen verlangt werden, die Zustimmung zur Veräußerung einer eigenen Eigentumswohnung kann er nicht erteilen (LG Traunstein MittBayNot. **80** 164).

17 Hat der Verwalter die Zustimmung versagt, kann sie durch Mehrheitsbeschluß erteilt werden, wenn Anrufung der Raumeigentümerversammlung vereinbarungsgemäß zulässig ist; den Raumeigentümern bleibt unbenommen, dem Verwalter bindende Anweisung zu erteilen, falls er noch nicht selbst entschieden hat (BayObLGZ **80** 34/35). Hat er diesen Weisungen entgegen die Zustimmung erteilt, ist diese zwar rechtswirksam, sein Verhalten kann aber einen Abberufungsgrund bilden.

18 Wird die Zustimmung von den Zustimmungsberechtigten vor Abschluß des Verpflichtungsgeschäftes erteilt („Einwilligung" nach § 183 BGB), so ist dieses — und da-

mit auch das dingliche Geschäft — von vornherein wirksam. Wird die Zustimmung nach Abschluß des Verpflichtungsgeschäftes („Genehmigung" nach § 184 BGB), aber vor dem Abschluß des dinglichen Geschäftes erteilt, so wird das Verpflichtungsgeschäft mit der Erteilung der Zustimmung wirksam, das dingliche Geschäft ist von vornherein wirksam. Wird die Genehmigung nach dem Abschluß des dinglichen Geschäfts erteilt, so wird dies — und zugleich das Verpflichtungsgeschäft — mit der Erteilung der Genehmigung wirksam. Die Genehmigung wirkt auf den Zeitpunkt des Vertragsschlusses zurück (§ 187 Abs. 1 BGB).

Wird die Genehmigung des schuldrechtlichen oder des dinglichen Rechtsgeschäfts **19** von einem Zustimmungsberechtigten endgültig verweigert und auch nicht durch gerichtliche Entscheidung (§ 43 WEG) herbeigeführt, so bleiben beide Rechtsgeschäfte von Anfang an unwirksam.

Wird das schuldrechtliche oder das dingliche Veräußerungsgeschäft vor Erteilung **20** der Zustimmung der Zustimmungsberechtigten abgeschlossen, so ist es bis zur Erteilung oder Versagung der Zustimmung schwebend unwirksam (BayObLGZ **80** 335; **81** 204). Während dieses Schwebezustandes sind die Vertragsparteien an ihren Vertrag gebunden und einander verpflichtet, sich um die Erlangung der Genehmigung der Zustimmungsberechtigten zu bemühen.

Das in den Randnoten 18—20 Ausgeführte gilt entsprechend auch für die freiwil- **21** lige Versteigerung (§§ 19, 53 ff WEG), die Zwangsversteigerung und die Veräußerung durch den Konkursverwalter (§ 12 Abs. 3 Satz 2). Ist der Raumeigentümer zur Auflassung verurteilt (§ 894 ZPO), handelt es sich im Sinne des Absatzes 3 um eine rechtsgeschäftliche Veräußerung. Wenn die Zustimmung zur Veräußerung verweigert wird, kann der Erwerber den Anspruch des Raumeigentümers auf Zustimmung pfänden und sich zur Ausübung überweisen lassen (BGHZ **33** 88). Diesen Anspruch macht er alsdann vor dem Amtsgericht (§ 43) geltend, wenn die Zustimmung vom Verwalter oder den Raumeigentümern zu erteilen ist (§ 43 Abs. 1 Nr. 1 und 2), andernfalls vor dem Prozeßgericht. Die Zustimmung muß nicht schon bei Einleitung oder Durchführung des Zwangsversteigerungsverfahrens vorliegen, sie ist aber zur Zuschlagserteilung erforderlich (BGHZ **33** 88; LG Berlin Rpfleger **76** 149; str.). Deshalb können auch gegen Einleitung und Durchführung des Versteigerungsverfahrens die Rechtsbehelfe der §§ 766, 772 ZPO nicht unter Berufung auf die Genehmigungsbedürftigkeit geltend gemacht werden. Absatz 3 Satz 2 erstreckt sich weder auf Arrest noch auf einstweilige Verfügung, auch nicht auf Zwangsverwaltung und Eintragung einer Zwangshypothek. Da Interessen der Gemeinschaft nicht mehr gefährdet werden, wenn das ganze Grundstück verkauft oder versteigert wird, bedarf es in diesem Falle keiner Zustimmung (BayObLGZ **58** 273). Wird ein Zuschlag erteilt, ohne daß die erforderliche Zustimmung vorlag und wird dieser Beschluß rechtskräftig, geht das Eigentum durch Zuschlag über, denn es handelt sich um einen Rechtserwerb kraft hoheitlichen Aktes, Ansprüche wegen Amtspflichtverletzung (§ 839 BGB) bleiben unberührt.

Im Konkursverfahren macht der Verwalter in eigenem Namen den Anspruch des **22** Konkursschuldners auf Zustimmung geltend (§ 6 KO; Hamm OLGZ **66** 574). Der Zustimmung bedürfen sowohl die freihändige Veräußerung wie der Zuschlag in dem vom Konkursverwalter veranlaßten Zwangsversteigerungsverfahren, wenn eine entsprechende Veräußerungsbeschränkung vereinbart ist.

2. Grundbuchrechtliche Fragen **23**

Ist die Beschränkung der Veräußerungsbefugnis eines Raumeigentümers nach § 12 Abs. 1 WEG als Inhalt des Sondereigentums im Grundbuch eingetragen und geht ein

Antrag auf Umschreibung des Raumeigentums auf den Erwerber beim Grundbuchamt ein, so hat dieses den Nachweis zu verlangen, daß die Zustimmungsberechtigten der Veräußerung zugestimmt haben, weil es die Verfügungsbefugnis des Veräußerers von Amts wegen nachzuprüfen hat (BayObLGZ **80** 335).

24 Der Nachweis der Zustimmung muß in der Form des § 29 GBO geführt werden. Steht den Raumeigentümern die Befugnis zu, zuzustimmen, genügt Vorlage der Niederschrift über den Zustimmungsbeschluß mit Unterschriftenbeglaubigung (BayObLGZ **61** 392).

25 *Gutgläubiger Erwerb* des Raumeigentums durch einen Dritten ist nicht möglich, weil ihm die eingetragene Beschränkung der Veräußerungsbefugnis des Raumeigentümers entgegensteht; dies gilt auch dann, wenn das Grundbuchamt unzulässigerweise den Erwerber trotz fehlender Zustimmung eingetragen hat. Ist die Beschränkung der Veräußerungsbefugnis nicht eingetragen, so kann die Frage nach gutem oder bösem Glauben überhaupt nicht auftreten, weil die Beschränkung wirkungslos, das Grundbuch daher nicht unrichtig ist; der Erwerber erlangt in diesem Falle mit seiner Eintragung das ihm veräußerte Raumeigentum.

26 **IV. Anspruch auf Zustimmung** (§ 12 Abs. 2 WEG)

1. Allgemeines

§ 12 Abs. 2 WEG ist dem § 7 Abs. 1 ErbVO nachgebildet. Da nach der unabdingbaren Vorschrift des § 12 Abs. 2 Satz 1 WEG die Zustimmung nur aus einem wichtigen Grunde versagt werden darf, steht dem veräußernden Raumeigentümer in allen anderen Fällen, in denen die Zustimmung verweigert wird, ein Anspruch auf Erteilung der Zustimmung zu. Wenn nach § 12 Abs. 2 Satz 2 „darüber hinaus" durch Vereinbarung dem veräußernden Raumeigentümer für bestimmte Fälle ein Anspruch auf Erteilung der Zustimmung eingeräumt werden kann, so bedeutet das einmal, daß bei entsprechender Vereinbarung die Zustimmung in gewissen Fällen auch bei Vorliegen eines wichtigen Grundes nicht verweigert werden darf, zum anderen, daß für gewisse Fälle, in denen es zweifelhaft sein kann, ob ein „wichtiger Grund" für die Versagung der Zustimmung vorliegt (z. B. bei Veräußerung eines Wohnungseigentumsrechtes in einem reinen Wohnhause an einen Gewerbetreibenden als Teileigentum), die Beantwortung der Frage in verneinendem Sinne von vornherein klargestellt ist. Die gleichen Ansprüche auf Erteilung der Zustimmung, die ein veräußernder Raumeigentümer hat, stehen bei der freiwilligen Versteigerung nach §§ 19, 53 ff dem Antragsteller (§ 54 Abs. 1), in den Fällen des § 12 Abs. 3 Satz 2 bei der Zwangsversteigerung dem betreibenden Gläubiger, im Konkurse dem Konkursverwalter zu. Der Gläubiger einer Geldforderung gegen einen Raumeigentümer kann dessen Anspruch auf Erteilung der Zustimmung nach § 857 ZPO pfänden und sich überweisen lassen; das gilt für alle Fälle, in denen ein Raumeigentümer einen Anspruch auf Erteilung der Zustimmung hat.

27 Die Raumeigentümer können zwar festlegen, welche Tatsachen einen wichtigen Grund ausmachen, nicht aber einen unwichtigen Grund zu einem wichtigen erklären; das Gericht wäre an diese Auffassung nicht gebunden. Die wichtigen Gründe lassen sich nicht durch unwichtige vermehren; selbst beim Vorliegen eines wichtigen Grundes darf aber die Versagung der Zustimmung ausgeschlossen werden.

Was wichtiger Grund ist, ergibt sich im Blick auf den Zweck der Vorschrift: sie will verhindern, daß Personen in die Gemeinschaft eindringen, die aufgrund ihrer persönlichen Veranlagung (z. B. streitsüchtig) das friedliche Zusammenleben stören, eine geordnete Abwicklung der finanziellen Angelegenheiten der Gemeinschaft fraglich machen (zahlungsunfähig) und damit die Gemeinschaft gefährden können (BayObLGZ **81** 203; **80** 34; **77** 42). Die Zustimmung darf also versagt werden, wenn der Bewerber — durch Tatsachen belegbar — erkennbar die so geschützten gemeinschaftlichen Interessen bedrohen kann (BayObLG Rpfleger **77** 41/42; KG OLGZ **78** 301). Eine rein abstrakte Gefahr genügt freilich nicht (LG Mannheim BB **77** 319), es müssen ausreichende Anhaltspunkte dafür gegeben sein (BayObLGZ **72** 351/52), daß der Eintritt in die Gemeinschaft für diese unzumutbar ist. Die Genehmigung darf nicht aus Gründen, die in der Person des Veräußerers liegen, z. B. großer Rückstand mit Wohngeldzahlungen, versagt werden (vgl. BayObLGZ MittBayNotV **81** 190). Im Streitfall sind Tatsachen anzuführen und zu beweisen, das Gericht braucht nicht von Amts wegen solche aufzuspüren.

Nützlichkeitserwägungen reichen nicht aus, um die Zustimmung zu versagen, **28**
etwa weil durch die Veräußerung die Möglichkeit entfällt, dem Verwalter oder dem Hausmeister eine Wohnung zu schaffen (BayObLG MDR **73** 138). Schutzwürdige Interessen werden andererseits gegeben sein, wenn der Käufer die Wohnung ihrem bisherigen Zwecke so entfremden will, daß ein friedliches Zusammenleben ernstlich gefährdet wäre: so wenn in der Wohnung ein Heim für Obdachlose eröffnet werden, tägliche Proben einer Musikband stattfinden sollen.

Um eine sachgerechte Entscheidung treffen zu können, wird man bei gegebenem **29**
Anlaß dem Käufer wie dem Verkäufer die Beantwortung von Fragen über Persönlichkeit und Vermögensverhältnisse und die voraussichtliche Benutzung der Eigentumswohnung zumuten können (s. *Kühn* aaO).

2. Durchsetzung des Anspruchs **30**

Das Gesetz gewährt dem Veräußerer — nicht dem Erwerber — einen Anspruch auf Erteilung der Zustimmung, wenn die Voraussetzungen dafür gegeben sind. Diese Regelung ist unabdingbar, entgegenstehende Vereinbarungen sind nichtig (BayObLG DNotZ **80** 751). Gegen den Anspruch kann ein Zurückbehaltungsrecht nicht geltend gemacht werden (BayObLGZ **77** 40).

V. Vorkaufsrecht **31**

Im Gegensatz zu manchen ausländischen Rechten gewährt das WEG den Raumeigentümern kein gesetzliches Vorkaufsrecht, doch können die Raumeigentümer für den Fall des Verkaufs eines Raumeigentumsrechtes ein rechtsgeschäftliches dingliches Vorkaufsrecht vereinbaren. Durch ein solches Vorkaufsrecht wird das davon betroffene Raumeigentumsrecht belastet (§§ 1094, 1095 BGB). Das Vorkaufsrecht ist daher nicht als Inhalt des Sondereigentums, sondern als Belastung des Raumeigentums (Miteigentumsanteils) im Grundbuch einzutragen (OLG Celle DNotZ **55** 320; OLG Bremen Rpfleger **77** 310).

VI. Der Geschäftswert für einen Antrag auf Erklärung der Zustimmung zur Ver- **32**
äußerung wird sich nach dem Erwerbspreis ausrichten (BayObLGZ **81** 202; KG Rpfleger **81** 325; OLG Düsseldorf Rpfleger **82** 248); s. auch OLG Hamm Rpfleger **82** 489.

§ 13

Rechte des Wohnungseigentümers

(1) Jeder Wohnungseigentümer kann, soweit nicht das Gesetz oder Rechte Dritter entgegenstehen, mit den im Sondereigentum stehenden Gebäudeteilen nach Belieben verfahren, insbesondere diese bewohnen, vermieten, verpachten oder in sonstiger Weise nutzen, und andere von Einwirkungen ausschließen.

(2) Jeder Wohnungseigentümer ist zum Mitgebrauch des gemeinschaftlichen Eigentums nach Maßgabe der §§ 14, 15 berechtigt. An den sonstigen Nutzungen des gemeinschaftlichen Eigentums gebührt jedem Wohnungseigentümer ein Anteil nach Maßgabe des § 16.

Schrifttum

Pick, Ordnungsmäßiger Gebrauch und bauliche Veränderung, NJW **72** 1741; *Weimar,* Rechtsschutz des Vermieters und Mieters einer Eigentumswohnung bei Beeinträchtigung durch Dritte, MDR **71** 726; *Kapp,* Die Nutzung von Eigentumswohnungen zu gewerblichen Zwecken, BlGBW **72** 224; *Riedler,* Zustimmung zur Vermietung, ZMR **78** 161; *Peters,* Die vermietete Eigentumswohnung, DWE **79** 106; *Gerauer,* Nutzung des Sondereigentums, Rpfleger **80** 330; *Weimar,* Schadensersatzansprüche eines Wohnungseigentümers nach dem WEG, DWE **81** 47; *derselbe,* Die vermietete Eigentumswohnung, DWE **80** 112; *Röll,* Nutzung des Sondereigentums, Rpfleger **81** 50; *Schmid,* Mietrechtliche Probleme nach Begründung und Veräußerung von Wohnungseigentum, WM **82** 34; verschiedene rechtliche Beziehungen bei der Vermietung von Eigentumswohnungen, BlGBW **82** 191.

Übersicht

	Rdn.
I. Allgemeines	1
II. Rechte aus dem Sondereigentum	
1. Grundsatz	2
in positiver Beziehung	2
in negativer Beziehung	2
2. Einschränkung	3
3. Einzelheiten	4
III. Rechte aus dem gemeinschaftlichen Eigentum	5
1. Gebrauchsvorteile	6, 7
2. Sonstige Nutzungen	8
IV. Rechte aus dem Raumeigentum als besonders ausgestaltetem Miteigentum	
1. Verfügungsrecht	9
a) über das Raumeigentum	9
b) über das Grundstück im Ganzen	9
c) über das Zubehör	9
2. Ansprüche gegen Dritte	10
V. Besitzverhältnisse	
1. Allgemeines	11
2. Besitzschutz	12
a) gegenüber Dritten	12
b) gegenüber anderen Wohnungseigentümern	12
VI. Gefahrtragung	13
VII. Besonderheiten bei Vermietung von Eigentumswohnungen	14, 15

1 **I. Allgemeines**

§ 13 umschreibt — allerdings nicht erschöpfend — die Rechte des Raumeigentümers, während § 14 seine Pflichten festlegt. Dabei unterscheidet § 13 zwischen den beiden Eigentumssphären des Raumeigentums; Abs. 1 behandelt die Rechte aus dem Sondereigentum, Abs. 2 die Rechte aus dem gemeinschaftlichen Eigentum. Nicht erwähnt werden die Rechte, die sich aus dem Raumeigentum als Ganzem ergeben. § 13 ist die Regel, nicht § 14.

2 **II. Rechte aus dem Sondereigentum (Abs. 1)**

1. Grundsatz

Jedem Wohnungseigentümer steht zu, was zur Benutzung einer Wohnung als Lebensmittelpunkt nach allgemeiner Auffassung gehört. Da der Raumeigentümer hinsichtlich seines Sondereigentums echter Alleineigentümer ist, übernimmt § 13 Abs. 1 in-

soweit die im § 903 BGB getroffene Regelung der Eigentümerbefugnisse. Danach kann der Raumeigentümer hinsichtlich der in seinem Sondereigentum stehenden Gebäudeteile:
(in *positiver* Beziehung) nach Belieben verfahren, insbesondere, wie das Gesetz durch Anführung von Beispielen erläuternd bemerkt, diese Gebäudeteile bewohnen, vermieten, verpachten oder in sonstiger Weise nutzen, sie aber auch (was das Gesetz nicht erwähnt) ergänzen, beseitigen oder verändern; durch Mehrheitsbeschlüsse kann weder in die Substanz des Sondereigentums noch in das schon vor der Errichtung des Gebäudes entstandene dingliche Anwartschaftsrecht eingegriffen werden (BayObLGZ DNotZ **73** 611);
(in *negativer* Beziehung) andere von Einwirkungen auf diese Gebäudeteile ausschließen, und zwar durch Klage auf Unterlassung oder Beseitigung (§§ 1004 ff BGB) oder auf Herausgabe nach §§ 985 ff BGB. Gegen wesentliche Beeinträchtigungen durch Geräusche, Lärm, Gerüche, die von anderen Eigentümern oder der Gemeinschaft (Maschinen im Keller) ausgehen, kann er sich im Rahmen des § 906 BGB zur Wehr setzen. Daß § 13 Abs. 1 nur von „Einwirkungen" schlechthin spricht, während § 903 BGB dem Eigentümer die Befugnis zur Ausschließung „jeder Einwirkung" gibt, beruht darauf, daß durch § 14 Nr. 3 und 4 WEG dem Raumeigentümer Duldungspflichten auferlegt werden.

Die Regelungen der §§ 13 mit 16 gehen als spezielle Bestimmungen der allgemeinen des § 21 Abs. 3 und 4 vor.

2. Einschränkung 3

Die allgemeine Einschränkung der zu 1 erwähnten Eigentümerbefugnisse nach § 903 BGB („soweit nicht das Gesetz oder Rechte Dritter entgegenstehen") gilt auch für das Sondereigentum des Raumeigentümers. Entgegenstehende Rechte Dritter können sich insbesondere aus § 14 oder aus einer nach § 15 bezüglich des Sondereigentums vereinbarten oder beschlossenen *Gebrauchs*regelung ergeben. Zu beachten ist, daß das Sondereigentum des Wohnungseigentums zum Wohnen bestimmt ist, was im besonderen in der baulichen Ausgestaltung des Gebäudes zum Ausdruck kommt. Dieser Zweckbestimmung darf die Nutzung des Sondereigentums nicht widersprechen. Freiberufliche Nutzung wird dies in der Regel nicht tun; gewerbliche Nutzung in besonderen Fällen zulässig sein. Durch Gemeinschaftsordnung (Teilungserklärung) kann die Nutzungsart insoweit geregelt werden (BayObLG Rpfleger **82** 417; OLG Frankfurt Rpfleger **81** 148; ZMR **73** 208). Jeder Raumeigentümer kann verlangen, daß das Sondereigentum diesen Regelungen entsprechend benutzt, Nutzungsänderung unterlassen wird.

3. Einzelheiten 4

Soweit durch Vereinbarung oder Mehrheitsbeschluß (§ 15) nichts Abweichendes bestimmt ist, ist der Wohnungseigentümer — wie ein Alleineigentümer — in der Lage, sein Eigentum nach eigenem Gutdünken auszustatten: das gilt für die Ausmalung der Innenwände, die Belegung des Bodens, die Vergrößerung der Räume durch Wegnahme nichttragender Wände, die Anbringung von Sonnenschirmen auf Balkonen und Veranden, deren Schmuckausstattung mit Blumenkästen. Der Raumeigentümer einer bisher zur Aufbewahrung von Möbeln verwendeten Tiefgarage kann diese zur Unterstellung von Fahrrädern und Mopeds verwenden, im oberen Teil des Raumes Schlafgelegenheiten schaffen und eine Treppe hierzu anlegen; hat er übereinanderliegende Eigentumswohnungen, bedarf er aber zur Durchstoßung von Decken der Zustimmung aller Raumeigentümer (§ 22); über Schönheitsreparaturen entscheidet er allein. Der

Wohnungseigentümer kann auch die Sammelheizung abstellen und, soweit dadurch nicht bauliche Veränderungen erforderlich werden, eine eigene Heizung benutzen; der nach § 16 beschlossenen Kostenregelung für den Betrieb der Sammelheizung entgeht er dadurch nicht. Vermietung der Wohnung und das Halten von Haustieren bedürfen keiner Erlaubnis, können aber durch Vereinbarung oder durch Mehrheitsbeschlüsse (§ 15) eingeschränkt werden. Auch die saisonbedingte Vermietung der Eigentumswohnung an Ferienorten ist statthaft (BayObLGZ **78** 305). Soll Vermietung (Untervermietung von einzelnen Zimmern) nicht gestattet sein, muß dies in den Vereinbarungen (Mehrheitsbeschlüssen) klar zum Ausdruck kommen; der Mieter des Sondereigentums kann auch gemeinschaftliches Eigentum der Raumeigentümer benutzen, z. B. die Gemeinschaftsantenne, die Leitungen von Energie, den Garten, die gemeinschaftliches Eigentum sind (vgl. *Bärmann*, AcP **155** 18). Für Schäden am Sondereigentum haften Verwalter und Wohnungseigentümer, wenn sie durch Pflichtverletzung entstanden sind. Hat der Wohnungseigentümer einen Gegenstand des gemeinschaftlichen Eigentums wegen Verbrauchs ersetzen müssen, z. B. ein schadhaftes Außenfenster einschließlich Scheiben, kann er von der Gemeinschaft Erstattung seiner Aufwendungen nach den Regeln der Geschäftsführung ohne Auftrag beanspruchen. Der einzelne Raumeigentümer hat Anspruch auf Verschaffung einer angemessenen Wärme in seiner Wohnung, wenn eine Zentralheizung der Wohnungsgemeinschaft diese Versorgung übernommen hat; er ist andererseits gehalten (§ 14), nicht durch ständige Unterkühlung seiner Wohnung die angemessene Beheizung der Nachbar-Eigentumswohnungen unmöglich zu machen.

Ein Teileigentümer, der ein Geschäft betreibt, darf angemessen und ortsüblich an der Außenfront der Mauer für sein Geschäft werben. Dieses Recht ist unentziehbar und wird auch nicht eingeschränkt durch ein Sondernutzungsrecht eines andern Raumeigentümers, das sich auf die Hausaußenfront bezieht (BayObLG Rpfleger **82** 64). Zur Nutzung des Sondereigentums gehört nach allgemeiner Auffassung auch die Ausübung von Musik (Klavier, Geige, Blasinstrumenten).

5 **III. Rechte aus dem gemeinschaftlichen Eigentum**

Die für die Nutzung des gemeinschaftlichen Eigentums getroffene Regelung (§ 13 Abs. 2 i. V. mit §§ 14—16) schließt sich an § 743 BGB an. Dabei ist nach § 100 BGB zwischen Gebrauchsvorteilen und sonstigen Nutzungen („Früchten") zu unterscheiden:

6 **1. Gebrauchsvorteile**

Nach § 13 Abs. 2 ist jeder Raumeigentümer zum Mitgebrauch des gemeinschaftlichen Eigentums nach Maßgabe der §§ 14, 15 befugt. Der Mitgebrauch kann nur durch Vereinbarung, nicht durch Mehrheitsbeschluß ausgeschlossen werden. Die Zuweisung von Einstellplätzen für Kraftfahrzeuge auf dem freien Gelände des Grundstückes kann also durch Mehrheitsbeschluß nicht so vorgenommen werden, daß dem einzelnen ein Platz zur ausschließlichen Nutzung zugeteilt wird (str.). Durch Mehrheitsbeschluß dürfen aber, soweit eine Vereinbarung nicht entgegensteht, im Rahmen des § 15 Abs. 2 Einschränkungen des Gebrauchs nach Zeit, Art und Umfang gemacht werden, z. B. Benutzung der Teppichstangen nur zu gewissen Zeiten, Benutzung bestimmter Räume nur zur Aufstellung von Fahrrädern, eines Raumes zum Bügeln der Wäsche, zum Abstellen von Altmaterial. Ein Gebrauch, der einem Raumeigentümer vermeidbare Nachteile zufügt, ohne seinen Mitgebrauch zu beeinträchtigen, ist kein ordnungsmäßiger Gebrauch (BayObLG Rpfleger **82** 218). Mitgebrauch ist Teilnahme am Gebrauch des gemeinschaftlichen Eigentums durch Mitbesitz (BayObLGZ **73** 268; **72** 112). Gebrauch und Besitz sind nicht in Bruchteilen ausübbar. Deshalb ist der Mitgebrauch unabhängig von der Größe des Miteigentumsanteils; das bedeutet, daß mangels abweichender einverständlicher Regelung jedem Wohnungseigentümer die Benutzung des *Gartens* in gleichem Umfang zusteht, ungeachtet der Größe seiner Wohnung und seines Miteigentumsanteils (BayObLGZ **72** 109; **75** 183). Veränderung der Gartenanlage ist, wenn sie die übrigen Beteiligten nicht benachteiligt, von deren Zustimmung unabhängig (BayObLG Rpfleger **75** 310). Ist ein Teil des gemeinschaftlichen Eigentums einem bestimmten Zwecke gewidmet (z. B. ein Lift zur Personenbeförderung), kann durch Mehrheitsbeschluß nicht der Gebrauch für die Zukunft ausgeschlossen, z. B. der Lift nicht stillgelegt (LG München WohnMag. **75** 216), eine gemeinschaftliche Gasleitung nicht abmontiert werden (BayObLG Rpfleger **76** 291).

Soweit nicht Vereinbarungen oder Mehrheitsbeschlüsse (§ 15 Abs. 2) entgegenstehen, ist jede Form des Mitgebrauchs zulässig, die den Mitgebrauch der anderen Gemeinschaftler beachtet, die Grenzen des eignen Anteils einhält. Unzulässig ist z. B. das Halten von Kleintieren in Ställen auf dem Hofe, das Lagern von Kisten und Möbelstücken in den Hausgängen, das dauernde Aufstellen von Fahrrädern, Rollern, Kinderwagen in den Hausfluren und Treppen. Beim Wohnungseigentum besteht der Mitgebrauch hauptsächlich in der Mitbenutzung von Treppen, Aufzügen, Fluren, Waschküchen, Trockenräumen, Fahrradkellern, Kinderspielplätzen.

Eine Pflicht zur Mitbenutzung (z. B. eines Raumes mit Waschautomaten, eines Geräteschuppens) wird im allgemeinen nur gegeben sein, wenn sich dies aus der gegebenen Sachlage ergibt (z. B. Benutzung einer Gemeinschaftsantenne).

2. Sonstige Nutzungen, d. h. die „Früchte" i. S. des § 100 BGB. Sie können natürli- **7**
che Früchte (z. B. die Erträge eines im gemeinschaftlichen Eigentum der Raumeigentümer stehenden Gartens) oder zivile Früchte (z. B. Einnahmen aus der Vermietung oder Verpachtung zum gemeinschaftlichen Eigentum gehörender Räume oder Grundstücksteile) sein. Nach § 743 Abs. 1 BGB gebührt jedem Teilnehmer ein seinem Anteil entsprechender Bruchteil der Früchte. Dies gilt auch für das Recht der Raumeigentümer auf die Früchte des gemeinschaftlichen Eigentums (§ 13 Abs. 2 Satz 2, § 16 Abs. 1).

Von der Mitnutzung des gemeinschaftlichen Eigentums können die einzelnen **8**
Wohnungseigentümer nur mit ihrer Zustimmung ausgeschlossen werden.

IV. Rechte aus dem Raumeigentum als besonders ausgestaltetem Miteigentum **9**

1. Verfügungsrecht

Wie sich aus § 747 BGB ergibt, kann jeder Raumeigentümer

a) über sein Raumeigentum ganz oder teilweise verfügen, d. h. es veräußern, belasten oder inhaltlich verändern (§ 747 Satz 1 BGB), sofern er nicht nach § 12 WEG vereinbarungsgemäß an die Zustimmung anderer Raumeigentümer oder eines Dritten gebunden ist und diese Zustimmung aus einem wichtigen Grunde versagt wird,

b) über das Grundstück im ganzen einschließlich des darauf stehenden Gebäudes gemeinsam mit den übrigen Raumeigentümern verfügen (§ 747 Satz 2 BGB).

c) Das Verfügungsrecht steht dem Raumeigentümer auch über das Zubehör seines Raumeigentums zu. Zubehör sind z. B. die Einrichtungsgegenstände eines Cafés, eines Ladens im Teileigentum, die vom Wohnungseigentümer angebrachten Beleuchtungskörper seiner Wohnung, die Alarmanlage der Wohnung.

10 2. **Ansprüche gegen Dritte,** insbesondere Ansprüche aus §§ 985, 1004 BGB, kann jeder Raumeigentümer auf Grund seines Miteigentums am Grundstück in Ansehung des ganzen Grundstücks und des Gebäudes geltend machen, einen Anspruch auf Herausgabe jedoch nur mit dem Antrage auf Herausgabe an alle Raumeigentümer gemeinsam (§ 1011 BGB; BayObLGZ **75** 177); ihm steht auch die Erhebung der öffentlich-rechtlichen Nachbarklage vor den Verwaltungsgerichten zu (OVG Berlin BauR **76** 191). Ein Urteil wirkt nur zwischen den Prozeßparteien, § 45 Abs. 2 Satz 2 gilt hier nicht (BGH NJW **81** 1097).

Andererseits kann durch Bestellung einer Dienstbarkeit ein Raumeigentumsrecht zugunsten des Inhabers eines anderen Raumeigentumsrechtes in der Weise belastet werden, daß die Ausübung des Rechts auf Mitbenutzung (z. B. Gartenmitbenutzung) ausgeschlossen ist.

11 **V. Besitzverhältnisse**

1. Allgemeines

Auf Grund seines Raumeigentums ist der Raumeigentümer (anders als der Mieter oder Pächter) Eigenbesitzer (§ 872 BGB), und zwar hinsichtlich der in seinem Sondereigentum stehenden Gebäudeteile Teilbesitzer (§ 865 BGB) auch gegenüber den anderen Raumeigentümern, hinsichtlich des Grundstücks und der im gemeinschaftlichen Eigentum stehenden Gebäudeteile dagegen nur Mitbesitzer (§ 866 BGB).

12 **2. Besitzschutz**

Gegenüber Dritten hat jeder Raumeigentümer hinsichtlich des Sondereigentums und des gemeinschaftlichen Eigentums vollen Besitzschutz, also auch das Selbsthilferecht nach § 859 BGB, jedoch kann er, wenn der Besitz allen Raumeigentümern entzogen worden ist, nur Wiedereinräumung des Besitzes für alle (also seines Mitbesitzes, nicht etwa des Alleinbesitzes) verlangen. Gegenüber einem anderen Raumeigentümer kann ein Raumeigentümer, dem der andere den Mitbesitz völlig entzogen hat, dessen Wiedereinräumung verlangen, sich auch der Besitzentziehung mit Gewalt erwehren. Dagegen steht ihm bei bloßer Störung des Mitbesitzes durch den anderen kein Besitzschutz, sondern nur der Anspruch aus dem Recht (§§ 13 bis 15 WEG) zu (BGB § 866; BGHZ **62** 248), über den nach § 43 WEG im Verfahren der freiwilligen Gerichtsbarkeit zu entscheiden ist. Hinsichtlich der im Sondereigentum stehenden Gebäudeteile genießt jeder Raumeigentümer auch den anderen Raumeigentümern gegenüber vollen Besitzschutz. Ergibt eine Benutzung von Gemeinschaftseigentum durch mehrere Wohnungseigentümer eine Beeinträchtigung des Sondereigentums, kann der Betroffene Unterlassung von allen Störern verlangen (LG Heilbronn Justiz **74** 337).

Zum Anspruch auf Herausgabe eines Gartenanteils s. BayObLG Rpfleger **82** 418.

13 **VI. Gefahrtragung**

Die Gefahr des zufälligen Unterganges trägt der Raumeigentümer hinsichtlich der in seinem Sondereigentum stehenden Gebäudeteile vollständig, hinsichtlich der im gemeinschaftlichen Eigentum stehenden Gebäude bruchteilsmäßig mit den übrigen Raumeigentümern.

14 **VII. Besonderheiten bei Vermietung der Eigentumswohnung**

1. Zum Nachweis der Betriebskosten (§ 4 MHRG, § 27 der Zweiten BestVO) kann sich der Eigentümer der Abrechnung bedienen, die ihm im Rahmen des § 28

WEG zur Aufgliederung des geschuldeten Wohngeldes der Verwalter erstellt; bestimmte Posten wie Verwaltergebühren, Instandsetzungsrücklage treffen den Mieter nicht. Vgl. *Schmid*, BlGBW **82** 41, 45 und zum Einsichtsrecht des Raumeigentümers, BlGBW **82** 104.

2. Für die Umwandlung einer vermieteten mit öffentlichen Mitteln geförderten Wohnung in eine Eigentumswohnung besteht Melde- und Unterrichtungspflicht (§ 2 a des WohnÄndGesetzes vom 21. 7. 1982 BGBl. I 972); dazu *Sonnenschein*, NJW **80** 2050. **15**

3. § 571 BGB ist bei Veräußerung einer vermieteten Eigentumswohnung anzuwenden, dies auch, wenn ein Miteigentümer der Eigentumswohnung die übrigen Miteigentumsanteile erwirbt (BayObLG NJW **82** 451).

Zum Kündigungsrecht des Wohnungseigentümers nach Erwerb der Eigentumswohnung (§ 564 b Abs. 2 Nr. 2 BGB) s. OLG Hamm NJW **81** 584 und BayObLG MDR **81** 1020; zur Klage gegen den Untermieter auf Räumung nach Kündigung des Hauptmietvertrages (geschlossen mit einem Vermietungsunternehmen) s. BGH MDR **82** 747.

§ 14

Pflichten des Wohnungseigentümers

Jeder Wohnungseigentümer ist verpflichtet:

1. **die im Sondereigentum stehenden Gebäudeteile so instand zu halten und von diesen sowie von dem gemeinschaftlichen Eigentum nur in solcher Weise Gebrauch zu machen, daß dadurch keinem der anderen Wohnungseigentümer über das bei einem geordneten Zusammenleben unvermeidliche Maß hinaus ein Nachteil erwächst;**
2. **für die Einhaltung der in Nr. 1 bezeichneten Pflichten durch Personen zu sorgen, die seinem Hausstand oder Geschäftsbetrieb angehören oder denen er sonst die Benutzung der im Sonder- oder Miteigentum stehenden Grundstücks- oder Gebäudeteile überläßt;**
3. **Einwirkungen auf die im Sondereigentum stehenden Gebäudeteile und das gemeinschaftliche Eigentum zu dulden, soweit sie auf einem nach Nrn. 1, 2 zulässigen Gebrauch beruhen;**
4. **das Betreten und die Benutzung der im Sondereigentum stehenden Gebäudeteile zu gestatten, soweit dies zur Instandhaltung und Instandsetzung des gemeinschaftlichen Eigentums erforderlich ist; der hierdurch entstehende Schaden ist zu ersetzen.**

Übersicht

	Rdn.
I. Allgemeines	1
II. Pflichten hinsichtlich der Behandlung des Raumeigentums	
1. Instandhaltung	2
2. Schonender Gebrauch	3–6
3. Einhaltung der Pflichten durch andere Personen	7–9
III. Duldungspflichten	
1. Einwirkungen auf Grund ordnungsmäßigen Gebrauchs	10, 11
2. Einwirkungen in besonderen Fällen	12
IV. Pflichten aus dem Gemeinschaftsverhältnis	13
V. Folgen mangelnder Pflichterfüllung	14–16

I. Allgemeines **1**

Wie § 13 die *Rechte*, so umschreibt § 14 die aus der Gemeinschaft der Raumeigentümer sich ergebenden *Pflichten* jedes Raumeigentümers, aber ebenfalls nicht erschöpfend (vgl. z. B. § 15 Abs. 3, § 16 Abs. 2). Die im § 14 getroffene Regelung ist ferner nach § 10 Abs. 1 Satz 2 abdingbar; die dem Raumeigentümer obliegenden Pflichten können durch Vereinbarung erweitert und eingeschränkt werden (§ 15 Abs. 1). Die gesetzliche Regelung unterscheidet Pflichten hinsichtlich der Behandlung des Raumeigentums (Nrn. 1 und 2) und Duldungspflichten (Nrn. 3 und 4). Nr. 1 ist kein Schutzgesetz im Sinne des § 823 BGB (*Weimar,* JR **73** 9).

2 **II. Pflichten hinsichtlich der Behandlung des Raumeigentums**

1. Instandhaltung (Nr. 1)

Hinsichtlich der im *Sondereigentum* stehenden Gebäudeteile (Gleiches muß aber auch für die im Sondereigentum stehenden Räume gelten) liegt dem Raumeigentümer Instandhaltungspflicht ob, damit keinem anderen Raumeigentümer ein Nachteil erwächst, der über das bei einem geordneten Zusammenleben unvermeidliche Maß der Beeinträchtigung hinausgeht.

Unter ordnungsmäßige Instandhaltung fallen auch: Ergänzung unbrauchbar gewordener Teile, Entfernung der Mängel, die durch normale wie ungewöhnliche Abnutzung, z. B. starke Witterungseinflüsse, entstanden sind, Reinigung der Räume, deren Entlüftung, Schutz vor Undichtwerden der Leitungen (Wasser, Heizung), Waschmaschinen und Badewannen, Vernichtung von Ungeziefer, Ausbesserung schadhafter Heizkörper. Die Reinigung des gemeinschaftlichen Eigentums ist Aufgabe der Gemeinschaft, die Instandhaltung der Außenwandreklame kann aber durch Beschluß der Gemeinschafter dem Inhaber des hierauf bezüglichen Sondernutzungsrechts überbürdet werden.

Beseitigt ein Raumeigentümer derartige Schäden nicht, macht er sich bei Verschulden den andern Raumeigentümern gegenüber schadensersatzpflichtig.

Ein Gebrauch, der einen vermeidbaren Nachteil mit sich bringt, ist nicht als ordnungsgemäß anzusehen.

Hypothekengläubigern gegenüber haftet der Raumeigentümer nach den §§ 1133—1135 BGB. Zur Instandhaltung des gemeinschaftlichen Eigentums sind alle Raumeigentümer verpflichtet (§ 21 Abs. 5 Nr. 2).

3 **2. Schonender Gebrauch** (Nr. 1)

Die Pflicht zum schonenden Gebrauch bezieht sich sowohl auf das Sondereigentum wie auf das gemeinschaftliche Eigentum. Der Gebrauch muß so ausgeübt werden, daß keinem anderen Raumeigentümer ein Nachteil erwächst, der das bei einem geordneten Zusammenleben unvermeidliche Maß der Beeinträchtigung überschreitet.

4 Unter einem Nachteil im Sinne der Bestimmung hat man nicht nur erhebliche Beeinträchtigungen des Rechts auf Gebrauch oder gemeinsamen Gebrauch (BayObLGZ **72** 109) zu verstehen, wenn auch unwesentliche Beeinträchtigungen in diesem Zusammenhang unbeachtlich sind (§ 906 BGB; BayObLGZ **80** 158; **79** 267; OLG Köln OLGZ **76** 62). Nachteilig können sich auswirken: durchdringender Lärm, üble Gerüche, Verschmutzung der Wohnung. Zum schonenden Gebrauch gehört es, daß durch Aufstellen von Futterkästen an den Fenstern nicht Tauben angelockt werden, die die Hausfront verunreinigen, daß Dach und Hausfronten von unschönen Reklamen freigehalten, daß Radio- und Fernsehsendungen in erträglicher Lautstärke eingestellt werden, daß lautes, immer wiederkehrendes Gebell von Hunden im Hause unterbunden wird, Treppen und Gänge des Hauses nicht zum Aufstellen von Fahrrädern, Rollern, Kinderwagen und Mopeds verstopft werden, daß Musizieren nicht in die Nachtstunden

fortgesetzt wird. Der zur alleinigen Nutzung zugewiesene Kfz-Abstellplatz darf nicht durch Absperrpfähle so abgesteckt werden, daß dadurch den Nachbarn das Ein- und Abfahren ihrer Fahrzeuge erschwert wird (BayObLG MDR **81** 937), ein Fahrzeug nicht auf der zum Garten hin geöffneten Terrasse untergestellt wird. *Grillen* auf dem Balkon mit einem elektrischen Grillgerät verursacht wenig Geruch und Rauch, es überschreitet nicht die Grenze des zulässigen Gebrauchs. Anders Grillen im Garten mit offenem Kohlenfeuer. Dies kann durch Mehrheitsbeschluß (§ 15) untersagt werden (AG Wuppertal Rpfleger **77** 445; LG Hamburg MDR **73** 853). Es wird wesentlich auf die Umstände des einzelnen Falles ankommen. Andererseits kann ein Raumeigentümer vom unter ihm Wohnenden keine schallmindernden Maßnahmen fordern, wenn das Gebäude Mängel in dieser Richtung von Anfang an aufwies (BayObLG DWE **80** 60).

Zur Pflicht des schonenden Gebrauchs gehört auch die Verpflichtung jedes **5**
Raumeigentümers, den Mieter eines anderen Raumeigentümers nicht in seinem Besitz zu stören (OLG Frankfurt NJW **61** 324). Wenn sonach bei der Nutzung des Sondereigentums wie des gemeinschaftlichen Eigentums weitgehend aufeinander Rücksicht genommen werden muß, wird andererseits von den Raumeigentümern ein gewisses Maß von gegenseitiger Toleranz erwartet werden müssen: so für das Spielen und Lärmen von Kindern in Wohnung und Hof, für das Abhalten von Hausfesten im Hofe, im besonderen für die Benutzung gemeinschaftlicher Einrichtungen wie Waschküche, Sauna, Trockenplätze, Teppichstangen, soweit nicht die Hausordnung die Benutzung festlegt. Der Raumeigentümer kann die Beseitigung der Kinderspielgeräte nicht verlangen, die zur ersten Ausstattung eines Kinderspielplatzes aufgestellt wurden (BayObLG ZMR **80** 381).

Soweit der Gebrauch nicht durch Vereinbarung, Beschluß oder Hausordnung **6**
(§ 21 Abs. 5 Nr. 1) geregelt ist, kann jeder Raumeigentümer im Streitfalle eine gerichtliche Entscheidung über das zulässige Maß des Gebrauchs herbeiführen (§§ 15 Abs. 3, 43 Abs. 1 Nr. 1).

3. Einhaltung dieser Pflichten durch andere Personen (Nr. 2) **7**

Der Raumeigentümer hat die ihm obliegenden Pflichten zur Instandhaltung und zum schonenden Gebrauch nicht nur persönlich zu erfüllen, sondern auch dafür zu sorgen, daß diese Pflichten von anderen Personen eingehalten werden, die sich in den in Frage kommenden Räumen aufhalten oder mit den entsprechenden Grundstücks- oder Gebäudeteilen zu tun haben, nämlich von Personen, die dem Hausstand des Raumeigentümers angehören (Familienangehörige, Hausangestellte), von Personen, die seinem Geschäftsbetrieb angehören (Geschäfts- oder Büroangestellte) und Personen, denen der Raumeigentümer sonst die Benutzung der im Sondereigentum oder im gemeinschaftlichen Eigentum stehenden Grundstücks- oder Gebäudeteile überläßt (z. B. Mieter oder Pächter).

§ 14 Nr. 2 besagt nichts über die Haftung des Raumeigentümers für diese Perso- **8**
nen. Es legt vielmehr dem Wohnungseigentümer eine eigne Pflicht auf, dafür zu sorgen, daß die anderen Personen einen schonenden Gebrauch ausüben und das Sondereigentum instand halten; ihm kann daher im Klageweg (§ 43 Abs. 1 Nr. 1) aufgegeben werden, dafür zu sorgen, daß zwischen den in der Hausgemeinschaft lebenden Personen keinerlei Belästigungen gegenseitig, gleich welcher Art, auftreten. Wegen Vernachlässigung dieser Pflicht kann er unter Umständen für Schäden einzustehen haben.

Ist eine Ehefrau Wohnungseigentümerin, trifft die Pflicht der Fernhaltung von **9**
Gefahren auch den Ehemann (OLG Düsseldorf JMBl. NRW **72** 69; betr. Schäden durch Überlaufen der Waschmaschine).

Die Haftung des Raumeigentümers für die in Nr. 2 aufgeführten Personen bestimmt sich nach den §§ 278, 831 BGB (BayObLG MDR **70** 586). Die zum Hausstand oder Geschäftsbetrieb eines Raumeigentümers gehörenden Personen sind (ebenso wie die zum Hausstand oder Geschäftsbetrieb eines Mieters gehörenden) seine Erfüllungsgehilfen, soweit die Erfüllung seiner Pflichten als Raumeigentümer in ursächlichem Zusammenhang mit einer ihnen aufgetragenen Arbeitsleistung steht (RGZ **84** 222; **87** 276; **159** 32). Es ist Sache des noch eingetragenen Eigentümers, auf den Käufer seines Raumeigentums dahin einzuwirken, daß er eine gerichtliche Entscheidung befolgt (OLG Oldenburg ZMR **80** 64).

10 **III. Duldungspflichten**

1. Einwirkungen auf Grund ordnungsmäßigen Gebrauchs (Nr. 3)

Nachteile, die im Rahmen eines geordneten Zusammenlebens unvermeidlich sind, muß jeder Raumeigentümer in Kauf nehmen: entsprechende Einwirkungen auf sein Sondereigentum und auf das gemeinschaftliche Eigentum, die von einem anderen Raumeigentümer (Nr. 1) oder den in Nr. 2 bezeichneten Personen ausgehen, hat er zu dulden. Nr. 3, die dieses ausspricht, stellt also das Gegenstück zu den Nrn. 1 und 2 dar.

Die zu duldenden Einwirkungen sind nicht auf die Zuführung unwägbarer Stoffe beschränkt, wie dies § 906 BGB vorsieht; es fallen vielmehr alle Einwirkungen darunter, meistens vorübergehender Natur, im geordneten Zusammenleben der Wohnungseigentümer unvermeidbar (BayObLG MDR **72** 52), z. B. Lärm bei Einrichtung einer Zentralheizung, der Verlegung von Gas- und Wasserleitungsrohren, beim Umbau der Fernsehantenne für ein weiteres Programm, bei der Installierung eines Aufzuges (*Palandt/Bassenge,* § 14 Anm. 1 c). Zur Duldung der Anbringung von Leuchtreklamen an Hauswand im städtischen Geschäftszentrum s. OLG Hamm OLGZ **80** 274; BGH NJW **79** 817; zur Duldung von baulichen Veränderungen s. § 22, von Empfangsstörungen durch genehmigten Amateurfunk s. BayObLG Rpfleger **83** 14.

11 Gegen Einwirkungen, die über das bei einem geordneten Zusammenleben unvermeidliche Maß hinausgehen, kann der beeinträchtigte Raumeigentümer nach den §§ 862 ff, 906, 1004 BGB, notfalls nach § 18 WEG vorgehen, unter Umständen besteht ein Anspruch gegen den Störer auf Anbringung schalldämpfender Maßnahmen (BayObLG Rpfleger **81** 284). Nicht gerechtfertigt (§ 242 BGB) kann aber ein Verlangen sein, das nur mit unverhältnismäßig hohen Ausgaben erreicht werden kann (OLG Hamm Rpfleger **76** 100; KG WM **72** 708).

12 **2. Einwirkungen in besonderen Fällen** (Nr. 4)

Über die allgemeine Duldungspflicht der Nr. 3 hinaus hat jeder Raumeigentümer ferner gegen Schadensersatzleistung zu dulden: das Betreten und die Benutzung der im *Sondereigentum* stehenden Gebäudeteile, soweit dies zur Instandhaltung und Instandsetzung des gemeinschaftlichen Eigentums erforderlich ist (§ 14 Nr. 4, vgl. § 16 Abs. 4), z. B. zur Durchführung von Dachreparaturen, Ausbesserung mangelhafter Lichtleitungen und Abflußrohren. Zur Instandsetzung zählt die Auswechslung alter Teile durch neue, nicht die Anbringung einer bisher nicht vorgesehenen Erstanlage. Die beabsichtigte Benutzung des Sondereigentums muß rechtzeitig angekündigt werden. Das Recht zum Betreten und Benutzen der im Sondereigentum stehenden Gebäudeteile ist auch anzuerkennen, wenn es sich um die Instandhaltung (Instandsetzung) eines anderen Sondereigentums handelt (BayObLGZ **77** 313). Die Gestattungspflicht besteht selbst dann, wenn das in Nr. 1 genannte Maß der Benachteiligung überschritten wird. Es darf auch der Balkon betreten werden um von da aus Reparaturen an der Außenfront vorzunehmen. Fraglich kann die Zeitdauer des Duldenmüssens sein; im besonderen, wenn der Eigentümer während seiner beruflichen Abwesenheit die Wohnung verschlossen halten muß. Sein Verdienstausfall ist von der Gemeinschaft auszugleichen. Wenn dagegen die Gemeinschaft bauliche Veränderungen im Sinne des § 22 Abs. 1 beschließt, braucht der Raumeigentümer das Betreten und die Benutzung seines Sondereigentums nur zu gestatten, wenn er dem Beschluß zugestimmt hatte. Schäden, die durch das Benützen des Sondereigentums entstehen, sind von der Gemeinschaft (also auch von dem betroffenen Wohnungseigentümer) anteilsmäßig zu tragen (§ 16 Abs. 2); auf ein Verschulden kommt es nicht an (vgl. § 904 Satz 2 BGB). Zum Schaden zählt auch der Ausfall von Mietzinsen und Einnahmen (wenn z. B. der in der Eigentumswohnung erteilte Nachhilfeunterricht nicht erteilt werden kann). Auch Maßnahmen am gemeinschaftlichen Eigentum (nicht am Sondereigentum), die zur Herstellung der im § 21 Abs. 5 Nr. 6 bezeichneten Einrichtungen zugunsten eines anderen Raumeigentümers erforderlich sind (§ 21 Abs. 6), müssen geduldet werden.

IV. Die rechtlichen Beziehungen der Raumeigentümer untereinander stellen sich **13**
als ein besonderes gesetzliches Schuldverhältnis dar; sie erhalten ihr Gepräge durch die Besonderheit der Gemeinschaft der Eigentümer. Zum Teil schreibt das Gesetz selbst die Regelung vor, zum größeren Teil ergeben sich die Rechte und Pflichten der Raumeigentümer aus allgemeinen Regeln des bürgerlichen Rechts über § 14 hinaus. So entsteht eine gegenseitige Treuepflicht; sie ist von jedem Eigentümer zu erfüllen (BayObLGZ **74** 118; **73** 142; **71** 319; BayObLG Rpfleger **82** 219). Namentlich für den Gebrauch der gemeinschaftlichen Einrichtungen und Versorgungsanlagen ist die gegenseitige Rücksichtnahme zu beachten, aber auch sonst. So darf die notwendige und finanziell tragbare Neuanschaffung einer Maschine für die verbrauchte, wenn dazu nach der Gemeinschaftsordnung die Zustimmung aller erforderlich ist, nicht an der Zustimmungsverweigerung eines zu Querulantentum neigenden Raumeigentümers scheitern. Der einzelne Eigentümer kann eine angemessene Temperatur durch die Wärmezufuhr verlangen, darf aber andererseits nicht im Winter seine Wohnung solange ungeheizt lassen, daß dadurch die unterkühlten Nachbarwohnungen Schaden erleiden. Andererseits ist der Raumeigentümer gehalten, den Öltank in seinem Sondereigentum gegen Gefahren für die Gemeinschafter zu versichern (Braunschweig OLGZ **66** 571), bei längerer Abwesenheit dem Hausmeister dies zu melden und ihm die Hausschlüssel zu überlassen, wenn dazu aus besonderen Gründen Anlaß besteht. Aus der Pflicht zur gegenseitigen Rücksichtnahme (BayObLGZ **72** 112; **71** 319) ergibt sich auch, daß er Schäden des gemeinschaftlichen Eigentums, die er feststellt, zu melden, den Vollzug der gefaßten Beschlüsse zu dulden hat. Zum Erwerb eines weiteren Grundstücks, den die Gemeinschaft anstrebt, ist er freilich — außer in Notfällen — nicht verpflichtet (BayObLG NJW **73** 1378), auch nicht zum Kehren der Straße, zum Streuen und Schneeräumen. Zum Schließen der Haustüren s. BayObLG DWE **82** 99.

V. Folgen mangelnder Pflichterfüllung **14**

Erfüllt ein Raumeigentümer eine ihm nach § 14 obliegende Pflicht nicht, sei es bei der Einhaltung der Instandsetzungspflicht oder der Pflicht zur schonenden Gebrauchsausübung des Sondereigentums wie des gemeinschaftlichen Eigentums, so kann

1. jeder andere dadurch betroffene Raumeigentümer von ihm die Erfüllung dieser Pflicht — gegebenenfalls Unterlassung störenden Verhaltens — verlangen und deswegen gemäß § 13 Abs. 1 Nr. 1 das Gericht anrufen. Auch den Anspruch auf Beseitigung einer unzulässigen baulichen Veränderung des gemeinschaftlichen Eigentums darf jeder betroffene Raumeigentümer allein gegen den störenden Raumeigentümer geltend

machen (BayObLGZ **79** 56 unter Aufgabe seiner bisherigen entgegenstehenden Rechtsprechung); Herausgabe kann er nur an alle Gemeinschafter verlangen (§ 1011 BGB; OLG Stuttgart OLGZ **70** 74; OLG Hamm OLGZ **76** 62). Ansprüche seines Mieters kann der Raumeigentümer in Prozeßstandschaft gegen einen anderen Raumeigentümer geltend machen, zuständig ist dann das Prozeßgericht (*Weimar,* JR **75** 84).

15 **2.** jeder andere dadurch geschädigte Raumeigentümer gemäß §§ 276, 278, 823 BGB Ersatz seines Schadens beanspruchen, und zwar gerichtlich im Wege des § 43 Abs. 1 Nr. 1. § 866 BGB schließt Schadensersatzansprüche nicht aus (BGHZ **62** 248). Ist der Schaden erst durch das Zusammenwirken mehrerer Raumeigentümer entstanden, kann sich keiner darauf berufen, daß sein Anteil das zulässige Maß der Benachteiligung (Nr. 1) nicht übersteige (vgl. LG Heilbronn Justiz **74** 337).

Zur Haftung des Verwalters und der Raumeigentümer für Schäden des Gebäudeeinsturzes und Ablösung von Gebäudeteilen (§§ 836, 838 BGB) s. *Weimar,* JR **73** 8; BayObLG MDR **70** 586.

16 **3.** die Gesamtheit der anderen Raumeigentümer unter den Voraussetzungen des § 18 im Klagewege (§ 51) Entziehung des Raumeigentums verlangen.

§ 15

Gebrauchsregelung

(1) Die Wohnungseigentümer können den Gebrauch des Sondereigentums und des gemeinschaftlichen Eigentums durch Vereinbarung regeln.

(2) Soweit nicht eine Vereinbarung nach Absatz 1 entgegensteht, können die Wohnungseigentümer durch Stimmenmehrheit einen der Beschaffenheit der im Sondereigentum stehenden Gebäudeteile und des gemeinschaftlichen Eigentums entsprechenden ordnungsmäßigen Gebrauch beschließen.

(3) Jeder Wohnungseigentümer kann einen Gebrauch der im Sondereigentum stehenden Gebäudeteile und des gemeinschaftlichen Eigentums verlangen, der dem Gesetze, den Vereinbarungen und Beschlüssen und, soweit sich die Regelung hieraus nicht ergibt, dem Interesse der Gesamtheit der Wohnungseigentümer nach billigem Ermessen entspricht.

Schrifttum

v. Heinitz, Zur Rechtslage bei Gärten in Eigentumswohnanlagen, MDR **76** 115; *derselbe,* Arztpraxis in der Eigentumswohnung, DWE 77 105; *Röll,* Dienstbarkeiten und Sondernutzungsrechte, Rpfleger **78** 352; *Ertl,* Eintragung von Sondernutzungsrechten, Rpfleger **79** 81; DNotZ **79** 605; *Kapp,* Die Nutzung der Eigentumswohnung zu beruflichen Zwecken, BlGBW **72** 224; *Merle,* Zur Übertragung sog. Sondernutzungsrechte, Rpfleger **78** 86; *Zimmermann,* Nutzungsbeschränkung des Sondereigentums im WEG und die vorgesehenen Änderungen, Rpfleger **78** 120; *Röll,* Nutzung des Sondereigentums, Rpfleger **81** 50 ff; *Gerauer,* Rpfleger **80** 330; *Schmid,* Zur Bestimmung durch die Teilungserklärung MittBayNotV **81** 12; *Gaisbauer,* Verbot der Tierhaltung in der Eigentumswohnung, DWW **81** 18; *Zimmermann,* Der Gebrauch des gemeinschaftlichen Eigentums nach dem WEG, Rpfleger **82** 401; *Kahlen,* Eingriffe in das Sondereigentum durch Hausordnung, BlGBW **82** 201.

Übersicht

	Rdn.
I. Allgemeines	1–9
II. Vereinbarungen	
1. Allgemeines	10–13
2. Sondernutzungsrechte	14–21
III. Mehrheitsbeschluß	
1. Allgemeines	22–24

	Rdn.
2. Beschränkungen	25–29
IV. Gerichtliche Entscheidungen	
1. Feststellungsentscheidungen und Durchführungsanordnungen	30–32
2. Gestaltungsentscheidungen	33–38
3. Anfechtung von Beschlüssen, die die Nutzung regeln	39
V. Nutzung und Kaufvertrag	40

I. Allgemeines 1

1. Das Wohnungseigentumsgesetz trifft für die Gemeinschaft der Raumeigentümer als besonders ausgestaltete Miteigentümergemeinschaft nach Bruchteilen besondere Bestimmungen, die den Vorschriften des BGB über die Miteigentümergemeinschaft (§§ 741 ff) vorgehen. Dabei trennt es die Regelung des Gebrauchs von der Regelung der Verwaltung; diese bezieht sich nur auf das gemeinschaftliche Eigentum der Raumeigentümer, während die Ordnung der Benutzung auch das Sondereigentum ergreift. Die Verwaltung des gemeinschaftlichen Eigentums wird in den §§ 20 ff behandelt, die Regelung der Benutzung in § 15. Statt „Benutzung" (so §§ 745, 746, 1010 Abs. 1 BGB) verwendet das WEG gleichbedeutend den Ausdruck „Gebrauch" (anders jedoch § 14 Nr. 4). § 15 gibt keine materiell-rechtliche Gebrauchsregelung, sondern zeigt die Formen auf, in denen Näheres über die Art des Gebrauchs bestimmt werden kann; danach kann der Gebrauch des Sondereigentums und des gemeinschaftlichen Eigentums auf drei verschiedenen Wegen geregelt werden, nämlich durch Vereinbarung der Raumeigentümer, durch Mehrheitsbeschluß oder durch gerichtliche Entscheidung. Bauliche Änderungen (§ 22) sind kein Gebrauch (OLG Karlsruhe OLGZ **78** 172).

2. Der Gebrauch des **Sondereigentums** richtet sich nach §§ 13, 14, 15; freiberufliche Tätigkeit bildet dabei die Regel. 2

Soll der Gebrauch des *gemeinschaftlichen Eigentums* unter Ausschluß der übrigen nur einem oder einzelnen der Raumeigentümer überlassen werden, kann dies nur mit Zustimmung der betroffenen Raumeigentümer durch Vereinbarung geschehen. Das gilt im besonderen für die Aufteilung des Gartens, da sie die Mitnutzung an den nicht zugewiesenen Teilen ausschließt; soweit keine Vereinbarung entgegensteht, ist jedem ohne Rücksicht auf die Größe seiner Eigentumswohnung ein gleichgroßer Gartenteil zuzuweisen (BayObLGZ **72** 109; KG Rpfleger **72** 62). 3

3. Gebrauch des Sondereigentums und des gemeinschaftlichen Eigentums im einzelnen 4

Der nach § 13 erlaubte Gebrauch des *Sondereigentums,* in welcher Form auch immer, kann nur durch Vereinbarung der Raumeigentümer ausgeschlossen werden. Zulässig sind Einschränkungen des Gebrauchs durch Mehrheitsbeschluß, soweit dem nicht eine Vereinbarung entgegensteht, z. B. Beschränkung der Tierhaltung nach Zahl und Art, Beschränkung des Musizierens auf Stunden und Tageszeiten (aber nicht auf Zimmerlautstärke), Zustimmungsbedürftigkeit der Vermietung, der Ausübung beruflicher und gewerblicher Tätigkeit (Versagung aber nur bei Vorliegen eines wichtigen Grundes), Erteilung von Auflagen für die Ausübung bestimmter Tätigkeiten (OLG Frankfurt MDR **82** 151: Klavierspiel) Gebrauch gegen Zahlung eines Entgelts. Solche Einschränkungen müssen sich im Rahmen des § 15 Abs. 2 halten, andernfalls sie nach § 23 Abs. 4 angefochten werden können. Unterbleibt dies, erlangt ein fehlerhafter Beschluß Rechtsbeständigkeit (vgl. BGHZ **54** 65; BayObLGZ **73** 267; OLG Düsseldorf MittRheinNot **80** 208; LG Bielefeld Rpfleger **81** 355). Ein durch Mehrheitsbeschluß verhängtes Verbot jeglicher Tierhaltung, jeglicher beruflicher Tätigkeit, jeglichen Musizierens, ist unwirksam, ohne daß es einer Anfechtung bedarf; ein solcher Beschluß verstößt gegen allgemein anerkannte Grundwerte des Gemeinschaftslebens, er liegt auch nicht mehr im Rahmen der Regelung eines ordnungsmäßigen Gebrauchs (§ 138 BGB; BayObLGZ **76** 314; **73** 9; **72** 92; OLG Hamm Rpfleger **81** 149 (Musizierverbot); OLG Stuttgart Rpfleger **82** 220 (Hundehaltung); OLG Frankfurt Rpfleger **78** 414 (Tierhaltung)). Von der Nichtigkeit eines Mehrheitsbeschlusses wird auch der Teil miterfaßt (§ 139 BGB), mit dem einem andern Wohnungseigentümer ein Sondernutzungsrecht eingeräumt wird (vgl. BayObLG DWE **82** 31/32).

5 Auch die Mitbenutzung (Mitgebrauch) des *gemeinschaftlichen Eigentums* kann nur durch Vereinbarung (Teilungserklärung) entzogen werden (BayObLGZ **72** 96, 112; **74** 288). So läßt sich durch Teilungserklärung der Ausschluß des Mitgebrauchs durch die Anordnung der Verpachtung des Gebäudes an eine Hotelgesellschaft ermöglichen (BayObLG MittBayNot **82** 29), die Anlegung eines Kinderspielplatzes anordnen. Durch Mehrheitsbeschluß dürfen im Rahmen des Absatzes 2 Einschränkungen nach Art, Zeit und Ausmaß des Mitgebrauchs gemacht werden, aber nicht nach Gegenstand, also keine Flächenaufteilung des Gartens (BayObLGZ **73** 268). Zu diesen Einschränkungen ist eine Zustimmung der Realgläubiger nicht erforderlich, ihr Rang im Grundbuch wird hiervon nicht berührt.

Beschlüsse, die den Gebrauch regeln, können nicht ins Wohnungsgrundbuch eingetragen werden. Fehlerhafte Beschlüsse, die den Rahmen des Absatzes 2 nicht einhalten, sind aber nicht nichtig, sondern nur anfechtbar (BayObLGZ **73** 267).

6 **4.** Vereinbarungen können grundsätzlich nur einstimmig abgeändert werden, nicht durch Mehrheitsbeschluß (BayObLG ZMR **76** 314; OLG Düsseldorf OLGZ **78** 349), es sei denn, daß die Vereinbarung selbst für ihre Abänderung Mehrheitsbeschluß vorsieht. Die Abänderung bedarf der Zustimmung der Realgläubiger der betroffenen Raumeigentumsrechte, wenn die Rechte der Gläubiger durch die Abänderung benachteiligt werden können.

7 **5.** Aus Absatz 3 ergibt sich, daß der einzelne Raumeigentümer von der Gemeinschaft Maßnahmen zur Herstellung eines ordnungsmäßigen Gebrauchs des Sonder- wie des gemeinschaftlichen Eigentums verlangen kann, z. B. zur Verhinderung unerträglichen Lärms, der von einer in der Wohnanlage in Betrieb genommenen Maschine ausgeht. Eine außerhalb eines Kfz-Abstellplatzes liegende Fläche des Grundstücks darf, wenn darüber durch Gemeinschaftsordnung oder Mehrheitsbeschluß nichts bestimmt ist, nur ihrem Zweck entsprechend benutzt werden; nötigenfalls hat die Gemeinschaft für Aufstellung von Schildern zu sorgen, die darüber aufklären (BayObLG MDR **81** 937).

8 **6.** Unter Benutzung fallen nicht bauliche Veränderungen, z. B. Umwandlung der Hoffläche in Abstellplätze für Kraftfahrzeuge, Bau eines Gerätehauses auf dem Hof, Plattenlegung im Hofe (§ 22); kein Anspruch auf Befreiung vom Verbot baulicher Veränderungen (Zahnarztpraxis; BayObLG Rpfleger **83** 14).

9 **7.** Das Gesetz gibt — abgesehen von § 14 — keine materiell-rechtliche Regelung des zulässigen Gebrauchs. Fehlen auch Gebrauchsregelungen der Raumeigentümer, kann jeder Raumeigentümer einen dem Interesse der Gesamtheit entsprechenden (Mit-)Gebrauch verlangen (§ 15 Abs. 3). Dabei müssen sich Mitgebrauch des gemeinschaftlichen Eigentums wie Gebrauch des Sondereigentums nach dem Bestimmungszweck und der Beschaffenheit des Eigentums ausrichten und ordnungsmäßig sein (§ 15 Abs. 2, 14). Einen ordnungsgemäßen Gebrauch im Sinne des Absatzes 2 bedeutet auch die Anordnung eines Entgeltes für den normalen Gebrauch einer Einrichtung (z. B. der

Waschmaschine, der Spielgeräte im Aufenthaltsraum). Ist durch Gemeinschaftsordnung (Vereinbarung, Teilungserklärung) festgelegt, daß diese Entgelte für bestimmte Zwecke anzusammeln sind (Reparatur, Neubeschaffung), kann durch Mehrheitsbeschluß nicht eine andere Verwendung (z. B. für Malerarbeiten) angeordnet werden. Fehlt eine solche Festlegung, ist zwar Mehrheitsbeschlußfassung möglich (§ 15 Abs. 2 und 3), es wird aber einem ordnungsmäßigen Gebrauch nur unter besonderen Umständen entsprechen, wenn die angesammelten Entgelte sachfremd verwendet werden (vgl. BayObLG NJW **79** 2296).

Ist eine Teilungserklärung oder eine Gemeinschaftsordnung in bezug auf die Gebrauchsregelung unvollständig oder durch die technische Entwicklung seit ihrer Aufstellung offensichtlich überholt und verbleibt die Mehrheit der Eigentümer trotzdem bei ihnen, so kann, wenn ein ordnungsmäßiger Gebrauch bei dieser Regelung nicht mehr gegeben ist, ein Ergänzungs(Abänderungs)verlangen gerechtfertigt sein (§§ 21 Abs. 3, 15 Abs. 2 und 3; 43 Abs. 1 Nr. 1).

II. Vereinbarung (§ 15 Abs. 1) 10

1. Allgemeines

Vereinbarungen (§ 10 Abs. 2), die den Gebrauch regeln, müssen von allen Raumeigentümern einstimmig getroffen und können auch mangels einer anderslautenden Vereinbarung grundsätzlich nur einstimmig aufgehoben oder geändert werden; das gilt auch, wenn die Gebrauchsregelung in einer Hausordnung (§ 21 Abs. 5 Nr. 1) niedergelegt wird, die durch Vereinbarung zustande kommt. Wird die vereinbarte Gebrauchsregelung als Inhalt des Sondereigentums im Grundbuch eingetragen, so erlangt sie dingliche Wirkung gegen die Sondernachfolger. Zu ihrer Bestimmung als Inhalt des Sondereigentums sowie zur Änderung dieses Inhalts bedarf es der formlosen Einigung (§§ 873, 877 BGB), die jeweils in den Eintragungsbewilligungen (§ 19 GBO) enthalten sein wird, zum Grundbuchvollzug (auch eines Sondernutzungsrechtes) der Bewilligung aller Raumeigentümer (BayObLGZ **78** 377); einzutragen ist sie im Grundbuch aller Raumeigentümer. Zum Sonderfall der Übertragung eines Sondernutzungsrechts s. nachfolgende Rdn. 19.

Die Gebrauchsregelung kann einem Dritten übertragen werden. Vereinbarungen, **11**
soweit sie nicht in das Grundbuch eingetragen werden, werden in Niederschriften festzuhalten sein,

Vereinbarungen über den Gebrauch sind nach allgemeinen Grundsätzen (§§ 133, **12**
157 BGB) auszulegen, zum Begriff „Gewerbe" s. BayObLGZ **78** 305. Sind sie im Grundbuch eingetragen als Inhalt des Sondereigentums, ist ihr Wortlaut und Sinngehalt so zu verstehen, wie sich diese für den unbefangenen Leser als nächstliegende Bedeutung des Eintrages ergeben (BGHZ **59** 209). So wird, von besonderen Verhältnissen des Falles abgesehen, zu verstehen sein: unter gewerblicher Nutzung nicht auch Errichtung einer Bierschwemme (BGH DWW **64** 89) oder eines dubiosen Massagesalons (OLG Hamburg MDR **74** 138), unter Laden Warenkleinverkauf durch Einzelhandel und warenverkaufendes Handwerk, nicht aber chemische Reinigung (OLG Hamm OLGZ **78** 10; BayObLGZ **78** 217; **80** 154), nicht Führung von Cafés, Gastwirtschaft, Probierstube (BayObLG Rpfleger **80** 348; MittBayNot. **81** 29, 30), woran auch die Zustimmung des Verwalters nichts ändern kann; unter Blumenladen nicht Schnellreinigung von Kleidern (OLG Hamburg OLGZ **78** 10); unter Laden nicht Tanzcafé (BayObLG Rpfleger **78** 410; ZMR **80** 251), unter Wohnung nicht Heim zur Erprobung moderner Erziehungsmethoden (OLG Frankfurt Rpfleger **81** 149), unter Büro nicht moderner Spielsalon (AG Passau Rpfleger **80** 23), unter Eigentumswohnung

nicht Hotel, Ferienheim, Altenheim; unter Büro nicht Wohnung (LG Bielefeld Rpfleger **81** 355). „Geschäftsraum" deckt andererseits ein Speiserestaurant, einen Rauchwarenladen, alle gewerblichen Tätigkeiten im bezeichneten Raum (BayObLG MDR **82** 496); zur Vermietung an wechselnde Feriengäste s. BayObLGZ **82** 9.

Bei *Teileigentum* besagt die Eintragung „Laden" das Erlaubtsein von Läden, schließt aber eine andere Nutzung aus. Da der Zweck eines Teileigentums im Grundbuch nicht vermerkt zu werden braucht, ist nämlich hier die Errichtung von Läden ohne weiteres zulässig (§ 13). Eine Eintragung „Laden" wird daher der unbefangene Leser nicht als Zulassung, sondern als Ausschluß anderer Nutzung als durch Läden verstehen (a. A. *Röll*, Rpfleger **81** 51).

13 Der Gebrauch des *gemeinschaftlichen Eigentums* kann geregelt werden durch Vereinbarungen über die Benutzung einer gemeinsamen Waschküche, gemeinsamer Boden- oder Kellerräume, des Hofes oder Trockenplatzes, des Hausgartens, das Abstellen von Fahrrädern u. dgl. im Hausflur, die Anbringung von Namensschildern (OLG Oldenburg DWE **78** 86) oder Werbeplakaten, die Zuweisung bestimmter Garagenplätze;

der Gebrauch des *Sondereigentums* durch Vereinbarungen über die Unzulässigkeit der Verwendung von Räumen zu beruflichen (Arztpraxis: BayObLGZ **73** 1; OLG Karlsruhe ZMR **77** 343) oder gewerblichen Zwecken, die Unzulässigkeit der Vermietung, Untervermietung, Verpachtung, die Genehmigungsbedürftigkeit der Vermietung, die Begrenzungen der Nutzung (OLG Hamburg MDR **74** 138; BayObLGZ **71** 273), das Halten von Haustieren und anderes. Auch die innere Ausgestaltung des Sondereigentums kann Inhalt einer solchen Vereinbarung werden, z. B. keine Versammlungsräume (*Soergel/Baur*, § 15 Rdz. 2).

14 **2. Die Sondernutzungsrechte im besonderen**

Auch die Bewilligung eines Sondernutzungsrechtes an gemeinschaftlichem Eigentum ist Gebrauchsregelung im Sinne des § 15. Es wird durch Teilungserklärung oder Vereinbarung (OLG Hamburg MDR **79** 58; OLG Frankfurt Rpfleger **80** 391: Bestellung in Kaufverträgen hat nur schuldrechtliche Wirkung) bestellt und kann in das Grundbuch als Inhalt des Sondereigentums eingetragen werden; es bedarf zu seinem Entstehen nicht der Eintragung im Grundbuch, hat aber dann nicht die Wirkung des § 10 Abs. 2 WEG.

Mehrheitsbeschluß reicht auch dann nicht aus, wenn der Begünstigte dafür sein Sondereigentum zum Mitgebrauch zur Verfügung stellt. Zeitablauf, Kaufvertrag, Ersitzung, unterlassener Widerspruch können ein Sondernutzungsrecht nicht begründen (vgl. OLG Frankfurt, Rpfleger **80** 391; LG Mannheim MittBayNot. **71** 242). Daß es sich auch auf die konstruktiven Teile des Hauses erstreckt, macht es nicht unzulässig (BayObLGZ **81** 61).

15 Sondernutzungsrechte können nur einem Mitgemeinschafter bestellt werden (OLG Hamm Rpfleger **73** 167; OLG Düsseldorf Rpfleger **77** 30) und nicht an einem Nachbargrundstück. Sie gewähren dem Begünstigten das Recht zum ausschließlichen Gebrauch, schließen die anderen Raumeigentümer vom Mitgebrauch aus. Sondernutzungsrechte können z. B. bestellt werden an ober- oder unterirdischen Abstellplätzen, an gemeinschaftlichen Einrichtungen (§ 5), nicht nur in einzelnen Beziehungen, auch zur ausschließlichen Nutzung eines Teiles des gemeinschaftlichen Eigentums (z. B. des Gartens), selbst des gesamten gemeinschaftlichen Eigentums (z. B. bei einem Doppelhaus: BayObLGZ **81** 61; KG Rpfleger **83** 20; a. A. LG Berlin MDR **82** 149). Andererseits hat der Berechtigte die Interessen der Raumeigentümer zu beachten: ist ihm ein

Abstellraum für sein Fahrzeug bewilligt, darf er diesen durch Absperrpfähle nicht so sichern, daß die Benutzer angrenzender Abstellplätze dadurch erheblich beeinträchtigt werden (BayObLG MDR **81** 937). Das Sondernutzungsrecht ist kein dingliches Recht; es kann nicht belastet werden und löst auch keine Rangfrage aus. Durch die Eintragung erlangt es dingliche Wirkung im Sinne des § 10 Abs. 2. Für seinen Inhalt ist allein die Vereinbarung maßgebend, nicht ein davon abweichender Kaufvertrag. Es läßt sich außer für Räume auch für Flächen begründen (BayObLG DNotZ **82** 242). An Bedeutung für die Nutzung als Kraftfahrzeugabstellplätze hat es seit der Neufassung des § 3 Abs. 2 Satz 2 eingebüßt.

Vereinbarungen, die ein Sondernutzungsrecht begründen, führen durch ihre Eintragung im Grundbuch eine Änderung des Inhalts des Sondereigentums herbei. Es bedarf daher insoweit der Einigung und Eintragung im Grundbuch (§§ 873, 877 BGB); die Einigung wird mit den Eintragungsbewilligungen ausgesprochen sein. Zum Vollzug im Grundbuch ist die Zustimmung aller Inhaber von dinglichen Rechten am belasteten Wohnungseigentum, soweit deren Rechtsstellung durch die Änderung verschlechtert wird (§§ 877, 876 BGB; OLG Frankfurt Rpfleger **75** 309; OLG Stuttgart BWNotZ **75** 93; LG Freiburg BWNotZ **77** 46; BayObLG Rpfleger **80** 111), erforderlich. Störung der Ausübung des Sondernutzungsrechtes kann nach § 1004 BGB abgewehrt werden (BayObLG Rpfleger **82** 418). **16**

Das Recht ist einer Dienstbarkeit ähnlich (BayObLGZ **74** 40), kann aber nicht Gegenstand einer Grunddienstbarkeit oder beschränkt persönlichen Dienstbarkeit werden (BayObLG NJW **75** 59; a. A. *Merle,* Das Wohnungseigentum im System des Bürgerlichen Rechts, S. 194). Andererseits kann die Bewilligung des Rechts in einer Teilungserklärung über den Gebrauch hinausreichen und einen Anspruch auf Eintragung einer Grunddienstbarkeit gewähren (OLG Köln DWE **76** 56). Wird in der Teilungserklärung die Bestellung von Sondernutzungsrechten vorbehalten, ist zu deren Begründung die Zustimmung der Raumeigentümer erforderlich, sobald der erste Raumeigentümer nach Aufteilung in das Wohnungsgrundbuch eingetragen ist (BayObLG Rpfleger **80** 111). **17**

Das Wohnungseigentum kann mit einer Dienstbarkeit zugunsten des jeweiligen Inhabers eines anderen Wohnungseigentümers in der Weise belastet werden, daß die Mitbenutzung der gemeinsamen Gartenfläche durch den Besteller ausgeschlossen ist (OLG Hamm MittRheinNot. **81** 194). **18**

Sondernutzungsrechte können durch einstimmigen Beschluß *aufgehoben* und *verändert* werden; ein Mehrheitsbeschluß wird aber wirksam, wenn er nicht angefochten wird (§ 23 Abs. 4; OLG Düsseldorf MittRhNotR **80** 208). **19**

Die *Übertragung* des Sondernutzungsrechtes auf einen anderen Wohnungseigentümer (keinen Dritten: § 6!) bedarf nach dem Gesetz nicht der Zustimmung der übrigen Raumeigentümer (BGH Rpfleger **79** 57 mit Schrifttums- und Rechtsprechungsnachweis), da die Zuordnung dieses Rechtes an einen andern Raumeigentümer die Rechtsstellung der übrigen Raumeigentümer nicht mehr berührt. Die Übertragung bedarf der Einigung der beteiligten Raumeigentümer (§§ 877, 873 BGB) und zum Grundbuchvollzug deren Bewilligung (§§ 19, 29 GBO). Die Übertragung ist auch nur in den Wohnungsgrundbüchern des alten und neuen Rechtsinhabers einzutragen. Der Anspruch auf Übertragung des Rechtes kann durch eine Vormerkung im Grundbuch gesichert werden (BayObLG Rpfleger **79** 125 im Anschluß an BGH Rpfleger **79** 57).

Das Sondernutzungsrecht wird im *Bestandsverzeichnis* des Wohnungsgrundbuchs eingetragen (§ 3 Abs. 2 WGBVfg.), nicht in Abteilung II, und zwar in den Grundbü- **20** chern aller Raumeigentümer; das gilt ebenso für Inhaltsänderungen (ausgenommen Übertragung) und Aufhebung. Zum Grundbuchvollzug genügt Bewilligung der Raumeigentümer (§§ 19, 29 BGB), die Formvorschrift des § 4 WEG bezieht sich auf Begründung und Aufhebung des Raumeigentums. Die Eintragungsbewilligung kann den Grundstücksteil, auf den sich ein Sondernutzungsrecht bezieht, auch durch Bezugnahme auf deren Einzeichnung in einer allgemein zugänglichen Karte beschreiben (vgl. BGHZ **59** 11). Für die Eintragung im Grundbuch genügt Bezugnahme auf die Eintragungsbewilligung (Näheres s. *Ertl*, Rpfleger **79** 81 ff).

21 Einzelne Raumeigentümer können schließlich *untereinander* Gebrauchsregelungen treffen, die nur für sie und nicht auch für die übrigen Raumeigentümer gelten (§ 1010 BGB). Zur Umdeutung einer unwirksamen Einräumung von Sondereigentum in Bestellung eines Sondernutzungsrechts s. BayObLG MDR **81** 145.

22 **III. Mehrheitsbeschluß (§ 15 Abs. 2)**

1. Allgemeines

§ 15 Abs. 2 entspricht dem § 745 Abs. 1 BGB mit der Maßgabe, daß er einerseits nur den Gebrauch, nicht auch die Verwaltung, andererseits aber nicht nur das gemeinschaftliche Eigentum, sondern auch das Sondereigentum betrifft. Für die Gebrauchsregelung im Beschlußwege (ebenso für die Aufhebung oder Änderung gefaßter Beschlüsse) ist nicht, wie bei der Vereinbarung, Einstimmigkeit aller Raumeigentümer erforderlich, es genügt die Mehrheit der Anwesenden in einer beschlußfähigen Versammlung der Raumeigentümer (§ 25). Dies gilt auch, wenn die Gebrauchsregelung im Rahmen einer Hausordnung beschlossen wird (§ 21 Abs. 5 Nr. 1). Stimmberechtigt sind bei Mehrhausanlagen und abgetrennten Hausteilen nur jene Wohnungseigentümer, die an der Gebrauchsregelung wirklich interessiert sein können (BayObLGZ **75** 177).

23 Mehrheitsbeschlüsse, die den Gebrauch regeln, werden nicht in das Grundbuch eingetragen (OLG Frankfurt Rpfleger **80** 231); ihre Wirkung ergibt sich aus § 10 Abs. 3, § 746 BGB.

24 Abs. 2 ist abdingbar, die Raumeigentümer können Mehrheitsbeschlußfassung ausschließen (BayObLGZ **73** 265).

25 **2. Einschränkungen**

Die Gebrauchsregelung im Beschlußwege hat ihre Grenzen: Sie kommt nur insoweit in Betracht, als ihr nicht die Teilungserklärung oder eine gemäß Absatz 1 getroffene Vereinbarung entgegenstehen; ein Mehrheitsbeschluß, der gegen eine Vereinbarung verstößt, ist auf Antrag für ungültig zu erklären (BayObLG ZMR **78** 382). Es kann ferner nur ein Gebrauch beschlossen werden, der der Beschaffenheit des gemeinschaftlichen Eigentums und der im Sondereigentum stehenden Gebäudeteile entspricht und ordnungsgemäß ist, wobei die Ordnungsmäßigkeit durch das Interesse der Gemeinschaft bestimmt wird. Ob diese Voraussetzungen gegeben sind, richtet sich nach den Gegebenheiten des Einzelfalles. Der dem einzelnen Raumeigentümer zustehende Mitgebrauch (Abs. 2) kann durch Mehrheitsbeschluß auch dann nicht entzogen werden, wenn die beabsichtigte Regelung an sich mit einer ordnungsgemäßen Nutzung in Einklang zu bringen wäre (vgl. RG JW **31** 2722); die Befugnisse der Raumeigentümer zur Nutzung von Sondereigentum und gemeinschaftlichem Eigentum dürfen durch Mehrheitsbeschluß auch nicht unnötig und unzumutbar benachteiligt werden (§ 14 Nr. 1, vgl. BayObLG ZMR **80** 125). Den Raumeigentümern steht es aber zu, durch

Mehrheitsbeschluß den Gebrauch des gemeinschaftlichen Eigentums nach Art, Umfang und Zeit (nicht aber gegenständlich) einschränkend zu regeln. Solche Einschränkungen werden meistens in der Natur der Sache begründet sein (eine Teppichstange kann nicht gleichzeitig von allen benutzt werden) und stellen keinen unzulässigen Eingriff in das Recht des Mitgebrauchs dar, wenn alle Raumeigentümer im wesentlichen den gleichen Einschränkungen unterworfen werden.

Bei der Abwägung, ob ein Gebrauch ordnungsmäßig ist, wird es auf die Umstände des einzelnen Falles ankommen, so auf Lage, Größe, Charakter der Wohnanlage, deren Zweckbestimmung, Lage der Eigentumswohnungen (Parterre, Obergeschoß, am Ende eines Laubenganges gelegene Arztpraxis: BayObLG ZMR **80** 125), ruhige Wohngegend oder lebhaftes Verkehrszentrum. Zur Aufstellung eines Windfangs auf einer Sondernutzungsfläche s. BayObLG Rpfleger **82** 268. **26**

Beispiele aus der Rechtsprechung: Ausübung der Arztpraxis (OLG Karlsruhe OLGZ **76** 145; BayObLGZ **73** 1; **75** 233); Benutzung der Kraftfahrzeug-Abstellplätze (OLG Köln OLGZ **78** 289); Benutzung des Trockenraumes (BayObLGZ **72** 119); Musikausübung (OLG Oldenburg ZMR **78** 247; OLG Hamm NJW **81** 465); Verpflichtung des Raumeigentümers zu sachbezogenen Angaben über den in Aussicht genommenen Mieter (LG Mannheim ZMR **79** 319); Einschränkung der Tierhaltung in den Eigentumswohnungen (BayObLGZ **72** 90; OLG Frankfurt Rpfleger **78** 414; KG NJW **56** 1680); Anlage eines Kinderspielplatzes (LG Freiburg ZMR **79** 382); Festsetzung eines Nutzungsentgeltes für Einrichtungen (BayObLG Rpfleger **79** 265); Trocknen der Wäsche auf den Balkonen (LG Oldenburg WuM **77** 172); Schließen der Kellerfenster (OLG Karlsruhe MDR **76** 758), Zulässigkeit einer Geldbuße (OLG Frankfurt OLGZ **79** 26). Ausübung einer Zahnarztpraxis (OLG Hamm ZMR **73** 208). **27**

Zur Aufhebung einer durch Mehrheitsbeschluß gewährten Nutzung einer Terrasse einer Penthousewohnung s. OLG Frankfurt OLGZ **80** 110.

Der Mehrheits-Beschlußfassung sind nicht zugänglich — es bedarf Einstimmigkeit —: Standortverlegung einer Mülltonne, wenn bauliche Veränderungen dazu erforderlich sind (OLG Karlsruhe MDR **78** 495); Offenhalten der Haustüre während des Tages (weil dies in der Regel mindestens für die Erdgeschoßbewohner vermeidbar unzumutbar ist (*Diester,* Wichtige Rechtsfragen des Wohnungseigentums Nr. 227, 227 ff; vgl. auch LG Wuppertal Rpfleger **72** 451); Gewährung der Alleinnutzung einzelner Teile des gemeinschaftlichen Eigentums zugunsten einzelner Raumeigentümer (LG Köln ZMR **77** 84; BayObLG Rpfleger **74** 111; a. A. KG NJW **72** 691; dazu *Pick* NJW **72** 1741); räumliche Aufteilung des Gartens unter die Raumeigentümer (BayObLGZ **72** 109); Verschärfung von in der Teilungserklärung ausgesprochenen Vermietungsbeschränkungen (BayObLG ZMR **72** 218); Ausschluß vom Gebrauch des gemeinschaftlichen Eigentums (BayObLGZ **72** 96, 112; **75** 236); Entziehung einer einem Raumeigentümer zulässig eingeräumten Nutzung (BayObLG NJW **74** 152); Stillegung einer zum gemeinschaftlichen Eigentum gehörenden Gasleitung (BayObLG Rpfleger. **76** 291); Bestimmung der Flächen vor dem Hause zu einem Straßencafé (OLG Oldenburg ZMR **80** 63); gegenständlich abgegrenzte Regelung der Benutzung einer Garage (BayObLG Rpfleger **74** 111). **28**

Die Mehrheit kann auch nicht beschließen, daß alleinstehende Wohnungseigentümer nur zu Tageszeiten Besucher empfangen, Wohnungseigentümer nicht in wilder Ehe leben, Wohnungen keine luxuriöse innere Ausstattung haben, zu Reparaturen am Sondereigentum nur die vom Verwalter zugelassenen Handwerker herangezogen werden dürfen (vgl. *Soergel/Baur,* § 15 Rz. 5). **29**

IV. Gerichtliche Entscheidung

§ 15 Abs. 3 übernimmt die im § 745 Abs. 2 BGB getroffene Regelung, soweit diese sich auf die Benutzung des gemeinschaftlichen Gegenstandes bezieht, und ergänzt sie durch Gewährung des Anspruchs auf einen Gebrauch, der dem Gesetz, den Vereinbarungen und den Beschlüssen entspricht. Die Vorschrift gibt danach zweierlei Ansprüche:

30 **1. Feststellungsentscheidungen und Durchführungsanordnungen**

Jeder Raumeigentümer kann verlangen, daß von dem gemeinschaftlichen Eigentum und den im Sondereigentum stehenden Gebäudeteilen ein Gebrauch gemacht wird, der dem Gesetz, den getroffenen Vereinbarungen (§ 15 Abs. 1) und den gefaßten Beschlüssen (§ 15 Abs. 2) entspricht, mag es sich dabei um den zulässigen eigenen Gebrauch handeln, der ihm von anderen Raumeigentümern streitig gemacht wird, oder um den Gebrauch, den andere Raumeigentümer in unzulässiger Weise von ihrem Sondereigentum oder dem gemeinschaftlichen Eigentum machen. Im ersten Falle geht der Anspruch auf Gestattung des zulässigen, im zweiten Falle auf Untersagung des unzulässigen Gebrauchs. Der Anspruch ist sowohl dann gegeben, wenn die Grenzen des zulässigen Gebrauchs nach dem Gesetz, den Vereinbarungen oder den Beschlüssen umstritten sind, wie auch dann, wenn sie zwar unstreitig sind, aber nicht beachtet werden; in beiden Fällen hat der Richter, wenn der Anspruch begründet ist, das Erforderliche zu veranlassen, damit die Grenzen eingehalten werden, im ersten Falle hat er außerdem diese Grenzen selbst, wie sie sich aus Gesetz, Vereinbarung oder Mehrheitsbeschluß ergeben, festzustellen. Über den Anspruch ist nach § 43 Abs. 1 Nr. 1 WEG im Wege der freiwilligen Gerichtsbarkeit zu entscheiden. Gegner sind die dem Antragsteller widersprechenden Raumeigentümer. Der Antrag kann sich auch gegen den Verwalter richten, wenn er den zulässigen Gebrauch nicht gestatten will. Mit seiner Entscheidung hat das Gericht die Anordnungen zu verbinden, die zu deren Durchführung erforderlich sind (§ 44 Abs. 4), z. B. den Verwalter anweisen, über die Schließung der Haustüren zu wachen, Verbotsschilder anzubringen.

31 Hat der Verwalter oder ein Raumeigentümer nach der Teilungserklärung oder einer Vereinbarung darüber zu entscheiden, ob eine berufliche oder gewerbliche Nutzung des Sondereigentums zu genehmigen ist, handelt er als Treuhänder der Gemeinschaft und unterliegt, solange er nicht entschieden hat, deren Weisungen; die Entscheidung hat aber nur er zu treffen (vgl. BayObLGZ 80 29). Ist nach der Gemeinschaftsordnung die Anrufung der Eigentümerversammlung gegen den Verwalterbescheid zulässig, muß vor einem Antrag nach § 43 Abs. 1 Nr. 2 die Entscheidung der Versammlung herbeigeführt werden.

32 Dem Gericht obliegt die Prüfung, ob sich die Entscheidung des Verwalters als ordnungsmäßige, der Billigkeit entsprechende Gebrauchsregelung aufrechterhalten läßt (§ 15 Abs. 3). Hat der Verwalter seine Befugnisse überschritten, kann er durch das Gericht angehalten werden, die erteilte Genehmigung zurückzunehmen (BayObLG ZMR 80 125).

33 **2. Gestaltungsentscheidungen**

Sind die Grenzen des zulässigen Gebrauchs streitig und ist die Streitfrage nicht durch Gesetz, Vereinbarung oder Mehrheitsbeschluß (z. B. wenn ein solcher mangels Stimmenmehrheit nicht zustande kommt) geregelt, so kann jeder Raumeigentümer einen Gebrauch des gemeinschaftlichen Eigentums oder des (eigenen oder fremden) Sondereigentums für sich oder den anderen Raumeigentümer verlangen, der nach billigem Ermessen dem Interesse der Gesamtheit der Raumeigentümer entspricht; insoweit übernimmt § 15 Abs. 3 WEG sinngemäß die im § 745 Abs. 2 BGB getroffene Regelung, doch braucht der Antragsteller nicht einen bestimmt formulierten Antrag zu stellen, denn das Verfahren ist hier nicht das der ZPO, sondern das des FGG nach § 43 Abs. 1 Nr. 1 WEG. Der Richter entscheidet nach billigem Ermessen (§ 15 Abs. 3, § 43 Abs. 2) und ist nicht an Anträge der Beteiligten gebunden; sein Beschluß ist eine Gestaltungsentscheidung, die einen Mehrheitsbeschluß der Raumeigentümer ersetzt und damit die Grenzen des zulässigen Gebrauchs allgemein und für die Dauer bis zum etwaigen Zustandekommen eines abweichenden Mehrheitsbeschlusses der Raumeigentümer bestimmt.

Das Gericht kann aber nur Gebrauchsregelungen aussprechen, die auch die Ge- **34**
meinschaft durch Mehrheitsbeschluß (Abs. 2) festlegen könnte (KG Rpfleger **72** 62; BayObLG MDR **81** 937). Der Anspruch auf eine Gestaltungsentscheidung kann auch einredeweise geltend gemacht werden. Ihm braucht ein früherer Mehrheitsbeschluß nicht entgegenzustehen, wenn sich die Sachlage entscheidend geändert hat (vgl. RG HRR **28** Nr. 607). Auch hier sind Anordnungen nach § 44 Abs. 4 zulässig.

Noch während eines solchen Verfahrens können die Raumeigentümer eine Ge- **35**
brauchsregelung beschließen, die ihrerseits im laufenden Verfahren — auch noch im Beschwerdeverfahren — angefochten werden kann (§ 43 Abs. 1 Nr. 4; KG Rpfleger **72** 62).

Da Streitigkeiten über die Nutzung des Eigentums — zum Unterlassungsan- **36**
spruch, wenn Vereinbarungen über den Gebrauch verletzt werden, s. OLG Frankfurt OLGZ **80** 418; **81** 159; OLG Düsseldorf OLGZ **78** 349 — oft zu Feindschaften innerhalb der Gemeinschaft führen, sollte die richterliche Entscheidung eine Regelung finden, die ein harmonisches, geordnetes Zusammenleben innerhalb der Gemeinschaft auf Dauer sichert. Für die Ausübung beruflicher und gewerblicher Tätigkeiten in Eigentumswohnungen wird es dabei darauf ankommen, ob solche Tätigkeiten einen lebhaften Kundenverkehr, damit verbundenen Lärm und Geräusche verursachen, vielleicht Gefahren für die Gesundheit (Arztpraxis für ansteckende Krankheiten), ob die Reklame (Schilder) das Hausäußere verändern, ob es sich um Tätigkeiten im Innern der Wohnungen handelt, die nicht nach außen dringen (Rechtsanwalt, Zeichenbüro, Maleratelier, Privatlehrer). Es wird weiter auf die Umgebung ankommen, in der die Wohnanlage sich befindet: ruhige Wohngegend oder verkehrsreiches Stadtzentrum, ferner ob derartige Tätigkeiten in der Umgebung ausgeübt werden oder nicht. Auch baurechtliche Gesichtspunkte können zu beachten sein (LG Freiburg ZMR **79** 382).

Ordnungsmäßiger Gebrauch schließt Tierhaltung nicht aus (OLG Frankfurt **37**
Rpfleger **78** 414), Nachteile für den einzelnen Raumeigentümer müssen aber vermieden werden (andauerndes lautes Hundegebell, Unreinheiten und übler Geruch durch Kleintiere). Der Verwalter muß einschreiten, wenn es sich nicht mehr um einen ordnungsgemäßen Gebrauch des Eigentums handelt (§ 15 Abs. 3, OLG Frankfurt Rpfleger. **78** 414). Auf Grünflächen dürfen Fahrzeuge nicht abgestellt, die Fläche aber nicht abgesperrt werden (BayObLG DWE **82** 66); die Haustür muß — in der Regel — geschlossen gehalten werden (BayObLG Rpfleger **82** 218).

Die dem Wohnungseigentum innewohnende Zweckbestimmung fehlt bei *Teil-* **38**
eigentum; sie kann sich aus Eintragungen im Wohnungsgrundbuch ergeben.

Die Nutzung des Teileigentums ist, wenn solche Ausgestaltungen fehlen, jedenfalls nicht schon, wie beim Wohnungseigentum, mit Rücksicht auf den Charakter und Zweck des Eigentums eingeschränkt.

39 Der Mehrheitsbeschluß, der den Gebrauch des Sondereigentums (des gemeinschaftlichen Eigentums) regelt, unterliegt der Anfechtung (§§ 23 Abs. 4, 44 Abs. 1 Nr. 4), wenn sich die Regelung nicht als ordnungsmäßige, der Beschaffenheit von Sondereigentum und gemeinschaftlichen Eigentum entsprechende Gebrauchsregelung erweist (§ 15 Abs. 2), ferner, wenn er gegen eine Teilungserklärung oder eine Vereinbarung verstößt (BayObLG ZMR **79** 382), wenn die erforderliche Einstimmigkeit für die Beschlußfassung fehlte (BGH NJW **70** 753; OLG Hamburg DNotZ **67** 38), wenn mit der Gebrauchsregelung eine übermäßige finanzielle Belastung einzelner Raumeigentümer verbunden ist (vgl. BGH LM BGB § 745 Nr. 2 Blatt 2). Nichtigkeit eines Beschlusses ist unter Raumeigentümern und Verwalter gleichfalls im Verfahren nach § 43 Abs. 1 Nr. 4 geltend zu machen, ohne daß eine Frist zu wahren wäre.

40 **V. Nutzung und Kaufvertrag**

Schließlich kann ein Raumeigentümer Schutz vor unzulässigem Gebrauch durch andere Raumeigentümer, gegebenenfalls von seinem Verkäufer (Bauträger) beanspruchen. Eine Klage mit dem Ziel, einen unzulässigen Gebrauch zu verhindern, ist vor dem Zivilgericht anzubringen (vgl. BGH FWW **64** 32: Bierschwemmenurteil).

Hat ein Raumeigentümer ohne die erforderliche Zustimmung des Verwalters vermietet (verpachtet), können die Raumeigentümer Aufhebung des Miet(Pacht)vertrages vom Raumeigentümer verlangen, gegebenenfalls auch Schadensersatz fordern. Da der Raumeigentümer seinen Besitz nicht von den anderen Raumeigentümern ableitet, scheidet die Anwendung des § 986 Abs. 1 Satz 2 BGB aus: die Raumeigentümer können vom Mieter (Pächter) nicht Räumung verlangen.

§ 16

Nutzungen, Lasten und Kosten

(1) Jedem Wohnungseigentümer gebührt ein seinem Anteil entsprechender Bruchteil der Nutzungen des gemeinschaftlichen Eigentums. Der Anteil bestimmt sich nach dem gemäß § 47 der Grundbuchordnung im Grundbuch eingetragenen Verhältnis der Miteigentumsanteile.

(2) Jeder Wohnungseigentümer ist den anderen Wohnungseigentümern gegenüber verpflichtet, die Lasten des gemeinschaftlichen Eigentums sowie die Kosten der Instandhaltung, Instandsetzung, sonstigen Verwaltung und eines gemeinschaftlichen Gebrauchs des gemeinschaftlichen Eigentums nach dem Verhältnis seines Anteils (Absatz 1 Satz 2) zu tragen.

(3) Ein Wohnungseigentümer, der einer Maßnahme nach § 22 Abs. 1 nicht zugestimmt hat, ist nicht berechtigt, einen Anteil an Nutzungen, die auf einer solchen Maßnahme beruhen, zu beanspruchen; er ist nicht verpflichtet, Kosten, die durch eine solche Maßnahme verursacht sind, zu tragen.

(4) Zu den Kosten der Verwaltung im Sinne des Absatzes 2 gehören insbesondere Kosten eines Rechtsstreits gemäß § 18 und der Ersatz des Schadens im Falle des § 14 Nr. 4.

(5) Kosten eines Verfahrens nach § 43 gehören nicht zu den Kosten der Verwaltung im Sinne des Absatzes 2.

Schrifttum

Bielefeld, Verteilung von Nutzungen, Lasten und Kosten, DWE **76** 9; *Zoebe,* Der Verteilungsschlüssel unter besonderer Beachtung der Heizkosten, DWE **74** Heft 4 S. 21; *Röll,* Die gemeinschaftlichen Lasten und Kosten als Problem, NJW **76** 1473; *Weimar,* Der Umlegungsschlüssel bei Fahrstühlen, Schwimmbecken, Saunen, BlGBW **79** 46; *Naumann,* Das Wohnungseigentum im Konkurs eines Wohnungseigentümers, KTS **71** 158; *Tasche,* Wege zur Änderung des Verteilungsschlüssels für Betriebskosten bei Eigentumswohnungen, DNotZ **73** 453; *Göppinger,* Tragung der Reinigungskosten für große Wohnanlagen, WEM **79** 125; *Weimar,* Das Wohngeld für die Eigentumswohnungen in Feriengebieten, BlGBW **79** 145; *Kirchner,* Bewirtschaftungskosten, ein Risiko für jeden Wohnungseigentümer, MittBayNotV **73** 263; *Schmid,* Zur Verteilung der Lasten und Kosten des gemeinschaftlichen Eigentums in der Wohnungseigentümergemeinschaft, BlGBW **80** 203; *derselbe,* Änderung von Vereinbarungen BlGBW **81** 28; *Korff,* Verteilung der Lasten und Kosten, DWE **80** 82; *Glaser,* Umlegungsfähige Sammelheizungskosten, BlGBW **80** 102; *Röll,* Kosten und Lasten bei Veräußerung der Eigentumswohnung während des Wirtschaftsjahres, NJW **83** 153.

Übersicht

	Rdn.
I. Allgemeines	1
II. Verteilungsgrundsatz	
1. Verhältnis der Miteigentumsanteile	2
2. Abdingbarkeit	3—7
III. Verteilung der Nutzungen	
1. Fruchtziehung im allgemeinen	8—10
2. Anspruch des einzelnen Raumeigentümers	11—13
3. Keine Beeinträchtigung dieses Anspruchs	14, 15
4. Außergewöhnliche Veränderungen	16
IV. Verteilung der Lasten	17, 18
V. Verteilung der Verwaltungskosten	
1. Begriff der Verwaltungskosten	19—23
2. Keine Verwaltungskosten	24
3. Kosten außergewöhnlicher Maßnahmen	25—26
4. Der Verteilungsschlüssel im Besonderen	27, 28
5. Heizkostenverordnung	29
VI. Der Verwaltungsbeitrag (Wohngeld)	30—39

I. Allgemeines 1

§ 16 bezieht sich *nur* auf das *gemeinschaftliche Eigentum* der Raumeigentümer; er behandelt die Verteilung der Nutzungen, Lasten und Verwaltungskosten dieses gemeinschaftlichen Vermögens. Die grundlegende Regelung ist in den beiden ersten Absätzen enthalten; sie wird durch die folgenden Absätze (3—5) in Einzelheiten ergänzt und klargestellt. Abs. 1, der die Verteilung der Nutzungen betrifft, entspricht dem § 743 Abs. 1 BGB, Abs. 2, der die Verteilung der Lasten und Verwaltungskosten regelt, dem § 748 BGB.

Die gesetzliche Regelung gilt für das *Innenverhältnis* der Raumeigentümer; nach *außen* haften die Raumeigentümer in der Regel als Gesamtschuldner (BGHZ **67** 235; BGH NJW **77** 1686); der Gläubiger braucht sich nicht auf das Vermögen der Gemeinschaft verweisen zu lassen.

II. Verteilungsgrundsatz 2

1. Verhältnis der Miteigentumsanteile

Die im § 16 getroffene Regelung beruht auf dem auch in § 743 Abs. 1, § 748 BGB ausgesprochenen allgemeinen Grundsatz, daß für die Verteilung sowohl der Nutzungen wie auch der Lasten und Verwaltungskosten das Verhältnis der Miteigentumsanteile der Raumeigentümer zueinander maßgebend ist. Entscheidend ist dabei das gemäß § 47 GBO im Grundbuch eingetragene Verhältnis der Anteile (§ 16 Abs. 1 Satz 2, Abs. 2; vgl. § 7). Wie dieses Verhältnis zu bestimmen ist, haben die Raumeigentümer selbst zu entscheiden, die dabei an keine Vorschriften gebunden sind. Die im Grundbuch eingetragenen Anteile brauchen nicht dem Wertverhältnis der im Sondereigentum der einzelnen Raumeigentümer stehenden Raumeinheiten zu entsprechen (BayObLG Rpfleger **82** 219).

3 **2. Abdingbarkeit**

a) Der *Verteilungsgrundsatz* des § 16 ist wie alle Vorschriften dieses Paragraphen abdingbar. Die Raumeigentümer können daher ihre Beteiligung an den Nutzungen, Lasten und Verwaltungskosten des gemeinschaftlichen Eigentums durch Vereinbarung (aber nicht durch Mehrheitsbeschluß) auch abweichend von dem im Grundbuch eingetragenen Verhältnis ihrer Miteigentumsanteile bestimmen, und zwar nicht nur allgemein, sondern auch in Einzelheiten, so wenn in Abweichung von dem eingetragenen Anteilsverhältnis bestimmte im gemeinschaftlichen Eigentum stehende Einrichtungen für die einzelnen Raumeigentümer bei gleichen Miteigentumsanteilen von verschiedenem Werte (z. B. Fahrstuhl, Dachantennen) oder bei verschieden großen Miteigentumsanteilen von gleichem Werte (z. B. Dachantenne, Beleuchtungsanlage für das Treppenhaus) sind. Eine *Änderung* des gesetzlichen Verteilungsschlüssels ist also, was die *Nutzungen* anlangt, nur durch Vereinbarung (Teilungserklärung) zulässig (vgl. § 745 Abs. 3 Satz 2 BGB). Das trifft auch für die Verteilung der Lasten und Kosten auf die Raumeigentümer zu. Der gegenteiligen Rechtsanwendung des Bayerischen Obersten Landesgerichts (BayObLGZ **72** 154/5; ZMR **80** 160; DWE **79** 60) kann nicht gefolgt werden. Es geht davon aus, daß § 16 Abs. 2 keine zwingende Vorschrift darstelle, die Raumeigentümer daher im Rahmen ordnungsmäßiger Verwaltung durch Mehrheitsbeschluß abweichend von dieser Vorschrift die Kostenverteilung vornehmen könnten. Dem ist entgegenzuhalten, daß die Abänderung nicht zwingender Vorschriften der Vereinbarung vorbehalten ist (§ 10 Abs. 1). Zudem sieht § 16 nicht, wie § 15 Abs. 2, die Zulässigkeit von Mehrheitsbeschlüssen vor. Da § 16 gegenüber § 21 Abs. 3 die spezielle Vorschrift ist, darf auf die Regelung des § 21 Abs. 3 nicht zurückgegriffen werden. Dem Gericht ist zuzustimmen dahin, daß ein Mehrheitsbeschluß rechtsbeständig wird, wenn er nicht fristgerecht angefochten wird (§ 23 Abs. 4).

4 **b)** Durch Gemeinschaftsordnung (Teilungserklärung) kann die Verteilung von Nutzen, Lasten und Kosten, abweichend von der gesetzlichen Regelung, auch einem Mehrheitsbeschluß übertragen (BayObLGZ **71** 138) und zugleich bestimmt werden, daß die mehrheitliche Regelung nach Ablauf einer bestimmten Zeit überprüft und gegebenenfalls geändert werden soll. Solche Mehrheitsbeschlüsse müssen sich im Rahmen ordnungsmäßiger Verwaltung halten, ein beschlossener Verteilungsschlüssel darf nicht willkürlich sein; jeder Raumeigentümer kann gegen unzumutbare, unbillige Belastungen, überhöhte finanzielle Beitragsleistung gerichtliche Entscheidung in Anspruch nehmen (§ 23 Abs. 4). Eine Regelung durch Mehrheitsbeschluß, für die nach dem Vorstehenden Einstimmigkeit erforderlich ist (z. B. Änderung des Verteilungsschlüssels), wird aber rechtsbeständig, wenn der Beschluß nicht rechtzeitig angefochten wird; er ist nicht per se nichtig (vgl. OLG Braunschweig MDR **77** 583).

5 Über die Notwendigkeit der zu Lasten und Kosten führenden Maßnahmen sowie über die Bereitstellung von Rücklagen entscheiden die Raumeigentümer mit Mehrheit (§ 21 Abs. 3, 25), soweit nicht eine Vereinbarung entgegensteht. Mit dem Beschluß über den Wirtschaftsplan und den Beitragsfestsetzungen kann eine bisherige Befreiung von der Kostenlast beseitigt sein (OLG Frankfurt OLGZ **79** 144).

6 Auch die von der gesetzlichen Regelung abweichende Verteilung von Lasten und Kosten bezieht sich nur auf das Innenverhältnis.

7 Zu den möglichen Verteilungsschlüsseln für Lasten und Kosten im besonderen s. unten Rdn. 27 ff.

III. Verteilung der Nutzungen 8

1. Fruchtziehung im allgemeinen

Unter „Nutzungen" sind hier nur die (natürlichen oder zivilen) Früchte des gemeinschaftlichen Eigentums zu verstehen, da an den Gebrauchsvorteilen (§ 100 BGB) keine Bruchteile möglich sind. In Frage kommen hauptsächlich die Erzeugnisse eines im gemeinschaftlichen Eigentum stehenden Gartens (Früchte, Blumen) und die Miet- oder Pachtzinsen bei Vermietung oder Verpachtung von Grundstücken oder Räumen, die im gemeinschaftlichen Eigentum stehen (Entgelte für Außenwandreklame: OLG München ZMR **72** 210; Bankzinsen des gemeinschaftlichen Vermögens). Die Fruchtziehung gehört zur Verwaltung, (§ 21 Abs. 3), steht daher den Raumeigentümern gemeinsam zu (§ 21 Abs. 1), soweit nicht durch Vereinbarung oder Mehrheitsbeschluß etwas anderes bestimmt ist, z. B. dem Verwalter oder einem einzelnen Raumeigentümer die Einziehung übertragen ist. Die Auszahlung des nach Abzug der Lasten und Kosten verbleibenden Reinertrages der Nutzungen darf der Verwalter vornehmen (§ 27 Abs. 2 Nr. 2), sobald die Versammlung darüber Beschluß gefaßt hat (§ 28 Abs. 5).

Die natürlichen Früchte des gemeinschaftlichen Eigentums gehören zu diesem; 9
(§ 953 BGB); sie stehen allen Raumeigentümern gemeinsam zu und sind rechtlich als gemeinschaftliches Eigentum im Sinne des § 1 Abs. 5 zu behandeln. Zinsen und Entgelte stehen den Raumeigentümern im Verhältnis ihrer Anteile als Teilhaber einer Bruchteilsgemeinschaft zu (s. dazu *Weitnauer*, DWW **79** 243 mit Fußnote Nr. 20).

Die Nutzungsentgelte für Kraftfahrzeugabstellplätze dürfen nicht rückwirkend 10
erhöht werden (BayObLG Rpfleger **79** 265). Werden die Nutzungen durch Mehrheitsbeschluß auf die einzelnen Raumeigentümer verteilt, ohne daß Lasten und Kosten abgetragen wurden, handelt es sich nicht um eine ordnungsmäßige Verwaltung (vgl. §§ 102, 755 BGB, § 21 Abs. 3); ein solcher Beschluß wäre anfechtbar (§§ 43 Abs. 1 Nr. 4, 23 Abs. 4). Der einzelne Raumeigentümer kann das Gericht auch anrufen (§ 43 Abs. 1 Nr. 1 und 2), wenn vom Verwalter die Auszahlung der zugeteilten Beträge verweigert wird.

2. Anspruch des einzelnen Raumeigentümers 11

Der einzelne Raumeigentümer hat nur einen Anspruch gegen die anderen Raumeigentümer auf Gewährung eines Bruchteils der Früchte, der seinem Anteil entspricht; dies ist der Sinn der Vorschrift, daß jedem Raumeigentümer ein seinem Anteil entsprechender Bruchteil der Nutzungen gebührt (BGB § 743). Der einzelne Raumeigentümer kann daher auch nur über diesen seinen Anspruch gegen die anderen Raumeigentümer verfügen. Er ist auch nicht berechtigt, seinen Anteil vom Schuldner selbst einzuziehen. Ebenso kann der Gläubiger eines Raumeigentümers nur dessen Anspruch gegen die anderen Raumeigentümer pfänden lassen.

Unter „Nutzungen im Sinne des § 16 Abs. 1 Satz 1 ist aber nicht der Rohertrag zu 12
verstehen. Die Nutzungen sind vielmehr nach den Regeln ordentlicher Geschäftsführung zunächst für die Zwecke der gemeinschaftlichen Verwaltung zu verwenden (§ 744 BGB), den Raumeigentümern steht nur ein Anteil am Reinertrag, nach Abzug der Lasten und Kosten zu (BGH LM BGB § 812 Nr. 15; OLG Hamm MittRheinNotK **81** 192). Aus dem Reinertrag berechnet sich der dem einzelnen Raumeigentümer gebührende (abtretbare und pfändbare) Anteil, den er nach Beschlußfassung über die Verteilung (§ 28 Abs. 5) notfalls einklagen kann (§ 43 Abs. 1 Nr. 1). Ein verbleibender Überschuß kann in der Regel für einen bestimmten Zweck (z. B. für die Anschaffung einer neuen Fernsehantenne) verwendet werden (str. s. auch *Weitnauer/Hauger* § 16 Rdn. 8).

Von einer auf einem einzelnen Raumeigentum ruhenden Hypothek und von der Zwangsverwaltung (§ 21 Abs. 2, § 148 ZVG) wird der Anspruch aus § 16 Abs. 1 Satz 1 WEG nicht erfaßt, da weder § 1123 noch § 1126 BGB zutrifft.

13 3. Das Gesetz gibt keine Stütze für die Auffassung, daß ein mit der Zahlung der Erträge rückständiger Raumeigentümer von den Nutzungen ausgeschlossen ist. Eine dahingehende Vereinbarung ist aber zulässig.

14 **4. Keine Beeinträchtigung dieses Anspruchs**

Nicht übernommen hat das WEG den § 745 Abs. 3 Satz 2 BGB, wonach das Recht des einzelnen Teilhabers auf einen seinem Anteil entsprechenden Bruchteil der Nutzungen nicht ohne seine Zustimmung beeinträchtigt werden kann. Die Vorschrift ist für das WEG überflüssig, weil keinem Raumeigentümer sein Anspruch aus § 16 Abs. 1 Satz 1 gegen seinen Willen durch Mehrheitsbeschluß entzogen werden kann.

15 Für die Benutzung (Gebrauch) gemeinschaftlicher Einrichtungen z. B. Waschautomat, Sauna, kann durch Mehrheitsbeschluß (§ 15 Abs. 2) eine Gebühr festgelegt werden; die Kosten der Instandhaltung können aus diesen Beträgen gedeckt werden, reichen sie nicht aus, müssen die Kosten nach § 16 Abs. 2 auf die Raumeigentümer umgelegt werden, es sei denn, daß hierzu etwas anderes vereinbart wird (vgl. *Palandt/Bassenge,* § 16 Anm. 1). Etwaige Überschüsse dürfen durch Mehrheitsbeschluß zur Instandhaltungsrücklage überführt werden.

16 **5. Außergewöhnliche Veränderungen**

Nach § 22 Abs. 1 WEG können werterhöhende bauliche Veränderungen und Aufwendungen, die über die ordnungsmäßige Instandhaltung oder Instandsetzung des gemeinschaftlichen Eigentums ohne die Zustimmung der Raumeigentümer beschlossen werden, wenn Rechte durch die Veränderung nicht über das bei einem geordneten Zusammenleben unvermeidliche Maß hinaus beeinträchtigt werden. Wird ein solcher Beschluß gefaßt, so haben die Raumeigentümer, die dem Beschluß nicht zugestimmt haben, keinen Anspruch auf einen Anteil an den Nutzungen (Früchten), die aus der beschlossenen Maßnahme nach ihrer Durchführung sich ergeben (§ 16 Abs. 3). S. auch unter Rdn. 25.

17 **IV. Verteilung der Lasten**

Lasten sind Verpflichtungen, die durch wiederkehrende oder einmalige Geldleistung zu erfüllen sind und nicht nur die persönliche Haftung des Schuldners, sondern auch die dingliche Haftung des Grundstückes voraussetzen (vgl. BGH LM ZVG § 10 Nr. 3), also Leistungen, die den Eigentümer in dieser Eigenschaft treffen und insoweit im Gegensatz zu den Nutzungen stehen, als der Nutzungswert des Grundstücks durch sie gemindert wird. Darunter fallen Hypotheken und Grundschuldzinsen, Renten (§ 1199 BGB), regelmäßig wiederkehrende Tilgungsbeträge, die sich auf Gesamtgrundpfandrechte beziehen (BayObLGZ **73** 142; *Soergel/Baur,* § 16 Rdz. 5; a. A. *Weitnauer/Hauger,* § 16 Rn. 10). Keine „Lasten" sind Kapitalrücklagen zur Tilgung einer noch nicht fälligen Hypothek.

18 Von diesen *privatrechtlichen* sind die *öffentlichen* Lasten zu unterscheiden (§ 1047 BGB), das heißt Leistungen, die kraft öffentlichen Rechtes dem Grundstückseigentümer obliegen und dessen Nutzungen mindern (RGZ **127** 135). Hierher gehören die von dem Grundstück zu erhebenden Gebühren und Abgaben wie Erschließungsbei-

träge (LG Lüneburg, Rpfleger **76** 68), Anliegerbeiträge, Anschlußgebühren, möglicherweise auch Entgelte für Benutzung und Verbrauch (Abwasserreinigung, Müllabfuhr: BayObLGZ **72** 150). Die Grundsteuer zählt nicht hierher, sie lastet nach § 61 auf dem einzelnen Raumeigentum.

V. Verteilung der Verwaltungskosten 19

1. Begriff der Verwaltungskosten

§ 738 BGB spricht von den „Kosten der Erhaltung, der Verwaltung und einer gemeinschaftlichen Benutzung"; § 16 Abs. 2 WEG ersetzt diese Fassung sinngemäß durch „Kosten der Instandhaltung, Instandsetzung, sonstigen Verwaltung und eines gemeinschaftlichen Gebrauchs". Die aufgeführten Arten von Kosten — auch die des gemeinschaftlichen Gebrauchs (z. B. der Beleuchtung und Beheizung der zum gemeinschaftlichen Eigentum gehörenden Gebäudeteile) — können in einem weiteren Sinne als *Kosten der Verwaltung* angesehen werden; sie müssen durch berechtigte, zugunsten der Gemeinschaft und nicht nur zugunsten eines Raumeigentümers vorgenommene Maßregeln entstanden sein; näheres ergeben die §§ 21, 22. Der Begriff der Verwaltungskosten ist *weit* zu fassen.

Im einzelnen: 20

a) Zu den Kosten der Instandsetzung und Instandhaltung zählen auch vertretbare Aufwendungen für die Modernisierung des gemeinschaftlichen Eigentums zur Anpassung an neuzeitliches Wohnverständnis; der Erhaltung dienen die Wiederherstellung des Gebäudes nach Brand, Sturm, Wassereinbruch, Einwirkungen durch Überfliegen der Wohnanlage, auch eine vorbeugende Maßnahme, z. B. Heizung bei früh einsetzendem Winter, energiesparende technische Verbesserungen, Errichtung einer Mauer mit Geländer an der Einfahrt zur Tiefgarage (BayOLG ZMR **79** 316). Zur Frage der Verpflichtung der Wohnungseigentümer zu Baufertigstellung, wenn der Bauträger in Konkurs geraten ist, s. OLG Karlsruhe OLGZ **79** 287.

b) Unter die Kosten der sonstigen Verwaltung und des gemeinschaftlichen Gebrauchs fallen: Vergütung des Verwalters, des Hausmeisters, der Hilfskräfte für die Reinigung des Hausinnern und der Straße; die Verwaltungskosten des Verwalters (Telefongebühren, Schreibbedarf, Möbel, Schreibmaschine); die Vergütung des Verwaltungsbeirates; die Aufwendungen eines Raumeigentümers für Notmaßnahmen (§ 21 Abs. 2); die Versicherungsprämien; die Honorare für etwaige Gutachten zur Wirtschaftsführung; die Kosten für Kontenführung; die Kosten der Ausführung von Beschlüssen der Raumeigentümer und der Entscheidungen der Gerichte; der Werklohn für Reparaturen (Fahrstuhl, Garagen, Heizung); die Kosten für Heizung und Beleuchtung des gemeinschaftlichen Eigentums; die Kosten für eine Fremdfinanzierung eines größeren Bauvorhabens. Hierher gehören auch die Entgelte für Wasser, Gas, Wärme und elektrischen Strom: Leistungen der Versorgungsunternehmen, die von der Gemeinschaft abgenommen und bezahlt, durch die gemeinschaftlichen Anlagen und Einrichtungen der Gemeinschaft an die einzelnen Raumeigentümer weitergeleitet werden (BayObLGZ **72** 155). Anders, wenn die Versorgungsunternehmen unmittelbar an den einzelnen Raumeigentümer leisten und mittels Zähler dessen Verbrauch festhalten und abrechnen. S. unten Rdn. 29. 21

Zu den Verwaltungskosten gehören schließlich der Ersatz von Schäden, die durch das Betreten und die Benutzung der im Sondereigentum stehenden Gebäudeteile entstanden sind, soweit dies zur Instandhaltung und Instandsetzung des gemeinschaftlichen Eigentums erforderlich war (§ 14 Nr. 4, § 16 Abs. 4), und die der Raumeigentü- 22 mergemeinschaft erwachsenen Kosten eines gerichtlichen Verfahrens, das die Gemeinschaft der Raumeigentümer oder in ihrem Interesse der Verwalter oder ein einzelner Raumeigentümer auf Grund eines Mehrheitsbeschlusses (§ 10 Abs. 4) gegenüber Dritten, auch vor den Verwaltungsgerichten, durchgeführt hat.

23 Ferner die der Raumeigentümergemeinschaft erwachsenen Kosten eines Rechtsstreits, der die Entziehung des Raumeigentums gegenüber einem Raumeigentümer zum Gegenstand hat (§ 16 Abs. 4, § 18); der beklagte Raumeigentümer muß sich also an der Tragung der Prozeßkosten auch im Falle seines Obsiegens beteiligen.

24 **2. Keine Verwaltungskosten** i. S. des § 16 Abs. 2 sind die Kosten eines Verfahrens nach § 43 WEG (§ 16 Abs. 5); hier bestimmt vielmehr der Richter, welche Beteiligten die Kosten des Verfahrens zu tragen haben (§ 47), so daß die (gerichtlichen und außergerichtlichen) Kosten u. U. einzelnen Raumeigentümern auferlegt werden können (s. zu § 47). Auch Vorschüsse auf die Prozeßkosten sind keine Verwaltungskosten (BayObLGZ **76** 223).

25 **3. Kosten außergewöhnlicher Maßnahmen**

Sind bauliche Veränderungen oder Aufwendungen, die über die ordnungsmäßige Instandhaltung oder Instandsetzung des gemeinschaftlichen Eigentums hinausgehen, beschlossen worden (§ 22 Abs. 1), so sind Raumeigentümer, die dem Beschlusse nicht zugestimmt haben, nicht verpflichtet, sich an den Kosten zu beteiligen, die durch die beschlossene Maßnahme verursacht worden sind, wie sie auch keinen Anspruch auf einen Anteil an den Nutzungen (Früchten) haben, die aus ihr herrühren (§ 16 Abs. 3). Das gilt auch dann, wenn ein gemäß § 22 Abs. 2 unzulässiger Mehrheitsbeschluß durch Nichtanfechtung wirksam wird (OLG Braunschweig MDR **77** 583; KG OLGZ **79** 144; BayObLGZ **77, 73** 78); anders, wenn gleichzeitig die Kostenlast geregelt und der Beschluß nicht angefochten wird (OLG Frankfurt OLGZ **79 144**). Die Kosten lassen sich auch nicht einer Rücklage entnehmen (AG Wiesbaden MDR **67** 126; OLG Hamburg MDR **77** 230).

26 Die Vorschrift gilt aber nur für die nicht benachteiligten Raumeigentümer (BGH NJW **79** 817). Der überstimmte Raumeigentümer muß, wenn er dazu nicht gehört, an der Kostenlast teilnehmen. Absatz 3 ist abdingbar (OLG Frankfurt OLGZ **81** 313; BayObLGZ **77** 92), dazu ist Vereinbarung erforderlich. Mangels einer weitergehenden Vereinbarung ist aber die Kostenfreiheit der nicht benachteiligten Raumeigentümer nicht auch abbedungen (OLG Frankfurt aaO).

Läßt sich die Nutzung praktisch nicht abtrennen, kann zwar der widersprechende Raumeigentümer zur Mittragung der Herstellungskosten nicht herangezogen werden, wegen seiner Ersparnis (z. B. bei Verbesserung der Heizanlage hinsichtlich seiner Heizkosten) aus ungerechtfertigter Bereicherung haften (BayObLGZ NJW **81** 691/3).

27 **4. Der Verteilungsschlüssel im besonderen**

Der Verteilungsschlüssel für die Tragung der Lasten und Kosten kann durch Teilungserklärung und Vereinbarung abweichend von der gesetzlichen Regelung festgelegt werden: dabei wird teils auf den Grad der Nutzung (z. B. bei Benutzung des Fahrstuhls LG Mannheim MDR **76** 582), teils auf die Höhe des Verbrauchs (z. B. bei der Heizung) oder auf die Anzahl der Räume (Heizflächen) abgestellt. Es ist zulässig, für den Einzug eines neuen Mieters eine Kostenpauschale zu vereinbaren (LG Wuppertal MDR **78** 318). Die Raumeigentümer können auch Befreiung von der Kostenlast bestimmter Raumeigentümer erteilen (z. B. von Zahlung der Betriebskosten für den Aufzug). Einstimmig beschlossene Freistellung kann durch Mehrheitsbeschluß wieder abgeändert werden, wenn dies einer ordnungsmäßigen Verwaltung entspricht (a. A. LG Mannheim MDR **76** 582; s. auch KG OLGZ **79** 144; BayObLGZ **77** 92).

Liegen keine abweichenden Vereinbarungen dieser Art vor, haben alle Raumeigentümer nach Maßgabe ihrer Miteigentumsanteile an den Kosten auch dann zu partizipieren, wenn sie an bestimmten Nutzungen und Einrichtungen nicht teilnehmen, z. B. Nichtschwimmer an dem Schwimmbad; BayObLG ZMR **79** 310: Mauer an der Einfahrt zur Tiefgarage; AG Sobernheim ZMR **77** 344; AG Hamburg DWE **74** Heft 2 S. 28; BayObLG Rpfleger **79** 427; OLG München Betr. **77** 2231: Nichtbenutzung des Aufzuges; LG Lübeck DWE **79** 28: Nichtbenutzung eines Müllschluckers; OLG Karlsruhe OLGZ **78** 176: Unterhaltungskosten für einen Garagenblock, in dem nur einige Miteigentümer Sondereigentum haben. Es bedarf allerdings stets einer sorgfältigen Prüfung, ob sich eine Gemeinschaftsordnung, Vereinbarung, Teilungserklärung, auch wenn sie nicht ausdrücklich diese Frage regeln, nicht so auslegen läßt, daß ein billiges Ergebnis erzielt werden kann. **28**

Zu den Instandhaltungskosten für die Hebebühne einer Doppelstockgarage hat — wenn keine anderslautende Vereinbarung vorliegt — auch der Raumeigentümer beizutragen, dem der Stellplatz unter der Hebeplattform zugewiesen ist (OLG Köln Rpfleger **83** 19).

Für leerstehende, noch nicht bezugsfertige Eigentumswohnungen muß die Auslegung der Vereinbarung (Teilungserklärung) ergeben, ob sie von der Kostenlast befreit sind; Freistellung ist nicht von vornherein anzunehmen (BayObLG Rpfleger **70** 422; MDR **78** 673). Eine in der Teilungserklärung angeordnete Beitragspflicht auch für leerstehende Wohnungen ist nicht sittenwidrig (OLG Hamm OLGZ **82** 29 ff). Außergewöhnliche Umstände können allerdings eine andere Entscheidung rechtfertigen (vgl. OLG Hamm aaO).

Was von der Kostenlast gesagt ist, muß auch für die Pflicht zur Leistung des Beitrages zur Instandsetzungsrücklage gelten.

5. Die Sonderregelung für die Abrechnung der Heiz- und Warmwasserkosten **29**

Auf Grund des Energie-Einsparungsgesetzes vom 22. 7. 1976/20. 6. 1980 BGBl. I S. 781 ist mit Geltung vom *1. März 1981* die *Heizkostenverordnung* vom 23. 2. 1981 BGBl. I 261 für die verbrauchsabhängige Abrechnung der Heiz- und Warmwasserkosten erlassen worden. Zum Schrifttum: *Göttling/Kappler*, **81**; *Schmid*, BlGBW **81** 105; *Peruzzo*, NJW **81** 800; *Demmer*, MDR **81** 529; *Otto*, DWW **82** 84; *Bielefeld*, DWE **81** 72; *Merle*, DWE **81** 73; *Zimmermann*, DNotZ **81** 532; *Jennißen*, ZMR **82** 228.

Die Verordnung gilt für die Verteilung der Kosten des Betriebs zentraler Heizungsanlagen und Warmwasserversorgungsanlagen sowie für die Lieferung von Fernwärme und Fernwarmwasser durch den Gebäudeeigentümer auf die Nutzer der mit Wärme und Warmwasser versorgten Räume. Gebäudeeigentümer ist beim Wohnungseigentum die Gemeinschaft der Wohnungseigentümer im Verhältnis zum Wohnungseigentümer oder dessen Mieter. Nutzer sind auch die Teileigentümer, Wohnungserbbauberechtigten, Inhaber eines Dauerwohnrechts oder Dauernutzungsrechts (§ 31 WEG). Die Verordnung erfaßt nicht die Beheizung mit Öfen oder Etagenheizung. Die Wohnungseigentümergemeinschaft hat den anteiligen Gebrauch der Nutzer an Wärme und Warmwasser zu erfassen und hierzu die Räume mit Wärmezähler oder Heizkostenverteiler auszustatten; die Auswahl bleibt der Gemeinschaft überlassen. Die Nutzer haben die Ausstattung zu dulden. Die Ausstattungen zur Verbrauchserfassung in den Räumen des Sondereigentums (§ 5 HeizkostenV) sind als Einrichtungen im Sinne des

§ 5 Abs. 2 WEG gemeinschaftliches Eigentum, sie dienen der Gemeinschaft zur Erfüllung der ihr gesetzlich obliegenden Aufgabe (§ 4 Abs. 2 HeizkostenV). Die Wahl der dafür geeigneten Geräte (§ 5 HeizkostenV) trifft die Gemeinschaft durch Mehrheitsbeschluß, soweit nicht Teilungserklärung oder Vereinbarung etwas anderes bestimmen (§ 3 HeizkostenV, § 21 Abs. 3 WEG).

Die Gemeinschaft hat die Verteilung der Kosten der Versorgung mit Wärme und Warmwasser zu regeln, dabei muß sie sich an die Regeln der §§ 6 bis 10 HeizkostenV halten, die vorschreiben, daß von den Kosten des Betriebs Mindestsätze nach dem erfaßten Verbrauch zu verteilen sind; Einzelheiten s. in den genannten Bestimmungen und auch BayObLG MDR **81** 849.

Die Regelung der Kostenverteilung wickelt sich nach den Bestimmungen des WEG ab (§ 3 HeizkostenV, § 16 Abs. 2 WEG). Auch über die Kosten der Anbringung der Ausstattung wird durch Mehrheitsbeschluß entschieden, soweit nicht durch Vereinbarung oder Teilungserklärung etwas anderes festgelegt ist (§ 16 Abs. 2 WEG). Befindet sich in einer Wohnanlage ein beheizbares Hallenbad, steht es den Raumeigentümern frei, die Kosten des Betriebs und der Beheizung sachgerecht zu verteilen, unter Umständen nur auf die Benutzer des Bades. Eine in der Gemeinschaftsordnung festgelegte Heizkostenverteilung, die sich im Rahmen der §§ 7, 8 HeizkostenVO hält, kann nicht durch Mehrheitsbeschluß abgeändert werden (BayObLG Rpfleger **83** 15).

Die Verordnung ist am 1. März 1981 in Kraft getreten; die Übergangsregelung des § 12 HeizkostenVO bestimmt: Räume, die vor dem 1. Juli 1981 bezugsfertig werden und in denen die nach der Verordnung erforderliche Ausstattung noch fehlt, sind mit dieser Ausstattung spätestens bis 30. Juni 1984 zu versehen. Die Raumeigentümergemeinschaft kann die Ausstattung mit Mehrheitsbeschluß schon früher beschließen, der einzelne Raumeigentümer hat aber bis zu diesem Tag keinen Anspruch auf eine solche Regelung. Die Vorschriften über die Kostenverteilung gelten erstmalig für den Abrechnungszeitraum, der nach dem Anbringen der Ausstattung beginnt. Für die am 1. Juli 1981 bereits vorhandenen Ausstattungen zur Verbrauchserfassung gelten die Mindestanforderungen der Verordnung als erfüllt. Alte Regelungen, die höhere als die Höchstsätze von 70 % für die Verteilung der Kosten für die Versorgung von Wärme und Warmwasser vorsehen, bleiben in Kraft. Neuregelungen für Räume, die nach dem 1. Juli 1981 bezugsfertig wurden, sind unwirksam, soweit sie der Verordnung widersprechen. Regelungen der Gemeinschaft, die für die Versorgung mit Wärme und Warmwasser für vor dem 1. Juli 1981 bezugsfertig gewordenen Räume getroffen wurden, verlieren ihre Gültigkeit spätestens vom 1. Juli 1984 ab, soweit sie der Heizkostenverordnung widersprechen.

Die Vorschriften der Verordnung gehen rechtsgeschäftlichen Bestimmungen vor (§ 2) und sind auf das Raumeigentum anzuwenden, unabhängig davon, ob die Raumeigentümer abweichende Bestimmungen über die Verteilung der Heizungskosten getroffen haben (§ 3).

Ist eine von der Regelung der Verordnung abweichende Kostenverteilung im Grundbuch als Inhalt des Sondereigentums eingetragen, wird dieses durch die Neuregelung unrichtig; (§§ 894 BGB; §§ 2, 3 HeizkostenV; *Soergel/Stürner* aaO Rdn. 4).

Bei Verträgen der Raumeigentümer mit Mietern über die Abwälzung der Heizkosten auf den Mieter ist § 10 WMHG zu beachten (LG München ZMR **81** 205; *Schmid* ZMR **83** 41).

Wird Fernwärme von einem Versorgungsunternehmen unmittelbar an Raumeigentümer geliefert und mit ihnen abgerechnet, ist die *Fernwärmeverordnung* vom

20. 6. 1980 BGBl. I S. 742 zu beachten (Zuleitung in Gebäude, Hausanschluß). Zum Ausschluß der ordentlichen Kündigung in Verträgen mit solchen Unternehmen s. OLG München OLGZ **82** 192.

Verwiesen sei ferner auf die *Heizungsanlagenverordnung* vom 24. 2. 1982 BGBl. I S. 205. Sie tritt am 1. Juni 1982 bzw. 1. Januar 1984 in Kraft. Sie gilt auch für Eigentumswohnungen, die bereits vorhanden sind und betrifft heizungstechnische Anlagen und Brauchwasserversorgungsanlagen, die eingebaut, ersetzt, erweitert, umgerüstet oder nachgerüstet werden (§ 1). Die zu treffenden Maßnahmen werden im einzelnen aufgeführt (§§ 3, 4, 5, 6, 7). Zur Anschaffung solcher Einrichtungen bedarf es keines einstimmigen Beschlußes, denn die Anschaffung liegt im Rahmen einer ordnungsmäßigen Verwaltung. Einrichtungen im Sinne des § 7 (Thermostatventile) brauchen erst zum 1. Oktober 1987 erstellt zu werden, die Raumeigentümer können aber durch Mehrheitsbeschluß die Anschaffung schon vorher beschließen. Die Einrichtungen sind Bestandteile der Heizkörper und wie diese zum Sondereigentum zu rechnen; ihre Anschaffungskosten sind ebenso wie die Kosten der Einfügung von der Gemeinschaft zu tragen. Zu allem vgl. Bielefeld DWE **82** 44.

VI. Der Verwaltungsbeitrag (Wohngeld, Hausgeld) **30**

1. Die Lasten und Kosten des gemeinschaftlichen Eigentums werden in den Wirtschaftsplan eingesetzt und auf die einzelnen Raumeigentümer aufgeteilt. Der dabei den einzelnen treffende Betrag wird oft als Wohngeld (Hausgeld) bezeichnet. Die Raumeigentümer können verpflichtet werden, darauf Vorschüsse zu entrichten (BayObLG Rpfleger **77** 286). Steht das Wohnungseigentum mehreren zu, haften sie der Gemeinschaft als Gesamtschuldner. Gläubiger des Wohngeldes sind die Wohnungseigentümer (BayObLG ZMR **80** 383).

2. Die Beitragspflicht beginnt für den „werdenden Wohnungseigentümer" schon **31** mit dem Bezug der Wohnung, nicht erst mit dem Grundbucheintrag (OLG Köln OLGZ **78** 151; OLG Karlsruhe OLGZ **77** 219). Das bedeutet nicht Entlassung des eingetragenen Raumeigentümers aus der (Mit-)Haft, solange er im Grundbuch eingetragen ist (LG Krefeld ZMR **80** 189; OLG Frankfurt Rpfleger **80** 349). § 446 Abs. 1 Satz 2 BGB betrifft das Verhältnis zwischen Verkäufer und Käufer (OLG Düsseldorf Rpfleger **83** 8). Der Gemeinschaft gegenüber haften werdender und der noch eingetragene Wohnungseigentümer als Gesamtschuldner (vgl. *Röll* NJW **83** 153). Der Erwerber haftet andererseits ohne Schuldübernahme nicht für Rückstände seines Vorgängers, es sei denn, daß eine Teilungserklärung (Vereinbarung) eine solche Haftung vorsieht und dies im Grundbuch als Inhalt des Sondereigentums eingetragen ist (BayObLG Rpfleger **79** 352; OLG Köln OLGZ **78** 151; OLG Frankfurt OLGZ **80** 420; OLG Karlsruhe MDR **79** 58; OLG Düsseldorf DNotZ **73** 552; OLG Braunschweig MDR **77** 230). Wenn nach Eintritt eines neuen Wohnungseigentümers in die Gemeinschaft ein Gläubiger Stundung einer bereits bestehenden Verpflichtung der Wohnungseigentümer mit Rücksicht auf die Leistungsfähigkeit des neuen Miteigentümers, der dies erkennt, gewährt, mag dies im Einzelfalle dessen Haftung begründen können. Nach OLG Stuttgart MDR **80** 937 soll der Erwerber für rückständige Beiträge kraft Gesetzes einstehen müssen, wenn die Abrechnung erst nach seiner Eintragung im Grundbuch für die davor liegende Zeit erstellt und ihm zugestellt wird. Dem kann nicht beigetreten werden. Der Zeitpunkt der Abrechnung ändert nichts an der Verpflichtung des bisherigen Wohnungseigentümers, seine Beiträge zu zahlen. Sieht eine Teilungserklärung das Einstehen des „Erwerbers" für Rückstände vor, kann damit auch der Ersteher in der Zwangsversteigerung erfaßt sein (OLG Köln DNotZ **81** 584; a. A. BayObLG DNotZ **80** 48).

32 3. Zahlt ein Raumeigentümer den Beitrag eines zahlungsunfähig gewordenen Miteigentümers, kann er einen Ausgleich verlangen, freilich nur innerhalb der Gemeinschaft, nicht gegenüber dem einzelnen Miteigentümer (BayObLGZ **73** 142, a. A. *Weitnauer,* DNotZ **74** 78).

33 4. Den Verwaltungsbeitrag zieht der Verwalter ein (§ 27 Abs. 2 Nr. 1); er macht sich schadensersatzpflichtig, wenn er dieser Pflicht schuldhaft nicht nachkommt. Zur gerichtlichen Geltendmachung bedarf er der Ermächtigung durch die Raumeigentümer (BayObLGZ **73** 68; KG OLGZ **77** 1), wobei die säumigen Raumeigentümer kein Stimmrecht haben. Da es sich um unteilbare Leistungen handelt (§ 432 BGB), muß Leistung an alle Raumeigentümer verlangt werden, zu Händen des Verwalters (§ 27 Abs. 2 Nr. 2; BayObLG ZMR **80** 384; KG OLGZ **77** 1; OLG Karlsruhe OLGZ **77** 310; BayObLGZ **71** 316). Auch der einzelne Raumeigentümer ist zur gerichtlichen Geltendmachung legitimiert (BayObLGZ **79** 56), wenn kein Beschluß über den Wirtschaftsplan zustandekommt (BayObLGZ **79** 152).

34 5. Gegenüber dem Anspruch auf Zahlung des Beitrags kann der verpflichtete Raumeigentümer weder mit eigenen Forderungen gegen Verwalter oder Raumeigentümer ein Zurückbehaltungsrecht ausüben (BayObLGZ **75** 56; **71** 313; **77** 67; OLG Frankfurt OLGZ **79** 391) noch aufrechnen, es sei denn, es handelt sich um Ansprüche aus Notgeschäftsführung (§ 21 Abs. 2) oder um anerkannte Gegenforderungen (BayObLG ZMR **80** 188; Betr. **79** 545).

35 6. Der Zwangsverwalter über das Vermögen eines Raumeigentümers hat aus den Einnahmen der Verwaltung den Wohnungseigentümern fällig werdende Beiträge zu entrichten (LG Darmstadt Rpfleger **77** 332). Er nimmt aber auch an den Ansprüchen der Raumeigentümer auf rückständige Beiträge teil. Weigert sich der Zwangsverwalter Beiträge zu zahlen, so sind die Ansprüche vor dem Gericht der freiwilligen Gerichtsbarkeit geltend zu machen, wie dies gegen den Schuldner selbst der Fall wäre (§ 43 Abs. 1 Nr. 1).

36 7. Im Zeitpunkt einer Konkurseröffnung vom Konkursschuldner (Raumeigentümer) geschuldete Beiträge sind Konkursforderungen, keine Masseverbindlichkeiten (OLG Stuttgart JZ **79** 732; OLGZ **80** 72; BayObLGZ **78** 274); ein Mehrheitsbeschluß, der sie auf alle Wohnungseigentümer verteilt, ist unwirksam (§§ 3, 12 KO; Stuttgart aaO); die nach Konkurseröffnung fällig werdenden Beiträge sind Masseschulden (§ 155, 59 Abs. 1 Nr. 1 ZVG; OLG Düsseldorf **70** 1137; AG Dorsten ZMR **77** 383).

37 8. Zur Verjährung des Anspruchs auf Beitragszahlung s. §§ 195, 197, 201 BGB; zur Unterwerfung unter die sofortige Zwangsvollstreckung als Inhalt des Sondereigentums (OLG Celle DNotZ **55** 322).

38 9. Es ist zulässig, zu vereinbaren, daß gegen säumige Raumeigentümer Strafgelder verhängt, Ausschluß vom Stimmrecht angeordnet werden kann (BayObLG NJW **60** 292); auch ist der zeitweilige Entzug der Nutzung zulässig (*Soergel/Baur,* § 16 Rdn. 8).

39 10. Der einzelne Raumeigentümer hat nur unter besonderen Umständen (z. B. bei Veralterung der bisherigen Regelung) einen Anspruch auf eine Neuregelung der Verteilung der Kosten und Lasten (vgl. BayObLG Rpfleger **76** 422; s. § 10 Rdn. 21).

§ 17

Anteil bei Aufhebung der Gemeinschaft

Im Falle der Aufhebung der Gemeinschaft bestimmt sich der Anteil der Miteigentümer nach dem Verhältnis des Wertes ihrer Wohnungseigentumsrechte zur Zeit der

Aufhebung der Gemeinschaft. Hat sich der Wert eines Miteigentumsanteils durch Maßnahmen verändert, denen der Wohnungseigentümer gemäß § 22 Abs. 1 nicht zugestimmt hat, so bleibt eine solche Veränderung bei der Berechnung des Wertes dieses Anteils außer Betracht.

I. Aufhebung der Gemeinschaft 1

1. Allgemeines

§ 17 regelt nur die Fälle, in denen nicht bloß das Sondereigentum, sondern die Gemeinschaft der Miteigentümer überhaupt aufgehoben wird. Eine derartige Aufhebung ist nur möglich durch Vereinbarung sämtlicher Miteigentümer oder auf einseitiges Verlangen eines Raumeigentümers, wenn das Gebäude ganz oder teilweise zerstört ist, eine Verpflichtung zum Wiederaufbau nach § 22 Abs. 2 nicht besteht und eine Vereinbarung i. S. von § 11 Abs. 1 Satz 3 getroffen worden ist (§ 11). Die Aufhebung hat ohne weiteres die Auseinandersetzung zur Folge.

Die Auseinandersetzung der Raumeigentümer über Grundstück und Gebäude vollzieht sich nach den §§ 752 ff BGB, und zwar, da eine Teilung in Natur (§ 752) in der Regel ausgeschlossen sein wird, durch Zwangsversteigerung (§§ 186 ff ZVG) und Teilung des Erlöses (§ 753). Für die Teilung des Erlöses gelten die besonderen Vorschriften des § 17 WEG. Die Schuldenregelung der §§ 755, 756 ist auf Verlangen eines Raumeigentümers zu beachten.

Der Anspruch auf Zustimmung zur Aufhebung der Gemeinschaft fällt unter § 43 2
Abs. 1 Nr. 1, die sich aus der Aufhebung ergebenden Ansprüche müssen vor den Zivilgerichten geltend gemacht werden (BayObLGZ **79** 418).

2. Verteilungsgrundsätze 3

Abweichend von dem Grundsatz des § 16, daß für die Verteilung der Nutzungen, Lasten und Kosten des gemeinschaftlichen Eigentums das im Grundbuch eingetragene Verhältnis der Miteigentumsanteile maßgebend ist, läßt § 17 Satz 1, der jedoch abdingbar ist, mit Rücksicht darauf, daß der Auseinandersetzung das gesamte Raumeigentum, also nicht nur das gemeinschaftliche Eigentum, sondern auch das Sondereigentum der Raumeigentümer unterliegt, für die Beteiligung der Raumeigentümer am Versteigerungserlös den wirklichen Wert der einzelnen Raumeigentumsrechte im Zeitpunkte der Aufhebung der Gemeinschaft bestimmend sein. Dabei ist zwischen dem Sondereigentum und dem Miteigentumsanteil zu unterscheiden:

a) Sind Wertverschiebungen im Verhältnis der einzelnen Raumeigentumsrechte 4
gegenüber dem im Grundbuch eingetragenen Verhältnis der Miteigentumsanteile dadurch eingetreten, daß im Sondereigentum einzelner Raumeigentümer stehende Räume oder Gebäudeteile durch Aufwendungen der Sondereigentümer verbessert oder durch nachlässige Behandlung verschlechtert worden sind, so sind diese Werterhöhungen oder Wertminderungen, die sich auch auf den Gesamtwert des Gebäudes auswirken, bei der Berechnung der Anteile am Erlös zu berücksichtigen (§ 17 Abs. 1).

b) Hat sich das Wertverhältnis der Anteile am gemeinschaftlichen Eigentum da- 5
durch verändert, daß die Raumeigentümer bauliche Veränderungen und Aufwendungen beschlossen haben, die über die ordnungsmäßige Instandhaltung oder Instandsetzung des gemeinschaftlichen Eigentums hinausgehen (§ 22 Abs. 1), so bleiben Werterhöhungen der Miteigentumsanteile durch die beschlossenen Maßnahmen bei der Berechnung der Anteile derjenigen Raumeigentümer außer Betracht, die dem Beschlusse nicht zugestimmt haben (§ 17 Abs. 2, § 16 Abs. 3).

6 c) Die Abwicklung kann dem Verwalter übertragen werden.

7 **II. Aufhebung des Sondereigentums**

1. Wird nicht die Gemeinschaft der Miteigentümer, sondern nur das Sondereigentum gemäß § 4 WEG durch Einigung der Beteiligten aufgehoben, so bleibt die Miteigentümergemeinschaft als einfache Bruchteilsgemeinschaft bestehen und es kommt eine unmittelbare Anwendung des § 17 WEG nicht in Betracht; § 17 Satz 1 wird aber entsprechend anzuwenden sein, wenn infolge Wertänderungen am Sondereigentum Wertausgleichungen notwendig werden.

8 2. *Schließung* des *Wohnungsgrundbuches* gemäß § 9 Abs. 1 Nr. 2 hat das Erlöschen des Sondereigentums zur Folge; die Gemeinschaft wird zur Miteigentümergemeinschaft (§§ 1008 ff BGB), auf die § 17 nicht anwendbar ist.

§ 18
Entziehung des Wohnungseigentums

(1) Hat ein Wohnungseigentümer sich einer so schweren Verletzung der ihm gegenüber anderen Wohnungseigentümern obliegenden Verpflichtungen schuldig gemacht, daß diesen die Fortsetzung der Gemeinschaft mit ihm nicht mehr zugemutet werden kann, so können die anderen Wohnungseigentümer von ihm die Veräußerung seines Wohnungseigentums verlangen.

(2) Die Voraussetzungen des Absatzes 1 liegen insbesondere vor, wenn

1. der Wohnungseigentümer trotz Abmahnung wiederholt gröblich gegen die ihm nach § 14 obliegenden Pflichten verstößt;

2. der Wohnungseigentümer sich mit der Erfüllung seiner Verpflichtungen zur Lasten- und Kostentragung (§ 16 Abs. 2) in Höhe eines Betrages, der drei vom Hundert des Einheitswertes seines Wohnungseigentums übersteigt, länger als drei Monate in Verzug befindet.

(3) Über das Verlangen nach Absatz 1 beschließen die Wohnungseigentümer durch Stimmenmehrheit. Der Beschluß bedarf einer Mehrheit von mehr als der Hälfte der stimmberechtigten Wohnungseigentümer. Die Vorschriften des § 25 Abs. 3, 4 sind in diesem Falle nicht anzuwenden.

(4) Der in Absatz 1 bestimmte Anspruch kann durch Vereinbarung der Wohnungseigentümer nicht eingeschränkt oder ausgeschlossen werden.

Schrifttum

Franke, Klage auf Veräußerung durch den Verwalter, GrE **76** 576; *Weimar*, Entziehung des Wohnungseigentums, JurBüro **81** 661; *Stache*, Probleme der §§ 18, 19 WEG, Dissertation 1979; *Schmidt*, Streitwert der Entziehungsklage, JurBüro **64** 863.

Übersicht

	Rdn.
I. Allgemeines	1–6
II. Voraussetzungen des Entziehungsanspruchs	7
1. Generalklausel	
a) Schwere Pflichtverletzung	8
b) Unzumutbarkeit der Fortsetzung der Gemeinschaft	9
c) Verschulden	10, 11
2. Sondertatbestände	
a) Verstoß gegen § 14	12, 13
b) Zahlungsverzug	14
III. Der Entziehungsanspruch und seine Geltendmachung	15
1. Anspruchsberechtigte	16
2. Mehrheitsbeschluß	17, 18
3. Entziehungsklage	19–24
IV. Abdingbarkeit	
1. Unabdingbarkeit des § 18 Abs. 1	25
2. Abdingbarkeit des § 18 Abs. 2 und 3	26–28

I. Allgemeines 1

1. Der im § 18 geregelte Anspruch auf Entziehung des Raumeigentums bildet das (beim alten Stockwerkseigentum fehlende) notwendige Gegenstück zu der grundsätzlichen Unauflösbarkeit der Raumeigentümergemeinschaft (§ 11). Er entspricht in etwa dem Ausschließungsrecht im Gesellschaftsrecht (§ 737 BGB; §§ 140, 161 Abs. 2 HGB; RGZ 169, 333). Während aber bei der Gesellschaft aus dem Gesamthandverhältnis folgt, daß der Anteil des ausscheidenden Gesellschafters den übrigen Gesellschaftern zuwächst (§ 738 Abs. 1 BGB, § 105 Abs. 2, § 161 Abs. 2 HGB), ist eine entsprechende Regelung bei der Gemeinschaft der Raumeigentümer nicht möglich, weil diese eine Bruchteilsgemeinschaft ist und jeder Raumeigentümer außer seinem Anteil am gemeinschaftlichen Eigentum noch Sondereigentum hat. Hier muß der ausscheidende Raumeigentümer durch einen an seine Stelle tretenden Dritten ersetzt, also zur Veräußerung seines Raumeigentums an einen Dritten gezwungen werden können. Die Rechtslage ist hier ähnlich wie bei der Ausschließung eines Gesellschafters aus einer GmbH, bei der ebenfalls noch eine Abtretung (oder Einziehung) des Anteils des Ausgeschlossenen vorgenommen werden muß (BGHZ 9, 157). Das Raumeigentum verliert durch die Entziehungsmöglichkeit nicht — auch nicht in Verbindung mit der Möglichkeit einer vertraglichen Beschränkung der Veräußerungsbefugnis (§ 12) — die Natur echten Eigentums.

2. Die Entziehung des Eigentums ist das letzte Mittel zur Sicherung und Wieder- 2
herstellung des Hausfriedens. Daher sollten zunächst mildere Maßnahmen ergriffen werden, um einen Konflikt zu bereinigen: Ermahnung, Verhängung eines Bußgeldes, unter Umständen Klärung einer strittigen Frage durch gerichtliche Entscheidung.

3. Stehen dem betroffenen Raumeigentümer mehrere Eigentumswohnrechte in 3
derselben Gemeinschaft zu, wird es von der Begründung des Entziehungsanspruchs abhängen, ob ihm alle Rechte zu entziehen sind: hat er z. B. nur in einer der Wohnungen einen anstößigen „Massagesalon" betrieben, kann dies ausreichen, um alle Wohnungen zu entziehen, möglicherweise anders, wenn er nur bezüglich einer seiner Beitragspflichten nicht nachgekommen ist.

4. Die Raumeigentümer können für den Fall des Eigentumsentzuges ein Ankaufs- 4
oder Vorkaufsrecht zugunsten der anderen Raumeigentümer vereinbaren, ferner, den „freiwilligen" Verkauf der Zustimmung nach § 12 unterstellen.

5. Dem betroffenen Raumeigentümer ist es an sich nicht verwehrt, das verlorene 5
Eigentum vom Erwerber wieder zu erlangen, sei es durch Kauf, Schenkung oder Erbgang, es sei denn, daß es sich um ein sittenwidriges Zusammenwirken zwischen ihm und dem Erwerber handelt, um den Entziehungsanspruch zu unterlaufen (§ 826 BGB). Die Raumeigentümer können dies durch Vereinbarung der Zustimmungsbedürftigkeit (§ 12) verhindern. Wenn der Betroffene den Anspruch durch übermäßige Belastung des Raumeigentums aushöhlen will, kann ihm durch einstweilige Anordnung die weitere Belastung untersagt werden (§ 44 Abs. 3).

6. Bis zur Eintragung eines Erwerbers im Wohnungsgrundbuch kann der Verkäu- 6
fer wegen schwerer Vertragsverletzungen des Käufers nach den Regeln der positiven Vertragsverletzung vom Vertrag zurücktreten und sich auch auf die Pflichten berufen, die dem Mitglied einer entstehenden Gemeinschaft obliegen, den Grundgedanken des § 18 dabei für seine Klagebegründung verwerten. Nach dem Eintrag tritt der Entziehungsanspruch an die Stelle des Rücktritts (BGHZ **59** 104). Nach anderer Ansicht soll schon vor Eintragung das Anwartschaftsrecht des künftigen Erwerbers nach Maßgabe des § 18 entzogen werden können (vgl. *Soergel/Baur*, § 18 Rdn. 9).

7 **II. Voraussetzungen des Entziehungsanspruchs**

§ 18 gibt im Abs. 1 eine Generalklausel und führt im Abs. 2 als Beispiele zwei besonders wichtige Tatbestände an.

8 **1. Generalklausel** (§ 18 Abs. 1). Allgemeine Voraussetzungen des Entziehungsanspruchs sind danach

a) schwere Verletzung der einem Raumeigentümer gegenüber anderen Raumeigentümern obliegenden Verpflichtungen; diese brauchen nicht auf dem Gemeinschaftsverhältnis zu beruhen, auch nicht gegenüber allen anderen Raumeigentümern zu bestehen, z. B. kann erhebliche Belästigung eines anderen Raumeigentümers oder seiner Familienangehörigen oder Mieter genügen; es braucht sich auch nicht um wiederholte Verstöße zu handeln, vielmehr kann ein einzelner, besonders grober Verstoß (z. B. tätlicher Angriff auf einen Hausgenossen) ausreichen. Die Pflichtverletzung muß sich auch nicht unmittelbar gegen die Raumeigentümer richten. In der Regel wird es sich um Verletzungen der Pflichten aus § 14 handeln. Ist der Verwalter auch Raumeigentümer, kann unredliches Verhalten als Verwalter den Anspruch begründen (*Bärmann/Pick,* § 18 Anm. II); andererseits ist auch das Verhalten der belästigten Raumeigentümer zu beachten (z. B. herausforderndes Benehmen). Als Pflichtverletzungen schwerer Art können zu werten sein: grobe Beleidigungen, Verleumdungen, Gewalttätigkeiten, bauliche Veränderungen ohne die erforderliche Genehmigung der Raumeigentümer, unsittliche Belästigungen der im Haus wohnenden Frauen und Kinder, Einbruch im fremden Keller, schwere Vernachlässigung des Sondereigentums, so daß Ungezieferplage droht, unbegründete Strafanzeige bei Polizei. Nicht dagegen Vermietung an Gastarbeiter, störendes Verhalten, das auf Krankheit und Persönlichkeitsverfall zurückzuführen ist (vgl. LG Mannheim ZMR **69** 241, s. aber nachstehende Rdn. 10), Lärmen der Kinder, deren Eltern einsichtsvoll auf Abstellen der Belästigung bedacht sind (LG Aachen ZMR **65** 75).

9 **b)** eine solche Schwere der Pflichtverletzung, daß den durch sie betroffenen Raumeigentümern die Fortsetzung der Gemeinschaft mit dem Pflichtvergessenen nicht mehr zugemutet werden kann; nicht erforderlich ist, daß die Fortsetzung der Gemeinschaft für alle anderen Raumeigentümer unzumutbar ist; über die Frage der Unzumutbarkeit hat das Gericht nach Maßgabe des Einzelfalles zu entscheiden, wobei zu berücksichtigen ist, daß die Entziehung des Raumeigentums ein starker Eingriff in die Rechtssphäre einer Person ist, daher auch hohe Anforderungen an die Schwere der Pflichtverletzung gestellt werden müssen.

10 **c)** grundsätzlich ein Verschulden des Störers („schuldig gemacht"), doch wird von ihm bei besonders schwerer Störung des Gemeinschaftslebens (z. B. durch einen kranken Querulanten) abzusehen sein (vgl. LG Bielefeld ZMR **68** 172; LG Köln MDR **74** 232 zur Mietkündigung). Die für Kündigung aus wichtigem Grunde entwickelten Grundsätze können dabei einen Anhalt geben (vgl. RGRK BGB § 554 a Rdn. 4; *Soergel/Baur,* § 18 Rdn. 1; *Bärmann/Pick,* § 18 Anm. I).

Schuldhaft handelt auch, wer einen Brand des Gebäudes im Zustand der Volltrunkenheit herbeiführt, obwohl er wissen mußte, daß er in diesem Zustand zu Gewalttätigkeiten neigt (*Weitnauer/Hauger,* § 18 Rdn. 4 a).

11 Ob und in welchem Umfang der Raumeigentümer für fremdes Verschulden bei der Erfüllung der ihm als Raumeigentümer obliegenden Pflichten einstehen muß, beantwortet § 278 BGB. Überläßt er die Nutzung seiner Eigentumswohnung Mieter und Untermieter, haftet er für sie als seinen Erfüllungsgehilfen gegenüber den Raum-

eigentümern (BayObLG MDR 70 586). Für die zum Hausstand gehörenden Personen und die in seinem Geschäft tätigen Personen, trifft ihn die Vorsorge nach Maßgabe des § 14 Nr. 2. Steht das Raumeigentum mehreren zu (Bruchteilsgemeinschaft, Gütergemeinschaft, Erbengemeinschaft), kann der Anspruch auf Entziehung gegeben sein, wenn auch nur in der Person eines Teilhabers die Voraussetzungen des Absatzes 1 erfüllt sind (§ 425 BGB; *Bärmann/Pick*, § 18 Anm. II 2; vgl. auch Stuttgart NJW **69** 1176). Daß den Partnern kein schuldhaftes Verhalten vorzuwerfen ist, hindert das Entstehen des Anspruchs nicht (a. A. *Soergel/Baur*, § 18 Rdn. 3).

2. Sondertatbestände des § 18 Abs. 2. Die beiden hier aufgeführten Tatbestände **12**
sind nur Beispielsfälle, in denen der Gesetzgeber die Voraussetzungen des Abs. 1 stets als gegeben ansieht, so daß beim Vorliegen eines dieser Sondertatbestände nicht geprüft zu werden braucht, ob auch der allgemeine Tatbestand des Abs. 1 (insbesondere Unzumutbarkeit) erfüllt ist.

a) *Verstoß gegen § 14.* Trotz Abmahnung muß der Raumeigentümer wiederholt **13**
gröblich gegen die ihm nach § 14 WEG obliegenden Pflichten verstoßen haben. Es muß sich also um gröbliche Verstöße gegen diese Pflichten handeln, und zwar müssen die Verstöße nach Abmahnung noch mindestens zweimal, im ganzen also mindestens dreimal — und zwar jedesmal in gröblicher Weise — stattgefunden haben. Weniger häufige Verstöße rechtfertigen den Anspruch auf Entziehung des Raumeigentums nur, wenn die Voraussetzungen des § 18 Abs. 1 erfüllt sind, insbesondere also die Fortsetzung der Gemeinschaft mit dem Störer nicht zumutbar ist. Im allgemeinen wird der Anspruch aus § 18 Abs. 2 Nr. 1 Verschulden des Störers voraussetzen; nur in Ausnahmefällen wird davon abgesehen werden können. Haftung für Verschulden von Erfüllungsgehilfen (§ 278 BGB) genügt für den Entziehungsanspruch nicht; es muß vielmehr in einem solchen Falle eigene Pflichtverletzung des Raumeigentümers i. S. des § 14 Nr. 2 vorliegen und einen mindestens dreimaligen gröblichen Verstoß gegen diese Vorschrift darstellen.

Die Mahnung kann durch den Verwalter oder einen andern Raumeigentümer ausgesprochen werden, schriftlich und auch mündlich; die Mahnung ist empfangsbedürftig.

b) *Zahlungsverzug.* Voraussetzungen sind: **14**

Der Raumeigentümer muß mit seinen Zahlungen für Lasten und Kosten des gemeinschaftlichen Eigentums nach § 16 Abs. 2 (also z. B. mit der Zahlung von Hypotheken- und Grundschuldzinsen, aber nicht mit Tilgungsbeträgen den anderen Raumeigentümern (nicht Dritten) gegenüber in Verzug geraten, also, sofern nicht die Leistungstermine kalendermäßig bestimmt sind, von den anderen Raumeigentümern oder dem Verwalter zuvor gemahnt worden sein (§ 284 BGB). Auf Verschulden braucht der Zahlungsverzug nicht zu beruhen (§ 279 BGB). Des weiteren muß der geschuldete Betrag 3% des Einheitswertes des Raumeigentums (§ 61) des Schuldners übersteigen; seit dem Eintritt des Verzuges (§ 284 BGB) müssen mehr als drei Monate verstrichen sein; gemäß § 19 Abs. 2 kann der Schuldner jedoch die Entziehung seines Raumeigentums noch nachträglich durch Zahlung abwenden.

III. Der Entziehungsanspruch und seine Geltendmachung **15**

Die Klageerhebung setzt einen mit qualifizierter Mehrheit der Raumeigentümer gefaßten Beschluß des Inhalts voraus, daß von dem Entziehungsanspruch Gebrauch gemacht werden soll.

16 1. **Anspruchsberechtigt** sind nicht allein diejenigen Raumeigentümer, denen gegenüber die schwere Pflichtverletzung begangen ist, sondern alle Raumeigentümer (mit Ausnahme des Störers) gemeinsam.

17 2. **Mehrheitsbeschluß**

Darüber, ob von dem Störer die Veräußerung seines Raumeigentums verlangt werden soll, haben die übrigen Raumeigentümer (der Störer selbst ist gemäß § 25 Abs. 5 an der Beschlußfassung nicht beteiligt) durch Beschluß zu entscheiden, und zwar (abweichend von § 25 Abs. 3) mit qualifizierter Mehrheit: erforderlich ist die absolute Mehrheit aller (nicht nur der erschienenen) stimmberechtigten Raumeigentümer. Kommt eine solche Mehrheit nicht zustande, so kann das Verlangen nach Veräußerung des Raumeigentümers an den Störer nicht gestellt werden, § 25 Abs. 4 ist nicht anwendbar, doch kann ein Beschluß des Inhalts, die Veräußerung werde nicht verlangt, angefochten werden, wenn er dem Gebot einer ordnungsmäßigen Verwaltung offenbar widerspricht (§ 21 Abs. III, § 23 Abs. 4). Kommt die absolute Mehrheit zustande, so werden dadurch auch die überstimmten Raumeigentümer gebunden (§ 10 Abs. 4).

Jeder Raumeigentümer hat eine Stimme, wenn ihm nicht durch die Teilungserklärung (Vereinbarung) entsprechend der Zahl der ihm gehörenden Eigentumswohnungen weitere Stimmen zustehen. Bei der Zählung der Stimmberechtigten wird der Betroffene nicht berücksichtigt. Auf die Größe der Anteile kommt es nicht an. Gehören nur zwei Raumeigentümer der Gemeinschaft an, entfällt die Beschlußfassung. Es gilt nicht der Grundsatz, daß bei einer Mehrhausanlage nur jene Raumeigentümer zur Stimmabgabe berechtigt sind, die von der in Betracht kommenden Angelegenheit wirklich berührt werden.

18 Über die Rechtsbeständigkeit des Beschlusses ist auf Antrag von den Gerichten der freiwilligen Gerichtsbarkeit zu entscheiden (KG OLGZ **67** 462); über die sachliche Begründetheit des Anspruchs auf Veräußerung entscheidet das ordentliche Gericht unter Anwendung der ZPO, in erster Instanz das Amtsgericht ohne Rücksicht auf den Streitwert (§ 51); str., a. A. *Soergel/Baur,* § 18 Rdn. 9). Dies führt freilich zu einer Verlangsamung des Rechtsgangs; aber die Zuständigkeit der Gerichte der Freiwilligen Gerichtsbarkeit zur Nachprüfung der Eigentümerbeschlüsse (§ 23 Abs. 4) wird nur beseitigt, soweit es sich um die Ansprüche auf Entziehung des Wohnungseigentums handelt (§ 43 Abs. 1 Nr. 1). Haben die Raumeigentümer nach Kenntnis der Verfehlungen eines Störers sich nicht nur untätig verhalten, sondern ihn wie andere bei der Zuteilung von Sondernutzungen berücksichtigt, so kann ein erst nach längerer Zeit gestelltes Verlangen auf Veräußerung verwirkt sein (§ 242 BGB).

19 3. **Entziehungsklage**

Fügt der Störer sich dem gemäß § 18 Abs. 3 beschlossenen Verlangen nach Veräußerung seines Raumeigentums nicht, kommt auch keine Einigung zwischen den Beteiligten zustande, so hat gegebenenfalls das Gericht darüber zu entscheiden, ob das Verlangen begründet ist. Zuständig ist ohne Rücksicht auf den Wert des Streitgegenstandes das Amtsgericht, in dessen Bezirk das Grundstück liegt (§ 51). Der Klageantrag geht auf Verurteilung des Beklagten zur Veräußerung seines Wohnungseigentums (Teileigentums); ein Erwerber ist nicht zu bezeichnen, seine Auswahl ist dem Beklagten zu überlassen. Daher ergeht auch das Urteil, wenn der Klage stattgegeben wird, schlechthin auf Verurteilung des Beklagten zur Veräußerung seines Wohneigentums (Teileigentums); wegen der Wirkungen eines solchen Urteils s. § 19.

20 Die Klage kann, muß aber nicht von allen — den Störer ausgenommen — Raumeigentümern erhoben werden (notwendige Streitgenossenschaft). Ein dazu von einer

Raumeigentümermehrheit bevollmächtigter Eigentümer oder der Verwalter ist befugt, im eigenen Namen (Prozeßstandschaft) den Anspruch geltend zu machen. Wird zwar der Beschluß mit qualifizierter Mehrheit gefaßt, aber von einer Bevollmächtigung abgesehen, darf auch jeder einzelne Raumeigentümer die Klage erheben (vgl. § 432 BGB; *Palandt/Bassenge,* § 18 Anm. 5 b; str. s. *Soergel/Baur,* § 18 Rdn. 5). Zur Abstandnahme von der Klageerhebung oder der Vollstreckung eines der Klage stattgebenden Urteils wie zur Rücknahme der Klage ist Beschlußfassung unter entsprechender Anwendung des § 18 Abs. 3 erforderlich. Weitere Gründe für das Veräußerungsverlangen dürfen nachgebracht werden. Die Raumeigentümer können auch die Aussetzung des Verfahrens beschließen, etwa um dem Störer Gelegenheit zur Zahlung der Rückstände zu geben (BayObLGZ **75** 57). Wird während der Tatsacheninstanzen der Rückstand gezahlt, ist die Hauptsache erledigt und nur über die Kosten zu entscheiden. Doch muß nicht immer die Pflichtverletzung bis zum Zeitpunkt der letzten mündlichen Verhandlung fortbestehen: auch nach Beseitigung bordellartiger Zustände in seiner Eigentumswohnung wird der Gemeinschaft das Zusammenleben mit dem Störer nicht mehr zumutbar sein.

Die Vereinbarung eines Schiedsgerichts zur Entscheidung über das Verlangen **21**
nach Veräußerung begegnet keinen rechtlichen Bedenken (BayObLGZ **73** 1).

Hat das Prozeßgericht rechtsirrig die Klage an das nach seiner Ansicht zuständige **22**
Gericht der freiwilligen Gerichtsbarkeit verwiesen, ist dieses an die offensichtlich unrichtige Verweisung nicht gebunden (BayObLGZ **58** 244).

Kosten, die den klagenden Raumeigentümern durch den Rechtsstreit entstehen, **23**
sind Kosten der Verwaltung und als solche von allen Raumeigentümern — auch dem Beklagten — zu tragen (§ 16 Abs. 4).

Streitwert: in der Regel der Verkehrswert der Eigentumswohnung (LG Stuttgart **24**
AnwBl. **72** 232; OLG Karlsruhe Rpfleger **80** 308; LG München Rpfleger **70** 93, s. auch *Schmidt* aaO).

IV. Abdingbarkeit **25**

1. **Unabdingbar** ist nach § 18 Abs. 4, der auf Grund eines Zusatzantrages im Plenum des Bundestages in das Gesetz aufgenommen worden ist, der im Abs. 1 bestimmte Anspruch, d. h. die Möglichkeit, unter den im Abs. 1 gegebenen Voraussetzungen die Verurteilung eines die Gemeinschaft störenden Raumeigentümers zur Veräußerung seines Raumeigentums zu verlangen. Dieser Anspruch darf durch Vereinbarung der Raumeigentümer weder ausgeschlossen noch eingeschränkt werden; der grundsätzlichen Unabdingbarkeit der Unauflösbarkeit der Gemeinschaft der Raumeigentümer steht also die Unabdingbarkeit des Entziehungsanspruchs gegen den Störer des gemeinschaftlichen Lebens gegenüber.

Die Raumeigentümer können also nicht in den gesetzlichen Tatbestand des Absatzes 1 noch eine weitere Voraussetzung, etwa den Ablauf einer Probezeit, einschalten. Nur eine Beseitigung, Einengung oder Erschwerung des durch Abs. 1 gewährten Entziehungsanspruchs ist verboten, nicht aber eine Erweiterung oder Erleichterung dieses Anspruchs (z. B. durch Milderung der gesetzlichen Voraussetzungen, Ausdehnung des Anspruchs auf weitere Fälle störenden Verhaltens eines Raumeigentümers).

2. **Abdingbar** sind dagegen die Vorschriften in Abs. 2 und 3 des § 18. Die im Abs. 2 **26**
beispielsweise aufgeführten, das Veräußerungsverlangen rechtfertigenden Sondertatbestände können durch Vereinbarung aller Raumeigentümer sowohl erweitert wie auch eingeengt oder ganz gestrichen werden; liegen im einzelnen Fall die im Absatz 1 aufge-

stellten Voraussetzungen vor, wird das Entziehungsrecht aus Abs. 1 von solchen Vereinbarungen nicht berührt. Beispielshalber können durch Vereinbarung Rückstand des Absatzes 2 Nr. 2 und die Zeit des Rückstandes verkürzt werden.

27 **Unabdingbar** ist die Regelung, daß über das Verlangen nach Entziehung die Raumeigentümer die Entscheidung zu treffen haben; diese darf nicht einem Dritten, etwa dem Verwalter, einem Gutachter, einem besonderen Ausschuß der Raumeigentümer übertragen werden. Dagegen kann das Zustandekommen eines Beschlusses nach Abs. 3 sowohl (z. B. durch Beseitigung des Erfordernisses der qualifizierten Mehrheit oder durch Zulassung der Anwendung des § 25 Abs. 3 und 4) erleichtert wie auch (z. B. durch das Erfordernis einer größeren Mehrheit oder der Einstimmigkeit der Stimmberechtigten) erschwert werden; es handelt sich insoweit nicht um eine Einschränkung des im Abs. 1 bestimmten, der Raumeigentümergemeinschaft gegen den Störer zustehenden Anspruchs, sondern um eine Erhöhung der Anforderungen an einen Beschluß der Anspruchsberechtigten, ihren Anspruch gegen den Störer durchzusetzen. Eine dahingehende Vereinbarung wird durch § 18 Abs. 4 nicht verboten (OLG Celle NJW **55** 953; *Weitnauer/Hauger,* § 18 Rdn. 10). Zulässig ist auch eine Vereinbarung, wonach nach Ablauf bestimmter Zeit die Beschlußfassung zu unterbleiben hat; damit wird der Anspruch auf Entziehung weder ausgeschlossen noch eingeschränkt, vielmehr nur die Verjährungsfrist (§ 195 BGB) abgekürzt (§ 225 BGB; str.; vgl. BGH WM **67** 515 zu § 542 BGB; a. A. LG Kassel in *Diester,* Rechtsprechung zum WEG, Nr. 40).

28 Bedenklich erscheint es, wenn in Gemeinschaftsordnungen die Entscheidung darüber, ob das Entziehungsverlangen geltend gemacht werden soll, jenen Raumeigentümern einer großen Wohnanlage nur überlassen wird, die, wie der Betroffene, in demselben Wohngebäude — es sind viele Wohngebäude vorhanden — ihre Eigentumswohnungen haben. Denn auch die übrigen Raumeigentümer, selbst wenn sie mit dem Betroffenen nicht in Kontakt gekommen sind, können an der Entfernung des Betroffenen mindestens dann ein berechtigtes Interesse haben, wenn dieser durch sein Verhalten die ganze Wohnanlage in Verruf brachte.

§ 19

Wirkung des Urteils

(1) Das Urteil, durch das ein Wohnungseigentümer zur Veräußerung seines Wohnungseigentums verurteilt wird, ersetzt die für die freiwillige Versteigerung des Wohnungseigentums und für die Übertragung des Wohnungseigentums auf den Ersteher erforderlichen Erklärungen. Aus dem Urteil findet zugunsten des Erstehers die Zwangsvollstreckung auf Räumung und Herausgabe statt. Die Vorschriften des § 93 Abs. 1 Satz 2 und 3 des Gesetzes über die Zwangsversteigerung und Zwangsverwaltung gelten entsprechend.

(2) Der Wohnungseigentümer kann im Falle des § 18 Abs. 2 Nr. 2 bis zur Erteilung des Zuschlags die in Absatz 1 bezeichnete Wirkung des Urteils dadurch abwenden, daß er die Verpflichtungen, wegen deren Nichterfüllung er verurteilt ist, einschließlich der Verpflichtung zum Ersatz der durch den Rechtsstreit und das Versteigerungsverfahren entstandenen Kosten sowie die fälligen weiteren Verpflichtungen zur Lasten- und Kostentragung erfüllt.

(3) Ein gerichtlicher oder vor einer Gütestelle geschlossener Vergleich, durch den sich der Wohnungseigentümer zur Veräußerung seines Wohnungseigentums verpflichtet, steht dem in Absatz 1 bezeichneten Urteil gleich.

Schrifttum

Herold, Vollstreckung gegen den Wohnungseigentümer, GrE 77 661.

I. Allgemeines 1

1. Unmittelbare Folgen des Urteils für den Verurteilten

Das Urteil, durch das ein Raumeigentümer zur Veräußerung seines Raumeigentums verurteilt worden ist, äußert mit der Rechtskraft folgende Wirkungen für den Verurteilten:

a) Der Verurteilte hat bei der Beschlußfassung in Versammlungen der Raumeigentümer kein Stimmrecht mehr (§ 25 Abs. 5).

b) Er ist verpflichtet, sein Raumeigentum an einen Dritten zu veräußern und Interessenten vor einer Versteigerung Gelegenheit zur Besichtigung der Eigentumswohnung zu geben.

2. Verhalten des Verurteilten 2

Hinsichtlich der Veräußerungspflicht ist ein zweifaches Verhalten des Verurteilten möglich: Kommt er der ihm durch das Urteil auferlegten Verpflichtung nach, indem er sein Raumeigentum freihändig an einen von ihm gewählten Dritten veräußert, ergeben sich keine Besonderheiten; kommt er aber dieser Verpflichtung nicht nach, dann muß sein Raumeigentum zwangsweise im Wege der sog. „freiwilligen Versteigerung" veräußert werden. Dieses Versteigerungsverfahren ist in den §§ 53—58 WEG besonders geregelt. Welche Wirkungen das rechtskräftige Urteil für das Versteigerungsverfahren hat, bestimmt § 19.

II. Prozessuale Urteilswirkungen 3

Da das Urteil den Beklagten nur allgemein zur Veräußerung seines Raumeigentums, nicht zur Abgabe einer konkreten Willenserklärung verurteilt, ist § 894 ZPO nicht anwendbar. Die Wirkungen des Urteils mußten daher anderweit bestimmt werden. Sie sind nach § 19 Abs. 1 zweifacher Art:

1. Das Urteil **ersetzt** die **Erklärungen** (Abs. 1 Satz 1), die erforderlich sind 4

a) für die freiwillige Versteigerung des Raumeigentums (§§ 53—58): Bei der freiwilligen Versteigerung bewirkt der Zuschlag nicht (wie nach § 90 ZVG bei der Zwangsversteigerung von Grundstücken) den Eigentumsübergang, sondern nur das Zustandekommen des Kaufvertrages. Zur Versteigerung bedarf der versteigernde Notar einer Vollmacht; diese wird durch das Urteil ersetzt. Antrag auf Versteigerung kann nach § 54 Abs. 1 jeder Wohnungseigentümer stellen, der das Urteil miterwirkt hat; unter dieser Voraussetzung auch der Verwalter.

b) für die Übertragung des Raumeigentums auf den Ersteher: Da der Zuschlag 5
nicht den Eigentumsübergang bewirkt, vollzieht dieser sich nicht außerhalb des Grundbuchs, das dann nur noch der Berichtigung bedürfte, vielmehr ist auch die Auflassung und die Eintragung des Eigentumsübergangs im Grundbuch erforderlich. Die Auflassungserklärung des verurteilten Raumeigentümers wird durch das gegen ihn ergangene rechtskräftige Urteil ersetzt. Dem Ersteher bleibt es überlassen, die Annahme dieser Auflassungserklärung zu erklären und die Umschreibung des Eigentums im Grundbuch zu beantragen. Einer Eintragungsbewilligung (§ 19 GBO) bedarf es nicht (vgl. RGZ **141** 377). Stellt der Ersteher den Antrag nicht, können die Wohnungseigentümer in

entsprechender Anwendung des § 18 gegen den Ersteher auf Veräußerung seines Anwartschaftsrechtes klagen. Sie können aber — dies trifft auch für den Notar zu — den Ersteher nicht zwingen, den Umschreibungsantrag zu stellen; der Wortlaut des Gesetzes gibt dafür keinen Anhalt (str. a. A. *Soergel/Baur*, § 19 Rdn. 7). Bei böswilligem Zusammenwirken zwischen Störer und Ersteher kann Schadensersatzpflicht in Betracht kommen.

6 c) Soll das Urteil gegen den Rechtsnachfolger des Verurteilten vollstreckt werden, ist Vollstreckungsklausel nach § 727 ZPO erforderlich.

7 d) Das Urteil ersetzt nicht etwa erforderliche Genehmigungen (vgl. § 1365 BGB).

8 2. Das Urteil ist ein **Vollstreckungstitel für den Ersteher** (nicht für die Kläger, die es erwirkt haben). Zu seinen Gunsten findet aus dem rechtskräftigen Urteil die Zwangsvollstreckung gegen den verurteilten Raumeigentümer auf Räumung und Herausgabe statt (Abs. 1 Satz 2). Die Vollstreckung setzt rechtskräftiges Urteil, Zuschlagsbeschluß und Eintragung im Grundbuch voraus. Das Urteil wirkt aber (anders als grundsätzlich der Zuschlagsbeschluß im Zwangsversteigerungsverfahren) nicht gegen Dritte, die im Besitz der herauszugebenden Räume und Gebäudeteile (z. B. als Mieter, Pächter, Nießbraucher, Inhaber eines Wohnungsrechtes nach § 1093 BGB) sind. Sie werden behandelt wie im Zwangsversteigerungsverfahren dritte Personen, die auf Grund eines durch den Zuschlag nicht erloschenen Rechtes besitzen, können also der Zwangsvollstreckung gemäß § 771 ZPO widersprechen (§§ 156, 571 BGB; § 57 a, 93 Abs. 1 Satz 2 und 3, 97 ZVG).

9 **III. Abwendungsbefugnis** (§ 19 Abs. 2)

Ein Raumeigentümer, der wegen Zahlungsverzuges (§ 18 Abs. 2 Nr. 2) zur Veräußerung seines Raumeigentums verurteilt worden ist, kann die Urteilswirkungen bis zur Erteilung des Zuschlags (§ 57 WEG) durch nachträgliche Zahlung abwenden. Voraussetzung ist, daß er die rückständigen Verpflichtungen, wegen deren Nichterfüllung er verurteilt worden ist, die inzwischen weiter fällig gewordenen Verpflichtungen zur Tragung von Lasten und Kosten erfüllt, und die durch den Rechtsstreit und das Versteigerungsverfahren entstandenen Kosten zahlt. Darüber, ob diese Voraussetzungen vollständig gegeben sind und demgemäß das Verfahren einzustellen ist, hat der versteigernde Notar zu entscheiden; gegen seine Entscheidung ist sofortige Beschwerde zulässig (§ 58).

10 Noch bis zum Zuschlag kann der Störer auch durch freiwillige Veräußerung die Versteigerung abwenden. Ist nach der Gemeinschaftsordnung die Veräußerung zustimmungsbedürftig (§ 12), kann er seinen Anspruch auf Zustimmung seinem Käufer abtreten. Der Notar wird das Versteigerungsverfahren einstellen. Die Vollstreckungsabwehrklage (§ 767 ZPO) wird auch dann erhoben werden können, wenn während der Versteigerung das Wohnungseigentum, das bisher Eheleuten zustand, nach Scheidung der Ehe dem Ehegatten zugeteilt wird, dessen Verhalten den Entziehungsanspruch nicht begründet hatte, und der störende Eheteil aus der Wohnung ausgezogen ist.

11 IV. Ein **Vorkaufs-** oder **Ankaufsrecht** gewährt das Gesetz den Wohnungseigentümern nicht, dies kann aber vereinbart werden. Die Ausübung eines vereinbarten Vorkaufsrechtes ist auch im Versteigerungsverfahren (§ 53 ff) möglich, § 512 BGB trifft diesen Fall nicht.

V. Ist der Störer **vorläufig vollstreckbar** zur Veräußerung seines Wohnungseigentums verurteilt, gilt nach § 895 ZPO die Eintragung einer Vormerkung zugunsten des Anspruchs der Titelgläubiger auf Übertragung des Eigentums auf den Ersteher als bewilligt (KG OLGZ **79** 146). **12**

VI. Vergleich (§ 19 Abs. 3) **13**

Wie ein rechtskräftiges Urteil, das einen Raumeigentümer zur Veräußerung seines Raumeigentums verurteilt, ist ein Vergleich zu behandeln, der vor Gericht oder vor einer von der Landesjustizverwaltung eingerichteten oder anerkannten Gütestelle (§ 794 Abs. 1 Nr. 1 ZPO) geschlossen worden ist, nicht dagegen ein sonstiger (z. B. vor einem Rechtsanwalt oder einem Notar) geschlossener Vergleich. Ein hiernach dem Urteil gleichstehender Vergleich äußert die zu II erörterten Urteilswirkungen; er beläßt auch im Versteigerungsverfahren bis zur Erteilung des Zuschlags dem Schuldner die Befugnis zur Abwendung dieser Wirkungen durch Zahlung.

VII. Abdingbarkeit **14**

§ 19 Abs. 2 ist gemäß § 10 Abs. 1 Satz 2 abdingbar. Dagegen sind Abs. 1 und 3 des § 19 unabdingbar, weil es sich hier nicht um das Verhältnis der Raumeigentümer untereinander (§ 10 Abs. 1 Satz 1), sondern um verfahrensrechtliche Vorschriften handelt.

3. ABSCHNITT

Verwaltung

Aus Zweckmäßigkeitsgründen sind aus den Vorschriften, die das Verhältnis der Raumeigentümer zueinander regeln, diejenigen über die Verwaltung des gemeinschaftlichen Eigentums ausgeklammert und zu einem besonderen Abschnitt zusammengefaßt worden. Im Gegensatz zum 2. Abschnitt bezieht sich der 3. Abschnitt nicht auch auf das Sondereigentum — insoweit ist jeder Raumeigentümer im Rahmen des § 13 Abs. 1 in der Verwaltung unbeschränkt —, sondern ausschließlich auf das gemeinschaftliche Eigentum (§ 15). Die Regelung schließt sich wesentlich an die für die Bruchteilsgemeinschaft des BGB geltende (§§ 744, 745 BGB) an. Die allgemeinen Vorschriften des 2. Abschnitts sind auch hier zu beachten. Insbesondere sind ergänzende und abweichende Vereinbarungen der Raumeigentümer möglich, soweit nicht etwas anderes ausdrücklich bestimmt ist (§ 10 Abs. 1 Satz 2); solche Ausnahmen sind im § 20 Abs. 2 und im § 27 Abs. 3 vorgesehen.

Stimmen alle Wohnungseigentümer einer Verwaltungsmaßnahme zu, stellt sich die Frage, ob sie dem Interesse der Gesamtheit nach billigem Ermessen entspricht, nicht.

§ 20

Gliederung der Verwaltung

(1) Die Verwaltung des gemeinschaftlichen Eigentums obliegt den Wohnungseigentümern nach Maßgabe der §§ 21 bis 25 und dem Verwalter nach Maßgabe der §§ 26 bis 28, im Falle der Bestellung eines Verwaltungsbeirats auch diesem nach Maßgabe des § 29.

(2) Die Bestellung eines Verwalters kann nicht ausgeschlossen werden.

1 **I. Allgemeines**

1. § 20 Abs. 1 bildet die Einleitung zum 3. Abschnitt: er bezeichnet die *Verwaltungsorgane der Raumeigentümergemeinschaft,* nämlich die Versammlung der Raumeigentümer (obligatorisch), den Verwalter (obligatorisch), den Verwaltungsbeirat (fakultativ).

2 **2.** Er gibt einen Hinweis auf die systematische Gliederung des 3. Abschnitts. Diese ist folgende: Verwaltung durch die Raumeigentümer (§§ 21—25) und zwar materiellrechtliche Vorschriften (§§ 21, 22) und Raumeigentümerversammlung und Beschlußfassung (§§ 23—25), Verwalter (§§ 26—28), Verwaltungsbeirat (§ 29). § 20 begründet für die Raumeigentümer und die Verwaltungsorgane eine *Pflicht („obliegt"), nicht nur ein Recht zur Verwaltung.*

3 **3.** Zum Begriff der Verwaltung: sie geht über Erhaltung hinaus, erfaßt in der Regel nicht Verfügungen, auch nicht den Gebrauch. Gegenstand der Verwaltung ist auch das Verwaltungsvermögen (s. § 1 Rdn. 23—26).

II. Verwalterbestellung (§ 20 Abs. 2) 4

Die Vorschrift des Abs. 2 über die Bestellung des Verwalters ist — ebenso wie die Vorschriften über seine Aufgaben und Befugnisse (§ 27 Abs. 1—3) — unabdingbar. Hiernach ist der Verwalter ein notwendiges Organ jeder Raumeigentümergemeinschaft ohne Rücksicht auf ihre Größe. Die Wohnungseigentümergemeinschaft ist aber zur Bestellung eines Verwalters nicht gezwungen, wenn sie glaubt, in der Lage zu sein, ihre Verwaltung auch ohne Verwalter nach Maßgabe der gesetzlichen Bestimmungen führen zu können. Eine Regelung der Teilungserklärung, ein Verwalter solle vorerst nicht bestellt werden, verstößt nicht gegen das Gesetz. Die Verwaltung obliegt dann der Gemeinschaft (LG Köln MittRhNot **81** 200). Die Unterlassung der Bestellung zieht keine Schadensersatzpflicht nach sich. In dringenden Fällen bestellt das Gericht auf Antrag einen Verwalter (§§ 26 Abs. 3, 43 Abs. 1 Nr. 3). Wenn eine ordnungsgemäße Verwaltung nicht gewährleistet ist (§ 21 Abs. 3), kann die Zustimmung zur Bestellung nach § 43 Abs. 1 Nr. 1 herbeigeführt werden.

III. Das Grundbuchamt hat die Eintragung abzulehnen, wenn offensichtlich das Recht auf Verwaltung durch eine Teilungserklärung unzulässig eingeschränkt ist (vgl. *Diester* Rpfleger **68** 348). 5

IV. Das Verwaltungsrecht der Raumeigentümer steht einer Klage eines Raumeigentümers gegen den früheren Eigentümer des Grundstücks nicht entgegen, mit der ein vertraglicher Anspruch auf Beseitigung eines Abstellplatzes geltend gemacht wird (BGHZ **62** 388). 6

§ 21

Verwaltung durch die Wohnungseigentümer

(1) Soweit nicht in diesem Gesetz oder durch Vereinbarung der Wohnungseigentümer etwas anderes bestimmt ist, steht die Verwaltung des gemeinschaftlichen Eigentums den Wohnungseigentümern gemeinschaftlich zu.

(2) Jeder Wohnungseigentümer ist berechtigt, ohne Zustimmung der anderen Wohnungseigentümer die Maßnahmen zu treffen, die zur Abwendung eines dem gemeinschaftlichen Eigentum unmittelbar drohenden Schadens notwendig sind.

(3) Soweit die Verwaltung des gemeinschaftlichen Eigentums nicht durch Vereinbarung der Wohnungseigentümer geregelt ist, können die Wohnungseigentümer eine der Beschaffenheit des gemeinschaftlichen Eigentums entsprechende ordnungsmäßige Verwaltung durch Stimmenmehrheit beschließen.

(4) Jeder Wohnungseigentümer kann eine Verwaltung verlangen, die den Vereinbarungen und Beschlüssen und, soweit solche nicht bestehen, dem Interesse der Gesamtheit der Wohnungseigentümer nach billigem Ermessen entspricht.

(5) Zu einer ordnungsmäßigen, dem Interesse der Gesamtheit der Wohnungseigentümer entsprechenden Verwaltung gehört insbesondere:

1. die Aufstellung einer Hausordnung;

2. die ordnungsmäßige Instandhaltung und Instandsetzung des gemeinschaftlichen Eigentums;

3. die Feuerversicherung des gemeinschaftlichen Eigentums zum Neuwert sowie die angemessene Versicherung der Wohnungseigentümer gegen Haus- und Grundbesitzerhaftpflicht;

4. die Ansammlung einer angemessenen Instandhaltungsrückstellung;

5. die Aufstellung eines Wirtschaftsplans (§ 28);

6. die Duldung aller Maßnahmen, die zur Herstellung einer Fernsprechteilnehmereinrichtung, einer Rundfunkempfangsanlage oder eines Energieversorgungsanschlusses zugunsten eines Wohnungseigentümers erforderlich sind.

(6) Der Wohnungseigentümer, zu dessen Gunsten eine Maßnahme der in Absatz 5 Nr. 6 bezeichneten Art getroffen wird, ist zum Ersatz des hierdurch entstehenden Schadens verpflichtet.

Schrifttum

Bedeutung der Datenverarbeitung für Verwaltung von Wohnungseigentum GrE **73** 101; *Korff*, Zum Begriff der Verwaltung DWE **79** 105; *Röll*, Instandhaltung und Instandsetzung, NJW **76** 937.

Übersicht

	Rdn.
A. Allgemeines	1
B. Begriff der Verwaltung	2, 3, 4
C. Zuständigkeit	
I. Grundsatz	5
II. Ausnahmen	6–10
D. Die gesetzlichen Ausnahmen im einzelnen	
I. Abwendung drohenden Schadens durch einen Raumeigentümer	11–16
II. Mehrheitsbeschluß	
1. Voraussetzungen	17–26
2. Verfahren der Beschlußfassung	27
3. Wirkung von Mehrheitsbeschlüssen	28
4. Wirksamkeit	29
III. Anspruch auf ordnungsmäßige Verwaltung	30–36
E. Ordnungsmäßige Verwaltung	
I. Allgemeines	37
1. Bedeutung des Begriffs	37
2. Abgrenzung des Begriffs	38–46
II. Einzelmaßnahmen	41
1. Aufstellung einer Hausordnung	42–44
2. Ordnungsmäßige Instandhaltung und Instandsetzung des gemeinschaftlichen Eigentums	45–46
3. Feuer- und Haftpflichtversicherung	47–48
4. Instandhaltungsrückstellung	49–50
5. Aufstellung eines Wirtschaftsplans	51
6. Duldungspflichten	52
III. Verstoß gegen ordnungsmäßige Verwaltung	53

A. Allgemeines

§ 21 gibt die grundlegenden materiellrechtlichen Vorschriften für die Verwaltung des gemeinschaftlichen Eigentums durch die Raumeigentümer; ergänzt wird er durch § 22. Die Absätze 1 und 3 bestimmen, *wem* die Verwaltung zusteht, die Absätze 2 und 4 befassen sich mit den *Rechten* des *einzelnen* Wohnungseigentümers bei der Verwaltung, Absatz 5 zählt *beispielsweise* auf, was zu einer ordnungsmäßigen Verwaltung gehört.

Abs. 1 entspricht dem § 744, Abs. 1, Abs. 2 dem § 744 Abs. 2, Abs. 3 dem § 745 Abs. 1, Abs. 4 dem § 745 Abs. 2 BGB. Dem § 745 Abs. 3 Satz 1 BGB entspricht § 22 WEG. *Alle* Vorschriften des § 21 sind gemäß § 10 Abs. 1 Satz 2 **abdingbar.**

Die Vorschrift behandelt das Verhältnis der Raumeigentümer untereinander. Zur Wirkung der Beschlüsse nach außen, also gegen Dritte s. § 10 Abs. 4.

B. Begriff der Verwaltung

Unter „Verwaltung“ ist bei der Bruchteilsgemeinschaft die Geschäftsführung im Interesse aller Eigentümer mit Bezug auf das gemeinschaftliche Eigentum zum allgemeinen gemeinschaftlichen Besten zu verstehen. Darunter fallen alle Maßnahmen, die in rechtlicher und tatsächlicher Hinsicht unter Beachtung der Zweckbestimmung des gemeinschaftlichen Eigentums zu dessen Bewirtschaftung dienen. Der Begriff geht über die Erhaltung hinaus. Gebrauch und Nutzung regelt das Gesetz in besonderen Bestimmungen (§§ 13 Abs. 2 14, 15, 16).

Beispiele von *Verwaltungsmaßnahmen* führt das Gesetz in §§ 21 Abs. 5, 27 Abs. 1 **3** und 2 an. Zur Verwaltung gehören: Abschluß von Mietverträgen, Ausbesserung von Gebäudeschäden, Einziehung von Beiträgen, Verteilung des nach Abzug der Verwaltungskosten verbleibenden Reinertrages des gemeinschaftlichen Eigentums, Bestimmungen über bauliche Veränderungen und außergewöhnliche Aufwendungen trifft das Gesetz in § 22. Im einzelnen Fall kann auch eine *Verfügung* eine ordnungsmäßige Verwaltung wiedergeben (vgl. RG DR **44** 572) z. B. die Kündigung eines Pachtvertrages. Daß nach außen eine Verfügung nur von der Gesamtheit der Eigentümer vorgenommen werden kann (§ 747 BGB, § 10 Abs. 1 WEG), hindert die Eigentümer nicht, mit Wirkung unter den Teilhabern im Rahmen ordnungsmäßiger Verwaltung Verfügungen zu beschließen. Nach außen kann die Mehrheit eine etwaige Minderheit bei der Ausführung des Beschlusses vertreten und so § 747 BGB gerecht werden (§ 10 Abs. 4; vgl. auch *Weitnauer*, Betr. 1981 Beilage 4, Seite 5, III 9 Abs. 2; BGH, MDR **83** 31).

Ist ein Verwalter bestellt, wird der Aufgabenkreis der Raumeigentümer durch den des Verwalters eingeschränkt (§§ 26 ff); dies kann auch durch einstimmigen Beschluß der Raumeigentümer nicht geändert werden. Die vom Verwalter ausgeübte Verwaltung beruht auf einem Geschäftsbesorgungsvertrag, die Verwaltung der Raumeigentümer auf dem Gemeinschaftsverhältnis unmittelbar.

Die Gemeinschaft hat keine Organe, sie ist keine juristische Person, jedes Mitglied **4** hat ein Recht auf Mitwirkung bei der Verwaltung und kann von den anderen Mitwirkung an der Verwaltung verlangen. Doch ist kein Mitglied verpflichtet, die ihm angetragene Verwaltung zu übernehmen.

C. Zuständigkeit

I. Grundsatz

Nach § 21 Abs. 1, der dem § 744 Abs. 1 BGB entspricht, steht die Verwaltung des **5** gemeinschaftlichen Eigentums allen Raumeigentümern gemeinschaftlich zu. Das bedeutet, daß Verwaltungsmaßnahmen der Zustimmung aller Raumeigentümer bedürfen.

II. In beiden Hinsichten wird der Grundsatz des § 21 Abs. 1 von **Ausnahmen** **6** durchbrochen.

Einmal insofern als eine der Beschaffenheit des gemeinschaftlichen Eigentums **7** entsprechende ordnungsmäßige Verwaltung durch *Stimmenmehrheit* der Raumeigentümer beschlossen werden kann (§ 21 Abs. 3), ferner insofern *jeder Raumeigentümer* eine den Vereinbarungen und Beschlüssen und, soweit solche nicht bestehen, dem Interesse der Gesamtheit der Raumeigentümer nach billigem Ermessen entsprechende Verwaltung verlangen (§ 21 Abs. 4) und die zur Abwendung eines dem gemeinschaftlichen Eigentum unmittelbar drohenden Schadens notwendigen Maßnahmen ohne Zustimmung der anderen Raumeigentümer treffen kann (§ 21 Abs. 2).

Die Gemeinschaft kann einem oder mehreren Raumeigentümern die Verwaltung **8** des gemeinschaftlichen Eigentums übertragen. Damit wird Vollmacht zum Handeln im Namen aller Raumeigentümer erteilt sein, so daß auch Verfügungen mit Wirkung gegen Dritte (z. B. Kündigungen, Veräußerung von beweglichem Eigentum) vorgenommen werden können.

9 Die die Verwaltung regelnde Vereinbarung kann grundsätzlich durch Mehrheitsbeschluß nicht aufgehoben oder geändert werden (§ 10 Abs. 1 und 2). Doch wird, wenn durch sie keine ordnungsgemäße Verwaltung mehr gewährleistet ist, eine entsprechende Änderung von den Mitgliedern verlangt werden können (§§ 21 Abs. 4, 43 Abs. 1 Nr. 1, vgl. auch BGHZ **34** 370/1).

10 Ist zweifelhaft, ob, wenn eine Vereinbarung fehlt, eine Maßnahme eine ordnungsgemäße Verwaltung darstellt oder nicht, wird der Grundsatz der Einstimmigkeit zu gelten haben.

D. Die gesetzlichen Ausnahmen im einzelnen

I. Abwendung drohenden Schadens durch einen Raumeigentümer (§ 21 Abs. 2)

11 **1.** § 744 Abs. 2 BGB berechtigt jeden Teilhaber, die zur Erhaltung des Gegenstandes notwendigen Maßregeln ohne Zustimmung der anderen Teilhaber zu treffen und zu verlangen, daß diese ihre Einwilligung zu einer solchen Maßregel im voraus erteilen. Da es bei der Gemeinschaft der Raumeigentümer Sache des Verwalters ist, die für die ordnungsmäßige Instandhaltung und Instandsetzung des gemeinschaftlichen Eigentums und in dringenden Fällen die sonstigen zur Erhaltung erforderlichen Maßnahmen zu treffen (§ 27 Abs. 1 Nr. 2 u. 3), beschränkt § 21 Abs. 2 die Befugnis des einzelnen Raumeigentümers, einseitig Maßnahmen zu treffen, auf den Fall eines dem gemeinschaftlichen Eigentum unmittelbar drohenden Schadens. Es muß eine Situation gegeben sein, in der ein verständiger Eigentümer mit seinem Eingreifen nicht länger zurückhalten würde, andererseits der Raumeigentümer weder den Verwalter noch die anderen Raumeigentümer zur Behebung der Gefahr heranziehen kann (*Soergel/Baur*, § 21 Rdn. 2). Es wird unter solchen Umständen sogar seine Pflicht sein, der drohenden Gefahr zu begegnen. Verschulden eines Dritten oder eines anderen Raumeigentümers wird nicht vorausgesetzt. Durch Verpflichtungen, die der Raumeigentümer in diesem Rahmen eingeht, werden die anderen Raumeigentümer nach außen nicht gebunden, der Handelnde ist nicht Beauftragter. Er kann aber im Innenverhältnis von den anderen Ersatz seiner Aufwendungen verlangen, gegebenenfalls Teilbefreiung von seinen Verbindlichkeiten (str.).

12 **2.** Maßnahmen, die sich nicht im Rahmen einer ordnungsmäßigen Verwaltung halten, scheiden aus, so bauliche Veränderungen im Sinne des § 22.

13 **3.** In Betracht kommen: vordringliche Behebung baulicher Schäden, Einleitung eines Rechtsstreites (BayObLGZ **75** 58), Antrag auf Erlaß einer einstweiligen Verfügung; Abberufung des Verwalters jedoch nicht, da dies nur durch Mehrheitsbeschluß geschehen kann, auch nicht durch Gerichtsentscheidung (vgl. LG Dortmund MDR **66** 843). Die gerichtliche Geltendmachung von Beiträgen an die Gemeinschaft durch den Raumeigentümer ist nicht auf den Fall der Abwendung drohenden Schadens beschränkt (BayObLG Rpfleger **79** 217; OLG Karlsruhe Justiz **77** 310). Hat die Gemeinschaft keinen Verwalter, auch keinen Beirat, wird unter den Voraussetzungen des § 21 Abs. 2 ein einzelner Wohnungseigentümer die Versammlung einberufen dürfen, falls die Anrufung des Gerichts zur Verhinderung einer drohenden Gefahr nicht mehr ausreicht.

14 **4.** Einen Anspruch auf Zustimmung zu notwendigen Erhaltungsmaßnahmen (§ 744 Abs. 2 BGB) gewährt das Gesetz nicht.

5. Aufwendungen, die sich im Rahmen der Bestimmung halten, sind Verwaltungskosten (§ 16 Abs. 2). Darüber hinaus können Ansprüche aus Geschäftsführung ohne Auftrag oder ungerechtfertigter Bereicherung (§§ 680, 677 BGB) gegeben sein. Auch in diesen Fällen ist Zuständigkeit nach § 43 Abs. 1 Nr. 1 zu bejahen, denn diese Ansprüche ergeben sich in weiterem Sinne aus der Verwaltung des gemeinschaftlichen Eigentums. Mit Ansprüchen aus der Notgeschäftsführung kann der Raumeigentümer aufrechnen gegen Gemeinschaftsforderungen wegen gemeinschaftlicher Lasten (BayObLGZ **77** 71). Auch bei der Vollziehung einer von ihm erwirkten einstweiligen Verfügung handelt der Notgeschäftsführer im eigenen Namen; er ist daher auch Schuldner der dadurch entstandenen Kosten und nicht die Gemeinschaft (vgl. BayObLGZ **80** 162). **15**

6. Die Regelung des Absatz 2 ist abdingbar. **16**

II. Mehrheitsbeschlüsse (§ 21 Abs. 3) **17**

1. a) Durch Vereinbarung kann, soweit nicht das Gesetz unabdingbar etwas anderes vorschreibt, auch angeordnet werden, daß in bestimmten Angelegenheiten durch Mehrheitsbeschluß statt durch an sich gebotenen einstimmigen Beschluß zu entscheiden ist (*Soergel/Baur,* § 16 Rdn. 1).

Zu Vereinbarungen dürfen Richtlinien für die Verwaltung nach Maßgabe der Vereinbarung und für Weisungen an den Verwalter durch Mehrheitsbeschluß unter Beachtung des § 27 Abs. 1 und 2 festgelegt werden (LG Hamburg MDR **70** 762). **18**

b) Fehlt eine Vereinbarung, so gilt an sich der Grundsatz der gemeinschaftlichen Verwaltung. Doch ist im Rahmen einer ordnungsgemäßen Verwaltung zur Beschlußfassung einfache Mehrheit ausreichend. **19**

Bei ordnungsmäßiger Verwaltung stehen Gemeinschaftsinteresse und die Nützlichkeit für die Gemeinschaft im Vordergrund, sie beachtet Beschaffenheit und Substanz des gemeinschaftlichen Eigentums und dessen Zweckbestimmung; es kann nicht mit Stimmenmehrheit beschlossen werden, ein Treppenhaus eines einfachen Wohnhauses mit Einrichtungen einer Luxusvilla auszustatten: eine Maßnahme, die über den Rahmen ordnungsmäßiger Verwaltung hinausgeht, entzieht sich dem Mehrheitsbeschluß.

Absatz 3 erfaßt nur das Gemeinschaftseigentum (BayObLG Rpfleger **79** 216), nicht das Sondereigentum; greifen Mehrheitsbeschlüsse in die Substanz des Sondereigentums oder des dinglichen Anwartschaftsrechtes ein, sind sie unwirksam (BayObLGZ **73** 83). **20**

Zu prüfen ist gegebenenfalls, ob nicht eine Verwaltungsmaßnahme einem Raumeigentümer unzumutbaren Nachteil bringt (§ 14). So kann sich ein Mehrheitsbeschluß, für bestimmte Tageszeiten die Haustüren zum Zugang zu einer ärztlichen Praxis unverschlossen zu halten, Eigentümern gegenüber unzumutbar nachteilig auswirken (vgl. LG Wuppertal Rpfleger **72** 451; *Diester,* „Wichtige Rechtsfragen" Nr. 233 f) und deshalb anfechtbar sein. **21**

c) Der Mehrheitsbeschluß ist ein Rechtsgeschäft besonderer Art (Kollektivvertrag); die Mehrheit führt ihn für die Minderheit nach außen aus (§ 10 Abs. 4). Beschlüsse der Mehrheit dürfen nicht willkürlich abgeändert oder aufgehoben werden (OLG Oldenburg ZMR **78** 245). Eine Vereinbarung, die für alle Verfügungen Mehrheitsbeschlüsse zuläßt, ist unwirksam (§ 137 BGB). **22**

23 Sind nur zwei Raumeigentümer Mitglieder der Gemeinschaft, müssen zur Bildung eines Mehrheitsbeschlusses beide zustimmen.

24 **d)** Die Geltendmachung von Ansprüchen der Eigentümergemeinschaft gehört zu den Aufgaben der Verwaltung. Auch der einzelne Raumeigentümer kann Gemeinschaftsforderungen gegen andere Raumeigentümer im eigenen Namen zur Leistung an die Gemeinschaft einklagen (actio pro socio; BayObLGZ **79** 56; OLG Karlsruhe Justiz 77 310; OLG Stuttgart OLGZ **77** 125; offen gelassen von KG OLGZ **77** 3), es sei denn, daß sich etwas anderes aus der Gemeinschaftssphäre der Raumeigentümergemeinschaft ergibt (vgl. BGHZ **17** 346), so z. B. wenn die Geltendmachung eines Anspruchs einem Wahlrecht der Gemeinschaft zuvorkäme (vgl. OLG Celle MDR **70** 678 zum Schadensersatzverlangen gegen den Verwalter wegen Verletzung seiner Pflicht bei der Verwaltung des Gemeinschaftsgeldes). Die Wohnungseigentümer können die Geltendmachung von Ansprüchen durch den einzelnen Eigentümer aber auch untersagen.

25 **e)** Aus den im Rahmen ordnungsgemäßer Verwaltung auf den Namen der Gemeinschaft eingegangenen Verpflichtungen haften alle Raumeigentümer — auch die überstimmten — in der Regel als Gesamtschuldner (§ 427 BGB; so für Einkauf von Heizöl: BGH MDR **78** 134; BGHZ **67** 232; Fassadenanstrich). Ihre Haftung ist nicht auf das Vermögen der Gemeinschaft beschränkt, doch ist Vollstreckung in dieses möglich, wenn der Titel gegen alle Gemeinschafter lautet. Ausnahmen vom Grundsatz der Gesamthaftung bei sog. Aufbauschulden s. BGH NJW **79** 2101; NJW **59** 2160.

26 **f)** Die Mehrheitsbeschlüsse haben auch ohne Eintragung im Grundbuch Wirksamkeit gegenüber den Rechtsnachfolgern (§ 10 Abs. 3 und 4). Der Gebrauch des gemeinschaftlichen Eigentums gehört nicht zur Verwaltung, doch entspricht seine Regelung (§ 15) jener des § 21. Die Nutzung des gemeinschaftlichen Eigentums regelt § 16.

27 2. Das **Verfahren der Beschlußfassung,** über das im BGB keine Vorschriften vorhanden sind, ist in den §§ 23—25 WEG geregelt.

28 3. Über die **Wirkung von Mehrheitsbeschlüssen** s. § 10 Abs. 3 und 4.

29 4. **Wirksamkeit**

Ob ein Mehrheitsbeschluß verfahrensmäßig dem Gesetz entsprechend zustande gekommen ist, darüber hat ggf. das Gericht nach § 43 Abs. 1 Nr. 4 zu entscheiden. Ungültig ist ein Beschluß nur dann, wenn er gemäß § 43 Abs. 1 Nr. 4 für ungültig erklärt worden ist (§ 23 Abs. 4 Nr. 1), dies auch dann, wenn statt des Mehrheitsbeschlusses ein einstimmiger Beschluß hätte gefaßt werden müssen (BGH NJW **70** 1316; BayObLGZ **73** 81). Die richterliche Nachprüfung erstreckt sich auch darauf, ob der Inhalt des Beschlusses die für Mehrheitsbeschlüsse geltenden Grenzen einhält: so können durch Mehrheitsbeschluß die Raumeigentümer nicht zu körperlicher Mitarbeit verpflichtet (OLG Hamm OLGZ **80** 261; KG OLGZ **78** 146), zum Erwerb einer angrenzenden Straßenzufahrtsfläche angehalten (BayObLGZ **73** 30) werden. Nichtigkeit eines Beschlusses kann ohne Einhaltung einer Ausschlußfrist jederzeit geltend gemacht werden.

30 **III. Anspruch auf ordnungsmäßige Verwaltung (§ 21 Abs. 4)**

1. Nach § 745 Abs. 2 kann jeder Teilnehmer eine dem Interesse aller Teilhaber nach billigem Ermessen entsprechende Verwaltung verlangen, sofern nicht die Verwal-

tung durch Vereinbarung oder Mehrheitsbeschluß geregelt ist. § 21 Abs. 4 übernimmt den Gedanken, erweitert ihn aber dahin, daß, wenn Vereinbarungen oder Beschlüsse über die Verwaltung vorliegen, jeder Raumeigentümer eine diesen Vereinbarungen und Beschlüssen, einschließlich gerichtlicher Beschlüsse und Anordnungen, entsprechende Verwaltung verlangen kann. Der individuelle Anspruch des einzelnen Raumeigentümers geht entweder dahin, daß die vorhandenen Vereinbarungen und Beschlüsse befolgt werden (OLG Celle OLGZ **79** 133) oder, wenn solche nicht vorhanden sind (z. B. weil kein Mehrheitsbeschluß zustande kommt), die Verwaltung so geführt wird, wie es dem Interesse aller Raumeigentümer nach billigem Ermessen entspricht; eine solche Verwaltung ist stets auch eine „ordnungsmäßige" (vgl. § 21 Abs. 5 und § 22, wo zwischen beiden Begriffen kein Unterschied gemacht wird). Der Anspruch ist im Verfahren der freiwilligen Gerichtsbarkeit nach § 43 Abs. 1 Nr. 1 gegen die — widerstrebenden— Verwalter und (oder) Raumeigentümer geltend zu machen, wobei die begehrte Maßnahme zu bezeichnen ist, aber ein formeller Sachantrag nicht gestellt zu werden braucht. Zum Anspruch zur späteren Schadensbeseitigung Ursache und Umfang eines Baumangels durch Sachverständige feststellen zu lassen s. BayObLGZ **82** 207.

2. Dem Recht des einzelnen Raumeigentümers entspricht seine Pflicht, eine ordnungsmäßige Verwaltung nicht zu verhindern; Unterlassung von Rügen macht nur bei grober Nachlässigkeit schadensersatzpflichtig (*Bärmann/Pick*, § 21 III 2). **31**

3. Die Vorschrift hat besondere Bedeutung, wenn ein den Interessen der Gemeinschaft entsprechender Beschluß nicht zustande kommt, z. B. ein Verwalter nicht abberufen wird, die Gemeinschaft keinen Verwalter bestellt, ein Verwalter einen Beschluß nicht oder nur teilweise durchführt, im besonderen, wenn nach Aufhebung eines Mehrheitsbeschlusses (§ 43 Abs. 1 Nr. 4) eine Regelung nicht getroffen wird. **32**

4. Aus Absatz 4 ergibt sich kein Recht zur *Aufrechnung* gegen Ansprüche der Gemeinschaft auf Leistung von Beiträgen (BayObLGZ Rpfleger **76** 422). **33**

5. Ist der Bau eines Gebäudes wegen wirtschaftlichen Zusammenbruchs des Bauunternehmers nicht mehr gänzlich ausgeführt worden, kann unter dem Gesichtspunkt einer ordnungsmäßigen Verwaltung bei gegebenen Umständen jeder Wohnungseigentümer von den anderen Mitwirkung bei der Fertigstellung und anteilmäßige Tragung der dadurch entstandenen Kosten verlangen (OLG Karlsruhe OLGZ **79** 287; *Röll*, NJW **78** 1507). **34**

6. Der Anspruch aus Absatz 4 richtet sich gegen die übrigen Raumeigentümer wie auch gegen den Verwalter (BGH NJW **77** 44; BayObLGZ **82** 207). **35**

7. Die Regelung des Absatzes 4 ist abdingbar, dem einzelnen Raumeigentümer muß aber — außer seiner Mitwirkung bei Beschlüssen der Versammlung — ein Mindestmaß von Einflußnahme auf die Verwaltung verbleiben (vgl. *Soergel/Baur*, § 21 Rdn. 12). **36**

E. Ordnungsmäßige Verwaltung **37**

I. Allgemeines

1. Der Begriff der „ordnungsmäßigen Verwaltung" ist im § 21 in doppelter Hinsicht von Bedeutung: eine ordnungsmäßige Verwaltung kann mangels entsprechender Vereinbarung mit Stimmenmehrheit der Raumeigentümer beschlossen (§ 21 Abs. 3), andererseits mangels entsprechender Vereinbarungen oder Beschlüsse von jedem Raumeigentümer verlangt werden (§ 21 Abs. 4).

38 **2. Abgrenzung.** Welche Verwaltungsmaßnahmen im Einzelfalle als „ordnungsmäßige" anzusehen sind, ist im wesentlichen Tatfrage (billiges Ermessen, Abs. 4). Änderung des Zwecks (statt bisher Kellerraum für alle nunmehr Arbeitsraum für einen Raumeigentümer) ist dem Beschluß entzogen (OLG Frankfurt Rpfleger **79** 109; OLG Hamm Rpfleger. **81** 149). Als Maßnahmen, die über den Rahmen einer ordnungsmäßigen Verwaltung hinausgehen, erwähnt das WEG selbst die im § 22 bezeichneten; sie können weder mit Stimmenmehrheit der Raumeigentümer beschlossen (§ 21 Abs. 3) noch von einem einzelnen Raumeigentümer verlangt werden (§ 21 Abs. 4). Allgemein gehen wesentliche Veränderungen (§ 745 Abs. 3 Satz 1 BGB) des gemeinschaftlichen Eigentums über den Rahmen der ordnungsmäßigen Verwaltung hinaus. Im übrigen muß Richtschnur das Interesse sein, das — vom Standpunkt eines vernünftig und wirtschaftlich denkenden Beurteilers aus und unter Berücksichtigung der allgemeinen wirtschaftlichen Verhältnisse — die Gesamtheit der Raumeigentümer an der Vornahme oder Nichtvornahme einer Verwaltungshandlung hat (vgl. BGH **6** 76, 81 ff); zu fragen ist, wie sich im gleichen Falle ein wirtschaftlich denkender, vernünftiger Alleineigentümer verhalten würde und müßte. Zu einer ordnungsmäßigen Verwaltung gehört, worauf *Weitnauer/Hauger,* § 21 Rdn. 7 d mit Recht hinweisen, daß für beschlossene Maßnahmen auch deren Finanzierung sichergestellt ist. Bei Gebrauchserlaubnis für Dritte ist abzuwägen, ob die dabei erzielten Vorteile etwaige Nachteile überwiegen; in diesem Fall kann auch ein Mehrheitsbeschluß ausreichend sein (vgl. BayObLGZ **75** 208). Ob eine Gebrauchsregelung zweckmäßig und geboten ist, hat das Gericht nicht nachzuprüfen. In aller Regel dürfen Verwaltungsmaßnahmen aber die Wohnungseigentümer nicht unangemessen, insbesondere finanziell, belasten.

39 Das Gesetz nennt in Absatz 5 wesentliche Aufgaben der ordnungsmäßigen Verwaltung: Instandhaltung, Instandsetzung, Aufstellung eines Wirtschaftsplanes, Bildung einer Rücklage für diese Zwecke. Die Aufzählung ist nicht erschöpfend. Es kommen nicht nur notwendige, substanzerhaltende und werterhaltende, der Beschaffenheit des gemeinschaftlichen Eigentums angepaßte Maßnahmen tatsächlicher Art in Betracht, wie Ausbesserung der Mauern, des Anstrichs, der elektrischen Leitung, sondern auch Maßnahmen rechtlicher Art, wie Anstellung des Verwalters, Gärtners, Hauswarts, Abschluß von Miet-, Pacht-, Werk- und Kaufverträgen, Festsetzung der Vergütung des Verwalters und des Hausmeisters, Versicherung des Gebäudes, Weisungen an den Verwalter und Kontrolle seiner Geschäftsführung. Dazu zählen ferner Verfügungen wie die Kündigung von Verträgen, die Veräußerung beweglicher Sachen, Erlaß von Forderungen, Übertragung von Rechten, Ersatz abgenutzter Sachen, Festsetzung der Sprechstunden des Verwalters: Beschaffung des Heizmaterials (Öl; sie gehört nicht zur Instandhaltung der Heizanlage), Gebührenfestsetzung für die Benutzung von Waschmaschinen, Sauna; Bestimmung des Farbanstriches am äußeren Bereich von Balkonen, Veranden, Loggien, Fensterläden; die Streupflicht hinsichtlich des gemeinschaftlichen Eigentumes (Hauszugang, Garagenzufahrt) und der angrenzenden öffentlichen Wege (OLG Hamm MDR **82** 150), Anschaffung von Spielgeräten für den Kinderspielplatz (BayObLG ZMR **80** 381), Umstellung der Heizung auf Öl, Bezug von Fernwärme. Die Rechte des einzelnen Raumeigentümers auf den Gebrauch und die Nutzung des gemeinschaftlichen Eigentums (§§ 15, 16) dürfen bei ordnungsgemäßer Verwaltung nicht beeinträchtigt werden (BayObLG MDR **72** 516).

40 Unter dem rechtlichen Gesichtspunkt der ordnungsgemäßen Verwaltung, die durch Mehrheitsbeschluß bestimmt wird, hat sich die Rechtsprechung befaßt u. a. mit:

Einsichtnahme in die Geschäftsunterlagen (OLG Karlsruhe MDR **76** 758), Anbringung eines Schildes an der Hausfront (OLG Oldenburg DWE **78** 86), Betreten des Heizraumes (BayObLGZ **72** 94), Erweiterung einer Fernsehantenne für das 3. Fernsehen (AG Wiesbaden MDR **67** 126; AG Starnberg MDR **70** 679, wobei letzterer Entscheidung zuzustimmen ist), Einbau von Rauchgasklappen in die Heizöfen (BayObLG DWE **81** 93), Festsetzung (Erhöhung) des Verwalterhonorars (OLG Köln NJW **75** 318), Hausmeistervergütung (OLG München WM **76** 210), Umwandlung von Grünflächen in Abstellplätze (OLG Schleswig SchlHA **68** 70), Gebrauchsüberlassung des gemeinschaftlichen Eigentums an Dritte (BayObLGZ **75** 201), Erwerb von Gartengeräten (BayObLG ZMR **76** 87), Ablösung einer hypothekarischen Belastung (KG NJW **75** 318), Verwendung der Instandsetzungsrücklage für die Beseitigung von Gebäudeschäden (BayObLGZ Rpfleger **77** 439), Verpflichtung eines Raumeigentümers zum Abschluß einer Wasserschädenhaftpflichtversicherung wegen eines Öltanks im Keller (OLG Braunschweig OLGZ **66** 571), Schließen der Kellerfenster (OLG Karlsruhe MDR **76** 758), Einbau einer Wasserverbrauchsmeßuhr (Amtsgericht München DWE **80** 93), Wertsicherungsklauseln im Verwaltervertrag (BayObLG NJW **82** 939).

II. Einzelmaßnahmen **41**

Absatz 3 handelt von der ordnungsmäßigen Verwaltung, Absatz 5 zeichnet das Leitbild einer solchen Verwaltung; das Unterbleiben dieser Maßnahmen wird in der Regel eine den Interessen der Gesamtheit entsprechende Verwaltung nicht sein können, der einzelne Eigentümer daher berechtigt sein, entsprechende Maßnahmen zu verlangen (Abs. 4). § 21 Abs. 5 führt als Beispiele („insbesondere") eine Anzahl von Verwaltungsmaßnahmen an, die zu einer ordnungsmäßigen, dem Interesse aller Raumeigentümer entsprechenden Verwaltung gehören:

1. Aufstellung einer Hausordnung, d. h. „einer Art Haussatzung", einer Zusam- **42** menstellung von Regeln, die für das Zusammenleben innerhalb der Raumeigentümergemeinschaft gelten sollen. Es wird sich dabei hauptsächlich um Angelegenheiten des täglichen Lebens handeln, deren Regelung zwar für die Erhaltung und Sicherung des Hausfriedens wichtig, andererseits aber nicht von so grundlegender Bedeutung ist, daß sie durch Vereinbarung (§ 10 Abs. 1 Satz 2) getroffen werden müßte. Geregelt werden können in der Hausordnung Einzelheiten der Verwaltung des gemeinschaftlichen Eigentums (z. B. Reinigung des Treppenhauses, Schließen der Haustür und Kellerfenster), aber auch Einzelheiten, die den Gebrauch des gemeinschaftlichen Eigentums betreffen, soweit dies durch Mehrheitsbeschluß geschehen darf, z. B. Benutzung der Waschküche, eines Trockenbodens, eines Fahrstuhls, des Kellers, des Müllschluckers, des Versammlungsraumes, des Kinderspielplatzes (BayObLG DWE **82** 98), der Sauna, des Treppenhauses, der gemeinsamen Antenne, Einstellung der Kraftfahrzeuge und Fahrräder, die Zuständigkeiten des Hausmeisters, Beleuchtung des Treppenhauses, Beleuchtung der Zugänge zu Läden, Praxisräumen, Büros, die Festlegung des Wärmegrades für Hausflure und Wohnungen, Zulässigkeit der Werbung am Gebäude, Betreten der Heizräume, Anbringung von Schildern an der Haustüre, Streupflicht auf der Straße (OLG Hamm OLGZ **70** 389), Spielen der Kinder im Treppenhaus, häusliche Ruhebewahrung, Meldung der Schäden an den Hausmeister, Verhängung von Geldbußen wegen Zuwiderhandlungen (s. *Weimar,* DWE **79** 41).

Gemeinschaftsbedingte Eingriffe in den Gebrauch des Sondereigentums sind dabei statthaft, wenn die für das gemeinschaftliche Eigentum getroffene Regelung auf das Sondereigentum hinausgreifen muß (BayObLGZ **72** 90), z. B. Bestimmungen über die

Haltung von Haustieren, die Lautstärke von Fernseh- und Radiosendungen, das Grillen auf den Balkonen, das Trocknen der Wäsche und Lüften der Betten auf den Balkonen (OLG Oldenburg DWE **78** 86), das Schließen der Kellerfenster (OLG Karlsruhe MDR **76** 758), das Musizieren in Wohnräumen.

43 2. Die Hausordnung kann durch Mehrheitsbeschluß abgeändert und aufgehoben werden, wenn sie nicht — ausnahmsweise — Vereinbarungscharakter hat (BayObLG Rpfleger **75** 367; BayObLGZ **73** 84; **74** 176, 279; **72** 317; OLG Oldenburg ZMR **78** 245). Ist sie einer Teilungserklärung als Anlage beigefügt oder in deren Text aufgenommen, muß sie aber nicht schon eine Vereinbarung im Sinne des § 10 darstellen, es sei denn, daß der Wille, von gesetzlichen Vorschriften damit abzuweichen oder sie ergänzen zu wollen, klar hervortritt. Ist die Hausordnung danach nicht als Vereinbarung zu werten, darf sie nur regeln, was durch Mehrheitsbeschluß festgelegt werden kann (KG WM **72** 708; OLG Hamm OLGZ **70** 399). Die Aufstellung einer Hausordnung kann durch Teilungserklärung (Vereinbarung) dem Verwalter übertragen werden (BayObLG Rpfleger **75** 367); seine Hausordnung ist durch Mehrheitsbeschluß abänderbar.

44 3. Die Hausordnung, an deren Auslegung (§§ 137, 157 BGB) als Einschränkung des Mitgebrauchs strenge Anforderungen zu stellen sind, darf nicht in die Substanz des Sondereigentums eingreifen wie z. B. durch ein absolutes Verbot des Musizierens und des Haltens von Haustieren in den Wohnräumen (vgl. KG NJW **56** 1679). Zur Hausordnung s. noch *Schmid*, BlGBW **80** 96; *Korff*, DWE **80** 115; **82** 42.

45 **4. Ordnungsmäßige Instandhaltung und Instandsetzung des gemeinschaftlichen Eigentums**

Hierfür hat auch der Verwalter zu sorgen (§ 27 Ab s. 1 Nr. 2). Die durch solche Maßnahmen entstehenden Kosten sind Verwaltungskosten i. S. des § 16 Abs. 2 (OLG Frankfurt MDR **74** 848). Zu den über den Rahmen der ordnungsmäßigen Instandhaltung oder Instandsetzung hinausgehenden baulichen Veränderungen s. die Bemerkungen zu § 22.

Instandhaltung ist Aufrechterhaltung des ursprünglichen Zustandes durch pflegende, erhaltende, vorsorgende Maßnahmen, Instandsetzung ist der Ersatz sowie die erstmalige Herstellung einwandfreien, bisher mangelhaften Zustandes (BayObLG WEM **80** 61). Es dürfen dabei auch Änderungen vorgenommen werden, die modernen Wohnbedürfnissen entsprechen und durch die technische Entwicklung möglich geworden sind (BayObLG ZMR **81** 285; **80** 381). Sie müssen aber auf wirtschaftlich vertretbaren, vernünftigen Erwägungen beruhen und dürfen den finanziellen Rahmen für wiederkehrende Aufwendungen nicht wesentlich überschreiten, da nur mit diesem die Wohnungseigentümer von vornherein zu rechnen brauchen. Die Kosten müssen in einem vernünftigen Verhältnis zum erzielten Vorteil stehen (LG Bochum Rpfleger **82** 99). Zur ordnungsmäßigen Instandsetzung zählen auch verbessernde Maßnahmen, wenn die anfallenden Kosten bei wirtschaftlicher Betrachtung vertretbar und zumutbar sind. Die Raumeigentümer können durch Mehrheitsbeschluß nicht die Miteigentümer zur tätigen Mithilfe bei der Instandsetzung des gemeinschaftlichen Eigentums verpflichten, wenn nicht eine Vereinbarung dies vorsieht oder besondere Umstände gegeben sind (keine Pflicht zum Spritzen des Rasens (KG OLGZ **78** 146). So können nicht durch Mehrheitsbeschluß, wohl aber durch Vereinbarung die Gemeinschafter zur tätigen Mitwirkung bei der Erfüllung der sie treffenden Streupflicht hinsichtlich des gemeinschaftlichen Grundstücks (Hauseingang, Garagenzufahrt) sowie des angrenzenden öffentlichen Gehweges herangezogen werden (OLG Hamm Rpfleger **81** 482; OLGZ **80** 260; KG OLGZ **78** 261). Kostspielige Neuerungen und Veränderungen, die an sich nicht erforderlich sind, sondern nur zum Zwecke der Modernisierung vorgenommen werden, fallen nicht unter Ziffer 2.

Unter dem rechtlichen Gesichtspunkt der Instandsetzung und Instandhaltung hat **46** sich die Rechtsprechung befaßt mit: Anlage und Veränderung eines Gartens (BayObLGZ **75** 201), Ersatz einer Gemeinschaftsantenne (LG Bochum MDR **82** 407), Umstellung der Heizung (OLG Frankfurt DWE **79** 85), Ersetzung eines Asphaltbodens durch einen Betonplattenbelag (OLG Schleswig SchlHA **68** 70), Ersatz für eine alte Waschmaschine (BayObLG NJW **75** 2296), Ersatz von Holztüren durch Glastüren (OLG Stuttgart Rpfleger **73** 401 mit Anmerkung von *Diester*). Zur Fertigstellung stekkengebliebener Wohnungsbauten s. OLG Karlsruhe NJW **81** 466; OLGZ **79** 287; *Röll*, NJW **78** 1507, zur Instandhaltung und Instandsetzung s. noch *Glaser*, BlGBW **79** 172, *Stoll*, SchlHA **73** 142; *Amann* NJW **76** 1321; zur Abgrenzung gegenüber baulichen Veränderungen OLG Stuttgart DWE **80** 62; OLG Frankfurt Rpfleger **80** 80).

3. Feuer- und Haftpflichtversicherung **47**

Zur ordnungsmäßigen Verwaltung gehört der Abschluß

a) einer Feuerversicherung des gemeinschaftlichen Eigentums (nicht auch des Sondereigentums, dessen Versicherung jedem Sondereigentümer überlassen bleibt, sofern nicht etwas anderes vereinbart ist) zu seinem Neuwert (vgl. auch § 22 Abs. 2); einem Wohnungseigentümer, der in seinem Keller feuergefährliche Mineralien aufbewahrt, kann der Abschluß einer Feuerversicherung zugunsten der Miteigentümer zur Pflicht gemacht werden (OLG Braunschweig OLGZ **66** 571).

b) einer Versicherung aller Raumeigentümer gegen Haus- und Grundbesitzerhaft- **48** pflicht in Höhe einer angemessenen Versicherungssumme. Der Abschluß weiterer Versicherungen steht im Belieben der Raumeigentümer oder kann ihnen durch Vereinbarung auferlegt werden. So können Versicherungen gegen Schäden der Öllagerung, gegen Sturmschäden, Wasserschäden bei Rohrbruch in Betracht kommen. Die Verträge schließt der Verwalter aufgrund Vollmacht oder Ermächtigung namens der Raumeigentümer ab, zur Kündigung der Verträge ist er ohne Mehrheitsbeschluß nicht befugt (a. A. AG Essen DWE **79** 38). Der einzelne Raumeigentümer kann Abschluß der Feuerversicherung und Haftpflichtversicherung fordern (§§ 21 Abs. 4, 43 Abs. 1 Nr. 1), unter den Voraussetzungen des Absatzes 2 darf er diese Verträge selbst schließen und von seinen Miteigentümern anteiligen Ersatz der Kosten verlangen. In vielen Ländern der Bundesrepublik besteht öffentlich-rechtliche Verpflichtung zum Abschluß einer Feuerversicherung gegen Gebäudeschäden. Haftung der Raumeigentümer für Schäden Dritter kann in Frage kommen wegen Unterlassung ausreichender Gebäudebeleuchtung, wegen Versäumung der Streupflicht, der Pflicht, Zugänge zum Hause und Treppen in gefahrfreiem Zustand zu halten; für schuldhaftes Verhalten des Verwalters und des Hausmeisters in diesem Bereich muß die Gemeinschaft einstehen. Zu Einzelheiten s. *H. Koepp*, Wohnungseigentum in der Praxis, 3. Auflage S. 101 ff; *Ausborn*, Wohnungseigentum und privatrechtliche Gebäudeversicherung, 1964; *Röll*, Wohnungseigentum und Versicherungen, DWE **80** 6.

4. Instandhaltungsrückstellung **49**

Schrifttum: Weimar, BlGBW **79** 212; DWE **76** 83; JR **80** 94; *Röll*, NJW **76** 937; *Weimar* (Zwangsvollstreckung) KTS **78** 82; *Bertram*, Die Instandhaltungsrücklage beim Wohnungseigentum, 1982.

Die Ansammlung einer angemessenen Rückstellung für Instandhaltungsausgaben soll die Durchführung notwendig werdender Instandhaltungs- und Instandsetzungsarbeiten sichern (OLG Hamm OLGZ **71** 102 ff). Die Rückstellung ist kein Zubehör; sie dient der Deckung künftiger mit Sicherheit erwarteter Kosten, vornehmlich, aber nicht ausschließlich, für Reparaturen und Anschaffungen größeren Ausmaßes (Dachdekkung, Ersatz der Öltanks, Außenanstrich etc.)

Für die Angemessenheit der Rückstellung ist ein den tatsächlichen Verhältnissen angepaßter objektiver Maßstab anzuwenden; angemessen wird sein, was ein verständiger, verantwortungsbewußter Eigentümer vernünftigerweise jeweils zurücklegen würde (OLG Schleswig SchlHA **68** 70). Der Verwalter kann Vorschüsse anfordern (§ 28 Abs. 2), der Anspruch auf Vorschußleistung entfällt nicht vor der rechtsbeständigen Beschlußfassung über die Jahresabrechnung (BayObLGZ **77** 71).

Es entspricht ordnungsgemäßer Verwaltung, daß die Kosten für Instandsetzung und Instandhaltung aus der Rücklage bestritten werden (§ 21 Abs. 3). Hat die Rücklage aber noch keine angemessene Höhe erreicht, brauchen die Kosten einer unerwarteten Reparatur nicht unbedingt der Rücklage entnommen zu werden, sie können auch durch eine Sonderumlage aufgebracht werden (BayObLG Beschluß vom 7. 5. 1981 2 Z 20/80).

Besondere Rücklagen können auch für andere Zwecke beschlossen werden, etwa für den Ankauf einer angrenzenden Fläche. Solche Rücklagen dürfen anders verwendet werden, wenn dies einer ordnungsmäßigen Verwaltung entspricht (§ 21 Abs. 3).

50 An der Rückstellung sind alle Raumeigentümer entsprechend ihrem Anteil zu beteiligen (§ 16 Abs. 2). Für die Festsetzung reicht Mehrheitsbeschluß aus (§ 21 Abs. 3). Mitberechtigte am Wohnungseigentum haften für die Quote als Gesamtschuldner (OLG Stuttgart OLGZ **69** 232).

Rücklagen können auch nur für einzelne Häuser einer Mehrhausanlage gebildet werden, wenn die Eigentümer der anderen Häuser von notwendig werdenden Instandhaltungskosten für das einzelne Haus nicht betroffen werden (z. B. Schwimmbad in einem Haus, das nur den Wohnungseigentümern dieses Hauses dient). Die einzelnen Beiträge werden Eigentum der Gemeinschaft (Bruchteilsgemeinschaft). Die einzelnen Miteigentümer sind daran nach Maßgabe ihrer Einzahlungen beteiligt.

Nach dem Wortlaut der Bestimmung dient die Rücklage der Bestreitung der Kosten für Maßnahmen der Instandsetzung und Instandhaltung. Die Raumeigentümer sind aber, wenn nicht Teilungserklärung oder Vereinbarung etwas anderes bestimmen, an sich nicht gehindert, durch Mehrheitsbeschluß eine andere Verwendung anzuordnen, wenn dies im einzelnen Fall nicht einer ordnungsgemäßen Verwaltung widerspricht, der vorgesehene Zweck nicht unbedingten Vorrang hat. Sonst ist ein dahin gehender Mehrheitsbeschluß anfechtbar (§ 21 Abs. 3, 4). Da die Rücklage für den vorgesehenen Zweck erhalten bleiben muß, kann kein Raumeigentümer Auszahlung seines Anteils verlangen.

Verwendung zur Beseitigung anfänglich vorhandener Baumängel ist nach BayObLG Rpfleger **77** 439 zulässig, nicht ordnungsgemäß zur Bestreitung von Rechtsanwaltshonoraren (OLG Frankfurt MDR **74** 848); dasselbe gilt für die Kosten baulicher Maßnahmen, denen ein Wohnungseigentümer nicht zugestimmt hat und nicht zuzustimmen brauchte (§ 22 Abs. 1; AG Wiesbaden MDR **67** 126). Rücklagenbildung ist gesetzlich nicht vorgeschrieben, sie kann aber nach § 21 Abs. 4 verlangt werden, es sei denn, daß Teilungserklärung oder Vereinbarung sie ausschließen. Sieht dies ein Mehrheitsbeschluß vor, wird er angreifbar sein (§§ 21 Abs. 3, 26 Abs. 4), ebenso ein Mehrheitsbeschluß vor, wird er angreifbar sein (§§ 21 Abs. 3, 26 Abs. 4), ebenso ein Mehrheitsbeschluß, der die Rückstellung auflöst und unter die Eigentümer verteilt. In solchen Fällen stellt sich nämlich die Frage, ob es sich dabei noch um ordnungsmäßige Verwaltung handelt. Die Beiträge zur Rückstellung sind keine Werbungskosten im Sinne des § 9 EStG, nur die tatsächlichen Kosten einer Hausreparatur können anteilsmäßig abgeschrieben werden.

Die Rückstellungen hat der Verwalter in den Wirtschaftsplan aufzunehmen (§ 28 Abs. 1 Nr. 3) und zu verwalten (§ 27 Abs. 1 Nr. 4). Wird das Raumeigentum übertragen, wird anzunehmen sein, daß auch der Anteil des Verkäufers an der Rücklage mitübertragen ist.

5. Aufstellung eines Wirtschaftsplans 51

Der Plan ist vom Verwalter aufzustellen; er kann sich dabei fremder Hilfe (Wirtschaftsprüfer, Treuhandgesellschaft) bedienen. Der Wirtschaftsplan hat die Bedeutung eines Haushaltplanes für die Eigentümergemeinschaft; außergewöhnliche Ausgaben dürfen darin nicht berücksichtigt werden. Beschlußfassung über den erstellten Plan schreibt § 28 Abs. 4 vor, Mehrheitsbeschluß reicht aus. Der Plan darf unverändert übernommen werden. Nach Ablauf des Geschäftsjahres stellt der Verwalter die Abrechnung auf, ihr greift der Wirtschaftsplan nicht vor (OLG Hamm OLGZ **71**, 99). Teilungserklärung oder Vereinbarungen können bestimmen, daß ein Wirtschaftsplan nicht zu erstellen ist. Ist eine solche Regelung nicht getroffen, können zwar die Eigentümer mehrheitlich beschließen, von der Erstellung eines Wirtschaftsplanes abzusehen (einen Antrag, den Plan zu erstellen, ablehnen); diese Mehrheitsbeschlüsse können aber angreifbar sein, wenn sie — nach der Erfahrung — einer ordnungsmäßigen Verwaltung widersprechen (§§ 21 Abs. 3, 4, 5, 43 Abs. 1 Nr. 4 bzw. 1); die Aufstellung eines Wirtschaftsplanes ist dann erzwingbar (z. B. bei einer großen Eigentümergemeinschaft).

6. Duldungspflichten 52

Jeder Raumeigentümer hat die Maßnahmen zu dulden, die zur Herstellung einer Fernsprechteilnehmereinrichtung, einer Rundfunkempfangsanlage, auch einer Fernsehempfangsanlage und eines Energieversorgungsanschlusses zugunsten eines Raumeigentümers erforderlich sind. Es kann aber nur der Anschluß an eine Hauptleitung in Betracht kommen, Anschluß an ein Versorgungsnetz außerhalb des Hauses bestimmt sich nach § 22 (*Soergel/Baur,* § 21 Rdn. 10). Die Duldungspflicht bezieht sich auf das gemeinschaftliche Eigentum; Eingriffe in das Sondereigentum dürfen nur mit Zustimmung des betroffenen Sondereigentümers vorgenommen werden, doch darf diese nur bei wesentlicher Beeinträchtigung versagt werden (vgl. § 906 Abs. 1 BGB). Die zur Anlegung des Fernsprechanschlusses erforderliche Erklärung des Eigentümers gibt der Verwalter ab (§ 27 Abs. 2 Nr. 6). Schäden, die durch Maßnahmen der bezeichneten Art am gemeinschaftlichen Eigentum entstehen, hat der Raumeigentümer, zu dessen Gunsten die Maßnahmen durchgeführt werden, der Gemeinschaft zu ersetzen, auch dann, wenn die Schäden zufällig eintreten. Ein gleiches gilt für Schäden am Sondereigentum. Der Wohnungseigentümer eines Penthauses muß, wenn unter dem Terrassenbelag undichte Stellen auftreten, der Gemeinschaft gestatten, diesen zu entfernen, um die Schäden zu beseitigen (vgl. § 904 BGB). Gleiches gilt, wenn in Innenwänden verlegte Rohrleitungen verstopft sind, die Wände deshalb aufgebrochen werden müssen. In beiden Fällen kann der Eigentümer vollen Ersatz seines Schadens (Naturalherstellung) von der Gemeinschaft verlangen.

Zur Duldungspflicht bei der Ausstattung der Räume mit *Meßgeräten* für den Verbrauch von *Heizung* und *Warmwasser* s. § 3 HeizkostenVO und oben § 16 Rdn. 29.

53 **III. Verstoß gegen ordnungsmäßige Verwaltung**

Die Raumeigentümer sind gehalten, gemeinschaftlich eine ordnungsmäßige Verwaltung sicher zustellen, im besonderen zur Durchführung der Beschlüsse der Gemeinschaft das ihrige beizutragen. Verletzung dieser Pflichten kann den einzelnen Raumeigentümer schadensersatzpflichtig machen. Wird andererseits ein Raumeigentümer durch ordnungswidrige Verwaltung, insbesondere mangelhafte Instandhaltung des gemeinschaftlichen Eigentums geschädigt, so hat er einen Schadensersatzanspruch, den er gemäß § 43 Abs. 1 Nr. 1, 2 geltend machen kann, und zwar gegen den Verwalter (§ 27 Abs. 1 Nr. 2), wenn dieser schuldhaft gehandelt hat, ggf. auch gegen die Raumeigentümer, wenn diese ein Verschulden trifft, z. B. wenn sie trotz mehrfacher Hinweise es unterlassen haben, Feuchtigkeit des Kellers zu beseitigen, was zu Schäden am Sondereigentum führte. Als Erfüllungsgehilfe (§ 278 BGB) der anderen Raumeigentümer ist der Verwalter insoweit nicht anzusehen. Der Wohnungseigentümer haftet andererseits den übrigen Gemeinschaftern auch für das Verschulden seiner Mieter und Untermieter (BayObLG MDR 70 586).

§ 22

Besondere Aufwendungen, Wiederaufbau

(1) Bauliche Veränderungen und Aufwendungen, die über die ordnungsmäßige Instandhaltung oder Instandsetzung des gemeinschaftlichen Eigentums hinausgehen, können nicht gemäß § 21 Abs. 3 beschlossen oder gemäß § 21 Abs. 4 verlangt werden. Die Zustimmung eines Wohnungseigentümers zu solchen Maßnahmen ist insoweit nicht erforderlich, als durch die Veränderung dessen Rechte nicht über das in § 14 bestimmte Maß hinaus beeinträchtigt werden.

(2) Ist das Gebäude zu mehr als der Hälfte seines Wertes zerstört und ist der Schaden nicht durch eine Versicherung oder in anderer Weise gedeckt, so kann der Wiederaufbau nicht gemäß § 21 Abs. 3 beschlossen oder gemäß § 21 Abs. 4 verlangt werden.

Schrifttum

Röll, Fertigstellung des Gebäudes durch die Wohnungseigentümer, NJW **78** 1507; *Kürzel*, Veränderungen des gemeinschaftlichen Eigentums beim Wohnungseigentum BlGBW **68** 204; *Pick*, Ordnungsgemäßer Gebrauch und bauliche Veränderung NJW **72** 1741; *Weimar*, Inwieweit darf ein Wohnungseigentümer bauliche Veränderungen vornehmen, JuR **74** 57; *Schwarz*, Mehrheitsentscheidung im WEG, BlGBW **69** 207; *Weimar*, Aufstockung und Wohnungseigentum DWE **78** 110; Aus- und Umbauten durch Wohnungseigentümer DWE **74** Heft 4, S. 8; *Korff*, Reparaturen, Instandsetzung und bauliche Änderungen an Balkonen und Terrassen, DWE **78** 100.

Übersicht

	Rdn.
A. Allgemeines	1
B. Bauliche Veränderungen und Aufwendungen	
I. Begriff	
1. Instandsetzungen, die das erforderliche Maß überschreiten	2
2. Sonstige bauliche Veränderungen und Aufwendungen	3
3. Beispiel aus der Rechtsprechung	4, 5
II. Gesetzliche Behandlung im allgemeinen	
1. Kein Anspruch eines Raumeigentümers	6, 7
2. Kein Mehrheitsbeschluß	8, 9
III. Ausnahmeregelung	
1. Kein Erfordernis der Einstimmigkeit	10—14
2. Folgen mangelnder Einstimmigkeit	15

	Rdn.		Rdn.
C. Wiederaufbau		II. Verpflichtung zum Wiederaufbau . . .	19—22
I. Voraussetzung für Anspruch und Mehrheitsbeschluß	16—18	D. Verstöße gegen Absatz 1, Beseitigung ihrer Folgen	23—25

A. Allgemeines 1

§ 22 bildet das Gegenstück zu § 21 Abs. 3 und 5, die von der ordnungsmäßigen Verwaltung des gemeinschaftlichen Eigentums handeln. Er läßt für bestimmte Angelegenheiten Mehrheitsbeschlüsse nicht zu. Dabei übernimmt § 22 den Grundgedanken des § 745 Abs. 3 BGB, wonach wesentliche Veränderungen des gemeinschaftlichen Gegenstandes nicht verlangt oder beschlossen werden können, wandelt diesen Grundgedanken aber dahin ab, daß es auf die Wesentlichkeit der Veränderung nicht ankommt, und paßt ihn so der Eigenart der Wohnungseigentümergemeinschaft an. § 22 regelt in Absatz 1 die baulichen Veränderungen und Aufwendungen, die über eine ordnungsmäßige Instandsetzung und Instandhaltung des gemeinschaftlichen Eigentums hinausgehen, im Absatz 2 den Fall des Wiederaufbaus eines zerstörten Gebäudes. Der Vorschrift liegt die Erwägung zugrunde, daß durch bauliche Maßnahmen in der Regel stärker in die Rechte der Raumeigentümer eingegriffen wird als durch ohnehin unumgängliche Maßnahmen (BGHZ **73** 146). Der spätere Käufer soll sich aber nicht mit unangemessenen Aufwendungen, die wirtschaftlich nicht notwendig sind, konfrontiert sehen, mit denen er nicht zu rechnen brauchte. Bauliche Veränderung im Sinne der Bestimmung ist daher zu verneinen, wenn sie bereits von der Zweckbestimmung des Gebäudes, der Teilungserklärung oder Gemeinschaftsordnung festliegt und daraus erkennbar ist (BayObLGZ **75** 204); Nachholung der Vervollständigung der Bauausführung, wie sie von Anfang an vorgesehen war, bedeutet keine Veränderung im Sinne der Bestimmung. (KG OLGZ **82** 131; OLG Stuttgart Rpfleger **74** 361; OLG Karlsruhe Justiz **79** 336; BayObLG MDR **82** 652 (Einzäunung). Zu Luxusaufwendungen s. KG Rpfleger **82** 22; OLG Köln NJW **81** 585; Frankfurt Rpfleger **80** 112; KG OLGZ **78** 172).

Alle Vorschriften des § 22 sind *abdingbar* (KG MDR **69** 925; OLG Stuttgart OLGZ **74** 409). Zur Entscheidung von Streitigkeiten, die sich darüber ergeben, ob die Voraussetzungen des § 22 vorliegen, ist gemäß § 43 Abs. 1 Nr. 1 der Richter der freiwilligen Gerichtsbarkeit zuständig, mag auch der einzelne Anspruch seine Grundlage im BGB, z. B. in § 1004 haben. Streiten die Beteiligten darüber, ob eine bauliche Veränderung der Zustimmung bedarf (Absatz 1 Satz 2), kann zur Klärung dieser Frage schon vor der Beschlußfassung über die beabsichtigte bauliche Änderung das Gericht angerufen werden (KG MDR **68** 49; s. auch OLG Stuttgart BWNotZ **74** 136: Errichtung von Abstellplätzen auf Rasenflächen).

Zum Verhältnis des § 22 (bauliche Veränderung) zu § 15 (Gebrauchsregelung) s. OLG Köln OLGZ **78** 289 und OLG Stuttgart NJW **61** 1359. Bauliche Veränderungen werden, wenn nichts anderes vereinbart ist, gemeinschaftliches Eigentum (z. B. die aufgestockten Bauten).

B. Bauliche Veränderungen und Aufwendungen (§ 22 Abs. 1) 2

I. Begriff

1. Absatz 1 Satz 1 erfaßt die auf Dauer angelegten gegenständlichen Veränderungen realer Teile des gemeinschaftlichen Eigentums, die *über* eine ordnungsmäßige Instandsetzung und Instandhaltung, also *über* die Herstellung oder Bewahrung des vorgesehenen Zustandes und der bestehenden Form hinausgehen, von der im Aufteilungsplan bestimmten Ausführung abweichen (vgl. BayObLGZ **75** 181; NJW **81** 690; OLG Frankfurt OLGZ **80** 80; OLG Hamburg OLGZ **76** 62). Die Vorschrift bezieht in ihren Wirkungskreis ferner ein *Aufwendungen*, die *in anderer Art* mit Instandsetzung und Instandhaltung zusammenhängen, das dafür gebotene Maß dabei überschreiten.

3 **2.** Die Regelung des Satzes 1 gilt sonach für Instandsetzungen, die überflüssig sind, für die (noch) kein Bedürfnis besteht, weil die in Betracht kommenden Gebäudeteile sich in gutem Zustand befinden; des weiteren für Instandhaltungen, die einen ursprünglichen Zustand in aufwendiger Ausgestaltung herstellen: eine über die ordnungsmäßige Instandhaltung hinausgehende Aufwendung — Ersatz einer einfachen Wasserpumpe durch eine automatisch funktionierende elektrische Pumpe — ist kein Ersatz, sondern eine Neuanschaffung (BayObLG Beschl. vom 30. 10. 1979 2 Z 28/78). Die Regelung des Absatzes 1 gilt ferner für bauliche Veränderungen und Aufwendungen, die sich überhaupt nicht als Instandhaltung oder Instandsetzung darstellen, sondern baulich etwas Neues, Zusätzliches, im Aufteilungsplan nicht vorgesehenes erst schaffen (BayObLG NJW **81** 690), z. B. Schwimmbad, Dachgarten, Sauna, Zentralheizung, Kühlanlage, Um- und Ausbauten des Gebäudes, Aufstockungen, Einbau von Rolläden, Dachausbau zu Gastzimmern (gekauft als Bodenraum; LG Hamburg DWE **82** 25), Ausfüllung einer Lücke zwischen Hauswand und Hecke durch eine Stahltüre, Errichtung neuer Räume im Erdgeschoß bei Terrassenbauten, Anbau von Balkonen, Fahrstuhl, Durchbohren der Zimmerdecke um obere und untere Eigentumswohnung zur Einheit zu machen, Anlegung einer Funkantennenanlage auf dem Gebäudedach (OLG Celle DWE **82** 33), Errichtung eines Spielplatzes auf freier Grundstücksfläche (OLG Frankfurt OLGZ **82** 16). Dabei spielt es keine Rolle, daß im einzelnen Fall Kosten und Lasten für die Gemeinschaft nicht entstehen, z. B. beim Durchbruch tragender Wände einer Eigentumswohnung zur Gewinnung eines großen Raumes (BayObLGZ **71** 322; **75** 206); bauliche Veränderungen sind auch Schilder am Gebäude und die Umzäunung der Wohnanlage (Holzzaun, Hecke).

Satz 1 erfaßt außerdem *Aufwendungen*, die in sachlicher Beziehung dem bestehenden Zustand etwas Neues hinzufügen (Ausgestaltung des Treppenhauses mit aufwendigem Treppenbelag und Wandbemalung, Anschaffung nicht benötigter Geräte für Haus und Garten, Ankauf besonderer Bäume und Gartenpflanzen, die in die Gartenanlage nicht passen. Auch Veränderungen unbebauter Teile des Grundstücks können Veränderungen im Sinne der Vorschrift sein, so wenn als Rasenflächen vorgesehene Bodenteile mit Garagen oder Schuppen bebaut oder auf ihnen Abstellplätze für Kraftfahrzeuge errichtet werden (OLG Köln OLGZ **78** 289).

Die erstmalige Herstellung des ordnungsmäßigen Zustandes ist keine Änderung (BayObLG WEM **81** 62, OLG Köln OLGZ **82** 260). Errichtung einer Grenzmauer oder eines Drahtzaunes fallen nicht unter § 22 Abs. 1, wenn sie nur die *Vervollständigung* der in der Teilungserklärung bereits so vorgesehenen Wohnanlage bilden (KG ZMR **82** 61). Dasselbe gilt für den nachträglichen Einbau einer automatischen Regelanlage für eine Zentralheizung, wenn dies schon bei Bauerrichtung vorgesehen war, aber zunächst unterblieb (OLG Hamm MittRhNot. **82** 38).

4 **3.** Aus der Rechtsprechung zur baulichen Veränderung und Aufwendung im Sinne des Satzes 1: Terrassenbau im Gartengelände (KG Rpfleger **72** 62; OLG Stuttgart NJW **70** 102; BayObLGZ **75** 177); Errichtung eines Kinderspielplatzes auf Grünfläche (BayObLG ZMR **72** 218; s. auch *Olto* BlGBW **82** 26; LG Mannheim ZMR **76** 51; LG

Freiburg ZMR **79** 382); Durchbruch durch Wände zur Herstellung eines einheitlichen Raumes (BayObLGZ **71** 281; OLG Celle NdsRpfl. **81** 38); Umgestaltung einer Grünfläche zu Kfz-Abstellplätzen (OLG Stuttgart NJW **61** 1359; OLGZ **74** 404); Errichtung von Garagen im Hofgelände (BayObLGZ **73** 81; KG OLGZ **70** 58); Anbringung eines Plattenbelags auf gemeinschaftlicher Rasenfläche (BayObLGZ **75** 181); von Leuchtreklame an der Hausfassade (OLG Hamm OLGZ **80** 274); Anbringung einer Stahltüre (BGH NJW **79** 817); Verlegung eines Müllcontainerplatzes (OLG Frankfurt OLGZ **78** 80); Wiederzulassung eines zugeschütteten Weges (OLG Stuttgart DWE **80** 62); Unterkellerung (Überdachung) einer Terrasse (OLG Hamm OLGZ **76** 61; OLG Stuttgart OLGZ **70** 74); Veränderung einer Stützmauer (OLG Karlsruhe OLGZ **78** 172); Errichtung festverankerter Fertiggaragen (KG OLGZ **67** 479); Bau eines Gerätehauses (KG Rpfleger **77** 314); Bau einer asphaltierten Zufahrt zu Garagen (OLG Celle MDR **68** 48; BayObLG ZMR **74** 55); Aufstockung (KG OLGZ **76** 60; OLG Karlsruhe NJW **69** 1443); Ersatz einer Holztüre durch eine Glastüre (LG Stuttgart Rpfleger **73** 401); Errichtung einer Amateurfunkanlage auf dem Flachdach einer Wohnanlage (sie beschädigt die Dachhaut; LG Düsseldorf DWE **80** 24); sachlich nicht gebotene Umgestaltung des Gartens (BayObLGZ **75** 206); Einbau einer Balkontreppe (BayObLGZ **74** 269); einer Balkonverkleidung, einer Wäschetrocknungsanlage (AG Stuttgart DWE **80** 128); Verlegung von Steinplatten (OLG Frankfurt OLGZ **80** 78); Einbau von Dachfenstern und Umgestaltung der Giebelfenster (BayObLG Rpfleger **83** 14).

Verneint wurde Veränderung im Sinne des Satzes 1 bei Auswechslung eines As- 5
phaltbodens durch Steinplatten (OLG Schleswig GWW **68** 220); bei Änderung einer Parkordnung für Personenkraftwagen (OLG Köln OLGZ **78** 287); bei Einbau einer Wasserentkalkungsanlage (AG Neuss DWE **80** 98).

II. Gesetzliche Behandlung im allgemeinen 6

1. Bauliche Veränderungen und Aufwendungen, die der ordnungsmäßigen Instandsetzung und Instandhaltung dienen, können mit Stimmenmehrheit beschlossen werden, auch wenn es sich um große Ausgaben handelt (Hochhausfassadenanstrich — Dachreparaturen). Zur ordnungsmäßigen Instandhaltung gehört auch der unter Umständen kostspielige Ersatz alter Geräte durch neue (BayObLGZ NJW **75** 2296), mögen auch die Kosten einer Reparatur geringer sein als die Anschaffungskosten.

Die gleiche rechtliche Beurteilung kommt der Verstärkung einer Stromversor- 7
gungsanlage zu, wenn moderne elektrische Geräte im Hause einen gesteigerten Bedarf verursachen (BayObLGZ **71** 280; *Soergel/Baur,* § 22 Rdn. 1). Mit Stimmenmehrheit können die Raumeigentümer ferner bauliche Veränderungen beschließen, die durch öffentlich-rechtliche Vorschriften veranlaßt sind (z. B. neue Sicherheitsvorschriften für Öltanks, für Aufzüge); doch darf der Verwalter nicht ohne Mehrheitsbeschluß von sich aus solche Veränderungen vornehmen (LG Mannheim ZMR **76** 51). Das wird ebenso gelten, wenn Maßnahmen zur Lärmbekämpfung (Straßenlärm) beschlossen werden, zu denen die öffentliche Hand Zuschüsse leistet. Als ordnungsmäßige Instandhaltung wird man auch die Umstellung von Ölheizung auf Gasheizung (und umgekehrt) ansehen, wenn im Ergebnis dadurch eine Einsparung erzielt werden kann (str.)

Was die der fortschreitenden Entwicklung der Technik folgenden *Modernisie-* 8
rungsmaßnahmen anlangt, so können sie als ordnungsmäßige Instandsetzung bezeichnet werden, wenn der finanzielle Aufwand im Hinblick auf die erzielte Verbesserung vertretbar ist und unter Berücksichtigung der finanziellen Verhältnisse der Wohnungseigentümer tragbar erscheint (vgl. LG Mannheim DWE **80** 93). Das ist z. B. der Fall, wenn eine Fernsehantennenanlage umgerüstet wird um weitere Programme zu emp-

fangen (AG Starnberg, MDR 70 679, str.); ein wirtschaftlich denkender Hauseigentümer wird nicht sehr hohe Ausgaben mit Sicht auf den erzielten Erfolg als der Ordnung entsprechend empfinden. Anders liegt es bei Modernisierungen mit großem Kostenaufwand und geringer Wertsteigerung des Hauses (vgl. *Soergel/Baur*, § 22 Rdn. 1). Im einzelnen Fall kann es schwierig sein zu entscheiden, ob eine Veränderung noch als ordnungsgemäße Instandhaltung anzusehen ist oder nicht; im Zweifel muß dann auf den Grundsatz zurückgegriffen werden, daß die Verwaltung allen gemeinsam zusteht (§ 21 Abs. 1; *Soergel/Baur*, § 22 Rdn. 2).

9 2. Veränderungen und Aufwendungen im Sinne des Satzes 1 können — wenn eine anders lautende Vereinbarung fehlt — nicht mit Stimmenmehrheit beschlossen, nicht nach § 21 Abs. 4 verlangt werden. Sieht eine Teilungserklärung den Bau von sonderrechtsfähigen Garagen vor, genügt zur Ausführung Mehrheitsbeschluß.

10 **III. Ausnahmeregelung**

1. Bauliche Veränderungen des gemeinschaftlichen Eigentums und Aufwendungen im Sinne des Satzes 1, durch die nicht die Rechte aller Wohnungseigentümer beeinträchtigt werden, bedürfen nur der Zustimmung jener Wohnungseigentümer, die von der beabsichtigten Maßnahme in ihren Rechten betroffen werden. Die nicht Betroffenen scheiden aus dem Kreis derer aus, deren Zustimmung erforderlich ist, ein Mehrheitsbeschluß ist weder geboten noch ausreichend (BGH NJW **79** 817). Die Zustimmung bedarf keiner Form, die mehreren Betroffenen brauchen keinen förmlichen Beschluß zu fassen. Widerspricht auch nur einer der Beeinträchtigten, muß von der Maßnahme Abstand genommen werden, es sei denn, daß Absatz 1 Satz 2 einschlägig ist. Die Teilungserklärung (Vereinbarung) kann aber festlegen, daß schon die Mehrheit (oder 2/3 Mehrheit) der Beeinträchtigten gegen den Widerspruch der Minderheit die bauliche Änderung beschließen kann (Frankfurt OLGZ **81** 313; **80** 78). Die überstimmten Raumeigentümer nehmen dann auch an den Kosten der baulichen Änderung teil. § 16 Abs. 3 gilt nur für die nicht benachteiligten Wohnungseigentümer (BGH aaO). Die Raumeigentümer sind indessen nicht gehindert, mehrheitlich Baumaßnahmen zu beschließen, die nicht über die ordnungsmäßige Instandhaltung hinausgehen, die geplante Bauausführung beeinträchtigter Raumeigentümer aber überholen, sodaß sie nicht mehr durchgeführt werden können. Die Interessen der Mehrheit verdient hierbei den Vorzug.

11 Wird keiner der anderen Wohnungseigentümer im Sinne des Satzes 2 in seinem Recht beeinträchtigt, bedarf es keines Beschlusses um eine bauliche Veränderung durchzuführen; es kann der allein beeinträchtigte Raumeigentümer sie vornehmen, da alle andern nicht zuzustimmen brauchen (vgl. OLG Hamburg MDR **77** 230). Werden von der Maßnahme nur die Eigentümer eines Hauses einer Mehrhauswohnanlage betroffen, ist nur deren Zustimmung erforderlich. Die Raumeigentümer können auch nicht durch Mehrheitsbeschluß eine Veränderung ablehnen, die von betroffenen Eigentümern verlangt wird, denn die Zustimmung der ablehnenden Mehrheit ist nicht notwendig (str.).

12 Bei der Beantwortung der Frage, ob eine Veränderung hinzunehmen ist *(Satz 2)*, kann es zunächst darauf ankommen, ob sie für die Gemeinschaft zwingend erforderlich ist, denn dann kann von einer Beeinträchtigung nicht gesprochen werden (BayObLGZ **71** 273; **79** 271; BayObLG NJW **81** 691; OLG Celle NdsRpfl. **81** 38; OLG Karlsruhe OLGZ **78** 174). Ist dies im einzelnen Fall zu verneinen, bleibt zu prüfen, ob die Veränderung tatsächlich in vermeidbarer Weise nicht ganz unerhebliche Beeinträchtigungen mit sich bringt, ob Eigentümern über das bei einem geordneten

Zusammenleben unvermeidliche Maß hinaus Nachteile erwachsen. Als solche kommen in Betracht: Beschränkung des Rechts der Benutzung des gemeinschaftlichen Eigentums, lästige Lärm- und Geruchsemmissionen, Beeinträchtigungen der Stabilität und statischen Sicherheit des Gebäudes (etwa bei Aufstockung), Bevorzugung einzelner Wohnungseigentümer, Beseitigung einer allen dienenden Einrichtung (Fahrstuhl), Änderung der Zweckbestimmung des Veränderungsgegenstandes, wesentliche Verschlechterung des Gesamteindrucks einer Wohnanlage durch die Veränderung (BGHZ **73** 201 ff; BayObLGZ **74** 90; **75** 183; OLG Hamburg MDR **77** 230; KG OLGZ **82** 131; OLG Frankfurt OLGZ **80** 80/81; OLG Celle NdsRpfl. **81** 38; **80** 80/1; OLG Köln DWE **81** 95), z. B. Veränderung der äußeren Gestaltung durch Errichtung einer Pergola auf Dachterrasse (BayObLG Rpfleger **81** 284), Verglasung eines Balkons (OLG Stuttgart Justiz **80** 474), Torschließanlage (BayObLGZ **79** 267), Funkantenne (LG Düsseldorf DWE **80** 25).

Andererseits kann es von Bedeutung sein, daß bereits eine vorhandene Beeinträch- **13**
tigung (z. B. durch Bewilligung einer Sondernutzung) durch die geplante bauliche Veränderung nur noch geringfügig vermehrt wird, daß die bauliche Veränderung Energieeinsparung wesentlich fördert z. B. Austausch von Glasfenstern durch Thermopanfenster (OLG Köln NJW **81** 585). Fehlen notwendiger Zustimmung läßt sich allerdings nicht damit ausgleichen, daß der erzielte Nutzen für die Gemeinschaft größer sei als der Nachteil der Betroffenen (KG Rpfleger **77** 314); es findet keine Güterabwägung statt.

Zustimmungsbedürftigkeit wurde *bejaht* für die Anlage eines Kraftfahrzeugpark- **14**
platzes auf dem Grundstück (OLG Stuttgart NJW **61** 1359), die Errichtung eines Gerätehauses auf Grünfläche (KG Rpfleger **77** 314), für Mauerdurchbruch (BayObLGZ **71** 282); Einbau eines Windfangs auf Sondereigentumsfläche (BayObLG Rpfleger **82** 268); Errichtung eines Grenzzaunes zwischen Gartenflächen (BayObLGZ **82** 69); *verneint* für Umstellung einer Etagenheizung auf Gasheizung (AG Hannover Rpfleger **69** 132), geringe Verringerung der Gartenfläche durch Terrassenbau (BayObLG Rpfleger. **75** 310; KG OLGZ **74** 409), nützlichen Ausbau des Daches (AG Neuss DWE **80** 98), Anbringung einer Leuchtreklame an der Hausfassade (OLG Hamm OLGZ **80** 274), geringfügige optische Beeinträchtigung durch Fenster (OLG Köln NJW **81** 585; BayObLGZ **82** 69), durch Trockenstange am Balkon (AG Stuttgart DWE **80** 128). Ob und in welcher Weise ein gemeinschaftlicher Garten bepflanzt wird, steht dem Ermessen der Eigentümer zu (§ 21 Abs. 3); die Ausgestaltung ist keine bauliche Veränderung, soweit keine gegenständlichen Veränderungen (Plattenwege, Steinbänke) vorgenommen werden. Spätere Veränderungen der Gartenanlage fallen, wenn sie nicht erforderlich sind, unter § 22 (BayObLGZ **75** 206); im Einzelfalle kann aber Satz 2 des Absatzes 1 zur Anwendung kommen (BayObLGZ **75** 206).

Die Errichtung eines Grenzzauns zwischen Garten und Sondernutzungsflächen bedarf keiner Zustimmung (BayObLG Rpfleger **82** 219), sie entspricht einem natürlichen Wohnbedürfnis. Anpflanzung von Bäumen im Garten ist keine bauliche Veränderung (BayObLGZ **75** 206), sie entspricht einer ordnungsmäßigen Verwaltung. Bei Nichteinhaltung der nachbarrechtlich vorgeschriebenen Grenzabstände ist aber ein vermeidbarer Nachteil (§ 14 Abs. 1 Nr. 1) gegeben (BayObLG Rpfleger **82** 219).

Zur Aufstockung werden wohl stets alle Wohnungseigentümer zustimmen müssen, dies schon wegen der Veränderung der äußeren Gebäudegestaltung (vgl. KG OLGZ **76** 60, str.).

15 **2. Folgen mangelnder Einstimmigkeit**

Für die Raumeigentümer, die einer Veränderung nicht zugestimmt haben, deren Zustimmung aber auch nicht erforderlich ist, ergeben sich folgende Wirkungen:

Sie sind nicht verpflichtet, sich an den Kosten zu beteiligen, die durch die Veränderungen entstehen; sie sind aber auch nicht berechtigt, einen Anteil an den Nutzungen zu beanspruchen, die auf diesen Veränderungen beruhen (§ 16 Abs. 3). Bei der Berechnung ihrer Anteile im Falle einer Aufhebung der Miteigentümerschaft bleibt eine Werterhöhung (ggf. auch eine Wertminderung) außer Betracht, die das gemeinschaftliche Eigentum durch die Ausführung der Änderungen erfahren hat (§ 17 Satz 2). Es steht aber einer nachträglichen Beteiligung dieser Raumeigentümer an den Kosten und Nutzungen nichts entgegen, wenn sie dem zustimmen.

16 **C. Wiederaufbau (§ 22 Abs. 2)**

I. Voraussetzung für Anspruch und Mehrheitsbeschluß

Die Frage, ob der Wiederaufbau eines zerstörten Gebäudes von einem Raumeigentümer verlangt und mit welcher Stimmenzahl er beschlossen werden kann, beantwortet sich danach, ob eine Verpflichtung der Raumeigentümer zum Wiederaufbau besteht oder nicht.

17 Besteht eine Verpflichtung zum Wiederaufbau, so kann jeder Raumeigentümer den Wiederaufbau verlangen (§ 21 Abs. 4) und der Wiederaufbau kann mit einfacher Stimmenmehrheit beschlossen werden (§ 21 Abs. 3). Besteht keine Verpflichtung zum Wiederaufbau, so hat kein Raumeigentümer einen Anspruch auf den Wiederaufbau und dieser kann nur mit Zustimmung aller Raumeigentümer beschlossen werden, sofern nicht etwas anderes vereinbart wird. Jeder Raumeigentümer kann aber, wenn ein derartiger Wiederaufbaubeschluß nicht zustande kommt, die Aufhebung der Miteigentümergemeinschaft verlangen, sofern ein solcher Aufhebungsanspruch durch Vereinbarung für diesen Fall vorgesehen ist (§ 11 Abs. 1 Satz 3).

18 Zur Entscheidung eines Streites, ob eine Verpflichtung zum Wiederaufbau besteht, ist das Gericht der freiwilligen Gerichtsbarkeit zuständig (§ 43 Abs. 1 Nr. 1).

19 **II. Verpflichtung zum Wiederaufbau**

1. Eine Verpflichtung zum Wiederaufbau besteht, wenn das Gebäude höchstens zur Hälfte des Wertes des an ihm (nicht am Grundstück) bestehenden gemeinschaftlichen wie des Sondereigentums, gleichviel aus welchen Gründen, zerstört ist oder der durch Zerstörung entstandene Schaden durch Versicherung oder in anderer Weise (z. B. Schadensersatzansprüche, Entschädigungen der öffentlichen Hand) gedeckt ist, schließlich wenn Teilungsanordnung oder Vereinbarungen die Wiederaufbaupflicht vorsehen. Eine Aufbaupflicht kann nicht durch Mehrheitsbeschluß festgelegt werden (AG Dortmund JurBüro 80 272).

20 2. Wird nicht wiederaufgebaut, besteht die Gemeinschaft weiter, auch wenn keine Pflicht zum Wiederaufbau gegeben ist. Doch kann die Gemeinschaft, selbst wenn eine dahingehende Vereinbarung (§ 11 Abs. 1 Satz 2) nicht getroffen wurde, durch Mehrheitsbeschluß aufgehoben werden, falls dies bei gegebener Sachlage ordnungsmäßiger Verwaltung entspricht (§ 21 Abs. 3). Ob ein Anspruch auf Aufhebung geltend gemacht werden kann, haben im Streitfall die Gerichte der freiwilligen Gerichtsbarkeit zu entscheiden (§ 43 Abs. 1 Nr. 1).

3. Wiederaufbau bedeutet Wiederherstellung der alten Gestaltung. Bei völliger Zerstörung kann das Wohnungsgrundbuch auf Antrag geschlossen werden (§ 9 Nr. 2). 21

Die Regelung des Absatzes 2 ist sinngemäß anzuwenden, wenn die Fertigstellung eines Baues wegen wirtschaftlichen Zusammenbruchs des Bauunternehmers unterbleibt (OLG Karlsruhe, OLGZ **79** 28; s. *Röll*, NJW **78** 1507); keine gesamtschuldnerische Haftung für die Baukosten. 22

D. Verstöße gegen Absatz 1, Beseitigung ihrer Folgen 23

1. Ein Beschluß, der mit Mehrheit eine bauliche Veränderung im Sinne des Satzes 1 vorsieht, ist nicht nichtig, kann aber nach § 23 Abs. 4 für ungültig erklärt werden (BGH NJW **70** 1316; BayObLGZ **73** 81). Ist der Beschluß schon vollzogen, ist der alte Zustand wieder herzustellen (OLG Stuttgart NJW **70** 102; LG Mannheim ZMR **76** 51). Doch kann ein solches Begehren eine unzulässige Rechtsverfolgung bedeuten, wenn die Kosten der Wiederherstellung sehr hoch sind und in keinem Verhältnis zur Beeinträchtigung der Betroffenen stehen (OLG Hamm Rpfleger. **76** 100).

2. Beseitigung (§ 1004 BGB) einer von einem Wohnungseigentümer oder vom Verwalter ohne Zustimmung Betroffener vorgenommenen baulichen Veränderung (z. B. Anlage eines Kinderspielplatzes auf Rasenfläche) kann jeder Betroffene nach § 43 Abs. 1 Nr. 1, 2 verlangen (OLG Stuttgart NJW **70** 102; OLG Hamm OLGZ **76** 62; LG Mannheim ZMR **76** 51; BayObLGZ **79** 269); auch kann Schadensersatzanspruch gegeben sein. 24

3. Überträgt die Teilungserklärung dem Verwalter die Befugnis, bauliche Veränderungen des gemeinschaftlichen Eigentums zu genehmigen, können seine Anordnungen nach § 43 Abs. 1 Nr. 2 angefochten werden. Die Ermächtigung zur Genehmigungserteilung schließt das Recht auf ordnungsgemäße Verwaltung (§ 21 Abs. 4) nicht aus (vgl. BayObLGZ **74** 272). 25

§ 23

Wohnungseigentümerversammlung

(1) Angelegenheiten, über die nach diesem Gesetz oder nach einer Vereinbarung der Wohnungseigentümer die Wohnungseigentümer durch Beschluß entscheiden können, werden durch Beschlußfassung in einer Versammlung der Wohnungseigentümer geordnet.

(2) Zur Gültigkeit eines Beschlusses ist erforderlich, daß der Gegenstand bei der Einberufung bezeichnet ist.

(3) Auch ohne Versammlung ist ein Beschluß gültig, wenn alle Wohnungseigentümer ihre Zustimmung zu diesem Beschluß schriftlich erklären.

(4) Ein Beschluß ist nur ungültig, wenn er gemäß § 43 Abs. 1 Nr. 4 für ungültig erklärt ist. Der Antrag auf eine solche Entscheidung kann nur binnen eines Monats seit der Beschlußfassung gestellt werden, es sei denn, daß der Beschluß gegen eine Rechtsvorschrift verstößt, auf deren Einhaltung rechtswirksam nicht verzichtet werden kann.

Schrifttum

Zoebe, Die Wohnungseigentümerversammlung DWW **68** 162; *Groß*, Zur schriftlichen Beschlußfassung in Wohnungseigentümer-Angelegenheiten, ZMR **79** 36; *Weimar*, Angabe der Gegenstände der Tagesordnung, DWE **81** 40.

Übersicht

	Rdn.
I. Allgemeines	1
II. Beschlußfassung	
1. Grundsatz	2
2. Beschluß als verbindliche Regelung	3
3. Beschluß als Rechtsgeschäft	4
4. Vereinbarung anderer Entscheidungsart	5
III. Gültigkeitsvoraussetzungen des Absatzes 2	
1. Umfang der Unterrichtung	6
2. Regelung ist abdingbar	7
IV. Das schriftliche Verfahren	8–10
V. Ungültigkeit von Beschlüssen (Absatz 4)	
1. Grundsatz	11
2. Nichtige Beschlüsse	12
3. Ungültige Beschlüsse	13
4. Antragstellung	14–21
5. Heilung durch Bestätigung	22
6. Das Anfechtungsverfahren	23, 24

1 **I. Allgemeines**

Unter welchen Voraussetzungen ein Mehrheitsbeschluß gefaßt werden kann, regelt § 21. Während das BGB keine Vorschriften über das Verfahren bei der Beschlußfassung der Teilnehmer einer Bruchteilsgemeinschaft enthält, gibt das WEG in den §§ 23—25 solche Vorschriften für die Gemeinschaft der Raumeigentümer, wobei es sich teilweise an Grundsätze des Vereinsrechts anlehnt. Aus § 32 BGB übernimmt § 23 WEG den Grundsatz, daß Beschlüsse in einer Mitgliederversammlung zu fassen sind. Das Recht auf Teilnahme und Abstimmung leitet sich aus dem Miteigentum und der damit zusammenhängenden Mitgliedschaft ab; jeder Stimmberechtigte muß sein Stimmrecht ausüben können.

Die Regelungen der Absätze 1, 2 und 4 sind abdingbar, die des Absatzes 3 nur mit Einschränkung (s. Rdn. 10).

2 **II. Beschlußfassung**

1. *Grundsätzlich* sind Beschlüsse in einer *Versammlung* der Raumeigentümer zu fassen; das gilt für alle Angelegenheiten, über welche die Raumeigentümer durch Beschluß entscheiden können, mag diese Befugnis auf dem Gesetz oder auf Vereinbarung beruhen, mag es sich um Mehrheitsbeschlüsse oder um einstimmige Beschlüsse handeln. Konkludentes Verhalten oder Stillschweigen außerhalb der Versammlung bringen keinen Beschluß zustande (*Soergel/Baur,* § 23 Rdn. 2, str.) Voraussetzung für die Gültigkeit eines Beschlusses ist, daß die Versammlung schriftlich einberufen und daß der Gegenstand der Beschlußfassung bei der Einberufung bezeichnet worden ist (§ 23 Abs. 2 entsprechend § 32 Abs. 2 Satz 2 BGB).

3 2. Um einen Beschluß handelt es sich, wenn erkennbar durch Abstimmung eine verbindliche Regelung herbeigeführt wird, nicht nur eine Probeabstimmung oder eine unverbindliche Meinungsumfrage (LG Dortmund MDR **66** 843), wenn also eine *Mehrheit* entschieden hat (BayObLG Rpfleger **79** 446); es muß sich um eine bestimmte vollziehbare Willensäußerung zu einem konkreten Gegenstand handeln; Formulierungen wie „es soll bei der Nutzung des Gartens alles beim alten bleiben“, erfüllen diese Voraussetzungen nicht (KG OLGZ **81** 307; BayObLGZ **71** 321).

Die Versammlung ist Beratungs- und Willensbildungsorgan, nicht Entscheidungsinstanz für Einsprüche gegen Verwaltungsmaßnahmen des Verwalters; sie kann dem Verwalter Weisungen für die Ausführung ihrer Beschlüsse erteilen.

4 3. Der in der Versammlung gefaßte Beschluß hat den Charakter eines Rechtsgeschäfts (BayObLG NJW **78** 1387); die allgemeinen Grundsätze für die Auslegung von

Willenserklärungen (§ 133 BGB) — auch Beschlüsse können eine Geschäftsgrundlage haben (BGH MDR **64** 577) — lassen sich aber nicht uneingeschränkt anwenden (KG MDR **81** 500); der „wirkliche Wille" der vielen abstimmenden Eigentümer wird oft nicht ein übereinstimmender sein.

5 4. Die Gemeinschaft kann die Art der Entscheidungsbildung vereinbaren (§ 10), z. B. für die Stimmabgabe in der Versammlung Schriftlichkeit anordnen (AG Königstein MDR **79** 760). Die Regelung darf nicht zu einer Beeinträchtigung des Rechtes der Minderheit auf Einberufung einer Versammlung und Aufnahme bestimmter Gegenstände in die Tagesordnung führen (§ 24 Abs. 2); sie kann auch nicht Schweigen in der Versammlung als Zustimmung gelten lassen. Zum Recht auf Teilnahme an der Versammlung, zum Stimmrecht und zur Berechtigung, Anträge in der Versammlung zu stellen, vgl. § 25 Rdn. 9 ff. 5

III. Gültigkeitsvoraussetzung des Absatzes 2 6

1. Absatz 2 will vor Überraschungen schützen, deshalb muß aus der Einberufung zu erkennen sein, worüber beraten und was beschlossen werden soll (BayObLGZ **73** 70; Rpfleger **78** 445; KG OLGZ **74** 399; OLG Stuttgart OLGZ **74** 404); es soll das berechtigte Informationsbedürfnis beachtet, aber nicht über alle denkbaren Auswirkungen eines Beschlusses unterrichtet werden. Eine allgemeine Ankündigung einer Tagesordnung: „Satzungsänderungen", Wohngelderhöhung, Verschiedenes, Anträge reicht nicht aus (BayObLG Rpfleger **78** 445; **79** 196). Es genügt auch nicht, daß in einer Versammlung bereits die Tagesordnung für eine kommende Versammlung vom Versammlungsleiter bekanntgegeben wird; die nicht anwesenden Raumeigentümer bleiben so ununterrichtet (vgl. BayObLG NJW **73** 1086). Einberufung zur Verwalterwahl deckt die nicht angekündigte Beschlußfassung über den Verwaltervertrag (BayObLG MDR **82** 68). Wahl des Versammlungsleiters braucht nicht angekündigt zu werden, sie ist für sich auch nicht anfechtbar (BayObLG NJW **65** 821). Der *einzelne* Wohnungseigentümer kann nicht verlangen, daß bestimmte Themen in die Tagesordnung aufgenommen werden (BayObLGZ **70** 4; LG Hamburg NJW **62** 1867). Doch sollte der Verwalter nach Möglichkeit die ihm von Raumeigentümern vorgetragenen Angelegenheiten in die Tagesordnung aufnehmen und Anträge nur aus sachlichen Gründen übergehen. Es darf kein Beschluß gefaßt werden über einen Gegenstand, der in der Tagesordnung nicht angekündigt war. Lehnt der Verwalter die Aufnahme von Gegenständen in die Tagesordnung aus unsachlichen, unbeachtlichen Gründen ab, gehen nicht etwa seine Rechte auf Raumeigentümer über. Das Gericht kann sie aber ermächtigen, eine Versammlung mit dieser Tagesordnung einzuberufen, wenn dies einer ordnungsmäßigen Verwaltung entspricht (§ 21 Abs. 4; BayObLG NJW **70** 1136). Dem Gebot des Absatzes 2 wird nicht abgeholfen, wenn die Beteiligten auf andere Weise davon verständigt werden, daß über einen bestimmten Gegenstand abgestimmt werden soll (BayObLGZ NJW **70** 4).

2. Die Regelung des Absatzes 2 ist *abdingbar* (LG Hamburg NJW **62** 1867; KG OLGZ **74** 401; BayObLGZ **70** 4); Mehrheitsbeschlüsse reichen dazu nicht aus. Nehmen alle Mitglieder der Gemeinschaft in Kenntnis der fehlenden Tagesordnung an der Versammlung, Beratung und Abstimmung teil, ohne den Mangel zu rügen, können sie gültige Beschlüsse fassen (OLG Hamm Rpfleger **79** 342). Die unterlassene Bezeichnung des Beschlußgegenstandes bei der Einladung führt auch nicht zur Beschlußnichtigkeit, sondern nur zur Anfechtbarkeit (BayObLG Rpfleger **82** 10). 7

8 IV. Ausnahmsweise kann ein Beschluß auch ohne Versammlung im **schriftlichen Verfahren** („Umlaufverfahren") gefaßt werden; er ist aber nur dann gültig, wenn sämtliche Raumeigentümer sich an der Abstimmung beteiligen und ihre Zustimmung schriftlich erklären, mag für eine Beschlußfassung in der Versammlung auch Stimmenmehrheit genügen (§ 23 Abs. 3; entsprechend § 32 Abs. 2 BGB; OLG Hamburg MDR **71** 1012). Der Beschluß ist gefaßt, wenn der letzte der Wohnungseigentümer seine schriftliche Zustimmungserklärung abgegeben hat, in der Regel dem Verwalter (OLG Hamburg MDR **71** 1012; BayObLGZ **71** 313); zustimmen muß auch, wem nach § 25 Abs. 5 das Stimmrecht fehlt (LG Dortmund MDR **66** 843; *Soergel/Baur,* aaO Rdn. 4). Bis zur letzten Abgabe können die schriftlichen Erklärungen der anderen zurückgenommen werden, weil bis dahin noch kein Beschluß zustande gekommen ist (str.). Es ist zulässig, im schriftlichen Verfahren frühere, in einer Versammlung gefaßte Beschlüsse, aufzuheben oder abzuändern. Übereinstimmende Schriftsätze im Verfahren nach § 43 stellen kein schriftliches Verfahren dar (KG OLGZ **74** 399).

9 Ein Beschluß, der Einstimmigkeit erfordert, wird auch in der Weise gefaßt werden können, daß ein Teil der Raumeigentümer in der Versammlung, der andere Teil schriftlich zustimmt (vgl. RGZ 136, 189). Stellvertretung bei schriftlicher Beschlußfassung bedarf schriftlichen Nachweises (*Soergel/Baur,* aaO Rdn. 4). Mit der schriftlichen Abstimmung wird, auch wenn sie einstimmig von allen Raumeigentümern vorzunehmen ist (Abs. 3) nicht schon eine Vereinbarung im Sinne des § 10 getroffen.

10 Das schriftliche Verfahren kann abbedungen werden, allerdings nicht dahin, daß bereits ein Beschluß auf schriftlichem Wege dann gefaßt ist, wenn die Mehrheit zugestimmt hat (BayObLGZ MDR **81** 320; OLG Hamm **78** 292; OLG Köln WM **77** 54). Eine Vereinbarung, wonach im schriftlichen Verfahren Mehrheitsbeschlüsse gefaßt werden können, ist nichtig: für eine Ungültigkeitsanfechtung eines schriftlichen Mehrheitsbeschlusses ist kein Raum (BayObLGZ **80** 340), weil ein Beschluß solange nicht zustande gekommen ist als nicht alle ihre schriftliche Zustimmung gegeben haben; Schweigen hindert Einstimmigkeit.

11 V. **Ungültigkeit von Beschlüssen** (§ 23 Abs. 4)

1. Grundsatz

Während nach Vereinsrecht sich jedermann ohne weiteres auf die Ungültigkeit eines fehlerhaften Beschlusses berufen kann (§ 32 BGB), ist ein Beschluß der Raumeigentümer — mangels abweichender Vereinbarung — nur dann ungültig, wenn er im Verfahren nach § 43 Abs. 1 Nr. 4 für ungültig erklärt worden ist; bis dahin bindet er auch die Gerichte (OLG Hamm MDR **71** 662). Die Ungültigkeitserklärung hat Wirkung gegen alle Raumeigentümer und macht den Beschluß rückwirkend unwirksam (BayObLGZ **76** 212; **75** 202, 203). Voraussetzung für sie ist, daß es sich nach der äußeren Gestaltung um einen (wenn auch fehlerhaften) Beschluß handelt.

12 **2.** Das Gesetz befaßt sich nicht mit den ihrem Inhalt nach *nichtigen Beschlüssen;* für sie bedarf es nach allgemeinen Regeln keiner Ungültigerklärung durch das Gericht. Das muß dann auch für nichtige Beschlüsse der Raumeigentümer gelten. Dabei handelt es sich um Beschlüsse, die gegen die guten Sitten (§ 138 BGB), gegen ein gesetzliches Verbot (§ 134 BGB) verstoßen, einen unvollziehbaren Inhalt haben, eine unmögliche Leistung vorsehen (BayObLGZ **74** 307; **71** 318), in den dinglichen Bereich des Sondereigentums oder des dinglichen Anwartschaftsrechts hierauf eingreifen (BayObLG MDR **73** 584; z. B. durch ein uneingeschränktes Verbot der Tierhaltung innerhalb der Eigentumswohnung), das Minderheitenrecht verletzen (Stuttgart OLGZ **80** 70; **78** 183;

BayObLGZ **80** 340). Nichtig sind auch Beschlüsse, die zwingende Vorschriften des WEG verletzen (vgl. §§ 5 Abs. 2, 6, 11, 12 Abs. 2, 18 Abs. 4, 20 Abs. 2, 23 Abs. 3, 27 Abs. 3, 43, 53).

Die Nichtigkeit solcher Beschlüsse kann von jedem jederzeit geltend gemacht werden (BGHZ **54** 69). Jedes Gericht hat sie von Amts wegen zu beachten, es ist keine Frist zur Geltendmachung einzuhalten, Heilung durch Ablauf einer Frist tritt nicht ein (BGHZ **75** 57), auch nicht durch Verzicht auf die Geltendmachung der Nichtigkeit. Feststellung der Nichtigkeit eines Beschlusses kann von den Raumeigentümern, wenn sie untereinander streitig ist und eine gerichtliche Klärung herbeigeführt werden soll, aber nur im Verfahren vor den Gerichten der Freiwilligen Gerichtsbarkeit (§ 43 Abs. 1 Nr. 4) erreicht werden; der rechtskräftige Beschluß bindet alle Raumeigentümer (Verwalter). Feststellung der Nichtigkeit gehört indessen, anders als die Ungültigkeitserklärung, nicht zur ausschließlichen Zuständigkeit der Gerichte der Freiwilligen Gerichtsbarkeit; sie kann auch von einem Prozeßgericht ausgesprochen werden (*Soergel/Baur*, § 23 Rdn. 5, 10; *Palandt/Bassenge*, § 23 Anm. 4). Der beiläufigen Bemerkung im Urteil des BGH (Rpfleger **81** 346), selbst die absolute Nichtigkeit eines Beschlusses, der den Verwalter zur Führung eines Rechtsstreites für die Gemeinschaft ermächtigt, könne nicht vom Prozeßgericht, sondern nur vom Richter der Freiwilligen Gerichtsbarkeit festgestellt werden, kann nicht zugestimmt werden. Da das Verfahren nach § 43 Dritten nicht eröffnet ist (abgesehen von der hier nicht einschlägigen Nr. 3 des § 43 Abs. 1), könnte sonst die Feststellung der Nichtigkeit der Bevollmächtigung in einem Streit zwischen Raumeigentümern und Dritten überhaupt nicht Gegenstand eines Rechtsstreites werden.

3. *Anders* hinsichtlich der Beschlüsse, deren Unwirksamkeit *nicht* auf *Mängel* der *vorbeschriebenen Art* beruht. Sie sind nur dann als ungültig zu behandeln, wenn sie auf Antrag vom Gericht der Freiwilligen Gerichtsbarkeit für ungültig erklärt worden sind. Es kann sich dabei um inhaltliche Mängel handeln (Verstöße gegen § 242 BGB, OLG Köln OLGZ **82** 263), gegen Vereinbarungen (BayObLG ZMR **79** 213; **80** 188; OLG Düsseldorf MittRhNotK. **80** 208), abdingbare Vorschriften des WEG (OLG Oldenburg MDR **70** 761); der Mangel kann aber auch im Zustandekommen eines Beschlusses liegen (Einberufung, Tagesordnung, Beschlußfähigkeit, Stimmrecht, Vertretung in der Versammlung, u. a.). **13**

4. Antragstellung **14**

a) Zum Antrage auf Ungültigkeitserklärung eines Beschlusses sind der Verwalter und jeder Raumeigentümer, nicht Dritte befugt (§ 43 Abs. 1 Nr. 4), ein Raumeigentümer unter Umständen auch, wenn er selbst für den Antrag gestimmt hat (KG MDR **81** 407); Anfechtung ist auch zulässig, wenn der Beschluß im allseitigen Einvernehmen von einem Teil mit Mehrheit gefaßt wurde (BayObLG Rpfleger **72** 144). Soweit ein „werdender" Wohnungseigentümer stimmberechtigt ist, kann er den Anfechtungsantrag stellen (OLG Stuttgart WM **79** 42; BayObLG MDR **81** 675). Anfechtung kann auch in einem bereits anhängigen Verfahren (§ 43) erklärt werden; dies muß aber deutlich zum Ausdruck kommen (BayObLG Rpfleger **79** 446).

Sind an einem Wohnungseigentum mehrere beteiligt, kann Anfechtung von jedem von ihnen erklärt werden (BayObLG DWE **82** 101).

b) Der Antrag ist unter Bezeichnung des fraglichen Beschlusses innerhalb eines Monats seit der Bekanntgabe des Ergebnisses in der Versammlung zu stellen. Die Frist beginnt mit der Verkündung des Beschlusses in der Versammlung oder mit Kenntnis- **15**

nahme von der Niederlegung der Niederschrift. Der Raumeigentümer muß damit rechnen, daß zu jedem Punkt der Tagesordnung ein Beschluß gefaßt wird. Bei schriftlicher Abstimmung (Absatz 3) beginnt die Frist mit der Bekanntgabe des Zugangs der letzten Zustimmungserklärung durch den Verwalter. Die Frist ist Ausschlußfrist und in ihrem Ablauf unabhängig von der Kenntnis des Beschlusses, sie kann auch durch Teilungserklärung oder Einigung der Raumeigentümer nicht verlängert werden (BayObLG MDR **81** 499). Der abgelaufene Teil geht zu Lasten des Rechtsnachfolgers (*Soergel/Baur*, aaO Rdn. 8). Eine Begründung des Antrags muß nicht innerhalb der Frist bei Gericht eingehen (BayObLGZ Rpfleger **74** 401). Bei zulässiger Verfahrensstandschaft (des Verwalters) setzt die Wahrung der Frist voraus, daß der Antragsteller innerhalb der Frist auf seine Verfahrensstandschaft hinweist (BayObLG Rpfleger **83** 14).

16 c) Die Frist kann auch bei Anrufung des zwar unzuständigen, aber von den Beteiligten vereinbarten Gerichtes gewahrt sein (BayObLG NJW **69** 191); sie endet auch, wenn eine Woche vor Ablauf der Frist die Niederschrift über die Versammlung noch nicht vorliegt (vgl. BayObLG Rpfleger **72** 411; LG Freiburg Rpfleger **68** 93).

17 d) *Wiedereinsetzung* in den vorigen Stand gegen die Versäumung der Anfechtungsfrist kann bewilligt werden (§ 22 FGG), wenn die Frist ohne Verschulden versäumt wurde (BGHZ **54** 65; OLG Köln OLGZ **79** 286). §§ 203 ff BGB sind nicht anwendbar, dagegen § 193 BGB. Auch Rechtsunkenntnis und Rechtsirrtum bilden Wiedereinsetzungsgründe, wenn sie unverschuldet sind. Die Frist für die Wiedereinsetzung beginnt, wenn das Weiterbestehen des Grundes nicht mehr als unverschuldet zu werten ist (BayObLGZ **81** 21). Der Gesuchsteller ist beweispflichtig, daß er bezüglich der Rechtzeitigkeit seiner Anfechtung die ihm zuzumutende Sorgfalt beachtet hat; Glaubhaftmachung muß nicht innerhalb der Frist von 2 Wochen geschehen. Ob die Voraussetzungen der Wiedereinsetzung gegeben waren, hat das Rechtsbeschwerdegericht bei Abweisung des Antrages von Amts wegen zu untersuchen. Bei Nichterhalt von Einladung und Protokoll wird die Wiedereinsetzung zu bewilligen sein.

18 e) Die Frist gilt nicht für Beschlüsse, die gegen eine Rechtsvorschrift verstoßen, auf deren Einhaltung rechtswirksam nicht verzichtet werden kann. Da nichtige Beschlüsse (s. Rdn. 12) keiner Ungültigkeitserklärung bedürfen, kommen hier Verstöße gegen *zwingende* Rechtsvorschriften über *das Zustandekommen* der Beschlüsse in Betracht. Nicht verzichtbar ist die Einhaltung einer Vorschrift, wenn sich die zwingende Natur aus dem mit ihr verfolgten Zweck ohne weiteres aufdrängt. Nicht verzichtbar ist z. B. die Gewährung des rechtlichen Gehörs. Keine Fristeneinhaltung ist erforderlich, wenn der Beschluß durch Bestechung oder Erpressung der Mehrheit, durch Vorspiegelung falscher Tatsachen, durch Abhalten bestimmter Wohnungseigentümer von der Teilnahme an der Versammlung herbeigeführt wurde.

19 Ein Mehrheitsbeschluß, der nach Gesetz oder Vereinbarung *nur einstimmig* gefaßt werden kann, ist nur ungültig, wenn er, rechtzeitig angefochten, durch gerichtliche Entscheidung für ungültig erklärt ist (BGHZ **54** 65). Die Frist ist auch einzuhalten für einen Antrag, den Inhalt eines Beschlusses festzustellen (OLG Köln OLGZ **79** 282). Besteht Streit darüber, ob ein Beschluß mit Stimmenmehrheit zustande gekommen ist, ist der Antrag, die Gültigkeit oder Ungültigkeit festzustellen, an die Ausschlußfrist nicht gebunden, auch nicht ein Antrag auf Feststellung, daß ein bestimmter Beschluß nicht gefaßt wurde. (OLG Celle NJW **58** 307; BayObLG ZMR **79** 213). Auch Beschlüsse, die unter Verletzung nicht abdingbarer formeller Rechtsvorschriften gefaßt wurden, weshalb ihre Anfechtung keiner Frist unterliegt, sind als gültig zu behandeln, solange sie nicht durch gerichtliche Entscheidung für ungültig erklärt sind (vgl. *Weitnauer/Hauger*, § 23 Rdn. 10; str.). Die Ungültigkeit kann auch nicht vom Prozeßgericht, sondern nur im Verfahren der freiwilligen Gerichtsbarkeit festgestellt werden, während die absolute Nichtigkeit eines Beschlusses jederzeit auch im Zivilprozeßverfahren geltend gemacht werden kann.

f) Ist die Feststellung des Versammlungsleiters, der Antrag sei mit Stimmenmehr- **20**
heit angenommen, unrichtig und wird dieses Ergebnis verkündet und in der Niederschrift festgehalten, gilt die Annahme als beschlossen, solange der verkündete Beschluß nicht wirksam angefochten worden ist (BGHZ **14** 36 f; s. auch RGZ **142** 128). Wird ein Antrag abgelehnt, hat der Beschluß insoweit keinen materiellen Inhalt (sog. negativer Beschluß). Er kann nicht angefochten werden, um ihm einen positiven Inhalt zu geben (BayObLGZ **82** 206; **72** 153; **74** 175; **80** 37; OLG Frankfurt OLGZ **80** 148; OLG Hamm OLGZ **79** 298). Die Anfechtung eines negativen Beschlusses läßt sich unter Umständen als Antrag, eine ordnungsmäßige Verwaltung herbeizuführen, umdeuten (BayObLG Beschluß vom 26. 2. 1982 2 Z 18/81).

g) Der Antrag, den Beschluß für ungültig zu erklären, hat keine aufschiebende **21**
Wirkung (BayObLGZ **75** 56), doch kann das Gericht einstweilige Anordnungen treffen. Vollziehung des Beschlusses hindert die Anfechtung nicht (BayObLGZ **75** 201).

5. Beschlüsse, die wegen formeller und materieller Mängel anfechtbar sind, blei- **22**
ben endgültig wirksam, wenn Heilung durch **Bestätigung** entsprechend § 144 BGB eintritt (vgl. BayObLG NJW **78** 1387; ZMR **79** 213; KG OLGZ **74** 399; s. auch BGHZ **49** 211). Die Bestätigung — sie kann auch durch schriftliche Abstimmung herbeigeführt werden — setzt Kenntnis der Mängel des fehlerhaften Beschlusses voraus. Mehrheitsbeschluß genügt, wenn der fehlerhafte Beschluß mit Mehrheit gefaßt werden konnte (BayObLG NJW **78** 1387). Auf Anfechtung (§ 43 Abs. 1 Nr. 4) können alle und jeder einzelne Beteiligte verzichten.

Die Gemeinschaftsordnung kann *abweichende Regeln* zur Heilung von Mängeln anfechtbarer Beschlüsse wie über deren Wirkung auf die Gültigkeit der Beschlüsse vorsehen (BayObLG Rpfleger **83** 14). Sie kann natürlich nicht nichtige und ungültige Beschlüsse zu wirksamen erklären, wohl aber für die Mängelgeltendmachung statt der gesetzlichen Regelung eine andere vorsehen; diese Regelung bindet aber nur Verwalter und Raumeigentümer. So kann vereinbart werden, daß die Berufung auf *Ungültigkeit* eines Beschlusses keiner fristgerechten Anrufung des Gerichts bedarf, die Antragsfrist nur eine Woche beträgt, für die Geltendmachung nicht verzichtbarer Mängel eine Frist läuft. Die Berufung auf Nichtigkeit eines Beschlusses kann dagegen nicht von fristgerechter Antragstellung bei Gericht abhängig gemacht werden.

6. Im *Anfechtungsverfahren* ist nicht nur das ordnungsmäßige Zustandekommen **23**
des Beschlusses, sondern auch zu prüfen, ob er dem Gesetz, der Gemeinschaftsordnung, einer Vereinbarung entspricht, die Regelung des Beschlusses einem Beschluß zugänglich ist. Verspätete Anfechtung hat Abweisung der Anfechtung zur Folge.

Mit Eintritt der Rechtskraft des Beschlusses, der die Berufung des Verwalters für ungültig erklärt, entfällt rückwirkend auch eine von ihm erteilte Genehmigung (§ 12; BayObLGZ **76** 213).

Auch wenn zweifelhaft ist, ob ein Beschluß der Raumeigentümer formell wirksam **24**
zustande gekommen ist (z. B. statt Einstimmigkeit nur Mehrheitsbeschluß), hat das

Grundbuchamt von seiner Wirksamkeit auszugehen, wenn feststeht, daß der Beschluß innerhalb der Frist des Absatz 4 nicht angefochten wurde (LG Bonn MittRhNotK **82** 114, anders OLG Bremen Rpfleger **80** 295).

§ 24

Einberufung, Vorsitz, Niederschrift

(1) Die Versammlung der Wohnungseigentümer wird von dem Verwalter mindestens einmal im Jahre einberufen.

(2) Die Versammlung der Wohnungseigentümer muß von dem Verwalter in den durch Vereinbarung der Wohnungseigentümer bestimmten Fällen, im übrigen dann einberufen werden, wenn dies schriftlich unter Angabe des Zweckes und der Gründe von mehr als einem Viertel der Wohnungseigentümer verlangt wird.

(3) Fehlt ein Verwalter oder weigert er sich pflichtwidrig, die Versammlung der Wohnungseigentümer einzuberufen, so kann die Versammlung auch, falls ein Verwaltungsrat bestellt ist, von dessen Vorsitzenden oder seinem Stellvertreter einberufen werden.

(4) Die Einberufung erfolgt schriftlich. Die Frist der Einberufung soll, sofern nicht ein Fall besonderer Dringlichkeit vorliegt, mindestens eine Woche betragen.

(5) Den Vorsitz in der Wohnungseigentümerversammlung führt, sofern diese nichts anderes beschließen, der Verwalter.

(6) Über die in der Versammlung gefaßten Beschlüsse ist eine Niederschrift aufzunehmen. Die Niederschrift ist von dem Vorsitzenden und einem Wohnungseigentümer und, falls ein Verwaltungsbeirat bestellt ist, auch von dessen Vorsitzenden oder seinem Vertreter zu unterschreiben. Jeder Wohnungseigentümer ist berechtigt, die Niederschriften einzusehen.

Schrifttum

Vitzthum, Teilversammlung statt Gesamtversammlung, DWE **79** 101; *Tasche,* Eventuelle Einberufung und verdrängende Vollmacht zur Erleichterung von Wohnungseigentümerversammlungen, DNotZ **74** 581; *Schwarz/Weimar,* Niederschrift der Versammlungsbeschlüsse DWE **74** 12; **75** 116; *Merle,* Zur Absage einer einberufenen Versammlung, ZMR **80** 225.

I. Allgemeines

§ 24 regelt die Einberufung der Versammlung der Raumeigentümer, den Vorsitz in ihr und die Protokollierung der von ihr gefaßten Beschlüsse. Die Regelung lehnt sich an die §§ 36, 37 BGB an, gestaltet sie unter Anpassung an die Bedürfnisse des WEG um und näher aus. Abgesehen von Absatz 2 (Minderheitenrecht) sind alle Vorschriften des § 24 nach § 10 abdingbar. Die Einberufung einer Versammlung durch einen Wohnungseigentümer, Fehlen der Einladung und Tagesordnung führen nicht zur Nichtigkeit gefaßter Beschlüsse, sondern zu deren Anfechtbarkeit (KG OLGZ **71** 480; BayObLG MDR **82** 233). Die Einladung zur Verwalterwahl deckt auch die Beschlußfassung über den Verwaltervertrag (BayObLG NJW **82** 939). Unter besonderen Umständen kann ein Raumeigentümer die Anberaumung und Abhaltung der Versammlung (z. B. Anberaumung zu einer Zeit, da die Mehrheit sich in den Ferien befindet, Anberaumung in der Wohnung des Verwalters), nicht aber eine bestimmte Beschlußfassung durch Anordnung des Gerichts (§ 43 Abs. 1 Nr. 1, § 44 Abs. 3) untersagen lassen.

II. Einberufung 2

1. Häufigkeit

Die Versammlung muß vom Verwalter einberufen werden: *mindestens einmal im Jahre* (Abs. 1); ferner in den Fällen, in denen eine Vereinbarung der Raumeigentümer es bestimmt; aber auch dann, wenn mehr als der vierte Teil der Raumeigentümer es schriftlich unter Angabe des Zweckes und der Gründe verlangt (Abs. 2) und wenn eine Versammlung beschlußunfähig gewesen ist (§ 25 Abs. 4 Satz 1). Darüber hinaus kann die Versammlung jederzeit einberufen werden, wenn das aus Gründen einer ordnungsmäßigen Verwaltung geboten ist. Den Raumeigentümern steht es auch frei, jederzeit mit ihrer Gesamtheit eine Versammlung abzuhalten und Beschlüsse zu fassen.

Das Minderheitenrecht des Absatz 2 ist als Teil des Rechts auf Anhörung nicht abdingbar, auch nicht dahin, daß nur eine Mehrheit die Ansetzung einer Versammlung verlangen könne (BayObLGZ **72** 314; AG München Rpfleger **75** 254). Es lassen sich aber Einschränkungen vereinbaren, z. B. keine Versammlungen in Zeiten, da sich der Großteil der Raumeigentümer in den Ferien befindet. Das Verlangen muß schriftlich den Gegenstand und die Gründe bezeichnen, ein mißbräuchliches Begehren braucht nicht beachtet zu werden (z. B. wenn über eine beschlußmäßig schon geregelte Angelegenheit erneut beraten werden soll ohne daß triftige Gründe dazu vorliegen). Auf die Kopfzahl und nicht auf die Höhe der Anteile kommt es in diesem Zusammenhang an (OLG Hamm OLGZ **73** 423); auch der nicht stimmberechtigte Raumeigentümer ist berechtigt, Einberufung der Versammlung zu verlangen. Die gleiche Minderheit — aber nicht der einzelne Raumeigentümer — kann dabei fordern, daß bestimmte Angelegenheiten auf die Tagesordnung kommen.

2. Form 3

Die Versammlung muß schriftlich einberufen werden (Abs. 3 Satz 1); eingeschriebener Brief ist zweckmäßig, aber nicht vorgeschrieben. Wahrung der Schriftform ist Gültigkeitsvoraussetzung für die in der Versammlung gefaßten Beschlüsse (BayObLGZ **80** 15), es sei denn, daß alle stimmberechtigten Raumeigentümer auf die Einhaltung der Form verzichten, an den Abstimmungen sich in Kenntnis des Mangels beteiligten oder eine dahingehende Vereinbarung vorliegt. Auch wer in Kenntnis dieses Mangels einer Einberufung an der Versammlung teilnimmt und abstimmt, kann diesen Anfechtungsgrund geltend machen, denn die Abweisung seines Antrages hat Rechtskraftwirkung gegen die Gemeinschafter, die diesen Mangel nicht erkannt hatten (vgl. KG MDR **81** 407). Anfechtung des Beschlusses ist (§ 23 Abs. 4) aber nur erfolgreich, wenn Nichtbeachtung der Form das Abstimmungsergebnis beeinflußt haben konnte (BayObLGZ **73** 70). Dasselbe gilt bezüglich der Einberufung, wenn sie nicht allen Miteigentümern (allen Mitberechtigten an einem Wohnungseigentum) zugegangen ist (vgl. § 130 BGB) oder der Absender und die Tagesordnung aus ihr nicht erkenntlich waren. Die Wohnungseigentümer können durch Vereinbarung bestimmen, daß mit der Aufgabe zur Post die Einladung bewirkt ist.

3. Frist 4

Die Einberufungsfrist soll mindestens eine Woche betragen, sofern nicht ein Fall besonderer Dringlichkeit vorliegt (Abs. 3 Satz 2). Die Wahrung der Frist ist keine Gültigkeitsvoraussetzung für die gefaßten Beschlüsse, da es sich nur um eine Sollvorschrift handelt (LG Hannover DWE **78** 58 str.), ihre Nichtbeachtung kann aber u. U. zu Schadensersatzansprüchen gegen den Einberufer führen, wenn diesen ein Verschulden trifft.

5 4. Ort

Die Versammlung soll möglichst in der Nähe der Wohnanlage stattfinden, wenn dies nicht in einem Raum der Anlage selbst möglich ist. Die Versammlung kann, wenn es sich um eine geringe Anzahl von Raumeigentümern handelt, auch in der Wohnung des Verwalters abgehalten werden. Die Versammlung darf auch nicht auf eine ungeeignete Tageszeit anberaumt werden, z. B. am Vormittag eines Arbeitstages.

6 **III. Aufgaben des Verwalters sind:**

1. die Einberufung der Versammlung

Der einzelne Raumeigentümer kann weder eine Versammlung von sich aus einberufen noch die Tagesordnung bestimmen (BayObLGZ **70** 1). Der Verwalter muß die Versammlung auch dann einberufen, wenn es um seine Abberufung geht (LG Hamburg Betr. **60** 175). Lehnt er pflichtwidrig eine Einberufung oder die Aufnahme einer Angelegenheit in die Tagesordnung ab, kann der Vorsitzende des Verwaltungsrates die Versammlung einberufen; auch hat den säumigen Verwalter auf Antrag das Gericht auf Erfüllung seiner Verpflichtung anzuhalten (§ 43 Abs. 1 Nr. 2): es darf einen Raumeigentümer ermächtigen, die Versammlung anzuberaumen und die Tagesordnung festzulegen (§ 37 BGB, BayObLGZ **70** 4, OLG Hamm NJW **73** 2300); es kann dabei Anordnungen für den Vorsitz in der Versammlung treffen (§ 44 Abs. 3). Die Einberufung einer Versammlung ist, wenn die Wahl des einladenden Verwalters nachträglich für ungültig erklärt wird, jedenfalls zur Wahl eines neuen Verwalters als wirksam zu erachten (LG Frankfurt MDR **82** 497). Zur Einberufung in Notfällen s. § 21 Rdn. 13.

7 Eine anberaumte Versammlung kann vom Verwalter auf einen anderen Zeitpunkt verlegt werden; die Wirksamkeit der Verlegung hängt nicht davon ab, ob es sich dabei um eine ordnungsmäßige Verwaltung handelt. Die Verlegung muß aber eindeutig vorgenommen werden und stellt in der Regel keine Weigerung im Sinne des Absatzes 3 dar (OLG Hamm DWE **81** 131).

Wenn der Verwalter die Versammlung absagt, kommt dies unter Umständen einer Weigerung gleich. Vertagung der Beratung und Abstimmung steht den anwesenden Eigentümern zu, nicht dem Verwalter. Er darf die Abstimmung nicht verhindern, wenn eine Mehrheit sie fordert, im besonderen nicht, wenn er fürchtet, für den von ihm unterstützten Antrag bezüglich eines Beratungsgegenstandes keine Mehrheit zu finden.

2. die Führung des Vorsitzes in der Versammlung (Abs. 4), sofern nichts anderes vereinbart ist oder von der Versammlung beschlossen wird; das wird namentlich dann in Frage kommen, wenn über eine den Verwalter betreffende Angelegenheit (z. B. seine Vergütung oder Abberufung) Beschluß gefaßt werden soll; es genügt Mehrheitsbeschluß. Auch der Vorsitzende des Beirates kann zum Versammlungsleiter gewählt werden; die Wahl ist selbständig nicht anfechtbar (BayObLGZ **65** 34), sie darf sich auch auf eine bestimmte Anzahl von Versammlungen erstrecken. Der Vorsitzende gibt das Ergebnis jeder Abstimmung bekannt sowie die sich daraus ergebende Folge (Annahme-Ablehnung); seine Entscheidung ist vorerst maßgebend (vgl. OLG Hamm Rpfleger **79** 342). Er hat während der Versammlung darauf zu achten, daß jeder anwesende Miteigentümer, wenn er will, zu Wort kommt; ein Mindestmaß von Gehör steht jedem zu. Mitnahme eines Rechtsbeistandes zur Versammlung und Beratung mit ihm während der Versammlung können zwar durch die Gemeinschaftsordnung untersagt werden, doch darf dies im einzelnen Fall nicht zu einer unzumutbaren Beeinträchtigung des Eigentümers führen (§ 242 BGB). Von den gefaßten Beschlüssen sind die Wohnungseigentümer, die an der Versammlung nicht teilgenommen hatten, vom Verwalter (auch wenn er nicht Versammlungsleiter war) alsbald in geeigneter Form zu unterrichten, damit ihnen die Möglichkeit der Anfechtung gewahrt bleibt (§§ 675, 666 BGB); Versäumung der Benachrichtigung kann ihn schadensersatzpflichtig machen.

Der Vorsitzende hat als Leiter der Versammlung für die ordnungsmäßige Erledigung der Tagesordnung zu sorgen, im besonderen die ungestörte Willensbildung bei den Abstimmungen sicherzustellen. Daraus ergeben sich seine Befugnisse und deren Grenzen. Er kann, wenn erforderlich, im Laufe der Versammlung die Redezeiten festlegen, Unterbrechung der Versammlung und das Ende der Aussprache wie der Versammlung beschließen lassen, auch einen Raumeigentümer (einen anwesenden Dritten) von der weiteren Teilnahme ausschließen, wenn er den reibungslosen Ablauf der Versammlung stört und die Störung auf andere Weise nicht behoben werden kann (vgl. BGHZ **44** 245). Durch den Ausschluß kann freilich die Beschlußunfähigkeit für weitere Abstimmungen herbeigeführt werden. Zu allem s. *Korff* DWE **82** 80.

IV. Niederschrift (Abs. 5) 8

1. Inhalt

In der Niederschrift sind die gefaßten Beschlüsse aufzunehmen, die nicht nur die Raumeigentümer, sondern (ohne Eintragung im Grundbuch) auch ihre Sondernachfolge binden (§ 10 Abs. 3); das wird sinngemäß nicht nur für die in der Versammlung, sondern auch für die nach § 23 Abs. 3 außerhalb einer Versammlung gefaßten Beschlüsse gelten müssen. Dagegen braucht der Gang der Verhandlungen nicht protokolliert zu werden. Darüber, wer die Niederschrift anzufertigen hat, verhält sich das Gesetz nicht; mangels anderweitiger Vereinbarungen oder Beschlüsse wird der Versammlungsleiter als hierzu verpflichtet anzusehen sein.

2. Form 9

Die Niederschrift ist von dem Vorsitzenden und einem Raumeigentümer zu unterschreiben, bei Bestellung eines Verwaltungsbeirats auch von dessen Vorsitzenden oder seinem Vertreter. Die Unterzeichnung beweist, daß die Unterzeichner die Niederschrift erstellt haben (§ 416 ZPO). Das Gesetz sagt nichts zur Aufbewahrung der Niederschriften (z. B. ihre Sammlung in einem vom Verwalter zu führenden Protokollbuch); Bestimmungen hierüber können durch Vereinbarung oder Beschluß der Raumeigentümer getroffen werden. Einreichung der Niederschriften zu den Grundakten entfällt, weil das Grundbuchamt dadurch mit Angelegenheiten befaßt würde, die nicht zu seinen Aufgaben gehören.

3. Die Niederschrift ist eine private Urkunde, ihr Inhalt muß nicht ohne weiteres 10
als richtige Wiedergabe der Beschlüsse akzeptiert werden. Eine Niederschrift ist auch aufzunehmen, wenn in der Versammlung schriftlich abgestimmt wird; sie sollte mindestens *eine Woche vor Ablauf* der *Anfechtungsfrist* (§ 23 Abs. 4) fertig sein um eine Anfechtung zu ermöglichen (BayObLG **72** 246), schuldhafte Unterlassung kann zu Schadensersatz verpflichten (LG Freiburg Rpfleger **68** 93 mit Anmerkung Diester). Der Wortlaut der Beschlüsse muß vollständig wiedergegeben werden; wird statt Ergebnisprotokoll ein Ablaufprotokoll errichtet, sollten überflüssige oder gar beleidigende in der Versammlung gefallene Äußerungen nicht aufgenommen werden (BayObLGZ **74** 86). Gegen unrichtige Wiedergabe kann Berichtigungsanspruch bestehen.

Die Niederschrift kann berichtigt, die Unterzeichnung nachgeholt werden. Die Gültigkeit eines Beschlusses wird nicht dadurch berührt, daß ein Beschluß nicht in das Protokoll aufgenommen, die erforderlichen Unterschriften unter die Niederschrift nicht gesetzt wurden (OLG Hamm DNotZ **67** 38; BayObLGZ **73** 68). Innerhalb der

Frist des § 23 Abs. 4 kann auch Antrag auf Feststellung des wirklich gefaßten, im Protokoll wegen unrichtiger Wertung der Stimmen aber nicht vermerkten Beschlusses gestellt werden (OLG Hamm OLGZ **79** 296; KG Rpfleger. **79** 65; s. auch § 25 Rdn. 26). Ungültigkeit eines so festgestellten Beschlusses kann dann innerhalb der Frist des § 23 Absatz 4 geltend gemacht werden, die mit der Rechtskraft des Feststellungsbeschlusses beginnt. Nichtaufnahme des Beschlusses in die Niederschrift kann schadensersatzpflichtig machen. Die Raumeigentümer dürfen *abweichende Vereinbarungen* treffen. Da der Niederschrift zum Nachweis von Beschlüssen besondere Bedeutung zukommt, sollte ihrer Abfassung erhöhte Sorgfalt gewidmet werden.

11 **4. Einsichtnahme**

Jeder Raumeigentümer hat Anspruch auf Einsicht in die Niederschriften und auf deren Mitteilung an Dritte, soweit sie ein berechtigtes Interesse hieran haben, z. B. Kaufinteressenten; ein eigenes Recht auf Einsicht wird dagegen für Dritte nur bestehen, wenn es sich aus einer Vereinbarung oder einem Beschlusse der Raumeigentümer ergibt. Nichtgewährung der Einsichtnahme stellt eine Pflichtverletzung des Verwalters dar. Die Wohnungseigentümer dürfen sich Abschriften machen, können aber in der Regel weder Ausfertigungen (OLG Karlsruhe MDR **76** 758) noch Aushändigung der Niederschriften verlangen; Einsicht ist in den Räumen der Verwaltung zu gewähren. Nichtgewähr der Einsicht in die Niederschrift führt nicht zur Nichtigkeit von Beschlüssen, kann aber den Verwalter zu Schadensersatz verpflichten.

Es gibt keine Vorschrift, daß Beschlüsse der Versammlung innerhalb einer bestimmten Frist den Raumeigentümern zugänglich zu machen sind; doch sollten die Niederschriften alsbald fertiggestellt sein. Fehlende Übersendung hat auf die Gültigkeit der Beschlüsse keinen Einfluß (BayObLGZ **80** 36).

Die Niederschriften sollten sorgsam mit den Anwesenheitslisten, den schriftlichen Stimmzetteln (§ 23 Abs. 3) und den gerichtlichen Entscheidungen aufbewahrt werden.

§ 25

Mehrheitsbeschluß

(1) Für die Beschlußfassung in Angelegenheiten, über die die Wohnungseigentümer durch Stimmenmehrheit beschließen, gelten die Vorschriften der Absätze 2 bis 5.

(2) Jeder Wohnungseigentümer hat eine Stimme. Steht ein Wohnungseigentum mehreren gemeinschaftlich zu, so können sie das Stimmrecht nur einheitlich ausüben.

(3) Die Versammlung ist nur beschlußfähig, wenn die erschienenen stimmberechtigten Wohnungseigentümer mehr als die Hälfte der Miteigentumsanteile, berechnet nach der im Grundbuch eingetragenen Größe dieser Anteile, vertreten.

(4) Ist eine Versammlung nicht gemäß Absatz 3 beschlußfähig, so beruft der Verwalter eine neue Versammlung mit dem gleichen Gegenstand ein. Diese Versammlung ist ohne Rücksicht auf die Höhe der vertretenen Anteile beschlußfähig; hierauf ist bei der Einberufung hinzuweisen.

(5) Ein Wohnungseigentümer ist nicht stimmberechtigt, wenn die Beschlußfassung die Vornahme eines auf die Verwaltung des gemeinschaftlichen Eigentums bezüglichen Rechtsgeschäfts mit ihm oder die Einleitung oder Erledigung eines Rechtsstreits der anderen Wohnungseigentümer gegen ihn betrifft oder wenn er nach § 18 rechtskräftig verurteilt ist.

Schrifttum

Stöber, Berufung einer zweiten Versammlung, Rpfleger **78** 10; *Weimar,* Bevollmächtigung zur Ausübung des Stimmrechts, BlGBW **78** 4; *Ziege,* Stimmrecht des Inhabers mehrerer Wohnungseigentumsrechte, NJW **73** 2185; dazu *Achelis,* NJW **75** 1348; *Ziege,* Bedeutung der Stimmenthaltung, NJW **75** 292; *Tasche,* Verdrängende Vollmacht zur Erleichterung von Wohnungseigentümerversammlungen, DNotZ **74** 581; *Weimar,* Vertretung und Ausübung des Stimmrechts, DWE **76** 43; Ausübung mehrerer Stimmrechte, DWE **79** 100; Rechtsfragen zum Stimmrecht, DWE **75** 19; *Schmid,* Stimmrechtsausschluß bei Wahl und Abwahl des Verwalters, BlGBW **79** 41; *Groß,* Stimmrechtsausschluß ZMR **77** 36; *Korff,* Stimmrecht in der Eigentümerversammlung, DWE **81** 38; *Schopp,* Mehrstimmrecht, DWE **79** 38; *Zoebe,* Stimmrecht in der Versammlung, DWE **77** 100; *Deckert,* Vertretung in der Eigentümerversammlung, WMag. **79** 701; *Schmid,* Stimmrecht des Nießbrauchers, DNotZ **75** 78; *Deckert,* Eventualeinberufung einer Eigentümerversammlung, NJW **79** 2291; *Pfennig/Duske,* Zur Unwirksamkeit von Beschlüssen wegen Verstoßes gegen § 25, ZMR **76** 288; *Schoene,* Stimmrecht des mehrfachen Wohnungseigentümers, NJW **81** 435; dazu *Weber,* NJW **81** 2676; *Weimar,* Rechtsfragen zum Stimmrecht, BlGBW **80** 168; DWE **82** 38, kann Vertretung bei der Abstimmung ausgeschlossen werden, BlGBW **81** 88.

Übersicht

	Rdn.
I. Allgemeines	1, 2
II. Beschlußfähigkeit	
1. Grundsatz	3
2. Ausnahmen	4—6
a) Wiederholte Einberufung	4, 5
b) Entziehung des Raumeigentums	6
III. Stimmenmehrheit	
1. Grundsatz	7
2. Berechnung der Mehrheit	8
IV. Stimmrecht	
1. Allgemeines	9, 10
2. Kein Stimmrecht	
a) Verträge mit dem Raumeigentümer	11
b) Einleitung eines Rechtsstreites	11
c) Rechtskräftige Verurteilung	11
d) Einzelheiten	12—13
e) Abdingbarkeit des Absatzes V	14
3. Stimmenhäufung, gemeinschaftliches Stimmrecht	15—18
a) Grundsatz	15
b) Werdende Raumeigentümer	16, 17
c) Gemeinschaftliches Stimmrecht	18
V. Abstimmung	
1. Formen der Abstimmung	19
2. Vertretung bei der Abstimmung	20, 21
3. Vertretung bei Kleinversammlungen, Teilversammlungen, verdrängende Vollmacht	22—24
VI. Stimmenbindung	25
VII. Prozessuales	26

I. Allgemeines 1

1. Beschlußfassung ist rechtsgeschäftliche Willensbildung der Gemeinschaft in der Form eines Gesamtaktes (OLG Frankfurt OLGZ **81** 155). § 25 regelt zusätzlich zu den §§ 23 und 24 die Voraussetzungen für das Zustandekommen von Mehrheitsbeschlüssen, die alle Raumeigentümer binden (§ 10 Abs. 4), auch wenn sie gegen den Beschluß gestimmt haben. Seine Vorschriften sind abdingbar. Vereinbarungen, die von § 25 abweichen, müssen hierzu eindeutig sein (LG Freiburg ZMR **77** 343).

2. Die einzelnen gesetzlichen Voraussetzungen sind: daß — in Abweichung von **2** dem Grundsatz des § 21 Abs. 1, wonach die Verwaltung des gemeinschaftlichen Eigentums allen Raumeigentümern gemeinschaftlich zusteht — in der in Betracht kommenden Angelegenheit ein Mehrheitsbeschluß nach Vereinbarung oder Gesetz (§ 13, § 15 Abs. 2, § 18 Abs. 3, § 20 Abs. 3, § 21 Abs. 3, § 26 Abs. 4 und 5, § 28 Abs. 4 und 5, § 29 Abs. 1; anders § 22 Abs. 1) zulässig ist; daß der Mehrheitsbeschluß in einer Versammlung der Raumeigentümer gefaßt wird (§ 23), daß diese Versammlung beschlußfähig ist (§ 25 Abs. 3 und 4, § 18 Abs. 3) und daß der Beschluß von einer Mehrheit der stimmberechtigten Versammlungsteilnehmer gefaßt wird (§ 25 Abs. 1 und 5, § 18 Abs. 3).

3 **II. Beschlußfähigkeit**

1. *Grundsätzlich* richtet sich die Beschlußfähigkeit nach dem Umfang der in der Versammlung insgesamt vertretenen Miteigentumsanteile, und zwar ist die im Grundbuch eingetragene Größe der Anteile maßgebend; beschlußfähig ist die Versammlung, wenn die Anteile der erschienenen stimmberechtigten Raumeigentümer zusammen mehr als die Hälfte aller Anteile ausmachen (KG OLGZ **74** 419), wobei von der Gesamtzahl der Anteile auszugehen ist, gleichviel, ob einige Wohnungseigentümer vom Stimmrecht ausgeschlossen sind (KG Rpfleger **74** 438). Es kommt auf die jeweilige Abstimmung an, nicht auf die Eröffnung der Versammlung (BayObLG ZMR **81** 249); Beschlußfähigkeit muß immer gegeben sein; Beschlußunfähigkeit kann während dieser durch Entfernen eintreten, deshalb darf der Versammlungsleiter es nicht damit genug sein lassen, nur zu Beginn der Versammlung die Beschlußfähigkeit festzustellen. Kommt nur ein Wohnungseigentümer zur Versammlung und ist damit die Beschlußfähigkeit gewahrt, kann angenommen werden, daß sich die übrigen Eigentümer mit seiner Stimmabgabe einverstanden erklären (vgl. *Zoebe*, NJW **73** 2183). Ein Beschluß, der in einer nicht beschlußfähigen Versammlung gefaßt wurde, ist aber nicht nichtig, sondern nur anfechtbar (§ 23 Abs. 4; BayObLG Beschluß v. 21. 10. 1981 2 Z 75/80; LG Bonn Rpfleger **82** 100).

Teilungserklärung und Vereinbarungen können die Beschlußfähigkeit anders regeln, für sie auch höheres Quorum festlegen (BayObLGZ **81** 55; BayObLG ZMR **79** 213).

4 **2. Ausnahmen**

a) *Wiederholte Einberufung.* War eine Versammlung nicht gemäß Abs. 3 beschlußfähig, so hat der Verwalter unter Beachtung von § 23 Abs. 2 und § 24 Abs. 3 eine neue Versammlung mit der gleichen Tagesordnung einzuberufen und dabei darauf hinzuweisen, daß die neue Versammlung ohne Rücksicht auf die Höhe der vertretenen Anteile beschlußfähig sein werde. Die darauf zusammentretende neue Versammlung ist dann in jedem Falle beschlußfähig, auch wenn nur eine Minderheit der Anteile vertreten ist (Abs. 4). Unterbleibt der Hinweis, sind Beschlüsse der erneuten Versammlung rechtsgültig, wenn bei dieser Beschlußfähigkeit nach Absatz 3 vorlag (OLG Frankfurt Rpfleger **83** 22).

5 Nicht zulässig ist es, mit der Einberufung bereits eine Einberufung etwa zu einer späteren Stunde desselben Tages für den Fall zu verbinden, daß die Beschlußfähigkeit für die erste Versammlung nicht erreicht werden sollte; damit würde den Wohnungseigentümern, die an der Teilnahme verhindert sind, die Möglichkeit genommen, an den Beschlüssen mitzuwirken (OLG Bremen Rpfleger **80** 295; AG Bergheim MDR **82** 497; OLG Celle NdsRpfl. **78** 149; *Stöber* aaO; a. A. LG Wuppertal Rpfleger **78** 23). Da die Vorschrift abdingbar ist, kann eine dahingehende Regelung durch Vereinbarung getroffen werden.

Vertagung der Abstimmung darf der Versammlungsleiter nicht verkünden, wenn sich vorher die Mehrheit für die sofortige Abstimmung über einen Antrag ausgesprochen hatte.

6 b) *Entziehung des Raumeigentums.* Die Vorschriften über die Beschlußfähigkeit (§ 25 Abs. 3 u. 4) gelten nicht, wenn es sich um die Beschlußfassung über die Entziehung des Raumeigentums eines Raumeigentümers handelt (§ 18 Abs. 3 Satz 3). In diesem Falle kommt es nicht auf den Umfang der in der Versammlung vertretenen Anteile, sondern auf die Zahl der erschienenen Raumeigentümer an, und zwar muß mehr als die Hälfte aller stimmberechtigten Raumeigentümer bei der Beschlußfassung anwe-

send sein (§ 18 Abs. 3 Satz 2). Trifft diese Voraussetzung nicht zu, so ist die Versammlung beschlußunfähig; eine neue Versammlung braucht aber mangels anderweitiger Vereinbarung nur dann einberufen zu werden, wenn mehr als der vierte Teil der Raumeigentümer es schriftlich unter Angabe des Zweckes und der Gründe verlangt.

III. Stimmenmehrheit 7

1. Stimmenmehrheit ist die Mehrheit der jeweils ***abgegebenen*** Stimmen (*Schmid*, BlGBW **80** 25). Anders als die Beschlußfähigkeit der Versammlung und abweichend von § 745 Abs. 1 Satz 2 BGB ist die Stimmenmehrheit nicht nach der Größe der Anteile, sondern nach Köpfen zu berechnen, wobei mangels anderweitiger Vereinbarung grundsätzlich jeder stimmberechtigte Raumeigentümer *eine* Stimme hat. Das Gesetz billigt jedem Raumeigentümer nur eine Stimme zu, die Begründung zum Regierungsentwurf erläutert den Wortlaut des § 25 dahin, daß grundsätzlich jeder Wohnungseigentümer ohne Rücksicht auf die Größe seines Anteils eine Stimme hat (herrschende Ansicht BGHZ **49** 256; BayObLG WM **79** 40; KG NJW **78** 1439; s. ferner die Zitate in Fußnote 1 bei *Weber* aaO). Dies gilt auch, wenn er Eigentumswohnungen in mehreren Häusern der Gesamtwohnanlage zu eigen hat.

2. *Berechnung der Mehrheit.* Maßgebend hierfür ist grundsätzlich die Zahl der in einer beschlußfähigen Versammlung abgegebenen gültigen Stimmen und zwar genügt zur Beschlußfassung mangels abweichender Vereinbarung die einfache Mehrheit der abgegebenen gültigen Stimmen; Einstimmigkeit ist nicht verlangt. 8

Stimmenthaltung bleibt außer Betracht; wer sich der Stimme enthält, will nicht abstimmen, nimmt also an der Beschlußfassung nicht teil (BGH NJW **82** 1585; a. A. BayObLGZ **80** 104; OLG Celle NJW **58** 302; KG NJW **78** 1439; eingehend *Weitnauer* DWE **82** 108 mit Schrifttums- und Rechtsprechungsnachweis.

Stimmengleichheit bei der Abstimmung bedeutet Ablehnung des Antrags, Schweigen des Stimmberechtigten Stimmenthaltung. Nimmt nur 1 Eigentümer an der Versammlung teil und ist Beschlußfähigkeit erreicht, kann er allein Beschlüsse fassen. Ausnahmsweise ist die Zahl aller stimmberechtigten Raumeigentümer maßgebend, wenn es sich um die Beschlußfassung über die Entziehung des Raumeigentums handelt (§ 18 Abs. 3); mangels abweichender Vereinbarung genügt aber zum Zustandekommen des die Entziehung verlangenden Beschlusses die einfache Mehrheit. Kann wegen Wegfall des Stimmrechts die Beschlußfähigkeit nicht erreicht werden, ist eine neue Versammlung einzuberufen (Abs. 3 und 4).

IV. Stimmrecht 9

1. Allgemeines

Das Stimmrecht kann nicht vom Eigentumsrecht gelöst werden, es setzt nicht die Errichtung des Gebäudes voraus (BayObLG Rpfleger **79** 446) und kann keinesfalls völlig entzogen werden, wenn es auch durch Vereinbarung für die Dauer eines Rückstandes mit Beitragszahlungen zeitweise entfallen darf. Verzicht und Abtretung sind nicht zulässig, unbedenklich die — stillschweigende — Überlassung der *Stimmenausübung* (KG OLGZ **79** 290). Die Stimmabgabe ist als einseitige Willenserklärung nach allgemeinen Regeln anfechtbar (OLG Frankfurt Rpfleger **79** 217; OLG Stuttgart OLGZ **76** 10).

Die gesetzliche Regelung ist *disponabel* (OLG Hamm OLGZ **78** 185; **75** 431; 10
BayObLG MDR **80** 142; OLG Köln OLGZ **69** 390; OLG Karlsruhe OLGZ **76** 148; KG Rpfleger **78** 24). Die Stimmberechtigung kann nach *Anteilen* ausgerichtet werden (Wertprinzip; BayObLGZ **82** 206; **65** 288; OLG Frankfurt Rpfleger **79** 151), die

Stimmenzuordnung einmal nach Wertprinzip, in andern Fällen nach der gesetzlichen Regel getroffen werden (*Bärmann/Pick*, § 25 Anm. III 1). Auch bei der Verwalterwahl muß nicht unbedingt das Kopfprinzip eingehalten werden (BayObLGZ **81** 220; OLG Frankfurt Rpfleger **78** 415; KG OLGZ **79** 32; OLG Hamm Rpfleger **78** 182).

11 **2. Kein Stimmrecht** (Abs. 5, vgl. § 34 BGB) hat ein Raumeigentümer, wenn

a) über die Vornahme eines auf die Verwaltung des gemeinschaftlichen Eigentums bezüglichen Rechtsgeschäfts mit ihm oder einer Handelsgesellschaft, an der er beteiligt ist (z. B. über Kohlenlieferungen, Leistungen von Reparaturarbeiten oder bauliche Maßnahmen) Beschluß gefaßt werden soll (BayObLGZ **74** 273).

b) es sich um die Beschlußfassung über die Einleitung oder Erledigung (d. h. die Art der Durchführung oder Beendigung) eines Rechtsstreits der anderen Raumeigentümer gegen ihn (z. B. wegen Entziehung des Raumeigentums, §§ 18, 51) handelt; Stimmrecht aber nicht schon bei außergerichtlichen Streitigkeiten zwischen Raumeigentümern (BayObLG Beschluß vom 21. 7. 1980 2 Z 4/79);

c) er gemäß § 18 zur Veräußerung seines Raumeigentums rechtskräftig verurteilt ist.

12 Ein vom Wortlaut des Absatzes 5 nicht erfaßter Interessengegensatz schließt das Stimmrecht nicht aus (BGHZ **56** 54). Daher fallen unter die Vorschrift *nicht* Rechtsgeschäfte, die das Sondereigentum oder mitgliedschaftliche Angelegenheiten angehen, z. B. Wahl und Abberufung des Verwalters, der Eigentümer ist (KG OLGZ **79** 31; OLG Hamm Rpfleger **78** 182; OLG Stuttgart OLGZ **77** 433; OLG Celle NJW **58** 309; a. A. LG Mönchengladbach ZMR **77** 380, s. auch BGHZ **52** 320). Kein Stimmrecht hat der Verwalter, der Wohnungseigentümer ist, wenn entschieden wird, ob gegen ihn ein Rechtsstreit eingeleitet (BayObLG ZMR **78** 248), ob er von einer Verbindlichkeit befreit, hinsichtlich seiner Verwaltertätigkeit entlastet werden soll (BayObLG Rpfleger **79** 66; OLG Stuttgart OLGZ **74** 408). Steht das Stimmrecht *mehreren* gemeinschaftlich zu (Absatz 2 Satz 2) und wird von dem Ausschließungsgrund nur einer betroffen, bleibt das Stimmrecht den anderen, wie wenn der Betroffene ihnen die Ausübung des Stimmrechts freiwillig überlassen hätte (dazu *Ziege* NJW **73** 2185). Von der Stimmberechtigung wird ein Wohnungseigentümer auch für einen Beschluß nicht ausgeschlossen sein, mit dem ihm die Genehmigung nach § 12 erteilt wird (BGHZ **48** 167). Ist ein Raumeigentümer durch Angriffe eines anderen Raumeigentümers verletzt worden, die Gegenstand eines Ordnungsverfahrens gegen diesen sind, darf an dem Beschluß, der eine Ordnungsstrafe ausspricht, der Verletzte, einem allgemein geltenden Grundsatz folgend, nicht mitwirken. Zu den Rechtsstreitigkeiten im Sinne des Absatzes 5 zählen auch die Verfahren nach § 43.

13 Der nichtstimmberechtigte Wohnungseigentümer darf zwar in der Versammlung anwesend sein, kann aber auch einen andern Wohnungseigentümer nicht vertreten, weil dies dem dem Ausschluß zugrunde liegenden Zweck widerspricht (BayObLG Rpfleger **83** 15).

14 Absatz 5 ist *abdingbar* (str.): die Regelung des § 40 BGB (: § 32 kann nicht abbedungen werden) hat das Wohnungseigentumsgesetz nicht übernommen, vielmehr eine Abänderung zugelassen (§ 10). Den Wohnungseigentümern steht es auch frei, durch Vereinbarung das Ruhen des Stimmrechts aus weiteren Gründen anzuordnen: z. B. bei schuldhaftem Rückstand mit Leistungen an die Gemeinschaft (BayObLG NJW **65** 281; LG München Rpfleger **78** 381; LG Hamburg NJW **62** 1867). Auf die Stimmabgabe als

Willensbildungsakt findet § 181 BGB keine Anwendung (vgl. BGHZ **52** 318; OLG Karlsruhe OLGZ **76** 149).

3. Stimmenhäufung, gemeinschaftliches Stimmrecht 15

a) Mangels anderweitiger Vereinbarung hat grundsätzlich jeder stimmberechtigte Raumeigentümer (nur) *eine* Stimme, *auch* der *Inhaber mehrerer Anteile* (BGHZ **49** 250; KG Rpfleger **78** 24; OLG Hamm Rpfleger **78** 182). Veräußert der Inhaber mehrerer Anteile einen Anteil, so fällt dem Erwerber ein Stimmrecht zu, auch wenn der Veräußerer bisher nur ein Stimmrecht hatte (KG Rpfleger **79** 317). Wird dagegen das Wohnungseigentum in mehrere Anteile unterteilt, bleibt es bei der bisherigen Stimmenzuordnung (BGH Rpfleger **79** 96; OLG Braunschweig MDR **76** 1023); es gilt nunmehr Absatz 2 Satz 2; doch kann durch Vereinbarung jedem Erwerber eine Stimme zugewiesen werden (str.). Erwirbt ein Eigentümer weitere Anteile hinzu, bleibt es, falls nichts anderes vereinbart ist, bei der gesetzlichen Regelung des Absatzes 2 Satz 1.

Schließlich ist es zulässig, durch Vereinbarung zu bestimmen, daß der Inhaber mehrerer Rechte für jeden Anteil eine Stimme erhält, alle Stimmen aber nur zu einem Bruchteil geltend machen darf (BayObLGZ **65** 288).

b) Stimmrecht haben auch die *„werdenden"* Eigentümer, die Erwerber eines 16 Wohnungseigentumsrechts, auf die die Nutzung durch Einzug in die Wohnung übergangen ist (BayObLGZ **81** 54; KG MDR **79** 937); der Erwerber gilt als ermächtigt, das Stimmrecht des Veräußerers auszuüben; das Stimmrecht des „werdenden" verdrängt gleichsam das des Raumeigentümers.

Ist Eigentumserwerb bereits im Grundbuch vollzogen, steht dem Erwerber das Stimmrecht auch zu, wenn das Gebäude noch nicht fertiggestellt ist; es genügt ein genehmigter Aufteilungsplan.

Durch *Stimmenhäufung* in der Person eines Raumeigentümers dürfen die Belange 17 der Minderheit *nicht unzumutbar* beeinträchtigt werden (§ 242 BGB). Mißbrauch absoluter Stimmenmehrheit soll nach einem Urteil des OLG Hamm OLGZ **78** 184 zur Einschränkung des Stimmrechts (auf 25%) führen. Dem kann nicht zugestimmt werden. Gebrauch einer Mehrheit führt nicht zu einer Herabsetzung des Stimmrechts, sondern zur Unwirksamkeit des dadurch erzielten Beschlusses, falls die Mehrheit zum Nachteil der Minderheit mißbraucht wurde (vgl. BGH WM **74** 1151; auch KG OLGZ **79** 28; **78** 142; OLG Karlsruhe OLGZ **76** 148).

c) Personen, denen (z. B. als Ehegatten, Miterben, Gesellschaftern, Miteigentü- 18 mern nach Bruchteilen) ein Raumeigentumsrecht gemeinschaftlich zusteht, können ihr Stimmrecht nur einheitlich ausüben, d. h. sie haben zusammen nur eine Stimme. Ein Bruchteilsstimmrecht gibt es nicht. Die Berechtigten müssen sich untereinander verständigen, wie abgestimmt werden soll. Können sie nicht einig werden, ruht das Stimmrecht. Die Berechtigten können einen von ihnen oder einen anderen Raumeigentümer zur Stimmabgabe bevollmächtigen; schriftliche Vollmacht kann der Versammlungsleiter in Zweifelsfällen verlangen. Überläßt ein im gesetzlichen ehelichen Güterstand lebender Ehegatte dem anderen — stillschweigend — die Verwaltung seines Vermögens (vgl. § 1413 BGB), wofür allerdings keine Vermutung spricht, so wird darin auch die Ermächtigung zur Ausübung des Stimmrechts zu sehen sein.

Das gilt entsprechend für den Güterstand der Gütergemeinschaft.

19 **V. Abstimmung**

1. Jeder Raumeigentümer hat das Recht, in der Versammlung anwesend zu sein, seine Meinung zu äußern, Anträge in der Versammlung zu stellen (z. B. auf Schluß der Aussprache) und seine Stimme abzugeben.

Die Abstimmung kann sich in vielen Formen abspielen: durch Erheben der Hände, durch Zuruf, durch Abgabe von Stimmzetteln, durch elektrische Zählmaschinen (bei großen Gemeinschaften), in kleinen Gemeinschaften durch Acclamation, durch Stillschweigen auf die Frage, wer gegen den Antrag ist. Zum Übergang von einer Abstimmungsart zur anderen s. OLG Frankfurt OLGZ **81** 154. Eine neue Abstimmung über den nämlichen Gegenstand der Tagesordnung erfordert die Zustimmung aller Anwesenden (OLG Frankfurt OLGZ **81** 154).

20 2. Vertretung bei der Abstimmung — durch Rechtsanwalt (Hamburg DWE **78** 58), Firmenangehörigen (BayObLG MDR **82** 58) — ist grundsätzlich zulässig; Beschränkungen in der Ausübung des Stimmrechts sind eng auszulegen (OLG Frankfurt Rpfleger **79** 218). Es ist nicht gesetzwidrig, wenn die Teilungserklärung oder Vereinbarungen die Vertretung auf einen bestimmten Kreis beschränken (z. B. Vertretung nur durch Ehegatten, einen anderen Raumeigentümer), Vertretung durch Rechtsanwälte ausschließen (OLG Karlsruhe OLGZ **76** 273; OLG Frankfurt OLGZ **79** 135; s. auch *Weimar,* BlGBW **81** 88). Solche Beschränkungen schließen es aber nicht aus, daß ein Raumeigentümer einen Rechtsberater in die Versammlung mitnimmt und ihn zu Wort kommen läßt (BayObLGZ **81** 161), es sei denn, daß die Anwesenheit gemeinschaftsfremder Personen in der Versammlung von der Gemeinschaftsordnung untersagt ist.

Im übrigen kann der Versammlungsleiter einen Versammlungsteilnehmer nur ausschließen, wenn dieser durch sein Benehmen dazu begründeten Anlaß gegeben hat (s. § 24 Rdn. 7).

Ein Mehrheitsbeschluß kann Vertretung bei der Abstimmung durch Rechtsanwalt nicht untersagen (LG Hamburg Rpfleger **79** 65). Vollmacht zur Vertretung bedarf keiner Form (LG Hannover DWE **78** 58).

21 Unzumutbare Beschränkungen darf die Gemeinschaftsordnung nicht vorsehen (Karlsruhe OLGZ **76** 273). Zum Umfang der Vertretungsvollmacht s. BayObLGZ **74** 298; zur Auslegung OLG Frankfurt Rpfleger **79** 218.

22 Greifen beabsichtigte Maßnahmen unzweifelhaft nicht über den Bereich eines Teiles der Gemeinschaft (z. B. eines Hauses einer Großwohnanlage mit mehreren Gebäuden, eines oder mehrerer Stockwerke des Gebäudes) hinaus und werden die Kosten der Maßnahme nur von den Eigentümern dieses Bereiches getragen, so sind nur sie für diese Maßnahmen stimmberechtigt (BayObLG NJW **62** 494; LG Wuppertal Rpfleger **72** 451). Es ist daher von Rechts wegen nichts dagegen einzuwenden, wenn solche Maßnahmen in Versammlungen beraten und beschlossen werden, zu denen nur die stimmberechtigten Eigentümer eingeladen werden. Auch wenn diese Art der Willensbildung in Teilungserklärungen oder Gemeinschaftsordnungen nicht erwähnt wird, kann sie angewendet werden.

23 Wohnungseigentümergemeinschaften mit mehreren Hundert Mitgliedern sind keine Seltenheit mehr. Die Abhaltung von Versammlungen bringt hier aus vielen Gründen Schwierigkeiten. Es ist daher erwogen worden, ob in solchen Fällen nicht durch Teilungserklärung (Gemeinschaftsordnung) die Abhaltung von Teilversammlungen zugelassen werden könnte, in denen durch Mehrheitsbeschluß ein Vertreter zu wählen sei, der die Meinung dieser Mehrheit in der nun folgenden Hauptversammlung, an der

nur die Vertreter teilnehmen, zu vertreten habe. Vom Boden des geltenden Gesetzes aus bestehen dagegen rechtliche Bedenken. Das Recht des einzelnen Miteigentümers auf Teilnahme an der Versammlung, auf Gehör und Einflußnahme auf die Entscheidung wäre in seinem Kerngehalt beeinträchtigt; es läßt sich nicht ausschließen, daß der Vertreter in der Hauptversammlung anders als sein Auftrag lautet, abstimmt. Zudem ist es möglich, daß auf diese Weise ein Beschluß zustande kommt, den die Mehrheit aller Eigentümer, gerechnet nach der Gesamtzahl der abgegebenen Stimmen, nicht billigt (eine Gemeinschaft mit 1000 Eigentümern ist aufgeteilt in 5 Teilversammlungen, hier werden 120:80, 110:90, 105:95, 20:180 und 30:170 Ergebnisse erzielt, also 3 Vertreter mit ja, 2 mit nein, während in Wirklichkeit 615, also mehr als die Hälfte, gegen den Antrag stimmten).

Es ist Aufgabe des Gesetzgebers, dem zweifelsfrei gegebenen Bedürfnis nach geeigneter Organisationsform nachzukommen. Zu allem s. OLG Stuttgart DWE **80** 62; OLG Frankfurt Rpfleger **80** 80, *Hurst*, AcP **81** 216 und *Diester*, Wichtige Rechtsfragen des Wohnungseigentums Rdn. 284 ff.

Die *Ausübung* des Stimmrechts setzt Geschäftsfähigkeit voraus. Anstelle des **24**
Raumeigentümers, über dessen Vermögen der Konkurs oder die Zwangsverwaltung angeordnet ist, stimmt der Konkursverwalter (Zwangsverwalter) ab. Die Ausübung des Stimmrechts kann der Berechtigte auch seinem Mieter oder Pächter überlassen. Dem Nießbraucher steht das Stimmrecht in bestimmten Angelegenheiten (vgl. §§ 15, 16, 21) zu. Bei Meinungsverschiedenheit zwischen Wohnungseigentümer und Nießbraucher ruht das Stimmrecht (*Bärmann/Pick* § 25 III 4). Zum Stimmrecht des Inhabers eines dinglichen Wohnrechts s. BGH Rpfleger **77** 55).

VI. Stimmrechtsbindungen **25**

sind grundsätzlich als zulässig zu erachten, anders, wenn sie durch Bestechung, Erpressung und ähnlichem zustande gekommen sind oder inhaltlich eine schwere Verletzung der gegenüber den Wohnungseigentümern obliegenden Verpflichtungen bedeuten. Verstoß gegen die Bindung kann schadensersatzpflichtig machen, Antrag auf Erfüllung (§ 43 Abs. 1 Nr. 1) wird meist zu spät kommen (zu allem *Soergel/Schultz-v. Lasaulx*, BGB § 32 Rdn. 21).

VII. Prozessuales **26**

Beschlüsse, die unter Verletzung der Vorschriften des § 25 zustande gekommen sind, unterliegen der Anfechtung nach § 23 Abs. 4 (BayObLG ZMR **79** 213; DWE **79** 125); sie sind für ungültig zu erklären, wenn die Verstöße das Abstimmungsergebnis beeinflußten. Hat der Versammlungsleiter unter Verstoß gegen Vorschriften des § 25 das Abstimmungsverhältnis ermittelt und deshalb die Ablehnung eines Antrages verkündet, kann die Anfechtung des Beschlusses verbunden werden mit dem Antrag festzustellen, daß der (vermeintlich abgelehnte) Antrag rechtswirksam angenommen wurde. Läßt sich zwar der Fehler der Stimmenauszählung feststellen, aber nicht, wie das Ergebnis bei richtiger Stimmenzählung lautet, ist der verkündete Beschluß für ungültig zu erklären (vgl. KG OLGZ **79** 28; BGH MDR **80** 558).

Hat die Auszählung der Stimmen die Annahme des Antrags ergeben, der Versammlungsleiter aber die Verkündung eines Beschlusses unterlassen, weil er irrig eine qualifizierte Mehrheit für erforderlich hielt, kann Antrag auf Feststellung des Zustandekommens dieses Beschlusses gestellt werden.

Hat ein Antrag keine Mehrheit gefunden (sog. negativer Beschluß), wird seine Anfechtung (anders beim Vorliegen der Voraussetzungen des § 28 Abs. 5) am Rechtsschutzbedürfnis scheitern; denn das Gericht kann einen negativen Beschluß nicht durch einen positiven im Sinne der Antragsteller ersetzen (BGH MDR **72** 933; BayObLGZ **72** 153; **74** 175; **80** 37).

§ 26

Bestellung des Verwalters

(1) Über die Bestellung und Abberufung des Verwalters beschließen die Wohnungseigentümer mit Stimmenmehrheit. Die Bestellung darf auf höchstens fünf Jahre vorgenommen werden. Die Abberufung des Verwalters kann auf das Vorliegen eines wichtigen Grundes beschränkt werden. Andere Beschränkungen der Bestellung oder Abberufung des Verwalters sind nicht zulässig.

(2) Die wiederholte Bestellung ist zulässig; sie bedarf eines erneuten Beschlusses der Wohnungseigentümer, der frühestens ein Jahr vor Ablauf der Bestellungszeit gefaßt werden kann.

(3) Fehlt ein Verwalter, so ist ein solcher in dringenden Fällen bis zur Behebung des Mangels auf Antrag eines Wohnungseigentümers oder eines Dritten, der ein berechtigtes Interesse an der Bestellung eines Verwalters hat, durch den Richter zu bestellen.

(4) Soweit die Verwaltereigenschaft durch eine öffentlich beglaubigte Urkunde nachgewiesen werden muß, genügt die Vorlage einer Niederschrift über den Bestellungsbeschluß, bei der die Unterschriften der in § 24 Abs. 6 bezeichneten Personen öffentlich beglaubigt sind.

Schrifttum

Pfeiffer, Die Rechtsstellung des Verwalters, NJW **70** 2233; *Weimar,* Kündigung aus wichtigem Grunde, BlGBW **74** 155; die Eignung als Verwalter, BlGBW **78** 94; Rechtsfragen zum Stimmrecht, BlGBW **80** 128; der gerichtlich bestellte Verwalter, DWE **82** 4; *Schwarz,* Die Stellung des Verwalters, BlGBW **70** 62; *Clasen,* Wesen und Inhalt des Verwaltervertrages, BlGBW **72** 110; *Röll,* Die Bestellung des Verwalters, WMag. **79** 106; *Zoebe,* Neuere Rechtsprechung zu Verwalterfragen, DWE **74** 13; *Korff,* Rechtsfragen zur Verwaltertätigkeit, DWE **80** 40; **76** 54; *derselbe,* Abwahl des Verwalters, DWE **78** 54; *Merle,* Bestellung und Abberufung des Verwalters nach § 26 WEG 1977; *Groß,* Zur Zulässigkeit der Stimmrechtsmodifizierung bei Bestellung und Abberufung des Verwalters, ZMR **77** 67; *Röll,* Handbuch für Wohnungseigentümer und Verwalter, 2. Aufl. 1980; *Weimar,* Verwalter von Wohnungseigentum, DWE **81** 115; *Herold,* Probleme der Hausverwaltung, FWW **77** 103; *Merle,* Zur Anfechtung der Abberufung durch den abberufenen Verwalter, Festgabe für Weitnauer, **80** S. 195.

Übersicht

	Rdn.
I. Neufassung des § 26	1
II. Allgemeines	2
III. Bestellung des Verwalters	
1. Auswahl	3
2. Person des Verwalters	4
3. Mehrheitsbeschluß	5, 6
4. Wiederwahl	7
5. Beschränkungen der Bestellung	8
6. Vertragsverhältnis	9, 10
7. Stellung des Verwalters	11, 12
8. Haftung des Verwalters	13, 14
IV. Abberufung des Verwalters	15
1. Mehrheitsbeschluß	16
2. Die Abberufung	17
3. Wichtiger Grund	18
4. Schuldrechtliche Bindungen	19
5. Stimmberechtigung	20
6. Anfechtung der Abberufung	21
7. Kündigung des Anstellungsvertrages	22
8. Folgen der Abberufung	23
V. Bestellung durch Gericht	24
VI. Nachweis der Verwalterbestellung	25, 26
VII. Verfahrensrechtliches	27

1 **I. Neufassung** des § 26 durch Art. 1 Nr. 5 des Gesetzes zur Änderung des Wohnungseigentumsgesetzes und der Verordnung über das Erbbaurecht vom 30. 7. 1973 BGBl. I 910. Damals bestehende Verwalterverträge endeten spätestens mit dem 30. 9. 1978, ebenso Beschränkungen, die Abs. 1 Satz 4 widersprechen; bis zu diesem Zeitpunkt konnte, wenn vereinbart, die Zustimmung eines Dritten zur Abberufung des Verwalters einzuholen sein (vgl. OLG Frankfurt OLGZ **75** 100); Vergütung für spätere Zeiten entfiel (BayObLG Rpfleger **80** 391). Zur Einschränkung des Bestellungsvertrages für 5 Jahre durch § 11 Nr. 12 a AGBG s. *Weimar* ZMR **80** 226.

II. Allgemeines 2

Nach der unabdingbaren Vorschrift des § 20 kann die Bestellung eines Verwalters nicht ausgeschlossen werden; er ist wichtigstes Organ nach der Raumeigentümerversammlung. Seine Rechtsstellung regeln die §§ 26—28; zuerst werden seine Bestellung und Abberufung im § 26 behandelt. Abs. 1 des § 26 kann nicht dahin abbedungen werden, daß eine Minderheit entscheidet (BayObLG ZMR **76** 316; NJW **58** 1824); nicht abdingbar ist ferner Abs. 3, weil dieser nicht das Verhältnis der Raumeigentümer untereinander (§ 10 Abs. 1 Satz 1) betrifft, überdies nur eine Folgerung aus der Vorschrift des § 20 ist.

III. Bestellung des Verwalters 3

1. Die *Auswahl des Verwalters* ist Sache der Raumeigentümer. Sie wird getroffen durch Mehrheitsbeschluß der Raumeigentümer (§ 25); es kann das „Kopfprinzip" für die Abstimmung vereinbart werden (KG ZMR **78** 250; **79** 32; OLG Frankfurt Rpfleger **78** 415; OLG Hamm OLGZ **78** 184). Der Beschluß ist organschaftlicher Willensbildungsakt der Gemeinschaft mit Bezug auf die Person des Verwalters; ihm folgt seine Ausführung durch Abschluß des privatrechtlichen Anstellungsvertrages (vgl. BayObLGZ **74** 305). Deshalb müssen die Raumeigentümer auch über die Einzelheiten des zu schließenden Vertrages und den Abschluß selbst beschließen, wobei ebenfalls Mehrheitsbeschluß genügt (KG NJW **75** 318). Pflicht zur Annahme der Verwaltung besteht für den Wohnungseigentümer als Mitglied der Gemeinschaft nicht.

2. *Person des Verwalters.* Der Verwalter kann eine natürliche oder juristische Per- 4
son sein, eine Gemeinnützige Wohnungsbaugesellschaft, Baugesellschaft, aber nicht eine bestimmte Abteilung einer Bank (*Weitnauer/Hauger*, § 26 Rdn. 5). Auch ein Raumeigentümer kann mit der Verwaltung betraut werden, doch ist es unzulässig, sämtliche Raumeigentümer zu Verwaltern zu bestellen, weil der Verwalter ein besonderes Organ neben der Gesamtheit der Raumeigentümer sein muß. Der Grundstückseigentümer kann sich in der Teilungserklärung zum Verwalter bestellen (BayObLGZ **74** 310). Die Bestellung mehrerer Raumeigentümer zu gleichzeitigen Verwaltern wird wegen der damit verbundenen Unklarheiten nicht angängig sein, wohl aber ihre Bestellung in turnusmäßigem Wechsel. Über die Eignungsvoraussetzungen des Verwalters sagt das WEG nichts; sie müssen sich nach dem Umfang und der Bedeutung seiner Verwaltung richten; jedenfalls muß der Verwalter geschäfts- und handlungsfähig sein.

3. Zur Bestellung genügt Mehrheitsbeschluß. Zulässig ist auch die (erstliche) Be- 5
stellung durch Teilungserklärung oder Vereinbarung (BayObLGZ **74** 275, 305; KG OLGZ **76** 266); aber auch sie darf nur eine Amtszeit von 5 Jahren vorsehen, dann muß Wahl durch Beschluß folgen. Bestellung auf längere Zeit als 5 Jahre ist, soweit sie den Zeitraum von 5 Jahren übersteigt, unwirksam. Die Wahl darf nicht an die Zustimmung Dritter (z. B. eines Kreditinstituts), an eine höhere als die einfache Stimmenmehrheit

gebunden werden; unzulässig ist es, in der Gemeinschaftsordnung die Bestellung einem Dritten zu übertragen oder auf einen bestimmten Personenkreis (z. B. auf die Raumeigentümer) einzuschränken, auf ein bestimmtes Bauunternehmen (OLG Bremen Rpfleger **80** 68). Zulässig sind Erleichterungen für den Verwalterwechsel z. B. Bestellung auf weniger als 5 Jahre. Unwirksam ist eine aufschiebend bedingte Bestellung (KG OLGZ **76** 267).

6 Der zu wählende Raumeigentümer darf mitstimmen. Sind nur zwei Raumeigentümer vorhanden, müssen beide der Bestellung (Abberufung) zustimmen (LG Dortmund Rpfleger **66** 335).

Unwirksam ist eine Regelung, wonach gewählt ist, wer nach vergeblichen zwei Abstimmungen die meisten Stimmen erhalten habe, auch wenn sie nicht die im Gesetz erforderliche Mehrheit erreichen.

7 4. Ein Verwalter, auch ein abberufener, kann *wiederholt* bestellt werden. Dies setzt Wahl frühestens 1 Jahr vor Ablauf der Amtszeit voraus. Unwirksam ist die Bestellung für zwei Amtszeiten zu deren Beginn; eine Klausel des Anstellungsvertrages des Inhalts, daß sich die Amtszeit automatisch verlängere, wenn kein Widerruf im letzten Amtsjahr erfolge, ist unwirksam. Auch die Teilungserklärung darf nicht eine anschließende zweite Amtszeit ohne Raumeigentümerbeschluß vorsehen. Dem Gesetzeszweck widerspricht es auch, durch einen Beschluß die ersten 5 Jahre und die folgenden 5 Jahre jeweils einen anderen Verwalter zu bestimmen (so LG München MittBayNotV **78** 59; str.). Für die wiederholte Bestellung gilt Abs. 1, es können also keine erschwerenden Einschränkungen gemacht werden: etwa ⅔-Mehrheit.

8 5. *Andere* Beschränkungen der Bestellung im Sinne des Abs. 1 Satz 4 sind z. B. Vereinbarungen der Gemeinschaft mit dem ausersehenen Verwalter, mit einzelnen Raumeigentümern, mit Bauträgern, Kreditinstituten, die zur Bestellung eines bestimmten Verwalters verpflichten (vgl. Begründung zum Änderungsgesetz 1973 BDrS VII 62 zu I 5 a). Zulässig sind Vereinbarungen, durch die die freie Wahl zugunsten der Raumeigentümer erleichtert wird.

9 **6. Verwaltervertrag**

Durch den für das Innenverhältnis der Raumeigentümer maßgebenden Bestellungsbeschluß allein erlangt der Erwählte die Stellung eines Verwalters nicht (OLG Hamm NJW **73** 2301; BayObLGZ **74** 305); dazu bedarf es noch des Abschlusses eines Verwaltervertrages. Man muß also unterscheiden zwischen dem Bestellungsbeschluß und dem Verwaltervertrag, der im Gegensatz zum Bestellungsbeschluß nicht Wirkung gegen den Sonderrechtsnachfolger eines Wohnungseigentümers erlangt (§ 10 Abs. 2 und 3). Den Vertrag schließt die Gemeinschaft mit dem Verwalter, gegebenenfalls die Mehrheit, mit Wirkung für und gegen die Minderheit (BayObLG Rpfleger **74** 401). Die Raumeigentümer sind im Verhältnis zum Verwalter Gesamtgläubiger und Gesamtschuldner. Der Verwalter kann mit Forderungen aus dem Verwaltervertrag gegen solche der Gemeinschaft aufrechnen (BayObLG MDR **76** 930). Wird er in der Teilungserklärung bestellt, schließt der Grundstückseigentümer den Anstellungsvertrag mit dem Verwalter; bestimmt er sich selbst zum Verwalter, haben die Raumeigentümer nur über die Einzelheiten des Verwaltervertrages zu bestimmen, falls die Teilungserklärung nicht auch diese festlegt. In allen Fällen kann der Vertrag nur auf die Dauer von 5 Jahren abgeschlossen werden; eine stillschweigende Verlängerung für den Fall der Nichtkündigung ist nicht rechtens. Meist wird ein Mitglied der Mehrheit bevollmächtigt werden, den Beschluß dem Erwählten mitzuteilen und den Abschluß des Anstellungsvertrages zu tätigen, andernfalls fällt diese Aufgabe der Mehrheit zu, die den Verwalter gewählt hat (vgl. KG NJW **75** 318; BayObLGZ **74** 305), sie vertritt die Minderheit. Einem ausgehandelten Vertrag muß wiederum, notfalls mit Mehrheit der Stimmen, die Zustimmung erteilt werden. An den Mehrheitsbeschluß, der den Vertrag festlegt, sind die Eigentümer gebunden. Ist der Erwählte Miteigentümer und Mitglied der Gemeinschaft, braucht ihm seine Wahl zum Verwalter in der Regel nicht mehr förmlich mitgeteilt zu werden. An der Abstimmung über seinen Vertrag ist er ausgeschlossen (§ 25 Abs. 5). Kommt keine Mehrheit ohne seine Stimme zustande, kann unter Umständen Zustimmung der Raumeigentümer in einem Verfahren nach §§ 21 Abs. 4, 43 Abs. 1 Nr. 1 erreicht werden. Der Verwalter wird auch an dem Beschluß nicht mitwirken können, mit dem einem Mitglied der Gemeinschaft Vollmacht zum Abschluß des Verwaltervertrages mit ihm erteilt wird.

Die Verwaltungsführung kann entgeltlich oder unentgeltlich sein und demgemäß **10** auf einem Geschäftsbesorgungsvertrage (§ 675 BGB) oder einem Auftrage (§ 662 BGB) beruhen. Danach regeln sich in Verbindung mit §§ 27, 28 die dem Verwalter gegenüber den Raumeigentümern zustehenden Rechte und obliegenden Pflichten; ihre nähere Festlegung bleibt dem zwischen beiden Teilen abzuschließenden Vertrage überlassen. Meist wird es sich um Geschäftsbesorgung handeln (LG Mannheim Justiz **72** 286). Es bedarf einverständlicher Änderung des Vertrages, wenn das Vertragsverhältnis abgeändert werden soll. In der Regel wird der Verwalter Anspruch auf Vergütung und auf Ersatz seiner Auslagen haben und diese aus den gemeinschaftlichen Geldern der Gemeinschaft entnehmen dürfen. Ein Streit darüber, ob er dazu berechtigt war, ist vor den Gerichten der freiwilligen Gerichtsbarkeit auszutragen. Zur Wertsicherungsklausel für seine Vergütung s. LG Nürnberg MittBayNotV **75** 161; Vergütung für seine Tätigkeit schon vor Bestellung zum Verwalter (Absatz 3) kann ihm aus Geschäftsführung ohne Auftrag zustehen (OLG Hamm NJW **73** 2301). Ansprüche des gewerblichen Verwalters auf Ersatz seiner Aufwendungen verjähren in 2 Jahren (§ 196 Abs. 1 Nr. 7 BGB; OLG Frankfurt OLGZ **80** 413). Verwalterverträge werden im allgemeinen im einzelnen ausgehandelt, so daß die Vorschriften des AGBG nicht zur Anwendung kommen werden (§ 1 Abs. 2 AGBG). Bei Vorformulierung durch die Teilungserklärung können im besonderen bei wesentlicher Einschränkung des Rechts der Einsicht in die Belege des Verwalters §§ 9, 10, 11 AGBG zu beachten sein (BayObLG Beschl. v. 20. 10. 1980 2 Z 33/79). Streitigkeiten über Zustandekommen und Dauer des Verwaltervertrages gehören wie solche über dessen Vergütung in das Verfahren der freiwilligen Gerichtsbarkeit. Ebenso die Anfechtung eines Beschlusses über Bestellung oder Abberufung des Verwalters, auch wenn es sich um Ansprüche des ausgeschiedenen Verwalters handelt (BGH NJW **80** 2466; BGHZ **59** 58).

7. Stellung des Verwalters **11**

Der Verwalter ist kein Vorstand, kein gesetzlicher Vertreter; er hat für gewisse Angelegenheiten (§ 27) kraft Gesetzes die Stellung eines Vertreters der Gemeinschaft. Der Umfang seiner Rechte und Pflichten ergibt sich aus § 27, aus Vereinbarungen und Beschlüssen der Raumeigentümer und aus dem jeweiligen Verwaltervertrag.

Der Verwalter ist weisungsgebundener Sachwalter des Vermögens der Gemeinschaft und deshalb vornehmlich zur Ausführung ihrer nach Gesetz und Gemeinschaftsordnung beschlossenen Maßnahmen berufen, also Vollzugsorgan der Gemeinschaft. Die ihm vom Gesetz zuerkannten Befugnisse (§ 27) können ihm nicht entzogen oder eingeschränkt werden; Weisungen der Gemeinschaft hat er aber zu beachten, bei Meinungsverschiedenheiten kann er sich der ihm zustehenden Rechtsmittel (§ 43 Abs. 1

Nr. 2 und 4) bedienen (BayObLGZ **72** 142). Ist ihm durch Gemeinschaftsordnung im Falle der Genehmigungsbedürftigkeit einer Veräußerung (§ 12) die Entscheidung übertragen, so handelt er zwar im eigenen Namen und bleibt nach außen hin allein für die Erklärung der Zustimmung oder Ablehnung zuständig, im Verhältnis zu den Gemeinschaftern ist er aber ihr mittelbarer Vertreter und deshalb auch an Eigentümerbeschlüsse gebunden, die die Zustimmung (Ablehnung) vorsehen (BayObLGZ **80** 30). Kommt er dem Willen der Gemeinschaft nicht nach, kann dies einen wichtigen Grund zur Abberufung bilden. Er darf den Raumeigentümern auch vertrauliche Berichte über einen Geschäftspartner geben (OLG Karlsruhe Justiz **78** 43). Seine Befugnisse lassen sich nur mit Zustimmung der Raumeigentümer auf Dritte übertragen (BayObLGZ **75** 330; vgl. aber auch OLG Frankfurt Rpfleger **76** 253 und § 664 BGB). Im Verhältnis der einzelnen Raumeigentümer zueinander ist er kein Erfüllungsgehilfe.

12 Ist ein gültiger Verwaltervertrag nicht zustande gekommen (weil etwa der Bestellungsbeschluß nichtig war oder für ungültig erklärt wurde, der Verwalter seine Annahmeerklärung rechtswirksam wegen Irrtums oder arglistiger Täuschung angefochten hat), war der Verwalter also zur Vertretung der Gemeinschaft nicht befugt, kommen für die von ihm mit Dritten getätigten Rechtsgeschäfte §§ 177 ff BGB in Anwendung, soweit nicht die Gemeinschaft aus Duldungs- oder Anscheinsvollmacht haftet (vgl. *Weitnauer/Hauger*, § 26 Rdn. 15).

Zur Zulässigkeit einer Maklertätigkeit s. BayObLG Rpfleger **72** 229; zur Verwirkung des Anspruchs auf Vergütungserhöhung s. LG Frankfurt MDR **78** 936.

13 **8. Haftung des Verwalters**

Den *Raumeigentümern* gegenüber haftet der Verwalter aus dem mit ihnen geschlossenen Vertrage (Auftrag oder Geschäftsbesorgungsvertrag), aus Geschäftsführung ohne Auftrag oder aus unerlaubter Handlung.

14 *Dritten* gegenüber ist der Verwalter für den gefahrlosen Zustand des gemeinschaftlichen Eigentums verantwortlich, im Sinne des § 823 BGB verkehrssicherungspflichtig (vgl. LG Karlsruhe DWW **73** 223). Daher ist er befugt und verpflichtet, drohende Gefahrenherde zu beseitigen; er darf nicht die Entscheidung der Versammlung erst abwarten (OLG Frankfurt OLGZ **82** 16). Anspruch auf ordnungsgemäße Verwaltertätigkeit hat jeder Raumeigentümer, der Anspruch richtet sich unmittelbar gegen den Verwalter (BGH NJW **77** 44). Für ihn haften die Raumeigentümer gesamtschuldnerisch, und zwar bei Verschulden des Verwalters als Erfüllungsgehilfen gemäß § 278 BGB, bei außervertraglichem Verschulden nach § 831 BGB, nicht nach § 31 BGB. Diese Vorschrift wird zwar auch auf Personenhandelsgesellschaften und nichtrechtsfähige Vereine entsprechend angewendet, weil ihnen eine der juristischen Person ähnliche verselbständigte Stellung zukommt. Das trifft bei der Gemeinschaft der Wohnungseigentümer nicht zu. Sie hat nicht einmal einen alleinvertretungsberechtigten Vorstand, dem Verwalter steht nur in begrenztem Umfang (§ 27) die Vertretung der Gemeinschaft zu, er ist Vollzugsorgan, von Weisungen der Mitglieder abhängig. Demgegenüber fällt nicht ins Gewicht, daß die Willensbildung der Gemeinschaft in Versammlungen stattfindet, Beschlüsse mit Mehrheit gefaßt werden können (str.).

Zur Abwehr von Bestrebungen des Verwaltungsbeirates, ihn abzuberufen, s. OLG Köln OLGZ **80** 4.

15 **IV. Abberufung des Verwalters (Abs. 1)**

Auch hier ist zu unterscheiden zwischen dem Abberufungsbeschluß und der Kündigung des Anstellungsvertrages, wobei die Mitteilung des Beschlusses in der Regel

Kündigung des Vertrages bedeuten wird (BayObLGZ **72** 140). Ein Kündigungsschreiben macht den Beschluß nicht entbehrlich (LG Dortmund MDR **66** 843).

1. Zur *Abberufung* ist ein Mehrheitsbeschluß ausreichend, auch wenn in der Teilungserklärung oder in Vereinbarungen eine ⅔-Mehrheit verlangt wird. Weder ein Raumeigentümer allein (§ 21 Abs. 2) noch der Beirat sind zur Abberufung berechtigt (BayObLGZ **65** 34). Abberufung durch den Richter scheidet aus; doch können im Rahmen ordnungsgemäßer Verwaltung die Raumeigentümer verpflichtet sein, einer Abberufung zuzustimmen (§§ 21 Abs. 4, 43 Abs. 1 Nr. 1, OLG Stuttgart BWNotZ **76** 18; LG Dortmund MDR **66** 843). Der Beschluß der Mehrheit hat auch Wirkung für die Minderheit. Auf das Abberufungsrecht kann nicht verzichtet werden (BayObLGZ **72** 141). Bestimmungen einer Teilungserklärung, wonach die Abberufung der Zustimmung Dritter (Kreditunternehmen, Bauträger) bedarf, sind ungültig. Ein Verwalter kann auch nicht unwiderruflich angestellt werden; unkündbar wird man aber als für gesetzlich zulässige Zeit (5 Jahre) angestellt und abberufbar aus wichtigem Grunde umdeuten können. **16**

2. Das Gesetz läßt eine Regelung der Raumeigentümer dahin zu, daß eine Abberufung jederzeit ausgesprochen werden darf, ebenso, daß dies jederzeit nur geschehen darf, wenn ein wichtiger Grund dazu gegeben ist. **17**

Die Frist zur *Kündigung* des *Verwaltervertrages* aus wichtigem Grunde beginnt spätestens, wenn alle Raumeigentümer Kenntnis von den Kündigungstatsachen erhalten haben und endet zwei Wochen (§ 626 Abs. 2 BGB, soweit nicht vertraglich eine längere Frist vorgesehen ist) danach, sofern die Versammlung innerhalb dieser Frist zusammentreten, wirksam beschließen und die Kündigung dem Verwalter zugehen lassen kann. (BGH NJW **80** 2411). Zum „Nachschieben" von Gründen s. OLG Schleswig SchlHA **65** 67. Nicht zulässig ist es, in Gemeinschaftsordnungen und Vereinbarungen die Abberufung nur für einige schwerwiegende Gründe zuzulassen (z. B. Kündigung nur bei strafbaren Handlungen des Verwalters). Abberufen werden kann auch der in der Teilungserklärung bestimmte Verwalter, nicht aber der Notverwalter, seine Abberufung ist dem Richter vorbehalten.

3. Ein *wichtiger* Grund ist gegeben, wenn unter Beachtung aller Umstände die Fortsetzung der Bestellung nach Treu und Glauben den Raumeigentümern unzumutbar geworden ist, ein harmonisches Zusammenwirken, mag den Verwalter auch kein persönlicher Schuldvorwurf treffen, nicht mehr möglich ist. Das kann der Fall sein, wenn der Verwalter Weisungen trotz Abmachung nicht einhält, keinen Bericht über die Kontenentwicklung erstattet, unberechtigt über Rücklagen verfügt, keine Einsicht in die Versammlungsniederschriften gewährt, eine Zusammenarbeit mit dem Beirat verweigert, Abrechnungen und Aufstellung des Wirtschaftsplanes trotz Aufforderung unterläßt oder ungebührlich verzögert, als Vorsitzender den Raumeigentümern in der Versammlung kein Gehör gewährt, die Versammlung verläßt, wenn seiner Auffassung mehrheitlich nicht Folge geleistet wird, die Versammlung unberechtigt nicht einberuft, eine falsche Darstellung über die Verwalterwahl protokolliert. Diese Gründe mögen, jeweils einzeln beurteilt, zur Abberufung aus wichtigem Grunde nicht ausreichen, anders dann, wenn sie mit anderen gegeben sind (KG OLGZ **74** 400; OLG Schleswig SchlHA **65** 67; OLG Frankfurt NJW **75** 545; OLG Köln OLGZ **69** 389; LG Freiburg NJW **68** 1973; OLG Oldenburg MDR **70** 761; BayObLG NJW **72** 1284; BayObLGZ **65** 34; Stuttgart OLGZ **77** 433). Verzögerungen bei der Durchführung von Reparaturen, der Erledigung von Anfragen und Eingaben, Unmutsäußerungen über die Wohnungseigentümer werden in der Regel keinen wichtigen Grund bilden. **18**

19 **4.** Ungültig sind schuldrechtliche Bindungen der Gemeinschaft gegenüber Dritten oder dem Verwalter, ihn bei Vorliegen wichtiger Gründe nicht abzuberufen (OLG Köln OLGZ **69** 391; LG Freiburg NJW **68** 1973; KG MDR **78** 580). Dagegen steht es der Gemeinschaft zu, im gegebenen Fall von der Abberufung auch bei Vorliegen wichtiger Gründe abzusehen, vorbehaltlich der Anfechtung eines solchen Beschlusses unter dem rechtlichen Gesichtspunkt ordnungsgemäßer Verwaltung (§§ 21 Abs. 4, 23 Abs. 4, 43 Abs. 1 Nr. 4).

20 **5.** *Stimmrecht* hat der Verwalter, der Raumeigentümer ist, auch, wenn es um seine *Abberufung* geht (OLG Düsseldorf MittRhNotK **73** 442); grundsätzlich ist jedes Mitglied der Gemeinschaft auch dann stimmberechtigt, wenn es bei einem Beschluß um seine Wahl zum Verwalter oder seine Abberufung geht; die Stimmberechtigung fehlt aber, wenn die Abberufung auf einen wichtigen Grund gestützt wird; es kann dem Verwalter nicht zugestanden werden, über sein eigenes Verschulden zu entscheiden (vgl. BGH LM GmbHG § 34 Nr. 7 Blatt 2).

21 **6.** Der Abberufungsbeschluß ist für das Innenverhältnis der Eigentümergemeinschaft sofort wirksam und bindet sie, solange er nicht für ungültig erklärt ist. Der abberufene Verwalter kann, auch wenn er nicht Raumeigentümer ist, den Beschluß anfechten (§ 23 Abs. 4). Die Meinungen hierüber sind geteilt: das Bayerische Oberste Landesgericht bejaht in ständiger Rechtsprechung (WM **79** 125; BayObLGZ **58** 234; **65** 40; NJW **69** 191) die Anfechtungsbefugnis des abberufenen Verwalters, ebenso OLG Schleswig (SchlHA **65** 67), OLG Oldenburg NsRPfl. **70** 265; KG OLGZ **71** 98; **78** 179); sie wird verneint von AG Köln MDR **77** 53 und *Soergel/Baur,* § 43 Rz. 12. Daß ein amtierender Verwalter ungültige Beschlüsse mit der Organklage (§ 23 Abs. 4) anfechten kann, ergibt sich bereits aus § 43 Abs. 4, aber hier auch daraus, daß seine Rechtsstellung durch den Abberufungsbeschluß, bleibt er unangefochten, beeinträchtigt wird. Daran ändert der Umstand nichts, daß der Verwalter als Vertragspartner Ungültigkeit der Kündigung und Fortzahlung seiner Bezüge gerichtlich geltend machen kann. Die in einem solchen Verfahren ergehende Entscheidung bezieht sich nicht auf die Gültigkeit des Versammlungsbeschlusses, auch nicht darauf, ob Rechtshandlungen des Verwalters nach seiner Abberufung (z. B. Entgegennahme von Zustellungen, von Zahlungen) der Gemeinschaft gegenüber wirksam sind, was bei Ungültigerklärung des Beschlusses durch das Gericht der Fall wäre. Freilich ist der Verwalter mit seiner Abberufung nicht mehr befugt, sein Amt auszuüben. Es bleiben aber bestimmte Rechte des Verwalters über seine Abberufung hinaus bestehen (vgl. BGH NJW **80** 466). Dazu zählt auch die Anfechtungsbefugnis des abberufenen Verwalters. Eine gleiche Auffassung wird bei Anwendung des § 84 AktG bezüglich der Anfechtungsbefugnis abberufener Vorstandsmitglieder vertreten (Kölner Kommentar z. AktG, § 84 Rdn. 68 ff, Großer Kommentar zum AktG § 84 Rdn. 29 ff; *Geßler/Hefermehl/Eckardt/Kropf,* AktG, § 84 Anm. 75). Zu allem *Merle* aaO 202.

Den Beschluß, mit dem ein neuer Verwalter bestellt wird, kann er nicht anfechten. Die Abberufung läßt sich auch nicht davon abhängig machen, daß eine Anfechtung des Beschlusses erfolglos bleibt (KG OLGZ **78** 179).

Zur *Heilung* einer vorschriftswidrigen Abberufung durch nachfolgenden Eigentümerbeschluß s. BayObLG ZMR **75** 288.

22 **7. Kündigung des Anstellungsvertrages:** Die Kündigung des Anstellungsvertrages muß dem Verwalter zugehen.

Dem Verwalter steht dann der Weg zum Gericht der Freiwilligen Gerichtsbarkeit offen, wenn er seine Vergütung geltend machen will.

Der Verwaltervertrag braucht, wenn er nicht mit dem Fortbestehen der Berufung zum Verwalter gekoppelt ist, mit der Abberufung nicht hinfällig zu werden: so, wenn die Abberufung nur aus einem wichtigen Grunde zulässig ist, im gegebenen Fall ein solcher Grund aber fehlt. Mangels Anfechtung bleibt dann die Abberufung bindend, der Verwalter verliert seine Befugnisse und seine Vollmachten (BayObLGZ **58** 238), der Verwaltervertrag sichert aber seine Ansprüche gegen die Gemeinschaft auf Vergütung, unter Umständen auch auf Schadensersatz nach Maßgabe des §§ 675, 615 BGB (BayObLGZ **74** 275); gegebenenfalls kann er aufrechnen (BayObLGZ **76** 165).

Kündigen kann auch der Verwalter, womit seine Anstellung beendigt wird; letzteres tritt auch mit dem Tod des Verwalters ein.

8. Folgen von Abberufung und Kündigung: Der Verwalter muß alle Urkunden und Unterlagen seiner Verwaltung herausgeben (BayObLGZ **75** 332) und über seine Einnahmen und Ausgaben abrechnen (OLG Stuttgart BWNotZ **76** 69). Die Raumeigentümer — auch der einzelne — können Unterlassung weiterer Tätigkeit verlangen. Der von seinem Nachfolger erstellte vertrauliche Bericht über die Tätigkeit des Vorgängers braucht nicht berichtigt zu werden (OLG Karlsruhe Justiz **78** 431). **23**

Wird der Abberufungsbeschluß aufgehoben (§ 43 Abs. 1 Nr. 4), etwa weil kein wichtiger Grund vorlag, verbleibt es bezüglich einer nach der Abberufung vom Verwalter im Rahmen seiner Zuständigkeit (§ 27) vorgenommenen Maßnahme, auch mit Wirkung gegen Dritte, bei deren Rechtsbeständigkeit.

V. Bestellung durch das Gericht (§ 26 Abs. 3 WEG, vgl. § 29 BGB) **24**

Das Gericht hat einen Verwalter gemäß §§ 43 Abs. 1 Nr. 3, 44 Abs. 3 zu bestellen, wenn kein Verwalter vorhanden (oder der vorhandene rechtlich oder tatsächlich verhindert) ist, jedoch nur in dringenden Fällen (Einberufung einer Versammlung) und nur bis zur Behebung des Mangels, also etwa bis zur Bestellung eines Verwalters durch die Raumeigentümer oder bis zu dem Zeitpunkt, in dem die Verhinderung des ursprünglichen Verwalters aufhört. Voraussetzung ist ein Antrag, den jeder Raumeigentümer oder ein Dritter stellen kann, der ein berechtigtes Interesse an der Bestellung eines Verwalters hat (z. B. ein Lieferant oder sonstiger Gläubiger). Antragsteller können auch Grundpfandgläubiger, Nießbraucher, Pächter, Mieter, eine öffentliche Behörde (*Soergel/Baur,* § 26 Rz. 12) sein. Der Richter wählt den Verwalter nach freiem Ermessen aus. Dieser erhält die Stellung des Verwalters mit der Annahme der richterlichen Berufung (OLG Hamm NJW **73** 2302); die Abberufung spricht der Richter aus (LG Dortmund MDR **66** 844). Soweit erforderlich, hat das Gericht mit dem von ihm bestellten Verwalter Näheres über dessen Rechte und Pflichten (z. B. seine Vergütung) zu vereinbaren. Unabhängig von der durch § 26 Abs. 3 gegebenen Möglichkeit kann jeder Raumeigentümer auch gemäß § 21 Abs. 4 § 43 Abs. 1 Nr. 1 die Bestellung einer geeigneten Person zum Verwalter verlangen. Der Notverwalter hat die gleiche Stellung wie der gewählte, er kann alle Geschäfte wahrnehmen, die diesem zustehen, z. B. Zustimmung nach § 12 erteilen (OLG Hamm OLGZ **67** 109). Seine Bestellung endet, ohne daß es eines Aufhebungsbeschlusses bedarf, mit dem Ablauf der Bestellungszeit, mit der Wahl eines Verwalters durch die Raumeigentümer (es kann auch der Notverwalter sein), bei gegebenem Anlaß auch durch Amtsenthebung durch richterlichen Beschluß (BayObLGZ **72** 250). Eines Anstellungsvertrages mit den Raumeigentümern bedarf es nicht, Vergütung steht dem Verwalter, wenn sie nicht durch den Richter bei der Bestellung festgelegt wurde, gemäß § 612 BGB zu, unter Umständen auch schon für die Zeit vor Rechtskraft des Bestellungsbeschlusses (OLG Hamm NJW **73** 2301). Streitigkeiten zwischen Wohnungseigentümern und dem Notverwalter sind im Verfahren der Freiwilligen Gerichtsbarkeit geltend zu machen (§ 43 Abs. 1 Nr. 2, str., doch drängt sich die entsprechende Anwendung dieser Bestimmung auf).

25 **VI. Nachweis der Verwaltereigenschaft: Abs. 5** befaßt sich mit dem Nachweis der Verwaltereigenschaft. Er gilt auch für die vor dem Inkrafttreten der Novelle vom 30. 7. 1973 gewählten Verwalter (OLG Köln MittRhNotK **77** 109). Ist der Verwalter durch Teilungserklärung oder Vereinbarung bestimmt worden, ist von der Vorlage eines Verwaltervertrages zum Nachweis der Verwaltereigenschaft abzusehen (OLG Oldenburg Rpfleger **79** 266).

26 Die Niederschrift begründet die Vermutung, daß die Verwaltereigenschaft bis zum vorgesehenen Endtermin weiterbesteht. Sie gilt auch für den in der Teilungserklärung berufenen Verwalter.

Zum Nachweis der Bevollmächtigung des Verwalters zur Bewilligung (§ 19 GBO) gegenüber dem Grundbuchamt s. aber BayObLGZ **78** 377. Außerhalb eines Antragsverfahrens keine vorsorgliche Aufnahme des Nachweises des Verwalterwechsels zu den Grundbuchakten (BayObLGZ **75** 264).

27 **VII. Verfahrensrechtliches:** Der Abberufungsbeschluß der Raumeigentümer ist so lange bindend, als er nicht aufgehoben wurde (BayObLGZ **76** 213), es sei denn, daß er nichtig ist. Wird der Beschluß für ungültig erklärt, ist die Abberufung rückwirkend beseitigt (BayObLGZ **76** 213). Streitigkeiten zwischen den Raumeigentümern und einem mit ihrem Einverständnis tätig gewordenen Verwalter fallen auch dann unter § 43 Abs. 1 Nr. 2, wenn sich ein eindeutiger Nachweis für eine Berufung (§ 26 Abs. 1) nicht führen läßt (KG MDR **81** 407).

Unter § 43 Abs. 1 Nr. 2 fallen auch Ansprüche der Raumeigentümer auf Unterlassung jeder weiteren Tätigkeit nach der Abberufung; solche Ansprüche können auch von einzelnen Raumeigentümern geltend gemacht werden (BayObLGZ **73** 147; OLG Stuttgart OLGZ **76** 8).

Zulässig ist ein Antrag festzustellen, daß der Verwalter wirksam bestellt wurde (KG OLGZ **76** 267).

§ 27

Aufgaben und Befugnisse des Verwalters

(1) Der Verwalter ist berechtigt und verpflichtet:

1. **Beschlüsse der Wohnungseigentümer durchzuführen und für die Durchführung der Hausordnung zu sorgen;**
2. **die für die ordnungsmäßige Instandhaltung und Instandsetzung des gemeinschaftlichen Eigentums erforderlichen Maßnahmen zu treffen;**
3. **in dringenden Fällen sonstige zur Erhaltung des gemeinschaftlichen Eigentums erforderliche Maßnahmen zu treffen;**
4. **gemeinschaftliche Gelder zu verwalten.**

(2) Der Verwalter ist berechtigt, im Namen aller Wohnungseigentümer und mit Wirkung für und gegen sie:

1. **Lasten- und Kostenbeiträge, Tilgungsbeträge und Hypothekenzinsen anzufordern, in Empfang zu nehmen und abzuführen, soweit es sich um gemeinschaftliche Angelegenheiten der Wohnungseigentümer handelt;**

2. alle Zahlungen und Leistungen zu bewirken und entgegenzunehmen, die mit der laufenden Verwaltung des gemeinschaftlichen Eigentums zusammenhängen;

3. Willenserklärungen und Zustellungen entgegenzunehmen, soweit sie an alle Wohnungseigentümer in dieser Eigenschaft gerichtet sind;

4. Maßnahmen zu treffen, die zur Wahrung einer Frist oder zur Abwendung eines sonstigen Rechtsnachteils erforderlich sind;

5. Ansprüche gerichtlich und außergerichtlich geltend zu machen, sofern er hierzu durch Beschluß der Wohnungseigentümer ermächtigt ist;

6. die Erklärungen abzugeben, die zur Vornahme der in § 21 Abs. 5 Nr. 6 bezeichneten Maßnahmen erforderlich sind.

(3) Die dem Verwalter nach den Absätzen 1, 2 zustehenden Aufgaben und Befugnisse können durch Vereinbarung der Wohnungseigentümer nicht eingeschränkt werden.

(4) Der Verwalter ist verpflichtet, Gelder der Wohnungseigentümer von seinem Vermögen gesondert zu halten. Die Verfügung über solche Gelder kann von der Zustimmung eines Wohnungseigentümers oder eines Dritten abhängig gemacht werden.

(5) Der Verwalter kann von den Wohnungseigentümern die Ausstellung einer Vollmachtsurkunde verlangen, aus der der Umfang seiner Vertretungsmacht ersichtlich ist.

Schrifttum

Peters, Instandhaltung von Wohnungseigentum, DWE **76** 44; *Stoll,* Durchsetzung von Gewährleistungsansprüchen am gemeinsamen Eigentum durch den Verwalter, SchlHA **77** 17; *Korff,* Umfang der Vertretungsbefugnis des Verwalters, DWE **77** 48; *Otto,* Rechtsstellung des Verwalters, AJZ **81** 453; *Canaris,* Inhaberschaft und Verfügungsbefugnis bei Bankkonten, NJW **73** 825; *Deckert,* Die Stellung des Verwalters bei der Verfolgung und Durchsetzung von Baumängel-Gewährleistungsansprüchen bezüglich des gemeinschaftlichen Eigentums und bei dessen Sanierung, BauR **81** 99; *Vitzthum,* Durchführung der Hausordnung durch den Verwalter, DWE **81** 106; Rechtsprechungsnachweis zu Verwalterfragen: DWE **74**, Heft 1 S. 13.

Übersicht

	Rdn.
I. Allgemeines zur Stellung des Verwalters	
1. Herstellung einer ordnungsmäßigen Verwaltung	1, 2
2. Vollzugsorgan	3
3. Einstellung von Hilfskräften	4
4. Verfügungen über Verwaltungsvermögen	5
5. Weitere gesetzliche Pflichten und Befugnisse	6
6. Kein Verbot anderweitiger Tätigkeit	7
7. Haftung	8
8. Vergütung	9
9. Vertretungsmacht	10
10. Pflichten nach Beendigung seines Amtes	11
11. Abdingbarkeit der Vorschrift	12
II. Aufgaben und Befugnisse des Verwalters	13
1. Durchführung von Beschlüssen	14—16
2. Instandsetzung und Instandhaltung des gem. Eigentums	17—20
3. Maßnahme in dringenden Fällen	21
4. Verwaltung gemeinschaftlicher Gelder	
a) Gemeinschaftliche Gelder	22—24
b) Getrennte Haltung	25
c) Verfügung über Gelder	26
III. Vertretungsmacht des Verwalters (Abs. 2 und 5)	
1. Allgemeines	27—31
2. Die gesetzlichen Einzelfälle	
a) Einziehung von Beiträgen	32, 33
b) Bewirkung von Leistungen	34
c) Entgegennahme von Willenserklärungen	35—37
d) Fristenwahrung	38
e) Gerichtliche und außergerichtliche Geltendmachung von Ansprüchen	39—44
f) Abgabe von Erklärungen	45

1 **I. Allgemeines zur Stellung des Verwalters**

§ 27 bestimmt im Abs. 1 das Mindestmaß der Aufgaben des Verwalters in seinem Verhältnis zu den Raumeigentümern, im Abs. 2 das Mindestmaß seiner Vertretungsbefugnis nach außen. Abs. 3 verbietet eine Einschränkung dieser Aufgaben und Befugnisse. Abs. 4 ergänzt Abs. 1 Nr. 4, Abs. 5 den Abs. 2. Die Abs. 4 und 5 sind abdingbar (§ 10 Abs. 1 Satz 2). Die Gemeinschaft der Raumeigentümer kann dem Verwalter weitere Aufgaben und Befugnisse erteilen; dies kann auch in der Teilungserklärung (§ 8) geschehen.

2 1. Die Tätigkeit des Verwalters muß ausgerichtet sein auf die Herstellung einer ordnungsmäßigen, den Interessen der Raumeigentümer dienenden Verwaltung des gemeinschaftlichen Eigentums. Er soll das gute Einvernehmen mit und unter den Raumeigentümern fördern, Vermittlung den Streitenden antragen, dem einzelnen Gehör schenken und für ausreichende Unterrichtung der Abwesenden über das Ergebnis der Versammlungen sorgen. Er muß die Eigentümer auf von ihm erkannte Schäden des Bauwerks (Hausrisse), deren mögliche Ursachen und Beseitigung aufmerksam machen, auf laufende Fristen für Gewährleistungsansprüche hinweisen und geeignete Maßnahmen zur Behebung der Schwierigkeiten vorschlagen, auch wenn er Bauträger ist und für diese Mängel einstehen muß. Andernfalls kann er sich schadensersatzpflichtig machen (OLG Schleswig SchlHA **80** 53). Vom Verständnis des Verwalters für seine Aufgabe hängt sehr oft das Gedeihen der Gemeinschaft ab, strenge Handhabung der Hausordnung allein reicht nicht aus. Rechtsberater der Eigentümer ist der Verwalter keinesfalls.

3 2. Der Verwalter ist *Vollzugsorgan* der Gemeinschaft, weisungsgebundener Sachwalter fremden Vermögens (BayObLGZ **72** 142). Ihm kommt kraft Gesetzes (Absatz 2) begrenzte Vertretungsmacht zu: insoweit wird sein Handeln der Gemeinschaft zugerechnet. Seine Befugnisse und Vertretungsmacht können durch Vereinbarung erweitert werden (KG NJW **75** 318; OLG Stuttgart NJW **66** 1036); er ist kein Verwalter im Sinne des § 2 Abs. 2 des WohnVermG vom 4. 11. 1971, er hat, wenn dieser nicht besonders vereinbart ist, keinen Anspruch auf Maklerlohn für die Vermittlung einer Eigentumswohnung (vgl. LG Aurich NJW **75** 544; str.).

4 3. Eine Ermächtigung, die Verwaltung ohne Mitspracherecht der Raumeigentümer einem Dritten voll zu übertragen, ist unwirksam (BayObLGZ **75** 327; s. aber auch OLG Frankfurt Rpfleger **76** 253). Doch darf der Verwalter *Hilfskräfte* (Hausmeister, Heizer, Reinemachefrauen) zur Erfüllung seiner Aufgaben einstellen, Untervollmachten im Bereich seiner Vertretungsbefugnis erteilen, aber nicht einem Dritten ohne Billigung der Raumeigentümer die Berechtigung geben, über Gelder des Fremdkontos der Gemeinschaft zu verfügen (vgl. OLG Hamburg, MDR **70** 1008).

5 4. Über *Verwaltungsvermögen* (Bargeld und Bankkonten) darf er zur Erfüllung schuldrechtlicher Verpflichtungen der Gemeinschaft verfügen (§ 27 Abs. 2 Nr. 2), im übrigen stets mit Einwilligung (§ 185 BGB) der Raumeigentümer. Das Bankkonto der Gemeinschaft darf er nur mit Zustimmung der Raumeigentümer überziehen (OLG Koblenz Betr. **79** 88).

6 5. *Weitere* gesetzliche Pflichten und Befugnisse des Verwalters ergeben sich aus §§ 24, 25 Abs. 4; 28, 43. Der Verwalter hat Einsicht in die Abrechnungsunterlagen zu gewähren, dies auch noch nach Beschlußfassung über seine Abrechnung; er ist außerhalb der Eigentümerversammlungen dem einzelnen Raumeigentümer grundsätzlich

nicht zu Auskünften verpflichtet, vornehmlich in Angelegenheiten, über die von den Eigentümern zu beschließen ist. Ein Individualanspruch auf Auskunftserteilung ist aber zu bejahen, soweit eine Pflicht zur Abrechnung (Rechnungslegung) besteht und in Angelegenheiten, die nicht Gegenstand der Eigentümerversammlung sind, an deren Aufklärung aber für den einzelnen ein berechtigtes gegenwärtiges Bedürfnis zu bejahen ist (BayObLGZ **72** 161). Zur Pflicht der Herausgabe von Bauunterlagen für einen Rechtsstreit der Eigentümer mit dem Bauunternehmer s. OLG Köln ZMR **81** 89.

6. Der Verwalter ist nicht gehindert, noch *andere* Tätigkeiten auszuüben und kann **7**
als Verwalter auch schon während des Gebäudebaues bestellt werden.

7. Zur *Haftung:* Der Verwalter ist für den gefahrlosen Zustand des gemeinschaft- **8**
lichen Eigentums verantwortlich, drohenden Gefahren muß er rechtzeitig begegnen (OLG Frankfurt Rpfleger **81** 399).

8. Für seine *Vergütung* (§ 612 BGB) — die Raumeigentümer haften dafür als Ge- **9**
samtschuldner — gibt es keine allgemeingültigen Sätze; es wird auf die Größe der Gemeinschaft und der Bauanlagen ankommen; die Richtsätze für öffentlich geförderten Wohnungsbau — 2. BestVO vom 22. 6. 1979 — können einen Anhalt geben. Mehrwertsteuer ist ihm nur, wenn vereinbart, zu erstatten (AG Vilbel ZMR **75** 85).

9. Inwieweit durch § 27 dem Verwalter die Befugnis zuerkannt wird, im *Namen* **10**
der *Gemeinschaft* und mit Wirkung *für* und *gegen* sie *Verträge* mit *Dritten* abzuschließen, ist umstritten. Es darf zunächst nicht unbeachtet bleiben, daß die Bestimmung in die Regelung der Verwaltung der Gemeinschaft eingereiht ist, die es mit dem Innenverhältnis zwischen Raumeigentümern und Verwalter zu tun hat. Des weiteren ist die Zuerkennung einer Vertretungsmacht von großer wirtschaftlicher Bedeutung für die Gemeinschaft, so daß es einer klaren Sprache bedarf, wenn der Gesetzgeber Vertretungsmacht begründen wollte. Absatz 2 spricht ausdrücklich von der Befugnis, namens der Gemeinschaft mit Wirkung für und gegen sie rechtsgeschäftlich tätig zu werden. Absatz 1 dagegen weist dem Verwalter Rechte und Befugnisse zu, die das Innenverhältnis zur Gemeinschaft angehen. Es fehlt aber hier der Ausspruch der Ermächtigung, im Außenverhältnis namens der Gemeinschaft tätig werden zu können. So hat der BGH hinsichtlich außergewöhnlicher, aber nicht dringlicher Instandhaltungsarbeiten bereits entschieden (BGH LM § 27 WEG Nr. 1); es muß auch gelten für die Ausführung von Beschlüssen, für die Instandsetzung und Instandhaltung des gemeinschaftlichen Eigentums sowie für die Verwaltung der gemeinschaftlichen Gelder. In allen diesen Fällen kann der Verwalter Verträge im eigenen Namen abschließen, die Eigentümer sind ihm zum Ersatz seiner Aufwendungen verpflichtet, er kann sie der Rücklage entnehmen, er hat aber keine Vertretungsmacht (BayObLGZ **78** 120; str.). Das gilt ebenso für die Geschäfte der laufenden Verwaltung, wie auch für die zur Erhaltung des Eigentums in dringenden Fällen erforderlichen Maßnahmen (Nr. 3); nicht anders ist die Rechtslage insoweit bezüglich des aufgrund § 21 Abs. 2 handelnden Raumeigentümers. Ist eine ausreichende Rücklage nicht vorhanden, wird der vorsichtige Verwalter bei aufwendigen Maßnahmen es der Eigentümerversammlung überlassen, über die Ergreifung der Maßnahme und ihre finanzielle Deckung zu entscheiden, wenngleich er an sich nach Absatz 1 den Raumeigentümern gegenüber berechtigt wäre, allein hierüber zu befinden. Eine entsprechende Anwendung des Absatzes 2 Nr. 4 kann nur in Fällen von ungewöhnlicher Dringlichkeit in Betracht kommen.

Andererseits steht es der Gemeinschaft zu, durch Gemeinschaftsordnung, Vereinbarung (Teilungserklärung) dem Verwalter in engem oder weitem Umfang Vertretungsmacht zu erteilen. Es läßt sich auch die Auffassung vertreten, daß mit der Beschlußfassung (Abs. 1 Nr. 1) oder mit der Bildung von Rücklagen für einen bestimmten Zweck der Verwalter stillschweigend ermächtigt wird, Verträge im Namen der Gemeinschaft mit Dritten abzuschließen, soweit der jeweils abgesteckte finanzielle Rahmen gewahrt wird (vgl. BGH MDR **78** 134). Dabei handelt es sich aber nicht um die Auslegung des Absatzes 1, sondern um die rechtliche Würdigung bestimmter Sachverhalte. Will der Verwalter namens der Gemeinschaft auftreten, muß er dies eindeutig zu erkennen geben. Schließlich kann auch eine Haftung der Gemeinschafter für die vom Verwalter getätigten Rechtsgeschäfte aufgrund der Regeln von der Duldungsvollmacht in Betracht kommen.

11 10. Nach *Beendigung* seines Amtes hat der Verwalter auch über seine *Kontenführung* Rechenschaft zu geben (§§ 259, 269 BGB; OLG Karlsruhe NJW **69** 1968; OLG Hamm OLGZ **75** 157).

12 11. *Abdingbarkeit:* Die dem Verwalter nach den Absätzen 1 und 2 des § 27 zustehenden Aufgaben und Befugnisse können auch durch Vereinbarung oder Teilungserklärung *nicht* abbedungen, wohl aber erweitert werden. Abs. 3 schließt indessen nicht aus, daß die Raumeigentümer in weitem Umfang dem Verwalter Richtlinien für die Führung der Geschäfte erteilen (LG Hamburg GrE **71** 47); sie können im einzelnen Fall in das Aufgabengebiet des Verwalters eingreifen z. B. bestimmte Instandsetzungsmaßnahmen beschließen, über die Anlegung der Rücklagegelder bestimmen. Daran ist der Verwalter gebunden. Über Beschwerden gegen seine Maßnahmen z. B. in dem ihm durch Gesetz zugewiesenen Bereich (z. B. Durchführung der Hausordnung: Umstellung der Heizung auf Nachttemperaturen schon am späten Nachmittag) entscheidet nicht die Versammlung der Raumeigentümer, sie kann den Verwalter auffordern, seine Anordnung zurückzunehmen; im Weigerungsfall muß der Streit vor Gericht ausgetragen werden (§ 43 Abs. 1 Nr. 2).

13 **II. Aufgaben und Befugnisse des Verwalters (Abs. 1 und 4)**

Sie sind gleichbedeutend mit seinen Pflichten und Rechten; sie können ihm durch Vereinbarung der Raumeigentümer weder entzogen noch eingeschränkt, wohl aber erweitert werden (Abs. 3). Im Streitfalle entscheidet über den Umfang seiner Aufgaben das Gericht der freiwilligen Gerichtsbarkeit nach § 43 Abs. 1 Nr. 2.

Im einzelnen gehören zu den unabdingbaren Rechten und Pflichten des Verwalters (außer seinem Recht, in den Fällen des § 43 Abs. 1 Nr. 2 und 4 — die als verfahrensrechtliche Vorschriften unabdingbar sind — das Gericht anzurufen):

14 1. Die *Durchführung* der Beschlüsse der Raumeigentümer, wozu auch das Recht des Verwalters gehört, gemäß § 43 Abs. 1 Nr. 4 die gerichtliche Entscheidung über die Gültigkeit solcher Beschlüsse zu beantragen, sowie die Sorge für die Durchführung der Hausordnung (§ 21); darüber hinaus steht es ihm zu, darauf hinzuwirken, daß die Raumeigentümer ihre Pflichten (§ 14) erfüllen, bei gröblichen Verstößen gegen diese Pflichten die im § 18 Abs. 2 Nr. 1 vorgesehene Abmahnung auszusprechen (Abs. 1 Nr. 1). Der Verwalter kann Feststellung der Pflichten der Raumeigentümer begehren, die sich aus der Hausordnung für jeden von ihnen ergeben (OLG OLGZ **70** 399), gegenüber Fremden das Hausrecht wahrnehmen. Zur Verpflichtung, Verbotsschilder zur Verhinderung der Aufstellung von Fahrzeugen auf freiem Gelände der Wohnanlage anzubringen s. BayObLG MDR **81** 937. Außerbetriebsetzung einer Heizanlage muß rechtzeitig angesagt werden.

Auch anfechtbare Beschlüsse wird er durchführen dürfen und deren Anfechtung den Wohnungseigentümern überlassen können, im besonderen, wenn das Zustandekommen des Beschlusses zwar an formellen Fehlern leidet, sachlich der Beschluß mit ordnungsmäßiger Verwaltung des gemeinschaftlichen Eigentums aber zu vereinbaren ist (vgl. BayObLG ZMR **75** 84). Nichtige Beschlüsse sind nicht zu beachten; besteht die Gemeinschaft darauf, muß er Feststellung der Nichtigkeit herbeiführen (§ 43 Abs. 1 Nr. 4), ohne an Fristen gebunden zu sein. **15**

Weisungen, die ihm durch Beschlüsse der Gemeinschaft erteilt werden, sind nach § 43 Abs. 1 Nr. 4 anfechtbar; es ist also die Frist des § 23 Abs. 4 einzuhalten (BayObLGZ **72** 246). Andererseits kann das Gericht angerufen werden, wenn der Verwalter beschlossene Maßnahmen nicht oder nicht ordentlich durchführt; es kann ihn anweisen, bestimmte Maßnahmen zu ergreifen (Frankfurt OLGZ **80** 80). **16**

2. Die Sorge für die *ordnungsmäßige Instandhaltung* und *Instandsetzung* des gemeinschaftlichen Eigentums. Dabei hat der Verwalter die hierzu erforderlichen Maßnahmen aus eigener Entschließung, ohne daß er dazu eines Eigentümerbeschlusses bedarf, zu treffen. Doch ermächtigt die Vorschrift den Verwalter nicht, wie die Fassung des Absatzes 1 im Gegensatz zu der des Absatzes 2 ergibt, durch solche Maßnahmen die Raumeigentümer *unmittelbar* gegenüber Dritten zu verpflichten, die Instandsetzungs- und Instandhaltungsaufträge ohne vorherigen Beschluß der Raumeigentümer in deren Namen zu vergeben (vgl. BGHZ **67** 232; s. Rdn. 10). **17**

Hat die Gemeinschaft durch Beschluß bestimmte Instandhaltungs- und Instandsetzungsmaßnahmen beschlossen, obliegt deren Ausführung dem Verwalter (§ 27 Abs. 1 Nr. 1). Lehnt sie solche Maßnahmen ab, kann sich demgegenüber der Verwalter nicht auf seine Befugnis (§ 27 Abs. 1 Nr. 2) berufen; denn die Anordnung solcher Maßnahmen steht in erster Linie der Gemeinschaft zu (§ 21 Abs. 5 Nr. 2). Er wird es den seine Auffassung teilenden Raumeigentümern überlassen, eine andere Entscheidung (§ 21 Abs. 4) herbeizuführen. Zur ordnungsmäßigen Instandhaltung zählen ungewöhnliche Reparaturen geringeren Umfangs, auch wenn es sich um ursprüngliche Baumängel handelt (OLG Köln OLGZ **78** 7). **18**

Unter die Vorschrift fallen Maßnahmen tatsächlicher wie rechtlicher Art: Reparaturen, die sich durch Abnutzung, Witterungseinflüsse, Erschütterungen seitens des Straßenverkehrs u. a. ergeben, Anstellung des Hausmeisters (Instandhaltung!), Beauftragung Dritter mit der Reinigung der Gebäude. Zur Streupflicht s. OLG Frankfurt Rpfleger **81** 399. Einkauf von Heizöl wird von Nr. 2 nicht erfaßt, anders Ankauf von Ersatzdachziegeln und Ersatzbeleuchtungskörpern, die Ersatzbeschaffung für unbrauchbar gewordene Staubsauger und Gartengeräte. Mit sich selbst kann der Verwalter keinen Vertrag schließen, es sei denn, daß er dazu ermächtigt ist (§ 181 BGB; BayObLGZ **73** 147). Seine Aufwendungen sind Verwaltungskosten (§§ 16 Abs. 2, 21 Abs. 5 Nr. 4); er darf sie aus der Rücklage, gegebenenfalls aus einer außerordentlichen Umlage entnehmen. **19**

Zu *baulichen* Veränderungen und Aufwendungen, die über die ordnungsmäßige Instandhaltung und Instandsetzung hinausgehen, ist der Verwalter nach dem Gesetz nicht befugt (§ 22); er kann aber von der Gemeinschaft dazu ermächtigt werden. Er kann auch nicht Mängel des Gebäudes beseitigen lassen, hinsichtlich derer gerade gegen ihn Gewährleistungsansprüche bestehen (Köln OLGZ **78** 7). Die Errichtung eines Kinderspielplatzes ist keine Instandhaltung (LG Mannheim ZMR **76** 51). Zur Anschaffung von Mülltonnen s. LG Essen ZMR **66** 334. **20**

21 3. Darüber hinaus in *dringenden* Fällen die Ergreifung sonstiger (d. h. über die ordnungsmäßige Instandhaltung und Instandsetzung hinausgehender) Maßnahmen, die zur Erhaltung des gemeinschaftlichen Eigentums (also zur Abwendung diesem drohender Schäden) erforderlich sind (Abs. 1 Nr. 3; vgl. § 21 Abs. 2). Anders als in § 21 Abs. 2 wird nicht Abwehr eines **unmittelbar** drohenden Schadens gefordert; doch muß die Maßnahme notwendig, die Erhaltung des gemeinschaftlichen Eigentums nicht mehr sicher sein, wenn man erst eine Gemeinschafterversammlung einberufen wollte. Die zu treffende Maßnahme braucht nicht ordnungsmäßig im Sinne des § 21 Abs. 3 zu sein (z. B. Abbruch einer Wand wegen Einsturzgefahr, die durch Großbrand, Explosion oder orkanartige Stürme verursacht wurde). Instandsetzung von Schäden, die nach einer Überschwemmung oder eines sonstigen ungewöhnlichen Ereignisses notwendig werden, aber nicht umgehender Ausführung bedürfen, fällt unter Ziff. 2. In Fällen der Nr. 3 darf auch in das Sondereigentum eingegriffen werden, wenn sonst die Erhaltung des gemeinschaftlichen Eigentums nicht möglich wäre (z. B. Behebung eines Wasserrohrbruches innerhalb des Sondereigentums während der Abwesenheit des Eigentümers).

Der Verwalter handelt auch hierbei nicht als gesetzlicher Vertreter der Raumeigentümer; er hat Anspruch auf Ersatz seiner Aufwendungen und deren Entnahme aus der Rückstellung (ähnlich § 21 Abs. 2; offen gelassen in BGH NJW **77** 44; str.).

22 **4. Die Verwaltung der gemeinschaftlichen Gelder** (Abs. 1 Nr. 4, Abs. 4)

a) Zu den gemeinschaftlichen Geldern gehören die Vorschüsse auf die Lasten und Kosten (§ 16 Abs. 2, § 28 Abs. 2), Rückstellungsbeträge für die Instandhaltung (§ 21 Abs. 5 Nr. 4), Einnahmen aus der Vermietung oder Verpachtung gemeinschaftlichen Eigentums (§ 16), Rückstellungen für besondere Zwecke (z. B. neue Waschmaschinen), nicht eine Versicherungssumme.

23 Die gemeinschaftlichen Gelder gehören den Raumeigentümern in Bruchgemeinschaft (§ 10, § 741 BGB); sie sind nicht gemeinschaftliches Eigentum im Sinne des § 1 Abs. 5 WEG (vgl. *Merle,* Wohnungseigentum im System des bürgerlichen Rechts, S. 113). Mit der Veräußerung des Raumeigentums geht der Anteil des veräußernden Eigentümers an den gemeinschaftlichen Geldern auf den Erwerber nicht ohne weiteres über (§ 6). Kein Mitglied der Gemeinschaft kann einseitig die Aufhebung der Gemeinschaft an den Geldern verlangen. Pfändbar ist der Anspruch auf Auszahlung des Betrages, der nach Berichtigung der gemeinschaftlichen Verbindlichkeiten durch Beschluß der Gemeinschaft dem einzelnen Raumeigentümer zufällt. Im Konkurs des Raumeigentümers ist § 51 KO zu beachten. Zu allem s. *Weitnauer/Hauger,* § 27 Rdn. 16 f — dort auch Überblick über das Schrifttum.

24 Der Verwalter ist, wenn ihm die Gemeinschaft nicht weitergehende Verfügungsbefugnis einräumt, im Verhältnis zu den Raumeigentümern zur Entnahme von Bargeld und zur Verfügung über Konten der Raumeigentümer befugt, soweit es sich um den Ersatz seiner Aufwendungen für alle jene Maßnahmen handelt, die er in Ausübung der ihm nach Abs. 1 Nr. 1 mit 4 zustehenden Befugnissen nach Maßgabe des jeweiligen Wirtschaftsplanes ergriffen hat und ergreifen durfte. Zur Überziehung des Bankkontos der Gemeinschaft oder zur sonstigen Kreditaufnahme zu Lasten der Gemeinschaft bedarf er der ausdrücklichen Ermächtigung (OLG Koblenz Betr. **79** 788). Zur Bewirkung von Zahlungen im Rahmen des Abs. 2 Nr. 2 s. Rdn. 34.

25 **b)** Der Verwalter hat die gemeinschaftlichen Gelder von seinem Vermögen *gesondert* zu halten (Abs. 4 Satz 1); die Vermischung eignen Geldes mit dem der Gemein-

schaft muß vermieden werden. Bargeld wird der Verwalter in einer besonderen Kasse verwahren. Auf welchen Konten Gelder der Gemeinschaft zu führen sind, schreibt das Gesetz nicht vor. Verwendung eines dem Verwalter eignen Kontos scheidet hierfür aus, weil dadurch nicht nach außen verlautbart wird, daß es sich bei diesem Guthaben um fremdes, dem Verwalter nicht zustehendes handelt. In Betracht kommen die Anlage auf einem *Fremdkonto* (gegebenenfalls Anderkonto), das auf den Namen der Gemeinschafter lautet (über das der Verwalter entsprechend der Absprache der Gemeinschaft mit dem jeweiligen Kreditinstitut verfügen darf, s. aber Abs. 4 Satz 2) und das sog. *offene Treuhandkonto,* das durch die Kontenbezeichnung erkennen läßt, daß es sich um fremde, nämlich der Gemeinschaft gehörende Gelder und Guthaben handelt. Bezeichnungen wie „Hauskonto", auf den Namen des Verwalters angelegt (BayObLGZ **72** 144; *Pick* JR **72** 99, 101), „Verwaltungskonto, Eigentumswohnungen X" (BGH WM **75** 1200) geben zu berechtigten Zweifeln Anlaß. Für ausreichend hat das BayObLG (Rpfleger **79** 266), die Bezeichnung „Hausgemeinschaft ..., Straße Nr. ..., Vermögens- und Verwaltungskonto" angesehen. Der Auffassung des OLG Hamburg (MDR **70** 1008), wonach das Konto des Verwalters, über das der gesamte Geschäftsverkehr der Gemeinschaft abgewickelt wird, schon deshalb ein Fremdkonto sei, kann nicht zugestimmt werden (kritisch auch *Soergel/Lippisch/Häuser* BGB, Vorb. vor § 607 Rdn. 65). Zum offenen Treuhandkonto s. auch BGHZ **61** 72; BGH Betr. **76** 98; zu den Allg. Geschäftsbedingungen der Banken, Anderkonto NJW **79** 1441, zu allem *Sühr,* Eröffnung von Konten für Wohnungseigentümergemeinschaften WM **78** 806 und OLG Frankfurt OLGZ **80** 413. Das Fremdkonto unterliegt nicht dem Zugriff der Gläubiger des Verwalters. Der Bank steht wegen Forderungen gegen den Verwalter kein Pfandrecht, kein Zurückbehaltungsrecht und kein Recht zur Aufrechnung zu (BGH DB **73** 2041), im Konkursverfahren des Verwalters haben die Raumeigentümer Aussonderungsrechte (§§ 43 ff KO). Da die Vorschrift abdingbar ist, kann aber auch eine andere Anlegung z. B. auf einem Sammelkonto oder einem Sonderkonto des Verwalters vereinbart oder durch Teilungserklärung bestimmt werden. Mehrheitsbeschluß genügt nicht.

c) Inwieweit der Verwalter über Bankguthaben verfügen darf, richtet sich im Außenverhältnis zum Kreditinstitut nach den jeweiligen Abmachungen mit diesem aus. **26**
Die Verfügung des Verwalters über gemeinschaftliche Gelder kann auch von der Zustimmung eines Raumeigentümers oder eines Dritten abhängig gemacht werden (Abs. 4 Satz 2). Das ist an sich verständlich, weil es sich um die Verwaltung von Fremdgeldern handelt, kann aber für den Verwalter einer großen Raumeigentümergemeinschaft lästig werden und zu erheblichen Schwierigkeiten führen. Abs. 4 Satz 2 will klarstellen, daß hierin keine (nach Abs. 3 unzulässige) Einschränkung der Verwalterbefugnis des Verwalters (Abs. 2 Nr. 4) liegt, enthält also keinen Widerspruch zu Abs. 3, sondern verhält sich zu ihm wie die Ausnahme zur Regel. Die Beschränkung der Verfügungsmacht des Verwalters kann durch Vereinbarung getroffen werden, auch die Gemeinschaftsordnung kann sie vorsehen. Sie läßt sich auch noch nachträglich durch einstimmigen Beschluß aussprechen und kann ebenso wieder aufgehoben werden. Denkbar ist auch die Beschränkung von einer bestimmten Höhe ab, so daß sie für den Verwalter einer großen Gemeinschaft nicht zu lästig wird. Die Eigentümer können beschlußmäßig auch anordnen, daß der Geldverkehr über eine bestimmte Bank (Sparkasse) stattzufinden hat. Aber der einzelne Raumeigentümer kann nicht verlangen, daß zur Einzahlung ein bestimmtes Bankkonto errichtet werde (BayObLG Rpfleger **77** 266).

27 **III. Vertretungsmacht des Verwalters (Abs. 2 und 5)**

1. Allgemeines

Abs. 2 bezeichnet das Mindestmaß der Angelegenheiten, in denen der Verwalter berechtigt ist, im *Namen aller Raumeigentümer* mit Wirkung für und gegen sie zu handeln; der Kreis dieser Angelegenheiten darf erweitert, aber nicht eingeschränkt werden (Abs. 3). In diesen Angelegenheiten hat also der Verwalter (anders als in den im Abs. 1 bezeichneten) die vom Gesetz eingeräumte Befugnis, die Raumeigentümer zu vertreten und sie unmittelbar zu verpflichten; er ist insoweit ihr gesetzlicher Vertreter (BGH NJW **81** 282). Die gesetzliche Vertretungsmacht dauert zu Lasten ausgeschiedener Raumeigentümer solange fort, als gemeinschaftliche Verpflichtungen der Raumeigentümer gegenüber Dritten aus der Zeit der Zugehörigkeit noch abzuwickeln sind.

28 Als gesetzlicher Vertreter der Raumeigentümer ist der Verwalter an § 181 BGB *gebunden;* er kann also nicht mit sich selbst kontrahieren, es sei denn, daß er hierzu besonders ermächtigt worden ist oder das Rechtsgeschäft ausschließlich in der Erfüllung einer Verbindlichkeit besteht.

29 Im Abs. 2 wird der Verwalter zur Vornahme der hier angeführten Handlungen nur als *berechtigt,* nicht (wie im Abs. 1) auch als verpflichtet bezeichnet. Er muß hierzu aber auch insoweit als verpflichtet angesehen werden, wie eine ordnungsmäßige Verwaltung (§ 21 Abs. 4) das erfordert.

30 Da die Gemeinschaft der Raumeigentümer keiner registergerichtlichen Aufsicht unterliegt, hat der Verwalter (außer bei Bestellung durch das Gericht nach § 26 Abs. 2) keinen amtlichen Ausweis über seine Vertretungsbefugnis. Deshalb hat er gegen die Raumeigentümer einen gesetzlichen *Anspruch* auf Ausstellung einer *Vollmachtsurkunde,* aus der seine Stellung als Verwalter und (mit Rücksicht auf die Möglichkeit einer vertraglichen Erweiterung seiner *Vertretungs*befugnis) der Umfang seiner Vertretungsmacht ersichtlich ist (Abs. 5). Den Anspruch kann der Verwalter nach § 43 Abs. 1 Nr. 2 geltend machen. Bei Abberufung des Verwalters gelten hinsichtlich seiner Vertretungsmacht §§ 172 Abs. 2; 173, 175, 176 BGB.

31 Für die Erteilung der Vollmachtsurkunde genügt Mehrheitsbeschluß. Der nach § 26 Abs. 3 berufene Notverwalter weist sich durch den gerichtlichen Beschluß aus, der auch den Umfang seiner Aufgaben und Befugnisse erkennen lassen soll. Will der Verwalter aufgrund eines besonderen Beschlusses der Gemeinschaft tätig werden, der ihm Einzelvollmacht für bestimmte Angelegenheiten erteilt, kann er sich durch beglaubigte Abschrift des Beschlusses legitimieren; zum Grundbuchverkehr s. § 26 Rdn. 26.

32 **2. Die gesetzlichen Einzelfälle**

a) *Anforderung, Empfangnahme und Abführung der Lasten- und Kostenbeiträge, Tilgungsbeiträge und Hypothekenzinsen,* soweit es sich um gemeinschaftliche Angelegenheiten der Raumeigentümer handelt. Sache des Verwalters ist es, die nach § 16 Abs. 2 von den Raumeigentümern zu tragenden Lasten und Verwaltungskosten des gemeinschaftlichen Eigentums von den einzelnen Raumeigentümern anzufordern, einzuziehen und an die Berechtigten abzuführen. Tilgungsbeträge gehören weder zu den Lasten noch zu den Verwaltungskosten und mußten deshalb hier besonders erwähnt werden, um ihre Einziehung durch den Verwalter, die zweckmäßig erschien, zu ermöglichen. Hypothekenzinsen, Erbbauzinsen (OLG Karlsruhe Justiz **62** 89), Grundsteuern gehören ebenso wie Grundschuldzinsen und Renten zu den Lasten des gemeinschaftlichen Eigentums. Die Vorschrift bezieht sich auf Belastungen des gemeinschaftlichen Eigentums, nicht auf Belastungen eines einzelnen Raumeigentums; doch kann der Verwalter auch insoweit durch besondere Vereinbarung mit der Einziehung und Abführung der Zinsen und Tilgungsbeträge beauftragt werden (BayObLG Rpfleger **78** 256; KG NJW **75** 318). Bei der Einziehung der in Nr. 1 bezeichneten Beträge macht der Verwalter nicht die Ansprüche der Gläubiger gegen die Gemeinschaft der Raumeigentümer, sondern die aus § 16 Abs. 2 sich ergebenden Ansprüche der Raumeigentümergemeinschaft gegen die einzelnen Raumeigentümer geltend; er handelt also als Vertreter nicht der Gläubiger, sondern der Raumeigentümergemeinschaft; zur gerichtlichen Geltendmachung ist er nur im Rahmen der Nr. 5 berechtigt. Der einzelne Miteigentümer kann sich von seiner Leistungsverpflichtung gegenüber der Gemeinschaft nicht durch Zahlung der Zinsen und Tilgungen unmittelbar an die Gläubiger befreien (BayObLG NJW **58** 1824).

Ist die auf dem Grundstück ruhende hypothekarische Belastung auf die einzelnen **33** Miteigentumsanteile aufgeteilt worden und damit eine Gesamthypothek entstanden (BayObLG DNotZ **74** 78), darf auch hier der Verwalter Tilgungen und Zinsen einziehen. Zur Ausgleichspflicht bei Zahlungen auf die Gesamthypothek durch einen Miteigentümer s. BayObLGZ **73** 142. Einziehung der Beiträge für Kosten und Lasten der Gemeinschaft ist erst zulässig, wenn darüber Beschluß gefaßt wurde.

b) *Bewirkung und Entgegennahme aller Zahlungen und Leistungen, die mit der lau-* **34** *fenden Verwaltung des gemeinschaftlichen Eigentums zusammenhängen* (Nr. 2), z. B. Bezahlung der von der Gemeinschaft geschuldeten Löhne, Versicherungsbeiträge, öffentlichen Umlagen, Aufwendungen für die Treppenhaus- und Kaminreinigung, die Versorgung mit Wasser, Gas und elektrischem Strom und die Lieferung von Heizmaterial. Darunter fallen ferner die Abnahme geleisteter Arbeiten und Lieferungen; Fristsetzungen; Mängelrügen; Entgegennahme einer Entschädigung im Enteignungsverfahren. Doch müssen die Zahlungen und Leistungen mit laufender Verwaltung zusammenhängen und sich nach dem Wirtschaftsplan ausrichten (§ 28), im Rahmen einer ordnungsmäßigen Verwaltung liegen. Abs. 2 Nr. 2 bezieht sich aber nur auf die Erfüllung bereits bestehender Verpflichtungen der Gemeinschaft, nicht auf die Schaffung neuer. Diese richtet sich nach Gesetz, Gemeinschaftsordnung, Vereinbarungen und Mehrheitsbeschlüssen aus, soweit sich nicht schon aus dem allgemeinen Auftrag, die laufende Verwaltung zu führen, eine Vertretungsmacht des Verwalters ergibt. Es kommen nur Verwendungen für das gemeinschaftliche Eigentum, nicht solche für das Sondereigentum in Frage. Auf Gestaltungsrechte, z. B. Wandlung, Rücktritt, erstreckt sich die Vorschrift (§ 27 Abs. 2 Nr. 2) nicht.

c) *Entgegennahme von Willenserklärungen und Zustellungen, soweit sie an alle* **35** *Raumeigentümer in dieser Eigenschaft gerichtet sind* (Nr. 3). Bei den Willenserklärungen, die der Verwalter entgegennehmen kann, handelt es sich z. B. um Mahnungen, um die Kündigung einer auf dem Grundstück lastenden Hypothek oder des Miet- oder Pachtvertrages über Räume oder Grundstücksteile, die im gemeinschaftlichen Eigentum stehen. Bei gerichtlichen Zustellungen — z. B. in einem Rechtsstreit gegen alle Raumeigentümer als solche oder in einem Verfahren nach § 43 Abs. 1 — ist der Verwalter Zustellungsbevollmächtigter (§§ 174 ff ZPO), nicht Verfahrensbevollmächtigter (§ 81 ZPO). Über Zustellungen an ihn muß der Verwalter in geeigneter Weise die Raumeigentümer, gegebenenfalls auch ausgeschiedene, unterrichten (OLG Köln ZMR **80** 190). Zustellung an die Raumeigentümer selbst statt an den Verwalter ist nicht unwirksam, Zustellungen kann der Verwalter nicht entgegennehmen, wenn er Gegner der Raumeigentümer ist, an die zugestellt werden soll (§ 185 ZPO; BayObLG Rpfleger **78** 320: Anfechtung eines Eigentümerbeschlusses); das Gericht kann dann auf Antrag einen anderen gemeinsamen Zustellungsbevollmächtigten bestellen (BayObLGZ **73** 145; OLG Stuttgart OLGZ **76** 8; str.).

Zustellungen, die an die Wohnungseigentümer in dieser Eigenschaft gerichtet sind, können durch Übergabe nur einer Ausfertigung oder Abschrift des zuzustellenden Schriftstücks an den Verwalter vorgenommen werden (BGH NJW **81** 282); § 189 Abs. 2 ZPO ist nicht anzuwenden. Ist in der Antragsschrift ein Wohnungseigentümer versehentlich nicht mitaufgeführt, berührt dies die Zustellung nicht (BGB aaO). Im Verlauf des Antragsverfahrens ist aber dem Mangel durch Benennung des übersehenen Gemeinschafters abzuhelfen.

36 Die Aufhebung eines Beschlusses der Raumeigentümer (§ 43 Abs. 1 Nr. 4) kann dem Verwalter zugestellt werden, auch wenn er zunächst am Verfahren nicht beteiligt war.

37 Im Zwangsversteigerungsverfahren eines Wohnungseigentümers sind die übrigen Wohnungseigentümer Beteiligte im Sinne des § 9 ZVG; dem Verwalter kann für sie die Bestimmung des Versteigerungstermins zugestellt werden (OLG Stuttgart NJW **66** 1036).

38 d) *Ergreifung von Maßnahmen, die zur Wahrung einer Frist oder zur Abwendung eines sonstigen Rechtsnachteils erforderlich sind* (Nr. 4). Zu wahrende Fristen sind vor allem Verjährungs-, Ausschluß- und Rechtsmittelfristen, aber auch sonstige Fristen (z. B. für die Kündigung einer Versicherung (AG Karlsruhe VersR **80** 820; LG Essen VersR **79** 80) oder die Erhebung von Mängelrügen, rechtsgeschäftlich bestimmte Fristen). Zur Abwendung sonstiger Rechtsnachteile können z. B. Anträge im Zwangsvollstreckungsverfahren, auf Einleitung eines Beweissicherungsverfahrens (BayObLGZ **76** 212; BGHZ **67** 246), Widerspruch gegen den Mahnbescheid, Anträge in Verwaltungsverfahren, Anfechtung von Willenserklärungen, erforderlich sein. Die nach Bauvorschriften etwa notwendige Zustimmung zu Ausführungen von Bauarbeiten, die Nachbarn vornehmen wollen, kann der Verwalter nicht erteilen; darüber entscheidet die Eigentümerversammlung (§ 21 Abs. 4).

39 e) *Gerichtliche und außergerichtliche Geltendmachung von Ansprüchen der Raumeigentümergemeinschaft,* jedoch nur, wenn der Verwalter durch Beschluß der Raumeigentümer hierzu ermächtigt ist (Nr. 5). Die Gemeinschaft der Raumeigentümer ist nicht parteifähig (OLG Koblenz MDR **76** 936; zu ihrer Bezeichnung in Passivverfahren s. BGH NJW **77** 1686). Deshalb wird dem Verwalter die gerichtliche und außergerichtliche Geltendmachung von Ansprüchen der Gemeinschaft zuerkannt, wenn er dazu durch Beschluß ermächtigt ist. Die Ermächtigung kann allgemein, auch durch die Teilungserklärung erteilt werden (BayObLG DWE **79** 122); es muß sich um Ansprüche handeln, die allen Raumeigentümern zustehen und über die einheitlich zu entscheiden ist (BayObLG ZMR **80** 251). Die Ermächtigung kann auch für einen Einzelfall ausgesprochen werden; sie ist nicht mehr erforderlich, wenn dem Verwalter Verfahrensvollmacht erteilt wurde (BayObLG MDR **80** 57). Sie kann vom Verwaltungsbeirat — mangels einer Vereinbarung — nicht rückgängig gemacht werden (BayObLG Rpfleger **80** 23). Eine in der Gemeinschaftsordnung erteilte Ermächtigung unterliegt im Einzelfall späterer Einschränkung durch Beschluß (BayOblG Rpfleger **80** 23). Die Ermächtigung gilt für alle Rechtszüge (BayObLG ZMR **79** 56). Der durch Mehrheitsbeschluß mit der gerichtlichen Geltendmachung von Ansprüchen der Gemeinschaft ermächtigte Verwalter kann einen Rechtsanwalt zur Führung des Rechtsstreites bestellen (BayObLG ZMR **80** 253). Zustellungen sind alsdann nur noch an diesen zu machen (§ 176 ZPO). Der Verwalter kann die Raumeigentümer nicht vertreten in einem Verfahren, das gegen ihn gerichtet ist (OLG Stuttgart OLGZ **76** 8).

Der Verwalter wird bei gerichtlicher Geltendmachung Verfahrensbevollmächtigter (§ 81 ZPO) für Aktivprozesse der Gemeinschaft (z. B. gegen Handwerker wegen mangelhafter Ausführung von Instandsetzungsarbeiten oder gegen Lieferanten wegen mangelhafter Lieferung), im Falle des § 18 Abs. 1, § 51 gegen einen Raumeigentümer. Zur Geltendmachung von Gewährleistungs- und Mängelbeseitigungsansprüchen s. § 8 Rdn. 7 ff. Fehlt die Ermächtigung, so ist der Verwalter nur Zustellungsbevollmächtigter nach Nr. 3. Nur diese Stellung hat er auch in Passivprozessen, soweit nicht etwas anderes vereinbart ist. Mit der Ungültigkeitserklärung des die Ermächtigung aussprechenden Beschlusses entfällt rückwirkend auch die Ermächtigung des Verwalters (BayObLGZ **76** 211). Die ihm erteilte Ermächtigung kann der Verwalter Dritten gegenüber weder abändern noch nach eigenem Ermessen aufheben oder auf einen andern übertragen (BayObLG NJW **71** 760); sie gibt ihm auch nicht die Befugnis, Gestaltungsrechte auszuüben. Zur Einleitung eines Beweissicherungsverfahrens bedarf er der Ermächtigung nicht (BayObLG Rpfleger **76** 364), zur Geltendmachung von Ansprüchen gegen den abberufenen Verwalter ist nicht Berufung eines neuen erforderlich. **40**

Die Raumeigentümer können den Verwalter (durch Mehrheitsbeschluß, wenn dies einer ordnungsmäßigen Verwaltung entspricht) auch ermächtigen, Ansprüche der Gemeinschaft z. B. auf Nachbesserung von Baumängeln im eigenen Namen (Leistung an ihn) gerichtlich geltend zu machen (Verfahrensstandschaft BGHZ **74** 267; BGH NJW **81** 282; BayObLGZ **71** 316; **70** 69; OLG Hamburg MDR **66** 146; dies gilt aber nur für Aktivstreitigkeiten (BayObLG Beschl. v. 20. 8. 1981 2 Z 27/80; BayObLGZ **75** 238). Zum rechtlichen Interesse an der Prozeßstandschaft s. BGHZ **70** 395. **41**

Die Verfahrensstandschaft darf der Verwalter durch einseitige Erklärung gegenüber den Raumeigentümern aus wichtigem Grund aufgeben. Soll die Frist des § 23 Abs. 4 gewahrt werden, muß sich der Verwalter bei Antragstellung auf seine Verfahrensstandschaft berufen (BayObLG ZMR **81** 249). **42**

Hat ein Verwalter in Verfahrensstandschaft einen Titel erwirkt und wird er dann abberufen, kann der Titel nicht auf den Namen des neuen Verwalters umgeschrieben werden (LG Hannover NJW **70** 436). **43**

Dem Verwalter kann schließlich Prozeßvollmacht im Sinne des § 81 ZPO erteilt werden. **44**

f) *Abgabe von Erklärungen, die zur Vornahme der im § 21 Abs. 5 Nr. 6 bezeichneten Maßnahmen* (Herstellung einer Fernsprechteilnehmereinrichtung, einer Rundfunkempfangsanlage oder eines Energieversorgungsanschlusses zugunsten eines Raumeigentümers) erforderlich sind (Nr. 6), insbesondere der Eigentümererklärung nach der Fernsprechordnung vom 24. 11. 1939 (vgl. § 21 Abs. 5 Nr. 6). **45**

§ 28

Wirtschaftsplan, Rechnungslegung

(1) Der Verwalter hat jeweils für ein Kalenderjahr einen Wirtschaftsplan aufzustellen. Der Wirtschaftsplan enthält:

1. **die voraussichtlichen Einnahmen und Ausgaben bei der Verwaltung des gemeinschaftlichen Eigentums;**
2. **die anteilmäßige Verpflichtung der Wohnungseigentümer zur Lasten- und Kostentragung;**

3. die Beitragsleistung der Wohnungseigentümer zu der in § 21 Abs. 5 Nr. 4 vorgesehenen Instandhaltungsrückstellung.

(2) Die Wohnungseigentümer sind verpflichtet, nach Abruf durch den Verwalter dem beschlossenen Wirtschaftsplan entsprechende Vorschüsse zu leisten.

(3) Der Verwalter hat nach Ablauf des Kalenderjahres eine Abrechnung aufzustellen.

(4) Die Wohnungseigentümer können durch Mehrheitsbeschluß jederzeit von dem Verwalter Rechnungslegung verlangen.

(5) Über den Wirtschaftsplan, die Abrechnung und die Rechnungslegung des Verwalters beschließen die Wohnungseigentümer durch Stimmenmehrheit.

Schrifttum

Happ, Abrechnung über die Verwaltung von Wohnungseigentümeranlagen im Spiegel der Rechtsprechung, DWE **79** 4; *Otto,* Keine Einzelabrechnung bei Verwalterwechsel, AJZ **80** 79; *Maul,* Abrechnungspflicht des Verwalters, Betr. **80** 937; *Schmid,* Das Einsichtrecht in die Verwaltungsunterlagen einer Wohnungseigentümergemeinschaft BlGBW **82** 45; *derselbe,* Wirtschaftsplan als Grundlage für die Nebenkostenberechnung für den Mieter BlGBW **82** 104.

1 **I. Allgemeines**

§ 28 bestimmt die Grundsätze einer ordnungsmäßigen Wirtschaftsführung für die Gemeinschaft der Raumeigentümer (Wirtschaftsplan, Vorschußleistungen, Abrechnung, Rechnungslegung). Alle Vorschriften sind abdingbar, eine einschränkende Vereinbarung zu Absatz 5 ist aber eng auszulegen (BayObLG Rpfleger **81** 13; BB **79** 858).

2 **II. Wirtschaftsplan**

1. Aufstellung

Für jedes Kalenderjahr ist ein *Wirtschaftsplan,* d. h. ein *Kostenvoranschlag* aufzustellen. Die Aufstellung des Plans ist Sache des Verwalters; über die endgültige Feststellung des Plans, wobei der vom Verwalter aufgestellte Plan geändert werden kann, haben die Raumeigentümer mit (einfacher) Stimmenmehrheit zu beschließen (Abs. 5).

3 **2. Inhalt**

Der *Wirtschaftsplan* muß enthalten (Abs. 1)

a) eine ordnungsmäßiger Buchführung entsprechende Gegenüberstellung der voraussichtlichen Einnahmen (Beiträge der Raumeigentümer, Einnahmen aus Vermietung oder Verpachtung gemeinschaftlichen Eigentums, auch außerordentliche Einnahmen, z. B. Zuschüsse der öffentlichen Hand für energiesparende Maßnahmen) und Ausgaben (Lasten und Verwaltungskosten des § 16, z. B. Versicherungsbeiträge; Entgelt des Verwalters; Lohn des Hausmeisters; Gebühren für Strom, Wasser, Gas; Kosten der Instandsetzungsarbeiten (Hausanstrich); Heizungskosten; Zinsen und Tilgung der auf dem Grundstück oder sämtlichen Anteilen lastenden Grundpfandrechten (— es handelt sich zwar hierbei nicht um Ausgaben bei der Verwaltung des gemeinschaftlichen Eigentums, da das Gesetz aber (§ 27 Abs. 2 Nr. 1) deren Einziehung und Abführung dem Verwalter überträgt, können sie auch in den Wirtschaftsplan übernommen werden, zumal da sie den Stand der Abtragung dieser Schulden anzeigen —), die Ausschüttung nicht mehr benötigter Rücklagen für Instandhaltung und Instandsetzung, nicht aber die Kosten eines Rechtsstreites (§ 16 Abs. 5). Es bestehen keine Bedenken dagegen, daß im Wirtschaftsplan auch die voraussichtlichen Einnahmen und Ausgaben für das sog. Verwaltungsvermögen (s. § 1 Rdn. 23 ff) aufgeführt werden.

b) die aus dem Mehrbetrage, mit dem die voraussichtlichen Lasten und Verwaltungskosten die voraussichtlichen Einnahmen übersteigen, zu errechnenden Anteile der einzelnen Raumeigentümer an der Deckung dieses Mehrbetrages; **4**

c) die Höhe der Beiträge, mit denen die einzelnen Raumeigentümer sich an der nach § 21 Abs. 5 Nr. 4 anzusammelnden angemessenen Instandhaltungsrückstellung zu beteiligen haben. **5**

3. Der Wirtschaftsplan ist gleichsam der Haushaltsplan der Raumeigentümergemeinschaft. Das Gesetz fordert *keine* Gewinn- und Verlustrechnung *(Bilanz).* Deshalb enthält der Plan auch keine Wertangaben zum Nutzungswert von Sonder- und gemeinschaftlichem Vermögen (BayObLGZ **73** 78), dagegen ist das Bankguthaben der Gemeinschaft anzuführen (OLG Frankfurt NJW **68** 1973). Der Wirtschaftsplan muß, wie die Abrechnung und Rechnungslegung, ohne Zuziehung eines sachverständigen Buchprüfers, für die Raumeigentümer verständlich und geordnet sein, bestimmte Regeln für seine Aufstellung bestehen nicht. Nicht voraussehbare außergewöhnliche Ausgaben werden in den Plan nicht aufgenommen (OLG Hamm Rpfleger **70** 400); sie werden, wenn die Rücklagen nicht ausreichen, durch besondere Umlage gedeckt. **6**

4. Jeder Raumeigentümer kann mangels abweichender Vereinbarung vom Verwalter Aufstellung des Wirtschaftsplanes unter Beifügung der Belege verlangen und gerichtlich erzwingen (§ 43 Abs. 1 Nr. 2; BayObLGZ **72** 153; Vollstreckung: § 888 ZPO), ebenso kann er Beschlußfassung der Versammlung über den Wirtschaftsplan gerichtlich herbeiführen (§§ 28 Abs. 5, 43 Abs. 1 Nr. 1, 21 Abs. 4). Es bedarf andererseits keines Mehrheitsbeschlusses, um die Pflicht des Verwalters zur Erstellung des Wirtschaftsplanes auszulösen. Der Beschluß, der den Wirtschaftsplan feststellt, ist nach § 21 Abs. 4 anfechtbar, es sei denn, daß er seinem Inhalt nach nichtig ist. **7**

5. Der Wirtschaftsplan wird, wie die Abrechnung und Rechnungslegung erst durch den Mehrheitsbeschluß, der ihn feststellt, wirksam (BayObLGZ **71** 317). Damit werden auch die in ihm festgesetzten Beitragspflichten der Raumeigentümer für diese bindend (BayObLG ZMR **77** 346; MDR **80** 57; OLG Frankfurt OLGZ **79** 136). Ein gleiches gilt für die Pflicht des Verwalters, den Wirtschaftsplan zu vollziehen (§ 27 Abs. 1 Nr. 1). Der Beschluß ist, falls er nicht dieserhalb angefochten wird, auch dann wirksam, wenn er sachlich nicht zu rechtfertigen ist. **8**

6. Jeder Raumeigentümer kann den Anspruch auf Zahlung des Lasten- und Kostenbeitrages, wie er sich aus dem Wirtschaftsplan ergibt, gerichtlich geltend machen; es ist Leistung an die Gemeinschaft zu beantragen (OLG Karlsruhe Justiz **77** 310; BayObLGZ **79** 56 unter Aufgabe der bisherigen Rechtsprechung; KG OLGZ **77** 1). Gegen diese Ansprüche kann ein Raumeigentümer nur aufrechnen mit anerkannten oder Ansprüchen aus Notgeschäftsführung; ein Zurückbehaltungsrecht steht ihm nicht zu (BayObLG ZMR **79** 378). **9**

7. Durch Teilungserklärung oder Vereinbarung kann die Aufstellung eines Wirtschaftsplanes ausgeschlossen werden, Mehrheitsbeschlüsse vermögen dies nicht. Doch ist es statthaft, durch Mehrheitsbeschluß dem Verwalter die Erstellung eines Wirtschaftsplanes für das nächste Geschäftsjahr zu erlassen, soweit nicht eine ordnungsmäßige Verwaltung des gemeinschaftlichen Eigentums etwas anderes verlangt. Daher sind solche Erlaßbeschlüsse möglicherweise anfechtbar (§ 21 Abs. 4, 23 Abs. 4). **10**

11 **III. Vorschüsse (Abs. 2)**

Nach Maßgabe der Beitragsverpflichtungen, die ausweislich des beschlossenen Wirtschaftsplans gemäß Abs. 1 auf die einzelnen Raumeigentümer entfallen, sind die Beträge festzustellen, in deren Höhe die Raumeigentümer Vorschüsse an den Verwalter zu zahlen haben. Die Zahlungen werden fällig, sobald der Verwalter sie abruft. Leistung von Vorschüssen ist vom Gesetz vorgesehen, weil die sofortige Entrichtung des ganzen Beitrages den einzelnen Raumeigentümer in finanzielle Schwierigkeiten führen kann. Die Vorschußpflicht besteht so lange, bis mit der Jahresabrechnung etwas anderes bestimmt ist (BayObLGZ **77** 70); wird der Beschluß über die Abrechnung angefochten, gilt dies bis zur Beendigung des Verfahrens. Die Vorschußzahlungspflicht entfällt aber, wenn die Raumeigentümer in der Lage sind, auf den aus der Abrechnung sich ergebenden Betrag überzugehen und dieser geringer ist als der angeforderte Vorschuß (BayObLG aaO; OLG Frankfurt Rpfleger **78** 383). Auch für besondere Umlagen, verursacht durch außergewöhnliche Umstände (z. B. Brand, Überschwemmung), können Vorschüsse durch Mehrheitsbeschluß angeordnet werden.

12 Streitigkeiten über die Zahlung eines Vorschusses fallen in die Zuständigkeit des Amtsgerichts (§§ 43 Abs. 1 Nr. 1, 27 Abs. 2 Nr. 5).

13 Zur Pflicht des Zwangsverwalters eines Raumeigentümers, Vorschüsse auf Lasten- und Kosten-Beiträge zu entrichten, s. LG Darmstadt Rpfleger **77** 332.

14 **IV. Abrechnung (Abs. 3)**

Nach Ablauf des Kalenderjahres hat der Verwalter über die Einnahmen und Ausgaben des abgelaufenen Jahres abzurechnen. In die Jahresabrechnung sind auch die Wohngeldzahlungen als Einnahmen einzustellen. Der am 31. Dezember eines Jahres ausgeschiedene Verwalter muß auch die Abrechnung für das abgelaufene Wirtschaftsjahr noch erstellen (OLG Stuttgart Justiz **80** 278). Über die Abrechnung und die Entlastung des Verwalters haben die Raumeigentümer mit Stimmenmehrheit zu beschließen (Abs. 5).

15 1. Die *Abrechnung* bedarf keiner Aufforderung (OLG Hamm OLGZ **75** 158), sie kann von jedem Raumeigentümer verlangt und gerichtlich durchgesetzt werden (Vollstreckung: § 888 ZPO; KG NJW **72** 2093), auch noch nach dem Ausscheiden des Verwalters (OLG Hamm aaO; BayObLGZ **75** 161; vgl. auch OLG Karlsruhe NJW **69** 1968). Die Abrechnung setzt eine geordnete Buchführung voraus (BayObLG MDR **76** 225; OLG Frankfurt NJW **72** 1376).

16 2. Die *schriftliche Abrechnung* kann in beliebiger Gestaltung vorgenommen werden, sie muß klar und für die Raumeigentümer verständlich abgefaßt sein, ansonsten den Verwalter die Kosten der Aufklärung durch einen Buchsachverständigen treffen (BayObLGZ **75** 372/3; ZMR **77** 381). Ein Angebot des Verwalters, die Bücher zur Einsichtnahme zur Verfügung zu stellen, ersetzt die Abrechnung nicht. Jeder Jahresabrechnung sind die auf die Einnahmen und Ausgaben bezüglichen Belege beizufügen (§ 259 BGB; BayObLG ZMR **77** 383; GrE **74** 266; str.). Die Gemeinschaftsordnung kann Nachprüfung durch den Beirat oder einen besonderen Prüfungsausschuß oder einen Dritten (z. B. eine Treuhandgesellschaft) vorsehen; der Verwalter kann sich eines Wirtschaftsprüfers bedienen, die Kosten treffen ihn. Scheidet der Verwalter mit Ablauf des Jahres aus, muß er Abrechnung für dieses Jahr vorlegen, aber keine Einzelabrechnung erteilen bei Ausscheiden während eines Jahres (§ 28 Abs. 4; BayObLGZ **79** 32).

3. Aus der Abrechnung muß sich auch die Aufteilung der Ergebnisse auf die einzelnen Raumeigentümer ergeben (BayObLG FWW **79** 179); zur Bedeutung der Abrechnung für die Geltendmachung der Erhöhung der Verwaltervergütung auf Grund Wertsicherungsklausel s. LG Freiburg MDR **78** 936. Hat sich für das abzurechnende Geschäftsjahr ein Mehrbetrag an Ausgaben ergeben, hat die Abrechnung als Einnahmen auch den Betrag auszuweisen, mit dem jener Ausgabenmehrbetrag ausgeglichen wird; nicht aufzuführen sind unentgeltliche Nutzungen der Raumeigentümer (BayObLGZ **71** 313). Eine Bilanz müssen weder die Abrechnung noch die Rechnungslegung enthalten. **17**

Der vermietende Wohnungseigentümer kann vom Verwalter eine Abrechnung dergestalt verlangen, daß er mit deren Hilfe die Nebenkostenabrechnung seinem Mieter ordnungsgemäß erstellen kann (vgl. BGH ZMR **82** 108; *Schmid* BlGBW **83** 41).

Die Abrechnung ist am *Ort* der Wohnanlage zu erstatten, nicht am davon etwa entfernten Sitz der Verwaltung (OLG Karlsruhe NJW **69** 1968). Die schriftliche Abrechnung hat der Verwalter vor der Versammlung den Raumeigentümern zu übersenden, wenn die Gemeinschaftsordnung nichts anderes bestimmt (z. B. Aushang im Verwalterbüro). **18**

Jeder Raumeigentümer ist berechtigt, in die Belege und Unterlagen der Abrechnung *Einsicht* zu nehmen, und zwar schon angemessene Zeit vor dem Tage der Beschlußfassung (§ 28 Abs. 5; OLG Frankfurt NJW **72** 1376; BayObLGZ **72** 246) und auch noch später (BayObLGZ **78** 233). Die Ausübung dieses Rechts muß sich aber in vertretbaren Grenzen (§§ 226, 242 BGB) halten, das gilt vornehmlich für Wiederholung und die Zeitdauer der Einsichtnahme: Umfang, Art und Dauer der Gewährung der Einsichtnahme in die Belege haben sich nach dem Umfang der Belege und dem Informationsbedürfnis auszurichten. Ein Recht, die bei Kreditinstituten geführten Konten der Gemeinschaft einzusehen, sieht das Gesetz nicht vor (BayObLGZ **78** 233). Das Einsichtrecht in Belege kann eingeschränkt werden (BayObLG Beschl. v. 20. 10. 1980 2 Z 33/79); doch muß dem Raumeigentümer jedenfalls Gelegenheit gelassen werden, die Belege einzusehen, wenn davon die Antragstellung nach § 23 Abs. 4 abhängt. Für Anträge auf Gewährung der Einsichtnahme (§ 43 Abs. 1 Nr. 2) fehlt das Rechtsschutzbedürfnis, wenn der Verwalter sich ernstlich bereit erklärt hatte, die Belege vorzulegen (BayObLG Rpfleger **77** 126). **19**

Abschriften der Abrechnung können nicht verlangt werden, doch muß dem Raumeigentümer Gelegenheit gewährt werden, sich Abschriften zu machen (OLG Karlsruhe MDR **76** 758). Ist nach der Gemeinschaftsordnung jedem Raumeigentümer eine Abschrift der Abrechnung zu erteilen, so gilt dies auch für den „werdenden", noch nicht im Grundbuch eingetragenen Raumeigentümer. **20**

Aufklärende *Auskünfte* über Einzelheiten der Abrechnung sind den Raumeigentümern zu geben (BayObLG NJW **72** 1377; OLG Karlsruhe NJW **69** 1968), und zwar vor und in der Versammlung der Raumeigentümer, unter Umständen auch noch nach der Versammlung, wenn etwa die Einsicht in die Belege zu Fragen Anlaß geben kann; bleibt ein Verdacht der Unvollständigkeit, kann Abgabe einer eidesstattlichen Versicherung verlangt werden (OLG Köln BauR **80** 283). Vor ständigen Wiederholungen behandelter Punkte schützt den Verwalter das Schikaneverbot (§ 226 BGB). **21**

Der Beschluß zur Feststellung des Wirtschaftsplanes ist dem Beschluß über die (spätere) Abrechnung nicht vorgreiflich (BayObLGZ **74** 172); diese darf daher von jenem abweichen. Billigung der Abrechnung durch die Raumeigentümerversammlung (Mehrheitsbeschluß) bedeutet Entlastung des Verwalters für alle in der Abrechnung **22** dargestellten Verwaltungsvorgänge (BayObLG Rpfleger **80** 478), auch für die Entnahme von Geldern aus der Instandsetzungsrücklage (BayObLG DWE **81** 94); die Haftung des Verwalters entfällt insoweit (BayObLGZ **74** 86).

23 Mit der Genehmigung der Abrechnung kann zugleich der Wirtschaftsplan für das kommende Geschäftsjahr beschlossen, der endgültige Beitrag der Raumeigentümer zu den Lasten und Verwaltungskosten des abgelaufenen Jahres festgesetzt, ein angemessener Beitrag zur Instandsetzungsrücklage bestimmt, gegebenenfalls Ausschüttung des Restbetrages der Rücklage des vergangenen Jahres angeordnet oder dessen anderweitige Verwendung vorgesehen werden. Die den einzelnen Raumeigentümern durch Abrechnung und Beschlußfassung zuerkannten Überschüsse werden mit der Zuteilung pfändbar.

24 Unterlassung rechtzeitiger ausreichender Abrechnung kann zur Abberufung des Verwalters berechtigen (BayObLGZ **75** 369).

25 **V. Rechnungslegung (Abs. 4)**

Die Verpflichtung des Verwalters, auf Verlangen der Raumeigentümer *Rechnung zu legen*, ergibt sich bereits aus den §§ 666, 675, 259 BGB (BGHZ **59** 61; OLG Karlsruhe NJW **69** 1968). Der Anspruch auf Rechnungslegung ist im Verfahren nach § 43 geltend zu machen, auch wenn die Verwalterstellung, aus Gründen wie immer, entfallen ist; die Geltendmachung setzt Mehrheitsbeschluß voraus. Gegen unzulässiges Verlangen ist der Verwalter geschützt (§§ 242, 226 BGB).

26 § 28 Abs. 4 stellt klar, daß die Raumeigentümer das Verlangen auf Rechnungslegung jederzeit aufgrund eines Mehrheitsbeschlusses stellen können (KG OLGZ **81** 304). Kann ein solcher Beschluß nicht herbeigeführt werden, obwohl er einer ordnungsgemäßen Verwaltung des gemeinschaftlichen Eigentums entspräche, steht es jedem Raumeigentümer zu, den Verwalter zur Rechnungslegung durch das Gericht anhalten zu lassen (vgl. *Soergel/Baur*, § 28 Rz. 5).

27 Rechnungslegung erfordert eine geordnete schriftliche Darstellung der Einnahmen und Ausgaben (BGH LM ZPO § 1042 Nr. 4). Sie muß, unter Beifügung der Belege, verständlich und der Kontrolle zugänglich, die einzelnen Wirtschaftsvorgänge mitteilen, Einnahmen und Ausgaben des fraglichen Zeitraumes angeben, die Ausgaben aufgliedern und die Kontenbestände der Bankkonten aufführen. Die Rechnungslegung soll im Falle der Ablösung des Verwalters den neuen in Stand setzen, die Verwaltung weiterzuführen. Der Umfang der Rechnungslegungspflicht richtet sich aus nach dem Grundsatz der Zumutbarkeit (vgl. BGH NJW **80** 573). Eine Aufteilung der Gesamtergebnisse auf die einzelnen Raumeigentümer, wie dies die Abrechnung geben muß, ist hier nicht verlangt (BayObLGZ **79** 30; KG MDR **81** 407). Die Raumeigentümer sollen durch die Rechnungslegung ein zuverlässiges Bild der gegenwärtigen finanziellen Lage der Gemeinschaft erhalten. Rechnungslegung wird deshalb im besonderen in Betracht kommen, wenn der Verwalter während des Geschäftsjahres ausscheidet (OLG Hamm OLGZ **75** 157; Rpfleger **75** 255) oder unerwartete Ereignisse einen Aufschluß über den Stand der Einnahmen und Ausgaben erfordern. Andererseits darf dem Verwalter nicht fortwährend eine Rechnungslegung zugemutet werden (§ 242 BGB).

28 Zur Verpflichtung des Verwalters zu ergänzenden Auskünften s. oben Rdn. 21. Hat er Rechnung abgelegt, ist durch Mehrheitsbeschluß über seine Entlastung zu befinden. Der abberufene Verwalter hat nach Rechnungslegung alle Buchungsunterlagen, die er während seiner Tätigkeit für die Gemeinschaft angelegt hat und die sein Nachfolger für seine Geschäftsführung benötigt, der Gemeinschaft auszuliefern (BayObLGZ **69** 209).

Jeder Raumeigentümer kann von den Miteigentümern Mitwirkung zum Beschluß über Rechnungslegung und Entlastung des Verwalters verlangen (§§ 21 Abs. 4, 43 Abs. 1 Nr. 1). Streit hierüber fällt in die Zuständigkeit des Amtsgerichts (§ 43). Auch der Verwalter kann dort einen Antrag einbringen, festzustellen, daß er zur Rechnungslegung nicht verpflichtet sei, wenn es sich dabei um eine unzulässige Rechtsausübung handelt. 29

VI. Beschlüsse 30

Der Beschluß zum Wirtschaftsplan kann auch auf Weitergeltung des letzten Wirtschaftsplanes lauten (OLG Hamm DWE **78** 58). Eine im Wirtschaftsplan vorgesehene und nicht angefochtene Umlegung der Kosten kann, wenn sie im Beschluß zur Abrechnung wiederholt wird, nunmehr angefochten werden (OLG Hamm OLGZ **71** 100; BayObLGZ **74** 172). Denn der Wirtschaftsplan greift der Abrechnung nicht vor.

Die mit der Billigung der Abrechnung (Rechnungslegung) verbundene *Entlastung* 31 des *Verwalters* bedeutet Billigung seiner Verwaltertätigkeit und seiner Abrechnung (BayObLGZ **75** 165; OLG Frankfurt OLGZ **79** 137). Scheidet der Verwalter aus seinem Amt aus, bedeutet Entlastung auch Befreiung gegenüber den Raumeigentümern hinsichtlich aller noch nicht erfüllter Verwaltertätigkeit, soweit diese bekannt oder doch erkennbar war (BayObLGZ **75** 165); durch Genehmigung der Jahresabrechnung wird auch eine Kostenüberschreitung gebilligt. Mit der — nicht angefochtenen — Entlastung entfällt auch eine Schadensersatzpflicht des Verwalters, der eine Umlegung der Lasten und Kosten, die der Vereinbarung der Raumeigentümer zuwiderlief, dessenungeachtet vollzogen hatte (BayObLG DWE **75** 28). Der Entlastungsbeschluß befreit in der Regel den Verwalter gegenüber allen Raumeigentümern von der Pflicht, weitere Erklärungen über Vorgänge abzugeben, die bei der Beschlußfassung bekannt waren oder bei zumutbarer Sorgfalt bekannt sein mußten (BayObLGZ **75** 161), doch ist der Verwalter weiterhin gehalten, Einsicht in die zur Abrechnung und Rechnungslegung gehörenden Belege zu gewähren (OLG Frankfurt NJW **72** 1376; OLG Karlsruhe MDR **76** 758; BayObLGZ **79** 60; **78** 231; **72** 246). Auch der ausgeschiedene Verwalter hat Anspruch auf Entlastung (BayObLG Rpfleger **80** 192), wenn seine Abrechnung den gesetzlichen Anforderungen genügt.

Die Beschlußfassung zu Wirtschaftsplan, Abrechnung und Rechnungslegung ist 32 erzwingbar (§ 43 Abs. 1 Nr. 1). Antrag: Zustimmung zum Wirtschaftsplan oder Zustimmung zur Inkraftsetzung des Plans. Doch müssen die Gemeinschafter mit der Billigung der Jahresabrechnung nicht auch zugleich über die Rückerstattung des aus der Jahresabrechnung ersichtlichen Überschusses beschließen. Kommt ein Zustimmungsbeschluß nicht zustande, kann der einzelne Raumeigentümer rückständige Beiträge gerichtlich geltend machen (§ 21 Abs. 4, § 43 Abs. 1 Nr. 1).

Das Rechtsschutzinteresse entfällt nicht schon, wenn über ein Anfechtungsverlangen, das die Zustimmung zu einem Wirtschaftsplan betrifft, nicht mehr in dem Jahr entschieden werden kann, für das der Plan gilt (OLG Hamm OLGZ **71** 100).

An der *Abstimmung* über die Zustimmung zum Wirtschaftsplan darf der Verwal- 33 ter, der auch Raumeigentümer ist, teilnehmen, dies jedoch nicht, wenn sich die Zustimmung auf seine Abrechnung, Rechnungslegung und Entlastung bezieht (OLG Stuttgart OLGZ **74** 408; BayObLGZ **75** 372; Rpfleger **79** 66). Er kann auch nicht mit Stimmen, die ihm zur Ausübung übertragen wurden, an solchen Beschlüssen teilnehmen.

Alle Beschlüsse des Abs. 5 sind anfechtbar und unterstehen so richterlicher Kontrolle (OLG Hamm Rpfleger **70** 400; OLG Karlsruhe NJW **69** 1968).

Das Recht auf Beschlußfassung über die Abrechnung kann dahin abbedungen werden, daß die Jahresabrechnung nicht in der Versammlung der Raumeigentümer zur Abstimmung gestellt, sondern individuell vom befristeten Widerspruch des einzelnen Raumeigentümers abhängig gemacht wird (OLG Hamm OLGZ **82** 20; BayObLG WM **79** 128).

§ 29

Verwaltungsbeirat

(1) Die Wohnungseigentümer können durch Stimmenmehrheit die Bestellung eines Verwaltungsbeirats beschließen. Der Verwaltungsbeirat besteht aus einem Wohnungseigentümer als Vorsitzenden und zwei weiteren Wohnungseigentümern als Beisitzern.

(2) Der Verwaltungsbeirat unterstützt den Verwalter bei der Durchführung seiner Aufgaben.

(3) Der Wirtschaftsplan, die Abrechnung über den Wirtschaftsplan, Rechnungslegungen und Kostenanschläge sollen, bevor über sie die Wohnungseigentümerversammlung beschließt, vom Verwaltungsbeirat geprüft und mit dessen Stellungnahme versehen werden.

(4) Der Verwaltungsbeirat wird von dem Vorsitzenden nach Bedarf einberufen.

Schrifttum

Schmid, Der Verwaltungsbeirat, BlGBW **76** 61; *Schulz,* Beschränkung des Einsichtnahme- und Prüfungsrechts des Verwaltungsbeirates, BlGBW **80** 201; *Bielefeld,* Der Verwaltungsbeirat, DWE **77** 20; *Korff,* Vollmachtsüberschreitung des Verwaltungsbeirats, DWE **80** 43; *Weimar,* Der Verwaltungsbeirat gemäß § 29 WEG, ZMR **81** 97.

1 **I. Allgemeines**

Der Verwaltungsbeirat ist ein bloß fakultatives Organ der Raumeigentümergemeinschaft; er ist nur zu bestellen, wenn die Raumeigentümer das mit Stimmenmehrheit beschlossen haben. Eine gesetzliche Vorschrift hierüber wäre an sich nicht nötig gewesen, da auch ohne sie die Raumeigentümer auf Grund der ihnen gewährten Freiheit bei der Organisation der Verwaltung des gemeinschaftlichen Eigentums eine derartige Einrichtung hätten schaffen können. Da die Vorschriften des § 29 sämtlich abdingbar sind, soweit § 20 Abs. 2 und § 27 Abs. 3 nicht verletzt werden, können die Raumeigentümer auch bei der Gestaltung des Verwaltungsbeirats von den Vorschriften des § 29 beliebig abweichen. § 29 hat also wesentlich die Bedeutung, daß er die Bestellung eines Verwaltungsbeirates anregt, wie er für größere Raumeigentümergemeinschaften zweckmäßig ist, und ein Beispiel für seine Zusammensetzung und seinen Aufgabenkreis gibt.

2 **II. Einzelheiten**

1. Zusammensetzung. Mangels abweichender Vereinbarung besteht der Verwaltungsbeirat aus drei Raumeigentümern, nämlich einem Vorsitzenden und zwei Beisitzern (Abs. 1). Die Raumeigentümer können aber durch Vereinbarung (§ 10) eine andere Zusammensetzung des Beirates festlegen, auch die Berufung von Außenstehenden zu Beiräten zulassen (BayObLG NJW **72** 1377), nicht aber durch Mehrheitsbeschluß, da es sich dabei nicht um die Verwaltung des gemeinschaftlichen Vermögens handelt

(§ 21; *Schmid* aaO, *Palandt/Bassenge,* § 29 Anm. 1; das BayObLG [aaO] läßt für die Wahl eines Außenstehenden Mehrheitsbeschluß genügen). Die Raumeigentümer dürfen Einzelheiten regeln wie Dauer der Berufung, Ersatzberufung, Vergütung der Beiräte, Vorsitz und stellvertretender Vorsitz im Beirat, Abstimmung, Mindestzahl der Einberufung, Niederschriften über die Beiratsversammlung. Fehlen solche Einzelheiten, ist im Zweifel anzunehmen, daß sie der Beirat selbst treffen kann, z. B. seinen Vorsitzenden selbst wählt. Die Abberufung eines Mitgliedes des Beirates wird beim Vorliegen eines wichtigen Grundes zulässig sein (vgl. § 26 Abs. 1).

Kommt die Wahl der Beiräte nicht zustande, kann sie nach §§ 21 Abs. 4, 43 Abs. 1 **3**
Nr. 1 durch Gerichtsbeschluß erzwungen werden.

Der *Verwalter* kann nicht Mitglied des Verwaltungsbeirates werden; er hat auch, **4**
mangels entgegenstehender Vereinbarung, nicht das Recht, an den Beratungen des Beirates teilzunehmen.

Mangels abweichender Vereinbarung hat der Vorsitzende den Beirat jeweils nach Bedarf einzuberufen (Abs. 4).

2. Aufgaben **5**

Der Verwaltungsbeirat hat den Verwalter bei der Durchführung seiner Aufgaben zu unterstützen. Er soll das Einvernehmen zwischen Verwalter und Raumeigentümern fördern, in dem ihm vom Gesetz oder Vereinbarung zugewiesenen Umfang die Amtsführung des Verwalters kontrollieren, aber nicht dessen Arbeit entgegensteuern. Sein Aufgabengebiet kann erweitert werden, doch dürfen dabei die dem Verwalter wie der Gemeinschaft zukommenden unabdingbaren Befugnisse nicht geschmälert werden.

Insbesondere soll der Verwaltungsbeirat den Wirtschaftsplan, die Abrechnung **6**
über ihn, die Rechnungslegungen und die Kostenanschläge prüfen und mit seiner Stellungnahme versehen, bevor die Raumeigentümerversammlung über sie beschließt (§ 29 Abs. 3); der Vorsitzende des Verwaltungsbeirates (oder sein Stellvertreter) hat die Niederschriften über die in den Raumeigentümerversammlungen gefaßten Beschlüsse zu unterschreiben (§ 24 Abs. 6 Satz 2).

Aus § 29 ergibt sich nicht, daß der Beirat den Verwalter in seiner täglichen laufenden Arbeit zu überwachen oder mit dem Bauträger über dessen Ansprüche gegen die Raumeigentümer abzurechnen hat (BGH WM **70** 789, s. aber auch OLG Frankfurt NJW **75** 2297). In den Wirkungskreis des Beirats fällt auch nicht die Abberufung des Verwalters, selbst wenn er sich dabei der Zustimmung der Raumeigentümermehrheit bewußt ist (BayObLGZ **65** 341; OLG Frankfurt NJW **75** 545); doch kann er bei Vorliegen entsprechender Umstände die Abberufung des Verwalters durch die Versammlung betreiben (vgl. OLG Köln OLGZ **80** 8). Besondere Aufgaben können ihm durch Vereinbarung oder im Einzelfalle durch einstimmigen Raumeigentümerbeschluß übertragen werden, z. B. die Nachprüfung von Beschwerden eines Wohnungseigentümers gegen Maßnahmen des Verwalters. Dem Vorsitzenden des Beirats kann Prozeßvollmacht zur Geltendmachung von Ansprüchen der Raumeigentümer gegen den Bauträger übertragen werden. Der Verwalter hat auf Anfrage dem Beirat im Rahmen dessen Aufgabengebietes Auskunft zu erteilen und ihm Einsicht in die Bücher und Unterlagen zu gewähren. Den einzelnen Raumeigentümern ist der Beirat aufgrund seines Auftrags (Geschäftsbesorgung) grundsätzlich nur zu Auskünften und Aufschlüssen in der Versammlung der Raumeigentümer verpflichtet, doch können aus besonderen Gründen Individualansprüche auf Auskunft gegeben sein (BayObLGZ **72** 166). Beschlüsse der

Raumeigentümer zu ändern oder aufzuheben, steht dem Beirat keinesfalls zu (BayObLG Rpfleger 80 23). Ein Antragsrecht nach § 43 Abs. 1 steht ihm nicht zu.

7 Besondere Aufgaben des Vorsitzenden: § 24 Abs. 3 und 6.

8 **3. Haftung**

Der Beirat haftet den Raumeigentümern nach Auftragsrecht, nicht nach § 117 AktG (str.); die Raumeigentümer haften ihrerseits Dritten für Pflichtverletzungen des Beirates nach §§ 831, 823 BGB, nicht nach § 31 BGB.

9 **4. Vergütung** können die Mitglieder des Verwaltungsbeirates nach Maßgabe ihres Auftrages, eventuell der Gemeinschaftsordnung verlangen. Streitigkeiten zwischen ihnen und den Raumeigentümern fallen unter die Zuständigkeit des Amtsgerichts (§ 43) auch dann, wenn Außenstehende Mitglieder des Verwaltungsbeirates sind. Zur Vergütung des Beirates s. *Korff*, DWE **78** 55.

10 **III. Abdingbarkeit**

Die Raumeigentümer können von der Einrichtung eines Verwaltungsbeirates Abstand nehmen und besondere Organe für die Kontrolle des Verwalters schaffen (Kassenkontrolle, Prüfung der Abrechnung und Rechnungslegung u. a.). Sie sind nicht gehindert, einen Beirat zu berufen, wenn im Vordruck einer Gemeinschaftsordnung lediglich die Stelle gestrichen wurde, die sich mit der Bestellung des Beirates befaßt (Köln Rpfleger **72** 261).

4. ABSCHNITT
Wohnungserbbaurecht

§ 30

(1) Steht ein Erbbaurecht mehreren gemeinschaftlich nach Bruchteilen zu, so können die Anteile in der Weise beschränkt werden, daß jedem der Mitberechtigten das Sondereigentum an einer bestimmten Wohnung oder an nicht zu Wohnzwecken dienenden bestimmten Räumen in einem auf Grund des Erbbaurechts errichteten oder zu errichtenden Gebäude eingeräumt wird (Wohnungserbbaurecht, Teilerbbaurecht).

(2) Ein Erbbauberechtigter kann das Erbbaurecht in entsprechender Anwendung des § 8 teilen.

(3) Für jeden Anteil wird von Amts wegen ein besonderes Erbbaugrundbuchblatt angelegt (Wohnungserbbaugrundbuch, Teilerbbaugrundbuch). Im übrigen gelten für das Wohnungserbbaurecht (Teilerbbaurecht) die Vorschriften über das Wohnungseigentum (Teileigentum) entsprechend.

Schrifttum

Hoppmann, Eigentumswohnung, Dauerwohnrecht, Wohnungserbbaurecht, BlGBW **73** 7, 14; *Weimar*, Rechtsfragen zum Wohnungserbbaurecht, BlGBW **81** 86.

Übersicht

	Rdn.
I. Allgemeines	
1. Erbbaurecht statt Grundstückseigentum	1
2. Wohnungs- und Teilerbbaurecht	2
II. Erbbaurecht als Grundlage des Raumerbbaurechts	
1. Begriff und Arten des Erbbaurechts	3, 4
2. Miteigentum und gemeinschaftliches Erbbaurecht	5—7
3. Eigentum am Gebäude	8, 9
III. Begründung des Raumerbbaurechts	
1. Einräumung von Sondereigentum	
a) Bruchteilsgemeinschaft der Erbbauberechtigten	10—12
b) Einigung der Beteiligten über die Beschränkung ihrer Anteile	13, 14
c) Eintragung jedes Anteils im besonderen Erbbaugrundbuch	15
2. Teilung des Erbbaurechts	16
IV. Grundbuchrechtliche Behandlung	
1. Besondere Erbbaugrundbücher	17
2. Gemeinschaftliches Erbbaugrundbuch	18
3. Eintragungen	19
4. Belastungen des Erbbaurechts	20
V. Entsprechende Geltung der Vorschriften über das Raumeigentum	
1. Folgerungen	21
a) Aufhebung der Gemeinschaft	22, 23
b) Beschränkung der Veräußerung	24—26
c) Gebrauchsregelung hinsichtlich unbebauter Grundstücksflächen	27
d) Stimmrechtsbeschränkungen	28
e) Zwangsversteigerungsverfahren	29
2. Besonderheiten, die sich aus der Natur des Erbbaurechts ergeben	
a) Erlöschen des Erbbaurechts mit Zeitablauf	30
b) Heimfallrecht für den Grundstückseigentümer	31
c) Heimstätteneigenschaft?	32
VI. Geschäftswert, Steuerrechtsfragen	33

1 **I. Allgemeines**

1. Erbbaurecht statt Grundstückseigentum

Der Gesetzgeber dehnt im § 30 die Vorschriften, die für die Umwandlung des Miteigentums an einem Grundstück in Wohnungs- oder Teileigentum und für die Gemeinschaft der Wohnungs- oder Teileigentümer gelten (§§ 1—29), in entsprechender Weise auf die Umwandlung der Mitberechtigung an einem Erbbaurecht in ein Wohnungs- oder Teilerbbaurecht und auf die Gemeinschaft der Wohnungs- oder Teilerbbauberechtigten aus. In ähnlicher Weise werden durch § 42 die Vorschriften über das Dauerwohn- und Dauernutzungsrecht (§§ 31—41) auf das Erbbaurecht erstreckt.

2 **2. Wohnungs- und Teilerbbaurecht**

Dem Wohnungseigentum entspricht das Wohnungserbbaurecht, dem Teileigentum das Teilerbbaurecht. Soweit für Wohnungs- und Teilerbbaurecht — ebenso wie für Wohnungs- und Teileigentum — einheitlich dieselben Vorschriften gelten, empfiehlt sich die Verwendung eines beide Begriffe umfassenden Oberbegriffs; als solcher erscheint, dem Begriff „Raumeigentum“ entsprechend, der Begriff „Raumerbbaurecht“ zweckmäßig. In gleicher Weise können Wohnungs- und Teilerbbauberechtigte unter der Bezeichnung „Raumerbbauberechtigte“ zusammengefaßt werden.

3 **II. Erbbaurecht als Grundlage des Raumerbbaurechts**

1. Begriff und Arten des Erbbaurechts

Erbbaurecht ist das veräußerliche und vererbliche dingliche Recht, auf oder unter der Oberfläche des Grundstücks ein Bauwerk zu haben (§ 1012 BGB; § 1 Abs. 1 ErbbVO); es unterliegt grundsätzlich den Vorschriften, die sich auf Grundstücke beziehen (§ 1017 BGB; § 11 Abs. 1 Satz 1 ErbbVO). Es ist belastbar (auch mit einem Dauerwohnrecht) (§ 42), kann aber nicht gepfändet werden. *Bejaht* wird in der Rechtsprechung die Zulässigkeit der Begründung des Erbbaurechts an mehreren selbständigen Grundstücken (Gesamterbbaurecht) (Köln Rpfleger **61** 18; LG Düsseldorf Rpfleger **71** 356; LG Münster MDR **56** 678); ebenso die Teilung, wenn die Errichtung mehrerer Bauwerke auf einem Grundstück gestattet ist (vgl. BGH NJW **74** 498), ferner die Belastung mit einem Unter-Erbbaurecht (BGHZ **62** 179). Zur Frage, ob ein Grundstück mit mehreren ranggleichen Erbbaurechten belastet werden kann, s. Frankfurt DNotZ **67** 688 (verneinend).

4 Zu unterscheiden sind die nach dem Inkrafttreten der ErbbVO (22. 1. 1919) begründeten Erbbaurechte, für welche die Vorschriften der ErbbVO gelten, und die vorher begründeten, die sich nach § 1012—1017 BGB richten (§ 38 ErbbVO).

Von den zwischen beiden Arten des Erbbaurechts bestehenden Unterschieden sind von Bedeutung:

Nach § 1013 BGB kann das Erbbaurecht auf die Benutzung eines für das Bauwerk nicht erforderlichen Teils des Grundstücks erstreckt werden, wenn sie für die Benutzung des Bauwerkes Vorteil bietet, nach § 1 Abs. 2 ErbbVO hingegen schon dann, wenn das Bauwerk wirtschaftlich die Hauptsache bleibt.

Bestellung und Übertragung eines Erbbaurechts fordern nach §§ 1015, 1017 Abs. 2 BGB die Form der Auflassung; nach § 11 Abs. 1 ErbbVO muß nur die Einigung (§ 873 BGB) der Beteiligten dem Grundbuchamt in der Form des § 29 GBO nachgewiesen werden.

2. Miteigentum und gemeinschaftliches Erbbaurecht 5

Wie das Raumeigentum als besonders ausgestaltetes Miteigentum an einem Grundstück eine Bruchteilsgemeinschaft von Miteigentümern eines Grundstücks voraussetzt, so das Raumerbbaurecht als besonders ausgestaltete Beteiligung an einem Erbbaurecht eine Bruchteilsgemeinschaft von Erbbauberechtigten. Wie das Raumeigentum ferner das Miteigentum an einem errichteten oder zu errichtenden Gebäude als wesentlichem Bestandteil des gemeinsamen Grundstücks (§ 94 Abs. 1 Satz 1 BGB) voraussetzt, setzt das Raumerbbaurecht Miteigentum an dem auf Grund des Erbbaurechts errichteten oder zu errichtenden Gebäude voraus. Das trifft zu, weil ein solches Gebäude zwar nicht wesentlicher Bestandteil des Grundstücks (§ 95 Abs. 1 Satz 2 BGB) ist, wohl aber als wesentlicher Bestandteil des Erbbaurechts gilt (§ 12 Abs. 1 Satz 1 ErbbVO und so schon nach früherem Recht) und daher bei einem gemeinschaftlichen Erbbaurecht mehrerer Personen in deren Miteigentum steht.

Nach § 1014 BGB; § 1 Abs. 3 ErbbVO ist die Beschränkung des Erbbaurechts auf einen Teil des Gebäudes, insbesondere ein Stockwerk, unzulässig. Damit wird aber nur gesagt, daß ein Erbbaurecht nur am ganzen Gebäude, nicht an einzelnen seiner Teile bestellt werden kann. Die Befugnis des oder der Erbbauberechtigten, an einzelnen Teilen des ihm oder ihnen gehörenden Gebäudes Sondereigentum zu begründen, wird dadurch nicht berührt. 6

Beim Raumeigentum gehört das Grundstück, auch soweit es nicht bebaut ist, zum gemeinschaftlichen Eigentum der Raumeigentümer (§ 1 Abs. 4 WEG); andererseits kann das gemeinschaftliche Erbbaurecht auf die Benutzung eines für das Bauwerk nicht erforderlichen Teiles des mit dem Erbbaurecht belasteten Grundstücks erstreckt werden (§ 1013 BGB; § 1 Abs. 2 ErbbVO). 7

3. Eigentum am Gebäude 8

Ein auf Grund eines Erbbaurechts errichtetes Gebäude steht, soweit die ErbbVO die Rechtslage bestimmt, im Eigentum des oder der Erbbauberechtigten; dies gilt auch, wenn das Gebäude bei der Bestellung des Erbbaurechts schon vorhanden ist oder war. Die Umwandlung des gemeinschaftlichen Erbbaurechts in Raumerbbaurecht ist also möglich.

Für die vor dem Inkrafttreten der ErbbVO bestellten Erbbaurechte an einem bereits bebauten oder später vom Eigentümer bebauten Grundstück kommt die Begründung von Raumerbbaurecht mangels Miteigentums der Erbbauberechtigten an dem Gebäude nicht in Frage, es ist aber die Begründung von Raumeigentum der Miteigentümer des Grundstücks möglich, so daß die §§ 1—29 WEG unmittelbar anzuwenden sind; allerdings ist das so entstandene Raumeigentum mit dem Erbbaurecht belastet. Die Berechtigten können zudem ihr Erbbaurecht in ein solches nach der ErbbVO umwandeln. 9

III. Begründung des Raumerbbaurechts 10

Wie das Raumeigentum kann auch das Raumerbbaurecht auf zwei Arten begründet werden: Der Begründung des Raumeigentums durch Einräumung von Sondereigentum (§ 3) entspricht die Begründung des Raumerbbaurechts durch Einräumung von Sondereigentum (§ 30 Abs. 1); der Begründung des Raumeigentums im Wege der Teilung durch den Eigentümer (§ 8) entspricht die Begründung des Raumerbbaurechts im Wege der Teilung des Erbbaurechts durch den Erbbauberechtigten (§ 30 Abs. 2).

11 Der Erbbauvertrag besteht nach Begründung von Raumerbbaurechten weiter, sein dinglicher Inhalt (§ 2 ErbbRVO) wird Inhalt der Raumerbbaurechte, er kann von den Raumerbbauberechtigten weder aufgehoben noch verändert werden (*Soergel/Baur*, § 30 Rdn. 2). Die durch diesen Inhalt des Erbbaurechtes bedingten Besonderheiten sind bei der Anwendung der §§ 1—29 zu beachten. Das gilt im besonderen für Vereinbarungen über Instandhaltung und Verwendung des Bauwerkes (§ 2 Nr. 1 ErbbRVO). Der Grundstückseigentümer kann, wenn danach die Vermietung des Bauwerks seiner Zustimmung bedarf, mit der Eigentumsklage gegen den Mieter vorgehen, dem ohne Zustimmung des Eigentümers das Bauwerk vermietet wurde (BGH WM **67** 614, 616; zwar ist das Bauwerk Eigentum der Raumerbbauberechtigten, aber die entsprechende Anwendung des § 986 BGB gerechtfertigt, weil Grund und Boden dem Grundstückseigentümer gehören und das Eigentum der Raumerbbauberechtigten durch die dinglichen Vereinbarungen inhaltlich verändert wird; str. a. A. *Weitnauer*, DNotZ **68** 303).

12 **1. Einräumung von Sondereigentum (§ 30 Abs. 1)**

Voraussetzung ist, daß ein Erbbaurecht mehreren Personen gemeinschaftlich nach Bruchteilen zusteht, woraus sich ihr Miteigentum an dem Gebäude ergibt. Zum Erwerb des Erbbaurechts in Bruchteilsgemeinschaft wie zur Umwandlung aus Gesamthandsgemeinschaft (z. B. Erbengemeinschaft) in Bruchteilsgemeinschaft bedarf es nach der ErbbVO der Einigung der Beteiligten, die dem Grundbuchamt in der Form des § 29 GBO nachgewiesen werden muß (§§ 20, 29 GBO), und der Eintragung im Erbbaugrundbuch (§ 873 BGB, §§ 11, 14 ErbbVO). Vorherige Zustimmung des Grundstückseigentümers ist erforderlich, wenn als Inhalt des Erbbaurechts vereinbart worden ist, daß der Erbbauberechtigte zur Veräußerung des Erbbaurechts einer derartigen Zustimmung bedarf (§ 5 Abs. 1, 15 ErbbVO).

Für den schuldrechtlichen Vertrag, durch den der Erbbauberechtigte sich zur Übertragung von Bruchteilen des Erbbaurechts verpflichtet, gilt § 313 BGB (§ 11 Abs. 1 ErbbVO).

13 Nach § 30 Abs. 1, 3 ist weitere Voraussetzung, daß sich die Beteiligten — gleichzeitig mit dem Erwerb des Erbbaurechts oder danach — über die Beschränkung ihrer Anteile am Erbbaurecht in der Weise einigen, daß jedem Mitberechtigten das Sondereigentum an gewissen Teilen des auf Grund des Erbbaurechts errichteten oder zu errichtenden gemeinschaftlichen Gebäudes eingeräumt wird, und zwar Sondereigentum an einer bestimmten Wohnung, wenn Wohnungserbbaurecht, und Sondereigentum an bestimmten, nicht zu Wohnzwecken dienenden Räumen, wenn Teilerbbaurecht begründet werden soll. Dürfen mehrere Häuser auf dem Grundstück errichtet werden, können die einzelnen Gebäude mit allen Räumen für sich dem Sondereigentum unterstellt werden, doch umfaßt dieses nicht die konstruktiven Teile des Gebäudes (BGHZ 50 56).

14 Zum Begriff des Sondereigentums s. § 5; es kann nicht unter einer Bedingung oder Zeitbestimmung (§ 4 Abs. 2 Satz 2) und soll nur eingeräumt werden, wenn die Wohnungen oder sonstigen Räume in sich abgeschlossen sind (§ 3 Abs. 2). Während die Einigung bei Begründung des Raumeigentums der für die Auflassung vorgeschriebenen Form bedarf (§ 4 Abs. 2 Satz 1), gilt das bei der Begründung von Raumerbbaurecht nicht, weil auch die Bestellung und Übertragung des Erbbaurechts keine Auflassung erfordern; vielmehr bedarf, wie bei der Bestellung und Übertragung des Erbbaurechts, so auch bei der Umwandlung eines gemeinschaftlichen Erbbaurechts in Raumerbbaurecht die Einigung der Beteiligten nur zum Zweck des Nachweises gegenüber dem Grundbuchamt der Form des § 29 GBO. Der schuldrechtliche Vertrag, durch den die Erb-

bauberechtigten sich zur Einräumung von Sondereigentum verpflichten, verlangt die Form des § 313 BGB, weil auch insoweit die Umwandlung eines gemeinschaftlichen Erbbaurechts in Raumerbbaurecht der Bestellung und Übertragung eines Erbbaurechts gleichzustellen ist.

Dagegen ist zur Einigung der Beteiligten auch im Falle des § 5 Abs. 1 ErbbVO *nicht* die *Zustimmung* des *Grundeigentümers* erforderlich, weil es sich hier nicht um die Veräußerung des Erbbaurechts handelt. Daran ändert sich auch nichts, wenn das Erbbaurecht mit einem Erbbauzins (§ 9 ErbbVO) belastet ist.

Schließlich ist Voraussetzung die Eintragung jedes Anteils am Erbbaurecht in einem besonderen (oder dem gemeinschaftlichen) Erbbaugrundbuch, auf dem auch das dazu gehörende Sondereigentum und als Beschränkung der Mitberechtigung die Einräumung der zu den anderen Anteilen gehörenden Sondereigentumsrechte eingetragen ist (vgl. § 7 Abs. 1). **15**

2. Teilung des Erbbaurechts (§ 30 Abs. 2) **16**

Ein Erbbauberechtigter kann das ihm allein zustehende Erbbaurecht und damit das Eigentum an dem Gebäude durch Erklärung gegenüber dem Grundbuchamt in der Weise in Bruchteile zerlegen, daß mit jedem Anteil das Sondereigentum an einer bestimmten Wohnung (Wohnungserbbaurecht) oder an bestimmten nicht zu Wohnzwekken dienenden Räumen (Teilerbbaurecht) in dem errichteten oder zu errichtenden Gebäude verbunden ist (§ 30 Abs. 2 i. V. mit § 8 Abs. 1). Auch hier gelten §§ 3 Abs. 2, 5, 6, 7 Abs. 1 und 3—5 entsprechend. Die Teilung wird mit der Anlegung der besonderen Erbbaugrundbücher wirksam (§ 8 Abs. 2). Der Erbbauberechtigte bedarf zur Teilung nach dem Gesetz nicht der Zustimmung des Grundstückseigentümers als solchem oder als Erbbauzinsberechtigten (BayObLG DNotZ **78** 626). Als Inhalt des Erbbaurechtes kann auch nicht vereinbart werden, daß der Erbbauberechtigte zur Aufteilung des Erbbaurechts in Wohnungserbbaurechte (Vorratsteilung) der Zustimmung des Grundstückseigentümers bedarf (§ 5 ErbbVO; Celle Rpfleger **81** 22). Die Aufteilung berührt das Heimfallrecht nicht.

IV. Grundbuchrechtliche Behandlung (§ 30 Abs. 3 Satz 1) **17**

1. **Grundsätzlich** ist für jeden Anteil an dem Erbbaurecht von Amts wegen ein besonderes Erbbaugrundbuch (Wohnungserbbaugrundbuch, Teilerbbaugrundbuch) anzulegen. Diese besonderen Erbbaugrundbuchblätter treten an die Stelle des nach § 14 ErbbVO, § 8 GBO angelegten und von Amts wegen zu schließenden Erbbaugrundbuchs, dessen inhaltliche Gestaltung sie übernehmen (vgl. § 7 Abs. 1; § 8 WGBV). Daneben besteht das Grundbuchblatt für das Grundstück weiter.

2. **Ausnahmsweise** kann bei Begründung des Raumerbbaurechts durch Einräumung von Sondereigentum (§ 30 Abs. 1) — nicht aber im Falle der Teilung des Erbbaurechts (§ 30 Abs. 2) — von der Anlegung besonderer Erbbaugrundbuchblätter abgesehen werden, wenn hiervon Verwirrung nicht zu besorgen ist; in diesem Falle ist das Erbbaugrundbuchblatt als „gemeinschaftliches Wohnungserbbaugrundbuch" (oder „Teilerbbaugrundbuch") zu bezeichnen (§ 7 Abs. 2). **18**

3. **Eintragungen.** Es sind die Vorschriften der §§ 2 bis 7 WGBV anzuwenden (§ 8 WGBV). In Spalte 3 des Bestandsverzeichnisses sind einzutragen (s. § 7) der Anteil am Erbbaurecht unter Angabe des Bruchteils (§ 47 GBO, § 16 Abs. 1 Satz 2, § 30 Abs. 3 Satz 2 WEG), die Bezeichnung des mit dem Erbbaurecht belasteten Grundstücks und **19**

seines Eigentümers, die Dauer und spätere inhaltliche Änderungen des Erbbaurechts, das mit dem Anteil am Erbbaurecht verbundene Sondereigentum an bestimmten Räumen des Gebäudes, wobei zur näheren Bezeichnung des Gegenstandes und des Inhalts des Sondereigentums auf die Eintragungsbewilligung Bezug genommen werden kann (§ 7 Abs. 3 WEG; vgl. BayObLG Rpfleger **78** 375) — Veränderungen, die sich auf den Gegenstand oder den Inhalt des Sondereigentums beziehen, sind dagegen in Spalte 6 einzutragen — sowie die Beschränkung des Anteils am Erbbaurecht durch die Einräumung der zu den anderen Anteilen gehörenden Sondereigentumsrechte unter Angabe der Grundbuchblätter für die übrigen Anteile.

20 4. **Belastungen des Erbbaurechts,** insbesondere die mit einem Erbbauzins (§ 9 ErbbVO), sind auf die besonderen Erbbaugrundbuchblätter zu übertragen (§ 48 Abs. 1 Satz 2 GBO).

21 **V. Entsprechende Geltung der Vorschriften über das Raumeigentum** (§ 30 Abs. 3 Satz 2)

1. Folgerungen

Wohnungserbbaurecht läßt sich nicht begründen (§ 1 Abs. 4), wenn das Gebäude aufgrund mehrerer Erbbaurechte errichtet werden soll (*Weitnauer/Hauger,* § 30 Rdn. 12 c). Da das *Gesamterbbaurecht* als ein Recht anzusehen ist, das auf mehreren Grundstücken lastet (vgl. BGH NJW **76** 519), kann es die Grundlage für die Bildung von Raumerbbaurecht bilden; (kritisch *Weitnauer/Hauger,* aaO Rdn. 12 c). Dasselbe muß auch für das Unter-Erbbaurecht gelten.

22 **a)** *Aufhebung der Gemeinschaft.* Die Gemeinschaft der an dem Raumerbbaurecht Beteiligten ist grundsätzlich unauflöslich (§ 11). Wird sie durch Vereinbarung aller Beteiligten oder gemäß § 11 Abs. 1 Satz 3 auf Verlangen eines Beteiligten aufgehoben, so hört jede Gemeinschaft an dem Erbbaurecht auf und es hat die Auseinandersetzung nach den §§ 752 ff BGB stattzufinden, wobei es einer besonderen Aufhebung des Sondereigentums (§ 4 Abs. 1) nicht bedarf (§ 11). Wird nur das Sondereigentum gemäß § 4 Abs. 1 aufgehoben, so verwandelt sich die Gemeinschaft der an dem Raumerbbaurecht Beteiligten in eine gewöhnliche Bruchteilsgemeinschaft der an dem Erbbaurecht Beteiligten (§ 4).

23 Die Veräußerung des Raumerbbaurechtes bedarf nicht der Form der Auflassung (vgl. § 11 ErbbVO, str.).

24 **b)** *Beschränkung der Veräußerungsbefugnis.* Ist gemäß § 12 Abs. 1 vereinbart worden, daß ein Mitberechtigter zur Veräußerung seines Anteils am Raumerbbaurecht der Zustimmung anderer Mitberechtigter oder eines Dritten (insbesondere des Grundstückseigentümers) bedarf, so ist die Zustimmung zur Wirksamkeit des dinglichen wie des schuldrechtlichen Veräußerungsvertrages erforderlich; sie muß daher — ebenso wie eine nach § 5 ErbbVO zur Veräußerung des Erbbaurechts erforderliche Zustimmung des Grundstückseigentümers — vor der Eintragung der Rechtsänderung im Grundbuch vorliegen. Die Zustimmung darf nicht von einer Erhöhung des Erbbauzinses oder von der Vereinbarung einer Gleitklausel abhängig gemacht werden (BayObLG Rpfleger **79** 24). Im übrigen wird der Anspruch auf Zustimmung im WEG und in der ErbbVO unterschiedlich geregelt (§ 12 Abs. 2 und 3 WEG: §§ 5 ff, 15 ErbbVO).

25 Da der dingliche *Erbbauzins* (§ 7 ErbbVO) nur dem Eigentümer des Grundstücks zusteht, kann bei Veräußerung eines Raumerbbaurechtes nicht zugunsten des jeweili-

gen Inhabers eines dem Veräußerer verbleibenden Raumerbbaurechts ein Erbbauzins nach § 9 ErbbVO bestellt werden. Zulässig ist aber die Bestellung einer Erbbauzins-Reallast (§ 1105 BGB) zugunsten des jeweiligen Inhabers des verbleibenden Raumerbbaurechts (OLG Düsseldorf DNotZ **77** 305).

Zur Bildung eines Briefes für eine Grundschuld an einem Wohnungserbbaurecht s. OLG Saarbrücken Rpfleger **68** 57; *Diester*, Rpfleger. **68** 209. **26**

c) *Gebrauchsregelungen hinsichtlich unbebauter Grundstücksflächen.* § 15 WEG kann auch auf außerhalb des Gebäudes liegende Grundstücksflächen bezogen werden, auf deren Benutzung das Erbbaurecht gemäß § 1013 BGB, § 1 Abs. 2 ErbbVO erstreckt worden ist. **27**

d) Zur *Stimmrechtsbeschränkung* eines Raumerbbaurechts in der Gemeinschaftsordnung s. BayObLG Rpfleger **65** 334. **28**

e) Im *Zwangsversteigerungsverfahren* eines Raumerbbaurechtes sind die übrigen Berechtigten Beteiligte im Sinne des § 9 ZVG (OLG Stuttgart NJW **66** 1035). **29**

2. Besonderheiten, die sich aus der Natur des Erbbaurechts ergeben **30**

a) Erlischt das Erbbaurecht mit Zeitablauf, so wird das Gebäude wesentlicher Bestandteil des Grundstücks und damit Eigentum des Grundstückseigentümers, der dafür dem oder den Erbbauberechtigten eine Entschädigung zu zahlen hat (§ 12 Abs. 3, §§ 27 ff ErbbVO). Damit erlöschen auch die Sondereigentumsrechte; an die Stelle der Anteile am Erbbaurecht tritt die anteilsmäßige Berechtigung an der Entschädigungssumme. Das Raumerbbaurecht ist von Amts wegen im besonderen Erbbaugrundbuch zu löschen (§ 7 Ziffer 1).

Ist ein Haus — Objekt des Wohnungserbbaurechtes — abgebrannt, besteht dieses an den Brandresten weiter. Der Grundstückseigentümer ist verpflichtet, den Wiederaufbau durch die Wohnungserbbauberechtigten zu dulden.

Zum Vorrecht auf Erneuerung des Erbbaurechtes s. § 31 ErbbVO.

b) Ist als Inhalt des Erbbaurechts ein *Heimfallrecht* für den Grundstückseigentümer vereinbart, so erlischt mit dem Eintritt der Voraussetzungen des Heimfalls das Erbbaurecht zwar nicht, die Erbbauberechtigten sind aber verpflichtet, es gegen eine angemessene Vergütung auf den Grundstückseigentümer zu übertragen (§ 2 Nr. 4, § 32 ErbbVO). Steht das Erbbaurecht mehreren gemeinschaftlich zu, so kann der Grundstückseigentümer seinen Anspruch gegen alle oder gegen einzelne von ihnen geltend machen. Da sich im ersten Falle sämtliche Anteile in seiner Person vereinigen, kann er bei einem Raumerbbaurecht die Schließung der besonderen Erbbaugrundbücher beantragen (§ 9 Abs. 1 Nr. 3). Werden dem Grundstückseigentümer nur einzelne Anteile am Raumerbbaurecht übertragen, kann er diese nicht gemäß § 26 ErbbVO aufheben, weil jedem Mitberechtigten Sondereigentum an bestimmten Räumen zustehen muß (§ 3 Abs. 1, § 8 Abs. 1). **31**

Eine Vereinbarung, daß der Heimfall aller Anteile durch schuldhaftes Verhalten bereits eines der mehreren Berechtigten ausgelöst wird, ist für diese bindend; beansprucht kann nicht nur der Anteil des schuldhaft Handelnden werden (a. A. *Bärmann/Pick*, § 30 Ziffer 11). **32**

Streitig ist, ob Wohnungserbbaurechte an Grundstücken begründet werden können, die die Eigenschaft einer Heimstätte haben. Diese Frage wird jedenfalls für Wohnungserbbaurecht an Einfamilienhäusern, die Nutzgartenbenutzung haben, bejaht werden können (str. OLG Frankfurt DNotZ **63** 442, OLG Neustadt Rpfleger **63** 85; BayObLG Rpfleger **68** 92).

Zur Beleihbarkeit der Wohnungserbbaurechte durch Hypothekenbanken und Versicherungen vgl. noch § 21 ErbbVO.

33 VI. **Zum Geschäftswert** s. §§ 21 Abs. 3, 76 KostO.

Steuerrecht: Bewertung des Raumerbbaurechts: §§ 68 Abs. 1 Nr. 3, 92 Abs. 6 des Bewertungsgesetzes in der Fassung vom 26. 9. 1974 BGBl. I 2369/20.12. 1982 BGBl. I 1865; Erwerb des Rechts ist nicht grunderwerbsteuerauslösend, als Grundvermögen grundsteuerpflichtig (§ 2 Abs. 1 Nr. 2 GrStG).

II. TEIL

Dauerwohnrecht

Vorbemerkungen

Schrifttum

Constantin, der Schutz des Eigentümers gegen unberechtigte Vermietung durch den Dauerwohnberechtigten, NJW **69** 1417; *Wolf*, Modernisierung aufgrund des Dauerwohnrechtes, BlGBW **77** 124; *Schopp*, Wohnbesitz ZMR **76** 161; *Dammertz*, Wohnungsrecht und Dauerwohnrecht, MittRhNotK **70** 69; *Herold*, Zwangsvollstreckung gegen Wohnungseigentümer und Dauerwohnberechtigte, DWE **74** Heft 2 Seite 10.

Übersicht

	Rdn.
I. Allgemeines	
1. Gegenstand des II. Teils	1
2. Terminologie	2
II. Dauerrecht, Raumeigentum und Raumerbbaurecht	
1. Grundsätzlicher Unterschied	3
2. Folgerungen	4–7
3. Übernahme von Vorschriften über das Raumeigentum	8
III. Dauerrecht und Wohnungsrecht (§ 1093 BGB)	
1. Allgemeines	9
2. Unterschiede	10
IV. Dauerrecht und Erbbaurecht	
1. Unterschiede	11
2. Angleichungen	12
3. Belastung des Erbbaurechts mit einem Dauerrecht	13
V. Dauerrecht und Mietvertrag	14
VI. Zwecke des Dauerrechts	
1. Mietähnliches Dauerrecht	15
2. Eigentumsähnliches Dauerrecht	16
VII. Gesetzliche Regelung des Dauerrechts	
1. Schuldrechtliche Seite	17
2. Dingliche Seite	18
VIII. Wohnbesitz	19
IX. Umdeutung alter Rechte	20
X. Steuerfragen	21

I. Allgemeines 1

1. Gegenstand des II. Teils

Dem im I. Teil behandelten Raumeigentum und Raumerbbaurecht stellt der II. Teil als zweite Hauptform einer dinglichen Raumnutzung das Dauerwohn- und Dauernutzungsrecht gegenüber. Diese Rechtsform wurde hauptsächlich auf Betreiben von Wohnungsunternehmen, die eine Veräußerung der von ihnen gebauten Wohnungen ablehnen, und im Anschluß an eine namentlich in Süddeutschland von Bausparkassen auf Grundlage des § 1093 BGB vertraglich ausgestaltete (irreführend als „Eigenwohnrecht" bezeichnete) Form eines dinglichen Wohnrechts. Das Dauerwohnrecht hat im Wirtschaftsleben bisher keine nennenswerte Bedeutung erlangt.

2. Terminologie 2

Wie beim Raumeigentum und beim Raumerbbaurecht unterscheidet das WEG auch hier, ob das Recht sich auf Wohnungen oder auf anderen Zwecken dienende Räume bezieht; im ersten Falle heißt es „Dauerwohnrecht" (§ 31 Abs. 1), im zweiten Falle „Dauernutzungsrecht" (§ 31 Abs. 2, nicht zu verwechseln mit den nur schuldrechtlichen Nutzungsverhältnissen zwischen Baugenossenschaften und ihren Genossen). Da beide Arten rechtlich gleich behandelt werden (§ 31 Abs. 3), wäre ihre Zusammenfassung unter einem Oberbegriff im Interesse juristischer Klarheit geboten; der Gesetzgeber hat auch hier von der Schaffung eines solchen Oberbegriffes abgesehen. Als Oberbegriff soll im folgenden der Ausdruck „Dauerrechte“ verwendet werden. Bei der Eintragung im Grundbuch muß natürlich zwischen Dauerwohnrecht und Dauernutzungsrecht geschieden werden. Ungeeignet ist die vielfach übliche Bezeichnung des Dauerwohnrechts als „Eigenwohnrecht“.

3 **II. Dauerrecht, Raumeigentum und Raumerbbaurecht**

1. Grundsätzlicher Unterschied

Während dem Raumeigentümer echtes Eigentum (Miteigentum) am Grundstück und am Gebäude (außerdem Alleineigentum an bestimmten Räumen und Gebäudeteilen), dem Raumerbbauberechtigten wenigstens am Gebäude (teils Allein-, teils Miteigentum) zusteht, ist das Dauerrecht nur ein dingliches Recht am Grundstück (oder Erbbaurecht, § 42 Abs. 1), das die ausschließliche Befugnis zur Nutzung bestimmter Räume in dem auf dem Grundstück errichteten oder zu errichtenden Gebäude oder auch des ganzen Gebäudes unter Umständen auch von unbebauten Teilen des Grundstücks gewährt (§ 31 Abs. 1 und 2). Es hat auch nicht (wie das Erbbaurecht) den Charakter eines grundstücksgleichen Rechts, sondern ist nur eine Dienstbarkeit.

Als Inhalt des Sondereigentums kann die Genehmigungsbedürftigkeit der Bestellung eines Dauerwohnrechts im Grundbuch eingetragen werden (OLG Stuttgart Die Justiz **69** 253).

4 **2. Folgerungen**

Da beim Dauerrecht kein Miteigentum, auch keine Mitberechtigung wie beim gemeinschaftlichen Erbbaurecht besteht, gibt es hier keine Gemeinschaft von Miteigentümern oder Mitberechtigten. Damit entfällt die Regelung ähnlicher Art, wie sie in den §§ 10—29 WEG getroffen ist. Der Dauerberechtigte steht vielmehr als einzelner dem Gebäudeeigentümer (Grundstückseigentümer oder Erbbauberechtigten) gegenüber. Infolgedessen kommt auch ein Verfahren der freiwilligen Gerichtsbarkeit, wie es in den §§ 43 ff WEG geregelt ist, in Angelegenheiten des Dauerrechts nicht in Frage (vgl. § 52).

5 Da das Dauerrecht nur ein dingliches Recht ist, kann es nicht wie das einzelne Raumeigentum oder Raumerbbaurecht mit solchen dinglichen Rechten belastet werden, wie sie an Grundstücken oder grundstücksähnlichen Rechten möglich sind; es ist vielmehr selbst eine Belastung des Grundstücks (oder Erbbaurechts) und steht im Rangverhältnis zu den übrigen Rechten am Grundstück (oder Erbbaurecht), kann aber selbst mit einem Nießbrauch belastet werden (§ 1068 BGB).

6 Das Dauerrecht gibt die Befugnis, die Räume, auf die es sich bezieht, zu nutzen (z. B. zu vermieten oder zu verpachten), nicht aber die dazu gehörenden Gebäudeteile zu ergänzen, zu beseitigen oder zu verändern, wie es dem Raumeigentümer und Raumerbbauberechtigten im Rahmen des § 13 Abs. 1 WEG freisteht.

7 Der Inhaber des Dauerrechts wird nicht als Eigentümer, sondern das Dauerrecht wird als Dienstbarkeit im Grundbuch (Abt. II) des Grundstücks (oder Erbbaurechts) eingetragen. Es gibt daher kein besonderes Grundbuchblatt wie für das Raumeigentum (§ 7 Abs. 1) und das Raumerbbaurecht (§ 30 Abs. 3 Satz 1).

Das Dauerrecht kann an Raumeigentum und Raumerbbaurecht begründet, Dauerrecht aber nicht in Raumeigentum oder Raumerbbaurecht umgebildet werden.

3. Aus den **Vorschriften über das Raumeigentum** sind in die gesetzliche Regelung des § 31 übernommen: 8

das Dauerrecht kann sich auch auf Räume in einem noch zu errichtenden Gebäude beziehen (§ 3 Abs. 1, § 33 Abs. 1 Satz 1, Abs. 2); es soll nur bestellt werden, wenn die Räume, auf die es sich bezieht, in sich abgeschlossen sind (§ 3 Abs. 2, § 32 Abs. 1). Übernommen sind ferner die Vorschriften des § 7 Abs. 3 u. 4 über die nähere Bezeichnung des Gegenstandes und des Inhalts des Sondereigentums sowie über die Anlagen der Eintragungsbewilligung (§ 32 Abs. 2) und die Eintragungsbewilligung (§ 32 Abs. 2), die Vorschriften über die Pflichten des Raumeigentümers (§ 14; § 33 Abs. 2); schließlich die Zulässigkeit von Vereinbarungen über eine Beschränkung der Veräußerungsbefugnis (§§ 12, 35).

Eine formnichtige Verpflichtung zur Bestellung von Wohnungseigentum kann in eine solche zur Begründung eines Dauerwohnrechtes umgedeutet werden (BGH NJW **63** 339; vgl. aber auch OLG Hamm Rpfleger **57** 251.

III. Dauerrecht und Wohnungsrecht (§ 1093 BGB) 9

1. Allgemeines

Das Dauerrecht ist, wie das Wohnungsrecht nach § 1093 BGB, eine Dienstbarkeit an dem belasteten Grundstück (oder Erbbaurecht); es ist dem Wohnungsrecht nachgebildet, wie dieses eine den Grundstückseigentümer ausschließende Dienstbarkeit, aber weder eine (höchstpersönliche) beschränkte persönliche Dienstbarkeit (§ 1090 BGB), noch eine (subjektiv dingliche) Grunddienstbarkeit; es tritt vielmehr als Dienstbarkeit besonderer Art ergänzend zu dem bürgerlich-rechtlichen System der beschränkten dinglichen Rechte an Grundstücken hinzu. Es kann daher nicht in eine beschränkte persönliche Dienstbarkeit umgedeutet werden.

2. Unterschiede 10

Im Gegensatz zum Wohnungsrecht ist das Dauerrecht veräußerlich und vererblich (§ 3 Abs. 1 Satz 1), daher auch pfändbar und verpfändbar, kann aber anders als das Wohnungsrecht nicht unter einer Bedingung bestellt werden (§ 33 Abs. 1 Satz 2). Es gibt die Befugnis, die Räume, auf die es sich bezieht, nicht nur als Wohnung (§ 1093 Abs. 1 Satz 1 BGB), sondern auch in anderer Weise zu nutzen (§ 31 Abs. 1 Satz 1), kann als Dauernutzungsrecht sich auch auf Räume beziehen, die nicht zu Wohnzwekken dienen (§ 31 Abs. 2), und zwar als Vollrecht, auch Räume in einem noch zu errichtenden Gebäude erfassen (§ 31 Abs. 1 Satz 1, Abs. 2) und einen außerhalb des Gebäudes liegenden Grundstücksteil einbeziehen (§ 31 Abs. 1 Satz 2).

An demselben Grundstück kann zwar neben einem Dauerrecht kein Wohnrecht (§ 1093 BGB) bestellt werden, wohl aber ein Nießbrauch, weil dieser nicht dieselben Befugnisse zum Inhalt hat wie das Dauerrecht.

IV. Dauerrecht und Erbbaurecht 11

1. Unterschiede

Die Dauerrechte sind im Gegensatz zum Erbbaurecht keine grundstücksgleichen Rechte, erhalten daher kein besonderes Grundbuchblatt und können als Belastung eines Grundstücks oder Erbbaurechts nicht selbst mit Grundpfandrechten, Reallasten, Dienstbarkeiten, Wohnrechten (§ 1093) belastet werden.

2. Angleichungen

12 Trotz dieser grundsätzlichen Verschiedenheit übernimmt § 33 einige Wesenszüge des Erbbaurechts: Veräußerlichkeit, Erblichkeit; die Dauerrechte sind nicht zugunsten des jeweiligen Eigentümers eines anderen Grundstücks bestellbar; ihr Inhalt kann wie der des Erbbaurechts in erheblichem Umfang durch Vereinbarung bestimmt (§§ 33 Abs. 4, 39, 40 Abs. 2, 41 Abs. 2), insbesondere eine Beschränkung der Veräußerungsbefugnis vereinbart werden, wie beim Erbbaurecht ein Erbbauzins, ein Entgelt vereinbart werden, doch nur als schuldrechtlicher Anspruch; wie beim Erbbaurecht kann schließlich beim Dauerrecht ein Heimfallanspruch des Grundstückseigentümers durch Vereinbarung begründet werden.

13 3. Das Erbbaurecht kann mit einem Dauerrecht belastet werden (§ 42 Abs. 1; OLG Stuttgart NJW **52** 979).

14 **V. Dauerrecht und Mietvertrag**

Daß ein Mietvertrag über dieselben Räume abgeschlossen ist, steht der Bestellung eines Dauerrechts nicht unbedingt entgegen (vgl. BGH WM **62** 746; **65** 649; Rpfleger **74** 187, str.). Anders, wenn sich das dingliche Recht inhaltlich aus dem Mietvertrag herleitet oder dessen dingliche Sicherung sein soll. Wird ein Mietvertrag nach Bestellung des Dauerrechts abgeschlossen, ist anzunehmen, daß er einverständlich während der Dauer des dinglichen Rechts ruhen, erst nach dessen Beendigung oder im Falle einer Zwangsversteigerung (§ 57 a, c ZVG) wirksam werden soll (str., vgl. OLG Nürnberg ZMR **61** 196 *Bärmann/Pick,* Vorb. IV vor § 31). § 571 BGB findet auf Dauerrechte keine Anwendung (vgl. BGH WM **76** 510).

Die Dauerrechte, weil keine den Miet- und Pachtverhältnissen ähnliche Nutzungsverhältnisse im Sinne des § 33 des 1. Bundesmietengesetzes vom 27. 7. 1955 BGBl. I 458, unterlagen nicht dessen Bestimmungen (§§ 18 ff) über Mietzinserhöhungen (BGHZ **52,** 234, str.), ebenso nicht den Vorschriften des Gesetzes zur Regelung der Miethöhe vom 18. 12. 1974 BGBl. I 3603 in der Fassung vom 27. 6. 1978 BGBl. I 878.

VI. Zwecke der Dauerrechte

Nach den erstrebten wirtschaftlichen Zwecken des Dauerrechts muß man unterscheiden:

15 **1. Mietähnliches Dauerrecht**

Hier handelt es sich um eine Art verdinglichten Miet- oder Pachtrechts, wobei der Inhaber des Rechts vor allem eine stärkere Sicherung des von ihm gezahlten Baukostenzuschusses erstrebt; das Dauerrecht wird in diesen Fällen in der Regel für eine bestimmte Zeit bestellt, innerhalb deren der Berechtigte den Baukostenzuschuß „abwohnt", wobei die Berechnung des Entgelts für die Nutzung der Räume sich nach Mietgrundsätzen richtet.

16 **2. Eigentumsähnliches Dauerrecht** (Eigentum vertretendes Recht).

Hier erstrebt der Berechtigte nicht nur ein zeitgebundenes Nutzungsrecht, sondern (wie beim Raumeigentum oder Raumerbbaurecht) eine wertbeständige Kapitalanlage, wobei das Dauerrecht an die Stelle des nicht gewährten Raumeigentums tritt. Nach § 20 Abs. 4 des I. WohnBauGes. gilt ein Dauerwohnrecht als eigentumsähnlich, wenn der Dauerwohnberechtigte wirtschaftlich einem Wohnungseigentümer gleichgestellt ist. Das Dauerrecht wird in diesem Falle für unbegrenzte oder doch sehr lange Zeit bestellt; das Entgelt dafür besteht in (meist sehr erheblichen) Beiträgen zur Finanzierung des Baues und des Grundstückserwerbes, zur Verzinsung und Tilgung der Grundstücksbelastungen und zu den Bewirtschaftungskosten.

VII. Gesetzliche Regelung des Dauerrechtes **17**

1. Schuldrechtliche Seite

Der II. Teil des WEG regelt die dingliche Seite des Dauerrechtes. Die Ausgestaltung der schuldrechtlichen Beziehungen zwischen Berechtigtem und Eigentümer (Erbbauberechtigtem) bleibt im wesentlichen der Vereinbarung der Beteiligten überlassen. Das gilt insbesondere für die Bemessung des Entgelts, das meist sich rechtlich als Kaufpreis darstellt.

2. Dingliche Seite **18**

Auch die dingliche Seite des Dauerrechts wird vom WEG nur geregelt, soweit es unbedingt erforderlich ist. Die vom Gesetz gestatteten Vereinbarungen der Beteiligten (§§ 31 Abs. 1 Satz 2, 33 Abs. 2—4, 35, 36 Abs. 1 und 4, 39, 40 Abs. 2) wirken mit ihrer Eintragung im Grundbuch für und gegen jeweilige Eigentümer und jeweilige Dauerberechtigte. Sie ergeben im Zusammenhalt mit den gesetzlichen Regelungen den Inhalt des Dauerrechts. Vielfach wird im Schrifttum von einem gesetzlichen Schuldverhältnis gesprochen, das gewisse Verpflichtungen der Beteiligten vorsehe. Indessen handelt es sich, wie bei den entsprechenden für die Grunddienstbarkeit gegebenen Regelungen um kein selbständiges gesetzliches Schuldverhältnis, sondern um Inhaltsabgrenzungen des Rechts (vgl. BGH LM § 242 d Nr. 31 BGB; BayObLGZ **79** 278).

Das Dauerrecht ist in seinem Bestand nicht abhängig vom Abschluß möglicher Vereinbarungen.

Als Belastung des Grundstücks (Erbbaurechts) unterliegt das Dauerrecht den allgemeinen Vorschriften über Rechte an Grundstücken (§§ 873—888, 891—895, 897—899, 900 Abs. 2, 901, 902 BGB) sowie den in Betracht kommenden Vorschriften der GBO und des ZVG. Anwendung finden auch, soweit das WEG nichts abweichendes bestimmt, die Vorschriften zum Nießbrauch und zur beschränkten persönlichen Dienstbarkeit (z. B. §§ 1090, 1020, 1023, 1024, 1026, 1027, 1029, 1036 Abs. 2, 1041, 1044, 1049, 1050, 1057, 1062, 1065 BGB).

VIII. Rein schuldrechtlichen Charakter hat das **Wohnbesitzrecht** (§§ 12 a, 62 c, **19**
62 d des II. Wohnungsbaugesetzes in der Fassung vom 30. Juli 1980 BGB I S. 1085). Es handelt sich um ein Dauerwohnrecht zur Nutzung einer Wohnung; über das Recht wird ein Wohnbesitzbrief errichtet, der Berechtigte übernimmt bedingt und befristet die Verpflichtung, Wohnungseigentum zu erwerben. Das Recht darf nur an Personen erteilt werden, die im sozialen Wohnungsbau begünstigt sind. Der Wohnbesitz ist übertragbar und vererblich, das Wohnbesitzverhältnis unter bestimmten Voraussetzungen kündbar, Näheres s. *Pick,* NJW **76** 1049.

IX. Zur Umdeutung vor dem **Inkrafttreten** des **WEG** entstandener dinglicher **20**
Rechte in Dauerrechte s. BGHZ **27** 158; **52** 243.

21 **X. Steuern**

Erwerb nur in Ausnahmefällen grunderwerbsteuerpflichtig, da Dauerrechte nicht als Grundstücke zu werten sind. Wird das Recht durch Vermietung genutzt, sind die Mietzinsen einkommensteuerlich als Einkommen zu versteuern. Förderungswürdig nach § 19 1. WohnBauG, § 2 Abs. 1 Nr. 3 WohnbauPrämienGes. vom 17. 3. 1952 BGBl. I 139, zuletzt geändert durch Bundesgesetz vom 22. 12. 1981 BGBl. I 1523; Nutzungswert: EStRichtlinien Nr. 161 a.

§ 31

Begriffsbestimmungen

(1) Ein Grundstück kann in der Weise belastet werden, daß derjenige, zu dessen Gunsten die Belastung erfolgt, berechtigt ist, unter Ausschluß des Eigentümers eine bestimmte Wohnung in einem auf dem Grundstück errichteten oder zu errichtenden Gebäude zu bewohnen oder in anderer Weise zu nutzen (Dauerwohnrecht). Das Dauerwohnrecht kann auf einen außerhalb des Gebäudes liegenden Teil des Grundstücks erstreckt werden, sofern die Wohnung wirtschaftlich die Hauptsache bleibt.

(2) Ein Grundstück kann in der Weise belastet werden, daß derjenige, zu dessen Gunsten die Belastung erfolgt, berechtigt ist, unter Ausschluß des Eigentümers nicht zu Wohnzwecken dienende bestimmte Räume in einem auf dem Grundstück errichteten oder zu errichtenden Gebäude zu nutzen (Dauernutzungsrecht).

(3) Für das Dauernutzungsrecht gelten die Vorschriften über das Dauerwohnrecht entsprechend.

Übersicht

	Rdn.
I. Begriff	1
II. Inhalt	
1. Grundstücksbelastung	2
2. Dienstbarkeit	3
3. Gegenstand	
a) Räume	4, 5
b) unbebaute Grundstücksteile	6, 7
4. Nutzungsrecht	8, 9
III. Berechtigter	10
IV. Bestellung und Übertragung des Dauerrechts	
1. Dinglicher Vertrag	11, 12
2. Verpflichtungsgeschäft	13
V. Beendigung des Dauerrechts	
1. Endigungsgründe	14
2. keine Endigungsgründe	15
3. Aufteilung, Pfändung, Konkurs	16, 17, 18
4. Verlängerung	19
VI. Geschäftswert	20

1 **I. Begriff**

Wegen der Wesens- und der rechtlichen Natur des Dauerrechtes s. die Vorbemerkungen vor § 31 II bis IV. Die Begriffsbestimmung des Dauerrechts schließt sich an die §§ 1090, 1093 BGB an. Danach ist das Dauerrecht die Belastung eines Grundstücks (oder Erbbaurechts), auf Grund deren der Berechtigte unter Ausschluß des Grundstückseigentümers (des Erbbauberechtigten) bestimmte Räume in einem auf dem Grundstück errichteten oder zu errichtenden Gebäude nutzen kann. Handelt es sich bei diesen Räumen um eine Wohnung, so heißt das Recht „Dauerwohnrecht" (Abs. 1); handelt es sich um nicht zu Wohnzwecken dienende Räume, so heißt das Recht „Dauernutzungsrecht" (Abs. 2). Rechtliche Unterschiede bestehen zwischen den beiden Arten nicht (Abs. 3).

Zur Aufteilung eines Grundstücks (§ 8) ist die Zustimmung des Dauerrechtsberechtigten nicht erforderlich.

II. Inhalt 2

1. Grundstücksbelastung

Das Dauerrecht kann an einem Grundstück (§ 31 Abs. 1, 2) oder einem Erbbaurecht (§ 42 Abs. 1), aber auch an einem Raumeigentumsrecht (BayObLG Rpfleger **57** 1840) oder einem Raumerbbaurecht bestellt werden, aber nicht an einem Nießbrauch, an einem Gebäude, das nach § 94 BGB kein wesentlicher Grundstücksbestandteil ist, auch nicht an einem Miteigentumsanteil. Voraussetzung ist in jedem Falle, daß auf dem Grundstück ein Gebäude errichtet ist oder wird.

Als Belastung eines Grundstücks oder grundstücksgleichen Rechts unterliegt das Dauerrecht den allgemeinen Vorschriften über Rechte an Grundstücken, auch den Rangvorschriften (§§ 879 ff BGB).

2. Dienstbarkeit 3

Als Dienstbarkeit besonderer Art unterscheidet sich das Dauerrecht von den beschränkten persönlichen Dienstbarkeiten, dem Nießbrauch, den Grunddienstbarkeiten und dem Wohnungsrecht (§ 1093 BGB), wie im einzelnen in den Vorbemerkungen vor § 31 dargelegt wurde. Da es als bloße Dienstbarkeit kein grundstücksgleiches Recht ist, kann es weder mit Grundpfandrechten, noch mit Reallasten, Vorkaufsrechten, noch mit solchen Dienstbarkeiten belastet werden, die nur an Grundstücken oder grundstücksgleichen Rechten möglich sind; wohl aber kann an ihm, da es übertragbar ist und Nutzungen gewährt, ein Nießbrauch bestellt (§ 1068 BGB), das übertragbare Recht kann verpfändet (§ 1273 BGB) und gepfändet (§ 857 ZPO) werden.

3. Gegenstand 4

Das Dauerrecht bezieht sich stets auf *Räume* (auch nur *einen* Raum) in einem *Gebäude,* das auf dem belasteten Grundstück von dem Grundstückseigentümer oder einem Erbbauberechtigten errichtet ist oder errichtet werden soll, oder auch auf ein ganzes Gebäude mit allen seinen wesentlichen und nicht wesentlichen Bestandteilen. Dauernutzungsrecht ist nicht schon deshalb ausgeschlossen, weil die ihm unterliegenden Räume mit Räumen auf dem Nachbargrundstück eine Einheit bilden (OLG München DNotZ **73** 417).

„Gebäude" ist ein Bauwerk, in dem sich mindestens ein einer Nutzung zugänglicher Raum befindet (OLG Frankfurt NJW **71** 759); auch ein ganzes Gebäude (vgl. BGHZ **27** 161) oder ein einzelner Raum kann zum Gegenstand eines Dauerrechts gemacht werden. Ebenso ist dies bei getrennten Räumen in einem Gebäude (Keller- und Bodenräume) oder in ihm und einem Nebengebäude (z. B. Garage) möglich, auch in einem Bauwerk unter der Erde (LG Frankfurt NJW **71** 759), in einer überdachten Tankstelle (Tankwartsraum). Gegenstand kann auch ein Abstellplatz für Fahrzeuge in der Tiefgarage eines Hauses sein (§ 3 Abs. 2). Zulässig ist die Belastung mehrerer Grundstücke oder Erbbaurechte mit einem Dauerrecht als Gesamtbelastung, wenn sich die eine Einheit bildenden, dem Dauerrecht unterliegenden Räume auf den mehreren Grundstücken befinden (LG Hildesheim NJW **60** 49, str.; dazu *Weitnauer/Hauger,* § 31 Rdn. 3 b), Gesamtbelastung (Gesamtrecht) entsteht auch bei Grundstücksteilung nach § 8, soweit nicht Teile nach der gegebenen Sachlage von dem Dauerrecht freiwerden. Nicht zulässig ist dagegen die Begründung mehrerer Dauerrechte an denselben Räumen (Wohnung-Haus) *(Bärmann/Pick,* § 31 Anm. 2). Die Räume können auch übereinander liegen; sie sollen, soweit sie eine Einheit bilden, in sich abgeschlossen sein (§ 32 Abs. 1). Auf Räume, die Wohnzwecken dienen, kann sich nur ein Dauerwohnrecht 5 und dieses nur dann beziehen, wenn die Räume den Voraussetzungen einer Wohnung genügen; an zu Wohnzwecken bestimmten Räumen, bei denen diese Voraussetzungen nicht gegeben sind, ist also kein Dauerrecht möglich. Die Frage, ob in sinngemäßer Anwendung des § 1031 i. V. mit § 1093 Abs. 1 Satz 2 BGB angenommen werden kann, daß ein Dauernutzungsrecht sich auch auf das in den Räumen befindliche Grundstückszubehör erstreckt, wird zu bejahen sein; ein dort eingerichteter Gewerbebetrieb ist aber als solcher nicht Gegenstand des Dauernutzungsrechts.

6 Das Gebäude braucht bei Bestellung des Dauerrechts *noch nicht errichtet* zu sein, vielmehr genügt es, daß seine Errichtung in Aussicht genommen ist; für die Eintragung im Grundbuch ist jedoch die Einreichung eines Aufteilungsplans beim Grundbuchamt erforderlich (§ 32 Abs. 2 Nr. 1). In diesem Falle erlangt der Berechtigte durch die Bestellung des Dauerrechts zunächst nur eine Rangstelle. Ob und inwieweit er einen Anspruch auf Errichtung des Gebäudes hat, richtet sich nach dem Schuldverhältnis, das der Bestellung des Dauerrechts zugrunde liegt. Aus § 34 Abs. 4 Nr. 2 u. 4 ist zu folgern, daß der Anspruch zum Inhalt des Dauerrechts gemacht werden kann; Fehlen einer dahingehenden Vereinbarung wird aber nicht nach § 32 Abs. 3 zur Ablehnung der Eintragung im Grundbuch führen.

7 Das Dauerrecht kann auch auf einen *außerhalb* des Gebäudes *liegenden Teil* des Grundstücks erstreckt werden, sofern die Räume, auf die das Recht sich bezieht, wirtschaftlich die Hauptsache bleiben. § 31 Abs. 1 Satz 2 spricht allerdings nur von der Wohnung und dem Dauerwohnrecht, doch gilt § 31 Abs. 3 auch für § 31 Abs. 1 Satz 2. Es müssen aber nicht das gesamte Bauwerk, sondern die von dem Recht betroffenen Räume gegenüber dem Grundstücksteil wirtschaftlich die Hauptsache bilden, so daß der für ein Dauerrecht in Frage kommende Grundstücksteil (der allerdings auch die ganze unbebaute Fläche des Grundstücks ausmachen kann) wirtschaftlich von geringerer Bedeutung sein wird. Durch die Einschränkung, daß die Räume wirtschaftlich die Hauptsache bleiben müssen, soll verhindert werden, daß das Dauerrecht auf wertvollen landwirtschaftlich genutzten Grundbesitz erstreckt wird. Verlegung der Ausübung eines Dauerrechts ist in entsprechender Anwendung des § 1023 BGB zulässig.

8 **4. Nutzungsrecht**

Die Wohnung, auch die abgeschlossene Teilwohnung, auf die das Dauerwohnrecht sich bezieht, kann nicht nur benutzt (bewohnt), die nicht zu Wohnzwecken dienenden Räume, auf die das Dauernutzungsrecht sich bezieht, können nicht nur gewerblich genutzt werden (wenn auch auf den Gewerbebetrieb selbst das Dauernutzungsrecht nicht erstreckt werden kann), sondern es ist auch möglich, beide Arten von Räumen durch Vermietung (z. B. als Ferienwohnung) oder Verpachtung zu nutzen, da nicht nur das Dauernutzungsrecht, sondern auch das Dauerwohnrecht allgemein zur Nutzung der Räume, also zu jeder möglichen Art von Fruchtziehung berechtigt (vgl. BGHZ **59** 51). Allerdings kann die Nutzungsbefugnis nach Art und Umfang durch Vereinbarung beschränkt werden (§ 33 Abs. 4 Nr. 1). Außenflächen eines genutzten Gebäudes dürfen zu Reklamezwecken benutzt werden, soweit dies ein Mieter darf. Bei Lichtreklamen müssen aber Störungen etwaiger Mitbesitzer vermieden werden (OLG Frankfurt BB 70 731).

9 Soweit das Dauerrecht sich auf einen unbebauten Grundstücksteil bezieht, kommt nicht nur die Nutzung durch Ziehung von Rechtsfrüchten (Miet- oder Pachtzinsen) in Frage, sondern auch die Ziehung von Sachfrüchten (z. B. Obst, Gemüse oder Blumen aus einem Hausgarten); insofern handelt es sich um ein dem Nießbrauch ähnliches

dingliches Nutzungsrecht, für das § 954 BGB gilt. Bezüglich Verwendungen der Dauerrechtberechtigten s. §§ 95 Abs. 2, 946, 951 BGB.

III. Berechtigter 10

Das Dauerrecht kann einer natürlichen (oder juristischen) Person bestellt werden, ebenso mehreren Personen, die in Gemeinschaft zur gesamten Hand oder in einer Bruchteilsgemeinschaft stehen, auch Gesamtgläubigern im Sinne des § 428 BGB (vgl. BGHZ **46** 253; BayObLG NJW **66** 56; kritisch *Weitnauer/Hauger,* § 31 Rdn. 3 d). Nach § 36 Abs. 1 können Dauerrecht und Grundstückseigentum sich in einer Person vereinigen. Die Frage, ob ein Dauerrecht von vornherein für den Grundstückseigentümer (Erbbauberechtigten) bestellt werden darf, wird aus den von BGH DNotZ **64** 493 erörterten Gründen zu bejahen sein (siehe auch OLG Düsseldorf DNotZ **58** 423 und *Weitnauer,* DNotZ **58** 352 und **64** 716.

IV. Bestellung und Übertragung des Dauerrechts 11

1. Zur *Bestellung* und zur *Übertragung* des Dauerrechts sind erforderlich:

a) formlose Einigung der Beteiligten (bei Begründung: des Grundstückseigentümers und des Berechtigten, bei der Übertragung: des Veräußerers und des Erwerbers des Rechtes) gemäß § 873 BGB. Die Einigung hat abstrakten Charakter, ist also vom Kausalgeschäft unabhängig. Fehlt dieses oder fällt es später weg, wird dadurch die Wirksamkeit der Bestellung des Dauerrechts oder seiner Übertragung nicht berührt, Besteller und Veräußerer können einen schuldrechtlichen Anspruch auf Aufhebung (Rückübertragung) haben. Bei Erwerb und Übertragung sind §§ 891, 892, 893 BGB anwendbar.

b) Eintragung in Abteilung II des Grundbuchs des belasteten Grundstücks auf- 12
grund einer in der Form des § 29 GBO erklärten Eintragungsbewilligung des Grundstückseigentümers (bei Übertragung des Veräußerers).

Zur Eintragung eines Dauerwohnrechts für *Eheleute* an demselben Wohnhaus für Lebenszeit s. BayObLGZ **54** 108; OLG Oldenburg DNotZ **57** 317.

Dauerwohnrecht und Dauernutzungsrecht können als Einheit bestellt und im Grundbuch eingetragen werden (BayObLZ **60** 237).

Zu den Voraussetzungen der Eintragung s. noch § 32.

2. *Buchersitzung* nach § 900 Abs. 1 und 2 BGB ist möglich.

3. *Verpflichtungsgeschäft* 13

Der Vertrag, durch den sich der Grundstückseigentümer zur Bestellung, der Berechtigte zur Übertragung des Dauerrechts verpflichtet, bedarf nicht der Form des § 313 BGB. Für Schenkungen ist § 518 BGB zu beachten. Verpflichtung zur Bestellung eines Dauerwohnrechts kann als Verpflichtung zum Abschluß eines Mietvertrages zu behandeln sein (OLG Nürnberg ZMR **61** 196).

Der Erwerb eines Dauerrechts wird meist Kauf des Rechts sein. Doch kann es sich auch um Tausch, Schenkung, Vermächtnis, Einbringung in eine Handelsgesellschaft handeln. Für den Rechtskauf sind die §§ 323 ff, 434, 437, 442—446, 451, 454, 459 BGB von Bedeutung. Handelt es sich um ein kaufähnliches Grundgeschäft, ist § 492 BGB zu beachten. Das Entgelt kann in einer einmaligen Zahlung bestehen, aber auch in Beiträgen zur Finanzierung des Hausbaus oder dessen Instandhaltung. Es kann auch als wiederkehrende Leistung ausgestaltet sein. Bei Verzug mit einzelnen Zahlungen gibt es kein Kündigungsrecht (BGHZ **27** 161). Das Entgelt ist auch nicht, wie der Erbbauzins, mit Dinglichkeit ausgestattet, dies kann auch nicht, etwa durch Bestellung einer Reallast, geschehen, da das Dauerrecht nicht belastbar ist.

Der Anspruch auf Bestellung eines Dauerrechts kann durch Vormerkung (§ 883 BGB) gesichert werden.

14 **V. Beendigung des Dauerrechts**

1. Endigungsgründe

a) *Zeitablauf.* Ein befristetes Dauerrecht erlischt automatisch mit dem Ablauf der Zeit, für die es bestellt ist (§§ 163, 158 Abs. 2 BGB). Die dadurch eintretende Unrichtigkeit des Grundbuchs gibt dem Grundstückseigentümer den Anspruch auf Zustimmung des ehemals Berechtigten zur Berichtigung des Grundbuchs (§ 894 BGB). S. im übrigen §§ 22, 23, 24 GBO.

b) *Aufgabe.* Jedes Dauerrecht kann dadurch beendigt werden, daß der Berechtigte es aus einseitigem Entschluß oder aufgrund einer Vereinbarung mit dem Eigentümer durch Erklärung, die dem Grundbuchamt gegenüber der Form des § 29 GBO bedarf, aufgibt und das Recht daraufhin im Grundbuch gelöscht wird (§ 875 BGB). Ist ein Heimfallrecht (§ 36) vereinbart, ist zur Aufgabe des Dauerrechts die Zustimmung des Eigentümers erforderlich, sonst nicht.

c) *Erlöschen des Erbbaurechts.* Ist ein Erbbaurecht mit einem Dauerrecht belastet (§ 42), so erlischt mit dem Erlöschen des Erbbaurechts auch das darauf lastende Dauerrecht.

d) Erlöschen in der *Zwangsversteigerung* des belasteten Grundstücks (§§ 90, 91, 92 ZVG, 39 WEG).

Bei Beendigung des Dauerrechts gibt es keinen Mieterschutz, der bisherige Berechtigte muß die Räume herausgeben (vgl. § 557 BGB; *Palandt/Putzo,* § 564 b BGB Anm. 2); Vollstreckungsschutz nach Maßgabe der §§ 721, 765 a ZPO.

15 **2. Keine Endigungsgründe** sind der Heimfall nach § 36, die Zerstörung des Gebäudes, wie sich aus § 33 Abs. 4 Nr. 4 ergibt, die Nichtausübung des Dauerrechts, die Vereinigung des Rechts mit dem Eigentum am Grundstück, dagegen die Versitzung (§ 901 BGB).

16 3. Bei *Aufteilung* (§ 8) des Grundstücks bestehen die Dauerrechte an den Anteilen weiter, mit denen Sondereigentum verbunden ist, das dem Dauerrecht unterliegt; im übrigen entfällt die Last (BayObLG NJW **57** 1840).

Räumliche Teilung des Dauerrechts ist möglich, wenn die dann geschaffenen Räume abgeschlossen sind. Zustimmung der im gleichen oder in einem nachfolgenden Rang stehenden dinglich Berechtigten zu solcher Teilung nach §§ 876, 877 BGB ist nicht erforderlich.

17 Zur *Pfändung* eines Dauerrechts (§ 857 ZPO) ist Eintragung der Pfändung im Grundbuch erforderlich. Verwertung nach § 844 ZPO. Das Entgelt unterliegt der Forderungspfändung, s. auch § 40.

18 Im *Konkurs* gehört das Dauerrecht zur Konkursmasse, ebenso ein Anspruch auf Errichtung des Gebäudes.

19 **4. Verlängerung**

Wird ein befristetes Dauerrecht vor seinem Erlöschen durch Vereinbarung des Berechtigten mit dem Grundstückseigentümer verlängert, so liegt hierin eine Änderung seines Inhalts, der nach §§ 876, 877 BGB die im gleichen oder in einem nachfolgenden Range stehenden dinglich Berechtigten zustimmen müßten.

VI. Geschäftswert für Eintragungsanträge: § 22 KostO. Für den danach maßgebenden Jahreswert ist der Betrag, der bei Heimfall für die bisher gewährte Wohnmöglichkeit nicht erstattet wird, von Bedeutung (OLG Frankfurt NJW **54** 1613). Streitwert für Löschungsklagen: § 3 ZPO: Interesse des Klägers an der Löschung. **20**

§ 32

Voraussetzung der Eintragung

(1) Das Dauerwohnrecht soll nur bestellt werden, wenn die Wohnung in sich abgeschlossen ist.

(2) Zur näheren Bezeichnung des Gegenstandes und des Inhalts des Dauerwohnrechts kann auf die Eintragungsbewilligung Bezug genommen werden. Der Eintragungsbewilligung sind als Anlagen beizufügen:

1. **eine von der Baubehörde mit Unterschrift und Siegel oder Stempel versehene Bauzeichnung, aus der die Aufteilung des Gebäudes sowie die Lage und Größe der dem Dauerwohnrecht unterliegenden Gebäude- und Grundstücksteile ersichtlich ist (Aufteilungsplan); alle zu demselben Dauerwohnrecht gehörenden Einzelräume sind mit der jeweils gleichen Nummer zu kennzeichnen;**
2. **eine Bescheinigung der Baubehörde, daß die Voraussetzungen des Absatzes 1 vorliegen. Wenn in der Eintragungsbewilligung für die einzelnen Dauerwohnrechte Nummern angegeben werden, sollen sie mit denen des Aufteilungsplans übereinstimmen.**

(3) Das Grundbuchamt soll die Eintragung des Dauerwohnrechts ablehnen, wenn über die in § 33 Abs. 4 Nr. 1 bis 4 bezeichneten Angelegenheiten, über die Voraussetzungen des Heimfallanspruchs (§ 36 Abs. 1) und über die Entschädigung beim Heimfall (§ 36 Abs. 4) keine Vereinbarungen getroffen sind.

Die Vorschrift spricht zwar vom Dauerwohnrecht, erfaßt aber auch das Dauernutzungsrecht (§ 31).

I. Abgeschlossenheit **1**

§ 32 Abs. 1, der (im Gegensatz zu dem übrigen Inhalt des § 32) nicht nur verfahrensrechtlichen, sondern auch materiellrechtlichen Charakter hat, entspricht dem § 3 Abs. 2. Er wird ergänzt durch Abs. 2 Nr. 2, der dem § 7 Abs. 3 Nr. 2 entspricht. Wegen der Richtlinien für die Erteilung der hier geforderten Bescheinigung der Baubehörde s. § 59 und die Allgemeine Verwaltungsvorschrift für die Ausstellung von Bescheinigungen vom 19. 3. 1974 BA Nr. 58 vom 23. 3. 1974. Nach Eintragung im Grundbuch kann die Gültigkeit der Bestellung nicht mit mangelnder Abgeschlossenheit bestritten werden, da § 32 Abs. 1 nur eine Sollvorschrift enthält.

II. Eintragungsbewilligung **2**

1. Verfahrensrechtliches Erfordernis für die Eintragung des Dauerrechts ist außer dem Antrag (§ 13 GBO) die Eintragungsbewilligung (§ 19 GBO) des Grundstückeigentümers (bei der Übertragung des Rechtes die des Veräußerers); sie bedarf der im § 29 GBO vorgesehenen Form. Enthält die Eintragungsbewilligung getroffene Vereinbarungen (Abs. 3) nicht, werden diese auch nicht zusammen mit der Eintragungsbewilligung vorgelegt, werden sie nicht dinglicher Inhalt des Rechtes.

Die Förmelung des Eintrags steht dem Grundbuchamt zu, es ist an jene des Eintragungsantrages nicht gebunden, dessen etwaige mangelhafte Gestaltung kann dadurch ausgeglichen werden.

3 **2. Bezugnahme auf die Eintragungsbewilligung**

Nach § 874 BGB kann zur näheren Bezeichnung des Inhalts des Rechtes auf die Eintragungsbewilligung Bezug genommen werden; Eintragungsbewilligung und Grundbucheintrag bilden eine Einheit. Der Inhalt des Dauerrechts bestimmt sich nach den §§ 31, 33 Abs. 1 und 2, und den gemäß §§ 33 Abs. 2—4, 35, 36, 39, 40, 41 Abs. 2 getroffenen Vereinbarungen. Da auch der Gegenstand des Dauerrechts (ebenso wie der des Sondereigentums) eintragungsbedürftig ist, ergänzt § 32 Abs. 2 Satz 1 (entsprechend § 7 Abs. 3) den § 874 BGB dahin, daß zur näheren Bezeichnung auch des Gegenstandes des Dauerrechts auf die Eintragungsbewilligung Bezug genommen werden kann. Im Grundbuch selbst müssen jedoch die rechtliche Natur des Dauerrechts als solche (Dauerwohnrecht, Dauernutzungsrecht) und die Lage der dem Dauerrecht unterliegenden Räume bezeichnet werden (BayObLG NJW **60** 2100).

4 Da Einigung und Eintragung sich decken müssen um das Recht entstehen zu lassen, ist Abweichung der Eintragungsbewilligung von der materiellen Einigung dann nicht unbeachtlich, da hier die Grundbucheintragung und die Eintragungsbewilligung als ein Ganzes zu lesen sind. Zur Frage, wie die Rechtslage zu beurteilen ist, wenn sich die Einigung auf mehr oder weniger erstreckt als der Grundbucheintrag vgl. BGH DNotZ **66** 172.

5 **3. Anlagen**

Entsprechend § 7 Abs. 4 bestimmt § 32 Abs. 2 Satz 2, daß der Eintragungsbewilligung als Anlage beizufügen sind

a) ein *Aufteilungsplan* **der Baubehörde** (s. § 7), für den es allerdings hier genügen wird, wenn er außer der Lage und Größe der Gebäude- und Grundstücksteile, auf die das Dauerrecht sich beziehen soll, die Aufteilung des Gebäudes insoweit erkennen läßt, als diese Teile berührt werden (z. B. die Aufteilung des in Frage kommenden Stockwerks). Wird ein Dauerrecht nur für eine Wohnung eines Gebäudes bestellt, braucht die Aufteilung des Gebäudes nur diese Wohnung zu erfassen. Ist ein ganzes Haus dem Dauerrecht unterstellt, bedarf es zwar der Bauzeichnung (Abs. 2 Nr. 2), aber keines Abgeschlossenheitszeugnisses.

b) die *Bescheinigung* der Baubehörde, daß die Räume, auf die das Dauerrecht sich bezieht, in sich abgeschlossen sind. Zur Abgeschlossenheit unter Einbeziehung des Nachbargebäudes s. LG München Rpfleger **73** 141); die Wohnung muß gegen *fremde* Räume abgeschlossen sein.

Fehlt eine dieser Anlagen, so ist der Eintragungsantrag abzulehnen.

6 **4. Notwendiger Inhalt** (Abs. 3)

Da das Dauerrecht im WEG nicht erschöpfend geregelt ist, bedürfen die gesetzlichen Vorschriften weitgehend der Vereinbarungen der Beteiligten über den Inhalt des zu bestellenden Dauerrechts. Dabei kommt es nur darauf an, *daß*, nicht dagegen *wie* die in Betracht kommenden Fragen von den Beteiligten geregelt werden. Damit das Grundbuchamt prüfen kann, ob über diese Fragen eine Vereinbarung getroffen worden ist, soll der Inhalt solcher Vereinbarungen als Inhalt des zu bestellenden Dauerrechts in die Eintragungsbewilligung aufgenommen werden. Die durch Vereinbarung zu regelnden Fragen sind nach Abs. 3:

a) Art und Umfang der Nutzungen (§ 33 Abs. 4 Nr. 1),

b) Instandhaltung und Instandsetzung der dem Dauerrecht unterliegenden Gebäudeteile (§ 33 Abs. 4 Nr. 2),

c) Die Pflicht des Berechtigten zur Tragung öffentlicher oder privatrechtlicher Lasten des Grundstücks (§ 33 Abs. 4 Nr. 3)

d) die Versicherung des Gebäudes und sein Wiederaufbau im Falle der Zerstörung (§ 33 Abs. 4 Nr. 4),

e) falls ein Heimfallanspruch begründet werden soll, (nur in diesem Falle) dessen Voraussetzungen (§ 36 Abs. 1) und die Entschädigung beim Heimfall (§ 36 Abs. 4).

III. Prüfungspflicht des Grundbuchamts 7

1. Mangelhafte Eintragungsbewilligung

Das Grundbuchamt hat zu prüfen, ob die Eintragungsbewilligung mit den erforderlichen Anlagen versehen ist und ob die erforderlichen Vereinbarungen getroffen sind. Seine Prüfungspflicht erstreckt sich nicht darauf, ob das rechtsgültige Zustandekommen dieser Vereinbarungen in der Form des § 29 GBO nachgewiesen ist, wie dies OLG Düsseldorf DNotZ **78** 356 annimmt. Das Gesetz gibt keinen Anhalt dafür, daß es insoweit vom sonst geübten Konsensprinzip des Grundbuchrechtes abweichen will; es spricht nicht von „rechtsgültigen" Vereinbarungen. Die Vorschrift bezweckt, die Beteiligten zu solchen Vereinbarungen anzuregen; zur Zweckerreichung bedurfte es nicht der Einführung der materiellen Prüfungspflicht des Grundbuchamts (Schrifttumsnachweise in der genannten Entscheidung). Das Grundbuchamt darf auch die Eintragung nicht deshalb ablehnen, weil die Eintragungsbewilligung sich nicht darüber verhält, ob ein Heimfallanspruch begründet wurde oder nicht (BayObLG Rpfleger **54** 307; a. A. *Diester* ebenda 310). Es kann auch keine ausdrückliche Erklärung nachfordern, daß Vereinbarungen — tatsächlich — nicht getroffen worden seien. Es wird den Vollzug der Eintragungsbewilligung in solchen Fällen ablehnen können, wenn es von amtswegen Kenntnis vom Zustandekommen solcher Vereinbarungen erlangt hat.

Stimmt der Inhalt der Eintragungsbewilligung nicht mit den wirklichen Vereinbarungen überein, so hindert das die Entstehung des dinglichen Rechts — ohne Vereinbarungen — nicht. Werden die Vereinbarungen geändert, bedarf es neuer Eintragung und Zustimmung der gleichrangigen und der nachstehenden Berechtigten sowie der Pfandgläubiger und Nießbraucher, wenn deren Rechtsstellung verschlechtert würde, was bei Verlängerung der Dauer des Rechtes für die letztgenannten nicht zutrifft (§§ 877, 876 BGB).

2. Ablehnung der Eintragung 8

Fehlt der Eintragungsbewilligung eine notwendige Anlage oder schweigt sie über die notwendigen Vereinbarungen, so soll das Grundbuchamt die Eintragung ablehnen; da es sich in beiden Fällen um die Einhaltung einer Sollvorschrift handelt, ist aber eine entgegen der Vorschrift vorgenommene Eintragung nicht unwirksam, das Dauerrecht mit der Eintragung also entstanden. Die rechtlichen Beziehungen der Beteiligten zueinander richten sich dann nach den getroffenen schuldrechtlichen Abmachungen; die Beteiligten sind einander auch verpflichtet, sich über die noch offen stehenden Punkte zu einigen und so die notwendige sachenrechtliche Bestimmtheit des Dauerrechts herbeizuführen. Fehlt es an schuldrechtlichen Abreden, so hat notfalls das Prozeßgericht zu ermitteln, welchen Inhalt die Beziehungen der Beteiligten zueinander haben, die Vorschriften über den Nießbrauch können dazu Anhaltspunkte geben. Das gleiche gilt, wenn das Grundbuchamt wegen Fehlens einer notwendigen Vereinbarung die Eintragung abgelehnt hat.

9 IV. Der Geschäftswert der Beurkundung und Eintragung eines Dauerrechts errechnet sich nach § 22 KostO (LG Frankfurt Rpfleger **55** 243). Zum Überleitungsrecht s. Art. 3 § 3 des Änderungsgesetzes vom 30. 7. 1973 BGBl. I 1973 S. 910.

§ 33

Inhalt des Dauerwohnrechts

(1) Das Dauerwohnrecht ist veräußerlich und vererblich. Es kann nicht unter einer Bedingung bestellt werden.

(2) Auf das Dauerwohnrecht sind, soweit nicht etwas anderes vereinbart ist, die Vorschriften des § 14 entsprechend anzuwenden.

(3) Der Berechtigte kann die zum gemeinschaftlichen Gebrauch bestimmten Teile, Anlagen und Einrichtungen des Gebäudes und Grundstücks mitbenutzen, soweit nichts anderes vereinbart ist.

(4) Als Inhalt des Dauerwohnrechts können Vereinbarungen getroffen werden über:

1. Art und Umfang der Nutzungen;

2. Instandhaltung und Instandsetzung der dem Dauerwohnrecht unterliegenden Gebäudeteile;

3. die Pflicht des Berechtigten zur Tragung öffentlicher oder privatrechtlicher Lasten des Grundstücks;

4. die Versicherung des Gebäudes und seinen Wiederaufbau im Falle der Zerstörung;

5. das Recht des Eigentümers, bei Vorliegen bestimmter Voraussetzungen Sicherheitsleistung zu verlangen.

Schrifttum

Klingenstein, Kann das Dauerwohnrecht auf Lebenszeit bestellt werden BWNotZ **65** 222.

Übersicht

	Rdn.
I. Allgemeines	1
II. Gesetzlicher Inhalt des Dauerrechts	
1. Veräußerlichkeit und Vererblichkeit	2–5
2. Bedingungsfeindlichkeit	6, 7
3. Pflichten des Berechtigten	8
a) Instandhaltungspflicht	9
b) Schonender Gebrauch	10
c) Einhaltung der Pflichten durch andere Personen	11
d) Duldungspflichten	12
4. Mitbenutzungsrecht	13
III. Vereinbarter Inhalt des Dauerrechts	
1. Allgemeines	
a) Vereinbarungen als Inhalt des dinglichen Rechts	14
b) Arten von Vereinbarungen	15
2. Notwendige Vereinbarungen	
a) Art und Umfang der Nutzungen	16
b) Instandhaltung und Instandsetzung	17

	Rdn.
c) Tragung von Grundstückslasten	18
d) Versicherung des Gebäudes und Wiederaufbau im Falle der Zerstörung	19
e) Heimfallrecht	20
3. Fakultative Vereinbarungen als Inhalt des Dauerrechts	21
4. Andere Vereinbarungen	22
5. Auslegung und Ergänzung	23
IV. Rechtstreitigkeiten	24

I. Allgemeines 1

§ 33 ergänzt den § 31, der den Inhalt des Dauerrechts nur allgemein bestimmt. Die Vorschrift unterscheidet zwischen dem gesetzlichen Inhalt des Rechts (Abs. 1 mit 3) und dem durch Vereinbarung zu schaffenden Inhalt (Abs. 4). Dinglich wirkende Inhaltsvereinbarungen sind auf Grund §§ 31 Abs. 1 Satz 2, 35, 36 Abs. 1 und 4, 39 und 40 Abs. 2 möglich. Sonstige Vereinbarungen (z. B. §§ 33 Abs. 2 und 3, 40 Abs. 1, 41 Abs. 2) haben schuldrechtlichen Charakter.

II. Gesetzlicher Inhalt des Dauerrechts 2

1. Veräußerlichkeit und Vererblichkeit (Abs. 1 Satz 1).

Ebenso wie das Erbbaurecht — aber anders als das Wohnungsrecht (§ 1093 BGB), von dem es sich gerade hierdurch wesentlich unterscheidet — kann das Dauerrecht veräußert und vererbt werden. Die Veräußerlichkeit des Dauerrechts kann aber durch Vereinbarungen eingeschränkt werden, welche die Veräußerung nur an bestimmte Personen zulassen oder von der Zustimmung des Gebäudeeigentümers (der entweder der Grundstückseigentümer oder ein Erbbauberechtigter ist) oder eines Dritten abhängig machen (§ 35). Seine Vererblichkeit kann dadurch ausgeschlossen werden, daß es nur für die Lebenszeit des Berechtigten bestellt wird. Die Folgen einer Veräußerung oder Vererbung können ferner durch Vereinbarung eines Heimfallanspruchs (§ 36) für den (jeden) Fall einer Veräußerung oder des Todes des Berechtigten beseitigt werden. Zur *Veräußerung* sind (formlose) *Einigung* und die *Eintragung* des Rechtsübergangs im Grundbuch (§ 873 BGB) auf Grund einer Eintragungsbewilligung des Veräußerers (§ 19 GBO), die der Form des § 29 GBO bedarf, erforderlich, nicht jedoch die Übergabe der Räume und Grundstücksteile, auf die das Dauerrecht sich bezieht.

Bei einer Veräußerung des Dauerrechts *tritt* der *Erwerber* an Stelle des Veräuße- 3
rers in die *Verpflichtungen ein*, die sich während der Dauer seiner Berechtigung aus dem Rechtsverhältnis zu dem Eigentümer des Gebäudes ergeben (§ 38 Abs. 1). Sind die dem Dauerrecht unterliegenden Räume vermietet oder verpachtet, so tritt bei einer Veräußerung des Dauerrechts der Erwerber in das Miet- oder Pachtverhältnis ein (§ 37 Abs. 2, 3 Satz 1); wird das Dauerrecht im Wege der Zwangsvollstreckung veräußert, so steht dem Erwerber in entsprechender Anwendung von § 57 a ZVG ein Kündigungsrecht zu (§ 37 Abs. 3 Satz 2).

Das Dauerrecht ist grundsätzlich *nicht belastbar*; Ausnahmen gelten infolge seiner 4
Übertragbarkeit (§ 1069 Abs. 2, § 1247 Abs. 2 BGB), soweit diese nicht nach § 35 durch Vereinbarung beschränkt ist, für die Belastung mit einem Nießbrauch (§§ 1068 ff BGB) und mit einem Pfandrecht (§§ 1273 ff BGB). Erforderlich ist in beiden Fällen Einigung der Beteiligten und Eintragung im Grundbuch auf Grund einer Eintragungsbewilligung des Dauerberechtigten (§ 1069 Abs. 1, § 1274 Abs. 1 Satz 1, § 873 BGB, §§ 19, 29 GBO); Übergabe der Räume und Grundstücksteile, auf die das Dauerrecht sich bezieht, ist nicht erforderlich (§ 1274 Abs. 1 Satz 2 BGB). Für den Dauerrechtsinhaber kann ein dingliches Vorkaufsrecht am belasteten Grundstück bestellt werden, (vgl. *Soergel/Bauer*, § 1094 Rdn. 3).

5 Als veräußerliches Vermögensrecht ist das Dauerrecht nach § 857 ZPO *pfändbar.* Die Pfändung ist mit dem Zeitpunkt als bewirkt anzusehen, in welchem dem Schuldner das Verfügungsverbot (§ 829 Abs. 1 Satz 2 i. V. mit § 857 Abs. 1 ZPO) zugestellt wird (§ 857 ZPO), doch ist zu ihrer Wirksamkeit noch die Eintragung im Grundbuch erforderlich; das Vollstreckungsgericht kann dann die Veräußerung des Dauerrechts durch Versteigerung oder freihändigen Verkauf anordnen (§ 857 Abs. 5 ZPO), durch die der Erwerber nicht nur in die Rechte, sondern auch in die Verpflichtungen des bisherigen Berechtigten (insbesondere die zur Zahlung eines laufenden Entgelts an den Gebäudeeigentümer) eintritt. Ist gemäß § 35 eine Beschränkung der Veräußerungsbefugnis vereinbart (§ 35 Satz i. V. mit § 12 Abs. 3 Satz 2), so kann das Vollstreckungsgericht besondere Anordnungen erlassen, insbesondere eine Verwaltung anordnen (§ 857 Abs. 3 u. 4 ZPO).

6 **2. Bedingungsfeindlichkeit** (Abs. 1 Satz 2)

Ebenso wie die Auflassung (§ 925 Abs. 2 BGB) kann die Bestellung des Dauerrechts nicht von einer Bedingung abhängig gemacht werden (wohl aber seine Übertragung im Gegensatz zur Übertragung des Erbbaurechts, § 11 Abs. 1 Satz 2 ErbbVO); das gilt nicht nur (wie beim Erbbaurecht) für die auflösende, sondern auch für die aufschiebende Bedingung. Von einer Bedingung kann aber nur dann die Rede sein, wenn der Eintritt oder der Wegfall einer Rechtsfolge an ein Ereignis gebunden wird, dessen Eintritt ungewiß ist. Steht dagegen fest, daß das Ereignis eintreten wird, handelt es sich um eine Befristung, auch wenn der Zeitpunkt des Eintrittes noch ungewiß ist (BGH MDR **80** 41). Zulässig ist die Bestellung des Dauerrechts (anders als die Auflassung, aber ebenso wie die Bestellung des Erbbaurechts) unter einer Zeitbestimmung, mag es sich hierbei um einen Anfangs- oder einen Endtermin handeln. Insbesondere kann das Dauerrecht für die Lebenszeit des Berechtigten (*Diester* NJW **63** 183; *Marshall* DNotZ **62** 381, a. A. OLG Neustadt Rpfleger **62** 22; die Bestellung eines Erbbaurechts auf Lebenszeit hat der BGH — BGHZ **52** 272 — nicht zugelassen, weil dem Bedingungsverbot des § 1 Abs. 4 ErbbVO der gesetzgeberische Zweck zugrunde liege, die Beleihbarkeit des Erbbaurechts nicht durch späteren Wegfall zu gefährden; da das Dauerrecht nicht beleihbar ist, scheidet diese Erwägung hier aus) oder für die Dauer eines Vertrages von unbestimmter Laufzeit (aM *Hoche* DNotZ **53** 151) bestellt werden.

7 Die Vereinbarung der Aufhebung des Rechtes, wenn gewisse Umstände eintreten, kommt einer unzulässigen bedingten Bestellung gleich. Dagegen darf der Heimfall vom Eintreten besonderer Umstände abhängig gemacht werden (§ 36). Die Begrenzung einer Vertragsdauer auf den Todesfall wird man als Befristung ansehen. Diese muß sich aus dem Grundbucheintrag ersehen lassen, Bezugnahme auf die Eintragungsbewilligung genügt nicht (KG DNotZ **56** 556). Übertragung eines Eigentümer-Dauerrechts kommt der Bestellung gleich (*Soergel/Baur,* § 33 Rdn. 4); auch sie ist daher bedingungsfeindlich.

8 **3. Pflichten des Berechtigten (Abs. 2)**

Soweit nicht durch Vereinbarung zwischen dem Gebäudeeigentümer und dem Berechtigten etwas anderes bestimmt ist, richten sich die Pflichten des Berechtigten nach dem entsprechend anzuwendenden § 14; dabei entsprechen dem Sondereigentum die Räume und Gebäudeteile (ggf. auch die Grundstücksteile), auf die das Dauerrecht sich bezieht, dem gemeinschaftlichen Eigentum die zum gemeinschaftlichen Gebrauch bestimmten Teile, Anlagen und Einrichtungen des Gebäudes und des Grundstücks (Abs. 3). Die Pflichten bestehen aber nur dem Eigentümer, nicht den Mietern oder anderen Dauerrechtsinhabern gegenüber (*Palandt/Bassenge,* § 33 Anm. 3). Ist an Wohnungseigentum ein Dauerwohnrecht (Dauernutzungsrecht) bestellt, können sich die Miteigentümer wegen der den Besteller treffenden Lasten (§ 16 Abs. 2) jedenfalls dann nicht an den Berechtigten halten, wenn dieser die Unkosten dem Besteller nicht zu erstatten hat (BGH Rpfleger **79** 58).

Im einzelnen ergibt sich: **9**

a) *Instandhaltungspflicht (§ 14 Nr. 1).* Ob und inwieweit der Berechtigte verpflichtet ist, die seinem Dauerrecht unterliegenden Gebäude- und Grundstücksteile instandzuhalten, kann mit dinglicher Wirkung durch Vereinbarung als Inhalt des Dauerrechts geregelt werden (§ 33 Abs. 4 Nr. 2 i. V. mit § 32 Abs. 3). Soweit die Vereinbarung nichts anderes bestimmt, hat er diese Gebäude- und Grundstücksteile so instandzuhalten, daß weder den übrigen Bewohnern des Gebäudes noch dem Gebäudeeigentümer ein Nachteil erwächst, der über das bei einem geordneten Zusammenleben unvermeidliche Maß der Beeinträchtigung hinausgeht.

Er hat keinen Anspruch auf Verbesserung oder Veränderung des Gebäudes. Die der Nutzung unterstellten Räume darf er nicht verkommen, zur Erhaltung der Räume hat er Ausbesserungen und Erneuerungen vornehmen zulassen (vgl. § 1041 BGB), es steht ihm aber nicht zu, ohne Genehmigung des Eigentümers Veränderungen baulicher Art vorzunehmen. Letzterer darf andererseits das Gebäude nicht verfallen lassen (*Bärmann/Pick,* § 33 Anm. III 1); das ergibt sich schon aus seiner Verpflichtung, die Nutzung der Räume zu gewähren. Hinsichtlich der gemeinschaftlich benutzten Gebäude- und Grundstücksteile besteht keine Instandhaltungspflicht des Berechtigten; sie kann ihm auch nicht mit dinglicher Wirkung als Inhalt des Dauerrechts durch Vereinbarung auferlegt werden (Abs. 4 Nr. 2); etwaige dahingehende Vereinbarungen haben nur schuldrechtliche Wirkung.

b) *Schonender Gebrauch* (§ 14 Nr. 1). Der Berechtigte darf sowohl von den seinem **10** Dauerrecht unterliegenden wie auch von dem zum gemeinschaftlichen Gebrauch bestimmten Gebäude- und Grundstücksteilen den ihm zustehenden Gebrauch (vgl. Abs. 3, Abs. 4 Nr. 1) nur in solcher Weise ausüben, daß dadurch weder den übrigen Bewohnern noch dem Eigentümer des Gebäudes ein Nachteil erwächst, der über das bei einem geordneten Zusammenleben unvermeidliche Maß hinausgeht.

c) *Einhaltung der Pflichten durch andere Personen* (§ 14 Nr. 2). Der Berechtigte hat **11** dafür zu sorgen, daß die zu a) und b) bezeichneten Pflichten auch von Personen eingehalten werden, die seinem Hausstand oder Geschäftsbetrieb angehören oder denen er sonst die Benutzung der seinem Dauerrecht unterliegenden oder zum gemeinschaftlichen Gebrauch bestimmten Gebäude oder Grundstücksteile überläßt.

d) *Duldungspflichten* (§ 14 Nr. 3 u. 4). Der Berechtigte hat zu dulden Einwirkun- **12** gen auf die seinem Dauerrecht unterliegenden oder zur gemeinschaftlichen Benutzung bestimmten Gebäude- und Grundstücksteile, soweit sie auf einem nach a) bis c) zulässigen Gebrauch beruhen; ferner das Betreten und die Benutzung der seinem Dauerrecht unterliegenden Gebäudeteile, soweit das zur Instandhaltung und Instandsetzung der zur gemeinschaftlichen Benutzung bestimmten Gebäudeteile erforderlich ist; ein hierdurch entstehender Schaden ist dem Berechtigten vom Gebäudeeigentümer zu ersetzen.

Zu den Ersatzansprüchen des Berechtigten wegen Verwendungen, den Ersatzansprüchen des Eigentümers wegen Verschlechterungen s. § 34.

13 **4. Mitbenutzungsrecht (Abs. 3).** Abs. 3 übernimmt grundsätzlich die im § 1093 Abs. 3 BGB für das Wohnungsrecht getroffene Regelung, nach welcher der Berechtigte — bei Beschränkung seines Rechtes auf einen Teil des Gebäudes — die zum gemeinschaftlichen Gebrauche der Bewohner bestimmten Anlagen und Einrichtungen benutzen kann. In Betracht kommen z. B. Gas-, Wasser-, elektrische Leitungen, Hauslift, Waschküche, Trockenräume, Treppenhaus, Saunaraum, Hof, Raum zum Abstellen von Fahrrädern und Gartengerät, Garten, Sammelgarage, auch eine Zentralheizung. Das Mitbenutzungsrecht erstreckt sich auf die auf Öl umgestellte Heizungsanlage. Die Instandhaltung und Instandsetzung einer gemeinschaftlichen Benutzung dienenden Zentralheizung obliegt dem Eigentümer, falls nichts anderes vereinbart ist (vgl. BGHZ **52** 234). An den gemeinschaftlich benutzten Gebäudeteilen (z. B. Treppenhaus) besteht Mitbesitz (§§ 859, 861, 862 BGB). Das Mitbenutzungsrecht bezieht sich auch auf die zum gemeinschaftlichen Gebrauch bestimmten Gebäude- und Grundstücksteile. Anders als bei den dem Dauerrecht unterliegenden Gebäude- und Grundstücksteilen handelt es sich hier nicht um ein ausschließliches Nutzungs-, sondern nur um ein Mitbenutzungsrecht, das (abdingbar) zum Dauerrecht gehört. Es steht, soweit es nicht abbedungen ist, auch den in § 14 Nr. 2 bezeichneten Personen zu.

Die Mitbenutzung kann zwar abbedungen werden, aber nur soweit, als sie nicht zur Nutzung der Räume notwendig ist.

14 **III. Vereinbarter Inhalt des Dauerrechts (Abs. 4)**

1. Allgemeines

a) *Vereinbarungen als Inhalt des dinglichen Rechts.* Während bei den Dienstbarkeiten des BGB ihr Inhalt wie auch das ihnen zugrunde liegende schuldrechtliche Verhältnis zwischen dem Berechtigten und dem Eigentümer des belasteten Grundstücks sich unmittelbar aus dem Gesetz ergeben und nicht durch Parteiabreden geändert oder ergänzt werden können, ist das beim Dauerrecht nur zum geringen Teil der Fall. Hier ist es (wie beim Erbbaurecht, §§ 2 ff ErbbVO) den Beteiligten überlassen, in gewissem Umfange den Inhalt des Dauerrechts durch Vereinbarung zu regeln (z. B. die Vereinbarung, daß der Grundstückseigentümer zustimmen müsse, falls die Räume für andere Zwecke als vereinbart verwendet werden sollen, oder daß der Dauerberechtigte mit Rücksicht auf das Heimfallrecht und die Heimfallentschädigung einen Aufwand für eine bauliche Änderung der Räume genau zu ermitteln und dem Grundstückseigentümer nach dem Umbau offenzulegen habe, (BayObLG DNotZ **60** 596). Solche Vereinbarungen erlangen in Durchbrechung des Grundsatzes, daß es im Sachenrecht keine Vertragsfreiheit gibt, dingliche Wirkung für und gegen Dritte, wenn sie inhaltlich in die Eintragungsbewilligung aufgenommen und unter Bezugnahme auf diese als Inhalt des Dauerrechts im Grundbuch eingetragen werden (§ 32 Abs. 2 Satz 1; vgl. auch § 2 Anm. 2 ErbbVO). Auf diesen Eintrag sind §§ 891, 892, 893 BGB anzuwenden. Wurde das Recht vom Scheineigentümer an einen gutgläubigen Erwerber übertragen, muß sich der wahre Eigentümer an die aus den Vereinbarungen ergebenden Pflichten halten lassen. Werden die Vereinbarungen aber nicht eingetragen, haben sie nur schuldrechtliche Wirkung. Sie können sich aber nur auf die dem Dauerrecht unterliegenden Räume und die der gemeinschaftlichen Benutzung dienenden Gebäudeteile beziehen, auf das ganze Gebäude nur, wenn es als Ganzes Gegenstand des Dauerrechts ist (BayObLGZ **59** 530).

15 **b)** *Arten von Vereinbarungen.* Als Inhalt des Dauerrechts (und dadurch mit dinglicher Wirkung) können Vereinbarungen nur über die Angelegenheiten getroffen wer-

den, bei denen dies im WEG — zum Teil in Anlehnung an Vorschriften, die beim Nießbrauch oder beim Erbbaurecht gelten — ausdrücklich zugelassen ist. Zwar sind Vereinbarungen auch über andere Fragen möglich, sie haben aber nur schuldrechtliche Wirkung zwischen den Vertragsteilen. Bei den als Inhalt des Dauerrechts möglichen Vereinbarungen ist zu unterscheiden zwischen solchen, die nur zugelassen (fakultativ), und solchen, die notwendig (vorgeschrieben) sind um die Eintragung des Dauerrechts im Grundbuch zu erreichen (§ 32 Abs. 3), für diese bedeutet also das „können" (§ 33 Abs. 4) in Wirklichkeit „sollen".

2. Notwendige Vereinbarungen (vgl. § 32 Abs. 3) **16**

Durch Vereinbarung sind nach Absatz 4 zu regeln:

a) *Art und Umfang der Nutzungen* der dem Dauerrecht unterliegenden Gebäude und Grundstücksteile. z. B. kann der Gebrauch der Räume in gewisser Hinsicht (es darf keine laute Musik gemacht werden) eingeschränkt oder eine bestimmte Art der Nutzung (Verwendung zu beruflichen, gewerblichen, geschäftlichen Zwecken oder ihre Vermietung oder Verpacktung) ausgeschlossen werden.

Auch kann die Vermietung oder Verpachtung an die Zustimmung des Eigentümers gebunden werden; ein ohne die Zustimmung geschlossener Mietvertrag ist aber nicht ungültig. Es kann Vermietung nur an einen Personenkreis (z. B. Mitglieder eines Vereins) zugelassen werden. Die Vereinbarung kann auch ein Wettbewerbsverbot vorsehen, aber kein dingliches Mitbenutzungsrecht des Eigentümers (§ 31 Abs. 1). Macht der Nutzungsberechtigte entgegen den Vereinbarungen von den Räumen Gebrauch, hat der Eigentümer Anspruch auf Unterlassung (§ 1004 BGB), den er im Prozeßweg geltend machen kann; auch kann aufgrund entsprechender Vereinbarung ein Heimfallanspruch dadurch ausgelöst werden.

b) *Instandhaltung und Instandsetzung der dem Dauerrecht unterliegenden Gebäudeteile* (vgl. § 2 Nr. 1 ErbbVO); die Ausgestaltung der Regelung steht den Beteiligten frei; sie können z. B. auch in Abweichung von § 33 Abs. 2, § 14 Nr. 1 die Instandhaltungspflicht ganz dem Gebäudeeigentümer oder dem Berechtigten auferlegen, umfängliche Ausbesserungen zur Pflicht machen oder die Instandsetzungspflicht je nach Art oder Umfang der erforderlichen Instandsetzungsarbeiten zwischen dem Berechtigten und dem Gebäudeeigentümer verteilen. Darüber hinaus werden die Beteiligten auch die Instandhaltungs- und Instandsetzungspflicht des Gebäudeeigentümers hinsichtlich der zum gemeinschaftlichen Gebrauch bestimmten Gebäudeteile mit dinglicher Wirkung näher regeln und ein Schiedsgutachten für Streitigkeiten über Kosten und Instandsetzung vereinbaren können (BayObLG NJW **60** 540). Auf außervertraglicher Grundlage können die Mitglieder einer Wohnungseigentümergemeinschaft von dem an einem Wohnungseigentum Dauernutzungsberechtigten jedenfalls dann keinen Ersatz der von ihnen bezahlten Kosten für Instandhaltung und Instandsetzung des gemeinschaftlichen Eigentums verlangen, wenn der Berechtigte seinem Wohnungseigentümer gegenüber dazu nicht verpflichtet ist (BGH Rpfleger **79** 390). **17**

c) *Tragung von Grundstückslasten* (vgl. § 1047 BGB, § 2 Nr. 3 ErbbVO). Zum Begriff der Grundstückslasten s. § 16. Anders als beim Nießbrauch hat beim Dauerrecht der Berechtigte die Lasten nur insoweit zu tragen, als dies ausdrücklich nach Höhe, Zeitdauer und Anteil vereinbart ist. In Anlehnung an § 1047 BGB wird eine Vereinbarung, die dem Berechtigten die Verpflichtung zur Tragung von Grundstückslasten auferlegt, im Zweifel dahin auszulegen sein, daß der Berechtigte diese Verpflichtung nur dem Gebäudeeigentümer, nicht aber Dritten, insbesondere Gläubigern des Gebäude- **18**

eigentümers gegenüber auf sich nimmt, so daß er diesen nicht haftet, die Verpflichtung vielmehr nur im Innenverhältnis zwischen den Vertragsteilen und ihren Rechtsnachfolger besteht (*Weitnauer/Hauger*, § 33 Rdn. 14).

19 **d)** *Versicherung des Gebäudes und Wiederaufbau im Falle der Zerstörung* (vgl. § 1045 BGB). Die Frage, wer das Gebäude zu versichern hat (regelmäßig wird das der Gebäudeeigentümer sein) und ob und inwieweit der Gebäudeeigentümer im Falle der Zerstörung des Gebäudes zu dessen Wiederaufbau verpflichtet ist, muß stets durch Vereinbarung geklärt werden. Daraus, daß auch bei völliger Zerstörung des Gebäudes dem Eigentümer (und dessen Rechtsnachfolger) die Pflicht zum Wiederaufbau auferlegt werden kann, ergibt sich, daß das Dauerrecht als Grundstücksbelastung trotz der Zerstörung des Gebäudes bestehen bleibt und nach Wiederaufbau wieder ausgeübt werden kann. Vorausbezahltes Entgelt ist im Falle der Zerstörung zurückzuerstatten (§ 812 Abs. 1 Satz 2 BGB); die Zahlung des Entgeltes fällt, wenn nichts anderes vereinbart ist, mit der Zerstörung des Gebäudes weg (entsprechend § 324 BGB). Wird das Dauerrecht vor Errichtung des Gebäudes bestellt, so wird auch die Pflicht zum (erstmaligen) Bau des Gebäudes durch Vereinbarung geregelt werden können, doch handelt es sich insoweit nicht um eine Vereinbarung im Sinne des § 32 Abs. 3.

20 **e)** Wegen der im Falle der Begründung eines *Heimfallanspruchs* zu treffenden Vereinbarungen (§ 32 Abs. 3) s. § 36 Rdn. 6 ff

21 **3. Fakultative Vereinbarungen als Inhalt des Dauerrechts**

Zulässig, aber nicht notwendig sind Vereinbarungen mit dinglicher Wirkung über folgende Angelegenheiten:

a) *Anspruch des Berechtigten auf Errichtung des Gebäudes* (s. oben Rdn. 19)

b) *Anspruch auf Sicherheitsleistung.* In Anlehnung an § 1051 BGB, läßt § 33 Abs. 4 Nr. 5 WEG eine Vereinbarung des Inhalts zu, daß der Gebäudeeigentümer bei Vorliegen bestimmter Voraussetzungen von dem Berechtigten Sicherheitsleistung verlangen kann. Die Voraussetzungen des Anspruchs sind dann gemäß der Vereinbarung in der Eintragungsbewilligung zu bezeichnen. Nur auf Grund einer solchen Vereinbarung, nicht schon in entsprechender Anwendung des § 1051 BGB kann der Eigentümer Sicherheitsleistung verlangen. (*Weitnauer/Hauger*, § 33 Rdn. 16)

c) *Beschränkung der Veräußerungsbefugnis* des Berechtigten; s. hierzu § 35.

d) *Begründung eines Heimfallanspruchs; s. hierzu § 36;*

e) *Bestehenbleiben des Dauerrechts bei Zwangsversteigerung des Grundstücks,* abweichend von den §§ 44, 91 ZVG. s. § 39;

f) *Wirksamkeit von Verfügungen des Gebäudeeigentümers über den Anspruch auf Entgelt* gegenüber vorgehenden oder gleichstehenden Realgläubigern; s. § 40 Abs. 2;

g) *Abweichungen von den Vorschriften des § 33 Abs. 2* (Pflichten des Berechtigten) oder 3 (Mitbenutzungsrecht des Berechtigten) oder des § 41 Abs. 2 (Löschung dem Dauerrecht vorgehender Eigentümergrundschulden) s. Rdn. 8—13 und § 41.

h) *Bestimmung eines Höchstbetrages des Wertersatzes bei Erlöschen des Dauerrechts durch Zuschlag (§ 92 ZVG)* gemäß § 882 BGB, der auch für das Dauerrecht gelten muß.

4. **Andere Vereinbarungen** über schuldrechtliche Beziehungen zwischen dem Berechtigten und dem Gebäudeeigentümer sind zulässig, wirken aber nur schuldrechtlich zwischen den Vertragsteilen, können daher nicht zum Inhalt des Dauerrechts gemacht und nicht im Grundbuch eingetragen werden. Hierher gehören Vereinbarungen über die Verpflichtung zur Umwandlung in Wohnungseigentum, über den Anspruch des Gebäudeeigentümers gegen den Berechtigten auf Entgelt, der nicht Inhalt des Dauerrechts ist, auch (anders als der Erbbauzins nach § 9 ErbbVO) nicht durch Bestellung einer Reallast gesichert werden kann, weil das Dauerrecht kein grundstücksgleiches Recht ist, ferner die (beim Erbbaurecht entsprechenden, aber dort nach § 2 Nr. 5—7 dinglich wirkenden) Vereinbarungen über die Verpflichtung des Berechtigten zur Zahlung von Vertragsstrafen, über ein Vorrecht des Berechtigten auf Erneuerung des Dauerrechts nach dessen Ablauf und die Verpflichtung des Gebäudeeigentümers, das Gebäude an den Berechtigten zu verkaufen, auch wohl eine Vereinbarung dahin, daß der Berechtigte unter bestimmten Voraussetzungen sein Dauerrecht auf den Eigentümer übertragen kann und dieser die Übertragung annehmen muß. **22**

Schuldrechtliche Vereinbarungen können die unabdingbaren Regelungen des Gesetzes (§§ 31, Abs. 1 Satz 1, Abs. 2 und 3, 33 Abs. 1, 36 Abs. 2 und 3, 41 Abs. 3) nicht ändern.

Fehlen Abreden, können die Bestimmungen des BGB über den Mietvertrag, soweit sie mit dem Dauerrecht vergleichbar sind, Anhaltspunkte für die Lösung von Streitfragen geben.

Zur Frage, ob die schuldrechtlichen Verträge bedingungsfeindlich sind, s. *Bärmann/Pick,* § 33 Anm. II 2 a. E.

5. **Auslegung** und nötigenfalls **Ergänzung** der Vereinbarungen nach allgemeinen Regeln (§§ 133, 157 BGB); für die Auslegung des Grundbucheintrages ist maßgebend, welche nächstliegende Bedeutung der unbefangene Grundbuchleser Wortlaut und Sinn des Eintrags und der darin in Bezug genommenen Unterlagen und Urkunden zumißt (§ 873 Rdn. 53). **23**

IV. Rechtsstreitigkeiten **24**

Entsteht zwischen dem Berechtigten und dem Eigentümer Streit über den (gesetzlichen oder vereinbarten) Inhalt des Dauerrechts, so ist zur Entscheidung das Amtsgericht, in dessen Bezirk das Grundstück liegt, ohne Rücksicht auf den Wert des Streitgegenstandes als Prozeßgericht zuständig (§ 52).

§ 34

Ansprüche des Eigentümers und der Dauerwohnberechtigten

(1) Auf die Ersatzansprüche des Eigentümers wegen Veränderungen oder Verschlechterungen sowie auf die Ansprüche der Dauerwohnberechtigten auf Ersatz von Verwendungen oder auf Gestattung der Wegnahme einer Einrichtung sind die §§ 1049, 1057 des Bürgerlichen Gesetzbuches entsprechend anzuwenden.

(2) Wird das Dauerwohnrecht beeinträchtigt, so sind auf die Ansprüche des Berechtigten die für die Ansprüche aus dem Eigentum geltenden Vorschriften entsprechend anzuwenden.

Übersicht

	Rdn.
I. Allgemeines	1
II. Ansprüche im Verhältnis zwischen dem Berechtigten und dem Grundstückseigentümer	2–10
1. Ansprüche des Berechtigten	
a) Anspruch auf Ersatz von Verwendungen	2
b) Anspruch auf Wegnahme einer Einrichtung	3
2. Ersatzansprüche des Eigentümers	4
3. Verjährung	5
a) der Ansprüche des Berechtigten	6
b) der Ersatzansprüche des Eigentümers	7
4. Sonstige Ansprüche	
a) Rückgabeanspruch des Eigentümers	8
b) Zurückbehaltungsrecht des Berechtigten	9
c) Entsprechende Anwendbarkeit der §§ 1041–1044 BGB?	10
III. Ansprüche des Berechtigten gegen Dritte	
1. Ansprüche aus dem Eigentum	11
2. Ansprüche aus dem Besitz	12

1 **I. Allgemeines**

§ 34 ergänzt in Anlehnung an Vorschriften des Nießbrauchsrechts die Bestimmungen des §§ 31, 33 Abs. 1–3 über den gesetzlichen Inhalt des Dauerrechts. Abs. 1 behandelt das Verhältnis zwischen dem Berechtigten und dem Gebäudeeigentümer, Abs. 2 das Verhältnis des Berechtigten zu Dritten.

Die Vorschrift ist unabdingbar; die Verjährungsfristen des Absatzes 1 können nicht verlängert werden (§ 223 BGB).

2 **II. Ansprüche im Verhältnis zwischen dem Berechtigten und dem Gebäudeeigentümer** (§ 34 Abs. 1)

1. Ansprüche des Berechtigten

a) *Ansprüche auf Ersatz von Verwendungen.* Sie regeln sich durch entsprechende Anwendung des für den Nießbrauch geltenden § 1049 Abs. 1 BGB. Daraus ergibt sich: Macht der Berechtigte Verwendungen auf die seinem Nutzungsrecht oder Mitbenutzungsrecht unterliegenden Räume oder Gebäude- oder Grundstücksteile (z. B. Einbau einer Küche, eines Wandschrankes), so bestimmt sich, wenn er zu diesen Verwendungen nicht verpflichtet ist, die Ersatzpflicht des Eigentümers nach den Vorschriften über die Geschäftsführung ohne Auftrag. Daraus wiederum folgt: Entspricht die Handlungsweise des Berechtigten dem Interesse und dem wirklichen oder dem mutmaßlichen Willen des Eigentümers, so kann der Berechtigte wie ein Beauftragter (§ 670 BGB) vollen Ersatz seiner Aufwendungen vom Eigentümer zur Zeit der Verwendungen (*Palandt/Bassenge,* § 34 Anm. 1 b) verlangen (§ 683 Satz 1 BGB). Das gleiche gilt, wenn die Handlungsweise des Berechtigten zwar dem Willen des Eigentümers widerspricht, aber nachträglich von ihm genehmigt wird (§ 684 Satz 2 BGB), oder wenn ohne sie eine Pflicht des Eigentümers, deren Erfüllung im öffentlichen Interesse liegt, nicht rechtzeitig erfüllt würde (§ 683 Satz 2 i. V. mit § 679 BGB), z. B. wenn es sich um die Beseitigung eines polizeiwidrigen Zustandes handelt. Liegen diese Voraussetzungen nicht vor, so kann der Berechtigte von dem Eigentümer nur Herausgabe des Erlangten nach den Vorschriften über die Herausgabe einer ungerechtfertigten Bereicherung (§§ 812 ff BGB) verlangen (§ 684 Satz 1 BGB). Hatte der Berechtigte nicht die Absicht, von dem Eigentümer Ersatz zu verlangen, so steht ihm gegen diesen überhaupt kein Anspruch zu (§ 685 Abs. 1 BGB). § 951 BGB kann nicht zur Anwendung kommen, soweit § 34 als Sonderbestimmung den Verwendungsersatz regelt (*Weitnauer/Hauger,* § 34 Rdn. 2)

b) *Anspruch auf Wegnahme einer Einrichtung.* Hier ist § 1049 Abs. 2 BGB entsprechend anzuwenden. Das bedeutet: Der Berechtigte kann eine Einrichtung wegnehmen, mit der er die seinem Nutzungs- oder Mitbenutzungsrecht unterliegenden Räume oder Gebäude- oder Grundstücksteile versehen hat; er muß jedoch auf seine Kosten den früheren Zustand wiederherstellen (§ 258 BGB). **3**

§§ 994 ff BGB scheiden aus, weil es sich beim Berechtigten nicht um einen unredlichen Besitzer handelt. Andererseits kann der Eigentümer den Ersatzansprüchen entgehen, indem er die gegen seinen Willen vorgenommenen Veränderungen dem Berechtigten zur Wegnahme zur Verfügung stellt (vgl. BGHZ **23** 61; BGH WM **72** 389).

2. Ersatzansprüche des Eigentümers **4**

§ 1057 BGB, auf den § 34 Abs. 1 WEG auch hinsichtlich der Ersatzansprüche des Eigentümers wegen Veränderungen oder Verschlechterungen verweist, betrifft nur die Verjährung dieser Ansprüche, aber nicht ihre Voraussetzungen und ihren Umfang. Auch sonst findet sich hierüber weder im WEG noch (abgesehen von § 1050 BGB) im Nießbrauchsrecht des BGB eine Vorschrift. Daraus folgt, daß insoweit die allgemeinen Vorschriften des BGB gelten müssen; der Berechtigte haftet also nur bei schuldhafter Vertragsverletzung (vertragswidrigem Gebrauch, §§ 276, 278 BGB) oder unerlaubter Handlung (§§ 823 ff BGB). Hieraus ergibt sich von selbst, daß der Berechtigte Veränderungen oder Verschlechterungen, die durch vertragsmäßigen Gebrauch der seinem Nutzungs- oder Mitbenutzungsrecht unterliegenden Gegenstände herbeigeführt werden, nicht zu vertreten hat (vgl. §§ 548, 1050 BGB).

3. Verjährung **5**

Wegen der Verjährung der zu 1 und 2 bezeichneten Ansprüche verweist § 34 Abs. 1 WEG auf die entsprechende Anwendung des die Verjährung der gleichartigen Ansprüche beim Nießbrauch behandelnden § 1057 BGB. Danach verjähren diese Ansprüche in 6 Monaten, und zwar beginnt nach dem für entsprechend anwendbar erklärten § 558 Abs. 2 BGB die Verjährung:

a) *der Ansprüche des Berechtigten* auf Ersatz von Verwendungen und Wegnahme von Einrichtungen mit der Beendigung des Dauerrechts oder mit seinem Heimfall (§ 36). **6**

b) *der Ersatzansprüche des Eigentümers* wegen Veränderungen oder Verschlechterungen (s. oben Rdn. 4) mit dem Zeitpunkt, in dem der Eigentümer die dem Dauerrecht unterworfenen Räume, Gebäude- und Grundstücksteile zurückerhält. Die im § 1057 BGB weiterhin für entsprechend anwendbar erklärte Vorschrift des § 558 Abs. 3 BGB, wonach die Ersatzansprüche des Vermieters mit der Verjährung seines Anspruchs auf Rückgabe der Mietsache verjähren, ist beim Dauerrecht nicht entsprechend anwendbar, weil der Anspruch des Eigentümers auf Rückgabe der dem Dauerrecht unterworfenen Gegenstände als Anspruch aus dem Grundstückseigentum oder Erbbaurecht (§§ 985 BGB) nach § 902 BGB nicht verjährt. **7**

4. Sonstige Ansprüche **8**

Weder unmittelbar noch mittelbar sind im WEG geregelt:

a) *der Rückgabeanspruch des Eigentümers* nach Beendigung des Dauerrechts (vgl. beim Nießbrauch § 1055 BGB); insoweit war eine Regelung nicht notwendig, weil der Anspruch auf Rückgabe der vom Dauerrecht betroffenen Gegenstände sich aus

§§ 985 ff BGB ergibt und der Berechtigte nach Beendigung des Dauerrechts kein Recht hat, die Herausgabe zu verweigern (§ 986); eine besondere Rückgabepflicht des Berechtigten, wie sie dem Mieter (§ 556 Abs. 1 BGB) und dem Nießbraucher (§ 1055 BGB) obliegt, kennt das WEG nicht; beim Heimfallrecht folgt die Herausgabepflicht aus der Verpflichtung zur Übertragung des Dauerrechts (§ 36 WEG);

9 b) *das Zurückbehaltungsrecht* des Berechtigten wegen seines Anspruchs auf Ersatz von Verwendungen; auch hier erübrigte sich eine besondere Regelung, weil dieses Recht sich bereits aus § 273 Abs. 2, § 1000 BGB ergibt; § 556 Abs. 2 BGB steht nicht entgegen, weil er sich nur auf den Rückgabeanspruch des Vermieters nach Beendigung des Mietverhältnisses bezieht, nicht aber auf den Herausgabeanspruch des Eigentümers gegen den Besitzer (§ 985 BGB), wie er bei Beendigung des Dauerrechts gegeben ist;

10 c) Die Fragen, ob die für den Nießbrauch geltenden Vorschriften § 1041 (Ausbesserungspflicht des Berechtigten), 1042 (Anzeigepflicht bei Zerstörung oder Beschädigung), 1044 (Duldungspflicht für Maßnahmen des Eigentümers) beim Dauerrecht entsprechend anwendbar sind, ist zu bejahen, da das WEG hierzu sich nicht verhält, Lücken aber durch entsprechende Anwendung verwendbarer Vorschriften ausgefüllt werden können.

Den Beteiligten steht es frei, andere Regelungen zu treffen.

11 **III. Ansprüche des Berechtigten gegen Dritte** (§ 34 Abs. 2

1. In Übernahme für den Nießbrauch geltenden Regelungen des § 1055 BGB gewährt § 34 Abs. 2 WEG dem Berechtigten bei Beeinträchtigung seines Dauerrechts durch einen Dritten (auch den Gebäudeeigentümer) entsprechend die dem Eigentümer zustehenden Ansprüche, nämlich den Anspruch auf Herausgabe gegen den unberechtigten Besitzer (§ 985 BGB) und den Anspruch gegen den Störer auf Beseitigung der Beeinträchtigung, ggf. auf Unterlassung (§ 1004 BGB).

12 **2. Ansprüche aus dem Besitz.** Als Besitzer der seinem Dauerrecht unterworfenen Gegenstände hat der Berechtigte ferner die dem Besitzer gegen Dritte bei verbotener Eigenmacht zustehenden Ansprüche auf Wiedereinräumung des Besitzes (§ 861 BGB) oder Beseitigung der Störung, ggf. Unterlassung (§ 862 BGB) und den dem früheren gegen den gegenwärtigen Besitzer zustehenden Herausgabeanspruch (§ 1007 BGB).

§ 35

Veräußerungsbeschränkung

Als Inhalt des Dauerwohnrechts kann vereinbart werden, daß der Berechtigte zur Veräußerung des Dauerwohnrechts der Zustimmung des Eigentümers oder eines Dritten bedarf. Die Vorschriften des § 12 gelten in diesem Falle entsprechend.

1 **I. Allgemeines**

§ 35 übernimmt aus den Vorschriften über das Wohnungseigentum (§ 12) und in Anlehnung an § 5 Abs. 1 ErbbVO die Möglichkeit, durch dinglich wirkende Vereinbarung die Veräußerungsbefugnis des Berechtigten (§ 33 Abs. 1 Satz 1) von der Zustimmung des Gebäudeeigentümers oder eines Dritten (z. B. eines Hypothekengläubigers) abhängig zu machen. Dadurch wird insbesondere Wohnungsbaugenossenschaften als

Grundstückseigentümerinnen ermöglicht, zu verhindern, daß andere Personen als Genossen das Dauerrecht erwerben. Nicht zulässig ist die Vereinbarung völliger Unveräußerlichkeit; ausgeschaltet werden kann aber die Veräußerungsbefugnis des Berechtigten durch Vereinbarung eines Heimfallrechts (§ 36).

II. Entsprechende Anwendung des § 12 **2**

S. hierzu die Erläuterungen bei § 12. Im einzelnen ist hervorzuheben:

1. Die vereinbarte Beschränkung der Veräußerungsbefugnis gilt auch für den **schuldrechtlichen Vertrag** und für die Veräußerung des Dauerrechts im Wege der **Zwangsvollstreckung** (ZPO § 857 Abs. 2 und 4) oder durch den **Konkursverwalter** (§ 12 Abs. 3), nicht aber für Bestellung von Nießbrauch und Pfandrecht.

2. Die Zustimmung zur Veräußerung darf **nur aus einem wichtigen Grunde versagt** werden; darüber hinaus kann durch Vereinbarung als Inhalt des Dauerrechts dem Berechtigten für bestimmte Fälle ein Anspruch auf Erteilung der Zustimmung eingeräumt werden. **3**

3. Der Anspruch des Berechtigten auf Erteilung der Zustimmung kann nicht wie der des Raumeigentümers im Verfahren der freiwilligen Gerichtsbarkeit, sondern nur im **Prozeßwege** geltend gemacht werden. Nur das materielle Recht, nicht auch das formelle ist mit Satz 2 übernommen (h. M.). **4**

4. Grundbuchmäßige Behandlung **5**

Während nach § 3 Abs. 2 WGBV beim Raumeigentum vereinbarte Veräußerungsbeschränkungen nicht durch Bezugnahme auf die Eintragunsbewilligung (§ 7 Abs. 3 WEG), sondern ausdrücklich einzutragen sind, fehlt eine entsprechende Vorschrift für die Beschränkung der Veräußerungsbefugnis beim Dauerrecht. Nach dem allgemeinen Grundsatz des § 32 Abs. 2 Satz 1 WEG wird daher die Bezugnahme auf die Eintragungsbewilligung genügen, wenn vielleicht auch die ausdrückliche Eintragung zweckmäßig ist.

§ 36

Heimfallanspruch

(1) Als Inhalt des Dauerwohnrechts kann vereinbart werden, daß der Berechtigte verpflichtet ist, das Dauerwohnrecht beim Eintritt bestimmter Voraussetzungen auf den Grundstückseigentümer oder einen von diesem zu bezeichnenden Dritten zu übertragen (Heimfallanspruch). Der Heimfallanspruch kann nicht von dem Eigentum an dem Grundstück getrennt werden.

(2) Bezieht sich das Dauerwohnrecht auf Räume, die dem Mieterschutz unterliegen, so kann der Eigentümer von dem Heimfallanspruch nur Gebrauch machen, wenn ein Grund vorliegt, aus dem ein Vermieter die Aufhebung des Mietverhältnisses verlangen oder kündigen kann.

(3) Der Heimfallanspruch verjährt in sechs Monaten von dem Zeitpunkt an, in dem der Eigentümer von dem Eintritt der Voraussetzungen Kenntnis erlangt, ohne Rücksicht auf diese Kenntnis in zwei Jahren von dem Eintritt der Voraussetzungen an.

(4) Als Inhalt des Dauerwohnrechts kann vereinbart werden, daß der Eigentümer dem Berechtigten eine Entschädigung zu gewähren hat, wenn er von dem Heimfall-

anspruch Gebrauch macht. Als Inhalt des Dauerwohnrechts können Vereinbarungen über die Berechnung oder Höhe der Entschädigung oder die Art ihrer Zahlung getroffen werden.

Schrifttum

Staak, Der Heimfallanspruch beim Dauerwohnrecht SchlHA **59** 140; *Dammertz*, Wohnungsrecht und Dauerwohnrecht, RhNotK 70 73, 122 ff.

Übersicht

	Rdn.
I. Allgemeines	1
II. Begriff und Wesen des Heimfallanspruchs	
1. Anspruch auf Übertragung des Dauerrechts	2, 3
2. Subjektiv dinglicher Charakter	4
3. Übertragung auf einen Dritten	5
III. Der Heimfallanspruch als Inhalt des Dauerrechts	
1. Der Heimfallanspruch selbst	6
2. Die Voraussetzungen des Heimfallanspruchs	
a) Notwendigkeit ihrer Vereinbarung	7
b) Inhalt der Vereinbarung	8
3. Entschädigung	
a) Vereinbarung über die Entschädigung	9, 10
b) Höhe und Art der Entschädigung	11, 12
IV. Soziales Mietrecht	
1. Allgemeines	13
a) Beschränkung der Geltendmachung des Heimfallanspruchs beim Mieterschutz	14
b) Mietaufhebungsgrund als Voraussetzung für die Geltendmachung des Heimfallanspruchs	15
c) Abweichen der Vereinbarung zugunsten des Berechtigten	16
2. Anwendung des § 18	17
V. Verjährung des Heimfallanspruchs	18
VI. Verfahrensrecht	
1. Heimfallanspruch	19
2. Anspruch des Berechtigten auf Zahlung der Entschädigung	20
VII. Zum Streitwert	21

1 **I. Allgemeines**

Die gesetzliche Regelung des Dauerrechtes kennt keine Kündigung. Deshalb bietet die Vereinbarung eines Heimfallanspruchs die Möglichkeit, das Dauerrecht zu beenden. Während § 12 des Reichsheimstättengesetzes i. d. F. vom 25. 11. 1937 dem Ausgeber der Heimstätte unter gewissen Voraussetzungen einen gesetzlichen Heimfallanspruch gewährt, kann beim Erbbaurecht (§ 2 Nr. 4 ErbbVO) ein Heimfallanspruch nur durch Vereinbarung zum Inhalt des Erbbaurechts gemacht werden. Dieser Regelung schließt sich § 36 WEG für den Heimfallanspruch beim Dauerrecht an. Die Vereinbarung des Heimfallrechtes ist fakultativ (§ 33); die Entscheidung darüber, ob dem Eigentümer ein Heimfallanspruch gewährt werden soll, steht also im freien Belieben der Beteiligten.

2 **II. Begriff und Wesen des Heimfallanspruchs** (Abs. 1)

1. Anspruch auf Übertragung des Dauerrechts

„Heimfallanspruch" bedeutet das Recht des Eigentümers, von dem Berechtigten zu verlangen, daß dieser beim Eintritt bestimmter Voraussetzungen das ihm zustehende Dauerrecht auf den Eigentümer oder auf einen von diesem bezeichneten Dritten überträgt. Durch die Übertragung geht das Dauerrecht auf den Eigentümer oder den Dritten über. Ein Erlöschen des Dauerrechts tritt dadurch nicht ein, vielmehr bleibt das Recht, auch wenn es auf den Eigentümer übergeht, und zwar in diesem Falle als Recht an eigener Sache (Eigentümer-Dauerrecht). An der Vereinbarung über die Beendigung des Dauerrechts wird durch den Heimfall ebenfalls nichts geändert; ist das Dauerrecht für eine bestimmte Zeit bestellt, so erlischt es mit deren Ablauf auch dann, wenn es auf den Eigentümer oder den Dritten übergegangen ist. An das Ende eines befristeten Dauerrechts läßt sich deshalb ein Heimfallanspruch und eine Entschädigungspflicht nicht anschließen; ein erloschenes Recht kann nicht mehr übertragen werden.

Mit der Übertragung des Dauerrechts auf den Eigentümer oder den Dritten wird 3
ein etwa vereinbarter Entschädigungsanspruch fällig. Wird das Heimfallrecht zu Unrecht gelöscht, besteht es also außerhalb des Grundbuchs weiter, geht es beim Erwerb des Dauerrechts durch einen gutgläubigen Erwerber unter (§ 892 BGB).

2. Subjektiv dinglicher Charakter 4

Ist ein Heimfallanspruch vereinbart, so steht er bei Eintritt seiner Voraussetzungen dem jeweiligen Eigentümer gegen den jeweiligen Berechtigten zu. Er ist mit dem Eigentum am Grundstück (oder mit dem Erbbaurecht) untrennbar verbunden (Abs. 1 Satz 2), gilt daher als wesentlicher Bestandteil des Grundstücks (Erbbaurechts) und teilt dessen Schicksal (BGB § 96); bei Veräußerung des Grundstücks geht er auf den Erwerber mitüber. Über ihn kann nicht selbständig verfügt werden; er ist weder abtretbar, noch verpfändbar, noch pfändbar. Die Eintragung des Heimfallanspruchs gewinnt vom Zeitpunkt seiner Geltendmachung aber die Wirkung einer Vormerkung zugunsten des Eigentümers; s. dazu § 883 Abs. 1 und 2 BGB.

3. Übergang auf einen Dritten 5

Macht der Eigentümer von seinem Heimfallanspruch in der Weise Gebrauch, daß er die Übertragung des Dauerrechts auf einen von ihm bezeichneten Dritten verlangt, so hat der Berechtigte sein Dauerrecht unmittelbar an den bezeichneten Dritten zu veräußern, der damit sein Rechtsnachfolger wird. Der Eigentümer ist an diesem Veräußerungsgeschäft nicht beteiligt; er kann sich vorher dem Dritten gegenüber verpflichten, zu dessen Gunsten seinen Heimfallanspruch geltend zu machen. Der Dritte selbst erlangt keinen eigenen Anspruch gegen den Berechtigten, kann aber zur Geltendmachung des Heimfallanspruchs im eigenen Namen vom Eigentümer ermächtigt werden.

III. Der Heimfallanspruch als Inhalt des Dauerrechts 6

1. Der Heimfallanspruch selbst

Da der Heimfallanspruch als solcher nicht zum notwendigen Inhalt des Dauerrechts gehört, bedarf es dann, wenn ein solcher Anspruch nicht vereinbart wird, keiner ausdrücklichen Feststellung dieser Tatsache in der Vereinbarung und in der Eintragungsbewilligung; nur wenn ein Heimfallanspruch begründet werden soll, muß das in der Vereinbarung und in der Eintragungsbewilligung erwähnt werden. Das ergibt sich daraus, daß in der Eintragungsbewilligung die *Voraussetzungen* des (vereinbarten) Heimfallanspruchs anzugeben sind, nicht aber die Tatsache, daß ein Heimfallanspruch nicht vereinbart ist (§ 32 Abs. 3). Fehlt also in der Eintragungsbewilligung die Angabe, daß ein Heimfallanspruch vereinbart ist, so folgt daraus, daß ein solcher Anspruch nicht vereinbart worden ist (BayObLGZ 54 67); das Grundbuchamt darf nicht wegen Fehlens einer Vereinbarung über den Heimfallanspruch gemäß § 32 Abs. 2 die Eintragung des Dauerrechts ablehnen (s. auch § 32 Rdn. 7). Änderungen der Heimfallvereinbarung sind Inhaltsänderung und bedürfen daher der Einigung und Eintragung im Grundbuch (§ 877, 873 BGB).

7 **2. Die Voraussetzungen des Heimfallanspruchs**

a) *Notwendigkeit ihrer Vereinbarung.* Da der Heimfallanspruch nur bei Eintritt bestimmter Voraussetzungen geltend gemacht werden kann (§ 36 Abs. 1 Satz 1), ist die Vereinbarung, unter welchen Voraussetzungen der Anspruch begründet ist, untrennbar von der Vereinbarung des Heimfallanspruchs selbst. Die Vereinbarung über die Voraussetzungen des Heimfallanspruchs ist daher im Falle der Vereinbarung eines solchen Anspruchs notwendiger Inhalt des Dauerrechts; ihr Fehlen verpflichtet das Grundbuchamt zur Ablehnung des Eintragungsantrags (§ 32 Abs. 3), wenn die Eintragungsbewilligung ergibt, daß ein Heimfallanspruch vereinbart ist.

8 b) *Inhalt der Vereinbarung.* In der Bestimmung der Voraussetzungen, unter denen der Heimfallanspruch bestehen soll, sind die Beteiligten grundsätzlich frei. Ein wichtiger Grund muß es nicht sein (*Soergel/Baur,* § 36 Rdn. 4). Ein in der Person des Berechtigten begründeter Heimfallanspruch wird nach seiner Geltendmachung nicht hinfällig, wenn der Berechtigte sein Dauerrecht veräußert (*Soergel/Baur,* aaO). Als Voraussetzungen kommen Umstände in Betracht, die in der Person des Berechtigten liegen, namentlich solche, die ein schuldhaftes Verhalten bekunden (Verletzung der dem Berechtigten obliegenden Pflichten — § 14 —, unerlaubte Handlungen, nicht gestattete bauliche Veränderungen, Nichteinhaltung von Zahlungsterminen, Zahlungsunfähigkeit), aber auch andere Umstände z. B. Veräußerung des Dauerrechtes, Vermietung, Verpachtung der Räume, Tod des Berechtigten (vgl. OLG Hamm NJW **65** 1488), Ablauf einer bestimmten Zeit, Eigenbedarf des Eigentümers, Pfändung des Dauerrechts, Eröffnung des Konkursverfahrens über das Vermögen des Berechtigten — *Soergel/Baur,* aaO Rdn. 4 verlangt in den letztgenannten beiden Fällen die Gewährung einer vollen Entschädigung, da sonst die Gläubiger des Berechtigten benachteiligt werden könnten: nicht zweifelsfrei —. Die Vertragsfreiheit findet in den §§ 134, 138 BGB eine Grenze: Unwirksam ist z. B. eine Vereinbarung, wonach der Heimfallanspruch jederzeit geltend gemacht werden kann (vgl. *Bärmann/Pick,* § 36 Anm. II 3). Eine bedeutsame Einschränkung besteht ferner darin, daß die Geltendmachung durch den Kündigungsschutz des sozialen Mietrechts eingeengt ist.

9 **3. Entschädigung (Absatz 4)**

a) Vereinbarung über die Entschädigung

Ist ein Heimfallanspruch vereinbart, so kann als Inhalt des Dauerrechts weiterhin vereinbart werden, daß der Eigentümer dem Berechtigten eine Entschädigung zu gewähren hat, wenn er von dem Heimfallanspruch Gebrauch macht (Abs. 4 Satz 1). Bei einem langfristigen Dauerrecht i. S. des § 41 Abs. 1 muß der Eigentümer dem Berechtigten beim Heimfall eine angemessene Entschädigung gewähren (§ 41 Abs. 3); in anderen Fällen bleibt es der Vereinbarung der Beteiligten überlassen, ob eine dahingehende Verpflichtung des Eigentümers begründet werden soll. In jedem Falle muß aber die Vereinbarung sich darüber verhalten, ob beim Heimfall eine Entschädigung zu leisten ist oder nicht; anders als der Ausschluß des Heimfallanspruchs bedarf also der Ausschluß der Entschädigungspflicht ausdrücklicher Erwähnung in der Eintragungsbewilligung. Fehlt diese, obwohl die Eintragungsbewilligung ergibt, daß ein Heimfallanspruch vereinbart worden ist, so soll der Antrag auf Eintragung eines Dauerrechts vom Grundbuchamt abgelehnt werden (§ 32 Abs. 3). Der Ausschluß der Entschädigungspflicht begründet für den Berechtigten keinen Anspruch gegen den Eigentümer aus ungerechtfertigter Bereicherung.

Der Entschädigungsanspruch richtet sich gegen den Eigentümer. Er wird mit der Geltendmachung fällig, kann aber schon vor der Fälligkeit abgetreten werden (vgl. BGH NJW **76** 895). Ein Recht auf Befriedigung aus dem Grundstück erwächst dem Berechtigten nicht. **10**

b) *Höhe und Art der Entschädigung.* Als Inhalt des Dauerrechts können ferner, wenn eine Entschädigung beim Heimfall zu zahlen ist, Vereinbarungen über die Berechnung oder die Höhe der Entschädigung oder die Art ihrer Zahlung getroffen werden (Abs. 4 Satz 2). Auch hier herrscht Vertragsfreiheit. Im Gegensatz zu § 32 ErbbVO schreibt Absatz 4 nicht Angemessenheit der Entschädigung vor. Die Vereinbarungen wirken zwar ebenfalls dinglich, sie bedürfen der Eintragung im Grundbuch oder der Bezugnahme auf die Eintragungsbewilligung, sie sind aber nur fakultativ. Für die Bestimmung der Höhe der Entschädigung können auch die Kosten für bauliche Verbesserungen durch den Berechtigten in Betracht kommen. **11**

Rechte am Dauerrecht beziehen sich nicht auf die Entschädigung. **12**

IV. Soziales Mietrecht (Abs. 2) **13**

1. Allgemeines

Absatz 2 spricht von Mieterschutz, das Mieterschutzgesetz ist aber inzwischen aufgehoben worden. An seine Stelle ist das soziale Mietrecht getreten, es betrifft nur Wohnräume. Für Geschäfts- und gewerbliche Räume gibt es keinen Kündigungsschutz, andererseits sind der freifinanzierte und der steuerbegünstigte Wohnungsbau vom Kündigungsschutz nicht mehr ausgenommen.

2. Beschränkung der Geltendmachung des Heimfallanspruchs **14**

a) Absatz 2 muß nunmehr in Anpassung an die neue Gesetzeslage verstanden werden. Das bedeutet, daß der Heimfallanspruch nur geltend gemacht werden kann, wenn ein Mietvertrag über die von ihm erfaßten Wohnräume gekündigt werden könnte. Auszugehen ist von § 564 b BGB, mit den Änderungen durch Art. 1 Ziffer 4 und 5 des Haushaltsbegleitgesetzes 1983 vom 20. 12. 1982 BGBl. I 1913; danach setzt die Kündigung ein berechtigtes Interesse des Eigentümers voraus (Abs. 1 und 2), dazu für den Fall der Veräußerung von Wohnungseigentum eine dreijährige Wartezeit; Ausnahmen sehen die Absätze 4 und 7 vor; die Wartezeit gilt nicht, wenn das Wohnungseigentum schon bei der Überlassung der Wohnräume an den Mieter bestand; Eigenbedarf für eine gekaufte, vermietete Eigentumswohnung ist in der Regel kein verschuldeter Eigenbedarf (BayObLGZ **81** 232). Die Kündigungsgründe müssen im Kündigungsschreiben genannt werden. Daneben und unabhängig von dieser Regelung (§ 564 b Abs. 5) gelten die Kündigungsbestimmungen der §§ 556 a bis c BGB in der gegenwärtigen Fassung des Art. 1 Nr. 1 MRVerbG. Danach kann der Berechtigte einer Kündigung gegenüber die Fortsetzung des Dauerrechtes verlangen, wenn ein Härtefall im Sinne der Absätze 1 und 2 gegeben ist. Im einzelnen kann auf die Erläuterungen zu den angeführten Bestimmungen des Mietrechts Bezug genommen werden; im Ergebnis führen diese dazu, daß der Heimfallanspruch nur selten wird durchgesetzt werden können.

Diese Beschränkung, die verhindern soll, daß der Berechtigte schlechter gestellt wird als ein Mieter und so durch Bestellung eines Dauerrechts der Kündigungsschutz umgangen wird, betrifft nicht die Vertragsfreiheit der Beteiligten bei der Vereinbarung von Heimfallgründen, sondern die Befugnis des Eigentümers, den Heimfallanspruch im gegebenen Falle auf vereinbarte Gründe zu stützen, die nach dem sozialen Mietrecht eine Kündigung seines Mietverhältnisses nicht rechtfertigen würden (BGHZ **27**

163). Ist z. B. Tod des Berechtigten als Heimfallgrund vereinbart, so kann der Heimfallanspruch hierauf nicht gegründet werden, da ein Mietvertrag über die Räume aus diesem Grunde nicht gekündigt werden kann.

15 **b)** Andererseits kann bei Räumen, die im Falle der Vermietung dem sozialen Mietrecht unterliegen würden, der Heimfallanspruch nicht ohne weiteres auf einen der Kündigungsgründe des sozialen Mietrechts gestützt werden, sondern nur dann, wenn ein solcher Grund zwischen den Beteiligten auch als Voraussetzung des Heimfallanspruchs vereinbart, oder, ohne vereinbart zu sein, neben einem vereinbarten Heimfallgrunde gegeben ist, wenn also z. B. ein Heimfallrecht für den Fall vereinbart ist, daß der Berechtigte sein Dauerrecht veräußert und diese Voraussetzung (auf die der Eigentümer nach § 36 Abs. 2 seinen Heimfallanspruch nicht stützen kann) eingetreten ist, außerdem aber der Berechtigte seine vertraglichen Verpflichtungen schuldhaft nicht unerheblich verletzt hat.

16 **c)** Abweichende Vereinbarungen zugunsten des Berechtigten sind zulässig; es kann also vereinbart werden, daß aus einem Teil der gesetzlichen Kündigungsgründe des sozialen Mietrechtes ein Heimfallanspruch nicht herzuleiten ist. § 36 Abs. 2 ist nur insoweit unabdingbar, als die Vereinbarung den Berechtigten ungünstiger stellen würde; der Verzicht auf den Kündigungsschutz ist auch dann unbeachtlich, wenn die Vereinbarungen des Heimfallanspruchs ihn ausdrücklich vorsehen, vgl. §§ 556 a Abs. 7 und 564 b Abs. 5 BGB, die entsprechend anzuwenden sind (str.).

17 **3.** Das Gesetz sieht eine Regelung, wie sie § 18 trifft, für das Dauerrecht nicht vor. Doch wird bei schweren Pflichtverletzungen des Berechtigten, die eine Weitergeltung des Dauerrechtes für den Eigentümer unzumutbar machen, im Schrifttum ein Heimfallanspruch gegen volle Entschädigung bejaht, auch wenn darüber keine Vereinbarung getroffen wurde (*Palandt/Bassenge*, Anm. 4; *Soergel/Baur*, Rdn. 5, alle zu § 36). Dem ist zuzustimmen: in solchen Ausnahmefällen kann Fortsetzung des Dauerrechts wegen der Verletzung von Pflichten eine unzulässige Rechtsausübung bedeuten. Der Eigentümer kann dann Übertragung des Dauerrechts verlangen.

18 **V. Verjährung des Heimfallanspruchs** (Abs. 3)

§ 36 Abs. 3 WEG ist dem § 4 ErbbVO nachgebildet und stellt wie diese Vorschrift eine Ausnahme von § 902 BGB dar. Ohne Rücksicht auf die Kenntnis (nicht das Kennenmüssen) des Eigentümers von dem Eintritt der Voraussetzungen des Heimfallanspruchs beträgt die Verjährungsfrist zwei Jahre; sie beginnt mit dem Eintritt dieser Voraussetzungen. Bei früherer Kenntnis des Eigentümers von dem Eintritt der Voraussetzungen des Heimfallanspruchs beträgt die Verjährungsfrist sechs Monate; sie beginnt in diesem Falle mit dem Zeitpunkte, in dem der Eigentümer die Kenntnis erlangt; für frühere Kenntnis des Eigentümers ist der Berechtigte beweispflichtig. Abkürzung der Verjährungsfrist ist zulässig (§ 225 BGB).

19 **VI. Verfahrensrecht**

1. Der Heimfallanspruch (§ 36 Abs. 1—3) ist im Klagewege zu verfolgen; er geht auf Verurteilung des Berechtigten zur Übertragung des Dauerrechts auf den Eigentümer oder den Dritten (§ 894 ZPO). Zuständig ist ohne Rücksicht auf den Wert des Streitgegenstandes das Amtsgericht, in dessen Bezirk das Grundstück liegt (§ 52). Der obsiegende Eigentümer hat gegen den bisherigen Berechtigten nach § 34 Abs. 2 einen Anspruch auf Herausgabe der dem Dauerrecht unterworfenen Räume und Gebäude-

und Grundstücksteile, und zwar auf Herausgabe an sich selbst oder an den Dritten. Wegen der Rechtsmittelinstanzen s. § 52.

2. **Der Anspruch des Berechtigten auf Zahlung** der Entschädigung (Abs. 4) ist gleichfalls im Klagewege geltend zu machen. Zuständig ist hier je nach dem Werte des Streitgegenstandes das Amtsgericht oder das Landgericht. 20

VII. Zum Streitwert: § 11 GKG 21

§ 37

Vermietung

(1) Hat der Dauerwohnberechtigte die dem Dauerwohnrecht unterliegenden Gebäude- oder Grundstücksteile vermietet oder verpachtet, so erlischt das Miet- oder Pachtverhältnis, wenn das Dauerwohnrecht erlischt.

(2) Macht der Eigentümer von seinem Heimfallanspruch Gebrauch, so tritt er oder derjenige, auf den das Dauerwohnrecht zu übertragen ist, in das Miet- oder Pachtverhältnis ein; die Vorschriften der §§ 571 bis 576 des Bürgerlichen Gesetzbuches gelten entsprechend.

(3) Absatz 2 gilt entsprechend, wenn das Dauerwohnrecht veräußert wird. Wird das Dauerwohnrecht im Wege der Zwangsvollstreckung veräußert, so steht dem Erwerber ein Kündigungsrecht in entsprechender Anwendung des § 57 a des Gesetzes über die Zwangsversteigerung und Zwangsverwaltung zu.

Schrifttum

Constantin, Schutz des Eigentümers gegen unberechtigte Vermietung durch den Dauerrechtsberechtigten, NJW **69** 1417.

I. Allgemeines 1

Kraft seines Nutzungsrechts (§ 31) ist der Berechtigte mangels anderweitiger Vereinbarung befugt, die seinem Dauerrecht unterliegenden Räume und Grundstücksbestandteile zu vermieten oder zu verpachten; hierbei handelt es sich wie bei der Vermietung oder Verpachtung durch den Nießbraucher (§ 1056 BGB) oder den Erbbauberechtigten rechtlich um erstmalige Vermietung oder Verpachtung, nicht um Untervermietung oder Unterverpachtung (§ 549 BGB); der Eigentümer hat daher nach Beendigung des Miet- oder Pachtverhältnisses gegen den Mieter oder Pächter nicht den Rückgabeanspruch aus § 556 Abs. 3, sondern den Herausgabeanspruch aus § 985 BGB. § 37 WEG behandelt die Frage, was aus dem Miet- oder Pachtverhältnis wird, wenn das Dauerrecht des Vermieters oder Verpächters erlischt oder auf einen anderen übertragen wird. Dabei ist hinsichtlich der Rechtsfolgen grundsätzlich zwischen dem Erlöschen des Dauerrechts und seiner Übertragung zu unterscheiden.

II. Erlöschen des Dauerrechts 2

Das Recht erlischt zu seinem vorgesehenen Zeitablauf, durch Nichtbestehenbleiben im Zwangsversteigerungsverfahren (§ 91 ZVG) und durch einseitige Aufgabe oder vertragliche Aufhebung (§ 875 BGB).

Hat der Nießbraucher oder Erbbauberechtigte das Gebäude oder Teile desselben vermietet oder verpachtet, so endigt mit der Beendigung des Nießbrauchs oder Erbbaurechts nicht auch das Miet- oder Pachtverhältnis, vielmehr tritt in entsprechender Anwendung des § 571 BGB der Eigentümer in das Miet- oder Pachtverhältnis ein (§ 1056 BGB, § 30 ErbbVO). Anders ist die Regelung beim Dauerrecht: Mit seinem Erlöschen erlischt auch das von dem Berechtigten eingegangene Miet- oder Pachtverhältnis (§ 37 Abs. 1) wie auch die auf dem Dauerrecht lastende Verpfändung, Pfändung, Nießbrauch. Der Grund für diese abweichende Behandlung liegt darin, daß der Gesetzgeber ein solches Miet- oder Pachtverhältnis wirtschaftlich als eine Art Untervermietung oder Unterverpachtung ansieht. Auf Kündigungsschutz kann sich der Mieter nicht berufen. Erlischt so das Miet- oder Pachtverhältnis vor Ablauf der Zeit, für die es eingegangen ist, so haftet der Berechtigte, der einseitig oder auf Grund einer Vereinbarung mit dem Eigentümer sein Dauerrecht aufgegeben hat, dem Mieter oder Pächter nach § 541 BGB; bei Zusammenwirken zwischen Eigentümer und Berechtigtem zum bewußten Nachteil des Mieters kann § 826 BGB in Betracht kommen (*Soergel/Baur*, § 37 Rdn. 2).

3 **III. Übertragung des Dauerrechts**

1. Anders als die Beendigung des Dauerrechts hat seine Übertragung auf einen anderen kein Erlöschen des Miet- oder Pachtverhältnisses zur Folge, vielmehr tritt nach dem Grundsatz „Kauf bricht nicht Miete" (§ 571 BGB) der Erwerber des Dauerrechts an Stelle des bisherigen Berechtigten als Vermieter oder Verpächter in die aus dem Miet- oder Pachtverhältnis sich ergebenden Rechte und Verpflichtungen ein, wenn beim Übergang des Dauerrechts auf den Erwerber (d. h. mit der Eintragung des Erwerbers als neuen Berechtigten im Grundbuch) die vermieteten oder verpachteten Räume oder Grundstücksteile dem Mieter oder Pächter bereits überlassen waren. Die §§ 571—576 BGB gelten entsprechend (also — abweichend von § 1056 BGB — auch § 573 Satz 2 BGB). Danach ist insbesondere eine Vorausverfügung des bisherigen Berechtigten über den Miet- oder Pachtzins insoweit wirksam, als sie sich auf den Miet- oder Pachtzins für den zur Zeit des Rechtsüberganges laufenden Kalendermonat bezieht; geht das Dauerrecht nach dem 15. Tage des Monats über, so ist die Verfügung auch insoweit wirksam, als sie sich auf den Miet- oder Pachtzins für den folgenden Kalendermonat bezieht; eine Verfügung über den Miet- oder Pachtzins für eine spätere Zeit muß der Erwerber gegen sich gelten lassen, wenn er sie zur Zeit des Rechtsüberganges kennt (§§ 573, 574 BGB). Der Erwerber kann das Miet- oder Pachtverhältnis nach Maßgabe des geschlossenen Vertrages kündigen; soweit Kündigungsschutz des sozialen Mietrechts (s. § 36 Rdn. 13 ff) besteht, kommen Gründe (z. B. eigenes Interesse), die in der Person des bisherigen Berechtigten liegen, nicht in Betracht. Diese Grundsätze gelten in allen Fällen einer Übertragung des Dauerrechts, auch für die nach der Geltendmachung des Heimfallanspruchs abgeschlossenen Miet- und Pachtverträge (*Soergel/Baur*, § 37 Rdn. 4). Nach Übertragung des Rechts kann der Eigentümer (wie auch der Dritte — § 36 Abs. 1 Satz 1 — und der Erwerber — § 37 Abs. 3 Satz 1 —) dieses Recht aufheben (§ 875 BGB). Da er nun als Eigentümer (nicht so der Dritte und der Erwerber) den Mietvertrag erfüllen kann, ist, was den Fortbestand des Mietvertrages anlangt, nicht Absatz 1, sondern Absatz 2 der Vorzug zu geben; der Vertrag bleibt also von der Löschung des Dauerrechtes unberührt. Schutzwürdig ist der Eigentümer nur dann, wenn der Mietvertrag entgegen einer Vereinbarung (§ 33 Abs. 4) geschlossen wurde, der Mieter also mit einem Verbleib in den gemieteten Räumen nicht rechnen durfte. Hier ist Absatz 1 maßgebend.

Die Frage ist umstritten, sie hat Bedeutung, weil im Falle der Aufhebung (Absatz 1) kein Kündigungsschutz gegeben ist (vgl. *Palandt/Bassenge*, § 37 1 b und das dort angeführte Schrifttum).

2. Heimfall (§ 37 Abs. 2). Erwerber ist hier der Eigentümer oder der von ihm bezeichnete Dritte (§ 36 Abs. 1 Satz 1). 4

3. War dem Berechtigten aufgrund der Vereinbarungen (§ 33 Abs. 4) die Vermietung nicht gestattet (oder nur mit Genehmigung des Eigentümers), ist ein dem zuwider abgeschlossener Mietvertrag nicht unwirksam. Der Eigentümer — nach Ausübung des Heimfallanspruchs — und der Erwerber des Rechts (Abs. 3 Satz 1) treten auch in solche Miet- und Pachtverträge kraft Gesetzes ein. Das gilt ebenso für den Dritten (§ 36 Abs. 1 Satz 1). 5

4. Veräußerung im Wege der Zwangsvollstreckung und im Konkursverfahren 6

Wird das Dauerrecht versteigert oder freihändig veräußert, so kann der in das Miet- oder Pachtverhältnis eintretende Ersteher in entsprechender Anwendung des § 57 a ZVG das Miet- oder Pachtverhältnis unter Einhaltung der gesetzlichen Kündigungsfrist zum ersten zulässigen Kündigungstermin kündigen, jedoch müssen auch hier die durch die §§ 57 c und 57 d ZVG eingeführten Einschränkungen entsprechend gelten. Da es sich dabei um eine außerordentliche befristete Kündigung handelt, kann der Mieter nicht nach § 556 a BGB widersprechen (Oldenburg NJW 73 1841; RGRK-BGB § 556 a Rdn. 9). § 564 b BGB ist dagegen anwendbar (LG Hamburg NJW 75 1843; RGRK § 564 b Rdn. 6)

IV. Vermietung (Verpachtung) vor Bestellung des Dauerrechts 7

Waren die dem Dauerrecht unterworfenen Räume oder Grundstücksteile bereits vor Bestellung des Dauerrechts vermietet oder verpachtet und dem Mieter oder Pächter überlassen worden, so gelten §§ 577 Satz 1, 581 Abs. 2 BGB: Der Berechtigte tritt an Stelle des Vermieters oder Verpächters in das Miet- oder Pachtverhältnis ein; die §§ 571—576 BGB sind entsprechend anzuwenden.

§ 38

Eintritt in das Rechtsverhältnis

(1) Wird das Dauerwohnrecht veräußert, so tritt der Erwerber an Stelle des Veräußerers in die sich während der Dauer seiner Berechtigung aus dem Rechtsverhältnis zu dem Eigentümer ergebenden Verpflichtungen ein.

(2) Wird das Grundstück veräußert, so tritt der Erwerber an Stelle des Veräußerers in die sich während der Dauer seines Eigentums aus dem Rechtsverhältnis zu dem Dauerwohnberechtigten ergebenden Rechte ein. Das gleiche gilt für den Erwerb auf Grund Zuschlages in der Zwangsversteigerung, wenn das Dauerwohnrecht durch den Zuschlag nicht erlischt.

I. Allgemeines 1

Während § 37 WEG das Schuldverhältnis zwischen dem Berechtigten und einem Mieter oder Pächter der dem Dauerrecht unterliegenden Räume und Grundstücksteile behandelt, enthält § 38 Vorschriften über schuldrechtliche Beziehungen zwischen dem Berechtigten und dem Gebäudeeigentümer (d. h. dem Grundstückseigentümer, wenn das Grundstück, dem Erbbauberechtigten, wenn ein Erbbaurecht mit dem Dauerrecht belastet ist), die nicht zum Inhalt des Dauerrechts gehören. Über das der Bestellung des Dauerrechts zugrunde liegende Schuldverhältnis (in der Regel wird es sich um einen

Kaufvertrag handeln) sagt das WEG nichts. Die aus diesem Schuldverhältnis sich ergebenden Rechtsbeziehungen zwischen dem Berechtigten und dem Eigentümer regeln sich daher nach den getroffenen Vereinbarungen und den Vorschriften des BGB (Formfreiheit des schuldrechtlichen Vertrages über die Bestellung oder Veräußerung des Dauerrechts, Anspruch des Bestellers oder Veräußerers auf Entgelt, Haftung für Sach- und Rechtsmängel, Folgen von Nichterfüllung, Verzug und sonstigen Vertragsverletzungen, kein Rücktrittsrecht des Eigentümers, der erfüllt und das Entgelt gestundet hat, nach § 454 BGB. § 38 bezweckt, auch die rein schuldrechtlichen, also nicht zum Inhalt des Dauerrechts gehörenden Rechtsbeziehungen der Beteiligten bei einem Personenwechsel durch Rechtsnachfolger mit der dinglichen Rechtslage in Einklang zu halten: Die Erwerber sollen in vollem Umfang in die Rechtsstellung der Veräußerer einrücken. Darauf, ob sie Kenntnis von den Rechtsbeziehungen zwischen Eigentümer und Berechtigten haben, kommt es bei Anwendung des § 38 nicht an.

2 **1. Gesamtrechtsnachfolge**

Daß sowohl der Gesamtrechtsnachfolger (insbesondere der Erbe) des Berechtigten wie auch der des Eigentümers nicht nur in dinglicher, sondern auch in schuldrechtlicher Beziehung voll in die Rechtsstellung seines Vorgängers mit allen ihren Rechten und Pflichten eintritt, ergibt sich ohne weiteres aus dem Wesen der Gesamtrechtsnachfolge; insofern erübrigte sich daher eine besondere Regelung im WEG.

3 **2. Sonderrechtsnachfolge**

Eine entsprechende Regelung für den Fall der Sonderrechtsnachfolge (Veräußerung des Dauerrechts oder des Grundstücks) enthält § 38. Soweit es sich dabei um die Veräußerung des Grundstücks (oder Erbbaurechts) handelt (Abs. 2), hat § 571 BGB als Vorbild gedient. Die gleichartige Regelung bei der Veräußerung des Dauerrechts (Abs. 1) ist eine gesetzgeberische Neuerung; bei anderen Dienstbarkeiten kam sie infolge deren Unveräußerlichkeit nicht in Frage. Dadurch, daß den rein schuldrechtlichen Beziehungen der Beteiligten Wirkung für und gegen ihre jeweiligen Rechtsnachfolger beigelegt wird, erhalten auch sie eine Art dinglicher Rechtswirkung, wenn sie auch nicht zum Inhalt des Dauerrechts gemacht werden. Gemeinsam ist den in beiden Absätzen des § 38 getroffenen Regelungen, daß der Erwerber jeweils für die Dauer seines Rechts (Dauerrecht, Eigentum, Erbbaurecht) in die sich im Laufe dieser Zeit ergebenden Rechte und Verpflichtungen seines Rechtsvorgängers eintritt. Dazu gehören nicht die Ansprüche des Eigentümers aus rechtsgrundloser Bestellung des Rechts (*Palandt/Bassenge,* § 38 Anm. 2). Wenn Abs. 1 nur die Verpflichtungen des Berechtigten, Abs. 2 nur die Rechte des Eigentümers erwähnt, so beruht das auf der (nicht immer zutreffenden) Annahme, daß die gegenüberstehenden Rechte (des Berechtigten) und Verpflichtungen (des Eigentümers) im Regelfalle zum Inhalt des Dauerrechts gehören.

4 **II. Die Regelung im einzelnen**

1. Veräußerung des Dauerrechts (Abs. 1)

Da der Erwerber des Dauerrechts für die Dauer seiner Berechtigung in die Rechtsstellung des bisherigen Berechtigten eintritt, übernimmt er mit schuldbefreiender Wirkung (§§ 417, 418 BGB anwendbar) nur Dauerverpflichtungen, die während dieser Zeit fällig werden, also namentlich die laufende Zahlung des Entgelts sowie sonstige laufende Zahlungen (Grundstückslasten, Verzinsung und Tilgung von Grundpfandrechten, Beiträge zu den Kosten der Zentralheizung u. dgl.) für diese Zeit oder einmalige Verpflichtungen, die während dieser Zeit entstehen, dagegen nicht die Haftung für rückständige, wenn auch gestundete Verbindlichkeiten oder die Verpflichtung zur Zahlung von Entgelt, wenn dieses bei seinem Eintritt in das Rechtsverhältnis bereits vollständig gezahlt war. Anderseits haftet auch der bisherige Berechtigte nicht für Verpflichtungen des Erwerbers. Rechte, in die der Erwerber eintritt, können z. B. Ansprüche gegen den Eigentümer aus Mängelhaftung, auf Errichtung des Gebäudes, auf Löschung vorgehender oder gleichstehender Eigentümergrundschulden (§ 41 Abs. 2), auf Ersatz der Verwendungen (§ 34), soweit diese in der Zeit des Erwerbers entstehen, sein. § 38 gilt auch bei Versteigerung des Dauerrechts (*Palandt/Bassenge*, § 38 Anm. 1).

2. Rechtsgeschäftliche Veräußerung des Grundstücks (Erbbaurechts) (Abs. 2 Satz 1) 5

Anders als im Falle des § 571 Abs. 1 BGB setzt der Eintritt des Erwerbers in die schuldrechtlichen Beziehungen des bisherigen Eigentümers zu dem Berechtigten nicht voraus, daß die vom Dauerrecht betroffenen Räume und Grundstücksteile dem Berechtigten überlassen sind. Für den Eintritt entscheidend ist vielmehr nur die Eintragung des Erwerbers als Eigentümer (Erbbauberechtigter) im Grundbuch, die Rechte und Verpflichtungen, in die der Erwerber eintritt, müssen sich unmittelbar aus den schuldrechtlichen Vereinbarungen zwischen dem Berechtigten und dem Eigentümer ergeben. Der Erwerber hat in erster Linie Anspruch auf die laufende Zahlung des Entgelts von diesem Zeitpunkte an; Rückstände kann er nicht beanspruchen. Vorausverfügungen des Veräußerers über das Entgelt muß er (abweichend von §§ 573, 574 BGB) gegen sich gelten lassen. Anderseits haftet der Veräußerer nicht (wie nach § 571 Abs. 2 BGB) für Verpflichtungen des Erwerbers. Als Rechte des Erwerbers kommen ferner die den laufenden oder einmaligen Verpflichtungen des Berechtigten entsprechenden Ansprüche des Erwerbers in Frage, als Verpflichtungen die den Ansprüchen des Berechtigten entsprechenden Pfichten des Eigentümers.

3. Veräußerung in der Zwangsversteigerung des Grundstücks (Abs. 2 Satz 2) 6

Sofern bei der Zwangsversteigerung des Grundstücks (Erbbaurechts) das Dauerrecht nicht durch den Zuschlag erlischt (s. § 39), gelten hier dieselben Grundsätze wie bei der rechtsgeschäftlichen Veräußerung. Das außerordentliche Kündigungsrecht nach § 57 a ZVG hat der Ersteher nicht. Für die Veräußerung des Grundstücks (Erbbaurechts) durch den Konkursverwalter muß dasselbe gelten.

III. Umstritten ist die Frage, ob die Eintrittswirkung des § 38 sich auch auf Vereinbarungen erstreckt, die durch Eintragung im Grundbuch Inhalt des Rechts werden (§§ 31 Abs. 1 Satz 2, 33 Abs. 4, 35, 36, 39, 40 Abs. 2). Wenn das Gesetz solchen Vereinbarungen diesen Weg zur Verdinglichung eröffnet, schließt es damit die Anwendung des § 38 aus. Das bedeutet, daß, wenn sie nicht eingetragen werden, Rechte und Pflichten aus ihnen nicht auf den Erwerber übergehen (*Bärmann/Pick*, § 38 Anm. III 1; *Weitnauer/Hauger*, § 38 Rdn. 5; a. A. *Soergel/Baur*, § 38 Rdn. 4; s. auch *Palandt/Bassenge*, § 38 Anm. 2). 7

§ 39

Zwangsversteigerung

(1) Als Inhalt des Dauerwohnrechts kann vereinbart werden, daß das Dauerwohnrecht im Falle der Zwangsversteigerung des Grundstücks abweichend von § 44 des Gesetzes über die Zwangsversteigerung und Zwangsverwaltung auch dann bestehen blei-

ben soll, wenn der Gläubiger einer dem Dauerwohnrecht im Range vorgehenden oder gleichstehenden Hypothek, Grundschuld, Rentenschuld oder Reallast die Zwangsversteigerung in das Grundstück betreibt.

(2) Eine Vereinbarung gemäß Absatz 1 bedarf zu ihrer Wirksamkeit der Zustimmung derjenigen, denen eine dem Dauerwohnrecht im Range vorgehende oder gleichstehende Hypothek, Grundschuld, Rentenschuld oder Reallast zusteht.

(3) Eine Vereinbarung gemäß Absatz 1 ist nur wirksam für den Fall, daß der Dauerwohnberechtigte im Zeitpunkt der Feststellung der Versteigerungsbedingungen seine fälligen Zahlungsverpflichtungen gegenüber dem Eigentümer erfüllt hat; in Ergänzung einer Vereinbarung nach Absatz 1 kann vereinbart werden, daß das Fortbestehen des Dauerwohnrechts vom Vorliegen weiterer Voraussetzungen abhängig ist.

Übersicht

	Rdn.
I. Allgemeines	1
II. Vereinbarung	
1. Inhalt	2, 3
2. Natur	4
3. Betreibender Gläubiger	5
III. Zustimmungserfordernisse	
1. Erforderliche Zustimmung	6
2. Nicht erforderliche Zustimmung	7
3. Eintragung	8
IV. Sonstige Bedingungen für das Bestehenbleiben des Dauerrechts	
1. Gesetzliche Bedingung	9
2. Vereinbarte Bedingung	10
V. Bedingtes Recht	11

1 **I. Allgemeines**

Als Belastung des Grundstücks (oder eines Erbbaurechts) steht das Dauerrecht im Rangverhältnis zu anderen angetragenen Rechten. Es fällt also nicht in das geringste Gebot, wenn der Inhaber eines ihm im Range vorgehenden oder gleichstehenden Rechtes die Zwangsversteigerung des Grundstücks (oder des Erbbaurechts) betreibt, sondern erlischt durch den Zuschlag (§§ 10, 44, 52, 91 ZVG); Kündigungsschutz gilt nur gegenüber dem Heimfallanspruch (§ 36 Abs. 2). Dadurch wird der Inhaber eines Dauerrechts schlechter gestellt als ein Mieter, da der Ersteher an Stelle des Vermieters in das Mietverhältnis eintritt (§ 57 ZVG, § 571 BGB) und gegen seine Kündigung nach § 57 a ZVG der Mieter in weitem Umfange durch das soziale Mietrecht und die §§ 57 c, 57 d ZVG gesichert ist. Diesem Nachteil des Dauerrechts sucht § 39 WEG, abzuhelfen; er knüpft dabei an § 59 ZVG an, wonach unter gewissen Voraussetzungen eine von den gesetzlichen Vorschriften abweichende Feststellung des geringsten Gebots und der Versteigerungsbedingungen möglich ist; den Weg des bedingten Rangrücktritts (§§ 880, 881 BGB), der auch in Frage gekommen wäre, hat der Gesetzgeber wegen der damit verbundenen technischen Schwierigkeiten nicht gewählt.

Aus *seinem* Recht kann der Berechtigte nicht die Zwangsversteigerung wegen des Wertes seines Dauerrechtes betreiben (BayOBLGZ **57** 111).

2 **II. Vereinbarung**

1. Inhalt

Nach § 44 ZVG wird nur ein solches Gebot zugelassen, durch das die dem Anspruch des betreibenden Gläubigers vorgehenden Rechte (einschließlich der Verfahrenskosten) gedeckt werden. Nach § 59 ZVG kann jeder Beteiligte eine hiervon abweichende Feststellung des geringsten Gebots verlangen, wenn Beteiligte, deren Rechte hierdurch beeinträchtigt werden, zustimmen; soll das Fortbestehen eines Rechtes bestimmt werden, das nach § 52 ZVG erlöschen würde, so bedarf es nicht der Zustimmung der nachstehenden Beteiligten. Steht nicht fest, ob ein Recht durch die Abweichung beeinträchtigt wird, so ist das Grundstück mit der verlangten Abweichung und ohne sie auszubieten. Darüber hinaus läßt nunmehr § 39 WEG schon vor Einleitung eines Zwangsversteigerungsverfahrens die Vereinbarung zu, daß im Falle einer Zwangsversteigerung des Grundstücks (Erbbaurechts) das Dauerrecht auch dann bestehen bleiben soll, wenn der Gläubiger eines Grundpfandrechts oder einer Reallast, die dem Dauerrecht vorgehen oder gleichstehen, die Zwangsversteigerung betreibt. Wird eine solche Vereinbarung wirksam getroffen, so ist § 59 ZVG anzuwenden.

Die Vereinbarung führt zu keinem Rangverlust oder zu einer Beeinträchtigung **3** der vorgehenden oder gleichbleibenden Rechte. Betreibt ein vorgehender Gläubiger die Zwangsversteigerung und bleibt, der Vereinbarung gemäß, das Dauerrecht bestehen, sind Vorausverfügungen des Berechtigten über das Entgelt dem Ersteher gegenüber insoweit unwirksam, als sie es dem betreibenden Gläubiger gegenüber wären (*Weitnauer/Hauger,* § 40 Rdn. 12).

2. Natur **4**

Die Vereinbarung muß als Inhalt des Dauerrechts zwischen dem Berechtigten und dem Grundstückseigentümer (Erbbauberechtigten) getroffen werden. Sie bedarf der Aufnahme in die Eintragungsbewilligung und der Eintragung im Grundbuch, wodurch sie dingliche Wirkung gegenüber den Rechtsnachfolgern der Vertragschließenden erlangt. Die Eintragung im Grundbuch muß sich auch auf die Vereinbarung über das Bestehenbleiben in der Zwangsversteigerung erstrecken; nur zur näheren Kennzeichnung darf Bezug genommen werden auf die Eintragungsbewilligung (§ 32; *Weitnauer/Hauger,* § 39 Rdn. 13 mit Nachweisen).

3. Betreibender Gläubiger **5**

a) Das Bestehenbleiben des Dauerrechts kann nur für den Fall vereinbart werden, daß der Gläubiger eines Grundpfandrechts (Hypothek, Grundschuld, Rentenschuld) oder einer Reallast die Zwangsversteigerung betreibt, und zwar kommt die Vereinbarung nur in Betracht, wenn das Recht eines solchen Gläubigers dem Dauerrecht im Range vorgeht oder gleichsteht; betreibt der Gläubiger eines dem Dauerrecht im Range nachstehenden Rechts die Zwangsversteigerung, so bleibt das Dauerrecht auch ohne Vereinbarung bestehen (§§ 44, 52 ZVG).

b) Betreibt ein Gläubiger der Rangklassen 1—3 (§ 10 Nr. 1—3 ZVG) die Zwangsversteigerung, so hat die Vereinbarung keine Wirkung. In einem solchen Falle muß der Berechtigte diese Gläubiger gemäß § 268 BGB befriedigen, wenn er sein Dauerrecht erhalten will.

c) Andere dingliche Rechte am Grundstück (Erbbaurecht) gehen nicht auf Befriedigung aus dem Grundstück (§ 10 ZVG), können also das Bestehen des Dauerrechts nicht beeinträchtigen. Diesen Berechtigten gegenüber kommt daher eine Vereinbarung nach § 39 WEG nicht in Betracht.

III. Zustimmungserfordernis (Abs. 2) **6**

1. Erforderlich ist zur Wirksamkeit der Vereinbarung grundsätzlich die Zustimmung

a) aller Grundpfandgläubiger und Reallastberechtigten, deren Rechte dem Dauerrecht im Range vorgehen oder gleichstehen; eine Ausnahme gilt sinngemäß nur für den Fall, daß ein dem betreibenden Gläubiger im Range vorgehender Gläubiger nicht zugestimmt hat, da dessen Recht in das geringste Gebot aufzunehmen ist und beim Zuschlag bestehen bleibt (§§ 44, 52 ZVG), also durch das Dauerrecht nicht beeinträchtigt wird;

b) eines Dritten, mit dessen Recht (Nießbrauch oder Pfandrecht) ein Grundpfandrecht oder eine Reallast der zu a) bezeichneten Art belastet ist (§§ 1071, 1276 BGB).

7 2. **Nicht erforderlich** ist die Zustimmung anderer dinglicher Berechtigter. Ihre Rechte (z. B. Dienstbarkeiten) erlöschen auch bei Bestehenbleiben des Dauerrechts mit dem Zuschlag, wenn ein ihnen und dem Dauerrecht vorgehender Gläubiger die Zwangsversteigerung betreibt.

8 **3. Eintragung**

Die Vereinbarung ist im Grundbuch einzutragen, die Zustimmung der Realgläubiger im Grundbuch bei den Rechten derjenigen Realgläubiger zu vermerken, die die Zustimmung erteilt haben (§ 18 GBV; vgl. LG Hildesheim Rpfleger **66** 116). Die Vereinbarung wird auch schon vor Erteilung der Zustimmung eingetragen werden können, da diese nur Voraussetzung für die Wirksamkeit der Vereinbarung, nicht für ihre Eintragbarkeit ist, doch wird das Fehlen der Zustimmungen zu vermerken sein (Schleswig SchlHA **62** 146; *Palandt/Bassenge,* § 39 Anm. 2).

9 **IV. Sonstige Bedingungen für das Bestehenbleiben des Dauerrechts** (Abs. 3)

1. Gesetzliche Bedingung (Abs. 3 Halbs. 1)

Die Wirkung der Vereinbarung (Aufnahme des Dauerrechts in das geringste Gebot) tritt nur ein, wenn der Berechtigte im Zeitpunkt der Feststellung der Versteigerungsbedingungen (also im Versteigerungstermin, § 66 Abs. 1 ZVG) seine fälligen Zahlungsverpflichtungen gegenüber dem Eigentümer — insbesondere die Zahlung des Entgelts, aber auch vereinbarte Beitragsleistungen zur Instandhaltung oder Lastentragung — erfüllt hat. Diese Vorschrift ist unabdingbar.

10 **2. Vereinbarte Bedingung** (Abs. 3 Halbs. 2)

Berechtigter und Eigentümer können ferner nach freiem Belieben als Inhalt des Dauerrechts weitere Bedingungen für das Bestehenbleiben des Dauerrechts vereinbaren, z. B. daß kein Grund für einen Heimfallanspruch vorliegt oder daß an den Ersteher ein höheres Entgelt zu zahlen ist. Werden solche Zusatzvereinbarungen nachträglich getroffen, so bedürfen sie nicht der Zustimmung der Realgläubiger, weil diese dadurch begünstigt werden.

11 **V. Bedingtes Recht**

Läßt sich im Versteigerungstermin nicht einwandfrei feststellen, ob die Voraussetzungen für das Bestehenbleiben des Dauerrechts gegeben oder nicht gegeben sind — z. B. weil nicht feststeht, ob alle zur Wirksamkeit der Vereinbarung erforderlichen Zustimmungen erteilt sind, ob der Berechtigte seine fälligen Zahlungsverpflichtungen gegenüber dem Eigentümer erfüllt oder ob die für das Bestehenbleiben des Dauerrechts vereinbarten Bedingungen eingetreten sind —, so ist das Dauerrecht als bedingtes Recht (§§ 50, 51 ZVG) zu behandeln; es ist in das geringste Gebot aufzunehmen. Ergibt sich nachträglich, daß das Dauerrecht nicht bestehen geblieben ist, so hat der Ersteher den Betrag, um den sich der Wert des Grundstücks durch das Erlöschen des Dauerrechts erhöht hat und den das Vollstreckungsgericht bei Feststellung des geringsten Gebots zu bestimmen hat, drei Monate nach Kündigung zu zahlen und vom Zuschlag ab zu verzinsen (vgl. auch §§ 125, 128 ZVG).

§ 40

Haftung des Entgelts

(1) Hypotheken, Grundschulden, Rentenschulden und Reallasten, die dem Dauerwohnrecht im Range vorgehen oder gleichstehen, sowie öffentliche Lasten, die in wiederkehrenden Leistungen bestehen, erstrecken sich auf den Anspruch auf das Entgelt für das Dauerwohnrecht in gleicher Weise wie auf eine Mietzinsforderung, soweit nicht in Absatz 2 etwas Abweichendes bestimmt ist. Im übrigen sind die für Mietzinsforderungen geltenden Vorschriften nicht entsprechend anzuwenden.

(2) Als Inhalt des Dauerwohnrechts kann vereinbart werden, daß Verfügungen über den Anspruch auf das Entgelt, wenn es in wiederkehrenden Leistungen ausbedungen ist, gegenüber dem Gläubiger einer dem Dauerwohnrecht im Range vorgehenden oder gleichstehenden Hypothek, Grundschuld, Rentenschuld oder Reallast wirksam sind. Für eine solche Vereinbarung gilt § 39 Abs. 2 entsprechend.

Übersicht

	Rdn.
I. Allgemeines	1
II. Grundsatzregelung	2
III. Ausnahmeregelung	3
1. Doppelter Ausnahmecharakter	4
2. Rechte, die sich auf den Anspruch auf das Entgelt erstrecken	5
3. Umfang der Haftung	6
4. Vorausverfügungen	
a) Gesetzeslage	7
b) Rechtsprechung	8
c) Vereinbarungen	9

I. Allgemeines 1

Der Umstand, daß wirtschaftlich betrachtet das dem Dauerrecht zugrunde liegende Schuldverhältnis eine gewisse Ähnlichkeit mit einem Miet- oder Pachtverhältnis aufweist, wirft die Fragen auf, ob und inwieweit etwa das Entgelt für ein Dauerrecht rechtlich Miet- oder Pachtzinsen gleichzustellen ist, ob und inwieweit Rechte, die eine Befriedigung aus dem Grundstück gewähren, sich bei Vermietung des Grundstücks auch auf die Mietzinsen erstrecken, ob und inwieweit solche Mietzinsen durch die Zwangsvollstreckung in das unbewegliche Vermögen erfaßt werden und ob und inwieweit Vorausverfügungen über die Mietzinsen gegenüber einem Erwerber des Grundstücks wirksam sind. Diese Fragen regelt § 40 WEG. Daß — ähnlich wie beim Mietverhältnis (§ 571 BGB) — im Falle der Veräußerung des belasteten Grundstücks der Erwerber an Stelle des bisherigen Eigentümers in das zwischen diesem und dem Berechtigten bestehende Rechtsverhältnis (und damit in das Recht auf das Entgelt) eintritt, ist bereits im § 38 Abs. 2 bestimmt.

II. Die Grundsatzregelung enthält § 40 Abs. 1 Satz 2. Danach sind die für Miet- 2
zinsforderungen geltenden Vorschriften auf den Anspruch auf das Entgelt für das Dauerrecht nicht entsprechend anzuwenden. Daraus ergibt sich insbesondere, daß Vorausverfügungen des Eigentümers über das Entgelt (§ 573 BGB) und Rechtsgeschäfte zwischen dem Berechtigten und dem Eigentümer über den Anspruch auf das Entgelt, insbesondere Entrichtung des Entgelts (§ 574 BGB), Aufrechnung, Abtretung, Verpfändung, mag es sich bei dem Entgelt um eine einmalige Zahlung oder um wiederkehrende Leistungen handeln, grundsätzlich wirksam sind gegenüber einem rechtsgeschäftlichen Erwerber des Grundstücks (Erbbaurechts), Grundpfandgläubigern (§§ 1124, 1192, 1200 BGB) und Reallastberechtigten (§ 1107 BGB), dem Ersteher in der Zwangsversteigerung des Grundstücks (§§ 57, 57 b ZVG) bei Bestehenbleiben des

Dauerrechts (§ 39), dem Zwangsverwalter (§ 21 Abs. 2, § 148 Abs. 1 ZVG) und dem Konkursverwalter (§ 21 Abs. 2 KO).

3 **III. Ausnahmeregelung**

Abweichend von der vorstehenden Grundsatzregelung bestimmt § 40 Abs. 1 Satz 1, daß — lediglich — Grundpfandrechte und Reallasten, die dem Dauerrecht im Range vorgehen oder gleichstehen, sowie öffentliche Lasten, die in wiederkehrenden Leistungen bestehen, sich auf den Anspruch auf das Entgelt für das Dauerrecht in gleicher Weise wie auf eine Mietforderung erstrecken, soweit nicht im Absatz 2 etwas Abweichendes bestimmt ist.

4 **1. Doppelter Ausnahmecharakter.** Die Vorschrift ist in doppelter Hinsicht eine Ausnahmebestimmung:

Sie enthält eine Ausnahme von dem Grundsatz des § 40 Abs. 1 Satz 2, daß die für Mietzinsforderungen geltenden Vorschriften auf den Anspruch auf das Entgelt nicht entsprechend anzuwenden sind.

Grundsätzlich gelten für die Zwangsvollstreckung in den Anspruch auf das Entgelt die Vorschriften über die Forderungspfändung (§§ 828 ff, 865 Abs. 2 Satz 2 ZPO). Ist jedoch die Zwangsverwaltung des Grundstücks (Erbbaurechts) angeordnet, so erfaßt die Beschlagnahme auch den Anspruch auf das Entgelt (§ 21 Abs. 2, § 148 Abs. 1 Satz 1 ZVG), wenn das Recht des betreibenden Gläubigers dem Dauerrecht im Range vorgeht oder gleichsteht (§ 40 Abs. 1 Satz 1).

5 **2. Auf den Anspruch auf das Entgelt erstrecken sich** nur

a) *Grundpfandrechte* (Hypotheken, Grundschulden, Rentenschulden) und *Reallasten,* jedoch nur, wenn sie dem Dauerrecht im Range vorgehen oder gleichstehen, also nicht dem Dauerrecht nachstehende Rechte solcher Art oder Rechte anderer Art, hinsichtlich deren es vielmehr bei der Grundsatzregelung bleibt;

b) *öffentliche Lasten,* die in *wiederkehrenden Leistungen* bestehen, nach Maßgabe des Gesetzes über die Pfändung von Miet- und Pachtzinsforderungen wegen Ansprüche aus öffentlichen Grundstückslasten vom 9. 3. 1934 (RGBl. I 181); vgl. auch § 10 Abs. 1 Nr. 3 u. 7, § 156 Abs. 1 ZVG.

6 **3. Umfang der Haftung**

Den in Rdn. 5 genannten Gläubigern haftet der Anspruch auf das Entgelt nicht nur dann, wenn dieses in wiederkehrenden Leistungen, sondern auch dann, wenn es in einer einmaligen Zahlung besteht, der Anspruch auf diese aber noch nicht erfüllt ist. Soweit der Anspruch auf das Entgelt fällig ist, wird er mit dem Ablauf eines Jahres nach dem Eintritt der Fälligkeit von der Haftung gegenüber den in Rdn. 5 genannten Gläubigern frei, wenn nicht vorher die Beschlagnahme zugunsten eines dieser Gläubiger erfolgt. Ist das Entgelt im voraus zu entrichten, so erstreckt sich die Befreiung nicht auf das Entgelt für eine spätere Zeit als den zur Zeit der Beschlagnahme laufenden und, wenn die Beschlagnahme nach dem 15. Tage des Monats erfolgt, den folgenden Kalendermonat (§ 1123 Abs. 2 BGB). Zum Entgelt gehören auch vom Berechtigten gemäß § 33 Abs. 4 Nr. 3 übernommene Beiträge zu den Grundstückslasten.

4. Vorausverfügungen 7

a) *Gesetzeslage.* Gegenüber den in Rdn. 5 genannten Gläubigern und dem Zwangsverwalter sind vor der Beschlagnahme über das Entgelt getroffene Verfügungen (insbesondere seine Einziehung) insoweit unwirksam, als sie sich auf das Entgelt für eine spätere Zeit als den zur Zeit der Beschlagnahme laufenden und, wenn die Beschlagnahme nach dem 15. Tage des Monats erfolgt, den folgenden Kalendermonat beziehen (§ 1124 BGB).

b) *Rechtsprechung.* Durch die höchstrichterliche Rechtsprechung ist die Tragweite 8 des § 1124 BGB eingeschränkt worden. Danach erfaßt § 1124 BGB — ebenso § 574 BGB — Vorauszahlungen, die vertraglich vorgesehen wurden, nicht (RGZ 136, 414; 144, 194; BGHZ **37** 346; BGH NJW **59** 380, 872). Bei sinngemäßer Anwendung dieser Rechtsprechung auf § 40 Abs. 1 Satz 1 ist eine vereinbarungsgemäße Vorauszahlung des Entgelts für das Dauerrecht seiner Zweckbestimmung (wesentlicher Beitrag zur Baufinanzierung) nach den in Rdn. 5 genannten Gläubigern und dem Zwangsverwalter gegenüber grundsätzlich wirksam, die Vorschrift des § 1124 BGB daher praktisch weitgehend eingeschränkt.

c) *Vereinbarungen.* Darüber hinaus läßt § 40 Abs. 2 ausdrücklich dinglich wir- 9 kende Vereinbarungen zwischen dem Berechtigten und dem Eigentümer dahin zu, daß Verfügungen über den Anspruch auf das Entgelt gegenüber dem Gläubiger eines Grundpfandrechts oder einer Reallast, die dem Dauerrecht im Range vorgehen oder gleichstehen (entgegen § 1124 BGB), wirksam sind, jedoch nur dann, wenn das Entgelt in wiederkehrenden Leistungen ausbedungen ist. Die Vereinbarung bedarf zu ihrer Wirksamkeit der Zustimmung der dem Berechtigten im Range vorgehenden oder gleichstehenden Grundpfandgläubiger und Reallastberechtigten; insoweit gilt § 39 Abs. 2 entsprechend. Als Inhalt des Dauerrechts ist sie (ausdrücklich oder durch Bezugnahme auf die Eintragungsbewilligung) im Grundbuch einzutragen. Im Rahmen des § 40 Abs. 2 wird auch vereinbart werden können, daß Vorauszahlungen eines in wiederkehrenden Leistungen bestehenden Entgelts den in Rdn. 5 genannten Gläubigern und dem Zwangsverwalter gegenüber ganz oder teilweise unwirksam sein sollen.

§ 41

Besondere Vorschriften für langfristige Dauerwohnrechte

(1) Für Dauerwohnrechte, die zeitlich unbegrenzt oder für einen Zeitraum von mehr als zehn Jahren eingeräumt sind, gelten die besonderen Vorschriften der Absätze 2 und 3.

(2) Der Eigentümer ist, sofern nicht etwas anderes vereinbart ist, dem Dauerwohnberechtigten gegenüber verpflichtet, eine dem Dauerwohnrecht im Range vorgehende oder gleichstehende Hypothek löschen zu lassen für den Fall, daß sie sich mit dem Eigentum in einer Person vereinigt, und die Eintragung einer entsprechenden Löschungsvormerkung in das Grundbuch zu bewilligen.

(3) Der Eigentümer ist verpflichtet, dem Dauerwohnberechtigten eine angemessene Entschädigung zu gewähren, wenn er von dem Heimfallanspruch Gebrauch macht.

I. Langfristige Dauerrechte (Abs. 1) 1

1. Begriff

§ 41 enthält zwei Sondervorschriften (Abs. 2 u. 3) für langfristige Dauerrechte. Das sind Dauerrechte, die entweder zeitlich unbegrenzt (z. B. für die Lebenszeit des

Berechtigten) oder für einen Zeitraum von mehr als zehn Jahren eingeräumt sind. Daran ändert auch die Vereinbarung eines Heimfallanspruchs nichts, die unter Umständen das langfristige Dauerrecht noch vor Ablauf von 10 Jahren beenden kann (*Bärmann/Pick*, § 41 Anm. 1). Ein auf bestimmte Zeitdauer eingeräumtes Dauerrecht ist dann langfristig, wenn es entweder von vornherein für mehr als zehn Jahre bestellt oder, falls es für eine kürzere Zeit bestellt ist, vor deren Ablauf mit der erforderlichen Zustimmung der Inhaber aller gleichstehenden und nachfolgenden dinglichen Rechte derart verlängert wird, daß vom Zeitpunkte der Verlängerung ab seine Laufzeit noch mehr als zehn Jahre beträgt. Beginn und Ende der Zeitdauer, für die das Dauerrecht bestellt ist, ergeben sich aus der getroffenen Vereinbarung. Falls nichts anderes vereinbart, wird für den Beginn der Laufzeit der Zeitpunkt der Eintragung im Grundbuch maßgebend sein, jedoch wenn in diesem Zeitpunkte das Gebäude noch nicht errichtet ist, der Zeitpunkt, von dem ab die dem Dauerrecht unterliegenden Räume benutzt werden können. Die Langfristigkeit ist eintragungsbedürftig (*Palandt/Bassenge*, § 41 Anm. 1).

2 **2. Langfristiges und eigentumsähnliches Dauerrecht**

Das langfristige Dauerrecht ist nicht identisch mit dem eigentumsähnlichen Dauerrecht (vgl. § 19 Abs. 2 1. WoBauG). Kurzfristige Dauerrechte, d. h. solche, die für einen Zeitraum von höchstens zehn Jahren eingeräumt sind, haben mietähnlichen Charakter, langfristige Dauerrechte sind nicht immer eigentumsähnlich, sie können auch mietähnlichen Charakter haben. Aus der Aufgabe des langfristigen Dauerrechts die Grundlage für ein eigentumsähnliches Dauerrecht zu schaffen, erklären sich die in Abs. 2 u. 3 gegebenen Sondervorschriften.

3 **II. Löschungsverpflichtung des Eigentümers** (Abs. 2)

1. Löschungsverpflichtung im allgemeinen

Um dem Berechtigten mit Rücksicht auf seine finanziellen Leistungen zur Tilgung von Grundstücksbelastungen das Aufrücken in die erste Rangstelle und damit die Erlangung einer eigentümerähnlichen Stellung zu ermöglichen, verpflichtet § 41 Abs. 2 den jeweiligen Eigentümer dem jeweiligen Berechtigten gegenüber, ein dem Dauerrecht im Range vorgehendes oder gleichstehendes Grundpfandrecht für den Fall löschen zu lassen, daß es sich mit dem Eigentum in einer Person vereinigt. Wenn das Gesetz hier nur von „Hypothek" spricht, so ist das eine redaktionelle Ungenauigkeit; gemeint sind auch Grund- und Rentenschulden (vgl. §§ 1192, 1199 BGB). Die Löschungsverpflichtung des Eigentümers besteht kraft Gesetzes, ist aber abdingbar; sie kann durch Vereinbarung zwischen dem Berechtigten und dem Eigentümer ausgeschlossen oder beschränkt werden. Da der Anspruch (Abs. 2) gesetzlicher Inhalt des langfristigen Dauerrechts ist, bedürfen abweichende Vereinbarungen, die zum Inhalt des Rechtes gemacht werden sollen, um gegen jedermann wirksam zu sein, der Eintragung im Grundbuch. Für schuldrechtliche Vereinbarungen gilt § 38 (str. vgl. *Palandt/Bassenge*, § 41 Anm. 2). Der Anspruch kann nur mit dem Dauerrecht zusammen abgetreten werden und ist ggf. im Klagewege (§ 894 ZPO) geltend zu machen; § 52 WEG ist nicht anwendbar.

4 **2. Materiellrechtlich** gibt § 41 Abs. 2 dem Berechtigten einen abdingbaren Anspruch darauf, daß der Eigentümer auf dem Dauerrecht im Range vorgehende oder gleichstehende Grundpfandrechte, die zu Eigentümergrundschulden geworden sind, verzichtet und andere Verfügungen über sie unterläßt. Es wird also nicht die Entste-

hung der Eigentümergrundschuld verhindert, sondern nur dem Eigentümer der Verzicht auf die entstandene Eigentümergrundschuld zur Pflicht gemacht. Immer aber muß es sich um ursprüngliche Fremdgrundpfandrechte handeln, die erst später zu Eigentümergrundschulden geworden sind; Eigentümergrundschulden, die von vornherein als solche eingetragen worden sind (§ 1196 BGB), fallen nicht unter Abs. 2, ihre Löschung muß besonders ausbedungen werden.

3. Vereinigung des Grundpfandrechts mit dem Eigentum 5

a) Danach müssen die sog. „forderungsbekleideten Eigentümerhypotheken" (§ 1177 Abs. 2 BGB) ausscheiden, also die Fälle, in denen der Eigentümer den Gläubiger befriedigt hat, obwohl er nicht persönlicher Schuldner war (§§ 1143, 1173 BGB), ferner die Fälle, in denen von vornherein mindestens zunächst kein Fremdpfandrecht, sondern nur eine Eigentümergrundschuld besteht, weil die Forderung nicht entstanden oder der erforderliche Brief dem Gläubiger nicht übergeben worden ist (§ 1163 Abs. 1 Satz 1, Abs. 2 BGB), es sei denn, daß diese Voraussetzungen für das Entstehen eines Fremdpfandrechtes zweifelsfrei auch später nicht eintreten werden.

b) Dagegen gehören hierher die Fälle, in denen nach dem Gesetz das ursprüngliche Fremdgrundpfandrecht auf den Eigentümer übergeht, insbesondere bei Erlöschen der Forderung (§ 1163 Abs. 1 Satz 2 BGB), Verzicht des Gläubigers auf sein Pfandrecht (§ 1168 Abs. 1 BGB), Ausschlußurteil bei Unbekanntheit des Gläubigers (§ 1170 Abs. 2 Satz 1, § 1171 Abs. 2 Satz 1 BGB), Ersatzgrundpfandrecht bei Befriedigung des Gläubigers eines Gesamtgrundpfandrechts (§ 1182 Satz 1 BGB), Ablösung der Grundschulden durch Zahlung des Eigentümers auf die Grundschuld, ferner in sonstigen Fällen der Vereinigung des Grundpfandrechts mit dem Eigentum in einer Person, ohne daß dem Eigentümer auch die Forderung zusteht (§ 1177 Abs. 1 Satz 1 BGB), mit Ausnahme der zu a) erwähnten Fälle, schließlich auch dann, wenn eine Zwangshypothek auf Grund gerichtlicher Entscheidung gegenstandslos wird (§§ 868, 932 Abs. 2 ZPO).

4. Löschungsvormerkung 6

In Anlehnung an § 1179 BGB gibt § 41 Abs. 2 dem Berechtigten gegen den Eigentümer auch den (ggf. im Klagewege zu verfolgenden) Anspruch auf Bewilligung der Eintragung einer Vormerkung zur Sicherung des Anspruchs auf Löschung der Eigentümergrundschuld. Kraft Gesetzes tritt die Wirkung einer solchen Vormerkung nicht ein. Nach Eintragung der Vormerkung sind Verfügungen des Eigentümers über die Eigentümergrundschuld gemäß § 883 Abs. 2 BGB relativ unwirksam, ohne Vormerkung dem Erwerber der Eigentümergrundschuld gegenüber voll wirksam. Die Vormerkung schützt allerdings nicht vor einem Erwerb des Grundpfandrechtes durch gutgläubigen Käufer, nachdem es zu einem Eigentümerrecht geworden, dies aber im Grundbuch noch nicht ersichtlich ist (*Baur*, Lehrbuch des Sachenrechts § 46 IV 4 a mit Nachweisen). Anwendung des § 1179 a BGB scheidet mit Rücksicht auf den Wortlaut des Gesetzes aus.

III. Entschädigungspflicht bei Heimfall 7

1. Anspruch des Berechtigten

Für den Fall, daß der Eigentümer von einem Heimfallrecht Gebrauch macht, gibt § 41 Abs. 3 dem Berechtigten nach dem Vorbild des § 32 Abs. 1 ErbbVO bei einem langfristigen Dauerrecht den unabdingbaren Anspruch (BGHZ 27 162; BGH NJW 60 1621) auf angemessene Entschädigung. Die Entschädigungspflicht ist gesetzlicher Inhalt des langfristigen Dauerrechts (*Weitnauer/Hauger*, § 36 Rdn. 6). Wird ein Heimfallanspruch vereinbart, braucht der Anspruch auf Entschädigung zu seiner Wirksamkeit nicht als vereinbarter Inhalt des Dauerrechts im Grundbuch eingetragen zu werden; sieht die Eintragungsbewilligung die Eintragung vor, genügt Bezugnahme auf diese im Grundbucheintrag (§ 36 Abs. 4 Satz 1, 32 Abs. 3). Als Inhalt des Dauerrechts können Vereinbarungen über die Berechnung oder Höhe der Entschädigung oder die Art ihrer Zahlung getroffen werden (§ 36 Abs. 4 Satz 2); sie sind dann in die Eintragungsbewilligung aufzunehmen und im Grundbuch durch Bezugnahme darauf einzutragen.

8 **2. Angemessenheit der Entschädigung**

Das Gesetz enthält hierüber keine Vorschriften. Nach der amtlichen Begründung wird die angemessene Entschädigung mindestens alles das zu umfassen haben, was der Berechtigte an Leistungen zur Tilgung von Belastungen und zur Finanzierung der Baukosten beigetragen hat, wobei eine Abnutzungsentschädigung abzusetzen wäre. Zu berücksichtigen sind auch Verbesserungen der Wohnung, Dauer der Benutzung und der Zustand der Räume. Danach kann die Entschädigung u. U. ganz entfallen; der Entschädigungsanspruch darf aber nicht überhaupt ausgeschlossen werden. Maßgebend für die Höhe der Entschädigung ist der Zeitpunkt des Heimfalls. Im Streitfalle hat darüber das Prozeßgericht zu entscheiden; § 52 WEG ist nicht anwendbar. Das Grundbuchamt hat die Angemessenheit einer vereinbarten Entschädigung nicht nachzuprüfen (BGH **27** 158 [163]). Nur bei offensichtlich unangemessener Entschädigung wird es die Eintragung ablehnen (*Soergel/Baur*, aaO Rdn. 3).

IV. Zum Übergangsrecht s. BGH NJW **58** 1289.

§ 42

Belastung eines Erbbaurechts

(1) Die Vorschriften der §§ 31 bis 41 gelten für die Belastung eines Erbbaurechts mit einem Dauerwohnrecht entsprechend.

(2) Beim Heimfall des Erbbaurechts bleibt das Dauerwohnrecht bestehen.

Schrifttum

Weitnauer, Die Belastung des Erbbaurechts mit einem Dauerwohnrecht DNotZ **53** 119.

1 **I. Allgemeines**

1. Belastung des Erbbaurechts

Daß auch ein Erbbaurecht als grundstücksgleiches Recht mit einem Dauerrecht belastet werden kann, ergibt sich aus § 1017 Abs. 1 BGB und § 11 Abs. 1 Satz 1 ErbbVO, nur zur Ausschließung von Zweifeln bestimmt § 42 Abs. 1 dies ausdrücklich. Daraus folgt, daß auch an einem Wohnungserbbaurecht (§ 30 Abs. 1) ein Dauerwohnrecht, an einem Teilerbbaurecht ein Dauernutzungsrecht bestellt werden kann. Eine Änderung des belasteten Erbbaurechts bedarf der Zustimmung des Dauerberechtigten nur dann, wenn dessen Rechtsstellung durch die Inhaltsänderung berührt (§ 877 BGB), d. h. verschlechtert wird (BayObLG DNotZ **60** 540); die Verlängerung des Erbbauvertrages ist als Inhaltsänderung zu behandeln (BayObLG aaO).

2 **2. Zustimmung des Grundstückseigentümers** zur Belastung des Erbbaurechts mit einem Dauerrecht ist dann erforderlich, wenn in entsprechender Anwendung des § 5 ErbbVO ein solches Zustimmungserfordernis zwischen dem Grundstückseigentümer und dem Erbbauberechtigten als Inhalt des Erbbaurechts vereinbart worden ist (OLG

Stuttgart NJW **52** 979 Nr. 9; LG Osnabrück J. Büro **71** 455; str.). Bestellt ein Erbbauberechtigter entgegen einem Verbot (§ 2 Abs. 1 Nr. 1 ErbbVO) ein Dauerrecht, kann der Eigentümer Herausgabe der Räume an den Erbbauberechtigten verlangen. Er ist zwar nicht Eigentümer des vom Erbbauberechtigten erstellten Bauwerks, für die entsprechende Anwendung des § 986 Abs. 1 Satz 2 BGB muß es aber ausreichen, daß er Eigentümer des Grund und Bodens ist, auf dem das Bauwerk steht (vgl. BGH DNotZ **68** 302).

Beschränkungen der Belastungsbefugnis des Erbbauberechtigten sind auch dann **3**
wirksam, wenn sie nur durch die Bezugnahme auf die Eintragungsbewilligung aus dem Grundbuch ersichtlich sind (BayObLG WM **79** 1276). Ist die Belastung mit Hypothek, Grundschuld, Rentenschuld oder Reallast nach dem Erbbauvertrag von der Zustimmung des Eigentümers abhängig, so muß sich dies nicht auch auf die Belastung mit einem Dauerrecht beziehen.

3. Entsprechende Geltung der §§ 31—41 **4**

Aus dem zu 1 erwähnten Grundsatz ergibt sich zwangsläufig, daß grundsätzlich die für die Belastung eines Grundstücks mit einem Dauerrecht geltenden Vorschriften auf die Bestellung des Dauerrechts an einem Erbbaurecht entsprechend anzuwenden sind. Dabei ist zu beachten, daß an die Stelle des Wortes „Grundstück" in § 31, § 33 Abs. 4 Nr. 3, § 38 Abs. 2, § 39 Abs. 1 sowie der Worte „Eigentum" in § 38 Abs. 2 Satz 1, § 39 Abs. 3 Halbs. 1, § 41 Abs. 2 und „Eigentum an dem Grundstück" in § 36 Abs. 1 Satz 2 das Wort „Erbbaurecht", an die Stelle der Worte „Eigentümer" (§ 33 Abs. 4 Nr. 5, § 34 Abs. 1, § 35 Satz 1, § 36 Abs. 2—4, § 37 Abs. 2, § 38 Abs. 1, § 41 Abs. 2 u. 3) und „Grundstückseigentümer" (§ 36 Abs. 1 Satz 1) das Wort „Erbbauberechtigte" zu treten hat. Auf einen außerhalb des Gebäudes liegenden Grundsückstei1 (§ 31 Abs. 1 Satz 2) kann das Dauerrecht dann erstreckt werden, wenn auch das Erbbaurecht sich nach § 1 Abs. 2 ErbbVO auf diesen (für das Bauwerk nicht erforderlichen) Teil des Grundstücks erstreckt, wobei zu beachten ist, daß nach den gesetzlichen Voraussetzungen hierfür beim Erbbaurecht das Bauwerk, beim Dauerrecht aber die ihm unterliegenden Räume wirtschaftlich die Hauptsache bleiben müssen.

II. Erlöschen und Heimfall des Erbbaurechts **5**

1. Erlöschen

Mit dem Erlöschen des Erbbaurechts erlischt auch das daran bestellte Dauerrecht (§ 31). Das kann zu Rechtsmängelhaftung führen (*Weitnauer/Hauger*, § 42 Rdn. 3). Die für Miet- und Pachtverhältnisse geltende Sondervorschrift des § 30 ErbbVO ist auf das Dauerrecht nicht anwendbar.

2. Heimfall **6**

Nach § 33 Abs. 1 Satz 3 ErbbVO würde das Dauerrecht auch beim Heimfall des Erbbaurechts erlöschen (ErbbVO § 3). Hiervon abweichend bestimmt § 42 Abs. 2 WEG, daß das Dauerrecht bestehen bleibt. Der Grundstückseigentümer oder der von ihm bezeichnete Dritte tritt (entsprechend § 38 Abs. 2 Satz 1) mit dem Heimfall als neuer Erbbauberechtigter an Stelle des bisherigen Erbbauberechtigten in dessen Rechte und Pflichten gegenüber dem Berechtigten ein; anders, wenn der Erbbauberechtigte zur Bestellung eines Dauerrechts nicht befugt war (§ 5 Abs. 2 ErbbVO): dem Eigentümer kann nicht ein Dauerberechtigter aufgedrängt werden (§ 242 BGB). Heimfall des Dauerrechts kann für den Heimfall des Erbbaurechts vereinbart werden (*Bärmann/Pick*, § 42 Anm. II).

§ 42 Abs. 2 ist abdingbar. **7**

III. TEIL

Verfahrensvorschriften

Vorbemerkungen

Der III. Teil des WEG (§§ 43—58) enthält Vorschriften über das Verfahren in Angelegenheiten, die sich aus dem WEG ergeben. Er zerfällt in drei Abschnitte:

1. Abschnitt (§§ 43—50): Verfahren der freiwilligen Gerichtsbarkeit in Streitigkeiten, die sich beim Raumeigentum aus der Gemeinschaft der Raumeigentümer (§§ 10 bis 29) ergeben (also nicht in Streitigkeiten aus dem Dauerrecht).

2. Abschnitt (§§ 51, 52): Zuständigkeit der Prozeßgerichte für Klagen auf Entziehung des Raumeigentums (§ 18) und für Streitigkeiten aus den §§ 33 u. 36 Abs. 1—3 über das Dauerrecht.

3. Abschnitt (§§ 53—58): Vollstreckung eines Urteils aus § 19 durch freiwillige Versteigerung des Raumeigentums.

1. ABSCHNITT

Verfahren der freiwilligen Gerichtsbarkeit in Wohnungseigentumssachen

Fast alle Streitigkeiten der Raumeigentümer aus ihrem Gemeinschaftsverhältnis sind dem Verfahren der freiwilligen Gerichtsbarkeit zugewiesen. Wäre dies nicht geschehen, so wären sie im Wege des Zivilprozesses zu entscheiden; es handelt sich also bei ihnen zwar um Angelegenheiten der freiwilligen Gerichtsbarkeit, aber um eine besondere Art von ihnen, nämlich um sog. „echte Streitverfahren" im Rahmen der freiwilligen Gerichtsbarkeit. Die besonderen Vorschriften für diese Verfahren (§§ 43—50) schließen sich an die Verfahrensregelung in der HausratsVO (6. DVO zum Ehegesetz) vom 21. 10. 1944 (RGBl. I 256) an.

§ 43

Entscheidung durch den Richter

(1) Das Amtsgericht, in dessen Bezirk das Grundstück liegt, entscheidet im Verfahren der freiwilligen Gerichtsbarkeit:

1. **auf Antrag eines Wohnungseigentümers über die sich aus der Gemeinschaft der Wohnungseigentümer und aus der Verwaltung des gemeinschaftlichen Eigentums ergebenden Rechte und Pflichten der Wohnungseigentümer untereinander mit Ausnahme der Ansprüche im Falle der Aufhebung der Gemeinschaft (§ 17) und auf Entziehung des Wohnungseigentums (§§ 18, 19);**
2. **auf Antrag eines Wohnungseigentümers oder des Verwalters über die Rechte und Pflichten des Verwalters bei der Verwaltung des gemeinschaftlichen Eigentums;**
3. **auf Antrag eines Wohnungseigentümers oder Dritten, über die Bestellung eines Verwalters im Falle des § 26 Abs. 2;**
4. **auf Antrag eines Wohnungseigentümers oder des Verwalters über die Gültigkeit von Beschlüssen der Wohnungseigentümer.**

(2) Der Richter entscheidet, soweit sich die Regelung nicht aus dem Gesetz, einer Vereinbarung oder einem Beschluß der Wohnungseigentümer ergibt, nach billigem Ermessen.

(3) Für das Verfahren gelten die besonderen Vorschriften der §§ 44 bis 50.

(4) An dem Verfahren Beteiligte sind:

1. in den Fällen des Absatzes 1 Nr. 1 sämtliche Wohnungseigentümer;

2. in den Fällen des Absatzes 1 Nrn. 2 und 4 die Wohnungseigentümer und der Verwalter;

3. im Falle des Absatzes 1 Nr. 3 die Wohnungseigentümer und der Dritte.

Schrifttum

Bärmann, Echtes Streitverfahren der freiwilligen Gerichtsbarkeit, AcP **154** 373; *Clasen,* Die Wohnungseigentümer als Beteiligte einer Rechtsgemeinschaft im Verfahren nach § 43 WEG, BlGBW **66** 229; *Herold,* Verfahren in Wohnungseigentumssachen FWW **74** 399; *Heinrich,* Das amtsgerichtliche Verfahren in Wohnungseigentumssachen, NJW **74** 125; *Hohenester,* Zum Rechtsweg in Wohnungseigentumssachen, JZ **57** 657; *Trautmann,* Verfahrenszuständigkeit in Wohnungseigentumssachen, 1979 (Mainzer Dissertation); *Merle/Trautmann,* Verfahrenszuständigkeit in NJW **73** 118; *Kapellmann,* Rechtsprobleme vor endgültiger Begründung des Wohnungseigentums, MDR **69** 620. Zu den Verfahrensbestimmungen des FGG s. die Kommentare zum FGG von *Bassenge, Herbst, Jansen, Keidel/Winkler,* die Lehrbücher von *Baur, Bärmann, Lent/Habscheid.*

Übersicht

	Rdn.
A. Allgemeines	
1. Zuständigkeiten	1, 2
2. Schiedsklausel	3
3. Zuständigkeitsvermutung	4
4. örtl. und sachliche Zuständigkeit	5, 6
5. unzuständiges Gericht	7
6. echtes Streitverfahren	8, 9
7. Verhältnis zum Zivilprozeß	10
8. subsidiäre Geltung der ZPO	11
B. Im Verfahren der Freiwilligen Gerichtsbarkeit zu erledigende Angelegenheiten	
I. Streitigkeiten über Rechte und Pflichten der Raumeigentümer	
1. Anwendungsbereich	12
2. weite Auslegung der Vorschrift	13
3. Einzelheiten der Anwendung	14, 15
4. Aus der Rechtsprechung	16—18
5. keine Anwendung	19
6. Antragsteller, Beteiligte und werdende Raumeigentümer	20—24
7. Rechtsschutzinteresse	25
8. Zustellungen an den Verwalter	26
9. Streitigkeiten, die sich nicht aus der Gemeinschaft ergeben	27
II. Streitigkeiten über Rechte und Pflichten des Verwalters	
1. Anwendungsbereich	28
2. weite Auslegung	28
3. aus der Rechtsprechung	30
4. Zuständigkeit der Prozeßgerichte	31
5. Antragsberechtigte	32
6. werdende Raumeigentümer	33
7. Antragsberechtigung des abberufenen Verwalters	34
8. Rechtsschutzinteresse	35
III. Streitigkeiten über die Bestellung des Verwalters	
1. Allgemeines	36
2. Antragsberechtigte	37
3. Stellung des abberufenen Verwalters	38
4. Beendigung der Bestellung	39
5. Geschäftswert	40
IV. Streitigkeiten über die Gültigkeit von Beschlüssen der Raumeigentümer	
1. Allgemeines	41
2. Einzelheiten	42—50
3. Antragsberechtigte	51, 52
4. Rechtsschutzbedürfnis	53, 54
5. Aus der Rechtsprechung	55
6. Geltendmachung durch Dritte	56
7. Geschäftswert	57
C. Entscheidungsgrundlagen (§ 43 Abs. 2)	
1. Bedeutung für das Verfahrensrecht	58
2. Bedeutung für das materielle Recht	59, 60
3. Ergänzung und Ersetzung von Beschlüssen durch das Gericht	61
D. Das Verfahren der FG-Gerichte	
I. Allgemeine Vorschriften des FGG und WEG	62, 63
II. ergänzende Vorschriften	64

	Rdn.
III. Einzelheiten zum Verfahren, Anwendbarkeit der ZPO	
1. Anträge	65
2. Gegenanträge	66
3. Parteifähigkeit	67
4. Verfahrensgegenstand	68
5. Rechtsfähigkeit	69
6. Rechtsschutzinteresse	70
7. Ladungsfrist	71
8. Richterablehnung	72
9. Zustellung	73
10. Verfahrensunterbrechung	74
11. Wiedereinsetzung	75
12. Beteiligtenwechsel	76
13. Antragsänderung und -erweiterung	77
14. Veräußerung des Wohnungseigentums	78
15. Verbindung der Verfahren	79
16. Antragsrücknahme	80
17. Hauptsachenerledigung	81
18. Beweislast der Beteiligten	82
19. Sachaufklärung des Gerichts	83
20. Protokollierung	84
21. fehlender Kostenvorschuß	85
22. Nebenintervention, Streitverkündung, Beitritt	86
23. Zulässigkeit des Mahnverfahrens	87
24. Prozeßkostenhilfe	88
25. Prozeßstandschaft	89
26. Arrestverfahren	90
27. Urkundenprozeß	91
28. Zustimmungsersetzung	92
29. Tatbestand und Urteilsgründe der Entscheidung	93
30. Vollstreckung	84
31. Antrag als unzulässige Rechtsausübung	85
E. Die Beteiligten und ihre Vertretung	
1. Die Beteiligten	96
2. der Verwalter	97
3. Prozeßfähigkeit der Gemeinschaft	98
4. Eheleute als Miteigentümer	99
5. Beiziehung der Beteiligten	100, 101
6. Vertretung durch Rechtsanwälte u. a.	102, 103
7. Beschränkung der Beiziehungspflicht, Mangel der fehlenden Beiziehung und seine Folgen	104, 105

1 **A. Allgemeines**

1. § 43 regelt die örtliche, sachliche und funktionelle Zuständigkeit der Gerichte der freiwilligen Gerichtsbarkeit (= FG-Gerichte), trifft Bestimmungen über deren Verfahren (Absätze 2 und 3) und legt den Kreis der Beteiligten fest (Absatz 4).

Zur Neufassung des Abs. 1 Nr. 3 s. KG Rpfleger **78** 258.

2 Die in § 43 Abs. 1 den FG-Gerichten zugewiesene *funktionelle Zuständigkeit* ist eine *ausschließliche;* Einlassung auf eine Verhandlung vor einem Prozeßgericht in einer in § 43 Abs. 1 genannten Streitigkeit begründet dessen Zuständigkeit nicht. Die funktionelle Zuständigkeit muß in allen Instanzen von Amts wegen beachtet werden OLG Karlsruhe NJW **75** 1976; BayObLGZ **68** 235). Sie läßt sich auch nicht durch Vereinbarung ändern, weder durch Übereinkommen des Inhalts, daß eine unter § 43 fallende Streitigkeit vor das Prozeßgericht gebracht werden soll, noch umgekehrt, daß eine von § 43 nicht erfaßte Angelegenheit dem FG-Gericht zur Entscheidung vorzulegen ist.

3 2. Soweit sie sich über den im Streit stehenden Gegenstand durch Vergleich einigen können, steht es den Wohnungseigentümern frei, zu vereinbaren, daß über einen von Absatz 1 erfaßten Anspruch ein *Schiedsgericht* entscheiden solle (§ 1025 ZPO; BayObLGZ **73** 1 einschränkend), daß dem Verfahren vor dem FG-Gericht ein außergerichtlicher Sühneversuch voraus zu gehen habe. Die Vereinbarung kann im Grundbuch als Inhalt des Sondereigentums eingetragen werden (§ 10). Ist in einer Teilungserklärung die Zuständigkeit des Schiedsgerichts für alle Streitigkeiten vorgesehen, kann dies im einzelnen Fall zu unzumutbarer Beeinträchtigung der Raumeigentümer führen.

Die Schiedsklausel bindet neben den Vertragsteilen, die sie vereinbart haben, auch ihre Gesamtnachfolger, falls nichts anderes bestimmt ist (BGHZ **68 359**; **71** 164; BGH WM **79** 279). Schiedsgerichtklauseln sind in der Regel weit auszulegen. § 1048 ZPO ist entsprechend anwendbar; die Erwägungen, die das Reichsgericht für den nicht eingetragenen Verein hat durchgreifen lassen (RG RGZ **165,** 143) können auch für die

Raumeigentümergemeinschaft ins Feld geführt werden: die Gemeinschaft hat in aller Regel eine der körperschaftlichen Verfassung nahkommende Organisation: Eigentümerversammlung, Verwalter als ausführendes „Organ", Beirat; jeder Raumeigentümer hat Stimmrecht, die Gemeinschaft kann von keinem Eigentümer aufgekündigt werden. Vom Boden der gegenteiligen Meinung aus (§ 1027 Abs. 1 ZPO sei anzuwenden) kann die Wahrung der Form dadurch erreicht werden, daß die mit dem Hauptvertrag (§ 3) in ein notarielles Protokoll aufgenommene Schiedsklausel von den Beteiligten besonders unterzeichnet wird (BGHZ **38** 155). Zuständig zur Vollstreckbarkeitserklärung von Schiedssprüchen und schiedsrichterlichen Vergleichen ist, wenn die Beteiligten nichts anderes vereinbaren, das Gericht des § 43 (§§ 1046, 1047 ZPO), das gilt auch für Anträge auf Feststellung der Ungültigkeit des Schiedsvertrages, für Aufhebungsklagen (§ 1041 ZPO), für Anträge auf Aufhebung des Schiedsvergleiches (§ 1044 a ZPO), auf Erteilung der Vollstreckungsklausel (§ 731 ZPO) und auf Aufhebung der Vollstreckbarkeitserklärung (§ 1044 Abs. 4 ZPO). Zum Unterschied zwischen Schiedsgerichtvertrag und Schiedsgutachtervertrag s. BGH MDR **82** 36: ein Schiedsvertrag liegt nicht vor, wenn die Richtigkeit des „Schiedsspruches" nach § 319 BGB vom Gericht überprüft werden soll.

Hat das in der Gemeinschaftsordnung vorgeschriebene Vorschalteverfahren nicht stattgefunden, fehlt einem beim FG-Gericht eingereichten Antrag eine Verfahrensvoraussetzung (BayObLG Rpfleger **83** 14).

3. § 43 Abs. 1 ist weit auszulegen (OLG Stuttgart NJW **70** 102); im Zweifel spricht **4**
die Vermutung für die Zuständigkeit der FG-Gerichte (BayObLG Rpfleger **78** 256; BayObLGZ **72** 163; OLG Hamm ZMR **68** 271).

4. Auch die *örtliche* und die *sachliche* Zuständigkeit des § 43 Abs. 1 sind ausschließ- **5**
lich und von Amts wegen zu beachten, ein Antrag muß bei örtlicher oder sachlicher Unzuständigkeit des angerufenen Gerichts als unzulässig abgewiesen werden, wenn nicht Verweisung an das zuständige Gericht beantragt wird (BayObLG NJW **69** 191); Vereinbarungen eines örtlich oder sachlich unzuständigen Gerichts sind ungültig (BayObLGZ **68** 240; a. A. *Bärmann*, AcP **54** 394 f). Der Mangel der örtlichen Zuständigkeit des FG-Gerichts wird auch nicht geheilt, wenn der Antragsgegener nach Belehrung (vgl. § 504 ZPO) die entsprechende Rüge unterläßt (§§ 39, 40 Abs. 2 ZPO); § 7 FGG ist aber zu beachten (Wirksamkeit der Entscheidungen eines unzuständigen Gerichts).

Im *Beschwerdeverfahren* sind §§ 512 a, 549 Abs. 2 ZPO entsprechend anwendbar **6**
(vgl. RG HRR **25** 225; JW **32** 1893). Ein Streit über die örtliche Zuständigkeit ist nach §§ 4, 5 FGG auszutragen.

5. Entscheidungen eines FG-Gerichts (Prozeßgericht) über eine seiner Zuständig- **7**
keit nicht unterfallende Streitsache sind zwar anfechtbar, aber nicht nichtig; sie erwachsen in Rechtskraft.

6. Das *gerichtliche Verfahren* des FG-Gerichts (§§ 43 ff) ist ein *echtes Streitverfahren* **8**
im Rahmen der freiwilligen Gerichtsbarkeit, eine andere Verfahrensart des ordentlichen Rechtsweges (BGHZ **40** 6). Es handelt sich um Streitsachen, die ihren Ursprung in dem Gemeinschaftsverhältnis der Wohnungseigentümer oder ihren Beziehungen zum Verwalter haben (vgl. BayObLG NJW **72** 1377). Für diese Streitsachen sind die Richter des Verfahrens nach §§ 43 ff die gesetzlichen Richter im Sinne des Art. 102 Abs. 2 Satz 1 GG.

9 Das *Verfahren* unterscheidet sich, was das rechtliche Gehör, die mündliche Verhandlung, die richterliche Entscheidung und deren Rechtskraft, die Rechtsmittel und das Vollstreckungsverfahren anlangt, nicht wesentlich von dem in der ZPO geregelten Verfahren.

Es gibt aber keinen Anwaltszwang, keine strenge Bindung an die gestellten Anträge (BayObLGZ **77** 48; **75** 164; **72** 154), die Sachaufklärung wird von Amts wegen vorgenommen (§ 12 FGG), die Bindung an die Entscheidung erstreckt sich auf Beteiligte, die am Verfahren nicht teilgenommen hatten. Auf das Verfahren sind die Gerichtsferien ohne Einfluß (§ 10 FGG). Das Verfahren ist einfacher, freier, elastischer und rascher als das Verfahren der Prozeßgerichte (BGHZ **71** 317).

10 **7.** Das Verhältnis zu den Prozeßgerichten, den Arbeits- und Verwaltungsgerichten wird von den Regeln über die Zulässigkeit des Rechtsweges bestimmt; § 17 GVG ist entsprechend anwendbar (vgl. BGHZ **40** 6; **59** 60; OLG Karlsruhe NJW **75** 1976).

11 **8.** Vorschriften der ZPO dürfen herangezogen werden, wenn WEG und FGG keine Regelung enthalten und ein sachliches Bedürfnis für die Anwendung besteht (OLG Hamm NJW **73** 2300; OLG Zweibrücken Rpfleger **77** 141), wenn sie allgemeine Rechtsgedanken ausdrücken, die zwar nur in der ZPO Niederschlag gefunden haben, aber darüber hinaus auch für das streitige Verfahren in Wohnungseigentumssachen Bedeutung haben (BayObLGZ **80** 10; **73** 5).

12 **B. Im Verfahren der freiwilligen Gerichtsbarkeit zu erledigende Angelegenheiten (Abs. 1)**

I. Entscheidungen über Rechte und Pflichten der Raumeigentümer untereinander

1. *Grundsatz.* Im Verfahren der freiwilligen Gerichtsbarkeit sind grundsätzlich *alle* Streitigkeiten zu entscheiden, die sich aus der Gemeinschaft der Raumeigentümer und der Verwaltung des gemeinschaftlichen Eigentums zwischen den Raumeigentümern über ihre Rechte und Pflichten ergeben (OLG Karlsruhe Justiz **77** 310).

13 **2.** Die Vorschrift ist weit auszulegen. Es spielt keine Rolle, ob der Anspruch unmittelbar aus dem WEG, aus einer Vereinbarung der Raumeigentümer, aus einem Gemeinschaftsbeschluß abgeleitet wird oder aus dem BGB, z. B. aus § 823 (BGH NJW **72** 1318), wenn nur in dem Verhalten des Raumeigentümers auch eine Verletzung der Pflichten gegen andere Raumeigentümer liegt. Zur Verwaltung des gemeinschaftlichen Eigentums zählen alle Maßnahmen, die mit der Erhaltung und Instandsetzung des gemeinschaftlichen Eigentums (§ 1 Abs. 5) innerlich zusammenhängen, also z. B. auch die Ansammlung von Rückstellungen (§ 21 Abs. 2 Nr. 4), die Anlage von gemeinschaftlichen Geldern in Bankkonten, die Dispositionen über diese Gelder, die Anstellung von Hilfskräften, der Abschluß und die Kündigung von Verträgen mit Mietern, Handwerkern, Architekten, die Anschaffung von Zubehör. Entsteht hierüber Streit unter den Gemeinschaftern, ist er nach § 43 Abs. 1 Nr. 1 auszutragen.

14 **3.** In das Verfahren des I. Abschnitts gehören danach

a) aus dem **2. Abschnitt** (§§ 10 ff) Streitigkeiten auf Einwilligung in die Aufhebung der Gemeinschaft im Falle des § 11 Abs. 1 Satz 3, auf Erteilung der Zustimmung zur Veräußerung des Raumeigentums im Falle des § 12 Abs. 2, Besitzstreitigkeiten zwischen Raumeigentümern, Streitigkeiten über die Instandshaltungspflicht und das zulässige Maß des Gebrauchs (§ 14 Nr. 1) sowie über die sonstigen Pflichten der Eigentümer aus § 14, die Regelung des ordnungsmäßigen Gebrauchs im Falle des § 15 Abs. 3, Streitigkeiten über die Verteilung der Nutzungen, Lasten und Verwaltungskosten (§ 16) sowie darüber, ob ein Anspruch auf Aufhebung der Gemeinschaft besteht (§ 17), im besonderen Streitigkeiten, die die Haltung von Haustieren in den Wohnungen, die Ausübung eines Gewerbes (z. B. Wäscherei), einer Arztpraxis, die Eröffnung eines Café oder einer Gaststätte, die Eröffnung eines gemeinschaftlichen Bankkontos, die Beitreibung der Verwaltungskosten, die Ausführung von Beschlüssen und Entscheidungen der Gemeinschaft zum Gegenstand haben.

b) aus dem 3. **Abschnitt** *(§§ 20 ff)* Ansprüche auf ordnungsgemäße Verwaltung **15**
(§ 21 Abs. 4, 5), Schadensersatzansprüche gegen Raumeigentümer aus Verstößen hiergegen, Ansprüche aus § 22, Streitigkeiten unter den Raumeigentümern über Bestellung und Abberufung des Verwalters durch Mehrheitsbeschluß (§ 26 Abs. 2) und über dessen Tätigkeit.

4. Beispiele aus der Rechtsprechung: **16**

a) Die Zuständigkeit der Gerichte der freiwilligen Gerichtsbarkeit wurde bejaht für Streitigkeiten zwischen Raumeigentümern, die betrafen: die Verpflichtung zur Zahlung von *Beiträgen* zu den allgemeinen Lasten und Kosten des gemeinschaftlichen Eigentums (OLG Stuttgart Justiz **79** 64; BayObLG Rpfleger **78** 257; BayObLGZ **79** 58; OLG Karlsruhe DWE **78** 56), von *Wohngeldern* (OLG Koblenz ZMR **77** 87), die Beiträge zu den Kosten der Reparaturen (KG OLGZ **77** 1), die Gebühren für Ableitung von Abwässern und für Müllbeseitigung (BayObLGZ **72** 150; **70** 292); die *Zustimmungsbedürftigkeit* eines Beschlusses in bezug auf bestimmte Raumeigentümer (KG OLGZ **67** 479), den Mitbesitz, wenn es sich um den Gebrauch des gemeinschaftlichen Eigentums handelt (BayObLG NJW **71** 436), die aus der Gemeinschaft abzuleitende Verpflichtung eines Wohnungseigentümers, seine Zustimmung zu einer Maßnahme der ordentlichen Verwaltung zu geben (OLG Hamm OLGZ **71** 462), die Rechte und *Pflichten des Beirates* (BayObLG Rpfleger **72** 262), die Zulässigkeit *baulicher Veränderungen* am gemeinschaftlichen Eigentum (BayObLGZ **75** 177), die Einberufung einer Eigentümerversammlung (BayObLGZ **72** 314), die *Beseitigung* (§ 1004 BGB) unzulässiger *baulicher Veränderungen* am gemeinschaftlichen Eigentum (OLG Stuttgart NJW **70** 102; KG WM **72** 708; BayObLG ZMR **81** 122; OLG Hamm OLGZ **76** 62; BayObLG ZMR **76** 85), die Unterlassung der *Belästigung* eines Mieters durch einen Wohnungseigentümer (OLG Frankfurt NJW **61** 324), Unterlassung der Sondernutzung (OLG Frankfurt OLGZ **80** 418), den *Umfang* des *Gebrauchs* eines *KFZ-Abstellplatz* (OLG Frankfurt NJW **65** 2205), die *Heizkostenverteilung* (LG Düsseldorf Rpfleger **72** 450), die *Schadensersatzpflicht* eines Raumeigentümers wegen *unzulässigen Gebrauchs* gemeinschaftlichen Eigentums (OLG München NJW **68** 994); die Frage, welche Mehrheit *für* einen *bestimmten Antrag* erforderlich ist (KG NJW **68** 160), das *Stimmrecht* eines Wohnungseigentümers (BayObLGZ **65** 286), den Erlaß und die Auslegung einer *Hausordnung* (OLG Hamm OLGZ **69** 278), die Anbringung eines Zaunes (OLG Frankfurt MDR **60** 404), die Behandlung der *Bewirtschaftungskosten im Konkurs eines Raumeigentümers* (OLG Düsseldorf NJW **70** 1137). Berufung des Antragsgegners auf sein Sondereigentum läßt die Zuständigkeit des FG-Gerichts für ein streitiges Verfahren, in dem es um den Umfang der Nutzung des gemeinschaftlichen Eigentums geht, unberührt (BayObLGZ **70** 264).

b) Die Zuständigkeit wurde ferner bejaht für Streitigkeiten der Raumeigentümer **17**
untereinander, die sich bezogen auf: den *Ausgleich* für die Ablösung einer auf dem Grundstück ruhenden Hypothek wegen Zahlungsunfähigkeit des persönlichen Schuldners (BayObLGZ **73** 142; OLG München MDR **72** 239; es handelt sich im weiteren

Sinne um ein aus der Gemeinschaft sich ergebendes Recht), die *Ersatzpflicht* wegen Beschädigung einer Wohnung (OLG Düsseldorf JMBl. NRW **72** 69), die *Verteilung* der *Nutzungen* — Zinsen — aus einer Außenwandreklame (OLG München ZMR **72** 210).

18 c) Unter § 43 Abs. 1 Nr. 1 fallen ferner Streitigkeiten, die sich beziehen auf die *Gültigkeit* und *Auslegung* von *Vereinbarungen* über den Gebrauch von Sondereigentum und gemeinschaftlichem Eigentum (§ 15 Abs. 1: Garagen, Dachterrassen, Treppenhaus, Aufzugsanlage, Balkone, Antennen) und über die *Verteilung* von Nutzungen, Lasten und Kosten (§ 16).

19 **5.** Um Rechte und Pflichten untereinander handelt es sich aber *nicht* — und deshalb scheidet § 43 Abs. 1 Nr. 1 aus —, wenn streitig sind: Begründung, Aufhebung und Gegenstand des Sondereigentums (anders, wenn darüber nur als Vorfrage zu erkennen ist — BayObLGZ **70** 267 —), die *Zugehörigkeit* eines *Gebäudeteiles*, eines bestimmten Raumes, einer Anlage, Einrichtung zum *Sondereigentum* oder zum gemeinschaftlichen Eigentum (OLG Karlsruhe NJW **75** 1976; *Weitnauer/Hauger*, § 43 Rdn. 4 b), der *Umfang* des *Sondereigentums* (LG Duisburg Rpfleger **72** 450), die *Unwirksamkeit* einer *Teilungserklärung* oder der *Veräußerung* des *Sondereigentums* ohne Miteigentumsanteil. Die Zuständigkeit der *Prozeßgerichte* ist ferner gegeben für Klagen auf Teilung und Auseinandersetzung nach Aufhebung der Gemeinschaft, für Klagen auf Entziehung des Wohnungseigentums (§§ 18 ff), für Klagen aus dem schuldrechtlichen Vertrage auf Verschaffung, Aufhebung, Belastung des Wohnungseigentums, für Klagen auf Feststellung, daß der Gegner nicht Wohnungseigentümer geworden ist (§ 891 BGB ist zu beachten), anders Anträge auf Feststellung, daß Vereinbarungen (§ 5 Abs. 3) Inhalt des Sondereigentums (§ 10 Abs. 2) geworden sind, da es sich dabei um Rechte und Pflichten handelt, die sich aus der Gemeinschaft ergeben. (*Weitnauer/Hauger*, § 43 Rdn. 4 b). Ansprüche aus einer Nutzungsbeteiligung, die zwischen einzelnen Wohnungseigentümern vereinbart wurde, haben dagegen darin und nicht in der Gemeinschaft ihren Ursprung (*Bärmann/Pick*, § 43 Rdn. 4 l). Liefert ein Wohnungseigentümer als Betriebsinhaber an seine Miteigentümer Strom (Gas), ist sein Zahlungsanspruch keine gemeinschaftsbezogene Forderung und daher vor dem Prozeßgericht geltend zu machen (OLG Hamm Rpfleger **79** 318); ebenso der Antrag, mit dem ein Wohnungseigentümer auf Grund seines Kaufvertrages mit dem bisherigen Grundstückseigentümer und jetzigen Wohnungseigentümer von diesem die Beseitigung einer Tiefgarage verlangt (BGH vom 21. 6. 1974 V ZR 153/72). *Pfändet* ein Gläubiger eines Raumeigentümers dessen Anspruch gegen die Gemeinschaft (z. B. auf Rückzahlung des Wohngeldes), muß er ihn im Bestreitungsfall vor dem FG-Gericht geltend machen; die Pfändung ändert an der Zuständigkeitsregelung nichts (*Soergel/Baur*, § 43 Rdn. 47, str.). Das muß auch gelten, wenn die Forderung an einen Dritten *abgetreten* oder im Erbgang übergegangen ist; der Fall des Ausscheidens aus der Gemeinschaft (s. nachfolgende Rdn. 20) liegt anders (vgl. BGH **79** 660, Schlußsatz: „und auch nicht Rechtsnachfolge").

20 **6. a)** Die Anwendung des § 43 Abs. 1 Nr. 1 hat zur Voraussetzung, daß **Antragsteller** und **Antragsgegner Raumeigentümer** einer Raumeigentümergemeinschaft sind; Streitigkeiten zwischen Raumeigentümern und **Dritten,** mögen sie auch mit der Verwaltung des gemeinschaftlichen Eigentums zusammenhängen, gehören vor die Prozeßgerichte. Der *ausgeschiedene* Wohnungseigentümer wird von der Bestimmung nicht (mehr) erfaßt (BGHZ **44** 43; **59** 64; OLG Hamburg NJW **63** 818; BayObLG Rpfleger **75** 245; **79** 318; OLG Hamm Rpfleger **81** 440), auch wenn er materiell-rechtlich für Beiträge (Wohngeld) weiterhin einzustehen hat; vgl. dazu OLG Düsseldorf Rpfleger **83** 8. Scheidet ein Wohnungseigentümer erst während eines Verfahrens aus, hat dies

auf die bisherige Zuständigkeit keinen Einfluß (KG NJW **70** 331; BayObLGZ **75** 55). Mieter und Pächter des Raumeigentümers können die Zuständigkeit der FG-Gerichte nicht in Anspruch nehmen, aber dem Raumeigentümer als Streitgehilfe beitreten (BayObLG NJW **70** 1551). Nicht zuständig sind ferner die FG-Gerichte für eine Klage der Wohnungseigentümer gegen einen Dritten wegen Verwendung gemeinschaftlicher Gelder zur Deckung der Grundstückserwerbekosten (BGH NJW **76** 239), eines Wohnungseigentümers gegen einen Dauerwohnungsberechtigten oder einen früheren Raumeigentümer wegen Beseitigung eines Abstellplatzes (BGHZ **62** 388; NJW **74** 1552), des verkaufenden Eigentümers auf Feststellung der Wirksamkeit seines Rücktritts vom Kaufvertrag (BGH WM **72** 908). Hat der Inhaber mehrerer Wohnungseigentumsrechte eines veräußert und schuldet er für dieses und für die ihm verbliebenen Rechte Wohngeld an die Gemeinschaft, können beim FG-Gericht alle Ansprüche anhängig gemacht werden; zwar ist der Schuldner hinsichtlich des veräußerten Rechtes nicht mehr Mitglied der Gemeinschaft, aus prozeßökonomischen Gründen sollte jedoch die Verweisung dieses Anspruches an das Prozeßgericht unterbleiben, da der Antragsgegner weiterhin Raumeigentümer geblieben ist (a. M. OLG Hamm Rpfleger **81** 440; vgl. auch LG Koblenz BauR **79** 177).

b) Keine einheitliche Antwort wird in Rechtsprechung und im Schrifttum auf die **21**
Frage gegeben, von welchem Zeitpunkt an das Verfahrensrecht des 1. Abschnittes auf die *werdenden* Raumeigentümer einer bereits bestehenden Wohnungseigentümergemeinschaft angewendet werden kann. Gefordert wird teils Eintragung der Bewerber im Grundbuch, teils Abschluß eines gültigen Kaufvertrages und Bezug der Wohnung, Abschluß des dinglichen Vertrages (§ 873 Abs. 1 und 2 BGB) oder wenigstens die Eintragung einer Vormerkung. Bei der auch hier gebotenen weiten Auslegung des Gesetzes ist auf den Zeitpunkt abzustellen, zu dem der Anwärter nach Abschluß des Kaufvertrages in Beziehungen zur Gemeinschaft getreten ist, die denen von Raumeigentümern einer bestehenden Wohnungseigentümergemeinschaft wirtschaftlich vergleichbar sind (*Weitnauer/Hauger,* § 43 Rdn. 4 k). Von der Sache her ist es gerechtfertigt, eine Eingliederung des Anwärters in die Gemeinschaft maßgebend sein zu lassen, die sich faktisch durch den Bezug der Eigentumswohnung offenbart (OLG Stuttgart OLGZ **79** 34). Andererseits ist als Wohnungseigentümer im Sinne des § 43 auch zu behandeln, wer auf Grund eines Erbvertrages das Wohnungseigentum einmal erben wird und schon vor dem Erbfall mit Einverständnis des Erblassers die Wohnung bezogen hat. Auflassung, Eintragung einer Vormerkung, Einreichung der Auflassungserklärung zum Grundbuchamt sind keine Voraussetzungen für die Anwendung der Bestimmung. Die in der Vorauflage vertretene Auffassung wird nicht aufrechterhalten. Verwiesen sei auf die eingehende Darlegung der Meinungen bei *Diester;* wichtige Rechtsfragen des Wohnungseigentums Rdn. 77—87, ferner auf OLG Frankfurt Rpfleger **76** 253; OLG Köln OLGZ **78** 151; MDR **81** 408; OLG Karlsruhe OLGZ **78** 177; OLG Stuttgart BWNotZ **76** 18).

Die Frage, ob und für welche Zeit vor Eintragung der Erwerber in das Wohnungsgrundbuch diese *materiell-rechtlich* wie Raumeigentümer zu behandeln sind, ist mit den vorstehenden Ausführungen nicht beantwortet (s. dazu § 8 Rdn. 21 ff).

c) Für das *Gründungsstadium* (§ 3) ist zu beachten (vgl. hierzu *Weitnauer/Hauger,* **22**
§ 43 Rdn. 4 l): Sind die Beteiligten bereits Miteigentümer des Grundstücks und Bewohner der nachmaligen Eigentumswohnungen, werden die Voraussetzungen des § 43 Abs. 1 Nr. 1 gegeben sein, wenn die Beteiligten den Gründungsvertrag abgeschlossen haben.

Ist das Haus noch nicht errichtet, bedarf es wenigstens der zur Begründung des Wohnungseigentums erforderlichen formgerechten Erklärung.

23 d) Vollzieht sich der Erwerb der Eigentumswohnungen im Weg der *Vorratsteilung* (§ 8), setzt die Anwendung der Verfahrensvorschrift (§ 43) außer dem Abschluß des Kaufvertrages und dem Bezug der Wohnung die Wirksamkeit der Teilung durch Anlegung des Wohnungsgrundbuchs voraus (§ 8 Abs. 2 Satz 2; OLG Hamm MDR **68 413**).

24 e) Haben sich die späteren Wohnungseigentümer gegenseitig zur Errichtung des Gebäudes, in dem ihre Wohnungen sich befinden werden, verpflichtet, im besonderen die dazu erforderlichen finanziellen und manuellen Beiträge zu leisten (§ 705 BGB), und entstehen unter ihnen während der Bauzeit Streitigkeiten über die Bauausführung und die Finanzierungsbeiträge, können sie nicht von den FG-Gerichten entschieden werden, auch wenn die Beteiligten die Anwendung des WEG-Rechtes vereinbart haben; denn die Zuständigkeit der FG-Gerichte — im Gegensatz zur Anwendung des materiellen Rechtes — kann nicht vereinbart werden für Streitigkeiten, die sich nicht aus der Gemeinschaft, sondern aus Gesellschaftsverträgen ergeben (str. OLG Hamburg NJW **61** 1168; a. A. BayObLG NJW **57** 753 für den Fall, daß sich die Beteiligten ausdrücklich als Gemeinschaft und nicht als Gesellschaft behandelt wissen wollten; vgl. auch hierzu *Diester* aaO Rdn. 92, 93).

25 **7.** Das Rechtsschutzinteresse fehlt einem Antrag, die Benutzung des gemeinschaftlichen Eigentums zu verbieten, wenn hierüber eine Beschlußfassung bevorsteht, die abzuwarten ist; es fehlt nicht, wenn eine Vereinbarung über die Lastenverteilung jahrelang falsch gehandhabt wurde (BayObLGZ **74** 172).

26 **8.** Zur Berechtigung des Verwalters, Zustellungen für alle Wohnungseigentümer entgegenzunehmen, s. § 27 Abs. 2 Nr. 3 und BayObLG Rpfleger **78** 320 (Interessencollision).

27 **9.** Von Nr. 1 nicht erfaßt werden Streitigkeiten, die sich nicht aus der Gemeinschaft der Raumeigentümer ergeben, z. B. Streit zwischen zwei Wohnungseigentümern über die Benutzung einer gemeinschaftlich von ihnen erworbenen Wasserpumpe im Garten.

II. Entscheidungen über Rechte und Pflichten des Verwalters (Abs. 1 Nr. 2)

Schrifttum

Diester, Geltendmachung von Ansprüchen der Wohnungseigentümer gegen den abberufenen Verwalter auf Auskunft, Rechnungslegung und Herausgabe der Unterlagen, Rpfleger **70** 55; *Merle/Trautmann*, Geltendmachung von Ansprüchen der Wohnungseigentümer gegen den Verwalter NJW **73** 118.

28 **1.** Im Verfahren der freiwilligen Gerichtsbarkeit ist über die vom Verwalter in Anspruch genommenen Rechte und die ihn treffenden Pflichten (vgl. §§ 21—28) zu entscheiden, die mit der ihm übertragenen Verwaltung in einem inneren Zusammenhang stehen (BGHZ **59** 58, **65** 266). Hierunter fallen seine Pflicht zur Einberufung und Leitung der Eigentümerversammlung (§ 24), vor allem seine Aufgaben und Befugnisse nach §§ 27, 28, aber auch die wechselseitigen Ansprüche aus dem Verwaltervertrag, im besonderen der Vergütungsanspruch des Verwalters, sein Anspruch auf Aufwendungsersatz wie andererseits der gegen ihn gerichtete Schadensersatzanspruch der Eigentümer wegen schuldhafter Verletzung seiner Verwaltungspflichten.

29 **2.** Eine *weite* Auslegung der Bestimmung ist auch hier geboten, im Zweifel die Zuständigkeit des Gerichtes der freiwilligen Gerichtsbarkeit anzunehmen. Daß im einzel-

nen Falle der Anspruch aus dem WEG, dem BGB, einem Eigentümerbeschluß oder aus dem Verwaltervertrag abgeleitet wird, ist für die Zuständigkeitsfrage nicht maßgebend; es kommt nur darauf an, daß der geltend gemachte Anspruch mit den dem Verwalter übertragenen Aufgaben innerlich zusammenhängt. Die Zuständigkeit des FG-Gerichts ist auch dann für Ansprüche des Verwalters gegeben, wenn dieser mit Billigung der Gemeinschaft tätig geworden ist, ein Anstellungsvertrag aber nicht festgestellt werden kann (KG OLGZ **81** 304).

Ansprüche gegen Dritte oder von Dritten gehören nicht hierher. Der Umstand, daß Nr. 2 von den *bei* der Verwaltung, § 43 Abs. 1 Nr. 1 von den *aus* der Verwaltung sich ergebenden Rechten und Pflichten spricht, gibt für eine einschränkende Auslegung keinen Anhalt.

3. Die Zuständigkeit der Gerichte der freiwilligen Gerichtsbarkeit wurde bejaht **30**
für Streitigkeiten über: den Umfang und das Fortbestehen der Verwalteraufgaben (AG Köln MDR **77** 53; auch OLG Köln OLGZ **79** 284), die Rechtmäßigkeit einer Verwaltermaßnahme (BayObLGZ **70** 1; LG München Rpfleger **70** 64), das pflichtwidrige Verhalten des Verwalters (BayObLG NJW **72** 1318), die Pflicht des Verwalters zur Rechnungslegung (OLG Hamm OLGZ **75** 157; auch wenn die Verwalterstellung beendet ist (KG OLGZ **81** 304); zur Auskunftserteilung an die Raumeigentümer (BayObLGZ **72** 166), den Vergütungsanspruch des Verwalters (BGH NJW **80** 2468; OLG Hamm MDR **74** 229; KG Rpfleger **75** 28; OLG Koblenz NJW **77** 55), die Pflicht der Raumeigentümer zur Vorschußzahlung an den Verwalter (BayObLG ZMR **77** 378), über Zustandekommen, Dauer und Kündigung des Verwaltervertrages (BGHZ **59** 58; BGH NJW **80** 2466; BayObLG Rpfleger **74,** 360; KG OLGZ **76** 266), über die Abrechnungsverpflichtung des Verwalters (BayObLG Rpfleger **75** 426), die Pflicht zur Gewährung von Einsicht in Buchungsunterlagen (BayObLGZ **72** 246; OLG Frankfurt OLGZ **79** 138), zur Herausgabe der — auch alten — Buchungsunterlagen nach Ablauf seiner Tätigkeit, soweit sie für die Fortsetzung der Buchführung erforderlich sind (BayObLZ **69** 209; OLG Stuttgart BWNotZ **76** 69, LG München Rpfleger **70** 64; OLG Köln BauR **80** 283; die begehrten Unterlagen müssen aber ausreichend bezeichnet werden, damit eine Vollstreckung stattfinden kann), über Rechte und Pflichten des Verwalters zur Beitreibung der Wohngelder und sonstiger Beiträge und damit in Zusammenhang mangelhafte Durchführung von Eigentümerbeschlüssen (KG NJW **56** 1679), die Pflicht zur Einberufung einer Eigentümerversammlung und die Weigerung, eine bestimmte Angelegenheit auf die Tagesordnung zu setzen (BayObLG NJW **70** 1136), über Schadensersatzansprüche der Eigentümer gegen den Verwalter wegen von ihm verschuldeter Verluste der Gemeinschaft (OLG Schleswig SchlHA **80** 53), die Eintreibung von Hypothekenzinsen auf Grund einer Inkassovollmacht (BayObLG Rpfleger **78** 256), die Verpflichtung des Verwalters zur Zustimmung gemäß § 12 (OLG Düsseldorf DWE **79** 56), zur Haustierhaltung (BayObLG MDR **72** 516), die Pflichten der Raumeigentümer nach der Hausordnung (OLG Hamm OLGZ **70** 399), die Zulassung baulicher Veränderungen seitens des Verwalters, angefochten unter dem Gesichtspunkt unordentlicher Verwaltungsführung (BayObLG Rpfleger **74** 316).

4. Die Zuständigkeit der **Prozeßgerichte** ist dagegen gegeben für Ansprüche, die **31**
mit der Verwaltung nicht zusammenhängen, so für Ansprüche aus der Lieferung von Energie, die der Verwalter als Unternehmer den Raumeigentümern erbracht hat (OLG Hamm Rpfleger **79** 318), ferner wenn ein Wohnungseigentümer die Herausgabe der ihm geschuldeten Mietzinsen vom Verwalter verlangt, die dieser eingezogen hat (OLG Braunschweig ZMR **77** 87), wenn zwischen Wohnungseigentümern und Verwalter

über die Verwendung von Geldern gestritten wird, die der Verwalter als Baubetreuer vor seiner Berufung zum Verwalter erhalten hatte (BGH NJW **76** 239). Hier kann § 31 ZPO für die örtliche Zuständigkeit in Betracht kommen (BAG NJW **74** 1016).

32 5. *Antragsteller* können Wohnungseigentümer und Verwalter sein, unter Umständen auch der neue Verwalter (BayObLG MDR **70** 49).

33 6. Auch der *werdende* Wohnungseigentümer kann, wenn er die ihm verkaufte Eigentumswohnung bezogen und sich damit in die Gemeinschaft der Wohnungseigentümer eingegliedert hat, Anträge nach § 43 Abs. 1 Nr. 2 stellen, z. B. den Verwalter zur Durchführung des Wirtschaftsplanes und Einziehung der dabei beschlossenen Wohngelder anzuhalten.

34 7. Der durch Beschluß der Raumeigentümer *abberufene* Verwalter kann auch noch nach Beendigung seines Amtes Antragsteller und Antragsgegner eines Verfahrens nach § 43 Abs. 1 Nr. 2 werden, wenn Rechte und Pflichten des Verwalters — auch des vom Gericht eingesetzten — Verwalters — bei der Verwaltung des gemeinschaftlichen Eigentums die Grundlage der Entscheidung bilden, seine Tätigkeit also Nachwirkungen hat (BGH NJW **80** 2466; BayObLGZ **72** 163; Rpfleger **70** 65; OLG Stuttgart BWNotZ **76** 69; s. auch *Diester* Rpfleger **70** 55). In Betracht kommen Schadensersatzansprüche sowie Ansprüche der Wohnungseigentümer auf Rechnungslegung und Herausgabe der Buchungsunterlagen, soweit sie zur Fortführung der Verwaltung erforderlich sind (BayObLG Rpfleger **70** 65), auch Ansprüche gegen den abberufenen Verwalter, weitere Tätigkeiten zu unterlassen. Andererseits kann der Verwalter Nachprüfung der Kündigung seines Vertrages und — damit zusammenhängend — Zahlung der ihm nach dem Verwaltervertrag geschuldeten Vergütung und Auslagenersatz begehren (BGH NJW **80** 2466). All dies muß entsprechend für den freiwillig ausgeschiedenen und den Verwalter gelten, dessen Amtszeit abgelaufen ist. Die vom Bundesgerichtshof (BGHZ **44** 43) zur Behandlung des ausgeschiedenen Raumeigentümers (§ 43 Abs. 1 Nr. 1) geäußerten Bedenken, daß nämlich die wahren Interessen der derzeitigen Eigentümergemeinschaft nicht verfochten werden könnten, bestehen hier nicht.

Zur Frage, ob der abberufene Verwalter den Abberufungsbeschluß der Raumeigentümerversammlung nach § 43 Abs. 1 Nr. 4 anfechten kann, siehe unten Rdn 51.

35 8. Einem Antrag (§ 43 Abs. 1 Nr. 2) fehlt das *Rechtsschutzbedürfnis*, wenn eine Maßnahme des Verwalters Gegenstand des Verfahrens ist, diese Maßnahme aber durch die Eigentümerversammlung nachträglich gebilligt wird. Der Antragsteller muß zur Anfechtung dieses Beschlusses übergehen (BayObLG Rpfleger **72** 411), ebenso fehlt das Rechtsschutzbedürfnis, wenn der Antragsteller, der Herausgabe von Rechnungsunterlagen begehrt, nicht vorher den Verwalter darum ersucht hat, oder dieser von sich aus Einsichtnahme in diese Unterlagen angeboten hat (BayObLG Rpfleger **77** 126).

36 **III. Entscheidungen über die Bestellung eines Verwalters (Abs. 1 Nr. 3)**

1. In dringenden Fällen kann beim Fehlen eines Verwalters das Gericht einen solchen bestellen (§ 26 Abs. 3) und auch wieder abberufen (BayObLGZ **72** 250). Einen gewählten Verwalter kann das Gericht nicht seines Amtes entheben (BayObLGZ **72** 250).

Ist ein wichtiger Grund für seine Abberufung gegeben und weigert sich die Mehrheit der Raumeigentümer, den Verwalter zu entlassen, kann von der Mehrheit, um eine ordnungsmäßige Verwaltung herzustellen (§ 21 Abs. 3), nach Abs. 1 Nr. 1 die Zustimmung zur Abberufung des Verwalters und zur Bestellung eines neuen begehrt werden (vgl. KG OLGZ **79** 32).

2. *Antragsberechtigt* und beteiligt ist jeder Raumeigentümer, auch ein Dritter, der ein berechtigtes Interesse an der Beendigung des Zustandes durch Bestellung des — bisher fehlenden — Verwalters hat. **37**

3. Die Bestellung eines Verwalters kann der abberufene Verwalter mangels Beschwer nicht anfechten (OLG Köln OLGZ **69** 389); seine Rechte muß er im Verfahren nach Abs. 1 Nr. 2 wahrnehmen. **38**

4. Das Amt des gerichtlich bestellten Verwalters endet mit der Wahl eines Verwalters durch die Eigentümerversammlung oder durch Zeitablauf, wenn seine Bestellung zeitlich begrenzt war. Eines Gerichtsbeschlusses, der die Abberufung ausspricht, bedarf es dann nicht. **39**

5. Geschäftswert: Interesse des Antragstellers an der Einsetzung eines Verwalters. **40**

IV. Entscheidungen über die Gültigkeiten von Beschlüssen der Raumeigentümer (Abs. 1 Nr. 4) **41**

Aus dem Schrifttum: *Mesle,* Anfechtung und Bestandskraft von Beschlüssen DWE **78** 90;

1. Die Vorschrift erstreckt sich auf alle Fälle, in denen die Gültigkeit eines Beschlusses der Raumeigentümer von einem Raumeigentümer oder dem Verwalter bestritten wird, mag die Ungültigkeit des Beschlusses aus Verstößen gegen — zwingende oder nicht zwingende — Vorschriften des WEG oder aus (davon abweichenden) Vereinbarungen der Wohnungseigentümer hergeleitet werden, mag es sich um die konstitutiv wirkende *Ungültigkeitserklärung* nach § 23 Abs. 4, oder um die *Feststellung* der *Nichtigkeit* des Beschlusses handeln. Die Vorschrift begründet auch die Zuständigkeit des FG-Richters, wenn die Wohnungseigentümer von den Bestimmungen des WEG abweichende Vereinbarungen über die Beschlußfassung und ihre Anfechtung getroffen haben (*Weitnauer/Hauger,* § 43 Rdn. 11), auch wenn der den Gegenstand des Beschlusses bildende Anspruch als solcher im Zivilprozeß geltend zu machen ist (KG OLGZ **67** 462).

2. *Im einzelnen* ist zu bemerken: **42**

a) Beschlüsse haben, wenn sie anfechtbar sind, solange Bestandskraft als sie nicht für ungültig erklärt sind; die Gerichte müssen sie beachten (OLG Hamm Rpfleger **70** 400). Das gilt auch für einen Beschluß, der der Einstimmigkeit bedurfte, aber nur mit Mehrheit zustande kam (BGH NJW **70** 1316). Es kann nicht nur die Ungültigkeit, sondern auch die Gültigkeit eines Beschlusses auf Antrag festgestellt werden (OLG Celle NJW **58** 307), der Antrag (§ 43 Abs. 1 Nr. 4) auch noch in der Beschwerdeinstanz nachgeholt werden, wenn die Klageänderung sachdienlich erscheint oder der Antragsgegner zustimmt (BayObLGZ **75** 53). Wird ein Beschluß angefochten, ist nicht nur dessen formelle (BayObLGZ **65** 40), sondern auch seine materielle Gültigkeit zu überprüfen, im besonderen, ob er gegen gesetzliche Vorschriften (z. B. das Gebot ordnungsgemäßer Verwaltung § 21 Abs. 3), die Teilungserklärung oder eine Vereinbarung verstößt (BayObLGZ **72** 150; OLG Hamm OLGZ **71** 96; Oldenburg MDR **70** 761), ob er einen nach Gesetz und Gemeinschaftsordnung zulässigen Inhalt hat (OLG Köln OLGZ **76,** 58). Wird von der Ungültigkeit nur ein Teil eines Mehrheitsbeschlusses erfaßt (das Sondernutzungsrecht an einer Garage wird durch Mehrheitsbeschluß entzogen und zugleich über den Gebrauch eine neue Regelung getroffen), ist § 139 BGB anwendbar (BayObLG DWE **82** 33).

Anfechtungsgründe und Nichttigkeitsgründe bilden nicht jeweils einen eignen Verfahrensgegenstand, sie müssen in einem Verfahren nach § 43 Abs. 1 Nr. 4 zusammen beurteilt werden. Hat das Gericht den Antrag auf Ungültigkeitserklärung abgewiesen, ist daher auch die Nichtigkeit des angefochtenen Beschlusses verneint. Sie kann von den Raumeigentümern nicht in einem besonderen Verfahren neu geltend gemacht werden.

43 **b)** Auch ein bereits vollzogener Beschluß kann angefochten werden (BayObLGZ **75** 203), soweit für die Anfechtung noch ein Rechtsschutzbedürfnis anzuerkennen ist (z. B. bezüglich der Kosten der Durchführung).

44 **c)** Einen Beschluß mit *materiellem* Inhalt hat die Anfechtung zur Voraussetzung. Wird ein Antrag oder schon Beschlußfassung über den Antrag abgelehnt, fehlt dem Antrag, den Beschluß für ungültig zu erklären, das Rechtsschutzinteresse (BayObLGZ **72** 153; **74** 175; **80** 37; BayObLG DWE **82** 32; OLG Frankfurt OLGZ **80** 419). Der Antrag wird aber oft das Verlangen enthalten, über die Ordnungsmäßigkeit der Verwaltung zu entscheiden (§ 21 Abs. 4; BayObLGZ **74** 175; **72** 154). Ob dies im einzelnen Fall zutrifft, wird der Richter zu klären haben (§ 12 FGG).

45 **d)** Die Antragstellung hat keine *aufschiebende* Wirkung (BayObLG NJW **78** 1387, KG MDR **78** 580). Das gilt auch für den Beschluß der ersten Instanz, solange er nicht in Rechtskraft erwachsen ist. Das Gericht kann aber einstweilige Anordnungen nach § 44 Abs. 3 treffen.

46 **e)** Der Antrag muß innerhalb eines Monats seit Beschlußfassung bei Gericht eingegangen sein (KG ZMR **70** 57), Wiedereinsetzung in den vorigen Stand gegen die Versäumung der Frist kann bewilligt werden (BGHZ **54** 65). Mangelnde Rechtskenntnis führt nicht ohne weiteres zur Wiedereinsetzung, dem Beteiligten ist im allgemeinen zuzumuten, sich Rechtskenntnis zu verschaffen (vgl. Frankfurt OLGZ **79** 18).

47 **f)** Vor Beschlußfassung durch die Eigentümerversammlung kann — mangels Rechtsschutzbedürfnisses — nicht schon die Feststellung begehrt werden, daß die Teilungserklärung einen Inhalt habe, der der beabsichtigten Beschlußfassung widerspräche (OLG Stuttgart Rpfleger **74** 361).

48 **g)** Das Gericht ist an den Antrag gebunden; er setzt Grenzen, die auch durch Ermessensausübung (Abs. 2) nicht erweitert werden können (BayObLGZ **74** 172); § 308 ZPO ist für das Anfechtungsverfahren (§ 43 Abs. 1 Nr. 4) zu beachten. Dem Gericht steht es auch grundsätzlich nicht zu, nach Ungültigkeitserklärung den aufgehobenen Beschluß von sich aus zu ersetzen (s. unten Rdn. 61).

49 **h)** Um kein Anfechtungsverfahren, sondern um ein Feststellungsbegehren im Rahmen des § 43 Abs. 1 Nr. 1 handelt es sich bei dem Antrag, festzustellen, daß ein Beschluß der Eigentümer bestimmten Inhalts nicht zustandegekommen sei (OLG Köln OLGZ **79** 282), weil entgegen der irrigen Erklärung des Versammlungsleiters — eine Mehrheit gegen den Antrag gestimmt habe. Für solche Anträge Begehren läuft die Antragsfrist des § 23 Abs. 4 nicht (OLG Celle NJW **58** 307). Mit der Anfechtung eines Beschlusses kann ein Antrag auf Feststellung verbunden werden, daß ein in der Niederschrift über die Versammlung nicht protokollierter Beschluß tatsächlich doch gefaßt worden sei, denn der Vorsitzende habe irrtümlich die erforderliche Mehrheit als nicht erreicht angesehen (OLG Hamm OLGZ **79** 296; s. auch KG Rpfleger **79** 65). Läßt sich ermitteln, welches Ergebnis die richtige Stimmenauszählung gehabt hat, kann dieses

Ergebnis Gegenstand richterlicher Feststellung sein, andernfalls bleibt die Anfechtung des Beschlusses nach Abs. 1 Nr. 4. Zur mißbräuchlichen Ausnutzung eines Mehrstimmrechtes vgl. OLG Karlsruhe OLGZ **76** 145; KG OLGZ **79** 30 und § 25 Rdn. 17.

i) Einer Anfechtung kann die Grundlage entzogen werden, wenn der mit Verfahrensmängeln behaftete Beschluß mit rückwirkender Kraft durch einen mangelfreien Beschluß ersetzt wird (BayObLG NJW **78** 1387). **50**

3. a) *Antragsberechtigt* ist jeder Wohnungseigentümer, der werdende (KG NJW **70** 330; BayObLGZ **81** 50), auch der Miteigentümer einer Eigentumswohnung (BayObLGZ **75** 201; BayObLG Rpfleger **75** 310). Eines besonderen Rechtsschutzinteresses bedarf der Antrag nicht (OLG Köln OLGZ **76** 56; OLG Frankfurt OLGZ **81** 155; **80** 79), auch nicht, wenn der angefochtene Beschluß bestätigt wurde, der dies aussprechende Beschluß gleichfalls angefochten wird (OLG Hamm MittBayNot **78** 59). Antragsberechtigt ist auch der Verwalter kraft seines Amtes (BayObLG ZMR **78** 382, OLG Hamm OLGZ **71** 97). Mit seiner Abberufung endet diese Befugnis; die Bestellung eines neuen Verwalters kann er daher nicht anfechten, solange seine Abberufung nicht für ungültig erklärt ist (KG MDR **78** 580); ist dies geschehen, kann ihm Wiedereinsetzung gegen die Versäumung der Anfechtungsfrist bewilligt werden. Den Beschluß, durch den er abberufen wurde, kann er anfechten, weil Rechte und Pflichten seiner beendeten Verwaltertätigkeit die Grundlage für die Entscheidung bilden, es sich also um Nachwirkungen seiner Tätigkeit als Verwalter handelt (str. vgl. KG OLGZ **78** 142; 179; aber auch OLG Köln OLGZ **69** 389; OLG Hamm OLGZ **71** 96; s. auch § 26 Rdn. 21). Zur Gültigkeit einerseits der Abberufung, andererseits der Unwirksamkeit der Kündigung s. BGHZ **58** 238; **65** 43. Ist der Verwalter Raumeigentümer, kann er auch in dieser Eigenschaft den Abberufungsbeschluß anfechten (BayObLG **74** 278). **51**

b) Der Verwalter vertritt aufgrund Ermächtigung der Raumeigentümer in Aktivverfahren die Gemeinschaft (§ 27 Abs. 2 Nr. 5, vgl. BayObLGZ **75** 233). Wird ein Beschluß der Eigentümerversammlung für ungültig erklärt, braucht diese Entscheidung nur dem Verwalter zugestellt zu werden. All dies gilt jedoch nicht, sofern die Gefahr der Interessenkollision besteht (BayObLGZ **73** 147; OLG Stuttgart OLGZ **76** 8, OLG Karlsruhe MDR **76** 758); hier scheidet auch die Anwendung des § 27 Abs. 2 Nr. 3 aus (BayObLG Rpfleger **78** 320). **52**

4. Der Antrag hängt nicht vom Nachweis eines besonderen Rechtsschutzinteresses ab (OLG Frankfurt OLGZ **81** 155). Dieses fehlt nicht schon, wenn ein anderer Wohnungseigentümer den gleichen Antrag schon bei Gericht gestellt hat (BayObLGZ **77** 226), wenn der umstrittene Wirtschaftsplan durch Zeitablauf bereits überholt ist (OLG Hamm OLGZ **71** 96; auch nicht, wenn ein 2. Beschluß den 1. bestätigt (OLG Hamm Rpfleger **78** 319), wenn der Verwalter den Beschluß für ungültig ansieht und bereits eine Versammlung einberufen hat, um einen neuen Beschluß fassen zu lassen. **53**

Einer ihm angedrohten Klage kann ein Wohnungseigentümer zuvorkommen mit dem Antrag auf Feststellung der Unbegründetheit des Anspruchs oder auf Ungültigkeitserklärung des gefaßten Beschlusses (BayObLG ZMR **76** 313). **54**

5. *Aus der Rechtsprechung* zu § 43 Abs. 1 Nr. 4: **55**

Beantragt wurde die Ungültigkeitserklärung von Beschlüssen, die einen Wohnungseigentümer zur Veräußerung anhalten (KG OLGZ **67** 462), die Vermietung von Räumen untersagen (BayObLGZ **75** 233), eine Ordnungsstrafe aussprechen (BayObLGZ NJW **60** 292), die Vertretung in der Versammlung durch Rechtsanwälte untersagen (LG Hamburg Rpfleger **79** 65), die Bestellung eines Verwalters (KG ZMR 77 347), die Wahl des Versammlungsvorsitzenden (BayObLG NJW **65** 821) zum Inhalt haben. Auch über die Gültigkeit eines Beschlusses, der die Erhebung der Klage auf Entziehung des Raumeigentums fordert (§ 18 Abs. 3) entscheidet das Gericht der freiwilligen Gerichtsbarkeit (§ 43, Abs. 1 Nr. 4, BayObLG Rpfleger **75** 311; KG NJW **67** 2268), ebenso über die Gültigkeit eines die Klageerhebung ablehnenden Beschlusses (str.). In dem Anfechtungsverfahren soll Einsicht in Abrechnungsunterlagen nur auf besonderen Antrag (Nr. 2) geltend gemacht werden können (OLG Frankfurt OLGZ **79** 136; zweifelhaft: das Gericht kann eine einstweilige Anordnung treffen § 44 Abs. 3).

56 **6.** Einem *Dritten,* der ein berechtigtes Interesse an der Feststellung der Unwirksamkeit eines Beschlusses der Eigentümerversammlung hat, steht der Weg des § 256 ZPO offen. Anrufung der FG-Gerichte durch Dritte kann eine Vereinbarung nicht ermöglichen, weil diese Zuständigkeit nicht durch Parteien begründet werden kann.

57 **7.** Zum *Geschäftswert* eines Anfechtungsantrags: OLG Köln NJW **73** 765: Interesse der Beteiligten an der Abberufung maßgebend; BayObLG Rpfleger **79** 386; keine Aufspaltung auf die einzelnen Wohnungseigentümer.

58 **C. Entscheidungsgrundlagen (§ 43, Abs. 2)**

Aus dem Schrifttum: *Trautmann,* Verfahrenszuständigkeit in Wohnungseigentumssachen, Mainzer Dissertation, 1973

1. Absatz 2 steht unter dem Titel: Verfahrensvorschriften. Wenn hier dem Richter der freiwilligen Gerichtsbarkeit unter bestimmten Voraussetzungen eine Entscheidung nach billigem Ermessen gestattet wird, gilt dies deshalb zunächst für das Verfahren in Wohnungseigentumssachen. Der Richter darf, soweit nicht Absatz 2 entgegensteht, sein Verfahren nach billigem Ermessen in den vom Verfahrensgegenstand gezogenen Grenzen (dazu OLG Hamm NJW **69** 884) gestatten, ohne an die Anträge der Beteiligten streng gebunden zu sein (das Anfechtungsverfahren macht davon eine Ausnahme); so kann er auf einen unzureichenden Antrag Entscheidungen treffen, die eher als die beantragten Maßnahmen geeignet sind, die aufgetretenen Schwierigkeiten der Gemeinschaft zu beheben und für die Zukunft neue Streitigkeiten zu verhindern z. B. eine Hausordnung festlegen (OLG Hamm OLGZ **69** 279), allgemeine Auflagen erteilen (OLG Frankfurt MDR **60** 404, NJW **61** 324), dem im Verfahren unterlegenen Verwalter aufgeben, alle benötigten Buchungsunterlagen seinem Nachfolger herauszugeben.

59 **2.** Die Vorschrift hat aber darüber hinaus materiell-rechtliche Bedeutung: seine Entscheidung darf der Richter nach billigem Ermessen treffen, wenn sie sich auf der Grundlage gesetzlicher Bestimmungen, einer Vereinbarung oder eines Beschlusses der Raumeigentümer nicht treffen läßt. Das billige Ermessen ist dabei Entscheidungsgrundlage, nicht nur Entscheidungsmaßstab (aaO Hamm OLGZ **71** 104). Entscheiden nach billigem Ermessen bedeutet Wahl unter den im einzelnen Fall sich darbietenden Lösungsmöglichkeiten innerhalb eines bis an die Grenzen der Billigkeit reichenden Spielraums (*Neumann/Duesberg* JZ **52** 705; vgl. OLGH Karlsruhe OLGZ **78** 175). Über Beschlüsse und Vereinbarungen darf der Richter aber nicht hinweggehen, weil er Unbilligkeiten vermeiden möchte (OLG Hamm DNotZ **67** 38).

60 Zur Nachprüfung des billigen Ermessens in der Rechtsbeschwerdeinstanz s. KG MDR **69** 925; BayObLGZ **73** 1. Das Ermessen ist nur beschränkt nachprüfbar, nämlich dahin, ob der Richter bei seiner Entscheidung wesentliche Tatsachen außer Acht gelassen oder rechtliche Gesichtspunkte nicht in Betracht gezogen hat. Zur Kostenentscheidung nach billigem Ermessen s. § 47.

3. Nicht einheitlich wird die Frage beantwortet, ob nach (teilweiser) Ungültigerklärung eines Raumeigentümerbeschlusses (Abs. 1 Nr. 4) das Gericht eine dann entstandene Lücke durch eigene, geeignet erscheinende Maßnahmen von sich aus ausfüllen, den Beschluß also ergänzen und ersetzen kann. Die Frage ist grundsätzlich zu verneinen. Die genannte Vorschrift, die insoweit Absatz 2 vorgeht, weist die Entscheidung über die Gültigkeit von Beschlüssen dem Richter zu, aber nur diese Entscheidung und nicht auch die Ergänzung und Ersetzung eines Beschlusses; dies zu tun, bleibt den Raumeigentümern überlassen. Es ist aber zulässig, im einzelnen Falle das Anfechtungsverfahren mit einem Antrag nach §§ 43 Abs. 1 Nr. 1, 21 Abs. 4 zu verbinden, unter dem rechtlichen Gesichtspunkt der Sicherung einer ordnungsmäßigen Verwaltung im wohlverstandenen Interesse der Gemeinschaft eine gerichtliche Maßnahme auszusprechen, die sich als Korrektur des angefochtenen Raumeigentümerbeschlusses darstellt. (Vgl. OLG Frankfurt OLGZ **82** 269; BayObLG Rpfleger **79** 487; **76** 422; NJW **74** 1911). So kann eine überhöhte Vereinsstrafe herabgesetzt werden (BayObLGZ **58** 468). Dabei ist zu beachten, daß Korrekturen nur vorgenommen werden können, die auch durch Mehrheitsbeschluß angeordnet werden könnten. Zur Streitfrage s. OLG Hamm OLGZ **71** 96, 461; MDR **71** 662; OLG Karlsruhe **78** 176; BayObLG Rpfleger **79** 265; *Weitnauer/Hauger,* § 43 Rdn. 12; *Soergel/Baur,* § 43 Rdn. 13; *Bärmann/Pick,* § 43 Anm. 4; *Palandt/Bassenge,* § 43 Anm. 1 d, 3, § 23 Anm. 5 b; *Trautmann,* aaO, S. 84 ff; siehe auch oben Rdn. 49). 61

D. Verfahren

I. Allgemeines 62

1. Das Gericht entscheidet im Verfahren der freiwilligen Gerichtsbarkeit (Abs. 1). Es gelten also für das Verfahren die allgemeinen Vorschriften des ersten Abschnitts (§§ 1—34) des FGG (für das Kostenrecht die Kostenordnung), soweit nicht das WEG Sondervorschriften enthält.

Dazu ist allgemein zu bemerken:

Das Verfahren kennt keine Parteien, sondern Beteiligte, wobei zwischen Beteiligten im formellen Sinne (d. h. den an dem gerichtlichen Verfahren Beteiligten, also dem Antragsteller und den übrigen Personen, die zur Wahrnehmung eigener sachlicher Interessen aus eigenem Antrieb am Verfahren teilnehmen oder vom Gericht zu dem Verfahren hinzugezogen worden sind) und Beteiligten im materiellen Sinne, d. h. allen Personen, deren Rechte oder Pflichten durch die Regelung der Angelegenheit unmittelbar betroffen werden. Das Verfahren wird nicht von Amts wegen, sondern auf Antrag eingeleitet. Von dem Verfahrensantrag d. h. dem Begehren der Einleitung des Verfahrens, ist der Sachantrag zu unterscheiden, d. h. der Antrag auf Erlaß einer Entscheidung bestimmten Inhalts (vgl. § 253 Abs. 2 Nr. 2 ZPO); an einen Sachantrag und an die Bezeichnung der Antragsgegner ist der Richter nicht (wie nach § 308 ZPO) streng gebunden (BayObLGZ **72** 249; BayObLG DWE **82** 66), ausgenommen die Fälle des § 43 Abs. 1 Nr. 4 (BayObLG NJW **74** 1910). Fehlt dem in der Antragsschrift benannten Antragsgegner die Passivlegitimation, soll das Gericht zunächst statt der Antragszurückweisung von Amts wegen ermitteln, wer die Beteiligten sind und diese beiziehen (BayObLGZ **72** 249/50).

Es gilt der *Untersuchungsgrundsatz,* d. h. das Gericht hat von Amts wegen die zur Feststellung der Tatsachen erforderlichen Ermittlungen zu führen und die geeignet erscheinenden Beweise anzuordnen (§ 12 FGG). 63

Mündliche Verhandlung ist in der Regel erforderlich. Auch das schriftliche Verfahren (§ 128 Abs. 2 und 3 ZPO) ist zulässig; die Anordnung setzt aber voraus, daß eine mündliche Verhandlung nicht erforderlich ist (§ 44 Abs. 1). Entscheidungsgrundlagen (§ 43 Abs. 2) sind das Gesetz, Vereinbarungen und Beschlüsse der Raumeigentümer. Auch an Vereinbarungen und Beschlüsse der Raumeigentümer ist der Richter gebunden, doch können ausnahmsweise Abweichungen von Vereinbarungen und Beschlüssen im Einzelfalle geboten sein, um eine ordnungsmäßige Verwaltung herbeizuführen (§ 242 BGB; § 21 Abs. 3 und 4 WEG).

Wenn Entscheidungsgrundlagen solcher Art fehlen, hat der Richter nach billigem Ermessen zu entscheiden (§ 43 Abs. 2).

Gerichtliche Verfügungen werden mit der Bekanntmachung an denjenigen wirksam, für den sie ihrem Inhalt nach bestimmt sind (§ 16 FGG), bei mehreren Beteiligten (so stets in den Verfahren nach § 43 Abs. 1), mit der Bekanntmachung an den letzten Beteiligten, Endentscheidungen werden erst mit dem Eintritt der formellen Rechtskraft wirksam (§ 45 Abs. 2 WEG).

64 II. **Ergänzende** Verfahrensvorschriften zu den Allgemeinen Vorschriften des Ersten Abschnittes des FGG — im besonderen §§ 8—17 FGG — enthalten §§ 44 bis 50 WEG; sie gehen diesen allgemeinen Vorschriften vor.

III. *Einzelheiten* zum Verfahren in Wohnungseigentumssachen, Anwendbarkeit der Zivilprozeßordnung.

Das Gesetz über die Angelegenheiten der Freiwilligen Gerichtsbarkeit verweist vereinzelt auf Vorschriften der ZPO, ordnet deren Anwendung als Ganzes nicht an. Da es sich um ein streitiges Verfahren handelt, für das die Zivilprozeßordnung Regelungen vorsieht, bieten sich indessen diese Vorschriften dem FG-Richter (§ 43) zur Erleichterung seiner Aufgaben zur Anwendung an, soweit sie auch für das streitige Verfahren des § 43 als sachgemäß übernommen werden können, was z. B. für die §§ 272 ff ZPO nicht zutrifft. Im einzelnen ist hierzu zu bemerken:

65 1. *Anträge* (§ 43 Abs. 1) brauchen nicht näher begründet zu werden, müssen aber das begehrte Ziel zu erkennen geben, nötigenfalls muß das Gericht darauf hinwirken (§ 12 FGG). Ein unbezifferter Leistungsantrag muß wenigstens die ungefähre Größe des Anspruchs erkennen lassen. Zulässig sind neben *Hilfsanträgen* auch *Feststellungsanträge* (BayObLGZ **72** 153; KG OLGZ **79** 29), z. B. ein Feststellungsantrag, daß ein bestimmter nicht angefochtener Beschluß einem Wohnungseigentümer gegenüber gilt, der dies bestritten hat. Auch kann darüber, ob es der Zustimmung bestimmter Wohnungseigentümer (§ 22 Abs. 1 Satz 2) bedarf, schon vor der Beschlußfassung der Wohnungseigentümer eine gerichtliche Entscheidung herbeigeführt werden (KG OLGZ **67** 479).

Die Anträge sind auslegungsfähig (BayObLG NJW **74** 1910), sie sind so auszulegen, daß sie nach Möglichkeit zu dem erkennbar gewollten Ergebnis führen (OLG Frankfurt OLGZ **80** 80; BayObLG MDR **81** 499). Ein unzulässiger Antrag (§ 43 Abs. 1 Nr. 4) kann unter Umständen in einen zulässigen Feststellungsantrag umgedeutet werden (BayObLG Rpfleger **72** 260). §§ 254, 259 ZPO sind anwendbar (BayObLGZ **82** 203; OLG Stuttgart BWNotZ **76** 70).

Bei den Antragsformulierungen ist auch seine Vollstreckungsfähigkeit im Auge zu behalten.

2. *Gegenanträge (Widerklage)* sind statthaft; § 33 Abs. 1 ZPO läßt sich entsprechend anwenden (BayObLGZ **71** 324; **79** 117; OLG Hamburg MDR **74** 138; OLG Hamm NJW **73** 2300; OLG Zweibrücken Rpfleger **77** 141). Der „Gegenanspruch" muß in den Katalog des § 43 fallen, doch sollte der Zusammenhang (§ 33 Abs. 1 ZPO) nicht eng begrenzt werden (vgl. BGHZ **53** 168). **66**

3. *Aufrechnung* kann auch mit Ansprüchen erklärt werden, die an sich in die Zuständigkeit der Prozeßgerichte fallen (BGH NJW **80** 2466). Aufrechnung mit Schadensersatzforderungen gegen den Verwalter gegenüber Wohngeldforderungen der Gemeinschaft ist aber nicht zulässig, sondern nur mit anerkannten Gegenforderungen und Ansprüchen aus § 21 Abs. 2 (BayObLG MDR **80** 57). **67**

4. Der *Verfahrensgegenstand* wird durch das vorgetragene Sach- und Rechtsverhältnis und den daraus abgeleiteten Antrag bestimmt (vgl. *Flieger*, MDR **80** 189). **68**

5. *Rechtsschutzinteresse* braucht einem Antrag nicht zu fehlen, wenn ein gleichlautender Antrag schon von einem anderen Raumeigentümer gestellt wurde (BayObLG Rpfleger **77** 446; OLG Hamm NJW **73** 2300). **69**

6. Wenn das Gesetz für die in Absatz 1 aufgeführten Verfahren im einzelnen bestimmt, wer als Beteiligter zu behandeln ist (§ 43 Abs. 4), so wird diesen damit allgemein ein *Rechtsschutzinteresse* an der Führung (Beteiligung) solcher Verfahren zuerkannt. Es bedarf daher in der Regel für deren Anträge nicht des Nachweises eines Rechtsschutzbedürfnisses (KG OLGZ **76** 56; OLG Hamm OLGZ **71** 96). **70**

Im einzelnen Fall kann aber aus besonderen Gründen ein Rechtsschutzbedürfnis fehlen, z. B. wenn nach Anfechtung eines Beschlusses ein neuer Beschluß mit gleichem Inhalt von den Eigentümern gefaßt wurde, der die formellen Mängel des ersten Beschlusses nicht enthält (OLG Hamm Rpfleger **78** 319; BayObLGZ **77** 226). **71**

7. Über die Ablehnung des Amtsrichters entscheidet in Anlehnung an § 42 ZPO das Landgericht (BayObLG ZMR **76** 348). Gegen seinen Beschluß gibt es kein Rechtsmittel (BayObLG Rpfleger **78** 435; BayObLGZ **74** 131). § 6 Abs. 2 Satz 2 FGG ist überholt. Lehnt sich ein Richter der ersten Instanz als befangen ab, muß das Landgericht über seine Ablehnung entscheiden (vgl. BayObLG Rpfleger **80** 193). Zur Befangenheit s. BayObLG Rpfleger **80** 193. **72**

8. Der Verwalter ist zur Entgegennahme von Zustellungen gesetzlich ermächtigt (§ 27 Abs. 2 Nr. 2). Bei Interessenkollision ruht seine Befugnis (BayObLG Rpfleger **78** 320); das Gericht kann gemeinsamen Vertreter bestellen (BayObLGZ **73** 145). Statt des Verwalters kann allen Raumeigentümern zugestellt werden, wenn die Antragsschrift belastende Ausführungen zur Verwaltertätigkeit enthält (BayObLG Rpfleger **75** 245). Wird die Zustellung statt an den bevollmächtigten Rechtsanwalt an die Beteiligten selbst vorgenommen, läuft die Frist zur Einlegung von Rechtsmitteln nicht (§ 16 Abs. 2 FGG, § 176 ZPO; vgl. BGHZ **65** 43). Auch öffentliche Zustellung kann stattfinden (BayObLG Rpfleger **78** 446). Zum Nachweis der Zustellung s. BayObLGZ **70** 264; das Empfangsbekenntnis braucht nicht stets den Beginn der Frist zu bestimmen, der tatsächliche Empfang kann früher oder später liegen. Zu allem s. *Walchshöfer* Rpfleger **74** 254. § 189 Abs. 2 ZPO findet keine Anwendung (BGH NJW **81** 282). **73**

9. Vertretung durch Rechtsanwälte ist in allen Instanzen zulässig (§ 13 FGG), zum Nachweis der Vollmacht s. BayObLGZ **79** 59; öffentlich beglaubigte Vollmacht ist nicht erforderlich (§ 13 FGG); § 80 ZPO ist nicht anwendbar. **74**

75 **10.** Tod des Antragstellers unterbricht das Verfahren, wenn der Verfahrensgegenstand der Verfügung des Antragstellers unterlag; § 239 ZPO ist anwendbar (BayObLG Rpfleger **74** 71).

76 **11.** Wiedereinsetzung in den vorigen Stand gegen die Versäumung von Rechtsmittelfristen sowie der Frist des § 23 Abs. 3 (BGHZ **54** 65) kann unter Anwendung der Vorschriften der ZPO gewährt werden (vgl. § 22 Abs. 2 FGG, BGH NJW **79** 109), auch gegen die Versäumung der Wiedereinsetzungsfrist (BayObLG ZMR **80** 160; OLG Frankfurt OLGZ **79** 16). Die gewährte Wiedereinsetzung ist unanfechtbar (§ 238 Abs. 3 ZPO).

Der um Wiedereinsetzung Nachsuchende muß die gebotene und ihm auch zumutbare Sorgfalt hinsichtlich der Wahrung der versäumten Fristen beachtet haben (BayObLGZ **79** 253; DWE **78** 87: Rechtsunkenntnis). Als sein Verschulden ist das Verschulden seines Verfahrensbevollmächtigten und dessen allgemein bestellten Vertreters anzusehen (§ 22 FGG; BayObLG ZMR **82** 128).

77 **12.** Beteiligtenwechsel im ersten Rechtszug ist statthaft, wenn er sachdienlich ist (BayObLGZ **80** 33). Scheidet einer der Antragsteller aus der Gemeinschaft aus, ist das Verfahren entsprechend § 265 Abs. 2 ZPO fortzusetzen (OLG Oldenburg NdsRpf. **79** 107).

78 **13.** *Antragsänderung* und *Erweiterung* sind in 1. und 2. Instanz bis zum Erlaß der Entscheidung statthaft, wenn dies sachdienlich ist oder der Gegner zustimmt (§§ 263, 264 ZPO; BayObLG Rpfleger **75** 53). § 269 ZPO ist entsprechend anwendbar (OLG Düsseldorf NJW **80** 399).

79 **14.** Die *Veräußerung* der Eigentumswohnung hat auf ein laufendes Verfahren keinen Einfluß; der bisherige Rechtsinhaber führt das Verfahren weiter, die Entscheidung gilt auch für den Rechtsnachfolger (§§ 265, 325 ZPO).

80 **15.** Mehrere vor dem Gericht für Wohnungseigentumssachen schwebende Verfahren können — auch noch im Beschwerdeverfahren — *verbunden* werden (§ 147 ZPO; BayObLG NJW **67** 986). Zu Unrecht verbundene Sachen (weil für die eine die Zuständigkeit des Prozeßgerichts gegeben ist) hat im Beschwerdeverfahren das Beschwerdegericht wieder zu trennen und an das Prozeßgericht abzugeben (vgl. BGH NJW **79** 426).

81 **16.** Der Antrag kann ohne Einverständnis des Gegners bis zur rechtskräftigen Entscheidung durch Erklärung gegenüber dem Gericht *zurückgenommen* werden (KG NJW **71** 2270; BayObLGZ **73** 30. Bedingte Rücknahme des Antrages ist nicht zulässig. Zu weiteren Einzelheiten s. *Bassenge*, JR **74** 14.

17. Nach Erklärung der *Erledigung* der Hauptsache können Beitritte nicht mehr zugelassen werden (BayObLG Rpfleger **79** 267; **76** 291, 292), neue Anträge müssen zurückgewiesen werden (BayObLG ZMR **79** 227; OLG Oldenburg ZMR **80** 63).

Erledigung ist Wegfall des Verfahrensgegenstandes durch ein Ereignis, das die Sach- und Rechtslage verändert hat und eine Sachentscheidung entbehrlich macht (BayObLGZ **75** 284). Über die Erledigung entscheidet das Gericht, wenn keine übereinstimmenden Erklärungen der Beteiligten darüber abgegeben werden. Einseitige Erledigungserklärung des Antragstellers ist wirkungslos, wenn Antrag von vornherein unbegründet war und der Antragsgegner weiterhin auf Antragszurückweisung besteht (BGH WM **79** 1128); dessen Zahlung des strittigen Betrages braucht dem nicht zu widersprechen. Erklärt der Antragsteller den Antrag für erledigt und widerspricht der Antragsgegner, setzt die Erledigungserklärung des Gerichts voraus, daß der Antrag (erst) nach Eintritt der Rechtshängigkeit unbegründet (unzulässig) wurde (BGH JR **82** 371). Eine übereinstimmende Erledigterklärung der Beteiligten bindet das Gericht auch dann, wenn die Hauptsache tatsächlich nicht erledigt ist; wenn auch für das Verfahren das Amtsprinzip (§ 12 FGG) gilt, muß doch den Beteiligten überlassen werden, ob und wie sie das Verfahren beenden wollen. Erledigung tritt aber nicht schon ein, wenn einer der Beteiligten aus der Gemeinschaft ausscheidet. Die im Verfahren abgegebene Erklärung, die Hauptsache sei erledigt, ist bindend (BayObLGZ **58** 223). Sie bedeutet in der Regel nicht die Rücknahme des Rechtsmittels. Der Rechtsmittelführer muß nach Erledigung der Hauptsache sein Rechtsmittel auf den Kostenausspruch beschränken, das gilt auch für die Rechtbeschwerdeinstanz (BGH NJW **82,** 2506; BGHZ **66,** 300; OLG Hamm Rpfleger **77** 20). Nach Erledigungserklärung ist für die Kostenentscheidung § 47 zu beachten (OLG Frankfurt OLGZ **80** 74); sie ist mit sofortiger Beschwerde anfechtbar.

18. Die am Verfahren Beteiligten trifft keine *Beweislast* im förmlichen Sinne. Sie **82**
sind jedoch gehalten, den Sachverhalt darzulegen, zu seiner Aufklärung beizutragen, im besonderen durch Angabe geeigneter Beweismittel (BayObLGZ **73** 149). Ihre Erklärungen sind an keine Frist gebunden, dürfen also nicht als verspätet zurückgewiesen werden; §§ 282, 296 ZPO sind nicht anwendbar. Es gibt *kein Versäumnisverfahren,* auch *keine Anerkenntnis-Entscheidung.* Geständnis, Widerruf von Prozeßerklärungen und Verzicht haben nicht die von der ZPO ihnen zuerkannte Wirkung, der Richter ist in der Wertung dieser Verfahrensvorgänge frei, an keine Fiktion gebunden (*Bärmann* aaO S. 399). Andererseits haben alle materiell Beteiligten, sobald sie dem Verfahren förmlich beigetreten sind oder beigezogen wurden oder sich zum Verfahrensgegenstand geäußert haben, einen Anspruch auf das rechtliche *Gehör* (BayObLG Rpfleger **72** 144). Akteneinsicht muß gewährt werden (§ 299 ZPO).

19. Das Gericht darf sich, wenn der Sachverhalt noch der Aufklärung bedarf, **83**
nicht mit den von den Beteiligten angebotenen und erhobenen Beweisen begnügen, es hat vielmehr von Amts wegen alle weitere Beweismittel, die sich zur Erforschung des Sachverhaltes aufdrängen, zu nutzen; Widerspruch der Beteiligten ist insoweit ohne Einfluß (§ 12 FGG; BayObLGZ **75** 367/68; OLG Düsseldorf DWE **79** 56). Es hat die Wahl zwischen formloser (z. B. schriftliche Anfrage bei einem Sachverständigen) oder förmlicher Beweisaufnahme; zu dieser ist es verpflichtet, wenn anders eine sichere Aufklärung des Sachverhaltes nicht erreicht werden kann; Anscheinsbeweis ist zugelassen (BayObLGZ **79** 266). Wählt das Gericht die formlose Art, muß es den Beteiligten das Ergebnis bekanntgeben und ihnen Gelegenheit zur Stellungnahme und gegebenenfalls zu Beweisanträgen geben (vgl. BayObLG ZMR **81** 124; MDR **80** 41). Auf die förmliche Beweisaufnahme finden Vorschriften der ZPO nach Maßgabe des § 15 FGG entsprechende Anwendung. Das Beweisergebnis darf der Richter frei und an Beweisregeln nicht gebunden, werten. Es steht in seinem Ermessen, das persönliche Erscheinen der Beteiligten anzuordnen (Absatz 2). Verweigern die Beteiligten die angeforderte Auskunft oder geben sie diese nur unvollständig wieder, darf er daraus in freier Wertung seine Schlüsse ziehen.

Zur Beweisvereitelung s. BayObLGZ **73** 145. Zur Sachaufklärungspflicht bei Störungen durch Leuchtreklame im städt. Geschäftszentrum s. Hamm OLGZ **80** 274. Es kann kein Zwangsgeld angedroht werden (§ 33 FGG); (*Keidel/Kuntze/Winkler,* FGG 11. Auflage, § 33 Rdn. 6 mit Fußnote 2).

84 **20.** Form und Umfang der *Protokollierung* bestimmt der Richter nach billigem Ermessen.

85 **21.** Keinesfalls darf der Antrag zurückgewiesen werden, weil der *Kostenvorschuß* nicht rechtzeitig bezahlt wurde (BayObLGZ **71** 289).

86 **22.** Zulässig sind *Nebenintervention* (der Nebenintervenient muß nicht Wohnungseigentümer sein: BayObLG NJW **74** 1147) und die *Streitverkündung* (BayObLGZ **70** 71/74), auch gegenüber einem Mieter, der dann Beteiligter wird; zur Zulässigkeit des *Beitritts* weiterer Beteiligter (auch noch im Beschwerdeverfahren, s. BGH ZMR **76** 192). Zulässig ist ferner die *Wiederaufnahme* des Verfahrens entsprechend §§ 578 ff ZPO, aber nicht durch Dritte (BayObLGZ **74** 9).

87 **23.** Zulässig ist auch das *Mahnverfahren* (§§ 688 ff ZPO) wegen eines Geldanspruchs in inländischer Währung. Da §§ 43 ff ein Streitverfahren vor dem Richter der freiwilligen Gerichtsbarkeit regelt, steht es dem Gläubiger frei, in einem nicht streitigen Verfahren (und das ist das Mahnverfahren) vorweg einen Titel zu erwirken. Wird Widerspruch eingelegt und die Durchführung des streitigen Verfahrens von einer Partei beantragt, hat das Gericht den Rechtsstreit an das nach § 43 allein zuständige Gericht der freiwilligen Gerichtsbarkeit abzugeben, ohne daß es dazu eines besonderen Antrags bedarf (§ 696 ZPO); das Mahngesuch tritt an die Stelle des Antrages im Sinne des § 43 Abs. 1. Zum Antrag auf Verweisung bedarf es nicht anwaltschaftlicher Vertretung (*Bergerfurth*, Rpfleger **79** 364). Der Antragsteller hat keine Wahl des zuständigen Gerichts. Die Zulässigkeit des Mahnverfahrens ist umstritten, wie hier *Vollkommer*, Rpfleger **76** 1 ff, LG Heilbronn Justiz **74** 227, AG *Brühl*, Rpfleger **80** 27; LG *Schweinfurth*, Rpfleger **76** 22; *Stephan*, NJW **75** 2056; offengelassen von OLG Koblenz ZMR **77** 88; a. M. OLG Stuttgart OLGZ **79** 35; *Weitnauer*, DWW **77** 244).

88 **24.** Den Beteiligten kann **Prozeßkostenhilfe** nach Maßgabe der § 14 FGG, §§ 114, 117, 119 ZPO in der Fassung des Gesetzes über die Prozeßkostenhilfe vom 13. Juni 1980 BGBl. I 677 bewilligt werden, und zwar auch rückwirkend auf den Zeitpunkt der Antragstellung, wenn der Antrag während des Verfahrens eingebracht wurde, dies noch nach Abschluß des Verfahrens. Wird das Gesuch erst nach Abschluß des Verfahrens gestellt, scheidet Bewilligung aus (OLG Frankfurt OLGZ **80** 77). Die Abweisung des Gesuches kann mit einfacher Beschwerde angefochten werden, eine weitere Beschwerde gibt es nicht (§ 127 Abs. 2 Satz 2 ZPO). Die nachträgliche Verbesserung der Vermögensverhältnisse der armen Partei rechtfertigt nicht den Entzug der Prozeßhilfe (OLG München OLGZ **82** 245).

Auch **Beratungshilfe** nach dem Beratungshilfegesetz vom 18. 6. 1980 BGBl. I 689 kann unter den gesetzlichen Voraussetzungen in Anspruch genommen werden.

Vgl. zur Prozeßhilfe s. *Schädel*, NJW **82** 88; *Cristl*, NJW **81** 785 und *Schneider*, MDR **81** 793; *Schoweit* und *Dehn*, Beratungs- und Prozeßhilfe 82.

89 **25.** Zur *notwendigen Streitgenossenschaft* (§ 62 ZPO) s. BGH MDR **52** 35; die Einlegung eines Rechtsmittels durch nur einen der Beteiligten wirkt auch für die anderen (§ 45 Abs. 2).

90 **26.** Für *Arrestverfahren* kommt es auf die Rechtsnatur des zu sichernden Anspruchs an. Ist dieser vor den Gerichten der freiwilligen Gerichtsbarkeit geltend zu machen, scheidet ein Arrestverfahren (§§ 916 ff ZPO) aus.

27. Der **Urkundenprozeß** (§§ 592 ff ZPO) eignet sich für das auf eine baldige Entscheidung ausgerichtete Verfahren des § 43 nicht (vgl. § 599 ZPO: Vorbehaltsurteil!). Es scheidet daher aus. **91**

28. Die *Zustimmungserklärung* des *Verwalters* (§ 12) wird nicht durch Gerichtsbeschluß ersetzt (BayObLGZ 77 40), vielmehr wird der Verwalter zur Abgabe der Erklärung durch Gerichtsbeschluß verpflichtet; § 894 ZPO ist entsprechend anzuwenden. **92**

29. Die Entscheidung des Gerichts (§ 45 Abs. 1) muß einen ausreichenden Tatbestand und die Gründe der Entscheidung enthalten. Für die Berichtigung des Beschlusses, des Tatbestandes und für die Ergänzung des Beschlusses sind §§ 319, 320, 321 ZPO entsprechend anwendbar (vgl. OLG Frankfurt OLGZ **79** 389; BayObLG Rpfleger **81** 13). Die *gerichtlichen Entscheidungen* werden *wirksam* mit Erlangung der formellen Rechtskraft (§ 45 Abs. 1); Rechtskraftbescheinigung: § 31 FGG; zur Berichtigung (§ 319 ZPO) s. OLG Frankfurt OLGZ **79** 389. Neben dem das Verfahren der Instanz abschließenden Beschluß (§ 45) sind zulässig die *Teilentscheidung*, die *Entscheidung* zum *Grund* des Anspruchs (BayObLGZ **70** 69, OLG Düsseldorf NJW **70** 1137); die *Zwischenverfügung*, die mit einfacher Beschwerde anfechtbar ist (§ 19 FGG). **93**

30. Zur **Vollstreckung** der Entscheidungen s. § 45. **94**

31. Auch im streitigen Verfahren der Freiwilligen Gerichtsbarkeit besteht die **prozessuale Fürsorgepflicht** der **Gerichte** im besonderen bezüglich der gerichtsinternen Behandlung eingereichter Rechtsmittelschriften, s. OLG Karlsruhe OLGZ **81** 241, andererseits kann auch hier der Geltendmachung eines Rechtes im einzelnen Falle der Einwand der **unzulässigen Rechtsausübung (Verwirkung)** entgegengesetzt werden, wenn die nach allgemeinen Grundsätzen dafür erforderlichen Voraussetzungen gegeben sind (LG Mannheim DWE **75** 93; OLG Hamm Rpfleger **76** 100). **95**

E. Die Beteiligten und ihre Vertretung **96**

Schrifttum

Pick, NJW 70 2062; DWE **76** 60.

1. Absatz 4 legt fest, wer *Beteiligter* der Verfahren in Wohnungseigentumssachen ist. Nach Maßgabe dieser Bestimmung hat das Gericht im einzelnen Falle die Beiziehung von Amts wegen vorzunehmen, diesem Kreis also die Möglichkeit zu eröffnen, sich am Verfahren zu beteiligen, gleichviel, wer vom Antragsteller als Antragsgegner benannt ist. In allen Fällen des Absatzes 1 sind die Raumeigentümer Beteiligte, es sei denn, daß sie im einzelnen Falle vom Begehren des Antrags nicht betroffen werden (BayObLG Rpfleger **75** 310; OLG Hamm Rpfleger **70** 400; OLG Stuttgart BWNotZ **76** 18).

2. Der *Verwalter* ist kraft Amtes Beteiligter in den Verfahren des § 43 Abs. 1 Nr. 2 und 4, bei besonderer Sachlage auch im Verfahren nach § 43 Abs. 1 Nr. 1 (BayObLG NJW **72** 880: Tierhaltung). Die Gefahr, für Schäden der Gemeinschaft haftbar gemacht zu werden, genügt, in einem Anfechtungsverfahren den früheren Verwalter als Beteiligten zuzulassen (OLG Hamm **71** 96). **97**

3. Die Beteiligten müssen *prozeßfähig* sein (§§ 51, 52 ZPO). Die *Eigentümergemeinschaft* besitzt keine Parteifähigkeit (OLG Koblenz NJW **77** 55), doch können im einzelnen Falle die Raumeigentümer unter dieser Zusammenfassung Antragsteller (BGH NJW **77** 524) (Antragsgegner) werden. **98**

99 4. Sind *Eheleute* als Miteigentümer Gesamtschuldner, z. B. des Wohngeldes, müssen sie doch nicht gemeinsam verklagt werden.

100 5. Den Beteiligten sind stets Antragsschrift, Sachanträge, Terminbestimmungen, gerichtliche Entscheidungen und Rechtsmitteleinlegung *zuzustellen* (BayObLGZ **73** 145). Sie können, müssen sich aber nicht am Verfahren beteiligen; ihre Ladung zu Terminen ist dann nicht geboten (OLG Stuttgart BWNotZ **76** 18). Geben sie Erklärungen ab, sind ihnen auch die Schriftsätze der anderen Beteiligten und das Beweisergebnis mitzuteilen. Das Gericht darf Beteiligte hören (aber nicht als Zeuge) und von ihnen schriftliche Auskünfte auch dann einholen, wenn sie am Verfahren nicht teilnehmen; dem Verfahren können sie noch in den Rechtsmittelinstanzen beitreten.

101 Sind außer dem Antragsteller alle Raumeigentümer Beteiligte im Sinne des Absatzes 4, genügt für deren Beiziehung die Zustellung an den Verwalter (§ 27 Abs. 2 Nr. 3). Dies gilt auch für den Fall der Beschlußanfechtung (§ 27 Abs. 4; BayObLGZ **75** 238). Die Beteiligten können nicht als Zeugen vernommen werden.

102 6. Die Beteiligten können sich durch *Prozeßbevollmächtigte* vertreten lassen, auch Verfahrensbeistand durch Prozeßagenten ist statthaft. Ermächtigung des Verwalters im Sinne des § 27 Abs. 2 Nr. 5 kann auch stillschweigend erteilt werden (BGH MDR **79** 288); sie gilt aber nur für Aktivprozesse und entfällt im Falle eines Interessenkonfliktes (BayObLGZ **75** 238; OLG Stuttgart OLGZ **76** 8; BayObLGZ Rpfleger **78** 320; OLG Köln WM **77** 52).

103 7. Der Kreis der Beteiligten kann sich im Laufe eines Verfahrens ändern, z. B. wenn ein Begehren nach Abs. 1 Nr. 1 durch eine Anfechtung (Nr. 4) erweitert wird; das wird das Gericht zu beachten haben und gegebenenfalls weitere Beteiligte beiziehen.

104 8. Zu einem Verfahren müssen nicht stets alle Raumeigentümer hinzugezogen werden, nämlich diejenigen nicht, die von der streitigen Angelegenheit nicht betroffen sind, so, wenn der Streit um die Nutzung einer Waschmaschine geht, die nur von den Raumeigentümern eines Gebäudes einer Wohnanlage genutzt wird, oder wenn von einem Raumeigentümerbeschluß nur einige Raumeigentümer betroffen werden (z. B. Kostentragung für die Beleuchtung von Garagen).

105 9. Wird ein Beteiligter gesetzwidrig nicht zu einem Verfahren beigezogen, ist dies ein wesentlicher Verfahrensfehler, der von Amts wegen zu beachten ist und zur Aufhebung der angefochtenen Entscheidung und zur Zurückverweisung an die fehlerhaft handelnde Instanz führen muß, wenn die Entscheidung auf diesem Mangel beruhen kann (BayObLGZ **80** 29; BayObLG ZMR **76** 88). Wird kein Rechtsmittel eingelegt, erwächst die Entscheidung in Rechtskraft. Dem übergangenen Beteiligten steht es frei, nach Bewilligung der Wiedereinsetzung gegen die Versäumung der Beschwerdefrist die Entscheidung — auch nach deren Rechtskrafteintritt — mit dem zulässigen Rechtsmittel anzugreifen, allerdings unter Einhaltung der Frist des § 234 Abs. 3 ZPO.

§ 44

Allgemeine Verfahrensgrundsätze

(1) Der Richter soll mit den Beteiligten in der Regel mündlich verhandeln und hierbei darauf hinwirken, daß sie sich gütlich einigen.

(2) Kommt eine Einigung zustande, so ist hierüber eine Niederschrift aufzunehmen, und zwar nach den Vorschriften, die für die Niederschrift über einen Vergleich im bürgerlichen Rechtsstreit gelten.

(3) Der Richter kann für die Dauer des Verfahrens einstweilige Anordnungen treffen. Diese können selbständig nicht angefochten werden.

(4) In der Entscheidung soll der Richter die Anordnungen treffen, die zu ihrer Durchführung erforderlich sind. Die Entscheidung ist zu begründen.

I. 1. Das Verfahren der freiwilligen Gerichtsbarkeit sieht in der Regel keine mündliche Verhandlung vor; im Verfahren in Landwirtschaftssachen hat das Gericht auf Antrag eine mündliche Verhandlung anzuordnen (§ 15 LwVG). § 44 WEG stellt sie in das pflichtgemäße Ermessen des Gerichts, es soll in der Regel mit den Beteiligten mündlich verhandeln und dabei auf eine gütliche Einigung hinwirken. Es bedarf hierzu keines Antrags eines Beteiligten, die Ansetzung eines Termins zur mündlichen Verhandlung steht aber auch nicht im Belieben des Gerichts. Sie muß vielmehr — wenn sich die Beteiligten nicht auf ein schriftliches Verfahren geeinigt haben — immer dann vorgenommen werden, wenn dies zur Aufklärung des Sachverhaltes und so zur Herbeiführung einer sachgerechten Entscheidung geboten ist oder eine gütliche Einigung durch sie erreichbar erscheint (OLG Hamm Rpfleger **78** 60); anders, wenn der Versuch einer Einigung von vornherein aussichtslos ist oder der Gegenstand des Streites keinen Raum für einen sachgerechten Vergleich zuläßt (BayObLG NJW **73** 152); darüber entscheidet das Gericht nach freiem Ermessen (OLG Frankfurt OLGZ **81** 157). Mündliche Verhandlung wird erforderlich sein, wenn die Beteiligten — in dem Rechtszuge vor Amts- und Landgericht nicht anwaltschaftlich vertreten — erkennbar sich schwertun, sachdienliche Anträge zu stellen und diese durch ausreichenden Sachvortrag zu untermauern (OLG Karlsruhe Justiz **78** 170; OLG Stuttgart OLG **79** 34). Auch wenn eine gütliche Einigung bisher vergeblich angestrebt worden war, ein außergerichtlicher Vergleich zulässigerweise widerrufen wurde, muß nicht schon der Abschluß eines gerichtlichen Vergleichs nach Vergleichsverhandlungen vor dem Richter unerreichbar sein (OLG Stuttgart NJW **74** 2137; OLG Zweibrücken Rpfleger **77** 141, KG OLGZ **70** 198; OLG Köln Rpfleger **80** 349; BayObLGZ **72** 348). Auch wenn vor einer mündlichen Verhandlung Abstand genommen werden darf (etwa weil schon der Vortrag des Antragstellers die Unbegründetheit seines Antrags zweifelsfrei ergibt), muß doch stets das Gebot des *rechtlichen Gehörs* (Art. 103 GG) gewahrt werden. **1**

Im Verfahren der weiteren Beschwerde (§ 27 FGG) ist das von den Vorinstanzen geübte Ermessen auf Rechtsfehler nachprüfbar (KG OLGZ **70** 198). Eine dem Gesetz nicht entsprechende Ermessensausübung rechtfertigt die weitere sofortige Beschwerde unabhängig davon, ob dabei auch gegen das Gebot des rechtlichen Gehörs oder gegen § 12 FGG verstoßen wurde. **2**

2. § 44 Abs. 1 ist auch im *Beschwerdeverfahren* zu beachten (KG Rpfleger **72** 62; OLG Hamm OLGZ **80** 275; **78** 60; OLG Frankfurt OLGZ **80** 79; **81** 157; OLG Stuttgart OLGZ **74** 404; BWNotZ **79** 41; OLG Zweibrücken Rpfleger **77** 141 BayObLG MDR **83** 58); zur mündlichen Verhandlung — es besteht kein Anwaltszwang — wird im besonderen Anlaß sein, wenn neues tatsächliches Vorbringen die Aussichten für einen Vergleich wachsen läßt. **3**

Im Verfahren der *weiteren Beschwerde* ist die Vorschrift nicht anwendbar (BayObLGZ **77** 49; BayObLG Rpfleger **78** 446). Doch steht dem Abschluß eines ge- **4** richtlichen Vergleichs nach Vergleichsverhandlungen vor diesem Gericht nichts im Wege.

5 3. Mündliche Verhandlung findet in der Beschwerdeinstanz vor der Kammer statt; die Beauftragung eines Mitgliedes des Entscheidungskörpers mit der Streitentscheidung ist im Verfahren der freiwilligen Gerichtsbarkeit unstatthaft (KG MDR **79** 681); eine § 16 LwVG entsprechende Vorschrift enthält das WEG nicht.

6 4. Die *mündliche* Verhandlung ist *öffentlich*. Es handelt sich um bürgerlich-rechtliche Streitigkeiten im Sinne des § 13 GVG, für die an sich die Prozeßgerichte zuständig wären. Für deren Verfahren sieht § 169 GVG Öffentlichkeit vor. Das muß denn auch entsprechend für das Verfahren in Wohnungseigentumssachen gelten (vgl. BGHZ **9** 33; *Keidel/Kuntze/Winkler*, FGG 11. Aufl. S. 246; *Jansen*, FGG § 8 Anm. 61; *Riedler*, ZMR **79** 33; auch Art. 6 der Konvention zum Schutze der Menschenrechte BGBl. II **52** 686, 933).

7 II. Der im Verfahren nach §§ 43 ff geschlossene *Vergleich* ist sowohl eine Verfahrenshandlung als auch ein Rechtsgeschäft im materiell-rechtlichen Sinn (vgl. BGHZ **41** 311). Streitigkeiten über seine Gültigkeit in materiell-rechtlicher und in verfahrensrechtlicher Sicht sind im Verfahren der freiwilligen Gerichtsbarkeit (§§ 43 ff; vgl. BGHZ **28** 176) auszutragen.

8 Bei der Protokollierung eines Vergleichs sind die §§ 159—163 ZPO zu beachten. Der Vergleich ist vollstreckbare öffentliche Urkunde, kann auch eine Auflassung enthalten. Er bindet aber nur die am Vergleich Beteiligten.

9 III. Das Verfahren der freiwilligen Gerichtsbarkeit in Wohnungseigentumssachen kennt keine einstweilige Verfügung und keinen Arrest (BayObLG Rpfleger **75** 245); dafür eröffnet das Gesetz dem Richter, auch noch in den Beschwerdeinstanzen, für die Dauer des Verfahrens eine einstweilige Anordnung zu treffen; Voraussetzung ist stets ein anhängiges Hauptverfahren. Der Anordnungsbeschluß ist selbständig nicht anfechtbar. Nicht beschwerdefähig ist ferner ein Beschluß, der eine einstweilige Anordnung aufhebt, ihren Vollzug aussetzt, einen Antrag auf Erlaß einer einstweiligen Anordnung, deren Aufhebung oder zeitweilige Aussetzung oder Ergänzung ablehnt. Denn in all diesen Fällen soll das Hauptverfahren nicht zeitlich gestört werden (vgl. OLG Frankfurt OLGZ **78** 301; OLG Hamm Rpfleger **78** 25; BayObLG Rpfleger **72** 411; BayObLGZ **77** 44). Auch die Ablehnung eines Antrages auf Erlaß einer einstweiligen Verfügung ist nicht anfechtbar, wobei zu prüfen ist, ob nicht eine einstweilige Anordnung beantragt werden wollte. Ist in zulässiger Weise Beschwerde eingelegt, kann das Gericht erster Instanz den Vollzug der einstweiligen Anordnung aussetzen (§ 24 Abs. 2 FGG), auch dieser Beschluß ist nicht anfechtbar.

10 Mit dem rechtskräftigen Abschluß des Hauptsachverfahrens entfällt die einstweilige Anordnung, ohne daß es eines besonderen Aufhebungsbeschlusses oder eines dahingehenden Antrages bedarf (BayObLGZ **77** 48). Da eine Anordnung zusammen mit der angefochtenen Hauptsachenentscheidung in die Beschwerdeinstanz erwächst, kann sie dort mit der sofortigen Beschwerde gegen die Hauptsache mitangefochten werden. Beschwerde ist auch zulässig, wenn die Anordnung nicht im Rahmen eines anhängigen Hauptverfahrens erlassen wurde (vgl. BayObLGZ **77** 44, 47), jedoch keine Beschwerde, wenn sich der Antrag auf Erlaß einer Anordnung erledigt hat.

11 Die Anordnung bedarf keines förmlichen Antrags, abgesehen im Verfahren nach § 43 Abs. 1 Ziffer 4 WEG; das Gericht kann sie von Amts wegen treffen. Der Gegner

braucht vorher nicht gehört zu werden, wenn Gefahr besteht, daß der Zweck der Anordnung sonst vereitelt würde; es bedarf keiner mündlichen Verhandlung.

Eine einstweilige Anordnung kann z. B. den Gebrauch einer Einrichtung regeln (§ 15), die Verteilung der Lasten und Nutzungen (§ 16) vornehmen; Sicherheitsleistungen, Hinterlegungen anordnen, aber nicht den Verwalter einstweilen seines Amtes entheben. **12**

Das Gericht kann seine einstweilige Anordnung im Laufe seines Verfahrens nach Anhörung der Beteiligten überprüfen, aufheben und ergänzen (LG Düsseldorf Rpfleger **80** 478); auch dann ist kein Rechtsmittel gegeben; § 18 Abs. 2 FGG steht nicht entgegen. § 925 Abs. 2 ZPO ist nicht anwendbar; es handelt sich hier nicht um eine einstweilige Verfügung, sondern um eine gerichtliche Anordnung, die in der Regel keines Antrages auf Erlaß bedarf. **13**

IV. 1. Das Gericht soll gleichzeitig mit der Entscheidung zur Hauptsache die zu deren Durchführung erforderlichen Anordnungen treffen. Eines besonderen Antrags bedarf es nicht, auch müssen die Beteiligten hierzu nicht vorher gehört werden. Die Anordnungen sind mit der Hauptsachenentscheidung anfechtbar und werden mit dieser mit deren Rechtskraft wirksam; zu einer Abänderung ist das anordnende Gericht nicht befugt (§ 18 Abs. 2 FGG). Will das Gericht eine vorläufige Vollstreckbarkeit erreichen, wird es mit der Hauptsachenentscheidung gleichzeitig eine einstweilige Anordnung nach Absatz 3 treffen. Da die Vollstreckung aus einem noch nicht endgültigen Vollstreckungstitel auf Gefahr des Gläubigers geht (vgl. BGHZ **39** 77; **30** 129), ist dann auch die entsprechende Anwendung des § 717 Abs. 2 ZPO zuzulassen. **14**

2. Absatz 4 schafft keinen materiellen Anspruch, er muß sich aus der Rechtsposition des Antragsteller ergeben (OLG Stuttgart NJW **70** 102). **15**

3. Das Gericht kann z. B. nach Absatz 4 bei Streit über Lärmbelästigungen die Standortverlegung einer Maschine anordnen, eine Hausordnung festlegen, einem Antragsgegner zur Auflage machen, dafür zu sorgen, daß die Wohnungseigentümer der Hausgemeinschaft nicht belästigt werden (OLG Frankfurt NJW **61** 324), einem Antragsgegner die Errichtung eines Grenzzaunes auferlegen (OLG Frankfurt MDR **60** 404), die Ablehnung eines Antrages auf Aufhebung des Beschlusses, durch den ein Verwalter abberufen wurde, mit der Anordnung der Herausgabe der vom Verwalter geführten Bücher verbinden (BayObLGZ **65** 46), auch Ordnungsstrafen für den Fall androhen, daß einer Anordnung nicht Folge geleistet wird. **16**

4. Die Anordnungen müssen so lauten, daß sie vollstreckt werden können, Auslegungszweifel sind im Vollstreckungsverfahren zu klären. Die Anordnungen werden in der Entscheidung getroffen also nicht ohne gleichzeitige Sachentscheidung in der Hauptsache. **17**

5. Das *Begründungsgebot* des Absatz 4 Satz 2 bezieht sich auch auf die Anordnungen der Absätze 3 und 4. Fehlt die Begründung in der Entscheidung zur Hauptsache, liegt ein Gesetzesverstoß vor, der die weitere Beschwerde rechtfertigt (§ 27 FGG); doch wird mit der Zustellung die Rechtsmittelfrist in Lauf gebracht (a. A. *Soergel/Baur,* § 44 Rdn. 5). **18**

Auf §§ 13 Abs. 2 und 3, 15 HausratsVO, denen die Vorschrift nachgebildet ist, kann verwiesen werden.

§ 45

Rechtsmittel, Rechtskraft

(1) Gegen die Entscheidung ist die sofortige Beschwerde zulässig, wenn der Wert des Beschwerdegegenstandes zweihundert Deutsche Mark übersteigt.

(2) Die Entscheidung wird mit der Rechtskraft wirksam. Sie ist für alle Beteiligten bindend.

(3) Aus rechtskräftigen Entscheidungen, gerichtlichen Vergleichen und einstweiligen Anordnungen findet die Zwangsvollstreckung nach den Vorschriften der Zivilprozeßordnung statt.

(4) Haben sich die tatsächlichen Verhältnisse wesentlich geändert, so kann der Richter auf Antrag eines Beteiligten seine Entscheidung oder einen gerichtlichen Vergleich ändern, soweit dies zur Vermeidung einer unbilligen Härte notwendig ist.

Vorbemerkung

Die Erhöhung der Beschwerdesumme auf 200 DM beruht auf Art. 4 des Bundesgesetzes vom 8. 11. 1982 BGBl. I 1615; sie gilt seit 1. 1. 1983. Bis dahin betrug die Beschwerdesumme 50 DM.

1 Die Vorschrift handelt vom Rechtsmittel der Beschwerde (I), von der Rechtskraft (II), von der Vollstreckung der rechtskräftigen Entscheidung (III) und von der Abänderung von Entscheidung und Vergleich (IV).

2 **I. 1.** Die sofortige Beschwerde ist nicht zulässig, wenn der *Wert* des *Beschwerdegegenstandes* 200 DM nicht übersteigt, bei verbundenen Anträgen genügt es, wenn deren Wert insgesamt 200 DM übersteigt (*Palandt/Bassenge,* § 45 Anm. 1). Erreicht nur ein Hilfsantrag die Beschwerdesumme, ist die sofortige Beschwerde zulässig, auf die Reihenfolge der Anträge kommt es nicht an (KG OLGZ **79** 348). Richtet sich die Entscheidung gegen mehrere Beteiligten, kann sie von allen Streitgenossen angefochten werden, wenn die Summe der insgesamt angefochtenen einzelnen Belastungen 200 DM übersteigt, mag auch die Belastung eines oder mehrerer Streitgenossen diesen Betrag nicht übersteigen (vgl. BGH NJW **81** 578). Sofortige Beschwerde gegen die isolierte *Kostenentscheidung* (nach Erledigung der Hauptsache oder Antragsrücknahme) ist zulässig, wenn die Beschwerdesumme erreicht ist (§§ 20 a, 22 FGG), vorausgesetzt, daß gegen eine Entscheidung in der Hauptsache ein Rechtsmittel stattfinden würde. Die Beschwerdeentscheidung kann dann ohne Rücksicht auf die Beschwerdesumme mit der sofortigen weiteren Beschwerde angefochten werden (§§ 27, 29 FGG; OLG Frankfurt OLGZ **80** 74. Vergl. auch § 47 Rdn. 8.

3 Die *weitere* sofortige Beschwerde ist an keine Beschwerdesumme gebunden (OLG Hamm OLGZ **71** 491; str.).

4 Die sofortige Beschwerde ist zulässig gegen Endentscheidungen des Amtsgerichts, mag im Einzelfall über den Antrag auch nur mit formellen Gründen entschieden sein; ferner findet sie statt gegen die Entscheidung zum Grunde des Anspruchs, gegen Teilentscheidungen (OLG Düsseldorf NJW **70** 1137) die isolierte Kostenentscheidung (BayObLGZ **73** 32), und Beschlüsse, die eine Berichtigung ablehnen oder aussprechen (OLG Frankfurt OLGZ **79** 389). Keine „Entscheidung" im Sinne der Vorschrift sind Zwischenverfügungen des Gerichts, Anordnungen nach § 44 Abs. 3; letztere sind zusammen mit der Sachentscheidung anzufechten, falls die Beschwerdesumme erreicht ist. Dies trifft auch für die Durchführungsanordnungen (§ 44 Abs. 4) zu. Gegen die Geschäftswertfestsetzung gibt es die einfache Beschwerde (§§ 31 Abs. 3, 14 Abs. 3 KostO).

Für die Zulässigkeit der sofortigen Beschwerde ist es ohne Bedeutung, wenn das Amtsgericht zu Unrecht seine funktionelle Zuständigkeit bejaht hat, bei richtiger Beurteilung also das Rechtsmittel der Berufung gegeben wäre. Denn gegen richterliche Entscheidungen ist das Rechtsmittel statthaft, das nach der Verfahrensordnung der Art der tatsächlich gefällten Entscheidung entspricht (BGHZ **40** 267); die Partei darf durch ein unrichtiges Verfahren des Gerichts keine Nachteile in ihren prozessualen Rechten erleiden (BGH NJW **79** 43, 44). Da das Beschwerdegericht von Amts wegen die funktionelle Zuständigkeit zu beachten hat, muß es in einem solchen Falle unter Aufhebung der angefochtenen Entscheidung die Sache an das Prozeßgericht abgeben (§ 46 Abs. 1). War die Unzuständigkeit des Amtsgerichts nur hinsichtlich eines Teiles der mehreren geltend gemachten Ansprüche gegeben, kommt in der Beschwerdeinstanz Abtrennung und Abgabe nur dieses Teiles in Betracht, es sei denn, daß es prozeßökonomisch ausnahmsweise angezeigt ist, über das Rechtsmittel im ganzen zu entscheiden, also über alle Ansprüche (oder über Hauptantrag und Hilfsantrag, die abgewiesen wurden). Entsprechendes gilt, wenn über die Widerklage mangels Zuständigkeit nicht hätte erkannt werden dürfen. **5**

Weder ein bestimmter Inhalt noch eine bestimmte Form der Entscheidung sind Voraussetzung für die Zulässigkeit der sofortigen Beschwerde. Eine *Rechtsmittelbelehrung* (vgl. § 21 Abs. 2 LwVG) ist nicht vorgeschrieben (OLG Frankfurt OLGZ **79** 17); eine unrichtige Belehrung setzt aber die Rechtsmittelfrist nicht in Lauf. **6**

2. Über die sofortige Beschwerde entscheidet die *landgerichtliche Kammer;* Beauftragung des Einzelrichters mit der Sachentscheidung kennt das Verfahren der freiwilligen Gerichtsbarkeit nicht. Daran ändert sich nichts, wenn die Beteiligten sich mit Entscheidung durch den Einzelrichter einverstanden erklären (vgl. KG Rpfleger **79** 230). **7**

3. Für Beschwerde und weitere Beschwerde gilt das Verbot der *reformatio in pejus* (BGHZ **71** 319; **19** 199; BayObLGZ **79** 420), ausgenommen ist die Beschwerdeentscheidung über den Geschäftswert (BayObLGZ **79** 223). Zur Bindung an die Rechtsauffassung des Aufhebungsbeschlusses des Rechtsbeschwerdegerichts s. BGHZ **15** 122. **8**

4. *Beschwert* ist, wer mit seinen Anträgen im amtsgerichtlichen Verfahren (Beschwerdeverfahren) keinen Erfolg hatte; der Beschlußsatz ist jeweils maßgebend und nicht die Entscheidungsbegründung. Zur Beschwerdeberechtigung des Verwalters in Verfahren nach § 43 Abs. 1 Nr. 4 s. OLG Düsseldorf DWE **80** 131; OLG Hamm OLGZ **71** 97. **9**

Hatte ein Antrag im amtsgerichtlichen Verfahren Erfolg, steht die Beschwerde, wenn die Beschwerdesumme erreicht ist, nicht nur den unterlegenen Beteiligten, sondern — ausgenommen der erfolgreiche Antragsteller — jedem betroffenen Beteiligten im Sinne des § 43 Abs. 4 kraft dieser ihm durch das Gesetz eingeräumten Rechtsposition zu, ohne Rücksicht darauf, ob er an dem Verfahren bisher teilgenommen und ohne daß er eine Rechtsbeschwer besonders nachzuweisen hat (KG OLGZ **76** 57/59; OLGZ **78** 142; BayObLGZ **78** 382; *Keidel/Kuntze/Winkler,* FGG 11. Aufl. § 20 Rdn. 70 mit Fußnote 4, dort auch Rechtsprechungsnachweis; s. aber auch OLG Hamm OLGZ **71** 97; str.). § 20 Abs. 2 FGG steht nicht entgegen. Bei (teilweiser) Abweisung des Antrages muß, da die abweisende Entscheidung Rechtskraft gegenüber allen Beteiligten, die den abgewiesenen Antrag im ersten Rechtszug hätten stellen können, erlangen kann, ihnen nunmehr Gelegenheit gegeben werden, im zweiten Rechtszug am Verfahren teilzunehmen, es sei denn, daß sie auf die Geltendmachung dieses Rechts verzichten (*Keidel* aaO Rdn. 98; vgl. BayObLGZ **73** 107/8; **63** 64; OLG Düsseldorf **10**

Rpfleger **80** 131; str.). Man kann ihnen dieses Recht nicht mit dem Hinweis verwehren, nach Abweisung des Antragstellers könnten sie selbst den gleichen Antrag erneut stellen (§ 45 Abs. 2 Satz 2). Nicht beschwerdeberechtigt sind aber Dritte, die nur ein wirtschaftliches Interesse an der Entscheidung haben z. B. Hypotheken- und Grundschuldgläubiger.

11 **5.** Die sofortige Beschwerde ist beim *Amtsgericht* oder *Landgericht einzulegen* (§ 21 FGG), und zwar innerhalb einer *Frist* von *2 Wochen* (§ 22 FGG). Die Frist, zu deren Einhaltung der fristenwahrende Einwurf in Tages- oder Nachtbriefkästen des Gerichts ausreicht (BVerfG NJW **80** 580; BGH NJW **81** 1216), beginnt mit der Zustellung der Entscheidung oder mit der Bekanntmachung nach § 16 Abs. 2 FGG (BayObLGZ **70** 69), eine bei einer für mehrere Gerichte eingerichteten Einlaufstelle abgegebene Beschwerde ist aber nur bei dem Gericht eingegangen, an das sie addressiert ist (BGH Beschluß vom 13. 10. 1982 IV b ZB 15/82). Für die Zustellung sind die Bestimmungen der ZPO anzuwenden (§ 16 FGG), für Zustellung an den Prozeßbevollmächtigten § 212 a ZPO; Zustellung an den Beteiligten statt an den für die Instanz bestellten Prozeßbevollmächtigten setzt die Beschwerdefriest nicht in Lauf. Verkündung der Entscheidung in Abwesenheit des Verfahrensbeteiligten läßt die Frist nicht beginnen (BayObLG NJW **70** 1550). Gegen die schuldlose Versäumung der Beschwerdefrist kann *Wiedereinsetzung in den vorigen Stand* bewilligt werden (§ 22 Abs. 2 FGG; OLG Stuttgart JurBüro **76** 685; vgl. auch BGHZ NJW **70** 1316; **79**, 104); Rechtsunkenntnis ist aber nur in besonders gelagerten Fällen ein Wiedereinsetzungsgrund. Zur Armut als Wiedereinsetzung s. BayObLGZ **79** 251. Die Frist zur Wiedereinsetzung gegen die Versäumung der Beschwerdefrist beginnt, wenn ein Gesuch um Kostenhilfe eingereicht war, mit der Zustellung der Entscheidung über dieses Gesuch.

12 Die *Beschwerdefrist* läuft für jeden Verfahrensbeteiligten selbständig. Die Beweislast für die Zulässigkeit des Rechtsmittels trägt der Beschwerdeführer, abgesehen von den Vorgängen im internen Bereich des Gerichts (BGH Vers. R **80** 91).

13 **6.** Die sofortige Beschwerde wird durch *Einreichung einer Beschwerdeschrift* oder durch *Erklärung zu Protokoll des Gerichts* eingelegt (§ 21 Abs. 2 FGG). Es besteht kein Anwalts- und Begründungszwang. Die Beschwerdeschrift braucht nicht einmal unterzeichnet zu sein, doch muß aus ihrem Inhalt unzweideutig die Person des Beschwerdeführers zu erkennen sein. Auch sind weder Antrag noch Begründung im formellen Sinne notwendig, an die Schrift können nicht die Anforderungen einer Berufungsschrift gestellt werden. Doch muß sich aus der Beschwerdeschrift der Wille zur Beschwerdeführung und ferner ergeben, wodurch der angefochtene Beschluß den Beschwerdeführer nach dessen Meinung in seinem Rechte beeinträchtigt (OLG Frankfurt Rpfleger **75** 306; OLG Karlsruhe, Justiz **78** 170). Behält sich der Beschwerdeführer vor sein Rechtsmittel noch näher zu begründen, ist das Gericht nicht gehindert, nach Ablauf einer angemessenen Frist (4—6 Wochen), eine Entscheidung zu treffen, auch wenn diese Begründung noch nicht vorliegt.

14 **7.** Die *Anschlußbeschwerde* ist mit dem BayObLGZ **73** 1 für zulässig zu erachten. Sie setzt keine Beschwer voraus, bedarf keiner Begründung, wird durch einfache Erklärung eingelegt und kann auf die Kostenentscheidung beschränkt werden. Sie ist zulässig bis zum Schluß der mündlichen Verhandlung über die Beschwerde (BayObLG NJW **78** 1977), ohne eine solche bis zur Herausgabe der Beschwerdeentscheidung. Sie muß die Beschwerdesumme nicht erreichen, ihre Wirksamkeit wird aber nach Rücknahme der sofortigen Beschwerde durch das Erreichen der Beschwerdesumme bedingt (vgl. RGZ **137** 233).

Auch die *unselbständige Anschlußbeschwerde* ist zulässig (BGH Rpfleger **79** 98; **73** 139; a. A. OLG Schleswig DWE **75** 122). Sie setzt im Rechtszug der Rechtsbeschwerde Rechtsbeeinträchtigung voraus (BGHZ **43** 295) und ist unstatthaft, wenn sie dasselbe Ziel wie die sofortige (weitere) Beschwerde hat (OLG Düsseldorf DWE **80** 131). § 522 Abs. 1 ZPO ist entsprechend anzuwenden. **15**

8. *Streitgehilfen* können sich auch noch im Beschwerdeverfahren den Beteiligten anschließen. **16**

9. *Verzicht* auf das Rechtsmittel der sofortigen (weiteren) Beschwerde und Rücknahme eines Antrags im Beschwerdeverfahren sind ohne Zustimmung des Gegners zulässig (BayObLG Rpfleger **72** 450), die Kostenentscheidung ist dann Ermessensentscheidung. Das Rechtsmittel kann unter besonderen Umständen auch verwirkt sein (BayObLG Beschluß vom 21. 11. 1980 3 Z 106/79). **17**

10. Die sofortige Beschwerde ähnelt der Berufung des Zivilprozesses. Daher darf auf die Vorschriften der ZPO zur Berufung zurückgegriffen werden, soweit dies beim Fehlen von Vorschriften des FGG und WEG für eine sachgemäße Verfahrensgestaltung erforderlich ist (vgl. BayObLGZ **78** 317); gegen die Zulassung der Antragserweiterung, Antragsänderung, Erhebung eines Gegenantrages bestehen keine Bedenken, wenn die Voraussetzungen der §§ 263, 530 ZPO gegeben sind (BayObLGZ **75** 57; **72** 246; OLG Hamm NJW **73** 2300). Ein erst während des amtsgerichtlichen Verfahrens gefaßter Beschluß der Raumeigentümer kann also durch Antragserweiterung im Beschwerdeverfahren angefochten werden (§ 43 Abs. 1 Nr. 4), wenn der Gegner zustimmt oder dies dem Gericht sachdienlich erscheint (BayObLGZ **75** 53, einschränkend OLG Hamm NJW **69** 884). Ein unzulässiger Antrag kann in der Beschwerdeinstanz ohne Zustimmung des Gegners zurückgenommen werden (LG Düsseldorf Rpfleger **72** 450). **18**

Amts- und Landgericht sind nicht befugt, den Beschwerden gegen ihre Entscheidungen abzuhelfen (§§ 18 Abs. 2, 29 Abs. 3 FGG). Eine Entscheidung, die nach Einlegung der Beschwerde abhilft, ist nichtig (BayObLGZ **78** 128; s. auch Hamburg Rpfleger **70** 400; **71** 220). Die Vorschriften des FGG über die einstweilige Vollziehung der Entscheidung (§§ 24 Abs. 2 und 3, 26 Satz 2) sind für das Verfahren in Wohnungseigentumssachen nicht anwendbar, weil die Vollziehung erst mit der Rechtskraft möglich ist. Das Beschwerdegericht kann aber insoweit einstweilige Anordnungen nach § 44 Abs. 3 treffen. **19**

11. Auch in der Beschwerdeinstanz soll in aller Regel eine mündliche Verhandlung stattfinden (OLG Frankfurt OLGZ **80** 76); es besteht kein Anwaltszwang. Die Entscheidung kann im Anschluß an die Verhandlung verkündet werden, doch steht dies im freien Ermessen des Gerichts; auf § 16 Abs. 3 FGG sei verwiesen (vgl. auch BayObLG NJW **70** 1550). Die Entscheidung muß Tatbestand und Gründe enthalten (§ 25 FGG). Dabei braucht nicht auf jede Einzelheit des Beschwerdevorbringens ausdrücklich eingegangen zu werden; es genügt eine bündige Zusammenfassung aller der Erwägungen, auf denen die Entscheidung in tatsächlicher und rechtlicher Hinsicht beruht (vgl. § 313 Abs. 3 ZPO; BayObLGZ Rpfleger **72** 144). Das Verbot der Schlechterstellung des Rechtsmittelführers ist zu beachten. Das Beschwerdegericht darf anstelle der vom Amtsgericht verfügten Durchführungsanordnungen (§ 44 Abs. 4) in den durch den Verfahrensgegenstand gesetzten Grenzen die Anordnungen treffen, die es für sachdienlicher und zweckmäßiger hält. Andererseits steht es, wenn durch Gerichtsentscheidung die Beseitigung einer baulichen Veränderung angeordnet wurde, den Raum- **20**

eigentümern zu, die nachfolgende Gestaltung durch Mehrheitsbeschluß zu bestimmen (BayObLG MDR **80** 142).

Zustellung der Beschwerdeentscheidung: § 16 FGG.

21 Das Gesetz schließt in § 58 für den dort geregelten Fall die *weitere Beschwerde* aus, geht also von deren sonstigen Zulässigkeit aus (BayObLGZ **63** 163; OLG Hamm OLGZ **71** 491). Eine Beschwerdesumme gibt es hier nicht (OLG Hamm aaO; BayObLG ZMR **79** 214), auch dann nicht, wenn der bei dem Beschwerdegericht unterlegene Antragsteller nur eine Erledigungserklärung durch das Rechtsbeschwerdegericht erstrebt (OLG Celle OLGZ **79** 133) oder eine isolierte Kostenentscheidung angreift. Auch die Verwerfung der sofortigen Beschwerde kann mit der weiteren Beschwerde angefochten werden (BayObLGZ **77** 47).

22 Zur Form der Beschwerdeeinlegung s. § 29 FGG; für die Einreichung der Beschwerdeschrift besteht Anwaltszwang. Eine förmliche Begründung ist nicht vorgeschrieben. Das Rechtsmittel kann nur auf Verletzung des formellen und materiellen Rechts gestützt werden (§ 27 FGG). Das Gericht der weiteren sofortigen Beschwerde (Oberlandesgerichte — Bayerisches Oberstes Landesgericht für das Land Bayern, Oberlandesgericht Zweibrücken für das Land Rheinland-Pfalz) hat, was die Beweiswürdigung anlangt, zu prüfen, ob gegen gesetzliche Auslegungsregeln, allgemein anerkannte Erfahrungssätze oder die Denkgesetze verstoßen wurde oder nicht alle für die Auslegung in Betracht kommenden Gesichtspunkte gewürdigt wurden (BayObLG Rpfleger **79** 425; **78** 186; ZMR **80** 122). Es darf, wenn die Entscheidung des Beschwerdegerichts auf Rechtsfehlern beruht und weitere tatsächliche Feststellungen nicht mehr erforderlich sind, eine eigene Sach- und Rechtswürdigung vornehmen (BayObLG ZMR **80** 160). Zur Berücksichtigung neuen Vortrages in dieser Instanz s. BayObLGZ **70** 108; BayObLG DWE **79** 59; ZMR **76** 88. Die Abweisung eines Wiedereinsetzungsantrages ist bei der Prüfung der Zulässigkeit der sofortigen Beschwerde vom Gericht der weiteren Beschwerde nachzuprüfen (BGHZ **42** 228; BayObLGZ **79** 251). Zur Aussetzung des Rechtsbeschwerdeverfahrens bis zum Abschluß einer Beweisaufnahme in einem anderen Rechtsstreit s. BayObLG ZMR **80** 383).

Die Vorschrift des § 568 Abs. 3 ZPO, wonach die weitere Beschwerde gegen eine Kostenentscheidung des Landgerichts ausgeschlossen ist, gilt im Verfahren nach §§ 43 ff nicht (BayObLGZ **72** 317).

23 Zur *Vorlagepflicht* des Oberlandesgerichts, wenn es von einer Entscheidung eines anderen Oberlandesgerichts oder des Bundesgerichtshofes abweichen will, s. § 28 FGG. In diesem Falle entscheidet der BGH. Keine Vorlagepflicht besteht, wenn die sich widersprechenden Rechtsauffassungen doch zum selben Ergebnis führen (BGH NJW **60** 1621; **68** 1477); die Vorlage ist geboten, wenn die angezogene und die beabsichtigte Entscheidung die gleiche Rechtsfrage verschieden beantworten und auf dieser Abweichung jeweils beide Entscheidungen beruhen. Die Beurteilung des vorlegenden Gerichts, es könne für die weitere Beschwerde nicht ohne Stellungnahme zu der von ihm herausgestellten Rechtsfrage entscheiden, ist für den Bundesgerichtshof bindend (BGHZ **7** 341; **54** 67; **71** 315).

24 **II.** Abweichend von § 16 FGG werden Endentscheidungen nicht schon mit der Bekanntmachung an die Beteiligten, sondern erst mit dem Eintritt der formellen *Rechtskraft* wirksam. Wirksamkeit der Entscheidung bedeutet, daß alle Beteiligten (§ 43 Abs. 4 WEG) an sie gebunden sind (§ 45 Abs. 2 WEG).

Die Entscheidungen werden rechtskräftig,

1. wenn mangels Erreichung der Beschwerdesumme von 200 DM die sofortige Beschwerde unzulässig ist, mit der Zustellung der Entscheidung (an den letzten von mehreren Beteiligten);

2. bei Nichtanfechtung der Entscheidung mit dem Ablauf der zweiwöchigen Frist für die Einlegung der sofortigen Beschwerde;

3. bei Verzicht aller Beteiligten mit der Erklärung dieses Verzichts;

4. bei zulässiger Rechtsmitteleinlegung mit der Zustellung der letztinstanzlichen Entscheidung oder der Rücknahme des Rechtsmittels (vgl. BayObLGZ **76** 213; BayObLG Rpfleger **75** 245). Die Rechtskraft führt Unabänderlichkeit und Bindung für die Richter in einem neuen Verfahren sowie — anders als bei Anwendung des § 1011 BGB (BGH NJW **81** 1097) — für alle Beteiligten (§ 43 Abs. 4) herbei, auch wenn diese am Verfahren nicht teilgenommen hatten (vgl. Hamm OLGZ **71** 101); sie erfaßt aber nur den Entscheidungstenor (BayObLG ZMR **80** 383). Deshalb müssen sie auch zum Verfahren beigezogen werden: Sachantrag, Terminbestimmung sind ihnen bekannt zu machen, Entscheidungen ihnen zuzustellen (OLG Stuttgart BWNotZ **76** 18; OLG Frankfurt OLGZ **80** 76). Die Bindung tritt auch ein, wenn ein Raumeigentümer von dem anhängigen Verfahren keine Kenntnis erlangt hatte, weil er nicht als Beteiligter vom Gericht beigezogen wurde. Ihm kann, wenn die Unkenntnis nicht auf Verschulden beruht, Wiedereinsetzung in den vorigen Stand gewährt werden (vgl. BGH NJW **70** 1316).

Wenn in einem Verfahren des Absatzes 1 des § 43 auf der klagenden oder beklagten Seite mehrere Raumeigentümer Beteiligte sind, sind sie *notwendige Streitgenossen.* Die Rechtskrafterstreckung aufgrund des Absatzes 2 Satz 2 nötigt zu einer einheitlichen Entscheidung (BGHZ **30** 198/99). Greifen nur einige der klagenden oder beklagten Eigentümer die Entscheidung des Gerichts an, sind nur diese Rechtsmittelführer, nur sie haben die Kosten eines erfolglosen Rechtsmittels zu tragen. Aber ihr Rechtsmittel wirkt, wenn es Erfolg hat, auch für die am Verfahren oder (nur) am Rechtsmittelverfahren nicht beteiligten Raumeigentümer (§ 62 ZPO).

Die materielle Rechtskraft der Entscheidung ist von Amts wegen zu beachten; **25**
wird die Sache von den gebundenen Beteiligten nochmals zur gerichtlichen Entscheidung gebracht, ist der Antrag als unzulässig abzuweisen. Ist ein Antrag nach § 43 Abs. 1 Nr. 4 rechtskräftig abgewiesen, ist der angefochtene Beschluß als rechtswirksam festgestellt, sowohl was die Anfechtungs- wie auch die Nichtigkeitsgründe anlangt (BayObLGZ **80** 36); ist ein Rechtsmittel als unzulässig verworfen worden, kann es nicht mit ergänzendem Vortrag von Tatsachen, die vor der Entscheidung bekannt waren, wiederholt werden (BayObLGRpfleger **81** 401).

Zum Wiederaufnahmeverfahren s. § 43 Rdn. 86.

III. Zwangsvollstreckung **26**

Schrifttum

Herold, Zwangsvollstreckung gegen Wohnungseigentümer, DWE **74** Heft 2 S. 10; FWW **76** 134; GrE **74** 661; *Weimar,* Die Eigentumswohnung in der Zwangsvollstreckung, BlGBW **76** 188; DWE **75** 6; *Kuhnt,* Regelung des Hausrats nach der Ehescheidung AcP **150** 130, 146, III.

Die Vollstreckung findet aus einstweiligen Anordnungen (§ 44 Abs. 3), aus Vergleichen und aus rechtskräftigen Entscheidungen samt den Anordnungen nach § 44

Abs. 4 statt; eine vorläufige Vollstreckbarkeit kennt das Verfahren der freiwilligen Gerichtsbarkeit nicht, sie wird ersetzt durch einstweilige Anordnungen (§ 44 Abs. 3). Zur Vollstreckung von Titeln, die auf Unterlassung lauten s. BayObLG ZMR **80** 128. Die Zwangsvollstreckung richtet sich nach den Bestimmungen der ZPO (BayObLG Rpfleger **79** 67; OLG Köln NJW **76** 1322). Begründet die ZPO für Maßnahmen der Zwangsvollstreckung die Zuständigkeit des Prozeßgerichts 1. Instanz, so tritt an dessen Stelle das FG-Gericht, das gemäß § 43 zu entscheiden berufen ist. Der Rechtsmittelzug (§§ 793, 567, 568, 577 ZPO) richtet sich nach der ZPO (OLG Köln NJW **76** 1322; OLG Frankfurt OLGZ **80** 163; BayObLG Beschl. vom 15. 6. 1982 2 Z 80/81). Für *Vollstreckungsabwehranträge* (§ 767 ZPO) sind die FG-Gerichte zuständig, die Rechtsmittel richten sich nach § 21 FGG §§ 45, 47 WEG (BayObLG ZMR **82** 127; BGH NJW **80** 189). Keine Zwangsvollstreckung aus nicht rechtskräftigen Beschlüssen, deshalb fehlt einem Antrag auf einstweilige Einstellung der Vollstreckung aus einem nicht rechtskräftigen Beschluß das Rechtsschutzinteresse (BayObLG ZMR **80** 255).

27 Die Vollstreckung setzt Vollstreckungsklausel (§§ 724, 726 ZPO; OLG Stuttgart Rpfleger **73** 311) und Schuldnerzustellung voraus, das gilt auch für die Anordnungen nach § 44 Abs. 3 und 4. Für die Zulässigkeit der weiteren Beschwerde bedarf es eines selbständigen Beschwerdegrundes (§§ 568 Abs. 2, 570 ZPO; BayObLG Rpfleger **79** 67). Auch zur Anordnung von Vollstreckungsmaßnahmen nach §§ 750, 887, 888 ZPO sind die Gerichte des § 43 zuständig (BayObLG Rpfleger **79** 67).

28 Der Miteigentumsanteil des Wohnungseigentümers ist nicht pfändbar, die Vollstreckung in den Anteil vollzieht sich durch Zwangsversteigerung nach dem Zwangsversteigerungsgesetz. Pfändbar sind die Ansprüche des einzelnen Wohnungseigentümers gegen die Gemeinschaft, z. B. wegen zuviel bezahlten Wohngeldes.

In den Zuständigkeitsbereich der Vollstreckungsgerichte fällt auch die Entscheidung über die Bewilligung der Prozeßhilfe für dieses Verfahren.

29 IV. **1.** Die **Abänderungsbestimmung** (Abs. 4) ähnelt § 323 ZPO. Die Abänderung rechtskräftiger Entscheidungen setzt eine nach deren Rechtskraft eingetretene wesentliche Veränderung der tatsächlichen (nicht der Gesetzesauslegung) Verhältnisse, von denen die Entscheidung ausging, voraus, weiter die Feststellung, daß die Aufrechterhaltung der Entscheidung eine unbillige Härte bedeutet, schließlich einen Antrag des Betroffenen (vgl. OLG Celle NJW **64** 1861). Für die Abänderung von Vergleichen kommt es auf den Tag ihres Abschlusses an. Wesentlich ist eine Änderung der tatsächlichen Verhältnisse, die, hätte man sie vorausgesehen, zu einer anderen Entscheidung, einem anders lautenden Vergleich geführt hätten (vgl. *Thomas/Putzo*, ZPO § 323 Anm. 4). Die Aufrechterhaltung des bestehenden Rechtszustandes braucht für den Betroffenen nicht schlechthin untragbar zu sein; es genügt, daß die Abänderung zur Vermeidung einer unzumutbaren unbilligen Härte erforderlich ist. Im Gegensatz zu § 323 Abs. 3 ZPO enthält § 45 Abs. 4 zwar keine zeitliche Begrenzung für den Beginn der Abänderbarkeit; vorausgesetzt wird nur die Antragstellung. Sie wird sich aber nicht auf eine zurückliegende Zeit beziehen können, da bei Duldung der Regelung nicht von einer unbilligen Härte gesprochen werden kann. Jedenfalls wird Antrag auf Bewilligung der Prozeßkostenhilfe für den zeitlichen Beginn der Abänderung ausreichend sein.

30 **2.** Die Abänderung kann auch in einer Aufhebung der Entscheidung bestehen; sie darf aber nur soweit gehen, als dies zur Vermeidung der unbilligen Härte geboten ist. Daß es sich bei der Abänderungsbestimmung um eine Ausnahmebestimmung handelt, sollte bei deren Anwendung nicht aus dem Auge gelassen werden.

3. Die Entscheidung trifft das Amtsgericht (§ 43) nach billigem Ermessen (§ 43 Abs. 2). *Soergel/Baur*, § 45 Rdn. 3 wendet die Vorschrift auch auf den Fall der Erschleichung einer Entscheidung an. **31**

Verwiesen sei auf §§ 14, 15, 17 HausratsVO, die der Vorschrift als Vorbild dienten.

§ 46

Verhältnis zu Rechtsstreitigkeiten

(1) Werden in einem Rechtsstreit Angelegenheiten anhängig gemacht, über die nach § 43 Abs. 1 im Verfahren der freiwilligen Gerichtsbarkeit zu entscheiden ist, so hat das Prozeßgericht die Sache insoweit an das nach § 43 Abs. 1 zuständige Amtsgericht zur Erledigung im Verfahren der freiwilligen Gerichtsbarkeit abzugeben. Der Abgabebeschluß kann nach Anhörung der Parteien ohne mündliche Verhandlung ergehen. Er ist für das in ihm bezeichnete Gericht bindend.

(2) Hängt die Entscheidung eines Rechtsstreits vom Ausgang eines in § 43 Abs. 1 bezeichneten Verfahrens ab, so kann das Prozeßgericht anordnen, daß die Verhandlung bis zur Erledigung dieses Verfahrens ausgesetzt wird.

I. Allgemeines **1**

Die Zustädigkeit der Gerichte der freiwilligen Gerichtsbarkeit ist nach § 43 eine ausschließliche. Um dies sicherzustellen, schreibt § 46 die Abgabe der in diese Zuständigkeit fallenden Streitigkeiten an das FG-Gericht vor. Dem Prozeßrichter steht es nicht frei, statt Abgabe die Klage wegen Unzulässigkeit des Rechtsweges abzuweisen.

Die Vorschrift behandelt nur den Fall, daß vor dem Prozeßgericht ein von § 43 Abs. 1 erfaßter Antrag gestellt wird. Entsprechendes muß aber auch für den umgekehrten Fall gelten. Die Vorschrift ist § 18 der HausratVO nachgebildet.

II. 1. Die Abgabe (nicht Verweisung) erfordert keinen Antrag. Sie ist von Amts wegen auszusprechen, den Beteiligten muß aber vorher Gelegenheit zur Stellungsnahme gegeben werden. **2**

Wird der Abgabeschluß ohne Anhörung der Beteiligten erlassen, kommt ihm keine Bindungswirkung für das Gerichtsstandsbestimmungsverfahren zu (BGHZ **71** 72 f). **3**

Mündliche Verhandlung über die Abgabe ist nicht vorgeschrieben. Auf § 281 ZPO kann nicht zurückgegriffen werden, weil es hier um funktionelle Zuständigkeit geht. **4**

Mehrere Ansprüche, die teils vor den Richter der ordentlichen Gerichtsbarkeit, teils vor den der freiwilligen Gerichtsbarkeit (§ 43) gehören, können nicht in einer Klage geltend gemacht werden (§ 260 ZPO; vgl. BGH FamRZ **79** 215), auch nicht als Haupt-und Hilfsanträge, geschieht dies doch, hat zunächst das Gericht zu entscheiden, das zum Hauptantrag dazu berufen ist; eine Abgabe kommt solange nicht in Betracht, als der Hauptantrag nicht abgewiesen ist (vgl. BGH LM SGG § 51 Nr. 2; FamRZ **80** 554). **5**

Ein für den Hauptantrag unzuständiges Gericht hat diesen auch dann abzugeben, wenn seine Zuständigkeit für den Hilfsantrag gegeben wäre (BGH NJW **56** 1357). Zur Aufrechnung s. § 43 Rdn. 67.

Die Prüfung der Zuständigkeit — maßgebend für die Entscheidung ist die Begründung des geltend gemachten Anspruchs — hat von Amts wegen auch noch in den Rechtsmittelinstanzen zu geschehen (BGHZ **59** 60; BayObLG Rpfleger **78** 256; **79** 318). **6**

7 2. Die Abgabe beschließt das Gericht (Richter, Kammer, Senat), nicht der Einzelrichter (OLG München NJW **68** 994). Im Mahnverfahren, dessen Statthaftigkeit für Zahlungsansprüche aus § 43 Abs. 1 Nr. 1 und 2 zu bejahen ist, beschließt der Richter, nicht der Rechtspfleger, die Abgabe an das FG-Gericht, sobald die Sache zur streitigen geworden ist, also sonst die Abgabe nach § 694 ZPO stattfinden müßte (*Vollkommer*, Rpfleger **73** 3 — III 1 a; LG Schweinfurt Rpfleger **76** 20; str.).

8 3. Der Abgabebeschluß des Amts- und Landgerichts ist mit Beschwerde und weiterer Beschwerde anfechtbar. Da bei der Anwendung des § 17 GVG, der allgemeinen Grundform der Verweisung (BGHZ **40** 6), die Verweisungsentscheidung mit Berufung und Revision angegriffen werden kann, liegt der Schluß nahe, daß auch der Abgabebeschluß mit einem Rechtsmittel muß bekämpft werden können (BGH NJW **67** 781; KG OLGZ **79** 19 mit Rechtsprechungsnachweis; OLG Celle NdsRpfl. **78** 33; OLG Braunschweig NJW **64** 872; ebenso zu § 18 HausratVO: OLG Köln JMBL NRW **73** 221; OLG Karlsruhe FamRZ **76** 93; OLG Schleswig SchlHA **74** 169; LG Mainz NJW **78** 171 zur Abgabe des Vollstreckungsgerichts an das FG-Gericht. *Baumbach/Lauterbach*, ZPO 40. Aufl. Anhang II zu § 281, II, 4 unterstellen das Verfahren des Prozeßgerichts den Regeln des WEG; OLG Karlsruhe NJW **69** 1442 sieht den Abgabebeschluß als nicht anfechtbar an).

9 In der Rechtsprechung und im Schrifttum wird weit überwiegend die *einfache* Beschwerde als zulässig bezeichnet (§§ 567, 569, weitere Beschwerde § 568 Abs. 2 ZPO). Da nach dem System der Zivilprozeßordnung die sofortige Beschwerde nur stattfindet, wenn sie gesetzlich zugelassen ist, dies aber in § 46 WEG nicht vorgesehen ist, ist der herrschenden Meinung zu folgen (s. aber auch *Keidel/Winkler*, FGG § 1 Rdn. 26 und *Janzen*, FGG § 1 Rdn. 96).

10 4. Das Gericht, an das der Rechtsstreit abgegeben wurde, ist an den Abgabebeschluß kraft Gesetzes gebunden (OLG Düsseldorf OLGZ **78** 349), dies auch dann, wenn die Abgabe zu Unrecht ausgesprochen wurde (OLG Frankfurt Rpfleger **79** 389). Anders, wenn den Beteiligten das rechtliche Gehör versagt wurde (BGHZ **71** 69) oder der Beschluß offensichtlich jeder rechtlichen Grundlage entbehrt, sich als willkürlich erweist (BayObLG DNotZ **74** 78; Rpfleger **75** 245). Von diesen Ausnahmen abgesehen steht es dem Richter, an den das Verfahren abgegeben wurde, nicht zu, nachzuprüfen, ob die Voraussetzungen für eine Abgabe in der Tat vorlagen (BayObLG MDR **65** 743).

11 Auch die Prozeßparteien, die die Abgabe beantragt haben oder nach Erlaß des Beschlusses auf Rechtsmittel verzichtet haben, sind an diesen gebunden. Das gilt ferner für die sonstigen Fälle der Unanfechtbarkeit (s. oben Rdn. 9).

12 5. Die Abgabe kann auch noch im Berufungs- und Revisionsverfahren beschlossen werden (BayObLG Rpfleger **78** 256; **79** 318; BGHZ **59** 60), dann aber, da das Urteil der Vorinstanzen aufzuheben ist, durch Urteil und nicht durch Beschluß (BGHZ **10** 163; a. A. OLG Hamburg NJW **63** 818). Zur Förmelung eines solchen Abgabeurteils in den Rechtsmittelinstanzen s. BayObLG Rpfleger **79** 318 Nr. 3.

13 Erklärt sich das FG-Gericht trotz der Bindung für unzuständig, so hat es, sobald dieser Beschluß unanfechtbar geworden ist, ohne daß es eines besonderen Antrags bedarf, nach Anhörung der Parteien den Rechtsstreit dem nach § 36 Ziffer 6 ZPO zuständigen Gericht zur Zuständigkeitsbestimmung vorzulegen (BGH LM ZPO § 36 Ziffer 6 Nr. 4; OLG Frankfurt FamRZ **74** 197; OLG Koblenz NJW **77** 1736, vgl. auch BAG NJW **75** 581; OLG Karlsruhe OLGZ **75** 285). Doch wird es bei der Bindung an den Abgabebeschluß sein Bewenden haben müssen, (BGHZ **17** 171; BayObLGZ **78**

189/9; OLG Karlsruhe aaO), auch wenn dieser materiell unrichtig ist, es sei denn, daß es sich um einen offensichtlich unwirksamen Abgabebeschluß handelt (BayObLG NJW **58** 1824; **65** 1485; DNotZ **74** 79; BGH LM aaO; BGHZ **2**, 280; RGZ **119**, 384).

6. Eine interne den Parteien nicht bekannt gewordene gerichtliche Verfügung, durch die der Rechtsstreit zur Übernahme an das FG-Gericht geleitet wird, stellt keine Abgabe im Sinne des § 46 dar. **14**

7. Dem Gericht, an das abgegeben wurde, ist es nicht verwehrt, die Sache an das nach § 43 örtlich zuständige FG-Gericht zu verweisen (vgl. BayObLGZ **70** 65); die Beteiligten sind vorher zu hören. **15**

8. Mit der Abgabe wächst dem FG-Gericht die Zuständigkeit zur Streitentscheidung über alle Anträge zu, die vor dem Prozeßgericht gestellt waren, in diesem Umfang an das FG-Gericht verwiesen wurden und dort aufrecht erhalten werden, selbst wenn solche Anträge an sich nicht in den Katalog des § 43 Abs. 1 fallen. Dabei kann der Abgabebeschluß in seiner gegenständlichen Abgrenzung der abgegebenen Ansprüche durch den FG-Richter ausgelegt werden. Keine Abgabe, wenn sich aus der Klage zum Prozeßgericht bereits die mangelnde Parteifähigkeit einer Partei ergibt (OLG Koblenz MDR **76** 936). Das Verfahren der einstweiligen Verfügung (des Arrestes) kann nicht an das FG-Gericht abgegeben werden, da dessen Zuständigkeit eine anhängige Hauptsache voraussetzt (BayObLG Rpfleger **75** 245). Zulässig ist die Abgabe auch innerhalb desselben Gerichtes. **16**

III. Hält sich — *umgekehrt* — das *FG-Gericht* nicht für zuständig (diesen Fall behandelt § 46 nicht), ist diese Vorschrift entsprechend anzuwenden: die Sache ist, ohne daß es eines Antrages bedarf, nach Gehör der Beteiligten ohne mündliche Verhandlung an das Prozeßgericht abzugeben (BGH MDR **81** 43 mit Nachweisen aus der Rechtsprechung und dem Schrifttum); der Bundesgerichtshof läßt dabei offen, ob die rechtliche Grundlage für seine Entscheidung gebildet wird von § 17 GVG, § 12 LwVG, § 46 WEG oder § 281 ZPO. Es bietet sich die Anwendung des § 17 GVG als der allgemeinen Regelung als sachgerechte Lückenschließung an. Der Beschluß bindet das Prozeßgericht (OLG Düsseldorf OLGZ **78** 349; KG OLGZ **79** 153/54). Gegen den Abgabebeschluß des FG-Gerichts ist, weil die Endentscheidung mit sofortiger Beschwerde (weiterer sofortigen Beschwerde) anfechtbar ist (§ 45), das Rechtsmittel der sofortigen Beschwerde zulässig (vgl. oben Rdn. 9; ebenso im Ergebnis KG MDR **79** 590 unter Anwendung des § 17 GVG). **17**

Streitigkeiten zwischen Gerichten der Freiwilligen Gerichtsbarkeit über die *örtliche Zuständigkeit* werden im Rechtsmittelweg entschieden. Haben sich sowohl das Prozeßgericht wie das Gericht der Freiwilligen Gerichtsbarkeit — nicht mehr — anfechtbar für unzuständig erklärt (negativer Kompetenzkonflikt), ist die Bestimmung des § 36 Z. 6 ZPO entsprechend anwendbar (BGHZ **78** 108; OLG Frankfurt FamRZ **74** 197; BayObLGZ **68** 89 wendet § 5 FGG entsprechend an). Auch negativer Kompetenzkonflikt zwischen Spruchkörpern innerhalb desselben Gerichts ist analog § 36 Ziffer 6 ZPO zu beheben (BGHZ **71** 264; BayObLG FamRZ **79** 215). **18**

Zur Kostenentscheidung: § 50 WEG. **19**

IV. Unterbleibt die Abgabe zu Unrecht, wächst dessen ungeachtet die Sachentscheidung in Rechtskraft; ein Urteil des Prozeßgerichts bindet aber (hier kommt § 45 Abs. 2 Satz 2 nicht zur Anwendung) nur die Prozeßparteien, nicht auch andere Beteiligte im Sinne des § 43 Abs. 4. Das gilt ebenso, wenn das Prozeßgericht nach materiell- **20**

unrichtiger, aber bindender Abgabe durch das Gericht der Freiwilligen Gerichtsbarkeit entscheidet.

21 Hat andererseits ein FG-Gericht über einen Anspruch entschieden, für den ihm die Zuständigkeit fehlte, kann insoweit keine erweiterte Rechtskraftwirkung (§ 45 Abs. 2 Satz 2) eintreten, weil es für diesen Anspruch keine Beteiligten im Sinne des § 43 Abs. 4 gibt.

V. Für die Verweisung der FG-Gerichte untereinander kann § 281 ZPO angewendet werden.

22 Handelt es sich um eine Familiensache (§ 23 b Nr. 8 bis 10 GVG: Wohnung, eheliches Güterrecht, Zugewinnausgleich), gibt es bezüglich der Abgabe an das zuständige Familiengericht keine Besonderheit (§ 621 a Abs. 2 ZPO, § 46 WEG). Bei Abgabe an das Familiengericht erstreckt sich aber die Bindungswirkung nur auf die erstinstanzielle Zuständigkeit. Für die Rechtsmittelzuständigkeit ist nach der Rechtsprechung des Bundesgerichtshofes entscheidend, daß sich an der materiellen Rechtsnatur der Streitigkeit (Familiensache — Nichtfamiliensache) durch die bindende Abgabe nichts ändert (BGHZ **72** 182; **71** 264; BGH NJW **81** 2418). Die Auseinandersetzung der Eheleute über das Wohnungseigentum regelt sich nach §§ 749 ff BGB; keine Familiensache (vgl. BGH NJW **78** 1923).

23 VI. 1. Zur *Aussetzung* s. § 148 ZPO; *Keidel/Kuntze/Winkler*, FGG 11. Aufl. § 12 Rdn. 42, 43. Hat in einem Verfahren des FG-Gerichts das Prozeßgericht eine Vorfrage zu klären, wird man § 46 Abs. 2 entsprechend anwenden.

24 An die Entscheidung des FG-Gerichtes zur Vorfrage ist das Prozeßgericht nur gebunden, wenn die Prozeßparteien zu den Beteiligten im Sinne des § 43 Abs. 4 in FGG-Rechtsstreit gehörten (*Palandt/Bassenge*, § 46 WEG Anm. 2).

25 2. Wird ein Miteigentümerbeschluß, dessen Gültigkeit angefochten wurde (§ 43 Abs. 1 Nr. 4), nachträglich durch einen zweiten Beschluß bestätigt, dessen Gültigkeit dann auch angefochten wird, so darf nicht das zweite Verfahren bis zur Erledigung des ersten ausgesetzt werden, wenn dem zweiten Beschluß heilende Kraft zugunsten des ersten zukommt; dann fehlt nämlich der Durchführung des ersten Verfahrens das Rechtsschutzinteresse (*Schmidt* aaO).

§ 47

Kostenentscheidung

Welche Beteiligten die Gerichtskosten zu tragen haben, bestimmt der Richter nach billigem Ermessem. Er kann dabei auch bestimmen, daß die außergerichtlichen Kosten ganz oder teilweise zu erstatten sind.

1 **I. Allgemeines**

§ 47 lehnt sich an § 20 der HausratVO an.

Das Gericht entscheidet über Hauptsache und Kostentragung gleichzeitig (§ 45 Abs. 1). Ist die Kostenentscheidung unterblieben, kann sie nach § 321 ZPO nachgeholt werden, auch noch in den Rechtsmittelinstanzen.

§ 47 unterscheidet zwischen Gerichtskosten und außergerichtlichen Kosten.

II. Gerichtskosten 2

1. Grundsätzlich hat der *unterliegende* Beteiligte, der *erfolglose* Beschwerdeführer, die anfallenden *Gerichtskosten zu tragen;* (vgl. BayObLG MDR **83** 58). Dies entspricht der Billigkeit. Von dieser Regel darf indes abgewichen werden, wenn eine andere Kostenverteilung unter Beachtung aller gegebenen Umstände (z. B. einer sachlich-rechtlichen Erstattungspflicht) billig und gerecht erscheint; so können auch dem Obsiegenden (Teil-)kosten auferlegt werden (BayObLGZ **73** 313; **75** 286, 370/1; OLG Hamm OLGZ **71** 104). Ob dies auch gegenüber am Verfahren nicht teilnehmenden „Beteiligten" zulässig ist (so BayObLGZ **73** 246), ist zweifelhaft; das Gesetz versteht unter den „Beteiligten" (§ 47 Abs. 1) die am Verfahren formell teilnehmenden, nicht die Beteiligten im Sinne des § 43 Abs. 4 (ebenso BayObLGZ **75** 237). Das Gericht kann unter besonderen Umständen auch anordnen, daß die Gerichtskosten aus dem gemeinschaftlichen Verwaltungsvermögen zu entrichten sind (vgl. BayObLGZ **73** 246; AG München Rpfleger **75** 254); dabei darf aber in der Regel der obliegende Beteiligte mit seinem Anteil an diesem Vermögen nicht miterfaßt werden.

Auch die Belastung des Verwalters mit Kosten des Verfahrens ist zulässig, wenn er in Wahrnehmung eigner Interessen oder als Antragsgegner, dem schuldhaftes Verhalten bei seiner Verwaltertätigkeit zur Last gelegt wird, am Verfahren teilgenommen hat (OLG Frankfurt OLGZ **80** 74; OLG Hamm OLGZ **71** 105; BayObLGZ **75** 239, 371; OLG Hamburg OLGZ **71** 105). 3

2. Sind von einer Mehrhausanlage im einzelnen Fall nur die Raumeigentümer *eines* Gebäudes betroffen, kommen nur diese als Verfahrensbeteiligte und damit als Kostenträger in Betracht (BayObLGZ **75** 238). Bedenklich, daß die Gerichtskosten einer unzulässigen Beschwerde dem Prozeßbevollmächtigten des Beschwerdeführers sollen auferlegt werden können (so BayObLG Rpfleger **76** 292). 4

3. Wird ein Verfahrensantrag zurückgenommen oder erledigt sich die Hauptsache (BayObLG ZMR **79** 221), bildet für die Kostenentscheidung die voraussichtliche Erfolgsaussicht einen wichtigen, aber nicht stets den ausschließlichen Anhaltspunkt (KG NJW **65** 1540; BayObLGZ **75** 235; **73** 33; BayObLG ZMR **77** 86); die strenge Regelung des § 269 Abs. 3 Satz 2 ZPO scheidet aus, vielmehr ist auch hier § 47 WEG anzuwenden. Entsprechendes gilt, wenn ein Rechtsmittel (Beschwerde, weitere Beschwerde) zurückgenommen (BayObLG ZMR **77** 86; **74** 58; BayObLGZ **75** 286; **73** 32 f) oder das Verfahren durch (außergerichtlichen) Vergleich beendet wird; § 98 Abs. 1 ZPO ist nicht anzuwenden (BayObLG Rpfleger **80** 192; OLG Frankfurt OLGZ **80** 74). 5

Das Beschwerdegericht darf die Kostenentscheidung des Erstrichters im Blick auf den voraussichtlichen Erfolg des Rechtsmittels ändern, wenn sich das Verfahren im Beschwerderechtszug (durch Zahlung oder durch Vergleich) erledigt hat (BayObLGZ **75** 286). 6

4. Zur Kostenentscheidung, wenn mehrere Antragsverfahren verbunden wurden s. BayObLG NJW **67** 986. 7

5. Die Entscheidung über die Kosten ist für sich allein nicht anfechtbar, sie muß mit der Entscheidung zur Hauptsache bekämpft werden (§ 20 a FGG). Eine Entscheidung zur Hauptsache liegt aber auch vor, wenn nach streitigem Vorbringen zur Erledigung der Sache das Gericht diese ausspricht (OLG Karlsruhe Justiz **80** 22). Ergeht nach übereinstimmender Erklärung der Erledigung nur eine Kostenentscheidung, ist diese mit sofortiger Beschwerde angreifbar, wenn der Betrag der Kosten die Beschwer- 8 desumme übersteigt (§ 20 a Abs. 2 FGG; BayObLGZ **73** 30; OLG Frankfurt OLGZ **80** 82), vorausgesetzt, daß auch gegen die Entscheidung in der Hauptsache ein Rechtsmittel stattfinden würde. § 568 Abs. 3 ZPO gilt hier nicht (BayObLGZ **72** 317). Tritt Erledigung vor Einlegung der Beschwerde ein, muß der im amtsgerichtlichen Verfahren unterlegene Antragsteller zum Antrag auf Erledigungserklärung übergehen; seinen alten Antrag kann er im Beschwerdeverfahren nicht mehr aufrecht erhalten. Tritt Erledigung erst im Laufe des Beschwerdeverfahrens ein, ist der Übergang zum Antrag auf Erledigungserklärung unabhängig davon, ob die Beschwerdesumme noch erreicht ist (vgl. *Keidel/Kuntze/Winkler*, FGG, § 20 a Rdn. 6, § 13 a Rdn. 47). Nach Rücknahme des Sachantrags oder des Rechtsmittels findet wegen der Kostenentscheidung keine Sachaufklärung mehr statt. S. auch § 43 Rdn. 81.

9 **6.** Die Frage der Billigkeit obliegt dem Beurteilungsermessen des Erstrichters und des Beschwerdegerichts; die Ermessensentscheidung ist der Nachprüfung durch das Gericht der weiteren Beschwerde nur in beschränktem Maße unterworfen (BayObLGZ **73** 33; **75** 371).

10 **7.** Unter die Gerichtskosten fallen auch die Gebühren der Zeugen, die Honorare der Sachverständigen, die Auslagen einer Ortsbesichtigung.

11 **III.** Hinsichtlich der *Erstattung* außergerichtlicher Kosten bildet es die Regel, daß jeder Beteiligte seine Kosten zu tragen hat, Kostenerstattung nur ausnahmsweise stattfindet (OLG Frankfurt OLGZ **80** 74), wenn nämlich besondere Umstände, die jeweils in der Entscheidung dargelegt werden müssen, es rechtfertigen, die außergerichtlichen Kosten (z. B. Rechtsanwaltsgebühren) eines Beteiligten dem Gegner ganz oder teilweise aufzuerlegen (BayObLGZ **78** 277; **79** 34; **81** 29; BayObLG Rpfleger **72** 144). Zahlung des geltend gemachten Betrages muß die Kostenerstattung nicht automatisch nach sich ziehen.

Außergerichtliche Kosten sind z. B. nicht deshalb erstattungsfähig, weil die Rechtslage schwierig zu beurteilen war (OLG Frankfurt OLGZ **80** 74, 82), die Gerichte uneinheitlich entschieden hatten (BayObLGZ **78** 277; **65** 290), ferner nicht, wenn bei einem hohen Geschäftswert und einer Vielzahl anwaltschaftlich vertretener Gegner auf den unterlegenen Beteiligten sonst eine enorme Kostenlast zukäme (vgl. BayObLG Rpfleger **75** 98). Anders kann es sein, wenn das Rechtsmittel von vornherein aussichtslos war; keinesfalls sind unnötige Auslagen eines Beteiligten zu erstatten (BayObLG Rpfleger **78** 320). Diese Regeln gelten auch für die *Rücknahme* eines *Rechtsmittels* (LG Hannover ZMR **79** 222; BayObLG NJW **79** 1378 — Klagerücknahme) oder die Erledigung die Hauptsache (LG Hanau ZMR **79** 153). Hat der Richter bei der Kostenentscheidung über die außergerichtlichen Kosten versehentlich nicht erkannt, so wird diese in sinngemäßer Anwendung von § 321 ZPO nachgeholt werden können.

12 **IV.** Das Beschwerdegericht darf die Kostenentscheidung auch zu Ungunsten des Beschwerdeführers abändern; das Verbot der reformatio in pejus gilt hier nicht (BayObLG Rpfleger **79** 318).

13 **V.** Die *Verfahrenskosten* gehören *nicht* zu den *Verwaltungskosten* (§ 16 Abs. 5). Sie treffen nur die Verfahrensbeteiligten. Rechtsanwaltsgebühren, Sachverständigenhonorare können also, wenn nicht die Kostenentscheidung Zahlung aus dem gemeinschaftlichen Vermögen der Eigentümer vorsieht, nur mit deren aller Zustimmung dem

Instandhaltungsfond entnommen werden. Das gilt ebenso für die Kostenvorschüsse für ein Verfahren (BayObLG DWE **77** 58; BayObLGZ **71** 289); auch sie sind keine Verwaltungslast.

VI. Über die Kostenentscheidung bei *Verweisung* s. § 50 und BayObLG Rpfleger **79** 318; § 281 Abs. 3 Satz 2 ZPO kann angewendet werden. **14**

VII. Die *Kostenfestsetzung* (§ 13 a Abs. 2 FGG, § 103 ZPO) ist eine Angelegenheit der freiwilligen Gerichtsbarkeit; die Vorschriften der ZPO sind ergänzend anzuwenden (BGHZ **33** 205). Die Festsetzung der Kosten setzt eine rechtskräftige Kostenentscheidung voraus (LG Düsseldorf Rpfleger **81** 204). Die Kostenfestsetzung ist Aufgabe des Rechtspflegers, gegen seinen Entscheid sind Erinnerung und sofortige Beschwerde zulässig, aber nicht die weitere Beschwerde (BayObLGZ **75** 263; BayObLG Rpfleger **82** 38). **15**

§ 48

Kosten des Verfahrens

(1) Für das gerichtliche Verfahren wird die volle Gebühr erhoben. Kommt es zur gerichtlichen Entscheidung, so erhöht sich die Gebühr auf das Dreifache der vollen Gebühr. Wird der Antrag zurückgenommen, bevor es zu einer Entscheidung oder einer vom Gericht vermittelten Einigung gekommen ist, so ermäßigt sich die Gebühr auf die Hälfte der vollen Gebühr.

(2) Der Richter setzt den Geschäftswert nach dem Interesse der Beteiligten an der Entscheidung von Amts wegen fest.

(3) Für das Beschwerdeverfahren werden die gleichen Gebühren wie im ersten Rechtszug erhoben.

Schrifttum

Schmidt, Kostenfragen in Wohnungseigentumssachen, BlGBW **82** 221.

I. § 48, dem § 21 HausratVO nachgebildet, handelt von den Gebühren für das gerichtliche Verfahren und von der Geschäftswertfestsetzung. **1**

II. 1. Die *Kostenordnung* ist anzuwenden für die Bestimmung des Kostenschuldners (§§ 2,3 KostO), die Fälligkeit der Gebühren (§ 7 KostO), den Kostenvorschuß (§ 8 KostO; BayObLGZ **71** 289: keine Zurückweisung des Antrages bei Nichtzahlung; Beweiserhebung kann aber von der Zahlung eines Auslagenvorschusses abhängig gemacht werden, § 8 Abs. 2 KostO; BayObLG vom 8. 4. 1981 3 Z 826/81), den Kostenansatz durch den Rechtspfleger (§ 14 KostO), die Erinnerung, Beschwerde und weitere Beschwerde gegen den Kostenansatz (§ 14 Abs. 3 KostO; vgl. BayObLGZ **72** 70). **2**

2. Die nach dem Geschäftswert anzusetzenden **Gebühren** erhöhen sich nach Absatz 1 auf das Dreifache, wenn es zu einer den Rechtszug abschließenden Entscheidung kommt. Das ist auch der Fall, wenn der Beschluß der Vorinstanz aufgehoben und die Sache an die Vorinstanz zurückverwiesen wird, selbst wenn dabei keine Kostenentscheidung getroffen wird (BayObLGZ **72** 73), ferner nach Erledigung der Hauptsache nur noch Streit über die Kostentragung besteht und das Gericht darüber eine Entscheidung fällt. Kommt ein Vergleich zustande, wird die volle Gebühr nach Maßgabe des § 32 KostO (Tabelle) erhoben. Da nach Verweisung (§ 46) die Verhandlungen vor dem Prozeßgericht und dem FG-Gericht als eine Einheit anzusehen sind, wird nur eine Gebühr für das gesamte Verfahren angesetzt (vgl. OLG Frankfurt MDR **79** 682). **3**

4 **3.** Absatz 3 verdrängt § 31 KostO (BayObLGZ **72** 72). Die Gebühr für das Beschwerdeverfahren wird auch für das erfolgreiche Rechtsbeschwerdeverfahren erhoben. Die Ermäßigung nach Absatz 1 Satz 3 tritt auch ein, wenn ein Rechtsmittel vor der Entscheidung zurückgenommen wird.

5 **4.** Zur Verfahrenskostenhilfe s. § 43 Rdn. 88; zur Kostenerstattung § 47.

6 **III. 1.** Der **Geschäftswert** wird gebührenfrei (§ 31 KostO) von amtswegen festgesetzt. Geschieht das in einem isolierten Beschluß, findet dagegen die einfache Beschwerde und — bei Zulassung — die weitere Beschwerde statt (§§ 31 Abs. 3, 14 Abs. 3 KostO; BayObLGZ **76** 226; BayObLG ZMR **78** 250; KG Rpfleger **78** 445); auch die Geschäftswertfestsetzung für das Beschwerdeverfahren ist mit Beschwerde anfechtbar (KG aaO). Das Beschwerdegericht kann den Geschäftswert — auch zum Nachteil des Beschwerdeführers — ändern (BayObLGZ **79** 223; OLG Karlsruhe Justiz **76** 301); dies auch dann, wenn eine Beschwerdeentscheidung wegen Vergleichs nicht mehr zu treffen ist (BayObLG Rpfleger **76** 292); zur Änderung ist es aber nicht befugt, wenn es mit einem unzulässigen Rechtsmittel befaßt wird (BayObLG vom 2. 4. 1981 2 Z 20/81).

7 Die Nachholung der in erster Instanz unterbliebenen Festsetzung ist zulässig, Abänderung der Festsetzung nur innerhalb einer Frist von 6 Monaten ab Rechtskraft der Hauptsachenentscheidung (BayObLG ZMR **80** 255). Das Landgericht, das über eine Beschwerde gegen eine Geschäftswertfestsetzung entschieden hat, kann einer (zugelassenen) weiteren Beschwerde nicht abhelfen; § 14 Abs. 3 Satz 1, § 31 Abs. 3 Satz 1 KostO, § 571 ZPO gelten nur für das Erstbeschwerdeverfahren (BayObLG MDR **82** 62). Ist der Geschäftswert in der Entscheidung zur Hauptsache festgesetzt worden, ist er zusammen mit sofortiger Beschwerde anfechtbar (§§ 45 Abs. 1 WEG; 31 Abs. 3, 14 Abs. 3 KostO).

8 **2.** Sind Verfahren miteinander verbunden worden, muß ein einheitlicher Geschäftswert festgesetzt werden; seine Zerlegung ist nicht zulässig (BayObLG JurBüro **75** 967; vgl. auch LG Mannheim ZMR **72** 318).

9 **3.** Für die Festsetzung des Geschäftswerts ist maßgebend das Interesse an der Entscheidung und zwar nicht stets nur das des antragstellenden Beteiligten; es kann auch das Interesse aller an der Entscheidung Beteiligten bestimmend sein (BayObLG Rpfleger **72** 145, 262; **75** 98; BayObLGZ **79** 314). Der Geschäftswert zum Verfahrensgegenstand Abberufung des Verwalters darf nicht auf die einzelnen Beteiligten aufgespalten werden nach ihrem Interesse am Verfahrensgegenstand (BayObLG ZMR **80** 255).

10 Nach § 18 KostO ist das zur Zeit der Fälligkeit der Gebühr vorhandene Interesse maßgebend. Seine Feststellung wird in der Regel keinen Schwierigkeiten begegnen, wenn Zahlungsansprüche, Herausgabe von Sachen, Abberufung des Verwalters Verfahrensgegenstände sind; im letzteren Falle läßt sich an seine — etwa zu verlierenden — Gehaltsansprüche anknüpfen. Bei der Anfechtung von Wohnungseigentümerbeschlüssen (§ 43 Abs. 1 Nr. 4) wird es auf die finanziellen Auswirkungen ankommen. In zweifelhaften Fällen kann § 30 Abs. 2 und 3 KostO herangezogen werden.

11 Aus der Rechtsprechung: BayObLG Rpfleger **75** 98: Anfechtung eines Beschlusses nach § 43 Abs. 1 Nr. 4; OLG Köln NJW **73** 765; BayObLG Rpfleger **79** 386: Abberufung des Verwalters; KG MDR **70** 61: Streit über Heizungskostenplanung; BayObLGZ **65** 290: Streit über Stimmrecht; BayObLGZ **67** 29: Beseitigung von Störungen; OLG Karlsruhe, Die Justiz **76** 301: Streit über Einsicht in Unterlagen des Verwalters; BayObLG Rpfleger **72** 145: Anfechtung von Wohnungseigentümerbeschlüs-

sen; LG München Rpfleger 70 93: Entziehung des Wohnungseigentums; OLG Hamm MDR **61** 150: Herabsetzung der Verwaltervergütung; KG Rpfleger **78** 446: Streit über Nutzungen, Abstellplätze. Geschäftswert bei Anfechtung von Wohnungseigentümerbeschlüssen über Jahresabrechnung und Wirtschaftsplan ist in der Regel nur ein Bruchteil des Gesamtvolumens (BayObLG Rpfleger **79** 427; auch KG MDR 70 61); Geschäftswert bei Erhöhung des Nutzungsgeldes: der einjährige Nutzungserhöhungsbetrag (BayObLG Rpfleger **79** 265); Geschäftswert für den Antrag, den Verwalter zur Zustimmungserteilung (§ 12) anzuhalten: Kaufpreis der Veräußerung (BayObLGZ **81** 202). Das Interesse an der Beantwortung vorgreiflicher Rechtsfragen ist beim Geschäftswert nicht zu berücksichtigen (BayObLG Rpfleger **83** 19).

§ 49

Rechtsanwaltsgebühren

(Aufgehoben durch das Gesetz zur Änderung und Ergänzung kostenrechtlicher Vorschriften vom 26. Juni 1957 (BGBl. I S. 861) mit Wirkung vom 1. Oktober 1957).

§ 50

Kosten des Verfahrens vor dem Prozeßgericht

Gibt das Prozeßgericht die Sache nach § 46 an das Amtsgericht ab, so ist das bisherige Verfahren vor dem Prozeßgericht für die Erhebung der Gerichtskosten als Teil des Verfahrens vor dem übernehmenden Gericht zu behandeln.

§ 50 regelt die Abgabe einer Angelegenheit nach § 43 Abs. 1 vom Prozeßgericht an **1**
das Gericht der freiwilligen Gerichtsbarkeit (§ 46) in kostenrechtlicher Hinsicht im Anschluß an § 23 HausratsVO (vgl. auch § 12 Abs. 3 LwVG) dahin, daß für die Erhebung der Gerichtskosten das Verfahren vor beiden Gerichten als einheitliches Verfahren angesehen wird, d. h. das Verfahren vor dem abgebenden Gericht ist kostenrechtlich als ein Teil des Verfahrens vor dem übernehmenden Gericht zu behandeln. Die Gerichtskosten richten sich also ausschließlich nach den §§ 47, 48.

Für die Rechtsanwaltsgebühren ist § 63 Abs. 1 Nr. 2 und Abs. 2 BRAGO maßge- **2**
bend. Die Verhandlungsgebühr steht dem Rechtsanwalt nur zu, wenn eine Verhandlung vor dem FG-Gericht stattgefunden hat (LG Flensburg MDR **76** 412). Der Rechtsanwalt, der eine „Wohnungseigentümergemeinschaft" vor Gericht vertritt, kann Gebührenerhöhung nach § 6 Abs. 1 Satz 2 BRAGO verlangen (OLG Frankfurt OLGZ **80** 82 mit Rechtsprechungsnachweis).

Die Vorschrift wird für den umgekehrten Fall (Verweisung vom Amtsgericht an das Prozeßgericht) entsprechend anzuwenden sein.

2. ABSCHNITT

Zuständigkeit für Rechtsstreitigkeiten

Während der 1. Abschnitt des III. Teils des WEG das Verfahren der freiwilligen Gerichtsbarkeit in Raumeigentumsangelegenheiten behandelt, betrifft der 2. Abschnitt (§§ 51, 52) das Zivilprozeßverfahren in Angelegenheiten des WEG, enthält jedoch insoweit nur Zuständigkeitsvorschriften; im übrigen bleiben die allgemeinen Vorschriften des GVG und der ZPO unberührt. § 51 bezieht sich auf Rechtsstreitigkeiten aus dem Raumeigentum, § 52 auf Rechtsstreitigkeiten aus dem Dauerrecht. Anders als im Verfahren der freiwilligen Gerichtsbarkeit nach § 43 Abs. 1 sind die im 2. Abschnitt geregelten zivilprozessualen Zuständigkeiten keine ausschließlichen. Hinsichtlich Zuständigkeitsvereinbarungen sind §§ 38, 24 ZPO zu beachten. Es können auch Schiedsverträge abgeschlossen werden.

Bei Rechtsstreitigkeiten zwischen Wohnungseigentümern wegen Entziehung des Wohnungseigentums (§§ 51, 18) und bei solchen zwischen dem Eigentümer (Erbbauberechtigten) und dem Inhaber eines Dauerrechtes (§§ 52, 36 Abs. 2) kann die Entscheidung von der Beantwortung von Rechtsfragen abhängen, wie sie in gleicher Weise bei der Kündigung eines Mietverhältnisses (§§ 556 a—b, 564 b BGB) auftreten. Einen Rechtsentscheid für solche Rechtsstreitigkeiten (vgl. Art. III § 3 des 3. Gesetzes zur Änderung mietrechtlicher Vorschriften in der Fassung vom 5. 6. 1980 BGBl. I 652) hat der Gesetzgeber nicht vorgesehen. § 51 ist entsprechend auf das Wohnungserbbaurecht anzuwenden (§ 30).

§ 51

Zuständigkeit für die Klage auf Entziehung des Wohnungseigentums

Das Amtsgericht, in dessen Bezirk das Grundstück liegt, ist ohne Rücksicht auf den Wert des Streitgegenstandes für Rechtsstreitigkeiten zwischen Wohnungseigentümern wegen Entziehung des Wohnungseigentums (§ 18) zuständig.

1 **I. Allgemeines**

Von den aus dem Raumeigentum sich ergebenden Streitigkeiten sind nach § 43 Abs. 1 WEG der Entscheidung im Zivilprozeßverfahren vorbehalten die Ansprüche im Falle der Aufhebung der Gemeinschaft der Raumeigentümer, ferner der Anspruch gegen einen Raumeigentümer auf Entziehung des Raumeigentums (§§ 18, 19). § 51 befaßt sich nur mit der gerichtlichen Zuständigkeit bei Geltendmachung des letzteren Anspruchs. Für die Zuständigkeit im Falle der Aufhebung der Raumeigentümergemeinschaft bestehen also keine Besonderheiten (vgl. § 24 ZPO).

Das Prozeßgericht entscheidet auch über Anträge auf Regelung eines einstweiligen Zustandes, die im Laufe des Rechtsstreites gestellt werden, es sei denn, daß sie auf Verletzung der Gemeinschaftspflicht gestützt werden (§§ 935, 936, 919, 940 ZPO, vgl. *Soergel/Baur,* § 18 Rdn. 10 und § 51 Rdn. 2, a. A. *Bärmann/Pick,* § 51 Anm. 2).

II. Zuständigkeit bei Klage auf Entziehung des Raumeigentums (§ 18) **2**

1. Hier ist zuständig:

Sachlich das Amtsgericht ohne Rücksicht auf den Wert des Streitgegenstandes, örtlich das Amtsgericht, in dessen Bezirk das Grundstück liegt. Die Zuständigkeit des Amtsgerichts ist mit Rücksicht auf die Eilbedürftigkeit der Erledigung dieser Rechtsstreitigkeiten und auf ihre Ähnlichkeit mit Mietstreitigkeiten vorgeschrieben worden.

2. Über die Gültigkeit eines Beschlusses der Wohnungseigentümer, Klage auf Entziehung des Wohnungseigentums zu erheben (§ 18 Abs. 3) entscheidet das Gericht der freiwilligen Gerichtsbarkeit (BayObLG Rpfleger **75** 311; KG NJW **67** 2268). **3**

3. Geschäftswert: LG München Rpfleger **70** 93: maßgebend das Interesse der Gemeinschaft an der Entziehung (s. auch OLG Stuttgart AnwBl. **72** 232). **4**

§ 52

Zuständigkeit für Rechtsstreitigkeiten über das Dauerrecht

Das Amtsgericht, in dessen Bezirk das Grundstück liegt, ist ohne Rücksicht auf den Wert des Streitgegenstandes zuständig für Streitigkeiten zwischen dem Eigentümer und dem Dauerwohnberechtigten über den in § 33 bezeichneten Inhalt und den Heimfall (§ 36 Abs. 1 bis 3) des Dauerwohnrechts.

I. Allgemeines **1**

Streitigkeiten aus dem Dauerrecht (§§ 31—42) sind — anders als Streitigkeiten aus dem Raumeigentum — stets im Zivilprozeßverfahren zu erledigen. § 52 WEG regelt die sachliche und örtliche Zuständigkeit nur für einige Arten dieser Streitigkeiten.

II. Besondere Zuständigkeitsregelung **2**

1. Sie betrifft Streitigkeiten zwischen dem Eigentümer (Erbbauberechtigten) und dem Berechtigten über

a) den in § 33 bezeichneten (gesetzlichen wie auch vereinbarten) Inhalt des Dauerrechts, insbesondere über den Gebrauch und die Nutzungen, die Instandhaltung und Instandsetzung der dem Dauerrecht unterliegenden Gebäudeteile, die Versicherung des Gebäudes und seinen Wiederaufbau im Falle der Zerstörung (§ 33 Abs. 4),

b) den Heimfall des Dauerrechts (§ 36 Abs. 1—3) mit Einschluß des Herausgabeanspruchs, ausgenommen Streitigkeiten über die Entschädigung für den Heimfall (§ 36 Abs. 4).

2. Für die zu I erwähnten Streitigkeiten ist zuständig: **3**

sachlich das Amtsgericht ohne Rücksicht auf den Wert des Streitgegenstandes,
örtlich das Amtsgericht, in dessen Bezirk das Grundstück liegt.

3. § 52 gilt auch für die Belastung eines Erbbaurechts (§ 42) soweit die in Rdn. 2 bezeichneten Streitigkeiten dabei entstehen. **4**

5 **III. Andere Streitigkeiten aus dem Dauerrecht**

1. Hierher gehören Streitigkeiten über das Bestehen, die Dauer, die Beendigung oder den Gegenstand des Dauerrechts, die Ansprüche aus § 34, die Beschränkung der Veräußerungsbefugnis (§ 35), die Entschädigung für den Heimfall (§ 36 Abs. 4), Ansprüche aus §§ 37, 38, das Bestehenbleiben des Dauerrechts in der Zwangsversteigerung des Grundstücks (§ 39), Ansprüche auf Entgelt für das Dauerrecht und die Haftung des Entgelts (§§ 40, 41 Abs. 3), die Ansprüche auf Löschung von Eigentümergrundschulden (§ 41 Abs. 2) sowie sonstige Ansprüche aus dem der Bestellung zugrunde liegenden schuldrechtlichen Verhältnis.

6 2. Für die Zuständigkeit in diesen Streitigkeiten gelten die allgemeinen Vorschriften. Es ist also im ersten Rechtszuge je nach dem Wert des Streitgegenstandes das Amtsgericht oder das Landgericht zuständig. Den Wert des Streitgegenstandes hat das Gericht nach freiem Ermessen festzusetzen (§ 3 ZPO; § 11 GKG); § 12 GKG ist nicht anwendbar.

3. ABSCHNITT

Verfahren bei der Versteigerung des Wohnungseigentums

I. Nach § 19 Abs. 1 Satz 1 ersetzt das rechtskräftige Urteil die für die freiwillige Versteigerung und die Übertragung des Wohnungseigentums auf den Ersteher erforderlichen Erklärungen des Wohnungseigentümers. Die freiwillige Versteigerung ist also *keine* Zwangsvollstreckung des Urteils, wie sich auch aus Satz 2 dieses Absatzes entnehmen läßt. Diese Art der Versteigerung wurde gewählt, weil die Zwangsversteigerung nach dem ZVG für diese Fälle, in denen es sich lediglich um die Veräußerung des Raumeigentums handelt, nicht geeignet ist. Da das Verfahren der freiwilligen Versteigerung bundesrechtlich nicht geregelt ist, landesrechtliche Regelungen teils fehlen, teils unzulänglich sind, mußte es im WEG selbst ausgestaltet werden. Das ist in den §§ 53 bis 58 geschehen, die sich an die entsprechenden Vorschriften des Preuß FGG (Art. 66 ff) anlehnen, aber zur Anpassung an die aus dem WEG sich ergebenden Besonderheiten in Einzelheiten abweichen und einige zusätzliche Bestimmungen enthalten. Die §§ 53—58 beziehen sich nur auf die Versteigerung des Raumeigentums nach Erlaß eines Urteils aus § 19.

Die Einleitung der freiwilligen Versteigerung wird im Grundbuch nicht eingetragen, sie löst *keine Belastungssperre* und *keine Beschlagnahmung* aus. Wenn nichts anderes in den Versteigerungsbedingungen niedergelegt ist, bleiben die dinglichen Belastungen bestehen.

Zugunsten des Anspruchs der klagenden Wohnungseigentümer auf Übertragung des Eigentums auf den Ersteher kann im Grundbuch schon auf Grund eines vorläufig vollstreckbaren Urteils nach § 19 eine Vormerkung (§ 883 BGB) eingetragen werden (§ 895 ZPO, KG MDR **79** 674).

Verfahrensbeteiligter ist der betroffene Wohnungseigentümer nicht, wohl aber der Ersteher, dessen Gebot beurkundet wird und der daher die Niederschrift zu unterschreiben hat (§§ 15, 13 BeurkG).

Das Versteigerungsverfahren ist, außer nach Zurücknahme des Antrages auch einzustellen, wenn der verurteilte Wohnungseigentümer sein Wohnungseigentum veräußert. Es ist aufzuheben, wenn ein das Verfahren hinderndes Recht (vgl. §§ 771 ZPO, 43 KO, 29 ZVG) festgestellt wird (*Soergel/Baur*, § 57 Rdn. 1), desgleichen, wenn der betroffene Wohnungseigentümer in Konkurs gerät oder sein Wohnungseigentum zwangsversteigert wird.

Kostenschuldner ist der Antragsteller (§ 2 KostO), für die Beurkundung des Zuschlags und der Auflassung der Ersteher (§ 53 Abs. 6 KostO).

Da es sich nicht um eine Zwangsvollstreckung handelt, sind weder § 788 ZPO noch § 3 Nr. 4 KostO anwendbar. (vgl. LG Nürnberg/Fürth JurBüro **66** 43 str.).

Prozeßkostenhilfe möglich (§ 17 Abs. 2 BNotO).

Von der „freiwilligen" Versteigerung ist getrennt zu halten die Zwangsversteigerung eines Wohnungseigentums auf Antrag eines Gläubigers (§ 15 ZVG).

II. Im Entwurf des Gesetzes zur Änderung zwangsvollstreckungsrechtlicher Vorschriften vom 1. 2. 1979 BGBl. I 127 waren auch Änderungen der §§ 55, 56, 57, 58

WEG vorgesehen, von besonderer Bedeutung die Erhöhung des Mindestgebotes (§ 57 Abs. 3) auf 5/10 des Verkehrswertes (Drucksache des Deutschen Bundestages 8/2152 vom 24. 1. 1978 S. 10, 17). Die Änderungen sind nicht Gesetz geworden, weil sie in die damals beabsichtigte Novellierung des WEG übernommen werden sollten. Diese ist bisher unterblieben. Für die Anwendung des geltenden Rechts können die Änderungsvorschläge Auslegungshilfe geben.

§ 53

Zuständigkeit, Verfahren

(1) Für die freiwillige Versteigerung des Wohnungseigentums im Falle des § 19 ist jeder Notar zuständig, in dessen Amtsbezirk das Grundstück liegt.

(2) Das Verfahren bestimmt sich nach den Vorschriften der §§ 54 bis 58. Für die durch die Versteigerung veranlaßten Beurkundungen gelten die allgemeinen Vorschriften. *Die Vorschriften der Verordnung über die Behandlung von Geboten in der Zwangsversteigerung vom 30. Juli 1941 (Reichsgestzbl. I S. 354, 370) in der Fassung der Verordnung vom 27. Januar 1944 (Reichsgesetzbl. I S. 47) sind sinngemäß anzuwenden.*

Schrifttum

Röll, Die freiwillige Versteigerung nach § 53 WEG, MittBayNot **81** 64

1 **I. Zuständigkeit** (Abs. 1)

Die Vorschrift ist wie § 54 *zwingendes* Recht.

1. **Sachlich** sind für das Versteigerungsverfahren ausschließlich die Notare zuständig. Eine Zuständigkeit der Gerichte kommt also auch da nicht in Frage, wo sie etwa nach Landesrecht vorgesehen ist.

2 2. **Örtlich** zuständig ist jeder Notar, in dessen Amtsbezirk das Grundstück liegt. Amtsbezirk ist der Oberlandesgerichtsbezirk, in dem der Notar seinen Amtssitz hat. Unter den im Oberlandesgerichtsbezirk vorhandenen Notaren haben die Antragsteller die Wahl. Bei Meinungsverschiedenheiten der Antragsteller über den zu wählenden Notar hat derjenige Notar den Vorzug, der zuerst in der Sache tätig geworden ist (vgl. § 4 FG). Die örtliche Zuständigkeit ist eine ausschließliche. Doch ist § 7 FGG entsprechend anwendbar (*Bärmann/Pick*, § 53 Anm. I 3).

3 **II. Verfahren** (Abs. 2 Satz 1)

Das Versteigerungsverfahren ist in den §§ 54—58 unter Ausschluß landesrechtlicher Vorschriften vollständig geregelt. Vorschriften des FGG sind nur insoweit anzuwenden, als § 53 Abs. 2 Satz 2 und § 58 Abs. 2 WEG auf sie verweisen. Das Verfahren endet mit dem Zuschlag; die Auflassung gehört nicht mehr dazu.

4 **III. Beurkundungen** (Abs. 2 Satz 2)

Die Beurkundungstätigkeit des versteigernden Notars richtet sich nach den allgemeinen Vorschriften, d. h., soweit rechtsgeschäftliche Erklärungen zu beurkunden sind, nach den Vorschriften des Beurkundungsgesetzes (vgl. §§ 9, 13), soweit es sich um die Beurkundung von Tatsachen handelt, nach §§ 36, 15 BeurkG. Zur Weitergeltung landesrechtlicher Vorschriften s. § 61 Abs. 1 Nr. 1 BeurkG. Da die Versteigerung eine amtliche Tätigkeit des Notars ist, darf er trotz § 6 BeurkG den von ihm erteilten Zuschlag selbst beurkunden.

IV. Höchstzulässiges Gebot und Preisvorschriften 5

1. Gebote VO

§ 53 Abs. 2 Satz 3 ist gegenstandslos, nachdem die VO über die Behandlung von Geboten in der Zwangsversteigerung durch Art. 5 Nr. 16 des Gesetzes über Maßnahmen auf dem Gebiete der Zwangsvollstreckung vom 20. 8. 1953 (BGBl. I 952) mit Wirkung vom 1. 10. 1953 aufgehoben worden ist.

2. Preisvorschriften kommen nicht mehr in Frage, nachdem § 185 des Bundesbau- 6
gesetzes vom 23. 6. 1960 (BGBl. I S. 341) sämtliche Preisvorschriften für den Grundstücksverkehr mit Wirkung vom 29. 10. 1960 (§ 189) aufgehoben hat.

§ 54

Antrag, Versteigerungsbedingungen

(1) Die Versteigerung erfolgt auf Antrag eines jeden der Wohnungseigentümer, die das Urteil gemäß § 19 erwirkt haben.

(2) In dem Antrag sollen das Grundstück, das zu versteigernde Wohnungseigentum und das Urteil, auf Grund dessen die Versteigerung erfolgt, bezeichnet sein. Dem Antrag soll eine beglaubigte Abschrift des Wohnungsgrundbuches und ein Auszug aus dem amtlichen Verzeichnis der Grundstücke beigefügt werden.

(3) Die Versteigerungsbedingungen stellt der Notar nach billigem Ermessen fest; die Antragsteller und der verurteilte Wohnungseigentümer sind vor der Feststellung zu hören.

Vgl. Art. 66, 67 Abs. 1 PreußFGG.

I. Antrag 1

1. Antragsrecht

Die Einleitung des Versteigerungsverfahrens setzt ein rechtskräftiges Urteil (§ 19) und einen schriftlichen Antrag voraus; *Bärmann/Pick*, § 54 Anm. II 2 verlangen Einhaltung der Form des § 29 GBO, weil Grundlage des — späteren — Eintragungsantrages.

Zum Antrage berechtigt ist jeder Raumeigentümer, der das Urteil (mit) erwirkt 2
hat (auch der Verwalter, wenn er die Klage für die Wohnungseigentümer erhoben hatte), mit Ausnahme des Verurteilten; auch ein Raumeigentümer, der dem Beschlusse nach § 18 Abs. 3 nicht zugestimmt hatte oder von der Pflichtverletzung des Verurteilten persönlich nicht betroffen ist.

Es kann nicht mit Mehrheit beschlossen werden, den Antrag nicht zu stellen (*Soergel/Baur,* § 54 Rdn. 1).

Der Antrag auf Versteigerung kann gestellt werden, solange der Wohnungseigentümer nicht erfüllt hat (§ 19 Abs. 2), und bis zum Zuschlag zurückgenommen werden.

2. Hatten sich die Wohnungseigentümer mit dem Betroffenen nach Urteilsrechts- 3
kraft dahin geeinigt, daß er sein Wohnungseigentum behalten und in der Wohnung bleiben dürfe, kann der Antrag mit der Klage nach § 767 ZPO abgewehrt werden; es entscheidet das Prozeßgericht (§ 767 ZPO).

3. Als **Erfordernisse** schreibt die Sollvorschrift des § 54 Abs. 2 (deren Nichteinhal- 4
tung also den Antrag nicht unwirksam macht) vor:

a) für den *Inhalt* des Antrags die Bezeichnung des Grundstücks und des zu versteigernden Raumeigentums, vollstreckbare Ausfertigung des Urteils, das dem Antrage zugrunde liegt;

b) als *Anlagen* des Antrags eine beglaubigte Abschrift des Wohnungsgrundbuchs (Teileigentumsgrundbuchs) sowie eines Auszugs aus dem amtlichen Verzeichnis der Grundstücke (§ 2 Abs. 2 GBO) als Ersatz für das fehlende Grundbuch des Grundstücks.

Werden die vom Gesetz gemachten Auflagen nicht erfüllt, kann der Notar von einer Durchführung des Versteigerungsverfahrens Abstand nehmen (*Soergel/Baur,* aaO Rdn. 2).

5 **II. Versteigerungsbedingungen** (Abs. 3)

1. Feststellung

Sie liegt nicht dem Antragsteller, sondern dem Notar ob, der sich dabei vom billigen Ermessen leiten zu lassen und vorher den Antragsteller und den verurteilten Raumeigentümer zu hören hat. Gegen die Feststellung, die vor dem Versteigerungstermin getroffen werden muß (§ 55 Abs. 2 Nr. 5), ist sofortige Beschwerde zulässig (§ 58 Abs. 1).

Änderungen der Bedingungen sind dem Notar nicht gestattet (§ 18 Abs. 2 FGG; *Bärmann/Pick,* § 54 Anm. III 7).

6 **2. Inhalt**

Da es sich nicht um eine Zwangsversteigerung handelt, gibt es weder einen Anordnungsbeschluß noch einen betreibenden Gläubiger noch ein geringstes Gebot. Der Zuschlag bringt nicht die das Raumeigentum belastenden dinglichen Rechte zum Erlöschen, auch nicht einen Eigentumsübergang, sondern nur einen Kaufvertrag zustande. Der Inhalt der Versteigerungsbedingungen wird daher im wesentlichen dem eines angemessenen Kaufvertrages entsprechen müssen. Ist eine Beschränkung der Veräußerungsbefugnis (§ 12) vereinbart, so wird auch zu bestimmen sein, ob der Zuschlag erst nach oder schon vor dem Nachweis der Zustimmung des oder der Zustimmungsberechtigten erteilt werden kann.

7 In den Versteigerungsbedingungen können Bestimmungen über die Bindung der Gebote (§ 156 BGB, § 15 BeurkG), über Sicherheitsleistung für die Gebote, das Bestehenbleiben von Belastungen, den Zeitpunkt des Übergangs von Lasten und Nutzungen, die Zahlung und Verzinsung des Kaufpreises und etwaiger Rückstände des bisherigen Wohnungseigentümers, Unterwerfung des Erstehers unter die sofortige Zwangsvollstreckung, eine Auflassungsvormerkung für den Ersteher (sie ist mit dem Urteil als bewilligt anzusehen, § 19) sowie über Übernahme von Mietverträgen und Kosten getroffen werden. Wegen der Anteile des Betroffenen am Verwaltungsvermögen s. § 1 Rdn. 25. Es sollte auch den Interessenten die vorherige Besichtigung der Eigentumswohnung ermöglicht werden.

8 **3.** Unterbleibt die vorherige Anhörung des betroffenen Wohnungseigentümers oder des Antragstellers, ist auf sofortige Beschwerde gegen die Festsetzung der Versteigerungsbedingungen diese aufzuheben und eine neue anzuordnen (§ 57), die notarielle Festsetzung ist aber aus dem Grunde nicht per se nichtig (str.).

4. Eine *öffentliche Bekanntmachung* (vgl. § 55 Abs. 3) ist für die Festsetzung der Bedingungen nicht vorgeschrieben. Sie müssen aber einsehbar gemacht werden (§ 55 Abs. 2 Nr. 5), Antragstellern und dem betroffenen Wohnungseigentümer in den Formen des § 16 Abs. 2 FGG zugehen; dies ergibt sich aus § 58 WEG, § 22, 16 Abs. 2 FGG. **9**

§ 55

Terminsbestimmung

(1) Der Zeitraum zwischen der Anberaumung des Termins und dem Termin soll nicht mehr als drei Monate betragen. Zwischen der Bekanntmachung der Terminsbestimmung und dem Termin soll in der Regel ein Zeitraum von sechs Wochen liegen.

(2) Die Terminsbestimmung soll enthalten:

1. die Bezeichnung des Grundstücks und des zu versteigernden Wohnungseigentums;

2. Zeit und Ort der Versteigerung;

3. die Angabe, daß die Versteigerung eine freiwillige ist;

4. die Bezeichnung des verurteilten Wohnungseigentümers sowie die Angabe des Wohnungsgrundbuchblattes *und, soweit möglich, des von der Preisbehörde bestimmten Betrages des höchstzulässigen Gebots*);*

5. die Angabe des Ortes, wo die festgestellten Versteigerungsbedingungen eingesehen werden können.

(3) Die Terminsbestimmung ist öffentlich bekanntzugeben:

1. durch einmalige, auf Verlangen des verurteilten Wohnungseigentümers mehrmalige Einrückung in das Blatt, das für Bekanntmachungen des nach § 43 zuständigen Amtsgerichts bestimmt ist;

2. durch Anschlag der Terminsbestimmung in der Gemeinde, in deren Bezirk das Grundstück liegt, an die für amtliche Bekanntmachungen bestimmte Stelle;

3. durch Anschlag an die Gerichtstafel des nach § 43 zuständigen Amtsgerichts.

(4) Die Terminsbestimmung ist dem Antragsteller und dem verurteilten Wohnungseigentümer mitzuteilen.

(5) Die Einsicht der Versteigerungsbedingungen und der in § 54 Abs. 2 bezeichneten Urkunden ist jedem gestattet.

Vgl. Art. 67 Abs. 2, 68—71 PreußFGG.

*) Die kursiv gedruckten Worte sind durch die Aufhebung der Gebote VO gegenstandslos geworden (s. § 53 Anm. 4).

I. Terminsanberaumung (Abs. 2) **1**

Es soll betragen

1. der Zeitraum zwischen der Bekanntmachung der Terminsbestimmung (Abs. 3) und dem Termin in der Regel 6 Wochen,

2. der Zeitraum zwischen der Terminsanberaumung und dem Termin nicht mehr als 3 Monate.

Für die Frist des Absatzes 1 Satz 2 ist von der letzten öffentlichen Bekanntmachung auszugehen (*Bärmann/Pick*, § 55 Anm. II).

2 **II. Terminsbestimmung**

1. Ihr notwendiger Inhalt ergibt sich aus Abs. 2. Über Zeit und Ort der Versteigerung, Zahl der Veröffentlichungen und Dauer des Aushangs entscheidet der Notar nach billigenden Interessen der Beteiligten gerecht werdendem Ermessen (*Soergel/Baur,* § 55 Rdn. 2).

2. Öffentliche Bekanntgabe ist nach Maßgabe des Abs. 3 erforderlich.

3. Besondere Mitteilung an den Antragsteller und den verurteilten Raumeigentümer ist durch Abs. 4 vorgeschrieben; sie muß binnen angemessener Frist ausgeführt werden (*Soergel/Baur,* aaO Rdn. 4).

3 **III. Einsicht in die Versteigerungsbedingungen**

(§ 54 Abs. 3) und die im § 54 Abs. 2 bezeichneten Urkunden (Abschrift des Wohnungsgrundbuchs oder Teileigentumsgrundbuchs und Auszug aus dem amtlichen Verzeichnis der Grundstücke) steht jedem frei (§ 55 Abs. 5); ein Interesse an der Einsichtnahme braucht nicht glaubhaft gemacht zu werden. Einsicht in das Urteil und den Versteigerungsantrag kann nicht verlangt werden. Da ein Käufer in aller Regel an der Besichtigung der Eigentumswohnung großes Interesse haben wird, sollte der Notar diese ermöglichen und auch über die für das Zusammenleben in der Gemeinschaft wichtigen Vereinbarungen (§ 10), Beschlüsse der Gemeinschaft und gerichtliche Entscheidungen Auskünfte erteilen.

4 IV. Wird die zwingende Vorschrift des Absatzes 3 nicht beachtet, ist auf sofortige Beschwerde gegen den Zuschlag dieser aufzuheben und Wiederholung der Versteigerung anzuordnen.

§ 56

Versteigerungstermin

(1) In dem Versteigerungstermin werden nach dem Aufruf der Sache die Versteigerungsbedingungen und die das zu versteigernde Wohnungseigentum betreffenden Nachweisungen bekanntgemacht. Hierauf fordert der Notar zur Abgabe von Geboten auf.

(2) Der verurteilte Wohnungseigentümer ist zur Abgabe von Geboten weder persönlich noch durch einen Stellvertreter berechtigt. Ein gleichwohl erfolgtes Gebot gilt als nicht abgegeben. Die Abtretung des Rechtes aus dem Meistgebot an den verurteilten Wohnungseigentümer ist nichtig.

(3) Hat nach den Versteigerungsbedingungen ein Bieter durch Hinterlegung von Geld oder Wertpapieren Sicherheit zu leisten, so gilt in dem Verhältnis zwischen den Beteiligten die Übergabe an den Notar als Hinterlegung.

1 I. **Die Einleitung des Verfahrens** im Versteigerungstermin vollzieht sich in drei Phasen:

1. **Aufruf** der Sache;

2. **Bekanntmachung** der — rechtskräftig gewordenen — Versteigerungsbedingungen (§ 54) und der das zu versteigernde Raumeigentum betreffenden Nachweisungen, nämlich des dem Versteigerungsantrage zugrunde liegenden Urteils (§ 19), der beglau-

bigten Abschrift des Wohnungsgrundbuchs (Teileigentumsgrundbuchs), des Auszugs aus dem amtlichen Grundstücksverzeichnis.

Schließlich sollte der Siebenzehntelbetrag des § 57 Abs. 3 bekannt gegeben und der — anwesende — betroffene Wohnungseigentümer über sein Recht nach Maßgabe dieser Bestimmung, Versagung des Zuschlags zu verlangen, belehrt werden.

3. Aufforderung zur Abgabe von Geboten; der Zeitpunkt der Aufforderung ist in **2**
der Niederschrift festzustellen.

II. Das in der Versteigerung abgegebene *Gebot* bedeutet Angebot nach dem Inhalt **3**
der Versteigerungsbedingungen (§ 156 BGB); es bindet auch dann noch nicht, wenn kein höheres Gebot mehr abgegeben wird. Da die Formvorschrift des § 313 BGB einzuhalten ist, tritt die schuldrechtliche Bindung, vorausgesetzt, daß der Zuschlag nicht in der Beschwerdeinstanz aufgehoben wird, erst ein, wenn die die Versteigerungsbedingungen, das Meistgebot und den Zuschlag enthaltende Niederschrift vorgelesen, genehmigt und vom Notar und Ersteher unterzeichnet ist (§ 13 BeurkG). Gebote werden während der Versteigerung mündlich gemacht, schriftliche Gebote können vor der Versteigerung dem Notar übermittelt werden. Bei gleichen Geboten entscheidet der Notar nach billigem Ermessen, wem er den Zuschlag erteilen will. Das Gebot ist als Willenserklärung anfechtbar (§§ 119, 123 BGB). Hat sich der Ersteher vertreten lassen, muß mit Rücksicht auf § 313 BGB eine Vollmacht in den Formen des § 29 GBO vorgelegt werden.

Wer planmäßig die freie Konkurrenz unter den Bietern ausschaltet um sich Ver- **4**
mögensvorteile zu verschaffen (etwa durch Absprachen, nicht zu bieten oder durch Scheingebote mittels Strohmännern), handelt gegen die guten Sitten und ist dem bebetroffenen Wohnungseigentümer zum Schadensersatz verpflichtet.

III. Ausschluß des verurteilen Raumeigentümers als Bieter **5**

Um zu verhindern, daß der verurteilte Raumeigentümer sein Raumeigentum ersteigert und damit in der Raumeigentümerschaft verbleibt, schließt § 56 Abs. 2 ihn vom Bieten aus. Ein trotzdem erteilter Zuschlag ist unwirksam, das Grundbuchamt wird die aufgrund dieses Zuschlages zustande gekommene Auflassung nicht vollziehen. Die vor dem Eigentumsübergang vorgenommene Abtretung der Rechte aus dem Meistgebot ist unwirksam. Dasselbe muß auch grundsätzlich für die Rückübertragung des Eigentums an den betroffenen Wohnungseigentümer gelten, da Sinn und Zweck der Vorschrift auch den mit diesem Rechtsgeschäft angestrebten Erfolg verbieten (§ 134 BGB). Absicht der Umgehung ist nicht zu verlangen (BGHZ **56** 289). Ein Erwerbsverbot für alle Zeiten ist nicht ausgesprochen; ein Wiedererwerb unter veränderten Verhältnissen ist daher nicht ausgeschlossen. Veräußerung an bestimmte Personen (z. B. Ehefrau oder Kinder des verurteilten Wohnungseigentümers) kann durch eine vereinbarte Veräußerungsbeschränkung verhindert werden. *Soergel/Baur,* § 56 Rdn. 3 sehen die Veräußerungen an den verurteilten Wohnungseigentümer als wirksam an, der Zuschlag sei anfechtbar; es wird auch die Auffassung vertreten, aus dem alten Titel sei erneut Versteigerung vorzunehmen.

Vermietung an den bisherigen Eigentümer ist zulässig, wenn die Gründe, die zur **6**
Entziehung führten, nicht entgegenstehen. Andernfalls kann sich der neue Wohnungseigentümer der Verletzung der ihm gegenüber den anderen Wohnungseigentümern obliegenden Verpflichtungen schuldig machen, sodaß er sich der Abwehrklage und der Entziehungsklage gegenüber sehen muß. Läßt sich der Ersteher nicht im Grundbuch

eintragen und den betroffenen Wohnungseigentümer weiterwohnen, kann der Notar den Antrag auf Eintragung (für den betroffenen Wohnungseigentümer) stellen und so den Eigentumsübergang herbeiführen.

7 **IV. Sicherheitsleistung** (Abs. 3)

Hat der Notar in den Versteigerungsbedingungen (§ 54 Abs. 3) bestimmt, daß ein Bieter (durch Hinterlegung von Geld oder Wertpapieren) Sicherheit zu leisten habe, so kann die Sicherheit dem Notar übergeben werden; die Übergabe gilt im Verhältnis zwischen den Beteiligten (Antragsteller, verurteilter Raumeigentümer und Bieter) als Hinterlegung (vgl. §§ 67—70 ZVG); der betroffene Wohnungseigentümer erwirbt Pfandrecht (*Bärmann/Pick*, aaO IV).

§ 57

Zuschlag

(1) Zwischen der Aufforderung zur Abgabe von Geboten und dem Zeitpunkt, in welchem die Versteigerung geschlossen wird, soll *unbeschadet des § 53 Abs. 2 Satz 3**) **mindestens eine Stunde liegen. Die Versteigerung soll solange fortgesetzt werden, bis ungeachtet der Aufforderung des Notars ein Gebot nicht mehr abgegeben wird.**

(2) Der Notar hat das letzte Gebot mittels dreimaligen Aufrufs zu verkünden und, soweit tunlich, den Antragsteller und den verurteilten Wohnungseigentümer über den Zuschlag zu hören.

(3) Bleibt das abgegebene Meistgebot *hinter sieben Zehnteln des von der Preisbehörde bestimmten Betrages des höchstzulässigen Gebots oder in Ermangelung eines solchen**) **hinter sieben Zehnteln des Einheitswertes des versteigerten Wohnungseigentums zurück, so kann der verurteilte Wohnungseigentümer bis zum Schluß der Verhandlung über den Zuschlag (Absatz 2) die Versagung des Zuschlags verlangen.**

(4) Wird der Zuschlag nach Absatz 3 versagt, so hat der Notar von Amts wegen einen neuen Versteigerungstermin zu bestimmen. Der Zeitraum zwischen den beiden Terminen soll sechs Wochen nicht übersteigen, sofern die Antragsteller nicht einer längeren Frist zustimmen.

(5) In dem neuen Termin kann der Zuschlag nicht nach Absatz 3 versagt werden.

1 **I. Abgabe von Geboten** (vgl. § 73 ZVG)

Zwischen der Aufforderung zur Abgabe von Geboten und dem Schluß der Versteigerung soll mindestens eine Stunde liegen, um übereilte Entschlüsse zu verhüten. Die Versteigerung dauert aber länger, wenn noch später Gebote abgegeben werden; sie soll solange fortgesetzt werden, bis ungeachtet der Aufforderung des Notars ein Gebot nicht mehr abgegeben wird (§ 57 Abs. 1). Ein Gebot erlischt, wenn ein Übergebot abgegeben oder die Versteigerung ohne Erteilung des Zuschlags geschlossen wird (§ 156 Satz 2 BGB). Das letzte Gebot hat der Notar durch dreimaligen Aufruf zu verkünden. Aber auch dann kann noch ein höheres Gebot gemacht werden, es sei denn, daß der Notar den Schluß für Abgabe von Geboten erklärt hat. Der Notar soll, wenn tunlich, den verurteilten Raumeigentümer und die Antragsteller zum Zuschlag hören, den er-

*) Gegenstandslos infolge Aufhebung der GeboteVO (s. § 53 Abs. 4).

steren gegebenenfalls auf sein Antragsrecht nach Absatz 3 hinweisen; er kann darauf den Zuschlag verkünden, wenn er nicht hierzu einen späteren Zeitpunkt bestimmt.

Wird die Versteigerung vor Ablauf einer Stunde beendet, sei es auch, weil keine Gebote mehr gemacht werden, kann der Zuschlag mit sofortiger Beschwerde angefochten werden.

II. Nichterreichung des Mindestgebots (Abs. 3—5; vgl. §§ 74 a, 74 b ZVG) **2**

Erreicht das abgegebene Meistgebot nicht sieben Zehntel des nach § 61 festgestellten Einheitswertes des versteigerten Raumeigentums (eine Festsetzung des Verkehrswertes wie im Falle des § 74 a Abs. 5, § 85 a ZVG kommt hier nicht in Betracht), so kann der verurteilte Raumeigentümer bei seiner Anhörung nach Abs. 2, also bis zum Schluß der Verhandlung über den Zuschlag, die Versagung des Zuschlags verlangen. Wird daraufhin der Zuschlag versagt, so hat der Notar von Amts wegen unter Beachtung der §§ 55, 56 einen neuen Versteigerungstermin zu bestimmen, der nicht länger als 6 Wochen nach dem ersten Termin liegen soll, sofern nicht der Antragsteller einer längeren Frist zustimmt. In dem neuen Termin kann, wenn das Meistgebot wiederum hinter sieben Zehnteln des Einheitswertes des versteigerten Raumeigentums zurückbleibt, der Zuschlag nicht mehr aus diesem Grunde versagt werden.

Wenn die Eigentumswohnung noch nicht fertiggestellt ist, muß der Einheitswert **3**
geschätzt werden.

Dem verurteilten Wohnungseigentümer bleibt die Möglichkeit der Abwendung **4**
der Versteigerung gemäß § 19 Abs. 2. Im Falle des § 18 Abs. 2 Nr. 1 kann er diese erreichen durch freihändigen Verkauf und dabei einen angemessenen Kaufpreis anstreben. Unter diesen Umständen lassen sich Bedenken zurückstellen, die sich aus Art. 14 GG gegenüber der gesetzlichen Regelung bilden könnten. Diese Regelung muß aber in einer Weise angewendet werden, daß die Möglichkeit erhalten bleibt, bei krassem Mißverhältnis zwischen Meistgebot und Verkehrswert gegenüber einer drohenden unverhältnismäßigen Verschleuderung des Wohnungseigentums um Rechtsschutz nachzusuchen (vgl. BVerfGE **46** 334, 335; BGHZ **44** 143).

Zur geplanten Abänderung des Absatzes 3 s. Vorb. zu diesem Abschnitt, II.

III. Erteilung des Zuschlags **5**

Der Zuschlag ist keine richterliche Entscheidung im Sinne der § 10 Abs. 3. Er hat keine dingliche Wirkung. Er kann auch erteilt werden, wenn die etwa erforderliche (§ 12) Zustimmung noch nicht vorliegt und erlangt mit seiner Bekanntgabe Wirksamkeit, die aber durch Einlegung der sofortigen Beschwerde aufgeschoben wird. Er ist dem verurteilten Wohnungseigentümer und denjenigen, deren Recht durch den Zuschlag beeinträchtigt wird, bekannt zu machen (§ 16 FGG).

Die Entscheidung darüber, ob dem Meistbietenden der Zuschlag erteilt wird, hat **6**
der Notar entweder im Versteigerungstermin oder in einem sofort anzuberaumenden Verkündungstermin (vgl. § 87 ZVG) zu verkünden; er kann sie selbst beurkunden. Gegen seine Entscheidung ist die sofortige Beschwerde gegeben (§ 58 Abs. 1). Der Notar ist, wenn die gesetzlichen Voraussetzungen dazu gegeben sind, zur Erteilung des Zuschlags verpflichtet. Wird der Zuschlagsbeschluß nicht verkündet, sondern im Anschluß an die Versteigerung allen Beteiligten zugestellt, ist ein neuer Termin zur Verlesung, Genehmigung und Unterzeichnung der Niederschrift über die Versteigerung anzuberaumen. Zur Frage der Wirksamkeit des Zuschlagsbeschlusses in solchen Fällen s. OLG Köln OLGZ **82** 226.

7 Mit der Verkündung des Zuschlags und der Verlesung, Genehmigung und Unterzeichnung der Niederschrift (§§ 13, 15 BeurkG) endet die Versteigerung, die Auflassung gehört nicht mehr zu ihr. Sie kann sich aber der Versteigerung anschließen und in die Niederschrift mit aufgenommen werden.

8 Der Zuschlag bringt die Auflassung nicht zustande. Vielmehr wird mit der Rechtskraft des Zuschlagsbeschlusses der den Versteigerungsbedingungen entsprechende, vom Ersteher und dem Notar unterschriftlich in der Niederschrift inhaltlich festgehaltene Kaufvertrag zwischen Ersteher und dem verurteilten Raumeigentümer rechtswirksam (§ 156 BGB). Diesen trifft die Haftung für Mängel des verkauften Objektes (§§ 446, 459 BGB), § 461 BGB kommt nicht zur Anwendung. Der Ersteher tritt nach Maßgabe der §§ 571 ff BGB in etwa bestehende Mietverträge ein, § 57 ZVG ist nicht einschlägig. Hat der Wohnungseigentümer sein Wohnungseigentum zu einem Altenheim ausgestaltet und sich verpflichtet, bei Kündigung des Altenheimvertrages noch nicht abgewohnte Teile des vom Vertragspartner zum Aufbau des Heimes gegebenen Darlehens zurückzuerstatten, tritt der Ersteher nicht in diese Verpflichtung kraft Gesetzes ein (vgl. BGH vom 14. 10. 1981, IV 331/80). Für den Ersteher kann eine Auflassungsvormerkung im Grundbuch eingetragen werden. Dem bisherigen Eigentümer steht die Kaufpreisforderung zu. Der Zuschlag ist zu versagen, wenn der betreibende Wohnungseigentümer dies beantragt und darin eine Rücknahme des Versteigerungsantrages zu ersehen ist. Die Versteigerung endet außer mit der Versagung des Zuschlages, wenn kein Gebot abgegeben wird.

9 **IV. Auflassung**

Zum Übergang des versteigerten Raumeigentums auf den Ersteher sind weiterhin Auflassung und Eintragung im Grundbuch erforderlich. Da die Auflassungserklärung des verurteilten Raumeigentümers bereits durch das gegen ihn ergangene rechtskräftige Urteil ersetzt ist (§ 19), bedarf es zur Auflassung nur noch der Annahmeerklärung des Erstehers, die vor dem Notar oder einer zuständigen Stelle (§ 925) abzugeben ist. Das Grundbuchamt ist dazu nicht zuständig. Die im Schrifttum für die Gegenansicht angeführte Entscheidung des KG HRR **36** 137 ist durch die Änderung des § 925 BGB überholt. In der Regel wird vor dem die Versteigerung leitenden Notar die Annahmeerklärung abgegeben und dies in der Niederschrift über die Versteigerung protokolliert werden können. Es ist aber auch die Errichtung einer besonderen notariellen Urkunde über die Annahme der Auflassungserklärung möglich. Nach § 19 wird fingiert, daß der verurteilte Wohnungseigentümer den Eintragungsantrag (§ 13 GBO) gestellt hat. Da es sich nicht um eine Zwangsvollstreckung handelt, kann der Ersteher kraft guten Glaubens an die Richtigkeit des Grundbuchs das Wohnungseigentum auch erwerben, wenn der Verurteilte in Wahrheit nicht Eigentümer ist (§ 892 BGB). Wird das Urteil (§§ 18, 19) im Wiederaufnahmeverfahren aufgehoben und damit seine Wirkung von Anfang an beseitigt, kann die Regelung des § 115 BGB entsprechende Anwendung finden (vgl. BGHZ **30** 175/76).

10 Der Ersteher kann Räumung und Herausgabe vom bisherigen Wohnungseigentümer verlangen.

§ 58

Rechtsmittel

(1) Gegen die Verfügung des Notars, durch die die Versteigerungsbedingungen festgesetzt werden, sowie gegen die Entscheidung des Notars über den Zuschlag findet

das Rechtsmittel der sofortigen Beschwerde mit aufschiebender Wirkung statt. Über die sofortige Beschwerde entscheidet das Landgericht, in dessen Bezirk das Grundstück liegt. Eine weitere Beschwerde ist nicht zulässig.

(2) Für die sofortige Beschwerde und das Verfahren des Beschwerdegerichts gelten die Vorschriften des Reichsgesetzes über die Angelegenheiten der freiwilligen Gerichtsbarkeit.

I. Rechtsmittel 1

1. **Anfechtbar** sind nur die Festsetzung der Versteigerungsbedingungen durch den Notar (§ 54 Abs. 3) und die Entscheidung des Notars über den Zuschlag (§ 57). S. im übrigen §§ 15, 92, 93, 111 BNotO.

2. Sofortige Beschwerde 2

Das in den Fällen der Anfechtbarkeit zulässige Rechtsmittel ist die sofortige Beschwerde nach § 22 FGG. Sie hat (entgegen § 24 Abs. 1 FGG) aufschiebende Wirkung (§ 58 Abs. 1 Satz 1). Beschwerdeberechtigt sind der oder die Antragsteller und der verurteilte Raumeigentümer, gegebenenfalls auch der Verwalter sofern sie durch die angefochtene Verfügung des Notars beschwert sind (§ 20 FGG), bei Versagung des Zuschlags auch der Meistbietende, bei Erteilung des Zuschlags andere Bieter, wenn sie sich auf Unwirksamkeit des Meistgebots berufen. Eine weitere Beschwerde (§ 27 FGG) ist ausgeschlossen (§ 58 Abs. 1 Satz 3).

II. Zuständigkeit und Verfahren 3

1. Zuständigkeit

Beschwerdegericht ist das Landgericht, in dessen Bezirk das Grundstück liegt. Ohne Einfluß auf die Zuständigkeit ist also der Amtssitz des versteigernden Notars.

2. Verfahren 4

Es richtet sich nach den §§ 12, 21—23, 25 FGG. Die Beschwerdeentscheidung wird mit ihrer Bekanntmachung rechtskräftig und wirksam.

Gebühren: § 31 KostO; Kostenschuldner: § 2 Nr. 1 KostO; Geschäftswert: 21 5
Abs. 2 KostO; Kostenerstattung: §§ 13 a, 14 KostO.

Ergänzende Bestimmungen

§ 59

Ausführungsbestimmungen für die Baubehörden

Der Bundesminister für Wohnungsbau erläßt im Einvernehmen mit dem Bundesminister der Justiz Richtlinien für die Baubehörden über die Bescheinigung gemäß § 7 Abs. 4 Nr. 2, § 32 Abs. 2 Nr. 2.

Die Richtlinien sind für das Bundesgebiet am 19. 3. 1974 erlassen und im Bundesanzeiger Nr. 58 vom 25. 3. 1974 verkündet worden. Die danach ausgestellte Abgeschlossenheitsbescheinigung ist für das Gericht nicht unbedingt bindend (BayObLGZ 71 102).

§ 60

Ehewohnung

Die Vorschriften der Verordnung über die Behandlung der Ehewohnung und des Hausrats (Sechste Durchführungsverordnung zum Ehegesetz) vom 21. Oktober 1944 (Reichsgesetzbl. I S. 256) gelten entsprechend, wenn die Ehewohnung im Wohnungseigentum eines oder beider Ehegatten steht oder wenn einem oder beiden Ehegatten das Dauerwohnrecht an der Ehewohnung zusteht.

1 **1.** § 60 erklärt zur Behebung von Zweifeln die HausratsVO auch dann für anwendbar, wenn die Ehewohnung im Wohnungseigentum eines oder beider Ehegatten steht oder wenn einem oder beiden Ehegatten das Dauerwohnrecht an der Ehewohnung zusteht (Begr.). Da der Richter nur die Benutzung der Ehewohnung durch die geschiedenen Ehegatten zu regeln hat, ergeben sich für die Anwendung der HausratsVO im Rahmen des WEG keine Besonderheiten. Am Wohnungseigentum der Ehegatten kann also auf der Grundlage der Hausratsverordnung nichts geändert werden (vgl. LG Oldenburg FamRZ **79** 43).

2 **2.** Ehegatten bilden beim Erwerb einer Eigentumswohnung in der Regel keine Innengesellschaft. Sie können sich indessen zum Erwerb und Halten einer Eigentumswohnung in der Rechtsform einer Gesellschaft des bürgerlichen Rechtes zusammenschließen und dem entsprechend im Wohnungsgrundbuch eingetragen werden. (BGH MDR **82** 308).

Trennen sich Ehegatten endgültig und zieht einer aus der beiden gehörenden Eigentumswohnung aus, kann er eine Neuregelung der Verwaltung und Benutzung (§ 745 BGB) verlangen; der Anspruch kann auch im Wege einer Klage auf Zahlung eines Entgelts geltend gemacht werden (BGH MDR **82** 575).

3 **3.** Das Verfahren nach der Hausratsverordnung (vor dem Familiengericht) findet nur statt, wenn sich die Ehegatten anläßlich der Scheidung nicht darüber einigen können, wer von ihnen die Wohnung künftig bewohnen soll. Zu den Rechtsfragen zum Wohnungseigentum bei Trennung der Eheleute, Ehescheidung und Wiederverheiratung s. noch die Aufsätze von *Herold*, BlGBW **76** 105, FWW **77** 80; *Flieger*, MDR **81** 457; *Weimar*, DWE **81** 50; zur Zuständigkeit des Familiengerichts (§ 23 b GVG) s. BayObLG MDR **81** 506, zur Zwangsversteigerung zwecks Aufhebung der ehelichen Gemeinschaft an einer Eigentumswohnung BGH DBetr. **72** 1231.

4 **4.** Hat ein Ehegatte bei Gütertrennung den Erwerb einer Eigentumswohnung durch den anderen mitfinanziert und zu deren Ausbau in erheblichem Umfang Arbeitsleistungen erbracht, so kann ein familienrechtlicher Vertrag besonderer Art zustandegekommen sein. Nach Scheitern der Ehe kann ein Ausgleichsanspruch wegen Wegfalls der Geschäftsgrundlage gegeben sein (BGH MDR **82** 929).

5 **5.** Zur Frage der Auseinadersetzung nach Beendigung einer eheähnlichen Lebensgemeinschaft hinsichtlich der Errichtung oder des Erwerbs einer Eigentumswohnung s. BGHZ **77** 55.

§ 61

Einheitsbewertung

Jedes Wohnungseigentum bildet eine wirtschaftliche Einheit im Sinne des § 2 des Reichsbewertungsgesetzes und einen selbständigen Steuergegenstand im Sinne des Grundsteuergesetzes.

I. Einheitsbewertung 1

Nach § 2 des Bewertungsgesetzes in der Fassung vom 26. 9. 1974 BGBl. I 2369 mit vielen späteren Änderungen zuletzt durch Art. 3 des Haushaltsbegleitgesetzes 1983 vom 20. 12. 1982 BGBl. I 1865 ist jede „wirtschaftliche Einheit" für sich zu bewerten, wobei die Verkehrsanschauung darüber entscheidet, was als wirtschaftliche Einheit anzusehen ist. Die Frage, ob beim Raumeigentum das Grundstück und Gebäude im ganzen oder das einzelne Raumeigentum als wirtschaftliche Einheit anzusehen ist, klärt § 61 im zweiten Sinne.

II. Für das Raumeigentum kommen insbesondere §§ 75—93 des Bewertungsgesetzes in Betracht. Für die Bestimmungen der Grundstücksart ist die Nutzung des auf das Raumeigentum entfallenden Gebäudeteils maßgebend. Zur Anwendung kommt das Ertragswertverfahren für Mietwohngrundstücke bzw. für gemischt genutzte Grundstücke. Mit der Wertung des gemeinschaftlichen Miteigentums der Raumeigentümer befaßt sich § 93 Abs. 3 BewG. Näheres zur Abgrenzung der Wirtschaftseinheit beim Raumeigentum s. die Erlasse der Obersten Finanzbehörden der Länder DNotZ **82** 201; s. auch *Glaser,* BlGBW **82** 210 Nr. 23—26. 2

II. Grundsteuer 3

Nach § 3 Nr. 2 des Grundsteuergesetzes in der Fassung vom 7. 8. 1973 BGBl. I 965 ist Steuergegenstand für die Grundsteuer das Grundstück einschließlich der Bestandteile; gehört der Steuergegenstand mehreren, so haften sie nach § 7 Abs. 2 des Grundsteuergesetzes für die Grundsteuer als Gesamtschuldner. Dies wird aber durch § 61 WEG ausgeschlossen; danach bildet jedes Raumeigentum einen *selbständigen Steuergegenstand* i. S. des Grundsteuergesetzes, so daß die Grundsteuer von jedem Raumeigentümer für sein Raumeigentum zu erheben ist (vgl. auch Richtlinien zur Wertung des Grundvermögens vom 12. 9. 1966 BAnz. Nr. 183 vom 29. 9. 1966).

Die Grundsteuer wird aufgrund der Steuermeßzahl und des örtlich verschiedenen Hebesatzes jährlich festgesetzt. Vergünstigungen sieht § 92 Abs. 2 des 2. WoBauG vor und zwar für öffentlich geförderte und steuerbegünstigte Eigentumswohnungen. 4

§ 62

Gleichstellung mit Eigenheim

Im Wohnungseigentum stehende Wohnungen, die die Voraussetzungen einer Kleinwohnung im Sinne der Vorschriften über die Gemeinnützigkeit im Wohnungswesen erfüllen, stehen in steuer- und gebührenrechtlicher Hinsicht einer Wohnung im eigenen Einfamilienhaus (Eigenheim) gleich.

Schrifttum

Rosenau, Wohnungseigentum in rechtlicher und steuerlicher Sicht, DB **79** Beilage Nr. 13; *Ertner,* Eigentumswohnung mit Steuervorteilen als Kapitalanlage, Neue Wirtschaftsbriefe, 1975;

Oswald, Die Besteuerung des Nutzungswertes des Einfamilienhauses und der Eigentumswohnung, DWW **75** 41; BlGBW **78** 161; *Schulze-Hagen*, Die neuen Regelungen zur Grunderwerbsfreiheit, DWW **78** 16; *Kessler*, Besteuerung von Wohnungseigentum und Teileigentum, DWW **75** 239; zur Übersicht über die Rechtssprechung des Bundesfinanzhof zu den in Frage kommenden Gesetzen s. *Fetsch* DNotZ **78** 462; **79** 290 ff; *Zöller*, Rechtsprechung zum Grunderwerbsteuergesetz, BWNotZ **82** 81/84 Nr. 11.

1 **1.** § 62 dehnt die für *Eigenheime* (d. h. Wohnungen im eigenen Einfamilienhaus) in steuer- und gebührenrechtlicher Hinsicht bestehenden Vergünstigungen auf Wohnungen aus, die im Wohnungseigentum stehen. Dies aber nur dann, wenn diese Wohnungen die Voraussetzungen einer „Kleinwohnung" erfüllen.

Die steuer- und gebührenrechtliche Behandlung von im Wohnungseigentum stehenden Wohnungen, die nicht als Kleinwohnungen im angeführten Sinn einzuordnen sind, bleibt im folgenden außer Betracht. Siehe dazu *Bärmann/Pick/Merle*, §§ 61/62 Rdn. 36 ff.

2 **2.** Die Anwendung der Vorschrift setzt voraus, daß die Begründung des Wohnungseigentums (§§ 3, 8) beurkundet und die Eintragung im Wohnungsgrundbuch beantragt ist. Teileigentum erfaßt § 62 nicht.

3 Die „Kleinwohnung" wird im Gesetz über die Gemeinnützigkeit im Wohnungsbauwesen vom 29. 2. 1940 RGBl. I 432 (in der Folgezeit mehrmals geändert) und dessen Durchführungsverordnung vom 23. 7. 1940 RGBl. I 1012 in der Fassung vom 24. 11. 1969 BGBl. I 2141 definiert. Danach (§ 11 DVO) darf die Wohnfläche grundsätzlich 120 qm nicht übersteigen. Ausnahmen gelten u. a. für kinderreiche Familien oder bei wirtschaftlich notwendiger größerer Ausgestaltung des Grundrisses. Näheres s. § 11 DV.

4 **3. Wohnungen im eigenen Einfamilienhaus** (Eigenheim)

Gemeint sind eigengenutzte Wohnungen im eigenen Einfamilienhaus. Die Wohnung soll dazu bestimmt sein, dem Eigentümer und seiner Familie zu dienen. Der Charakter eines Einfamilienhauses ist gewahrt, wenn das Gebäude die Eigenart eines Einfamilienhauses nach der Verkehrsauffassung aufweist (BFH BStBl. 1956 III S. 78).

5 **4. Die Wohnung im eigenen Einfamilienhaus in steuer- und gebührenrechtlicher Hinsicht**

Zu erwähnen sind hier namentlich folgende Gesetze:

A. Steuerrecht

6 **a)** *Grunderwerbssteuer:* Durch Bundesgesetz über die Grunderwerbssteuerbefreiung beim Erwerb von Einfamilienhäusern, Zweifamilienhäusern und Eigentumswohnungen vom 11. 7. 1977 wurde Grunderwerbssteuerfreiheit für bestimmte Vorgänge einheitlich für das Bundesgebiet gewährt. Daneben galten die Gesetze der Bundesländer über Grunderwerbssteuerfreiheit. Sie sahen in der Regel Steuerbefreiungen vor, wenn eine Nutzung durch den Eigentümer oder einen Angehörigen außer Zweifel gegeben war. Im einzelnen wichen die Regelungen untereinander ab.

Seit dem 1. 1. 1983 gilt nunmehr das Grunderwerbssteuergesetz 1983 vom 17. 12. 1982 BGBl. I 1777. Die Steuer richtet sich nach dem Wert der Gegenleistung, bei deren Fehlen nach dem Grundstückswert; er wird grundsätzlich nach dem Einheitswert berechnet. Die Steuer beträgt 2 %. Steuerfrei sind verschiedene Vorgänge, so der Ankauf eines Grundstücks, dessen Kaufpreis 5000 DM nicht übersteigt. Steuervergünstigungen für den Erwerb von Eigenheimen sieht das Gesetz nicht vor. Das erwähnte Gesetz vom 11. 7. 1977 ist aufgehoben, aufgehoben sind auch die Ländergesetze sowie deren Regelungen über Steuervergünstigungen.

Auf Pfaff BlGBW **83** 25 sei verwiesen.

b) Im Bereich der *Umsatzsteuer* und der *Wohnungsbauprämien* gibt es für die eigengenutzte Wohnung im eigenen Einfamilienhaus keine Einzel-Vergünstigungen. **7**

c) *Grundsteuer:* Für Wohnungen in Eigenheimen kommen Steuervergünstigungen (§§ 7 1. WoBauG, 92, 92 a 2. WoBauG) in Betracht, sei es, daß es sich um öffentlich geförderte oder um steuerbegünstigte Wohnungen (§ 82 2. WoBauG) handelt; im steuerbegünstigten Wohnungsbau beträgt die Wohnflächenbegrenzung bei Eigennutzung 144 qm. Zur Steuerbemessung s. § 92 2. WoBauG. Zum einzelnen s. *Fischer/Dieskau*, Wohnungsbaurecht, Teilband II § 82 2. WoBauG Anm. 7 (Schwender/Heix). **8**

d) *Einkommensteuer:* Es gilt derzeit das Einkommensteuergesetz 1981 vom 6. 12. 1981 BGBl. I 1249, 1560 mit den Änderungen durch das Haushaltsbegleitgesetz vom 20. 12. 1982 BGBl. I 1857. Die nach §§ 7 Abs. 5, 7 b, 52 EStG zulässigen Abschreibungen stehen Wohnungseigentümern auch zu, wenn es sich nicht um Eigenheime handelt; § 62 ist daher insoweit nicht einschlägig. Das gilt auch für die Sonderausgaben im Sinne des § 10 EStG. Anders verhält es sich bei der Gewährung besonderer Nutzungswertberechnungen nach §§ 21 a, 52 EStG. Sie kommen für Wohnungen im eignen Familienhaus und damit für die Anwendung des § 62 in Betracht. **9**

Näheres über Abschreibung und Werbungskosten s. die Erläuterungswerke zum EStG.

B. Gebührenfreiheit **10**

Das Gesetz über Gebührenfreiheit beim Wohnungsbau vom 30. 5. 1953 in der Fassung vom 24. 8. 1965 BGBl. I 945 sieht Gebührenfreiheit für alle mit der Begründung von Wohnungen und dem ersten Erwerb des Wohnungseigentums (OLG Hamm DNotz. **79** 636; OLG Düsseldorf Rpfleger **82** 398) zusammenhängenden Geschäften vor. Darunter fallen nicht die Gebühren für notarielle Beurkundungen und Beglaubigungen. Näheres s. *Korintenberg/Ackermann/Lappe,* Kostenordnung, Abschnitt WohnGebBefreiung. Der Schaffung begünstigten Wohnraums (§ 1 Abs. 1 WohnGebBefrG) dient auch der Erwerb eines bebauten Grundstücks zur Schaffung von mehr Wohnraum als erworben (OLG Düsseldorf DNotZ **81** 342).

§ 63

Überleitung bestehender Rechtsverhältnisse

(1) Werden Rechtsverhältnisse, mit denen ein Rechtserfolg bezweckt wird, der den durch dieses Gesetz geschaffenen Rechtsformen entpricht, in solche Rechtsformen umgewandelt, so ist als Geschäftswert für die Berechnung der hierdurch veranlaßten Gebühren der Gerichte und Notare im Falle des Wohnungseigentums ein Fünfundzwanzigstel des Einheitswertes des Grundstückes, im Falle des Dauerwohnrechtes ein Fünfundzwanzigstel des Wertes des Rechtes anzunehmen.

(2) Erfolgt die Umwandlung gemäß Absatz 1 binnen zweier Jahre seit dem Inkrafttreten dieses Gesetzes, so ermäßigen sich die Gebühren auf die Hälfte. Die Frist gilt als gewahrt, wenn der Antrag auf Eintragung in das Grundbuch rechtzeitig gestellt ist.

(3) Durch Landesgesetz können Vorschriften zur Überleitung bestehender, auf Landesrecht beruhender Rechtsverhältnisse in die durch dieses Gesetz geschaffenen Rechtsformen getroffen werden.

1 **I. Allgemeines**

§ 63 sieht davon ab, unmittelbare Vorschriften zur Überleitung bestehender Rechtsverhältnisse in die durch das WEG geschaffenen Rechtsformen zu treffen, gibt aber in Abs. 1 und 2 durch gebührenrechtliche Erleichterungen einen Anreiz für eine solche Überleitung und in Abs. 3 eine entsprechende Ermächtigung für das Landesrecht (Begr.).

2 **II. Gebührenrechtliche Erleichterungen**

1. Rechtsverhältnisse, deren Umwandlung in Rechtsformen des WEG gebührenrechtlich begünstigt wird, sind solche, mit denen ein Rechtserfolg bezweckt wird, der den durch das WEG geschaffenen Rechtsformen entspricht. Hierher gehören vor allem dingliche Rechtsverhältnisse wie das echte Stockwerkseigentum, soweit es noch besteht, das uneigentliche Stockwerkseigentum, das Wohnungsrecht nach § 1093 BGB und die besonderen Rechtsgestaltungen, die in Süddeutschland auf der Grundlage des § 1093 BGB geschaffen wurden, aber unter Umständen auch rein schuldrechtliche Rechtsverhältnisse wie Miet- oder Pachtverträge (OLG Hamburg MDR **55,** 42). Umwandeln heißt; das alte Recht aufheben, das neue begründen und eingetragen lassen. Soll es den alten Rang behalten, müssen die nachfolgenden Rechte zustimmen (§ 877 BGB).

3 **2. Begünstigungen** beziehen sich auf die Gebühren der Gerichte und Notare, die durch die Umwandlung der alten in die neuen Rechtsformen (Raumeigentum, Raumerbbaurecht, Dauerrecht) entstehen, und sind von zweierlei Art:

Als *Geschäftswert* ist nur ein Fünfundzwanzigstel des Wertes anzunehmen, und zwar bei der Umwandlung in Raumeigentum (Raumerbbaurecht) vom Einheitswert des Grundstücks (Erbbaurechts), bei der Umwandlung in ein Dauerrecht vom Werte des Dauerrechts (Abs. 1).

Außerdem ermäßigte sich der *Gebührensatz* auf die Hälfte, wenn mindestens der Antrag auf Eintragung der Rechtsänderung im Grundbuch bis zum 19. 3. 1953 einschließlich gestellt worden war (Abs. 2).

4 **III. Landesrecht**

§ 63 WEG sieht zwar davon ab, die Überleitung der alten Rechtsverhältnisse in die neuen Formen selbst zu regeln, Abs. 3 ermächtigt aber den Landesgesetzgeber, Vorschriften zur Überleitung auf Landesrecht beruhender Rechtsverhältnisse zu treffen, die im Zeitpunkte des Erlasses dieser landesgesetzlichen Überleitungsregelung bestehen, so das hessische Landesgesetz zur Überleitung des Stockwerkseigentums vom 6. 1. 1962 GVBl. 17; ferner das baden-württembergische Landesgesetz vom 26. 11. 1974 GBl. 498, Fünfter Abschnitt §§ 35, 37, 43, 44. Art. 182 EG BGB ist nicht aufgehoben.

IV. Anderweitige Überleitung

Auch ohne solche sachlichrechtliche Überleitungsvorschriften können im Einzelfall vor Inkrafttreten des Gesetzes vereinbarte veräußerliche, vererbliche und zur Eintragung im Grundbuch bestimmte Wohn- und Nutzungsrechte an einem Siedlungshaus als Dauerwohnrecht und Bestimmungen über die Kündigung des Vertrages durch den Eigentümer als Vereinbarungen über den Heimfall anzusehen sein (BGHZ **27** 158).

§ 64

Inkrafttreten

Dieses Gesetz tritt am Tage nach seiner Verkündung in Kraft.

Das WEG ist im BGBl. I 175 vom 19. 3. 1951 verkündet worden, also im Bundesgebiet am 20. 3. 1951 in Kraft getreten; Abänderungen durch Gesetze vom 7. 8. 1952 BGBl. I 401, 26. 6. 1957 BGBl. I 861, 30. 5. 1973 BGBl. I 501, 30. 7. 1973 BGBl. I 910 und 8. 11. 1982 BGBl. I 1615.

Rechtsprechungsnachtrag

Zu § 1

Der Rechtsunterschied zwischen Wohnungseigentum und Teileigentum besteht in der Zweckbestimmung; Umschreibung des Teileigentums in Wohnungseigentum bedarf der Mitwirkung aller Raumeigentümer (OLG Celle OLGZ **83** 126). **1**

Zu § 3

Zum Begriff „*Raum*" gehört die erkennbare Abgrenzung nach Länge, Breite und Höhe (OLG Köln DWE **83** 28). Wohnungseigentum kann auch begründet werden, wenn eine Teilung des Grundstücks nach öffentlichem Baurecht nicht möglich ist (KG OLGZ **82** 436). **2**

Der Miteigentumsanteil muß nicht dem Wert des Sondereigentums und der durch Bestellung eines Sondernutzungsrechts tatsächlich genutzten Fläche entsprechen (BayObLG ZMR **83** 107). **3**

Zum Stellplatz auf und unter der Hebeplattform (diese ist gemeinschaftliches Eigentum) einer Doppelstockgarage vgl. noch OLG Hamm Rpfleger **83** 19 und Sauren MittRhNotK **82** 213; zum Stellplatz in einer Tiefgarage, die unter mehreren Grundstücken errichtet ist, s. LG Bonn MittRhNotK **82** 248. **4**

Zu § 3 Rdn. 41: *Eheleute,* Miteigentümer eines Grundstücks zu Bruchteilen, können durch dinglichen Vertrag Wohnungseigentum nach § 3 auch in der Weise begründen, daß sie sowohl die Zahl ihrer Miteigentumsanteile verändern (zusammenlegen) als auch diesen (neuen) Anteilen jeweils das Sondereigentum an einer Wohnung zuordnen (BGH NJW **83** Heft 18 S. VI — Vorlagebeschluß). **5**

Zu § 8

Die nähere Bezeichnung des Teileigentums (z. B. Laden, Gaststätte) in der Teilungserklärung ist nicht erforderlich (LG Wuppertal MittRhNotK **81** 261). **6**

Zu § 10

Eindeutig verfehlte Bestimmungen der Gemeinschaftsordnung können geändert werden, weil sich aus der Treupflicht der Raumeigentümer die Pflicht ergibt, einer Änderung zuzustimmen, wenn diese dringend geboten ist und die Verweigerung der Zustimmung gegen Treu und Glauben verstößt (OLG Köln DWE **83** 28). **7**

Zu § 12

Die Zustimmung zur Veräußerung kann nicht von der Zahlung einer Aufwandspauschale abhängig gemacht werden (OLG Schleswig DEW **83** 26). Der Veräußerer ist verpflichtet, alles ihm Zumutbare zu tun, um die Erfüllung der Prüfungspflicht des Verwalters zu erleichtern (BayObLG DEW **83** 26). **8**

Zu § 13

Freiberufliche oder gewerbliche Nutzung der Eigentumswohnung kann (als Änderung der Zwecknutzung) von der Genehmigung durch Mehrheitsbeschluß oder Verwalter abhängig gemacht werden (OLG Frankfurt Rpfleger **82** 417). **9**

10 Zum Schadensersatzanspruch eines Raumeigentümers gegen einen anderen wegen Verletzung der Hausordnung s. OLG Frankfurt Rpfleger **83** 105.

Zu § 14

11 Nachteil im Sinne der Bestimmung ist auch vermehrte Lärmbelästigung (BayObLG DWE **83** 31).

Zu § 15

12 Die Veränderung des rechtlichen Inhalts des gemeinschaftlichen Eigentums bedarf grundsätzlich der Zustimmung aller dinglich Berechtigten (OLG Stuttgart BWNotZ **83** 19 mit Anm. Pöschl).

13 Sexkino kein „Laden" (LG München DWE **82** 127).

14 Überlassung von Eigentumswohnungen zu Ferienaufenthalt ist weder Gewerbebetrieb in der Wohnung noch Berufsausübung (OLG Frankfurt OLGZ **83** 61). Die Vermietung an wechselnde Feriengäste kann von der Zustimmung des Verwalters abhängig gemacht werden, eine generelle Zustimmung aber nicht verlangt werden (BayObLG DWE **83** 251).

15 Die Bestellung eines Sondernutzungsrechtes für jedwede Nutzung findet ihre Grenze an der Unzulässigkeit baulicher Veränderungen (§ 22; KG OLGZ **82** 436).

16 Der Sondernutzungsberechtigte an Gartenflächen kann bei Beeinträchtigung Herausgabe des Gartenteils und Unterlassung der Einwirkung auf seine gärtnerische Nutzung verlangen (BayObLG ZMR **83** 107).

Zu § 16

17 Die Absätze 2 und 3 des § 16 sind abdingbar (BayObLG DWE **82** 128); Kosten im Sinne des Absatzes 2 sind auch die zur Behebung von Liquidationsschwierigkeiten erforderlichen Mittel (BayObLG DWE **82** 128).

18 Der im Grundbuch eingetragene Raumeigentümer hat die Lasten und Kosten des gemeinschaftlichen Eigentums nach Absatz 2 auch dann zu tragen, wenn er das Wohnungseigentum veräußert hat, nicht mehr nutzt und für den Erwerber eine Auflassungsvormerkung eingetragen ist (BGH Beschl. vom 24. 3. 1983 — VII ZB 28/82).

19 Änderung der in der Gemeinschaftsordnung enthaltenen Heizkostenverteilung bedarf der Zustimmung aller Raumeigentümer, wenn der bisherige Verteilerschlüssel sich innerhalb des in §§ 7 Abs. 1, 8 Abs. 1 HeizkostVO vorgeschriebenen Rahmens hält (BayObLG DWE **83** 22).

Zu § 21

20 Ordentliche Verwaltung ist auch die Zustimmung zu einem gerichtlichen Vergleich bei zweifelhafter Rechtslage, auch die Erhebung einer Umlage zur Beseitigung von Liquidationsschwierigkeiten (BayObLG DWE **82** 128).

Zu § 22

21 Umgestaltung eines Provisoriums in einen endgültigen Zustand braucht ebensowenig eine bauliche Veränderung darzustellen wie die Vervollständigung einer unvollständigen Anlage (OLG Frankfurt OLGZ **83** 29; KG Rpfleger **82** 22; OLG Düsseldorf MDR **83** 320). Anders der Einbau eines Dachfensters und die Vergrößerung der Giebelfenster zum Ausbau eines Dachgeschosses (BayObLG DWE **83** 21, 31).

Zu § 23

22 Das Recht zur Anfechtung von Beschlüssen kann durch Vereinbarung eingeschränkt werden (BayObLG DWE **83** 30).

Zu § 24

Die Tageszeit der Versammlung muß verkehrsüblich und zumutbar sein; das trifft in der Regel für den Vormittag eines Werktages nicht zu (OLG Frankfurt OLGZ **82** 418). Zur Schadensersatzpflicht des Verwalters wegen verspäteter Fertigung des Protokolls s. BayObLG Beschluß vom 28. 6. 1982 — 2 Z 38/81. **23**

Pohlen, Einladung zur Versammlung, Rpfleger **83** 130. **24**

Zu § 25

Jede Wiederholungsversammlung (§ 25 Abs. 4) kann eine Erstversammlung sein, wenn nämlich die Beschlußfähigkeit (§ 25 Abs. 3) in der Wiederholungsversammlung tatsächlich erreicht ist (OLG Frankfurt OLGZ **83** 29). **25**

Zu § 27

Der Verwalter muß erkannte Gefahren sofort beseitigen (§ 27 Abs. 1 Nr. 3); vorherige Eigentümerbeschlußfassung ist nicht erforderlich (OLG Frankfurt DWE **83** 22). **26**

Das Gericht kann dem Antragsteller aufgeben, Namen und Anschriften aller Wohnungseigentümer bekannt zu geben. Die Wirksamkeit der Zustellung an den Verwalter (§ 27 Abs. 2 Nr. 3) wird nicht dadurch berührt, daß in der Antragsschrift nicht alle Raumeigentümer namentlich aufgeführt werden, als Antragsgegner die „Wohnungseigentümergemeinschaft ..." angegeben wird (BayObLG DWE **83** 27). **27**

Zu § 28

Vor der Beschlußfassung entsteht weder eine Nachzahlungspflicht noch ein Rückerstattungsanspruch (BayObLG DWE **83** 30). **28**

Zu § 43

Die Beweisaufnahme vor der Beschwerdekammer des Landgerichts kann nicht einem Einzelrichter übertragen werden (vgl. OLG Köln MDR **83** 326). **29**

Das Gericht ist an die Bezeichnung der Antragsgegner in der Antragsschrift nicht gebunden (BayObLG DWE **83** 30). **30**

Das Gericht ist an Erledigungserklärung des Antragstellers gebunden, wenn der Gegner nicht widersprochen hat (BayObLG Beschl. vom 5. 7. 1982 — 2 Z 80/81). **31**

Übergehen eines Vortrages oder eines Beweisangebotes kann Verstoß gegen § 12 FGG bedeuten (BayObLG Beschl. vom 2. 6. 1982 — 2 Z 62/81). **32**

Zu § 44

Die Unterschrift des Richters am Amtsgericht unter seinen Beschluß kann nicht ersetzt werden (vgl. BayObLG Beschl. vom 26. 2. 1982 — 2 Z 6/82). **33**

Zu § 45

Zur Beschwerde sind die Beteiligten, unabhängig von einer Rechtsbeeinträchtigung, nur im Anfechtungsverfahren (§ 23 Abs. 4) berechtigt (OLG Frankfurt OLGZ **82** 420). **34**

Zulässig ist die Anschlußbeschwerde zum Kostenpunkt (BayObLG ZMR **83** 106); sie bedarf im Rechtsbeschwerdeverfahren der für die Rechtsbeschwerde vorgeschriebenen Form (BayObLG DWE **83** 30). **35**

Die unselbständige Anschlußbeschwerde wird durch Zurücknahme der Beschwerde wirkungslos (BayObLG Beschl. vom 19. 4. 1982 — 2 Z 76/81).

Zu § 46

Die Abgabe bewirkt, daß der Beklagte Beteiligter in Wohnungseigentumssachen wird, obwohl er nicht zum Kreis der Beteiligten gehört (BayObLG DWE **83** 30). **36**

37 Gegen die Zulässigkeit eines Zwischenbeschlusses über die Zuständigkeit des Gerichts (§ 43) bestehen keine rechtlichen Bedenken (BayObLG Beschl. vom 23. 3. 1982 — 2 Z 17/82).

Zu § 47

38 Teilentscheidungen erfordern in der Regel keine Kostenentscheidung (BayObLG Beschl. vom 30. 4. 1982 — 2 Z 42/81).

Zu § 48

39 Ein Hilfsantrag, über den nicht entschieden wurde, ist für die Geschäftswertfestsetzung ohne Bedeutung (BayObLG Beschl. vom 23. 3. 1982 — 2 Z 31/81), desgleichen die Übernahme der Gerichtskosten in einem Vergleich (BayObLG Beschl. vom 28. 6. 1982 — 2 Z 27/80).

Zu § 61

40 Zöller, Das neue Grunderwerbssteuergesetz, BWNotZ **83** 299.

Zu § 62

41 Besteuerung von Eigentumswohnungen (Einkommensteuer) DWE **83** 2).

Sachregister

Die fetten Zahlen verweisen auf die Paragraphen, die mageren auf die Randnummern und die kursiven auf den Rechtsprechungsnachtrag.

Abänderung der gerichtlichen Entscheidung **45** 29
Abberufung des Verwalters **26** 15; **43** 34, 51
Abdingbarkeit **10** 13, 29; **16** 3
Grenzen der — bei Entziehung **18** 25
Grenzen der — bei Zustimmungsverweigerung **12** 26 f
Abgabe zum FG-Richter **46** 2 ff; *36*
umgekehrt **46** 17
Abgeschlossenheit **3** 59
Nachweis der **3** 56
Richtlinien zur **59**
Abhängigkeit des Sondereigentums **6** 1
Ablehnung des Richters **43** 72
Abrechnung des Verwalters **28** 14 ff
Abstellplätze für Fahrzeuge **3** 74; **15** 7; **16** 10
Abstimmung in der Versammlung **25** 19
Gleichheit der Pro- und Contrastimmen **25** 8
Stimmenthaltung **25** 8
Abweichende Änderung des Verteilungsgrundsatzes **16** 3
Abweichung der Bauausführung vom Aufteilungsplan **7** 16
Abweichung der Eintragungsbewilligung von Teilungserklärung **7** 11
Abwohnen des Baukostenzuschusses **Vor 31** 15
Activlegitimation des Wohnungseigentümers **13** 10; **14** 14; **23** 24
Änderung
des Antrages **43** 78
des Aufteilungsplans **7** 16, 18
der Miteigentumsquote **4** 25
des Sondereigentumsinhaltes **8** 31; **10** 23
der Teilungserklärung **8** 31
der Vereinbarung **10** 21
der Versteigerungsbedingungen **54** 5
der Zweckbestimmung von Räumen **1** 48
AGBG, Anwendung des **7** 22; **8** 23, 29, 57 f
Altane **3** 55
Amtsermittlung **43** 63, 88
Anderkonto **27** 25
Anerkenntnis **43** 82
Anfechtung
des Beschlusses der Wohnungseigentümer **23 Abs. 4, 43** 41 ff; *22*
der gerichtlichen Entscheidung **45**
der Sondereigentumseinräumung **3** 61 ff
der Stimmabgabe **25, 9**
Anordnung **44** 14
einstweilige Anordnung **44** 9
Anschlußbeschwerde **45** 14; *35*
unselbständige **45** 15; *35*
Anspruch auf ordnungsgemäße Verwaltung **21** 30 ff
Anteil am Verwaltungsvermögen **1** 25; **3** 30; **27** 23
Anteil am Grundstückseigentum, Maßstab für Beschlußfähigkeit **25 Abs. 3**
Stimmrecht **25** 14
Verteilung von Nutzung, Kosten und Lasten **16 Abs. 1 und 2**
Anteil bei Aufhebung der Gemeinschaft **17**
Antenne **5** 25; **16** 3; **21** 42; **22** 8
Antrag **43** 65
Activlegitimation **14** 14
Erweiterung des **43** 78
Gegentrag **43** 66
Rücknahme **43** 81
Anwartschaft **3** 40
Arrest **43** 90
Arztpraxis **15** 13
Aufbauverbindlichkeiten **10** 12
Aufhebung
des Dauerwohnrechts **31** 14
der Gemeinschaft **17** 1
des Sondereigentums **4** 18
des Wohnungseigentums **9** 13
Auflassung **4** 4
Auflassungsvormerkung **4** 17
Aufrechnung **16** 34; **43** 67
aufschiebende Wirkung der Rechtsmittel **58 Abs. 1**
Aufschlüsselung der Tragung von Lasten und Kosten **16** 2
Aufstockung **22** 16

Aufteilungsplan **7** 12 ff
Abweichung von
Teilungserklärung **7** 16 ff
Nummer, Kennzeichnung im **7** 20
Aufwendungen des Verwalters **21** 15
besondere **22** 2, 3
nicht notwendige **22** 3
Ausgleichsanspruch des zahlenden Wohnungseigentümers **16** 32
Auskunftspflicht des Verwalters **28** 21
Auslagen
des Notgeschäftsführers **21** 11
des Verwalters **27** 10
Ausschluß
von der Abgabe eines Gebotes **56** 5
vom Stimmrecht **25** 11 ff; **26** 10
Aussetzung des Verfahrens **46** 23
Ausscheiden des Wohnungseigentümers vor Verfahrensbeginn **43** 20
Ausübung des Stimmrechts **25** 19 ff

Balkon **1** 35; **5** 28
Bankguthaben **28** 6
Bargeld **1** 26; **27** 25
Bauauftrag an Bauträger **8** 66
Baubehörde **59**
Baubetreuer **8** 85 ff
Baubeschreibung **7** 13
Bauhandwerker **8** 81
Bauherrenmodelle **3** 57; **8** 80 ff
Haftung **8** 84
Vertragsabschlüsse **8** 81
Baukostenzuschüsse **31** 15
bauliche Veränderungen **22** 2 ff
Bauträger
Freizeichnungsklausel **8** 72
Gewährleistungsansprüche gegen **8** 69
Nachbesserungsansprüche gegen **8** 75
Schadensersatz- und
Minderungsansprüche gegen **8** 79
Vertrag mit **8** 66, 67
Bedingung **11** 3
Beendigung der Versteigerung **57** 6
Beglaubigung **26** 25
Begriffe des Gesetzes
Dauernutzungsrecht **31 Abs. 2**
Dauerwohnrecht **31**
Sondereigentum **3 Abs. 1**
Teileigentum **1 Abs. 3**
Wohnungseigentum **1 Abs. 2**
Wohnungserbbaurecht **30**
Begründung von Wohnungseigentum **2**
nicht durch Verbindung
mit Miteigentumsanteilen
an mehreren Grundstücken **1** 30
vor Erwerb von Miteigentum **3** 36
Beiziehung der widersprechenden Raumeigentümer zu außergewöhnlichen Maßnahmen **22** 26
Bekanntmachung der Versteigerung **55** Abs. 2
Belastung des Wohnungseigentums
bereits bestehende Rechte
am Grundstück **3** 9
Rechte am Miteigentumsanteil **3** 11
Neubelastungen am Grundstück **3** 12 f
— am Miteigentumsanteil **3** 14
Belege **27** 6; **28** 7, 19
Benutzung des Sondereigentums **13; 14**
Grundsatz **13** 1
Regelung durch Mehrheitsbeschluß **15 Abs. 2**
Beratungshilfe **43** 88
Bescheinigung durch Baubehörde **7** 20, 21
Beschlüsse der Wohnungseigentümer **10 Abs. 3**
allgemeines **10** 14, 40; **23** 3, 5; **25** 1
anfechtbare **23** 14; **25** 3
Anfechtungsfrist **23** 15, 16
Bestandskraft **10** 42; **23** 13; **43** 42
Bindung **10 Abs. 3**
einstimmige Beschlüsse **10** 14, 40
Eintragungsfähigkeit **10** 40
Gegenstand **10** 44, 45
als Gesamtakt **23** 4; **25** 1
Heilung fehlerhafter **23** 22
Mehrheitsbeschlüsse **10** 47
Mehrheitsgrundsatz **21 Abs. 3**
Nachweis **24** 10
„negative" **23** 20; **25** 26
nichtige **23** 11 f
Protokollierung **24** 8 ff
als Rechtsgeschäft **23** 4; **25** 1
Ungültigkeitserklärung
durch Gericht **23** 14
Vollzug **27** 14
Wirkung
— für das Grundbuch **23** 24
— gegen Sondernachfolger **10 Abs. 3**
— gegen Wohnungseigentümer **10** 47
Beschlußfähigkeit **25** 3
Beschlußfassung **18 Abs. 2; 23 Abs. 1; 28 Abs. 5**
in der Versammlung
18 Abs. 2; 23 Abs. 1; 28 Abs. 5
schriftliche **23** 6
durch Stimmenmehrheit
21 Abs. 3; 25 Abs. 1; 28 Abs. 5
bei Stimmengleichheit **25** 8
bei Stimmenthaltung **25** 8
Beschwerde **45; 58**
einfache **45** 4
sofortige **45** 2, 5, 11, 13, 18, 19
weitere sofortige **44** 4; **45** 9, 21, 22
Frist **45** 11 ff

mündliche Verhandlung **44** 3
gegen Kostenentscheidung **46** 2
Beschwerdeberechtigte **45** 9, 10; *34*
Besitz **13** 11
Besitzschutz **13** 12
Bestandteile des Gebäudes **1** 18; **5** 13
wesentliche **5** 12
unwesentliche **5** 13
Besteuerung **62**
Beteiligte **46** 96; *30*
Betreten des Sondereigentums **14** 12
Betrieb der Heizungsanlage **5** 30
Beurkundung **4** 8
des Kaufvertrages **8** 48
Beweiserhebung **43** 83; *32*
Beweislast **27** 38; **43** 82
Bewertung **61**
Bewilligung der Eintragung im Grundbuch
7 11; **8** 18; **12** 39; **32** 2
Bezeichnung des Gemeinschaftsverhältnisses
7 7
Billiges Ermessen **43 Abs. 2; 47**
Bindung des Gerichts
an Abgabe **46** 10
an Anträge **43** 10, 48
an Vereinbarungen und Beschlüsse **43** 63
Bindung des Sondernachfolgers **10 Abs. 2**
Bindung an gerichtliche Entscheidungen
45 24 f
Bruchteilsgemeinschaften **1** 5; **3** 34 ff

Dachfenster *21*
Dachgarten **5** 26
Dachterrasse **5** 21
Dauerwohnrecht **31** ff
Abgeschlossenheit **32** 1
Ansprüche
— des Berechtigten **33** 9; **34** 2, 11; **36** 10
— des Eigentümers **34** 4
— sonstige Ansprüche **34** 8
Anwendbarkeit allgemeiner Vorschriften
Vor 31 18
Beendigung **31** 14; **37** 2; **39** 1; **42** 5
Begriff **31** 1
Begründung **31** 11; **33** 6
Berechtigter **31** 10
Entschädigung bei Heimfall **36** 9; **41** 7 f
an Erbbaurecht **42** 1 ff
Erneuerung **31** 19
Dauerwohnrecht an Erbbaurecht **42** 1 ff
Haftung des Entgelts **40** 2, 6
Form der Bestellung **32** 2
— an noch nicht bestehendem
Gebäude **31** 6
Gebrauch **33** 10
Gegenstand **31** 4, 7
Gemeinschaft **Vor 31** 4
Gesamtbelastung **31** 5
Geschäftswert **Vor 31** 33; **31** 20; **32** 9
Grundbucheintragung **32; Vor 31** 7; **31** 12
— Eintragungsbewilligung **32** 2, 3
Heimfall **31** 14, 15; **33** 7; **36** 2, 4, 6,
7, 11, 14, 17, 19; **37** 4; **41** 7; **42** 5
Inhalt **Vor 31** 7, 10; **31** 2, 3; **32** 6;
33 2; **35** 38; **39** 4; **40**
langfristiges **41** 1, 3
Löschungsanspruch **41 Abs. 2**
Mitbenutzungsrecht **33** 13
Nutzungsrecht **31** 8, 9
Pfändung **31** 17; **33** 5
Pflichten des Berechtigten **33** 8 ff
Rechte des Berechtigten **31** 8
Soziales Mietrecht **36** 13
Steuerliche Behandlung **Vor 31** 33
Übertragung **37** 3
Veräußerung des Grundstücks **38** 5
Veräußerung des **31** 11, 13;
33 3; **36** 4; **38** 4
Veräußerungsbeschränkungen **35**
Vereinbarungen zum Inhalt
33 14, 22; **36** 8; **39** 2
— dinglich wirkende **33** 1
— fakultative **33** 21
— notwendige **33** 16 ff
Verjährung **34** 5 f; **36** 18
Verlängerung **31** 19
Vermietung **37; Vor 31** 14; **31** 8; **33** 3
Zuständigkeit für Streitigkeiten
Vor 31 4; **33** 24; **36** 19 f; **52** 6
Zustimmung zur Vereinbarung **39** 6
— im Zwangsversteigerungsverfahren
31 14; **33** 9; **37** 6; **38** 6; **39** 9
Dienstbarkeiten **3** 10, 14, 16; **7** 10
Doppelstockgarage **3** 57; *4*
Duldung von Einwirkungen **14** 10 ff; **22** 12

Eheliche Wohnung **60**
Eigenbedarf bei Mieterschutz **13** 15
Eigenheim, Gleichstellung mit **62**
Eigentum, gemeinschaftliches **1** 17 ff; **27**
Einschränkungen **13** 6
Gebrauch **13** 6, 7; **15** 4
Gegenstand **1** 17; **5** 17
Inhaltsänderung *12*
Mängelbeseitigung **8** 75
an Neuerungen **22** 1
Rechte aus **13** 5
Rechtsnatur **1** 29
Verfügung über **21** 3
Vermutung des **5** 3
Zwangsvollstreckung **3** 29

Eigentümerdauerwohnrecht **31** 10
Einberufung der Versammlung **21** 19; **24** 2 ff
Einfamilienhaus **62** 4
Einheit, wirtschaftliche **61**
Einheitsbewertung **61**
Einigung, dingliche **4** 1
Einkommensteuer **62** 6; *41*
Einräumung **3**
  Form **4** 4
Einrichtungen **5** 16 ff, 25
Einsichtnahme
  in Belege **28** 19
  in Beschlüsse **10** 40
  in Niederschriften **24** 11
  in Versteigerungsbedingungen **55** 3
Einstellplätze **3** 74 f
Einstimmigkeit
  zur Abänderung von Vereinbarungen
    10 21, 25; *7*
  zu baulichen Veränderungen **22** 1, 9
  für Verfügungen **21** 3
einstweilige Anordnung **44** 9 f
Eintragung im Grundbuch
  Antrag **7** 11
  Antragsanlagen **7** 12 ff
  Form **7** 7 ff
  Inhalt **7** 6
  Prüfung des Grundbuchamts **7** 22; **32** 7
Eintragungsbewilligung **7** 11; **8** 18; **12** 23
Eintragungsfähigkeit von Beschlüssen **10** 40;
  15 5
Eintritt ins Mietverhältnis **32 Abs. 2**
Einwirkung **13**
  Abwehr **13** 2; **14** 11
  Duldungspflichten **14** 10
  als Voraussetzung der Entziehung **18** 8
Energieversorgung **5** 25; **16** 21
Entgelt **40** Abs. 2
Entschädigung
  für Duldung von Eingriffen **13** 10
  für Verletzung des Sondereigentums
    14 11, 12
Entscheidungen, richterliche
  Anfechtung **45 Abs. 1**
  Änderung **45 Abs. 4**
  Bekanntmachung **43** 73
  Eintragungsfähigkeit **10** 40
  Gründe **44** 18
  Inhalt, gestaltender **15** 33; **43** 61
  Nachprüfungsbefugnis
    des Rechtsbeschwerdegerichts **45** 22
Entstehung des Wohnungseigentums **2**; **3**; **8**
Entziehung des Wohnungseigentums **18** 51
  Abwendungsbefugnis **19** 9
  Beschluß der Eigentümer **18** 15
  Eigentumsübergang **19** 4, 5
  Klage **18** 18; **19** 20
  Kosten **18** 23
  sittenwidrige Vereitelung **18** 5
  Voraussetzungen **18** 7, 12
  Urteil **19** 8
  Zuständigkeiten **18** 19
  Streitwert **18** 24
Erbengemeinschaft **3** 38
Erledigung der Hauptsache **43** 81; **47** 5, 8; *31*
Erbbaurecht **8** 10; **30**
  Heimfall **42**
  Untererbbaurecht **30** 3
Erlöschen des Sondereigentums **9** 2, 3, 12, 13
  des Dauerwohnrechts **37** 2
Ersatz für Aufwendungen **13** 4
Erschließungsbeitrag **16** 18
Ersetzung der Zustimmung zur Veräußerung
  12 16
Erwerbsvertrag s. Kauf des Wohnungseigen-
  tums
Erwerbsverpflichtung **8** 41 ff
Eventualeinberufung der Versammlung **25** 4,
  5; *25*

Faktische Gemeinschaft **8** 36
Fahrstuhlbenutzung **21** 42
  Kosten der Reparaturen **16** 21
Fenster **5** 21; *21*
Fensterglas **5** 21
Fernsehantenne **5** 25
Fernsprechanschluß **21** 52
Fernwärmeverordnung **16** 29
Feststellungsantrag **43** 49, 65
Feuerversicherung **21** 47
Form
  der Aufhebung
    des Wohnungseigentums **4** 20
  der Bestellung und Übertragung
    des Dauerwohnrechts **31** 11 f
  der Einräumung **4** 4, 8
  — der Verpflichtung zur Einräumung **4** 12
  der Inhaltsänderung
    des Wohnungseigentums **10** 23, 26
  der Teilungserklärung **8** 18 ff
  der Veräußerung
    des Wohnungseigentums **1** 9, 41; **3** 18
  der Vereinbarung **10** 26
Formularvertrag **8** 56
Freiwillige Gerichtsbarkeit
  Verfahren **43** ff; **43** 8, 9
  Versteigerung **19** 53 ff
Freizeichnungsklausel **8** 72
Frist **23 Abs. 4**; **27** 38
Früchte **1** 24; **16** 9

Garagen **3** 73 ff
  Markierung **3** 75

Oberdeck **3** 73, 75
Stellplätze **3** 74
Garten **13** 6; **15** 3
Gebäude **1** 18; **3** 99; **9** 5
Einsturz **14** 15
Fertigstellung des **22** 20
äußere Gestaltung **5** 24
Gebrauch
allgemeine Grundsätze **13** 2, 6
beim Dauerwohnrecht **33** 19
Entgelt für **15** 9
des gemeinschaftlichen Eigentums **13** 6; **15** 5
Mitgebrauch **13** 6
ordnungsmäßiger **15** 7, 9, 26, 27
des Sondereigentums **13** 2; **15** 4
Gebrauchsregelung **15** 1
Einschränkung durch **15** 4, 5, 25
durch richterliche Entscheidung **15** 30 ff
durch Mehrheitsbeschluß **15** 22 ff
überholte **15** 9
durch Vereinbarung **15** 10
Gebühren im Streitverfahren **48**
Anwendung der Kostenordnung **48** 2
Gebührenbefreiung **62** 11; **63** 3
Gefahrtragung des Untergangs des Gebäudes **13** 13
Gehör s. rechtliches Gehör
Gelder, gemeinschaftliche **27** 5, 22 ff
Gemeinschaft **10** 1 ff
Anspruch auf Aufhebung der **11** 10
Aufhebung der **10**3; **11** 2, 6, 11, 13; **17** 3
Entstehung der **10** 2
faktische (werdende) **8** 34; **10** 2
Gegenstand der **8** 35
als Gesamtgläubiger **16**
als Gesamtschuldner **10** 12
Gleichheit des Rechts auf Verwaltung **21** 5
Haftung **8** 39
keine verdinglichte Gemeinschaft **10** 1
keine Parteifähigkeit der **10** 12; **43** 98
Rechtsnatur der **10** 1; **14** 13
Schutz und Treupflicht aus **10** 12
Unauflöslichkeit der **11**
Gemeinschaftsordnung **8** 27 f; **10** 15
Änderung und Aufhebung der **10** 21; *7*
Ausgestaltung der **8** 28
Prüfung des Grundbuchamtes **7** 22; **8** 58
Gemeinschaftsverhältnis **14** 13
Gemischtes Eigentum, Raumeigentum als **1** 7 ff
Genehmigung der Veräußerung **12**
Genehmigung der dinglich Berechtigten
zur Einräumung
von Sondereigentum **3** 10, 11, 12; **4** 5
zur Änderung des Sondereigentums **6** 6
zur Änderung des Inhalts
des Sondereigentums **10** 23, 39
zur Aufhebung des Sondereigentums
4 5, 20
zur Teilung in Raumeigentum **8** 2
zur Aufteilung des Raumeigentums **3** 23
Genehmigung durch Vormundschaftsgericht **4** 6
Gesamtakt **10** 40
Geschäftsfähigkeit **46** 264
Geschäftsführung durch Verwalter **26** 11
durch Notgeschäftsführer **21** ff
Geschäftswert **48** 6
Gesellschaftsvertrag zwecks Errichtung des Gebäudes **8** 37
Gestaltungsrechte **16** 33 ff; **43** 61
Gewährleistung **8** 59
gewerbliche Tätigkeit in Eigentumswohnung **15** 4; *14*
gewerbliche Räume **1** 46
Gleichstellung von Wohnungseigentum und Teileigentum **1** 40
Gleichstellung des Wohnungseigentums mit Eigenheim **62**
Grillen **14** 4
Grund, wichtiger **12** 27
Gründungsstadium, Zuständigkeit für Streitigkeiten aus dem **43** 22
Grundbuch **7**; **8**; **9**; **10**; **32**
Bezeichnung des Grundbuchblattes **7** 2
Gegenstand der Buchung **7** 3
Grundbuchvorschriften **7** 1
Grundbucheintragungen **7** 6, 7, 8; **12** 13, 23
gemeinschaftliches Grundbuchblatt
7 Abs. 2; **9** 14
Nachweise für das **7** 12; **12** 24; **26** 25, 26
Prüfung des Grundbuchamtes **7** 22
Schließung des **9**
Voraussetzungen für die Eintragung
der Einräumung von Sondereigentum
7 11, 12
s. auch Wohnungsgrundbuch
Grunddienstbarkeiten **3** 10, 14
Grunderwerbsteuer **62**; *40*
Grundschuld **3** 10, 14
Grundsteuer **61** 62
Grundstück **1** 17
unwesentliche Bestandteile des **1** 19
Sondereigentum in Verbindung
mit Miteigentum an mehreren
Grundstücken **1** 30
Veräußerung von Grundstücksteilen **7** 23
Guter Glaube an die Richtigkeit des Grundbuchs **7** 25
Gültigkeit der Eigentümerbeschlüsse **23** 11

Haftpflichtversicherung **21** 47 f
Haftung
der Gemeinschafter für Aufbauschulden **8** 39
— für Dritte **14** 9
— für Wasserschäden bei Rohrbruch **21** 48
— für Hilfspersonen **14** 8, 9
— für Verwalten **26** 14
der Gemeinschafter untereinander **14** 14, 15
des ausscheidenden Gemeinschafters **16** 31; *18*
gesamtschuldnerische Haftung **16** 1; **21** 25
des Verwalters **22** 53; **26** 13 f
Hallenbad **16** 29
Hausmeister **21** 39; **27** 19
Hausmeisterwohnung **5** 33
Hausordnung **21** 42 ff, *10*
HausratVO **60; 60** 1
Haustierhaltung **13** 4
Heilung fehlerhafter Gemeinschafterbeschlüsse **23** 22
Heimfall beim Dauerwohnrecht **30, 35**
Heimstätte **1** 49; **30** 32
Heizkörper **5** 21
Heizöl **27** 19
Heizkosten **16** 21
HeizkostenVO **16** 29; *19*
Heizungsanlagen **5** 30, 31
Hilfsantrag **43** 65; *39*
Hinzuerwerb eines Grundstückes **14** 13
Hundehaltung **15** 4
Hypothek **3** 9, 12; **14** 2; **16** 12, 17; **27** 32

Immissionen **13** 2
Inhalt des Sondereigentums **1** 37
Inhaltsänderung des Sondereigentums **10** 23
Inkrafttreten des Wohnungseigentumsgesetzes **64**
Innenverhältnis der Gemeinschafter **10** 5 ff
Instandsetzung des Sondereigentums **14** 2, 14
des gemeinschaftlichen Eigentums **21** 45; **22** 6, 7, 8
Instandhaltungsrücklage **21** 49
besondere Rücklagen **21** 49
Interessenkollision **25** 11, 12; **27** 35

Jahresabrechnung **28** 14

Kapitalrücklagen **16** 17
Katasterverzeichnis **7** 12
Kauf vom Bauträger **8** 66
Kauf beim Bauherrenmodell **8** 81
Kauf des Wohnungseigentums **8** 41 ff
Keller **21** 42
Kellerfenster **15** 27
Kinderspielplatz **15** 5; **21** 42
Klagebefugnis bei Entziehung **18** 19
Konkurs der Gemeinschaft **1** 14
Konkurs des Raumeigentümers **1** 14
Kontrolle des Verwalters **29** 5
Kopfprinzip **25** 10
Kosten
der Abgabe **47** 14; **50**
außergerichtliche Kosten **47** 11
Freistellung von **16** 28
des gemeinschaftlichen Gebrauchs **16** 21; *18*
der Grundbucheintragung **7** 26
der Instandsetzung **16** 20
des Verfahrens **16** 24; **47** 2; **48**
Verwaltungskosten **16** 19, 21; *17*
Kostenentscheidung **47**
Kostenfestsetzung **47** 15
Kostenfreiheit **16** 26
Kostenordnung, Geltung der **48** 2
Kostentragungspflicht **16 Abs. 2; 16** 27 ff
des Verwalters **47** 3
Kostenvorschuß **43** 85
Kündigung des Anstellungsvertrages des Verwalters **26** 22
Kündigungsschutz **36** 33 ff

Laden **15** 12; *13*
Lasten **16** 17
Bewertungsmaßstab **16**
öffentliche **16** 18
Lärmbelästigung *11*
Lift **13** 6
Loggia **5** 26
Luxusaufwendungen **22** 1

Mängel
Geltendmachung **8** 74
des gemeinschaftlichen Eigentums **8** 59, 75
Haftung **8** 59, 69
des Sondereigentums **8** 59
der vertraglichen Einräumung **3** 61
Mahnverfahren **43** 87
Mansarde **5** 29
Mehrheitsbeschluß **10** 47; **21** 17 ff; **22** 10; **25** 7; **26** 5 f
Gegenstand **18** 17 f; **21** 17
Nichtigkeit **23** 11 ff
Ungültigkeitserklärung **23** 11, 14 f
Meßgeräte für die Heizung **16** 29
Miete **13; 13** 4; **14** 9; **Vor 31** 14; **37**
Beschränkungen **12** 3; **13** 4; **15** 4
Mieterschutz **36** 13 ff; **37** 6
Minderheitenschutz **22** 10; **24** 2; **25** 17

Minderjährige **3** 20, 65
Mindestgebot **57** 2
Mißbrauch
der Majorität **25** 17; **43** 49
der Rechtsausübung **43** 95
Mitbesitz **13** 12
Miteigentum **19; 31** 4
Beschränkung durch Sondereigentum **3** 2
bei Wohnungseigentum **3** 4
Miteigentumsanteil **3** 28; **4** 26; **6** 4; **16; 16** 2; *3*
Abspaltung **3** 28; **4** 26, 27; **6** 29
Belastung **3** 9 ff, 14 ff
Quotenänderung **4** 26
Mitgebrauch **15** 5
Sondereigentum **5** 35—37
s. auch Gebrauch
Modernisierung **21** 45; **22** 8
Musikverbot **15** 4

Nachbar zu anderen Wohnungseigentümern **13** 2
Nachschußpflicht **28** 8
Nebengebäude **1** 22
Nebenintervention **43** 86
Nebenraum **5** 25
Nichtigkeit des Einräumungsvertrages **3** 61
Niederschrift über die Versammlung **24** 8; *23*
Nießbrauch **3** 14; **25** 24
Notar **53; 58**
Notmaßnahmen
des Verwalters **27** 21
des Wohnungseigentümers **21** 11 ff
Nutzung **13; 16 Abs. 1; 31 Abs. 1**
Ausschluß **16** 13, 16
Bewertungsmaßstab **16** 2, 4
Fruchtziehung **16** 8
gewerbliche (berufliche) *9*
Rohertrag **16** 12
sonstige **13** 7

Obhutspflicht **14** 7
Öffentliche Lasten **16** 18; **40** 5
Öleinkauf **27** 19
Öltank-Schadenversicherung **21** 40
Ordnungsmäßigkeit der Verwaltung **21** 37 ff

Parteifähigkeit der Gemeinschaft **10** 12; **27** 39
Pfändung
des Miteigentumsanteils **45** 28
des Wohnungseigentums **3** 30
Pflichten
des Dauerwohnberechtigten **33** 8
des Wohnungseigentümers **14** 2 ff, 13
Plakate **13** 4; **15** 13
Praxis **15** 13
Protokollierung **43** 84; s. auch Niederschrift

Prozeßführungsbefugnis des Verwalters **27** 39 ff
Prozeß(verfahrens)vollmacht **27** 44; **43** 102
Prüfungspflicht des Grundbuchamtes **7** 22; **8** 58; **32** 7 f

Quorum **25** 3
Quotenänderung **4** 25
Quotenbelastung **8** 1

Rangverhältnis
des Dauerrechtes **Vor 31** 5
des Sondereigentums **3** 2
Raum
Begriff **3** 47; *2*
Tausch **6** 6; **12** 7
Verfügung über **6** 3
Raumeigentümer
Rechte und Pflichten **13; 14**
Streitigkeiten untereinander **43** 14, 15, 16, 19
s. auch Wohnungseigentümer
Reallast **3** 14
Rechnungslegung durch Verwalter **28** 25, 27
Rechte
aus dem Raumeigentum **13** 9
aus dem Sondereigentum **13** 2 ff
Rechtliches Gehör **43** 9; **44** 1
Rechtsanwalt, Vertretung durch **43** 74
Rechtsentscheid **Vor 51**
Rechtsfähigkeit **10** 1
Rechtsgeschäfte zwischen Gemeinschaft und Verwalter **25** 11
Rechtshängigkeit
bei Abgabe **46** 16
bei Ausscheiden eines Beteiligten **43** 20
Rechtskraft **45** 24
Rechtsmängel
des Einräumungsvertrages **3** 61 ff
des Veräußerungsvertrages **8** 59
des Vertrages mit Bauträger **8** 66
Rechtsschutzbedürfnis **43** 23, 35, 53, 69, 70
Rechtsverhältnis
während der Bauzeit **8** 37; **43** 24
zwischen den Raumeigentümern **8** 35; **10** 1, 5 ff
Reformatio in pejus **45** 8; **47** 12
Reformen Einleitung IV 2
Reichsheimstätte **1** 49
Reklame **13** 4; **15** 13
Richterliche Eingriffe **43** 61
Richterliche Entscheidungen **15** 33 ff; **44 Abs. 4**
Richtlinien für die Ausstellung von Bescheinigungen **59**
Rolladen **5** 24

Rücklagen **21** 49, 50
Rückstände an Beiträgen **16** 33; **18** 14; **28** 9
Rücktritt **8** 28; **18** 6
Ruhen des Stimmrechts **25** 14

Sachbefugnis **21** 11; **16** 33
Sachmangel am gemeinschaftlichen Eigentum **8** 75 ff
Sammelgarage **3** 75, 79
Sauna **5** 25; **21** 42
Schadensersatzansprüche
gegen Dritte **13** 10
gegen Verwalter und Wohnungseigentümer **13** 4, **26** 13
Schalldämpfung **14** 11
Schenkung **3** 20
Schiedsgutachten **43** 3
Schiedsvertrag **43** 3
Schilder **13** 2
Schließer der Haustüre **15** 28
Schließen des Grundbuchs **9** 9 ff
Schwimmbad **5** 19
Schuldenregelung **17** 1
Selbstkontrahieren des Verwalters **27** 19
Sicherheitsleistung **56** 7
Sondereigentum **3**; **4**; **6**
Accessorietät **1** 38
Aufhebung **3** 18; **6** 8; **9** 2
Beeinträchtigung **13** 2; **14** 10 ff; **15** 4
Begriff **1** 37
Begründung **1** 32; **4** 2, 4
Belastung **6** 3
Einräumung **3** 31 ff
Erlöschen **9** 2
Gebrauchsregelungen **13**; **15**
Gegenstand **1** 33, 34, 37; **5** 1, 10, 11, 22 ff; **13** 4
gegenstandslos werden **9** 5
Gewährleistungsansprüche **8** 59, 74
Inhalt **1** 37; **5** 40
Inhaltsänderung **5** 40
Instandhaltung **14** 2
Mit-Sondereigentum **5** 35 ff
Rechte aus **13** 2 ff
Unselbständigkeit **6**
Veräußerung **6** 3, 4
Sondernutzungsrecht **15** 14 ff
Änderung **15** 19
Aufhebung **15** 19
Begründung **15** 14, 15, 16, 20
Gegenstand **15** 15
Rechte aus *16*
rechtliche Natur **15** 15, 17; *15*
Übertragung **15** 19
Sonderrechtsfähigkeit unwesentlicher Grundstücksbestandteile **5** 13, 30
Sonderrechtsnachfolger **10** 30
Sperrkonten **27** 26
Sprechstunden des Verwalters **27** 6
Steckengebliebener Bau **11** 13; **22** 22
Stellvertretung **27** 10; **27** ff
Steuerliche Behandlung des Wohnungseigentums **62**; *41*
des Dauerwohnrechts **Vor 31** 21
Stimmabgabe als Willenserklärung **25** 9
Stimmberechtigung **25** 7, 9
Stimmengleichheit **25** 8
Stimmenhäufung **25** 15
Stimmenmehrheit **25** 7
Ausnutzung der **25** 17
Stimmenthaltung **25** 8
Stimmrecht **25** 7, 9
Kopfprinzip **25** 10
mehrerer Berechtigter **25** 12, 18
ruhendes **25** 14
wegfallendes **25** 11, 12
werdender Berechtigter **25** 16
Wertprinzip **25** 10
Stimmrechtsbindungen **25** 25
Stimmenrechts-Vertretung **25** 9, 20
Stockwerkseigentum Einleitung III, **11** 1
Störungen, zulässige **14** 10 ff
Strafen **10** 28
Streitgenossenschaft, notwendige **43** 89
Streitverkündung **43** 86
Streitwert der Klage aus § 18 **18** 24
Streupflicht **21** 42, 45

Tagesordnung **23** 6
Tankstelle **3** 39
Tanzcafé **15** 12
Teileigentum **1** 46; *1*; *6*
Zweckbestimmung **15** 12
Teilentscheidung *39*
Teilerbbaurecht **30** 3
Teilnahmerecht des Wohnungseigentümers **25** 23
Teilung durch den Eigentümer **8**
Teilungserklärung **8**
Änderung **8** 5, 17, 31
Aufhebung **8** 32
Eintragung im Grundbuch **8** 16, 22, 24
Entstehung der Gemeinschaft **8** 16, 34
Erklärung gegenüber dem Grundbuchamt **8** 18
Form **8** 18, 20
Inhalt **8** 7, 15, 26
Inhaltskontrolle **8** 29
Prüfungspflicht des Grundbuchamtes **8** 23, 29
Unterteilung **8** 2
Zustimmung dinglich Berechtigter **8** 12

Teilveräußerung des Grundstücks **3** 17
Termin **5** 5
Terrasse **1** 33; **5** 28
Tierhaltung **15** 4
Tilgungsbeiträge **16** 17; **27** 33
Toiletten **5** 25
Tragende Gebäudeteile **5** 22
Brandmauer **5** 22
Stützmauern **5** 22
Treupflicht **14** 13

U-Bahnhof **3** 39
Überbau **1** 30
Überleitungsvorschriften **63**
Umdeutung formungültiger Bestellung **4** 13
Umsatzsteuer **62**
Umzugskostenpauschale **16** 27
unabdingbare Vorschriften **10** 29
Unauflöslichkeit der Gemeinschaft **11**
Unterbrechung des Verfahrens **43** 75
Unterschrift des Richters *33*
Unterteilung **8** 2
Unterwerfung unter die Zwangsvollstreckung **10** 5
Untrennbarkeit des Sondereigentums vom Miteigentumsanteil **6**
Unwirksamkeit, schwebende **12** 20

Veränderung, bauliche **22** 1 ff; *21*
Veräußerung des Wohnungseigentums **8** 41 ff; **13** 9
Haftung des Erwerbers für Verbindlichkeiten des Veräußerers **16** 31
Haftung des Veräußerers
für den Erwerber **16** 31; *18*
— während des streitigen Verfahrens **43** 79
Veräußerungsbeschränkungen **12** 1 ff; **54** 6; **57** 5; *8*
bei Dauerwohnrecht **35** 1 ff
Eintragung **12** 23 ff
Rechtsfolge der Verweigerung **12** 19
Umfang **12** 5, 6
wichtiger Grund **12** 27
Zustimmungsnachweis **12** 24
Verbindung von streitigen Verfahren **8** 41
Verbrauchszähler **16** 29
Verdinglichung von Vereinbarungen **10 Abs. 2; 12; 33**
Vermögensverwaltung, gemeinschaftliche Gelder **27** 24 ff
Vereinbarungen der Wohnungseigentümer **5 Abs. 3 und 4; 10 Abs. 1 und 2; 5** 32 ff
Änderung **10** 17, 21; **15** 6
Auslegung **10** 22; **15** 12
kein dingliches Recht **10** 16, 23, 30
Eintragung im Grundbuch **10** 23, 34, 36
Gegenstand **10** 27, 28, 32
unabdingbare Vorschriften **10** 29
Zustimmung dinglich Berechtigter zu **10** 39
Vereinigung von Wohnungseigentum **9** 4
Vererbung des Wohnungseigentums **13** 9
Verfahren in Wohnungseigentumssachen
allgemeine Grundsätze **43** 62; **44** 1, 6
Aufzählung der Zuständigkeiten **43 Abs. 1**
echtes Streitverfahren **43** 8
einstweilige Anordnungen **44** 9, 10, 12, 14, 17
Entscheidungsgrundlage **43** 58 ff
mündliche Verhandlung **44** 1, 2
Verbindung mehrerer Verfahren **43** 80
Verfahrensstandschaft
— des Verwalters **27** 41, 42
— des werdenden Raumeigentümers **43** 21
Verhandlung vor beauftragtem Richter *29*
Vertretung durch Rechtsanwälte **43** 74
Umlaufverfahren **23** 8
Vollmachtserteilung **27** 44
Verfügung über das Wohnungseigentum **1** 25; **13** 9
über das Grundstück **3** 17
über einen Grundstücksteil **3** 26
über den Miteigentumsanteil **6** 1
über das Sondereigentum **6** 3
Verfügungsbeschränkungen **12; 35**
s. Veräußerungsbeschränkungen
Verfügungsrecht **3** 3
Vergleich **19** 13; **44** 7, 8; **48** 3
Verjährung
der Ansprüche aus Dauerwohnrecht **34** 5 ff
der Beitragsleistungen **16** 37
der Gewährleistungsansprüche des Erwerbers **8** 72
des Heimfallsanspruchs **36** 18
des Vergütungsanspruchs des Bauträgers **8** 62
Verkehrssicherungspflicht des Verwalters **26** 14
der Gemeinschafter **21** 45, 48
Vermietung **13** 4, 14; **14** 7
bei Dauerwohnrecht **37**
Einschränkung **12** 3; **15** 4
an Feriengäste *14*
Kündigungsrecht
des Wohnungseigentümers **13** 15
Vermögensverwaltung der Gemeinschaft (Gelder) **27** 25
Versammlung der Wohnungseigentümer **23** Abs. 1; **24; 25**
Beschlußfähigkeit **25** 3

Beschlußfassung **23** 2 ff
Einberufung **23** 6; **24** 2, 6; **25** 4; *24*
Einladungsfrist **24** 4
Eventualeinberufung **25** 5; *25*
fehlerhafte Einladung **23** 7
bei großer Gemeinschaft **25** 23
Niederschrift **24** 8 ff
Ort der Versammlung **24** 5
Stimmrecht **25** 9
Tageszeit *23*
Tagesordnung **23** 6
Verlegung **24** 7
Verweis aus Versammlung **24** 7
Vorsitz **24** 7
Versäumnisverfahren **43** 82
Versicherung **21** 48
Versteigerung des Wohnungseigentums **53—58**
Antrag **54**
Gebot **56; 57** 2
— Bedingungen **54** 5
Rechtsmittel **58**
— Termin **55, 56**
Zuschlag **57** 5
Zuständigkeit **53**
Verteilerschlüssel **16** 2; **16** 27; *19*
Revision des **16** 3, 4; **16** 38
Vertrag zur Gebäudeerrichtung **8** 37
Vertragsautonomie **10** 13; **23** 25
Vertragsstrafe **10** 28; **21** 42
Vertretungsmacht des Verwalters **27** 10, 27 ff
Verwalter **26; 27**
Abberufung **26** 15, 16, 18; **43** 34
Anfechtung der Abberufung **26** 21; **43** 51
Anstellungsverhältnis **26** 3
Antragsrecht des **27** 13, 16; **43** 34
Aufgaben und Rechte des **27** 13
Beschwerderecht **45** 11; *34*
Bestellung **26** 3, 5, 8
— durch Gericht **26** 24; **43** 36
Dauer der Bestellung **26** 5
Durchführung der Beschlüsse **27** 14
persönliche Eignung **26** 4
Einladung zur Versammlung **24** 6
unzulässige Einschränkung **20** 5
Entlastung **28** 31
Gemeinschaften zur Wahl als **25** 11
gemeinschaftliche Gelder **27** 22, 25
Haftung des **26** 13
Haftung der Gemeinschaft für **27** 8
Instandhaltung **27** 17 ff
Jahresabrechnung **28** 14 ff
Legitimation **27 Abs. 5**
Nachweis der Bestellung **26** 25
Notwendigkeit der Bestellung **20** 4
Rechte und Pflichten des **27** 2, 6, 11
Stellung des **26** 11; **27** 1 ff
Stimmrecht **26** 20; **28** 33
Vergütung **26** 16; **43** 30
Vertrag **26** 9, 17
Vertretungsmacht **27** 10, 27
— zu dringenden Maßnahmen **27** 21; *26*
— in Streitsachen vor Gericht **27** 39, 40; **43** 26
Vollmachtsurkunde **27** 30
Prozeßvollmacht **27** 44
Wahl **26** 5, 6
Wiederwahl **26** 7
Wirtschaftsplan **28** 2
Zuständigkeit der freiwilligen Gerichtsbarkeit **26** 27; **27** 12; **43** 28, 30
Zustellungsvollmacht **27** 35
Zustimmungserteilung **12** 9
Verwaltung
Anspruch auf ordentliche **21** 30
aufgrund Mehrheitsbeschluß **21** 17,19
aufgrund Vereinbarung **21** 9
Begriff **20** 3; **21** 2 ff
Einzelmaßnahmen **21 Abs. 5**
durch alle Gemeinschafter **21** 5, 6
grundsätzlich gemeinsame **21** 5, 10
Notverwaltung **21** 11
ordnungsmäßige **21** 37 ff; *20*
Verwaltungsbeirat **29**
Einberufung **29** 4
Haftung **29** 8
Verwaltungskosten **16** 19, 24
Verwaltungskostenschuldner **16** 1, 27
Verwaltungsvermögen **1** 23 ff; **19** 3; **27** 5
Verwaltungsvorschriften **59; 7** 12
Verweigerung der Zustimmung **12** 19
Verwendungsersatz **34**
Verwirkung **43** 95
Verzicht auf Rechtsmittel **45** 17
Vollstreckungsabwehrklage **45** 26
Vorausverfügung beim Dauerwohnrecht **40**
Vorkaufsrecht **19** 11
Vorlage an BGH **45** 23
Vorleistung eines Wohnungseigentümers **16** 32
Vormerkung **8** 36
Vorratsteilung **8**
Vorschußpflicht für Verwaltungskosten **28** 11
Vorsitz in der Eigentümerversammlung **24 Abs. 5**
Vorschriften, unabdingbare **10** 29
Vorvertrag **4** 13

Waschküche **16** 13; **21** 42
Waschmaschine **15** 9

Wegnahmerecht **34** 3
werdende Wohnungseigentümer **8** 36 ff
Recht zur Antragstellung **23** 14; **43** 21, 33
Stimmrecht **8** 36
Zahlungsverpflichtung für Rückstände des Veräußerers **16** 31
Werkvertrag **8** 66
Wertausgleich nach Aufhebung der Gemeinschaft **17** 4, 5
Wertprinzip **25** 10
Wiederaufbau **11 Abs. 1; 22** 16, 22
Wiederaufbaupflicht **22** 17, 19
Wiederaufnahme des Verfahrens **43** 86
Wiedereinsetzung in den vorigen Stand **23** 17 f; **43** 76; **45** 11
Willenserklärung, Verurteilung zur Abgabe einer **12** 16; **45** 27
Willensmängel
bei Ausübung des Stimmrechts **25** 9
bei Einräumung des Sondereigentums **3** 61
Wirtschaftsplan **21** 51; **28** 2, 6, 8, 32; *28*
Wohnbesitz **Vor 31** 19
Wohngeld **16** 30 ff
Geltendmachung durch Wohnungseigentümer **16** 33
Haftung für Rückstände **16** 33; *18*
— für leerstehende Wohnungen **16** 28
Verjährung des **16** 37
kein Zurückbehaltungsrecht **16** 33
Wohnungsbau, sozialer **1** 6
Wohnung, Begriff **1** 42; **3** 50
Wohnungsbauprämie **62** 10
Wohnungseigentum
Aufhebung **4**
Begriff **1** 4, 7; **3** 1, 2; *1*
Begründung (Einräumung) **2; 3; 3** 31 ff; **8;** *2; 5*
Belastung **3** 9 ff
Rechte aus dem **13** 9 ff
Rechtliche Natur **1** 9; **3** 1 ff
Teilung des **3** 23
Veräußerung des **1** 25; **3** 17 ff
Zusammenlegung des **3** 22
Zuschreibung des **3** 22
Zwangsvollstreckung in **1** 33; **3** 29
Zweckbestimmung **1** 46
Wohnungseigentümer
Pflichten **14** 1, 14
Rechte **13** 1, 2, 10; **25** 6
— Einschränken der **13** 3
Verhältnis zwischen Wohnungseigentümern **1** 29; **14** 13
werdende, s. werdende Wohnungseigentümer
Wohnungserbbaurecht **30; Vor 31** 3, 7
Begründung **30** 10, 13
Beleihung **30** 32
Besteuerung **33** 62
Eigentümererbbaurecht **31** 10
Eintragung des **30** 17, 19
Erbbaurecht **30** 3
Erbbauzins **30** 20, 24, 25
Gesamterbbaurecht **30** 3, 21
Heimfallanspruch **30** 31
Heimstätte **30** 32
Teilerbbaurecht **30** 2
Teilung des Erbbaurechts **30** 16
Untererbbaurecht **30** 3
Veräußerungsbeschränkungen für das **30** 24
Zustimmung des Grundstückseigentümers **30** 14
Wohnungsgrundbuch **7; 9**
Gemeinschaftliches **7** 5
Schließung des **9**
Schließung des alten Grundbuchblattes **7** 4
Teileigentumsgrundbuch **7** 2
Wohnungsgrundbuchverfügung **7** 1
Wohnungsrecht (§ 1093 BGB) **Vor 31** 9

Zahlen, Höchstzahlen für die Bildung von Raumeigentum **3** 44
Zahlungsverzug **18 Abs. 2; 19** 9
Zeitbestimmung **33** 6
Zentralheizung **5** 25, 30; **13** 4
Zerstörung des Gebäudes **9; 11 Abs. 1; 22 Abs. 2; 33 Abs. 4**
Zubehör
des Grundstücks **1** 26; **5** 16, 39
des Wohnungseigentums **13** 9
Zulässigkeit des Rechtsweges **43** 10
Zurückbehaltungsrecht **16** 34
Zurücknahme
des Antrags **47** 5
des Rechtsmittels **45** 17
Zusammentreffen sämtlicher Wohnungseigentumsrechte **9** 4
Zuschlag **57**
Zuschreibung **3** 22; **7** 29
Zuständigkeit in Wohnungseigentumssachen **43** 1
örtliche **43** 5
sachliche **43** 5
Verhältnis zu anderen Gerichten **43** 10
Zustellung **27** 35; **43** 73; **45** 20; *27*
Zustimmung
zur Abänderung der Gemeinschaftsordnung **8** 31; **10** 21; *7*
Anspruch auf **12** 26
zu baulichen Veränderungen **22** 10 ff

Ersetzung der **12** 16
Folgen der fehlenden **12** 20
Form der **12** 16
Nachweis der **12** 24
zur Veräußerung **12** 26; *8*
Zustimmung der dinglich Berechtigten
zur Aufhebung von Wohnungseigentum **4** 20
zur Begründung von Wohnungseigentum **3** 9, 10
zur Begründung und Veränderung von Sondernutzungsrechten **15** 16
zur Vereinbarung des Bestehenbleibens eines Dauerwohnrechts **39 Abs. 2**; **40 Abs. 2**
s. auch Genehmigung der dinglich Berechtigten
Zuteilung von Nutzungen **16** 12
Zwangsversteigerung
des Dauerwohnrechts **37** 6
des mit Dauerwohnrecht belasteten Grundstücks **38** 6
des Raumeigentums **3** 29
und Veräußerungsbeschränkung **12** 21
Zwangsverwaltung **16** 35
Zwangsvollstreckung **45 Abs. 3**; **45** 26
in Dauerwohnrecht **31** 17
in Miteigentumsanteile **45** 28
in Raumeigentum **3** 29
in Verwaltungsvermögen **1** 25; **3** 30
Zweckbestimmung der Räume **1** 46
Zweckgesellschaft zur Gebäudeerrichtung **8** 37
Zwischenbeschluß über die Zuständigkeit *37*
Zwischenwände **5** 35 f

FSC
www.fsc.org
MIX
Papier | Fördert
gute Waldnutzung
FSC® C083411

Kolibri 360 GmbH
Ferdinand-Jühlke-Straße 7
99095 Erfurt, Deutschland
produktsicherheit@kolibri360.de